南阳统计年鉴

NANYANG STATISTICAL YEARBOOK

2010

（总第十二期）

南阳市统计局 编

(京)新登字 041 号

图书在版编目(CIP)数据

南阳统计年鉴. 2010/南阳市统计局编—北京:中国统计出版社,2010. 9
ISBN 978-7-5037—6067—9

Ⅰ. ①南… Ⅱ. ①南… Ⅲ. ①统计资料—南阳市—2010—年鉴
Ⅳ. ①C832. 613-54

中国版本图书馆 CIP 数据核字(2010)第 176732 号

南阳统计年鉴—2010

作　者/南阳市统计局
责任编辑/佘竞雄
责任校对/杨海金　马嵩阳
封面设计/宗合
出版发行/中国统计出版社
通信地址/北京市丰台区西三环南路甲 6 号　中国统计出版社
邮　编/100073
电　话/(010)63376907
E—mail/yearbook@gj. stasts. cn
印　刷/湖北省仙桃市九原印刷厂
经　销/新华书店
开　本/880×1230 毫米　1/16
字　数/1180 千字
印　张/34. 5 印张
印　数/1—2000 册
版　别/2010 年 9 月第 1 版
版　次/2010 年 9 月第 1 次印刷
书　号/ISBN 978—7-5037-6067-9/C・2422
定　价/260. 00 元

《南阳统计年鉴—2010》

编辑委员会及编辑部工作人员名单

编辑指导委员会

名 誉 主 任：穆为民

主　　　任：朱长青

副　主　任：孙　振　王书延

委　　　员：（按姓氏笔画排序）

王书延　李甲坤　朱长青　孙　振　宋宽军　郑国炳　赵玉亭
胡云生　柳克珍　娄永跃　褚庆义　廖玉安　穆为民

编辑委员会

主　　　编：王书延（兼）

副　主　编：陈长龙　王中华　赵信章　谭涌涛　杨　光　李吉山　周友鸣

编　　　委：（按姓氏笔画排序）

马协龙　王　勇　王川鹏　王同刚　王秀英　孔祥峰　文金川
尹乐卫　曲桂琴　刘光军　安红波　李　丹　李　靖　李广立
李桂林　李劲戈　李培宪　李瑜敏　杨鸿飞　吴新汉　张建中
谷富豪　陈同勉　陈庆伟　陈喜祥　周明宏　郑书俭　胡旭萍
唐　坚　董　晓　翟　俊

编辑部工作人员

总　编　辑：杨　光（兼）

副 总 编 辑：安红波　杨鸿飞　杨海金　王兰芝

编辑部主任：王兰芝

责 任 编 辑：佘竞雄

编　　　辑：（按姓氏笔画排序）

马嵩阳　王英轩　王俊凯　王　珂　王　涛　刘春雨　华　放
朱芸萍　许　珂　邢明星　宋　晓　张书范　张　季　张　祎
张　莹　张　铭　张　群　李永祥　李秀云　李　磊　杜　英
杨　飞　陈智力　袁　鸿　郭玉玺　常仕申　康晶晶　焦静琴
鲁　璐　蔡　华

编 辑 说 明

一、《南阳统计年鉴—2010》是一部全面记载和反映南阳市经济和社会发展情况的资料性年刊。本书以文字和统计资料的形式收录了全市和各县市区2009年经济和社会各方面发展情况，同时还辑录了建国以来重要年份的主要统计数据，是各级党政领导进行宏观决策的重要依据，也是经济管理部门、大中专院校、研究人员了解和研究南阳经济发展的重要参考。

二、全书内容由三个部分组成：

第一部分：特载。内容包括《政府工作报告》、《南阳市2009年国民经济和社会发展统计公报》、《关于南阳市2009年国民经济和社会发展计划执行情况与2010年计划(草案)的报告》、《关于2009年财政预算执行情况和2010年财政预算(草案)的报告》等。

第二部分：统计资料。内容分为23个方面：即，1.综合；2.国民经济核算；3.人口；4.从业人员和职工工资；5.固定资产投资；6.能源；7.物价指数；8.人民生活；9.城市建设；10.农村经济；11.工业；12.建筑业；13.交通运输和邮电；14.国内贸易；15.对外经济贸易；16.财政金融；17.教育、科技和专利；18.文化、卫生、体育；19.社会保障；20.资源与环境保护；21.全省各省辖市主要统计指标；22.鄂豫川陕四省八地市主要统计指标；23.全国部分中等城市社会经济发展主要统计指标。各篇末附有《主要统计指标解释》。

第三部分：附录。内容为全国、全省2009年国民经济和社会发展统计公报。

三、部分资料依据第二次全国经济普查结果进行了调整和补充。

四、本年鉴的资料大部分来自年度统计报表，一部分来自抽样调查。

五、资料中所使用的度量衡单位均采用国际统一标准计量单位。

六、查阅本年鉴需要注意的问题：

1.本年鉴部分数据合计数或相对数由于单位取舍不同而产生的计算误差均未作机械调整。

2.编辑本年鉴时，依据有关调查资料及现行统计制度对以往个别统计数据进行了调整、修正，以前发表过的统计数据与本年鉴有出入者，以本年鉴为准。

3.本年鉴表中的符号使用："空格"表示该项统计指标数据不足本表最小单位数、数据不详或无该项数据；"#"表示其中的主要项。

4.本年鉴目录中未注明年份的，至少含有两个年份以上的统计资料。

5.特载及附录部分数据为初步统计数，为尊重原稿未作修改，有关数据在使用时应以统计资料部分数据为准。

本年鉴在编辑出版过程中，得到市领导和有关部门的大力支持和热情帮助，值此出版之际，谨致诚挚的谢意！由于时间仓促、编辑人员水平有限，书中疏漏和错误在所难免，恳请各位领导、专家和读者批评指正。

《南阳统计年鉴》编辑部

二〇一〇年八月

目　　录

特　　载

统 计 资 料

一、综　　合

二、国民经济核算

三、人　　口

四、从业人员和职工工资

五、固定资产投资

六、能　　源

七、物　　价

八、人民生活

九、城市建设

十、农村经济

十一、工 业

十二、建 筑 业

十八、文化、卫生、体育

十九、社会保障

二十、资源与环境保护

附　录

特　　载

政府工作报告

——2010年3月4日在南阳市第四届人民代表大会第二次会议上

南阳市人民政府市长　穆为民

各位代表：

现在，我代表市人民政府，向大会作工作报告，请予审议，并请各位政协委员和其他列席人员提出意见。

一、去年工作回顾

2009年是近年来我市经济社会发展最为困难的一年。面对严峻的经济形势和繁重的发展任务，全市上下深入贯彻科学发展观，立足于保增长、保民生、保稳定，坚定信心，抢抓机遇，锐意进取，扎实工作，较好地完成了市四届人大一次会议确定的各项目标任务。

(一)全力战危机保增长，经济实现平稳较快发展

全面落实中央、省应对国际金融危机的一系列决策部署，抓住经济运行的关键环节，决战二季度、大干三季度、决胜四季度，保持了经济平稳较快发展的良好势头。预计全市生产总值完成1780亿元、同比增长11%，地方财政一般预算收入56.2亿元、增长9.5%。深入开展“企业服务年”活动，规模以上工业增加值逐月回升，全年完成486.4亿元、增长14%，实现利润96.2亿元、增长9.6%。深入开展“项目推进年”活动，城镇固定资产投资完成929.5亿元、增长31.2%，其中工业投资603亿元、增长36.4%。全年投资3000万元以上新开工项目达1132个，是上年的4.3倍。市级重点项目完成投资230亿元，42个项目建成投产，75个项目开工建设。积极发展第三产业，认真落实国家鼓励扩大消费的政策，全社会消费品零售总额完成676.7亿元、增长19%。

(二)重视加强“三农”工作，农业和农村经济稳步发展

全面落实各项支农惠农政策，全市发放各项涉农补贴资金25.5亿元。粮食生产在大灾之年再获较好收成，总产达115.9亿斤。油料总产111万吨，增长9.2%；烟叶产量5.9万吨，增长8%；肉蛋奶总量121.3万吨，增长6.2%。完成工程造林130万亩，是历年来生态造林最多的一年。龙大牧原年屠宰加工100万头生猪、科尔沁牛业年屠宰加工10万头肉牛、三色鸽豆业等农业产业化项目建成投产，新发展农民专业合作社654家。农村基础设施建设扎实推进，新建改建农村公路2361公里、改造危桥1万余延米，新增农村沼气用户10.2万户，解决47.3万农村居民安全饮水问题，巩固和解决贫困人口12.3万人。完成200个试点村、54个示范村、1782个村容村貌整治村建设任务。

(三)加大城镇建设管理力度，城镇面貌明显改观

中心城市基础设施建设步伐加快，完成了3条道路大修改造和54条背街小巷改造任务，独山大道南延、仲景中路快车道、机场新航站楼建成投运，环城高速全线贯通，2条道路改扩建、4条新建道

路、仲景大桥、污水处理厂二期、梅溪河综合整治示范段、滨河路污水管网建设、南阳机场二期改扩建等工程进展顺利，城中村、旧城改造稳步推进。新增城市绿化面积21万平方米，新投放出租车近300辆、公交车100辆。城市建设全年新开工项目总投资突破20亿元。城市管理体制进一步理顺，39项城市规划建设管理权限下放或委托给三区。"六创一迎"活动成效显著，城区交通秩序有所改进，环境卫生、市场秩序、市容市貌明显好转，违法建设和工程建设领域突出问题得到清理整治。县城和小城镇竞相发展，亮点纷呈。全市城镇化率达到36.6%，提高1.7个百分点。

(四)着眼长远打基础，发展后劲进一步增强

扎实推进"一个载体、三个体系"建设，着力培育竞争新优势。全市13个省定产业集聚区规划通过省专家组评审，基础设施建设不断加强，入驻一大批项目。完成第二次全国土地调查和第二轮土地利用总体规划修编。围绕构建现代产业体系，委托国内知名院所分别编制我市现代产业、现代服务业、现代农业发展规划及7个重点产业、13家重点企业发展规划和农产品加工等专项规划；组织实施105个重大工业结构调整项目和15个转型升级项目，13家企业和15个重点项目进入省"双百"计划。围绕构建现代城镇体系，修订完善中心城市总体规划，面向国际征集白河两岸区域城市设计，完成一批专业规划、综合整治规划和设计方案；重视加快中心城区经济发展，启动鸭河、官庄工区筹备前期工作；完成一批县城总体规划修编和村镇体系规划。加快构建自主创新体系，全降解塑料、纤维乙醇、多晶硅、光学引擎等高新技术产品研发和产业化生产进展顺利，南阳光电高新技术产业化基地通过国家认定，4个项目列入国家"863"计划，新增国家高新技术企业5家、国家创新型试点企业2家，蝉联全国科技进步先进市。节能减排超额完成省定目标。

(五)深入推进改革开放，发展活力不断增强

市属国有工业企业改革继续深化。商贸流通企业改革稳步推进。投融资体制改革力度加大，整合组建了市投资集团、金地投资开发公司等投资公司。水利工程管理单位体制改革顺利完成。农村信用社改革迈出新步伐。集体林权制度改革大头落地。政府还贷二级公路收费站撤站工作如期完成。市县两级政府机构改革稳妥推进。镇平玉文化改革发展试验区规划建设走在全省前列。医药卫生体制改革启动实施。第二次全国经济普查圆满完成。中光学、金光数显、天冠、英宝电子、南防等企业分别与长虹、首钢控股、国开投、创维、平安集团进行合作。市政府分别与省建行、省中行、省工行、平安集团签署了战略合作协议。年末全市金融机构各项贷款余额699亿元，增长26.9%。实际利用外资1.33亿美元，增长12.3%；引进省外资金135.3亿元，增长22.4%。

(六)着力抓好"四大工程"，带动效应初步显现

南水北调中线工程建设进展顺利，渠首枢纽工程开工建设，水库水质稳定在Ⅱ类标准；把移民工作作为一项事关全局的政治任务来抓，库区1.08万试点移民实现了安全和谐搬迁，第一批6.5万移民安置工作正按计划进行，第二批8.6万移民安置工作顺利启动。第七届全国农运会筹备工作扎实推进，场馆区域拆迁按时完成，游泳馆、综合训练馆、主体育场开工建设，新闻中心、拆迁安置房奠基。南阳粮食主产区规划建设开始启动，水利设施建设和中低产田改造步伐加快。南阳核电项目前期进展顺利，各项可研专题已基本完成，中核河南核电有限公司在南阳注册筹建。

(七)致力改善民生，和谐社会建设稳步推进

省、市"十大实事"全面完成。城镇居民人均可支配收入实际增长10.2%，农民人均纯收入实际增长7.7%。新增城镇就业10.5万人，"零就业家庭"动态归零，城镇登记失业率控制在3.8%以内；新增农村劳动力转移就业13.5万人，劳务输出总量达235万人。企业养老、城镇职工及居民基本医疗保险覆盖面扩大；新农合参合率96%，在全省率先建立了农民就诊"一卡通"和定点医院直补制度。城乡低保、农村五保人员救助水平进一步提高，累计发放保障资金6.9亿元。经济适用住房竣工20.2万平方米，廉租住房保障1.5万余户。教育惠民政策全面落实，中小学校舍安全工程、中心城区中小学校改扩建工程和职教攻坚计划顺利推进。年度文化惠民工程圆满完成。城乡医疗卫生条件进一步改善。甲流感、手足口病等传染病防控成效显著。全民健身活动蓬勃开展，成功举办了市三运会暨首届农民运动会。人口自然增长率控制在5.07‰以内，荣获全国人口和计划生育综合改革示

范市。应急建设和政府信息公开工作得到加强。安全生产形势持续好转，事故起数和死亡人数明显下降。认真做好信访工作，切实解决群众合理诉求；推进平安南阳建设，社会大局保持和谐稳定。切实加强精神文明建设，公众道德水平和城乡文明程度得到提升。

人事、司法、工商、税务、质监、海关、检验检疫、气象、地震、住房公积金管理、外事、侨务、对台、民族宗教、残疾人以及国家安全、国防教育、民兵预备役、"双拥"等各项工作都取得了新的成绩。驻宛解放军和武警部队在支持地方建设、维护社会稳定等方面作出了重要贡献。坚持依法行政，自觉接受人大及其常委会监督，支持政协参政议政，办理人大代表建议和政协委员提案855件，办结率100%，满意率96.5%。持续推进政府机关"两转两提"和廉政建设，强化行政监察和审计监督，政风行风进一步好转。

总结过去一年的工作，我们遇到的困难比预想的要多，取得的成绩比预想的要好。体会比较深的有以下几点：一是坚持把科学发展观贯穿于政府工作的各个领域、各个环节，扎实做好打基础、增后劲、管长远的工作，注重规划引领，强化项目支撑，大力推动结构调整和发展方式转变，努力实现全面协调可持续发展。二是坚定不移地贯彻落实中央、省各项政策，结合南阳实际，根据形势变化，及时调整经济运行协调服务的方向和重点，环环相扣，锲而不舍，强化措施，促使经济运行逐月回升，实现平稳较快增长。三是始终把保障和改善民生放在突出位置，集中力量，切实解决就业、就学、就医、吃水、住房、出行和社会保障等关系群众切身利益的问题，让改革发展成果更多地惠及于民。四是积极推进改革开放和体制机制创新，致力破解发展难题，经济社会发展动力和活力进一步增强。五是深入开展"两转两提"，健全机制，落实责任，高标准要求，快节奏推进，重在运作，求实求效，不断提高政府执行力。六是坚持以大局统一思想，以事业凝聚人心，变压力为动力，化挑战为机遇，迎难而上，团结奋斗，成功完成了南阳历史上规模最大、时间最紧、任务最重、政治性最强的移民搬迁试点和农运会场馆用地拆迁两大艰巨任务，各级各部门大局意识、责任意识和协作意识明显增强，广大涉迁群众"顾全大局、服从大局"和"舍小家、顾大家"的精神可歌可泣。

各位代表，成绩来之不易，经验弥足珍贵。这得益于省委、省政府和市委的坚强领导，得益于市人大、政协的监督支持，凝聚着全市人民及社会各界的智慧、心血和汗水。在此，我代表市人民政府，向全市广大干部群众，向驻宛单位、驻宛部队、武警官兵，向所有关心支持南阳发展的各界人士，表示崇高的敬意和衷心的感谢！

在总结成绩的同时，我们也清醒地看到当前经济社会发展面临的困难和问题：经济回升的基础尚不牢固，还存在许多不确定因素，保持经济平稳较快增长的任务仍很艰巨；工业不强、三产滞后、现代农业发展缓慢，中心城市辐射带动能力弱，经济结构不优，发展方式粗放，资源环境约束趋紧，面临加快发展速度与转变发展方式的双重压力；经济实力大而不强，人均财政收入低于全省平均水平，社会事业历史欠帐较多，公共服务、民生改善与广大群众期盼仍有较大差距；政府自身建设仍存在一些问题，部分领导干部和工作人员思想观念陈旧、干事创业意识不强、工作效率不高，有的甚至存在奢侈浪费、以权谋私、腐化堕落等现象。对此，我们一定高度重视，认真加以解决。

二、今年政府工作总体要求和目标任务

2010年是确保圆满完成"十一五"规划的最后一年，做好今年经济社会发展工作，对于夺取应对危机全面胜利、为"十二五"规划启动实施奠定良好基础至关重要。总体上看，今年宏观发展环境将好于上年，我市经济呈现较好的发展趋势、态势和气势，南阳独特的区位、市场、资源、环境等优势不断强化，南水北调中线工程建设、第七届全国农运会筹办、宁西铁路复线建设等重大工程的巨大带动作用日益显现，加快发展的条件更加充分。尽管我们面临宏观环境复杂多变、自身矛盾困难重重、区域竞争更为激烈等严峻挑战，只要我们时刻保持冷静头脑，增强机遇意识、忧患意识和责任意识，坚定信心，奋力拼搏，就一定能把各项事业推向前进，不断开创南阳经济社会发展新局面。

今年政府工作的总体要求：认真落实中央、省委、市委经济工作会议精神，深入学习实践科学发展观，坚持重在持续、重在提升、重在统筹、重在为民，积极实施项目带动、品牌带动、创新带动、服务

带动和七项"行动计划",着力推动经济发展方式转变和经济结构调整,着力加快工业化、城镇化、农业现代化进程,着力推进改革开放,着力改善民生和促进社会和谐稳定,努力保持跨越发展的基本态势,确保全面完成"十一五"规划。

今年经济社会发展的主要目标:生产总值增长11%;地方财政一般预算收入增长10%;全社会固定资产投资增长25%,城镇以上固定资产投资增长30%;社会消费品零售总额增长15%;外贸出口增长11%;实际利用境外资金增长15%;居民消费价格涨幅控制在3%左右;城镇居民人均可支配收入增长7%,农民人均纯收入增长6%;人口自然增长率控制在6.5‰以内;城镇登记失业率控制在4.5%以内;单位生产总值能耗降低6.8%,化学需氧量、二氧化硫排放量分别控制在6.51万吨和6.5万吨以内。

围绕上述总体要求和目标任务,重点做好以下五个方面的工作:

(一)加快新型工业化进程,努力转变经济发展方式

实施现代产业发展规划,大力推进产业结构战略性调整和二三产业协调互动发展,加快新型工业化进程和发展方式转变。

推进工业结构优化升级。坚持工业强市战略,加快实施各项产业发展规划。壮大战略支撑产业。以装备制造、纺织、油碱化工、冶金建材、食品为重点,优化资源配置,推进集聚发展,加快技术改造,发展高端优势产业群,实现产业和产品结构升级。培育战略性新兴产业。以新能源、生物、医药、光电、新材料为重点,加大产业链前端产品研发和后端推广应用支持力度,加快国家新能源高技术产业基地、国家光电高新技术产业基地、省生物产业高技术基地建设。依托天冠、中源化工、迅天宇、中光学、二胶、中南金刚石、宛西制药、福森药业、首控光电等重点企业,大力发展高技术产业和生态环保型企业,争取在全降解塑料、纤维乙醇、太阳能级多晶硅、数字投影系统、光电设备信息材料等产业化、规模化生产上实现突破。实施工业"双百工程"。把大型企业集团化作为产业结构调整的重中之重来抓,筛选确定100家重点企业实行动态管理,通过技术创新、战略重组、上市融资、政策扶持等措施,集中培育一批销售收入超30亿、50亿、100亿元的大型企业集团;筛选100个科技含量高、附加值高、市场前景好的重大工业结构调整项目,促其尽快建成投产。加快石油二机大型数字化钻机及配套开发、海洋钻机研制、南防年产3000台核电机、中源化工100万吨纯碱、时代矿业铜镍矿采选、淅铝技改扩能、汉冶特钢400万吨宽厚板升级改造、天池抽水蓄能电站等项目建设,力争完成年度投资200亿元以上。扎实做好南阳核电、白河南热电厂、宛西电厂、鸭电三期、邓州热电厂、裕丰复合肥厂等项目前期工作。大力发展中小企业。落实各项扶持政策,为中小企业创造宽松环境。发展多种层次中小企业信用担保体系,努力解决融资难问题。引导中小企业围绕龙头企业集聚发展。深入开展企业服务活动。实施"企业服务行动计划",建立为企业服务的长效机制。实行经济运行例会制度,适时组织开展产销对接和银企洽谈活动。严格落实各项税费优惠政策,全面规范涉企收费,严惩"四乱"行为,切实减轻企业负担。加强煤电油运气供需调度,保证企业正常生产需要。整顿和规范市场秩序。重视加强企业家队伍建设,提高企业经营管理者素质。

壮大以现代服务业为主的第三产业。突出抓好文化、旅游、现代物流、金融等产业发展,促进现代制造业与服务业互动发展。深入挖掘开发汉文化、药文化、玉文化、商文化、盘古文化等特色文化,加快镇平玉文化改革发展试验区建设,实施一批文化产业重大项目,举办一批特色文化节会活动,创作一批文化精品。启动卧龙岗文化旅游产业集聚区规划建设,改造提升独山风景区,建设中心城区游客服务中心,打造南阳中心城区文化旅游品牌,强化中心城区旅游集散中心地位。强力实施十大旅游项目,打造精品景区,链接六大要素,提升服务质量,进一步打响伏牛山生态旅游和桐柏红色旅游等品牌,鼓励支持有实力的旅游公司组建大型旅游企业集团。积极开拓市场,加强旅游宣传促销。力争全年游客接待量达1600万人次以上,旅游综合收入达80亿元以上。修编实施我市现代物流业发展规划,加快建设区域性物流中心,集中培育一批大型现代物流企业和一批年交易额超百亿元的交易市场。继续实施万村千乡市场工程、双百市场工程和新网工程。发展新型商业业态,加快建设一批重点商圈、特色商业街、社区便民店。认真落实家

电、汽车、摩托车、建材下乡和家电、汽车以旧换新等政策。加快金融业发展，支持民生银行、招商银行、浦发银行、兴业银行、广发银行等金融机构在我市设立分支机构，支持商业银行等地方金融机构发展壮大。以县域为单位组建农村商业银行、农村合作银行，积极发展村镇银行、小额贷款公司。推动政府投融资平台健康发展。优化金融生态环境，推进信用体系建设，力争全年各项贷款增长10%以上。推动3G网络和二代通信网络升级工程，促进信息化与工业化融合发展。进一步健全和落实稳定房地产市场的有关政策，按照支持居民合理住房消费、抑制投资投机性购房、增加有效供给、完善配套措施的原则，切实加大工作力度，促进房地产市场健康发展。重视扶持酒店业发展，繁荣餐饮市场。规范发展各类行业协会、商会等社会组织，充分发挥其在经济社会发展中的重要作用。

加快产业集聚区建设。坚持产城互动、融合发展，完善产业集聚区专项规划，出台实施促进产业集聚区发展的指导意见，增强产业集聚区承载力、吸引力和竞争力。加强集聚区水电路等基础设施建设，推广建设多层标准厂房。大力开展产业集聚区主题招商，加大项目引进建设力度，提高单位面积投资强度和产出效益。健全异地入区项目税收分享机制，引导老城区工业企业根据产业布局搬迁进入产业集聚区。健全产业集聚区投融资、中小企业担保、土地开发整理等机制，提升市场化运作能力。配套发展生产性服务业和生活性服务业，增强产业集聚区服务功能。探索建立产业集聚区管理运行机制、综合评价体系和考核制度，促其竞相发展、加速提升。

加强节能减排和生态环境建设。认真落实节能减排问责制和“一票否决制”。加快设备更新改造和重点节能工程建设。严格执行“两高一资”行业淘汰标准，加快淘汰落后产能，遏制水泥等行业重复建设。抓好市重点监管的96家耗能企业，积极开展建筑节能和交通节能，继续推进公共机构节能工作。推进环境容量预算，优化环境容量资源配置，完善环境自动监控体系。健全水环境预警制度，切实搞好饮用水水源保护，加强重点流域、重点区域、重点行业污染综合整治和重金属污染防治。认真抓好重点减排项目建设，加强对减排工程运行监管。加强林业生态建设，高标准启动实施环城高速绿化工程，全市完成造林60万亩。发展循环经济，加快工业固废资源化、农产品加工废弃物资源化等工程建设，全面推行清洁生产。加强土地资源管理，坚持最严格的耕地保护和节约用地制度。全面推进土地综合整治和城乡建设用地增减挂钩，千方百计保障重点项目用地。强化矿产资源开发监督管理，加快推进矿产资源整合，提高矿产资源开发利用率。

（二）统筹城乡协调发展，促进区域经济全面振兴

重视加强“三农”工作，加快城镇化进程，积极推进交通体系建设，促进城乡区域经济协调发展。

大力发展现代农业，致力改善农村生产生活条件。坚持把解决好“三农”问题作为重中之重，把增加农民收入、改善农村民生作为调整国民收入分配格局的重要内容，把扩大农村需求作为拉动内需的关键举措，把发展现代农业作为转变经济发展方式的重大任务。巩固提高粮食综合生产能力。扎实推进河南粮食生产核心区南阳主产区建设，实施“粮食稳定保收行动计划”，努力实现粮食总产稳定增长。落实好各项惠农补贴政策，保护和调动农民种粮积极性。提高科技投入和农机装备水平，挖掘农业增产潜力。加强农田水利基本建设。抓好19座病险水库除险加固、石步河水库新建、5万亩国家级现代灌区示范区建设和鸭灌、引丹等大中型灌区续建配套及节水改造，完成7.6万亩中低产田改造、5万亩标准农田建设和37万亩土地整理与复垦开发。调整优化农业结构。以“增量、提质、创牌、增效”为目标，推进优质农产品基地建设，重点建设大型商品粮、特色经济作物、畜产品、林产品、水产品生产基地，规划并启动10个高效农业集聚区建设。大力推进农业产业化，围绕每个农业特色产业，培育壮大一批龙头企业，提高农副产品就地加工转化能力，新发展农民专业合作社500家以上。积极发展休闲农业、乡村旅游和农村服务业。全面推进农村公共服务体系建设。完善农业科技服务体系、农村市场流通服务体系和农产品质量安全体系，新认证无公害农产品10个，全面启动县级农产品市场准入，在全市重点乡镇逐步开展畜产品市场准入工作。加强农村基础设施建设。启动农村邮政网络建设和新一轮农村电网改造，新解决25万农村居民饮水安全问题，新发展农村沼气用

户3万户以上，建设县乡公路600公里、村道联网公路200公里、农村公路桥梁2000延米。推进农村环境治理，开工建设一批乡生活垃圾中转设施。认真做好扶贫开发新一轮十年规划工作，解决和巩固7万人以上脱贫问题。加快革命老区发展。深化“四议两公开”工作法，加强农村基层组织建设，完善村民自治机制，进一步规范村级民主选举、民主决策、民主管理、民主监督程序。做好新农村建设规划引导，合理布局，完善功能，完成600个中心村规划编制任务，新建100个新农村示范村、100个试点村。

做大做强中心城市。依托中原城市群，按照“白河为轴、两岸并举，一体两翼、区块突破，产业支撑、组团发展”的总体思路，围绕“聚集中心、加快中心、强化中心”，促进各种资源和要素向中心城市快速集聚，推进中心城市规模膨胀、实力壮大、品位提升。壮大城市综合经济实力。进一步做大做强中心城市装备制造、生物能源、生物化工、石油化工、电力、光电、食品等优势产业，培育壮大文化旅游、现代物流、金融保险、房地产业、总部经济等现代服务业，强化城市产业支撑。加快中心城区新能源和光电产业集聚区及东北分区发展步伐。加大高新区白河南区域基础设施建设和招商引资力度，积极争创国家级高新技术开发区。全面启动鸭河、官庄两个工区建设，界定发展范围，确定管理体制，编制各项规划，加强基础建设，制订部门帮扶措施，推动开发建设。修编南阳新区建设方案，争取尽快通过审批、启动实施。尽快完成白河景观带规划，加快推进两岸开发改造建设。高标准推进城市规划建设。完成城市总体规划审查报批工作，抓好重点区域控制性详规、修建性详规、各类专项规划编制和重点市政工程规划设计。增强规划透明度，加强对规划实施情况的监督检查，维护规划的严肃性、权威性。优化城区学校、医院布局，满足城市发展需要。搞好重点市政工程建设，新建、改造、续建城市道路22条，开工建设光武大桥，仲景大桥建成通车，改造背街小巷62条，完成所有旱厕改造，抓好污水处理厂二期工程和滨河路污水管网建设，加快白河南污水处理厂、新建垃圾处理场工程等项目运作，争取早日开工建设。积极推进旧城和城中村改造。搞好城市经营。坚持政府垄断土地一级市场，放开搞活二、三级市场，加大土地储备和闲置土地处置力度，不断增加土地储备规模。采取招标、拍卖、挂牌出让、股权转让、租赁、抵押、授权经营等方式盘活城市存量资产；大胆尝试造壳融资、借壳融资、发行企业债券、BOT等现代融资方式，搞活城市增量资本。坚持市县乡村四级联动，深入开展“六创一迎”。严格落实部门责任，全面完成“六城”年度创建任务。加大主要道路综合整治力度，深化市容环境卫生整治和交通秩序整治活动，开展规范化、专业化、制度化、精细化管理，构建完善的内部联动工作体系和快速反应机制，提升城市品位和外在形象。加大城市执法力度，集中清理整顿违法占地、违法建筑。加强市场建设与管理，坚决杜绝马路市场、店外经营、沿街促销等现象。进一步理顺城市管理体制，重视街道办事处和社区建设，开展市民素质教育，强化城市意识，充分调动各方参与支持城市管理的积极性。

积极推进县城和小城镇建设。大力实施“现代城镇体系建设工程”，突出产业为基、就业为本，增强城镇吸纳和辐射带动能力。培育壮大县级城市，以产业集聚区为载体，积极承接产业转移，促进特色产业、优势项目集聚发展，壮大县域经济，促进农民就近就业，尽快把县城发展成为常住人口20万人以上的中等城市，支持邓州加快建设成为南阳副中心城市。以“紧凑型”、“复合型”理念完成县域村镇体系规划，优化空间布局。继续开展争创“星级城镇”活动，突出抓好50强镇，大力发展特色小城镇和村级集镇。加快城镇道路、交通、供排水、燃气、绿化、污水及垃圾处理等基础设施建设和学校、医院、市场等公共设施建设，完善城镇功能。推进“六创一迎”向城镇延伸，提高城镇管理水平。加快户籍管理、社会保障制度改革，放宽城镇落户条件，支持在城镇稳定就业和居住的农民有序转变为城镇居民。

、加快综合交通运输体系建设。启动“大交通”建设，以建设航空港、公路港、铁路港和信息港为重点，完善市域内高速公路网，兴建过境高速铁路客运专线和沿边县市出入省市的快速通道，加快构建各县市到达中心城区和南阳到达省会都市圈的对内对外双层1小时交通圈，逐步把我市建成中西部地区新的重要交通枢纽。加快南阳飞机场扩建和火车站站场改造工程，全力配合宁西铁路复线和郑渝高铁等重大工程建设。内邓高速公路完成年度投资9亿元，积极推进武西高速南阳段、侯十高速西坪至寺湾段前期工作。力争南阳至邓州、南阳至社旗一级公路早日开工。干线公路完成年度投资3.4亿元，农村公路完成年度投资3.2亿元。新建、续建公路运输场站13个。加强干线公路、县乡公路、村村通公路维修养护和车辆超限超载治理工作。坚持公交优先发展，加快公交场站建设，新投放城市公交车100辆，发展城际公交，再投放一定数量的出租车，方便群众出行。

（三）做好南水北调中线工程建设和第七届全国农运会筹备工作，提升经济社会发展水平

今年是南水北调中线工程建设和第七届全国农运会筹办的关键之年，必须迎难而上，抢抓机遇，全力推动，加快进度，以此带动全市经济社会发展整体提升。

抓好南水北调中线工程移民迁安和工程建设。南水北调中线工程对我市来说，重点在移民，难点也在移民。按照省委、省政府“四年任务两年完成”的总体要求和“搬得出、稳得住、能发展、可致富”的工作目标，扎实做好丹江口库区移民搬迁安置工作。第一批大规模移民搬迁安置工作，确保4月30日前完成移民新村建设，8月31日前完成生产安置和移民搬迁。大力推进第二批8.61万人移民迁安工作，实行交叉作业，3月底前做好移民安置对接工作，6月底前启动第二批移民新村建设，年底前房屋及基础设施基本完成，为明年4月前移民顺利搬迁奠定坚实基础。切实做好搬迁移民后期扶持工作。今年南水北调中线工程南阳段全线开工，积极搞好工程建设协调服务，全力以赴做好征地拆迁和群众安置工作，确保工程建设顺利推进。围绕水源地保护，加强库区生态建设，做好丹江口库区水污染防治和水土保持规划修编及经济社会发展规划编制工作，积极争取国家生态建设补偿资金和受水区对口支援，促进我市经济社会健康发展。

扎实做好农运会各项筹备工作。进一步加大宣传力度，统一思想，提高认识，全民动员，着力营造人人参与支持农运会筹办的浓厚氛围。全面加快场馆建设，完成比赛项目和接待设施布局工作，启动迎宾馆、代表团驻地、运动员村建设，确保综合训练馆、游泳馆年底前竣工、拆迁安置房按期交付群众入住。加快主体育场、新闻中心、全民健身广场、县市区和高校比赛场馆及接待设施建设维修进度，确保按时完工。组织好第七届农运会北京新闻发布会暨吉祥物、主题口号全国征集活动。增强机遇意识，积极争取国家和省政策资金支持。全面启动筹资工作，大力推进市场开发和社会捐赠工作，确保农运会资源开发工作取得较大进展。

（四）积极推进改革开放，增强加快发展的动力活力

深入推进各项改革。实施“重点改革行动计划”。完成市属国有工业企业改革遗留工作，帮助改制企业尽快恢复生产。全面推进国有流通企业改革。积极实施“421”企业上市方案，力争今年有2—3家企业上市融资。加快行政管理体制改革，如期完成市县政府机构改革。继续深化财税体制改革、事业单位分类改革和人事制度改革。认真落实义务教育、公共卫生、基层医疗卫生事业单位绩效工资政策。继续做好公务员津贴补贴规范和兑现工作，市级年内落实到位，县级两年内落实到位。推进行政事业单位资产运营改革，加强对政府经营性投资项目和公司的监督管理，防止国有资产收入流失，确保国有资产保值增值。深化投资体制改革，政府投资的非经营性项目全面推行代建制。加快医药卫生体制改革，促进基本公共卫生服务均等化。深化农村综合改革，稳定土地承包经营政策，开展土地流转市场改革试点；完成集体林权制度主体改革任务，启动配套改革；基本完成农村义务教育债务化解工作；推进农村公益事业建设“一事一议”财政奖补试点。加快推动文化体制、县级供销社、资源价格、金融、环保等领域的改革。

进一步扩大对外开放。把招商引资作为带动全局的战略性任务，实施“对外开放行动计划”，深入开展大招商活动，努力夺取招商引资工作新胜利。进一步落实招商责任，突出招商重点，创新招商方式，注重招商质量和实效，加强签约项目的跟踪落实，强化落地项目服务，力争签约合同引资额超过600亿元，实际利用外资1.8亿美元，实际到位省外资金260亿元。高水平组织第八届玉雕节和第九届张仲景医药科技文化节，积极参加或举办各类境内外大型经贸洽谈活动。加强与中国兵器集团、兵装集团、中核总、中建材、首钢控股、内蒙古博源、乐凯、平安、恒天集团等大企业的战略合作，加快落实天冠与国开投、中光学与四川长虹、南防与

平安集团战略合作协议。加大扶持力度，培育一批主业突出、核心竞争力强的出口龙头企业。争取设立南阳出口加工保税区，方便外商投资，提供出口便利，提高南阳对外开放知名度。加快5个省对外开放重点县市、3个省商务工作扩权县市对外开放步伐，带动县域开放型经济发展。

（五）大力实施民生工程，促进社会和谐稳定

加大民生保障和改善力度，实施好“十项民生工程”，让人民群众更多地享受到改革发展的成果，保持社会和谐稳定。

做好就业和社会保障工作。坚持积极的就业政策，大力实施“就业促进行动计划”。继续落实好“五缓四减三补”政策，帮助困难企业和破产改制企业稳定扩大就业、减少失业。加强对高校毕业生就业培训指导。做好复转军人就业安置工作。支持自主创业、自谋职业，改善创业环境，以创业带动就业，发放小额担保贷款1亿元以上。全年新增城镇就业8万人以上，下岗失业人员再就业2.5万人以上，其中“4050”等就业困难人员1万人，“零就业家庭”动态归零，新增农村劳动力转移就业10万人以上。重视解决失地农民就业和社会保障问题。提高企业退休人员基本养老金和部分优抚对象待遇。强力推进社会保险扩面征缴清欠工作，新增城镇企业职工基本养老保险1.2万人，城镇居民基本医疗保险稳定在65万人以上。加快医疗保险市级统筹步伐，提高城镇职工和居民基本医保最高支付限额标准和住院支付比例，基本解决关闭破产企业退休人员和困难职工基本医疗保障问题，将新农合财政补助标准提高到120元。抓好国家首批新型农村养老保险试点工作，3个试点县力争参保人数达80万人以上。进一步完善城乡低保制度，提高农村五保供养水平。大力发展残疾人事业、社会福利和慈善事业。全面推进住房公积金制度，新建续建经济适用房56.8万平方米，新增廉租房8725套，积极推进棚户区改造。

加快发展社会事业。加大教育投入，加强薄弱学校和师资队伍建设，建立教师队伍长效补进机制。强力推进义务教育均衡发展，努力推进教育公平，尽最大可能满足人民群众对优质教育资源的需求。完成农村中小学校舍维修改造10万平方米，改扩建、资源整合中心城区中小学校8所。高度重视高中特别是农村高中教育，让更多的适龄人口能够接受高中阶段教育。大力实施职教攻坚计划，推进民办职业教育发展，提高劳动者素质，为南阳经济发展培养实用人才。积极推进南阳医专升本和河南经济管理学校、南阳农校、幼师、艺校升专工作，启动镇平玉雕职业技术学院建设。抓好高层次创新型人才队伍建设，实施“人力资源素质提升行动计划”，开辟“绿色通道”吸引优秀人才到我市工作。加大文化事业投入，抓好50个乡镇文化站、200个村级文化大院建设，完成481个村广播电视村村通和5万场次农村电影放映任务。加强城乡卫生服务体系建设，完成27个乡镇卫生院、600个标准化卫生所和5个社区服务中心建设任务，从市县两级选派100名医师对口支援50家乡镇卫生院。扶持和促进中医药事业发展。继续实施国家免疫规划，对农村妇女进行免费宫颈癌检查，努力实现全市农村妇女住院分娩（平产）免费。筹建规模更大、功能更全的市老干部活动中心。精心做好省十一届运动会备战工作。把贯彻落实《全民健身条例》与筹办第七届全国农运会紧密结合起来，打造全国全民健身试点城市。深化人口和计划生育综合改革，稳定低生育水平，提高出生人口素质。加强统计工作，认真做好第六次全国人口普查。

全力维护社会和谐稳定。实施“安全发展行动计划”，严格落实安全生产责任制，深入开展安全生产隐患排查治理工作，强化监督管理，坚决遏制重特大安全事故发生。深入推进社会管理创新，加强和改进信访工作，拓宽群众利益诉求表达渠道，提升社会矛盾纠纷化解能力，形成依法有序表达诉求、及时有效解决问题的社会环境。坚决纠正损害群众利益的突出问题，妥善处理土地征用、拆迁安置、企业改制、环境污染、劳资纠纷、涉法涉诉等方面的矛盾和问题。加强地震监测台网等防灾减灾基础建设，加强应急管理，积极预防和妥善处置群体性事件及突发公共安全事件。深入开展平安创建活动，依法严厉打击各类违法犯罪活动，完善社会治安防控体系，强化社会治安综合治理，提高群众安全感和满意度。加强食品药品质量监管。积极开展法律服务和法律援助。深入推进社会主义核心价值体系建设，加强诚信教育和文明礼仪教育，广泛开展精神文明创建活动。

同时，继续加强国防教育和国防后备力量建设，支持驻宛解放军和武警部队建设，不断提高预

备役部队、民兵和人民防空建设质量;深入开展双拥共建活动,巩固发展军政军民团结,积极创建国家级双拥模范城。切实做好物价、外事、侨务、对台、民族、宗教、档案、保密、史志、气象等工作。超前谋划,编制好"十二五"发展规划。

三、大力实施"四个带动",改进加强政府自身建设

实施项目带动、品牌带动、创新带动、服务带动,是我市多年来实践经验的承续,是加快经济社会发展的重要载体,也是改进加强政府工作的重要举措。坚持广泛发动、提高认识,统筹推进、重点突破,突出特色、注重实效,强力推动"四个带动"向政府工作各个层面、各个部位延伸,向经济社会发展的各个领域和关键环节拓展,以"四个带动"提高政府施政水平和工作效能,推动南阳经济社会又好又快发展。

(一)实施项目带动,进一步夯实发展基础

坚持以项目统揽经济社会发展全局,使各项工作项目化,大上项目、上大项目、上好项目,以项目带动集聚生产要素、推动工作落实,增强经济实力和发展后劲。狠抓项目筛选论证、争取报批、落地建设、联动推进等关键环节,积极推进工业结构优化升级、现代农业、现代服务业、现代城镇体系、综合交通体系、能源基础产业、社会事业发展、公共服务等领域项目建设,为经济社会发展提供强有力的支撑。今年着力实施"3121"投资促进计划,即在产业升级、重大基础设施建设、民生工程3大领域,抓好100个总投资超亿元的重大项目,落地建设200个投资在3000万元以上的招商引资项目,带动全市城镇固定资产投资达到1200亿元以上。

(二)实施品牌带动,进一步提升发展水平

把品牌建设作为调整优化结构、转变发展方式、改进加强政府工作的突破口,以各项工作品牌化,引领各行各业争先创优,提升发展品位。按照积极培育、全力争创、强化带动的原则,大力推进品牌建设,积极实施"1311"工程,即围绕打造品牌南阳这一核心目标,在经济、文化旅游、社会等3大领域,培育工业、农业、现代服务业、文化、旅游、科技、城建、教育、卫生、政务等10大类100个以上"国字号"品牌,努力打造产品品牌驰名中外、区域品牌特色鲜明、科技品牌技术领先、工作品牌影响广泛的南阳品牌形象。

(三)实施创新带动,进一步增强发展动力

大力推进观念创新、科技创新、体制机制创新和管理创新,激发创造活力,破解发展难题,强化引领支撑,推动全市经济社会跨越式发展。以建设自主创新体系为重点,实施"431"工作计划,即促进高新技术产业、传统优势产业、现代农业和现代服务业四大产业发展,实施知识产权战略、产业集聚区科技创新和创新型科技人才队伍建设三大工程,构建和完善自主创新公共服务平台,积极创建国家科技进步示范市、国家知识产权示范市和国家创新型试点城市。加快推进产业发展、投融资、公共服务、城乡统筹等关键领域的体制机制创新和企业管理、行政管理、社会管理、市区管理等方面的管理创新,为推动跨越式发展提供强大动力。

(四)实施服务带动,进一步强化发展保障

把服务带动贯穿于经济社会发展的全过程,牢固树立"服务就是义务、服务就是环境、服务就是效益"的理念,坚持以服务经济建设为核心,围绕服务企业、服务基层、服务群众三项工作重点,在行政审批、公共事业、社会保障等十大领域,按照"超常规、不违规"的要求,创新服务方式,优化工作流程,提升服务水平,充分发挥服务对发展的带动作用。深化行政审批制度改革,创新行政审批服务中心管理机制,建立市县行政效能电子监察系统,推进电子政务建设。加强对服务带动工作的检查监督和考核奖惩,实施"双十双百"工程,每年对全市服务带动工作情况进行综合考评排序,评出十佳服务单位、十佳服务窗口,以及百名优秀公务员和百名先进工作者(十大领域分别评出"十佳"),由市政府给予表彰奖励。同时,对工作不力、作风不实、群众反映强烈的单位和个人实施行政问责,严肃追究当事人和单位负责人责任。通过努力,尽快在全市逐步建立起科学合理、行为规范、机制健全、运转协调、廉洁高效的服务体系,使南阳的公共服务和社会管理水平明显提升,经济发展环境明显改善,为南阳经济社会快速发展提供重要保障。

在大力实施"四个带动"的同时,高度重视民主法制和廉政建设。坚持依法行政。严格依照法定权限和程序履行职责,运用法律手段推进政府工作。规范行政执法行为,严格落实行政执法责任制

和过错追究制。加强和改进行政复议工作。严格执行人大及其常委会的决议、决定，依法接受人大及其常委会的法律监督、工作监督，主动接受政协民主监督，认真办理人大代表建议和政协委员提案。尊重群众的主体地位，问政于民、问需于民，充分听取各民主党派、工商联、无党派人士及各人民团体的意见，广泛接受社会公众和新闻舆论等方面监督，办好网络留言板和市长热线等政府与人民互动平台。坚持廉洁从政。坚持标本兼治、综合治理、惩防并举、注重预防的方针，认真落实廉政建设责任制，贯彻执行《廉政准则》。健全公共资源配置、公共资产交易、公共产品生产等领域的管理制度，推进权力运行程序化，从源头上防治腐败。依法推进政府信息公开，让权力在阳光下运行。坚持勤俭行政，严格控制一般性支出，从严控制公费出国，严格控制楼堂馆所建设，禁止高档装修办公楼，加快公务接待、公车使用等制度改革，逐步将公务消费纳入政务公开范围，探索建立系统规范的财政预算公开机制，坚决制止铺张浪费和奢靡之风。切实精简会议和文件，特别要减少那些形式重于内容的会议、庆典和论坛。严格要求、教育、管理和监督政府领导干部及工作人员，切实做到警钟长鸣、勤勉尽责、秉公用权、廉洁自律。充分发挥监察、审计部门的作用，加强对行政权力运行的监督。保持惩治腐败的高压态势，严肃查处违纪违法案件，坚决惩处腐败分子，以反腐倡廉建设新成效取信于民。

各位代表，面对经济社会发展的新要求，面对全市人民的殷切期盼，我们深感责任重大、使命光荣！让我们在省委、省政府和市委的正确领导下，深入贯彻科学发展观，咬定发展目标，只争朝夕，激情创业，锐意进取，埋头苦干，为加快建设富强美好和谐新南阳而努力奋斗！

2009年南阳市
国民经济和社会发展统计公报

南阳市统计局

2010年2月26日

2009年,面对国际金融危机的严重冲击,面对保增长、保民生、保稳定、保态势的严峻考验,全市人民在市委、市政府的坚强领导下,坚持以科学发展观统领经济社会发展全局,认真贯彻落实国家、省一系列关于扩内需、保增长、惠民生的政策措施,积极应对复杂多变的经济发展环境,着力解决经济运行中的突出矛盾和问题,有效遏制了经济下滑势头,各项事业全面进步,人民生活继续改善,国民经济和社会发展取得了新的成就。

一、综合

初步核算,全年全市生产总值1780.04亿元,比上年增长11.0%。其中:第一产业增加值367.07亿元,增长4.2%;第二产业增加值896.55亿元,增长11.2%;第三产业增加值516.42亿元,增长15.8%。按常住人口计算的人均生产总值为17645元,按当年汇率折算约合2582美元,比上年增长10.0%。三次产业结构为20.6∶50.4∶29.0,二三产业比重较上年上升0.5个百分点。

全年居民消费价格比上年下降0.4%,其中,食品类价格上涨0.3%。商品零售价格下降0.7%,农业生产资料价格上涨1.4%。

年末全市从业人员660.5万人。全年城镇新增就业人员10.5万人。年末城镇登记失业率为3.8%。下岗失业人员实现再就业3.2万人,其中,就业困难人员就业数1.2万人。新增农村劳动力转移就业13.5万人。

年末全市城镇在岗职工为67.79万人,城镇在岗职工年平均工资为20834元。

表1:2009年居民消费价格指数

以上年为100　　单位:%

类　　别	指　数
居民消费价格指数	99.6
#城市	99.5
农村	99.7
#食品	100.3
#粮食	106.0
肉禽及其制品	87.9
鲜菜	102.9
衣着	103.0
家庭设备用品及服务	101.5
医疗保健及个人用品	100.9
交通和通信	98.4
娱乐教育文化用品及服务	103.2
居住	92.0

全年地方财政收入合计101.58亿元,比上年增长0.7%,其中:一般预算收入56.17亿元,增长9.5%。在一般预算收入中,税收收入41.57亿

元,增长7.9%,税收占地方财政一般预算收入的比重为74.0%,较上年下降1.1个百分点。一般预算支出203.53亿元,增长24.7%。其中,基本公共管理与服务支出31.62亿元,增长23.4%,教育支出39.03亿元,增长13.5%;科学技术支出2.89亿元,增长0.9%;农林水事务支出25.27亿元,增长37.7%;社会保障与就业支出27.85亿元,增长27.8%;医疗卫生支出18.27亿元,增长48.0%。

二、农业

全年粮食种植面积1681.10万亩,比上年增长1.8%,其中:小麦种植面积991.44万亩,增长1.1%;棉花种植面积159.84万亩,下降9.7%;油料种植面积458.31万亩,增长4.9%;蔬菜种植面积358.91万亩,增长0.7%。

全年粮食产量579.4万吨,比上年增产1.7%;棉花产量9万吨,减产17.5%;油料产量111.4万吨,增产9.2%,蔬菜产量900.91万吨,增长2.6%。肉类总产量67.57万吨,增长5.7%;禽蛋产量31.23万吨,增长5.5%;牛奶产量22.45万吨,增长9.0%。

表2:2009年主要农产品产量

单位:万吨、%

产品名称	产量	比上年增长
粮食	579.37	1.7
夏粮	356.23	1.8
小麦	354.77	1.8
秋粮	223.14	1.6
玉米	144.49	2.1
大豆	12.07	1.42
红薯	31.75	0.3
油料	111.40	9.2
花生	88.72	10.4
油菜籽	13.28	-0.35
芝麻	8.40	13.6
棉花	9.00	-17.5
烤烟	5.87	8.0
蔬菜	900.91	2.57

年末农业机械总动力1075.62万千瓦,比上年增长2.9%;农用拖拉机94.94万台,增长1.4%;农用运输车6.67万辆,下降6.1%。全年农村用电量16.69亿千瓦小时,增长3.1%;化肥施用量(折纯)75.35万吨,增长1.7%。

三、工业和建筑业

全年全部工业增加值792.8亿元,比上年增长10.3%。其中,规模以上工业增加值486.38亿元,增长14.0%。

表3:2009年规模以上工业增加值主要分类情况

单位:亿元、%

指标	增加值	比上年增长
规模以上工业增加值	486.38	14.0
#轻工业	202.66	12.2
重工业	283.72	15.2
#国有及国有控股企业	128.08	3.3
#国有企业	82.65	-0.8
集体企业	7.00	4.5
股份制企业	231.64	22.8
外商及港澳台投资企业	20.87	11.5
#大中型企业	249.58	13.4
小型企业	236.79	14.8
#非公有制工业	336.47	20.2
#高技术产业	42.62	19.6

规模以上工业中,增加值居前5位的行业大类为:纺织业64.36亿元,比上年增长11.8%;非金属矿物制品业61.75亿元,增长26.7%;电力、热力的生产和供应业39.00亿元,增长10.6%;石油和天然气开采业35.64亿元,下降8.2%;农副食品加工业30.94亿元,增长13.4%。

主要工业产品产量中,小麦粉产量比上年增长26.2%,纱增长25.9%,碳酸钠增长17.2%,中成药增长15.3%,啤酒增长49.7%,水泥增长41.3%,天然原油增长3.9%。

全年规模以上工业企业主营业务收入

1513.05亿元，比上年增长16.6%；利润总额96.22亿元，增长9.6%。分所有制看，国有及国有控股工业利润2.84亿元，下降84.3%；非公有制工业利润81.04亿元，增长33.4%。分行业看，利润总额居前5位的行业大类为：纺织业18.98亿元，增长28.4%；非金属矿物制品业13.55亿元，比上年增长33.1%；黑色金属冶炼及压延加工业9.32亿元，增长8.2%；农副食品加工业7.63亿元，增长28.1%；食品制造业6.11亿元，增长103.0%。

表4:2009年主要工业产品产量

产品名称	单位	产量	比上年增长(%)
天然原油	万吨	188.00	3.9
天然气	万立方米	5662	-6.5
小麦粉	万吨	242.03	26.2
发酵酒精	万千升	4.1	-33.8
啤酒	万千升	28.39	49.7
卷烟	亿支	129.11	2.6
纱	万吨	89.97	25.9
布	亿米	3.99	22.0
碳酸钠(纯碱)	万吨	118.72	17.2
化肥(折纯)	万吨	29.35	3.1
中成药	万吨	2.21	15.3
人造金刚石	万克拉	50.89	12.2
水泥	万吨	1519.14	41.3
生铁	万吨	202.11	62.2
铁合金	万吨	10.54	-2.7
发电设备	万千瓦	18.63	-22.0
交流电动机	万千瓦	972.93	0.8
发电量	亿千瓦小时	128.74	23.5
供电量	亿千瓦小时	208.11	3.9
工业用电量	亿千瓦小时	119.15	7.9

全年全社会建筑业总产值162.94亿元，比上年增长12.0%。全市具有资质等级的建筑企业利润总额6.59亿元，增长15.7%；税金总额6.06亿元，增长13.0%。

四、固定资产投资

全年全社会固定资产投资1153.18亿元，比上年增长28.7%，其中：城镇投资929.52亿元，增长31.2%；农村投资223.66亿元，增长19.4%。

在城镇投资中，国有控股投资277.30亿元，比上年下降9.8%；民间投资643.59亿元，增长64.2%；港澳台及外商投资8.78亿元，增长32.1%。第一产业投资37.75亿元，增长40.4%；第二产业投资603.12亿元，增长36.4%；第三产业投资288.65亿元，增长20.5%。

表5:2009年各行业城镇固定资产投资完成情况

单位：亿元、%

行业	投资额	比上年增长
合计	**929.52**	**31.2**
农林牧渔业	37.75	40.4
工业	603.09	36.4
石油	31.08	-6.7
电力、热水	36.88	-37.2
燃气、水	37.54	249.2
冶金	53.55	62.7
建材	123.03	79.2
化工	68.75	71.6
机械	86.50	68.7
电子	13.82	-48.2
食品	68.79	22.6
纺织	47.97	30.6
其他工业	35.16	30.7
建筑业	0.03	-40.4
交通运输、仓储和邮政业	24.19	-30.4
信息传输、计算机服务和软件业	9.66	41.6
房地产业	79.06	36.7
水利、环境和公共设施管理业	78.12	36.4
教育	7.33	-3.5
卫生、社会保障和社会福利	9.29	-2.0
文化、体育和娱乐业	15.54	93.9
其他	65.46	13.5

全年房地产开发投资56.12亿元，比上年增长32.0%，其中，住宅投资46.59亿元，增长32.9%。商品房施工面积836.18万平方米，增长

36.6%，其中，住宅699.62万平方米，增长38.3%。商品房竣工面积159.09万平方米，增长63.6%，其中，住宅133.96万平方米，增长70.8%。商品房销售面积218.52万平方米，增长7.3%，其中，住宅201.84万平方米，增长7.5%。商品房销售额42.45亿元，增长2.2%，其中，住宅销售额35.17亿元，增长7.9%。商品房空置面积17.36万平方米，增长34.9%。

全年全市城镇施工项目已达到4631个，比上年增加945个；其中本年新开工项目3859个，增加1126个；亿元以上项目145个，增加28个。

全年50个"发动机计划"项目累计完成投资45.39亿元。其中，26个续建项目本年度完成投资29.46亿元，占年度计划的90.0%；24个当年计划开工项目中有22个项目按时开工建设，累计完成投资15.93亿元，占年度计划的55.0%。

南阳天羽有色金属压延有限公司10万吨PS版基项目、南阳二机石油装备集团有限公司大型成套数字化钻机及钻机配套开发项目、南阳英宝电子有限公司年产1000万件电子产品项目、河南瑞发水电设备有限责任公司风力发电设备生产线、南阳乐乐牛乳业有限责任公司年产10万吨豆奶等项目进展顺利。

全年新增主要生产能力：天然原油开采21.1万吨，输电线路长度（11万伏及以上）2039.6公里，新建高速公路90公里，日污水处理能力33万吨。

五、国内贸易

全年社会消费品零售总额676.66亿元，比上年增长19.0%。分城乡看，城市消费品零售额220.61亿元，增长22.4%；县及县以下消费品零售额456.05亿元，增长17.4%。分行业看，批发和零售业零售额558.83亿元，增长17.8%；住宿和餐饮业零售额106.03亿元，增长21.0%；其他行业零售额11.80亿元，增长8.3%。在限额以上批发和零售企业销售额中，食品类增长60.1%，粮油类增长104.2%，服装鞋帽针纺织品增长52.6%，石油及制品类增长20.1%，家用电器及音像器材类增长113.8%，金属材料类增长54.4%，汽车类增长14.1%，种子饲料类增长135.2%，棉麻类增长37.5%。分产品销售量看，汽车销售2.22万辆，增长81.7%；家用空调器销售31.25万台，增长621.4%；服装2125.82万件，增长33.3%；鞋1256.25万双，增长41.1%；棉花10.99万吨，增长53.4%；水泥1.09万吨，增长108.7%；钢材16.89万吨，增长92.3%。

六、对外经济

全年对外贸易实现进出口总值6.37亿美元，比上年下降27.0%，其中：出口总值4.29亿美元，下降38.0%；进口总值2.08亿美元，增长13.0%。在出口总值中，一般贸易3.27亿美元、加工贸易0.39亿美元，分别比上年下降38.0%和47.0%。

全年新批外商投资企业16个。合同利用外资金额3.26亿美元，比上年增长39.9%。实际利用外商直接投资1.33亿美元，增长12.3%。引进省外资金135.3亿元，增长22.4%。

全年对外承包工程和劳务合作合同金额0.6亿美元，增长13.0%；营业额0.5亿美元，增长6.0%。

七、交通、邮电和旅游

年末全市高速公路通车里程达到553公里。全年完成客运量12670.4万人、货运量12779.06万吨，分别比上年增长12.1%和28.1%；完成旅客周转量121.09亿人公里、货物周转量295.88亿吨公里，分别比上年增长17.23%和33.38%。年末民用汽车保有量25.02万辆，增长18.2%。

全年邮电业务总量42.69亿元，增长39.6%，其中：邮政业务4.56亿元，电信业务38.13亿元。本年新增移动电话用户38.58万户，互联网用户9.04万户。年末本地移动电话用户288.46万户，计算机互联网用户30.41万户，固定电话用户92.02万户。年末局用电话交换机总容量183.97万门，电话普及率34.71部/百人。

全年共接待境内外游客1351.6万人次，比上年增长25.1%。旅游总收入69.30亿元，增长23.5%。本年新创建4A级景区1家（西峡老界岭），南阳伏牛山世界地质公园被评为中国最美十大地质公园。年末共有A级旅游景区23处，其中，4A级以上景区6处。星级酒店39个，旅行社102家。

八、金融、证券和保险业

年末全市金融机构人民币各项存款余额1145.90亿元,比上年末增长24.4%,较年初增加224.73亿元,增长24.4%,其中,企业存款余额158.28亿元,增长33.75%。人民币各项贷款余额699.08亿元,同比增长26.9%,其中:短期贷款余额439.52亿元,增长21.3%;中长期贷款余额215.4亿元,增长29.33%。

全年保险公司保费收入37.81亿元,比上年增长1.8%,其中:财产险保费收入6.83亿元,增长20.0%;人身险保费收入30.97亿元,下降1.5%。全年赔款及给付9.18亿元,比上年下降16.2%,其中:财产险赔款支出4.09亿元,增长22.9%;人身险赔付5.09亿元,下降33.2%。

九、教育和科学技术

年末全市拥有普通高等学校4所,当年招生2.41万人,在校生6.35万人,毕业生1.65万人。成人高校1所,当年招生0.89万人,在校生1.62万人,毕业生0.46万人。中等职业技术学校94所,当年招生5.19万人,在校生13.11万人,毕业生3.79万人。普通高中82所,当年招生4.96万人,在校生15.81万人,毕业生6.13万人。初中学校441所,当年招生13.87万人,在校生40.45万人,毕业生13.38万人。普通小学3754所,当年招生20.87万人,在校生105.36万人,毕业生14.13万人。特殊教育学校10所,当年招生197人,在校生1531人。幼儿园在园幼儿18.47万人。全年累计发放"两免一补"资金6.39亿元,资助困难学生202万人次。

全年共争取国家省科技技术项目、CDM项目和国际科技合作项目共41项,其中3个项目被列入省重大科技专项,5个项目被列入国家中小企业创新基金项目。全市有工程技术中心、重点实验室80家,其中省级工程技术中心14家、重点实验室2个,市级工程技术中心41家、重点实验室23个。共取得省级科技进步奖16项。申请专利1114件,授权专利638件;签订技术合同113份,成交金额5080万元。培育国家高新技术企业18家,国家创新型试点企业2家,河南省创新型试点企业4家,河南省节能减排示范企业4家。

年末共有产品质量监督检验机构12个。法定计量技术机构12个。全年强制检定计量器具7.34万台件。制定、修订地方标准76项,其中新建标准4项。完成产品认证的企业达到13个。年末共有5种产品拥有"国家地理标志产品保护"称号;2种产品拥有"国家免检产品"称号;5种产品拥有"中国名牌产品"称号;35种产品拥有"河南名牌产品"称号。全市共有天气雷达观测站点2个,卫星云图接收站点2个。地震台站3个,地震遥测台网1个。

十、文化、卫生和体育

年末共有艺术表演团体17个,文化馆16个,公共图书馆13个,博物馆16个;全国重点文物保护单位13处,国家级非物质文化遗产名录8个。有线电视用户68.2万户,广播人口覆盖率97.0%,电视人口覆盖率98.0%。年末共有综合档案馆14个。全年出版报纸18万份。

年末全市共有卫生机构373个,其中:医院、卫生院302个,妇幼保健院(所、站)13个,疾病预防控制中心(防疫站)14个,卫生监督检验机构11个。卫生机构病床床位2.47万张,其中,医院、卫生院2.28万张。卫生技术人员2.94万人,其中:执业医师和执业助理医师1.09万人,注册护士0.92万人。疾病预防控制中心(防疫站)技术人员0.11万人,妇幼保健院(所、站)技术人员0.12万人。农村乡(镇)卫生院222个,床位0.68万张,卫生技术人员0.78万人。新型农村合作医疗制度覆盖所有县市区,实际参加农村合作医疗农民893万人,参合率达到96.4%。

全年运动员在国内外重大比赛中,共获得金牌34块。成功举办了南阳市第三届运动会暨首届农民运动会、在河南油田举办了豫南八城市羽毛球邀请赛。承办了2009年全国围棋锦标赛(团体)和河南省围棋段位赛南阳赛区的比赛。8月份"全民健身月"的启动仪式更是吸引了几千名体育爱好者参与其中,极大地调动了全市人民爱生活、爱体育的热情。

十一、人口、人民生活和社会保障

年末全市总人口1096.22万人,其中:男性571.13万人,占52.1%;女性525.09万人,占

47.9%。按城乡分，城镇人口401.55万人，乡村人口694.67万人；全年出生人口12.11万人，出生率11.05‰；死亡人口6.56万人，死亡率5.98‰。自然增长率为5.07‰。

全年农村居民人均纯收入4931元，剔除价格因素，比上年实际增长7.7%；农村居民人均生活消费支出3606元，增长10.7%。城镇居民人均可支配收入13498元，比上年实际增长10.2%；城镇居民人均消费性支出9595元，增长14.7%。农村居民家庭恩格尔系数为37.8%，城镇居民家庭恩格尔系数为33.0%。

年末参加基本养老保险人数48.1万人，其中：参保职工35.3万人，参保离退休人员12.8万人。参加基本医疗保险人数142.5万人。参加失业保险人数62万人。

全年共发放城镇居民最低生活保障金2.3亿元，享受最低生活保障13.4万人。发放农村低保金2.7亿元，农村低保对象43.8万人。发放城乡医疗救助资金4897万元，救助18.6万人次。

年末各类社会福利院床位3.7万张，收养3.5万人。城镇建立各种社区服务设施176个，其中，社区服务中心36个。全年销售福利彩票1.55亿元，接受社会捐赠69万元。

十二、资源、环境与安全生产

全年总用水量23.41亿立方米，其中：农业用水11.88亿立方米；工业用水7.69亿立方米；生活用水3.57亿立方米。

全年实现COD减排量2.44万吨，SO2减排量3.95万吨，COD排放量控制在6.83万吨，SO2排放量控制在6.51万吨。

全市纳入国家重点流域水污染防治规划项目27个，现已完成24个，完成率88.9%。白河出境水新甸铺断面COD、氨氮达标率分别为100%、94%。

全年城市环境空气质量优良天数比例为92.6%，较上年降低1.39个百分点。所有市县全部建成污水处理场，并投入使用。

全年营造林91.46万亩，其中，人工造林79.76万亩。全市参加义务植树498.8万人次，完成义务植树2377万株。年末共有自然保护区6个，其中，国家级自然保护区3个。森林公园8个，其中，国家级森林公园2个。年末全市森林覆盖率为34.51%。

全年共发生各类安全生产伤亡事故887起、死亡254人，比上年分别下降15.0%和16.2%。全市亿元GDP生产安全事故死亡人数为0.14人，事故直接财产损失678万元。

注：

1.本公报为初步统计数。

2.地区生产总值、各产业增加值绝对数按现价计算，增长速度按可比价计算。

3.居民家庭恩格尔系数指居民家庭食品消费支出占生活消费支出的比重。

4.部分数据因四舍五入的原因，存在着与分项合计不等的情况。

关于南阳市2009年国民经济和社会发展计划执行情况与2010年计划(草案)的报告

——2010年3月4日在南阳市第四届人民代表大会第二次会议上

市发展和改革委员会主任　李甲坤

各位代表:

受市人民政府委托,现将2009年国民经济和社会发展计划执行情况与2010年计划(草案)提请南阳市四届人大二次会议审议,并请各位政协委员和其他列席人员提出意见。

一、2009年国民经济和社会发展计划执行情况

2009年是新世纪以来我市经济发展最为困难的一年,也是战胜严峻考验、各项工作取得重大成效的一年。面对国际金融危机的冲击,全市上下深入贯彻科学发展观,认真落实中央、省应对危机的一揽子计划,攻坚克难,保增长、保民生、保稳定取得重大胜利,较好地完成了市四届人大一次会议确定的各项任务。

国民经济实现平稳较快增长。针对经济运行中的突出矛盾和问题,先后制订实施了一系列具有较强针对性的政策措施,在较短时间内有效遏制了经济快速下滑,有力地促进了经济企稳回升。预计全年生产总值完成1780亿元,同比增长11%;全部工业增加值达到792.8亿元,增长10.3%,其中第一、二、三次产业增加值分别增长4.2%、11.2%和15.8%;全社会固定资产投资完成1153亿元,增长28.7%,其中城镇固定资产投资完成929.5亿元,增长31.2%;社会消费品零售总额实现676.7亿元,增长19%;地方财政一般预算收入完成56.2亿元,增长9.5%;金融机构各项贷款余额701.2亿元,增长27.3%。

农业生产重灾之年再夺丰收。支农惠农政策得到落实,全市已发放各项涉农补贴资金13.5亿元。大力实施抗灾保丰收和“秋粮生产行动计划”,新建了一批应急抗旱灌溉工程、中低产田改造和水利灌溉工程。对鸭河口水库、桐柏二郎山等9座大中型病险水库进行了除险加固,实施了10个县标准粮田等项目建设。全年粮食总产达579.4万吨,连续四年超100亿斤,油料总产111.4万吨,增长9.2%,在特殊年份为保障国家粮食安全做出了突出贡献。积极发展现代农业,编制了《南阳现代农业发展规划》及现代畜牧、花卉苗木、经济作物、水产等专项发展规划。畜牧养殖实现平稳较快发展。肉蛋奶总量达121.3万吨,增长6.2%;新上各类规模养殖场(小区)93个;畜牧业产值占农业总产值的35%。完成工程造林130万亩,是历年来生态造林最多的一年。

产业结构优化升级步伐加快。根据国家、省

10大产业振兴规划纲要，委托国内知名院所，分别编制了《南阳现代产业发展规划》及7个重点产业、13家重点企业发展规划。提出并实施战略支撑产业转型升级工程、战略先导产业发展培育工程和战略基础产业夯实奠基工程。南阳新能源、光电、生物、油碱化工、纺织等重大产业基地建设启动。13家企业和15个重点项目进入省"双百"计划。南阳防爆集团年产150万千瓦高效节能电机、二胶厂年产30万平方米柔性树脂版、龙成集团年产500台(套)冶金机械等105个重大工业结构调整项目完成投资132亿元，50个项目建成投产。深入开展"企业服务年"活动，累计解决企业反映问题1739个。分行业、分层次召开银企洽谈会30次，签约项目金额1500亿元。组织召开工业品产销对接15次，累计签约金额234亿元。搞好煤电油运汽供应保障，为企业生产经营创造了良好的外部环境。全市规模以上工业完成增加值486.4亿元，增长14%；实现利润96.2亿元，增长9.6%。服务业发展态势良好。编制实施了南阳文化产业、镇平玉文化改革发展试验区、南阳卧龙岗文化旅游产业集聚区等发展规划，运用服务业发展引导资金支持了赊店古镇游客服务中心、镇平文化改革发展试验区、镇平玉雕大师创作研发中心(国际玉城文化中心)等重点项目建设。旅游服务功能进一步完善，老界岭晋升为国家4A级景区。全年共接待游客1351.6万人，实现旅游总收入69.3亿元，分别增长25%、23.5%。内乡中汇铁路物流中心、惠农达农村物流工程农资配送中心等10个物流项目建设进展顺利。

*城镇化进程不断加快。*修订完善了中心城市总体规划，完成了第二轮土地利用总体规划修编。研究提出了南阳新区规划方案，已上报省待批。启动了鸭河、官庄工区筹备前期工作。省确定的14个产业集聚区总体规划通过了省专家评审。全市产业集聚区实施投资额1000万元以上项目225个，全年完成投资158.5亿元。强力实施中心城市突破战略，坚持拉大框架与完善功能、新区建设与老城区改造并重，加快城市基础设施建设，辐射带动县城和小城镇发展。全年中心城区基础设施投资突破20亿元，较去年增长58.3%。完成了工业路、中州路、建设西路拓宽改造和独山大道南延、仲景中路快车道等工程；环城高速全线贯通；仲景大桥、滨河路污水管网改造、梅溪河内河治理工程等工程和城中村、旧城改造稳步推进。新增城市绿化面积21万平方米。第七届全国农运会主体育场、游泳馆、综合训练馆、群众安置房已开工建设，新闻中心奠基，部分比赛场馆和配套设施已完成拆迁工作。全市城镇化率达到36.6%，提高1.7个百分点。

*发展方式转变取得积极进展。*自主创新能力建设进一步加强，二氧化碳全降解塑料、纤维乙醇、计算机直接制版、太阳能等级多晶硅等一批高新产业关键技术和新产品研发深入推进。迅天宇公司年产300吨物理法制备多晶硅全流程工艺示范工程、中光学集团年产12万套LCoS光学引擎等一批高技术产业化项目进展顺利。建立了西峡鑫龙保温材料公司、西峡西泵特种铸造公司2个省级企业技术中心和天冠集团非粮生物质能源综合开发利用、中光学集团微显示2个省级工程实验室。新增国家高技术企业5家、国家创新型试点企业2家。节能减排取得新成效，超额完成省定目标。中联卧龙水泥余热发电、宛西制药清洁生产技术改造等一批重点节能工程项目全部竣工。实施"百千万节能行动"绿照工程，共计推广32万只高效照明产品。天冠集团城市民用沼气工程、6456工厂汽车发动机总成再制造、内乡牧原公司、桐柏碱硝化工园区循环经济试点工作顺利进行。

*重点项目建设取得新成绩。*深入开展"项目推进年"活动，建立重大项目联审联批机制，完善重点项目联动推进机制，组织重点项目及产业集聚区观摩点评活动，有力地促进了全市重点项目建设。中央下达我市前四批中央投资项目累计完成投资27.4亿元，超额完成年度目标。245个市重点项目完成投资230亿元，占年度计划的101.3%。七运会主场馆、南阳机场二期改扩建、鸭河口水库除险加固工程、南水北调中线工程渠首、内邓高速等75个项目开工建设；二机石油大型数字化钻机一期、龙大牧原10万吨高档肉食品加工等42个项目建成投用。一批重大项目前期工作加速推进。核电站项目"两评"报告已报送国家环保部咨询，可研报告(初稿)已报送国家能源局；天池抽水蓄能电站已经国家发改委同意批复开展前期工作；宁西铁路二线工程可研报告通过国家发改

委评审，初步设计已经完成；南阳火车站站房改造已纳入宁西铁路复线建设计划；郑渝铁路郑州至南阳段已纳入部省会谈纪要。

*重点改革和开放合作取得新突破。*投融资体制、农村信用社改革不断深化，组建了市投资集团、金地投资开发公司、南阳农运资源开发公司等投资公司，方城县凤裕村镇银行及卧龙、宛城、高新区、西峡县4个小额贷款公司挂牌开业。农村水利工程管理体制改革全部完成，集体林权制度改革扎实推进。积极推动农村综合改革和国企、医药卫生、市县政府机构改革等。深入开展大招商活动，组织参加了第七届南阳玉雕节暨宝玉石博览会、深圳产业集聚区招商会等经贸活动，引进了一批大企业、大集团入驻我市。中光学集团、金光数显、天冠集团、英宝电子等企业分别与长虹集团、首钢控股、国开投、创维集团开展合作；市政府与中建总公司合作建设南阳路桥工程，与平安集团签署了战略合作框架协议。全年全市实际利用外资1.33亿美元，增长12.3%；利用省外资金135.3亿元，增长22.4%。

*人民生活进一步改善。*年初向社会承诺的“十大实事”如期完成。全年新改建农村公路2361公里、危桥改造10429延米。解决了47.3万农村居民安全饮水问题，新增农村沼气用户10.2万户。丹江口库区1.08万试点移民实现了安全、顺利、和谐搬迁，启动了第一批近6.5万移民安置工作。实施了中小学校舍安全工程。中心城区改扩建学校中，市十五小、市三中工程等项目竣工投用。启动实施了10个中职教育、1个特殊教育学校项目。新建了70个乡镇综合文化站，完成20户以上自然村通广播电视工程566个等惠民工程。启动实施了市中医院和唐河、桐柏等5个县医院扩建项目，完成了5所社区卫生服务中心改扩建和66所中心乡镇卫生院项目。就业再就业工作成效明显，全市新增城镇就业10.5万人，“零就业家庭”动态归零；新增农村劳动力转移就业13.5万人。企业养老、城镇职工基本医疗、城镇居民基本医疗保险覆盖面持续扩大；新农合参合率96%。加快保障性住房建设，全年经济适用住房竣工20.2万平方米，廉租住房保障1.5万户。城乡居民收入继续增加，全年城镇居民人均可支配收入13498元、农民人均纯收入4931元，实际分别增长10.2%和7.7%。人口自然增长率5.07‰。

在罕见的困难和挑战面前，我市经济社会发展取得这样的成绩极其不易。但我们也应清醒认识到，当前经济回升的基础仍不稳固，经济社会发展中还存在着一些突出矛盾和问题：一是经济实力大而不强。近几年我市经济总量占全省的比重呈逐年下降态势，人均指标排位靠后，保态势形势十分严峻。二是项目储备不足，发展后劲乏力。目前储备的项目从个数、投资额上看与我市经济总量很不相当。从城镇以上固定资产投资总量来看，也有下滑的危险。三是发展方式粗放，经济结构不合理、产业层次不高、竞争力不强等深层次矛盾进一步凸显。我市产业层次低，资源原材料加工比重过大，大多处于产业链的初端和价值链的低端，传统产业转型升级的任务非常繁重，节能减排压力很大。服务业比重依然偏低，一产比重仍然过大。四是体制机制创新滞后带来的不稳定因素增多，实现跨越式发展面临诸多挑战。五是需求不足约束尚未根本性改观，外贸出口计划指标没有完成，部分行业企业生产经营比较困难，经济增长的质量效益和稳定性还需进一步提高，经济发展的内生动力有待于进一步增强。这些问题都需要采取有效措施加以解决。

二、2010年国民经济和社会发展主要目标

今年经济工作的总体要求是：认真落实中央、省委、市委经济工作会议精神，深入学习实践科学发展观，围绕保增长、调结构、惠民生、保稳定，按照重在持续、重在提升、重在统筹、重在为民的要求，积极实施“项目带动、品牌带动、创新带动、服务带动”和“七项行动计划”，着力提高经济增长质量和效益，着力推动经济发展方式转变和经济结构调整，着力推进改革开放，着力促进工业化、城镇化、农业现代化协调发展，着力改善民生和保持社会和谐稳定，努力保持跨越发展的基本态势，确保全面完成“十一五”规划。

2010年全市经济社会发展的主要预期目标是：生产总值增长11%；地方财政一般预算收入增长10%；全社会固定资产投资增长25%；城镇固定资产投资增长30%；社会消费品零售总额增长15%；外贸出口增长11%；实际利用外资增长

15%；居民消费价格涨幅控制在3%左右；城镇居民人均可支配收入实际增长7%，农民人均纯收入实际增长6%；人口自然增长率控制在6.5‰以下；城镇登记失业率控制在4.5%以内；单位生产总值能耗降低6.8%，化学需氧量排放量、二氧化硫排放量分别控制在6.51万吨和6.5万吨，发展方式和经济结构调整取得重大进展。

三、2010年全市重大建设项目初步安排

按照国家、省新增投资重点支持方向，2010年我市重点实施"3121"投资促进计划，即在产业升级、重大基础设施、民生工程三大领域，着力抓好100个总投资亿元以上重大项目，落地建设200个投资在3000万元以上招商引资项目，从而带动全市城镇固定资产投资完成1200亿元以上。2010年我市初步筛选投资3000万元以上项目350个，总投资1648亿元，年度计划投资534亿元。其中新开工项目189个，竣工项目152个。

(一)社会事业和民生领域方面

围绕和谐社会建设和改善民生，重点抓好以下项目：社会事业。抓好县级职教中心、市级职教园区规划建设工作。实施农村初中校舍改造、特殊教育学校建设等专项工程，完成农村中小学校舍维修改造10万平方米，改扩建、资源整合中心城区中小学校10所。完成市张仲景国医院病房楼A座主体工程，市中心医院综合病房大楼建成投用。抓好社旗县医院、镇平县医院、西峡县医院、新野县医院、方城县中医院、唐河县中医院、27个乡镇卫生院、600家标准化卫生所等基层卫生服务体系建设项目和50个乡镇文化站、200个村级文化大院建设，加快推进南阳市民主街历史街区建设。完成481个广播电视村村通任务。民生领域。新解决25万农村群众饮水安全问题，新建农村户用沼气3万户以上，建设县乡公路600公里、通村公路200公里、大中危桥2000延米。完成37个南水北调移民新村和130个贫困村整村推进任务，解决和巩固7万人以上的脱贫问题。抓好南水北调中线工程库区移民安置及渠线工程建设工作。加大经济适用房、廉租房建设力度，新建续建经济适用房56.8万平方米，新增廉租房8725套。

(二)农业方面

重点实施以下项目：粮食核心区建设。依托宛城、卧龙等8个主体县区，重点建设集中连片、高产稳产粮食生产基地，继续抓好国家优质粮食产业工程、中低产田改造、旱作农业等项目建设，新建大型商品粮基地，重点进行吨粮田开发，建成10个县标准农田建设项目。实施鸭灌、引丹、陶岔宋岗等大型灌区节水改造工程，争取唐河虎山等中型灌区节水改造项目开工建设。水利。搞好南水北调中线工程渠首及干渠和配套工程建设，完成鸭河口水库等病险水库除险加固工程建设任务。

(三)交通方面

加快内邓高速、南阳机场二期改扩建工程建设，争取南阳至邓州、南阳至社旗一级公路开工建设。推进宁西铁路新增二线建设，力争南阳火车站站房改造与宁西铁路新增二线建设同步进行。搞好郑渝高铁、三淅高速、武西高速南阳段项目前期工作。抓好汽车北站、南阳中心站改扩建和县级运输场站项目建设，加快唐河复航和丹江库区航运建设项目前期工作。

(四)能源方面

重点推进核电、鸭电三期、白河南热电厂、宛西电厂、邓州热电厂等项目前期工作。争取天池抽水蓄能电站工程、社旗、镇平生物质能电厂开工建设，建成邓州生物质能电厂、宛城生物能电厂、新能源产业集聚区太阳能电站。推进西气东输二线管网建设，完成唐河分输站至社旗方城、中心城区镇平、新野邓州支线及部分县城管网建设任务。

(五)产业升级和自主创新方面

重点实施以下项目：产业升级。重点抓好南阳二机石油装备(集团)海洋钻机、超重型非公路运输设备、南阳防爆集团200台核电电机及配套电机、南阳飞龙汽车零部件公司"双千万"项目、淅减公司年产200万支变阻尼减振器、淅川铝业集团年产10万吨CTP版、河南盛煌油脂公司年产12万吨精炼花生油、张仲景大厨房公司2000万瓶香菇酱、三色鸽乳业公司年产液态奶10万吨、天冠集团年产10万吨全降解塑料等重大项目。自主创新。重点实施福森药业年产盐酸二甲双胍缓释片1亿片、瑞发水电公司年产400台风力发电设备、宛西制药年产2000万瓶金芪降糖丸生产线、年产1000万痛经宝颗粒技术升级产业化、金

冠电气公司年产 5000 台超高压及光电互感器产业化、南阳普康药业年产 500 吨林可霉素衍生物高新技术产业化、天冠集团年产 15000 吨液体纤维素酶等重大项目。

（六）服务业方面。重点实施以下项目

现代物流业。重点抓好奥博物流园、龙升物流园区、溧河物流园、光彩大市场、天冠粮食现代物流园、唐河县粮食现代物流中心、南阳捎萌农村连锁超市、南阳商圣国际保税物流中心、内乡中汇铁路物流中心、南阳卷烟营销配送中心和其他专业物流中心的规划、改建、扩建及配套。文化产业。加快镇平文化改革发展试验区、卧龙岗文化旅游产业集聚区规划建设，重点抓好五大特色文化产业示范基地和 12 个文化产业园区建设，实施好国际玉城、百里奚文化公园等一批重大项目。旅游业。加大伏牛山、淮源、宝天曼等景区基础设施建设力度，强力实施恐龙遗迹园二期、宝天曼生态旅游示范区、南召莲花温泉水城、淮源景区服务中心、社旗县赊店山陕会馆修复、白河大观园等十大旅游项目，改造提升武侯祠、恐龙遗迹园、大宝天曼、丹江渠首等六大精品景区，改造 2 条旅游公路，建设中心城区游客服务中心。

（七）节能减排和生态建设方面

围绕推动经济发展方式向减碳低碳型转变，重点抓好以下项目：循环经济与综合利用。重点实施天冠集团城市民有沼气工程、中源化学公司 35 万吨二氧化碳综合利用、新航水泥公司水泥分别粉磨资源综合利用等项目。节水。重点实施桐柏海晶碱业公司化工节水改造、南阳市吉翔纺织公司纺织节水改造等项目。节能。重点实施南阳普康药业林可霉素生产线能量系统优化、淅川铝业（集团）异型阴极炭块结构铝电解槽改造、内乡泰隆建材公司4.5MW 纯低温余热发电、南阳英宝电子公司年产 490 万套 LED 灯具及 10 万只 LED 路灯等项目。其他。重点实施福森药业清洁生产技术改造、丹江口库区工业污染深度治理等重大项目。

（八）城镇基础设施方面

重点抓好以下项目：全面启动迎宾馆、代表团驻地、运动员村建设工作，确保综合训练馆、游泳馆、全民健身广场年底前竣工，加快主体育场、新闻中心、拆迁户安置房、县市区和高校比赛场馆及接待设施建设进度，确保按时完工。开工建设 G312 线南阳城区段改线公路、光武大桥、雪枫大桥、市污水处理中水回用工程等项目，确保仲景大桥、光武东路、光武西路、市污水处理二期等项目竣工投用。新建、改造、续建城市道路 22 条，完成背街小巷改造 62 条。加快南阳危险废物处置、市新建垃圾处理工程及产业集聚区基础设施建设。完成社旗、南召供水工程、新野供水管网和唐河、社旗、方城县垃圾渗滤液处理工程，开工建设邓州市供水工程、桐柏、西峡、方城、新野污水管网工程及西峡县西坪镇、南召县南河店镇、桐柏县毛集镇和镇平县枣园镇供水管网改扩建工程。

四、2010 年经济社会发展的主要任务和措施

（一）着力加强经济运行调控调节，巩固经济回升向好势头

坚持月度运行监测与经济形势分析制度，准确研判经济运行态势，及时提出应对措施。强化服务带动，大力实施“企业服务行动计划”，把服务的重点转向促进企业转型升级、推动战略重组、加快技术进步、开拓市场上。培育壮大市场主体，鼓励全民创业。坚持领导分包企业和对口帮扶制度，搞好协调服务。建立“企业融资需求动态档案”，加强银企对接，把握信贷投放的节奏和重点，引导金融机构加大对中小企业、产业转移、战略性新兴产业和薄弱环节的信贷支持。抓好工业经济运行调控调节，实施全方位、多角度、多层次监控，建立健全煤电油运供应保障制度和应急处置机制，确保全市工业经济健康平稳运行。落实各项税费优惠政策，减轻企业和居民负担；优化财政支出结构，扩大政府采购范围和规模，严格控制一般性支出。加强价格走势监测，改进价格调控手段，保持市场价格基本稳定。

（二）着力扩大投资和消费需求，增强经济发展内生动力

保持投资在结构优化的基础上适度较快增长。强化项目带动，开展“项目建设提速年”活动。抓好中央新增投资项目建设，加大政府性投资对“三农”、民生、综合交通体系、城市基础设施、产业结构调整、自主创新、节能环保、社会事业等领域的支持，引导民间资本进入。落实鼓励民间投资的政策，在教育、卫生、文化等领域集中推出一批

项目，面向民间资本公开招标。严格控制低水平重复建设和“两高”行业新上项目。实行重点项目建设目标责任制，落实一个项目、一名领导、一套班子、一抓到底的“四个一”工作机制。完善重大项目联审联批和协调推进机制，加强重点项目协调、监督和稽察工作，及时解决项目建设和前期推进工作中的问题。搞好项目前期和谋划储备工作，建立健全项目储备库。抓住国家、省编制“十二五”规划的机遇，瞄准国家、省鼓励扶持发展的领域，超前谋划一批发展前景好、关联度高、带动能力强的重大建设项目，确保经济发展后劲。抓好中央投资项目谋划争取工作，确保争取上级投资不低于全省九分之一。搞好项目建设考核考评，开展“十快”、“十佳”重点项目评选活动和重点项目观摩点评活动，推动项目加快建设。促进消费需求持续增长。落实住房、家电、汽车、农机、节能产品等方面国家鼓励消费的优惠政策。多渠道增加农民收入，增加涉农补贴规模，提高小麦最低收购价水平，扩大农机具购置补贴规模和种类。提高企业退休人员基本养老金补助标准，及时足额落实城乡低保、各类优抚对象的生活补助，落实好义务教育学校绩效工资政策，增强城乡居民特别是低收入群体消费能力。继续实施“万村千乡”和“双百”市场工程，建成一批农家店、配送中心，新建改造一批大型农产品批发市场。实施“放心早餐”工程。引导企业发展网上直销，推动电子商务和快递配送互动发展。做大旅游经济，促进民俗文化、演艺娱乐、体育健身、休闲体验等服务性消费，引导社会力量兴办和运营养老机构。

（三）着力推进结构调整，促进三次产业协调发展

一是加快工业结构战略性调整。实施战略支撑产业转型升级工程和战略先导产业发展培育工程。突出装备制造、纺织、油碱化工、冶金建材、食品等战略支撑产业，加大技术改造力度，实现产业、产品和技术升级，提升核心竞争力。围绕国家新能源高技术产业基地、省光电产业基地和省生物产业高技术基地建设，以技术创新为动力，加强战略合作，加大二氧化碳全降解塑料、纤维乙醇等新产品新技术开发力度，尽快实现产业化、规模化。积极培育光电、新能源、生物等战略先导产业和新兴产业。支持物理法提纯多晶硅、纤维乙醇、数字投影系统、光学薄膜、光电设备信息材料产业化。实施工业扶优扶强“双百”工程。选择100家重点企业，集中全市可控资金、土地、人才、技术等要素予以重点倾斜，通过技术创新、战略重组、上市融资等措施，迅速形成销售收入超30亿、50亿、100亿的大型企业集团。选择100个重大工业转型升级项目，建立档案，明确建设节点，促其尽快建成投产。实施企业战略重组。推进与央企、省企及国内外知名企业战略重组。加强与中国兵器集团合作，建设南阳专用车生产基地、超硬材料及制品研发生产基地，加快推进“兵工新城”项目建设。推进与中国兵装集团战略合作，建设投影机、特种光学元件、多晶硅光伏生产线等高科技项目。加强与中建材战略合作协议的实施。推进与平安集团在机电、光电、石油装配、胶印版材、金融等多个领域开展战略合作。督促天冠集团与国家开发投资公司合作开发生物质能源协议尽快实施。

大力发展现代农业。强化各项惠农政策，统筹城乡发展，加快建立“以工促农、以城带乡”长效机制，确保农业发展和农民增收。启动国家粮食生产核心区南阳主产区工程和《南阳农业产业发展规划》，全面推进粮食主产区建设，实施“粮食稳定保丰收行动计划”，确保全年粮食总产达到100亿斤以上。推进优质农产品基地建设。重点建设特色经济作物、畜产品、花卉园艺、林产品、水产品五大生产基地，规划并启动10个高效农业集聚区建设，提高农业综合效益。重点打造以卧龙月季、桐柏兰花为主的观赏花卉及西峡山茱萸、南召辛夷等药用花卉生产加工基地；以棉花、优质花生、芝麻、油菜、烟叶等为主的特色经济作物生产加工产业带；以肉牛、生猪、奶牛为主的养殖加工基地；以速生丰产林、干鲜果经济林、优质木本药用林、种苗花卉、生物质能源林、珍贵用材树种等为主的林业基地；实施水产健康养殖、水产品加工增效、水生生物资源养护等工程。大力推进农业产业化经营。继续落实扶持农业产业化龙头企业政策，制定实施农业产业化龙头企业认定标准，培育壮大一批新的农业产业化龙头企业，以龙头企业带动农业现代化，以龙头企业带动农民就业，促进农民增收。新发展农民专业合作社500家以上。加强农村公共服务体系建设。进一步完善农业科技

服务体系、农村市场流通服务体系、农村金融保险服务体系和农产品质量安全体系。扎实推进新农村建设，完成600个中心村规划编制任务，新建100个新农村示范村、100个试点村。

大力发展现代服务业。加快现代物流业发展。引进国内外知名物流企业对全市物流资源进行重组。推动工商企业物流业务实行外包，为第三方物流企业提供市场需求。完善全市冷链物流配送网络。加快专业物流园区和综合物流园区的规划建设。发展壮大文化产业。深入挖掘开发汉文化、药文化、玉文化等特色文化，大力培育发展文化企业集团，搞好镇平文化改革发展试验区、卧龙岗文化旅游产业集聚区建设。大力发展旅游业。按照“一心二带五区”(以中心城区为核心、南水北调中线工程生态观光带、中心城区环城游憩带、中心城区文化旅游区、镇平玉文化产业试验区、社旗赊店古镇商业文化产业区、南阳伏牛山大宝天曼生态休闲旅游区、桐柏山红绿文化旅游区)的总体布局，推动全市旅游景区资源整合。支持中原第一漂旅游集团、南召旅游集团率先组建大型旅游企业集团，支持宛运集团成立交通旅游集团。推出一批精品旅游线路。重点打造寻根谒祖游、宗教文化游、红色文化游、避暑度假游、古镇游、生态游、工业游等旅游线路。大力发展金融业，狠抓上市融资。实施“421”(利用4年时间，争取实现20家企业上市，募集资金100亿元)企业上市工程，对中南金刚石公司、淅川减振器公司、西泵公司、河南牧原等纳入省重点上市后备企业重点培育和扶持，争取有2—3家企业成功上市。实现新纺公司增发股份，募集资金5亿元。深化金融改革与创新，加快中小企业担保体系建设，支持国内外金融机构在南阳设立分支机构；支持市商业银行等地方金融机构通过引进战略投资者发展壮大；积极组建农村商业银行、农村合作银行，发展村镇银行、小额贷款公司。

（四）着力构建“一个载体、三个体系”，促进转型升级

坚持在发展中促转变，在转变中谋发展，力争在转型升级上实现新突破。加快产业集聚区建设。出台实施“关于进一步促进产业集聚区发展的指导意见”及相关配套政策。通过项目带动、招商引资、市场化融资，力争全年完成投资123亿元以上，其中基础设施投资27.2亿元，产业投资95.9亿元，力争2个产业集聚区实现销售收入超百亿。把产业集聚区基础设施、公共服务设施纳入城市建设规划。加快产业集聚区供排水、污水垃圾处理、道路、电网、标准化厂房等基础设施建设。依托投融资平台，引进战略投资者和社会资金，力争每个产业集聚区融资规模不低于5亿元。完成产业集聚区专项规划，落实用地、用电、税收等省促进产业集聚区发展的政策。理顺产业集聚区管理体制，建立完善产业集聚区管委会及其内设机构，扩大经济管理权限。建好各类专业园区。建立统一的产业集聚区考核体系，经考核达到相应标准的产业集聚区、专业园区可分别晋升为示范区和产业集聚区。加快构建现代产业体系。全面实施战略支撑产业、战略先导产业、战略基础产业专项规划。制订现代产业发展指导目录，在产业布局、项目审批、财政税收、融资担保、人才服务、科技成果转化等方面加大扶持力度。运用工业技术和管理理念改造传统农业与服务业，大力发展生产性服务业，开展工业企业剥离内部三产试点。加快现代城镇体系建设。大力实施“现代城镇体系建设工程”。完成中心城市总体规划审查报批工作，抓好重点区域控制性详规、修建性详规、各类专业规划编制，完善规划体系。争取南阳新区规划方案尽快通过省政府审批。按照“三规合一”要求，规划建设南阳新区。抓好老城区、城中村改造。全面启动鸭河、官庄两个工区建设，界定发展范围，确定管理体制，编制各项规划，推动开发建设。建立健全统计考核评价体系和投融资、土地储备开发和人才流动平台。开展城乡统筹、公共服务均等化、节约集约发展等改革试验。积极培育一批中等城市，以产业集聚区建设为载体，培育特色产业，发展支柱产业，推动产城互动、融合发展，增强县城综合承载力和人口吸纳能力。探索开展进城农民以宅基地和承包田换城市住宅的试验，妥善解决好农民工进城落户、子女入学问题。做好廉租房租售并举试点。加速发展中心城区经济。依托天冠集团、中光学集团、二胶厂、南防集团等大型企业，进一步做大做强石油化工、电力能源、装备制造、生物、光电等优势产业。加快实施一批高技术产业化项目，壮大中心城区工业经济。搞好新能源、高新技术、光电、鸭河、官庄五

个产业集聚区建设。加快发展中心城区文化旅游、现代物流、总部经济、房地产、金融保险等现代服务业。充分发挥中心城区文化旅游“支撑、示范、辐射、窗口”的作用，实施“一山一水一卧龙”发展战略，集中建设以“独山、白河、卧龙岗”为骨架的标志性文化工程，重点规划建设南阳中心城区独山景区、解放广场和卧龙岗“三大主体工程”。推进卧龙岗文化旅游产业集聚区、白河景观带规划建设，改造提升独山风景区，打造南阳中心城区文化旅游品牌。加快中心城区基础设施建设步伐，搞好城市经营管理，深入开展“六创一迎”工作，提高城市品位。实施“自主创新体系建设工程”。坚持自主创新与引进战略合作者相结合，推动“产学研”联合，集中力量突破一批核心技术，在装备制造、新能源等领域，组建“产业创新联盟”。建设光伏发电、非粮生物质燃料、微显示技术开发等产业创新、技术服务平台，重点支持天冠集团纤维乙醇、河南迅天宇公司物理法高纯多晶硅制备、中光学集团光学显示器、南阳防爆集团新能源装备制造等一批产业技术研发平台建设。加快中光学集团、宛西制药等企业技术中心、天冠集团生物质燃料工程技术研究中心、中光学集团光学镀膜工程技术研究中心建设，培育一批省级企业技术中心、工程实验室、工程研究中心。推动二机集团企业技术中心创新能力建设进入国家支持范围。强化品牌带动，实施“质量兴市”战略，牢固树立品牌意识，形成拥有自主知识产权、提升产品形象的品牌效应。强力推进节能减排。大力发展低碳经济和产业，全面落实节能减排问责制和“一票否决制”。坚持结构节能、工程节能和管理节能并举，突出工业节能，协调推进建筑、交通、公共机构和农村等重点领域节能。继续抓好列入市重点监管的96家重点耗能企业，力争全市规模以上工业增加值能耗下降10%以上。抓好清洁生产，鼓励企业从源头开展节能减排。加快城市热电联产和集中供热建设，抓好内乡县可再生能源建筑应用示范县建设，开展绿色照明推广工作，继续淘汰钢铁、造纸、铁合金、电石、耐材等高耗能行业落后产能。抓好6456工厂国家汽车发动机再制造等循环经济试点工作。搞好资源综合利用，实施一批脱硫石膏、废旧轮胎、废渣、粉煤灰的资源化利用项目。加快建设以低碳为特征的工业、建筑和交通体系，促进低碳经济发展。强化城乡污染治理设施和减排工程运行监督，确保已建成污水处理厂、除尘脱硫设施全面稳定达标运营。加快中心城市和重点镇污水垃圾处理设施建设，加强唐河、白河、南水北调中线工程水源地等重点流域和重点区域水污染防治。加强饮用水水源地保护，保障城乡饮用水安全。加大南水北调中线工程对口支援力度，搞好《丹江口库区经济社会发展规划》衔接。

（五）着力推进重点领域和关键环节改革，增强发展动力

实施“重点改革行动计划”，着力破解阻碍结构调整、发展方式转变的重点难点问题。继续深化企业改革，完成市属工业企业改革遗留任务，深入搞好流通企业改革工作。加快行政管理体制改革。完成市、县政府机构改革。实施服务带动，深化行政审批制度改革，继续消减和调整行政审批事项。稳妥推进事业单位改革。深化农村综合改革。创新土地流转方式，开展土地流转市场改革试点。加快农村信用社改革，发展农村经济合作组织。实施医药卫生体制改革。促进基本公共卫生服务均等化。完善基本医疗保障制度，提高医疗保险参保率；城镇居民医保和新农合的财政补助标准均提高到每人每年120元。深化投资体制改革。进一步缩小企业投资项目审核范围，下放备案权限。凡是没有明确规定由省市级核准的权限全部下放。将所有备案权限下放到县市区，并有市发改委履行复核责任。

（六）着力扩大对外开放，增强发展活力

抓住产业梯度转移步伐不断加快的机遇，实施“对外开放行动计划”，开展大招商活动，力争全市实际到位省外资金260亿元，实际利用外资1.8亿美元。创新招商方式，突出企业招商、产业招商、产业集聚区招商、节会招商，提高招商质量和水平。加强与国内外500强、中央企业、上市公司等知名企业的战略合作，立足产业转型升级，开展产业链、产业集群招商。依托产业集聚区，建设一批承接产业转移的示范园区和东中部产业合作示范园区。探索产业转移联盟和“飞地招商”模式。组织参加第八届玉雕节、第九届医药节、省投资洽谈会等节会活动，精选包装一批项目集中对外推介。落实招商引资目标责任制，提高引资质量。

切实搞好签约项目跟踪问效，确保资金尽快到位、项目尽快落地。大力实施市场多元化战略和出口品牌战略，鼓励传统优势产品、自有品牌产品和自主技术及标准的出口，积极发展服务贸易和服务外包。鼓励有条件的企业以不同形式到国外投资、开拓市场、扩大工程承包和劳务输出，带动产品、设备和技术出口。

（七）着力改善民生，促进和谐稳定

加大对民生领域和社会事业的投入，集中实施好“十项民生工程”。实施“人力资源素质提升行动计划”，培训、引进技术创新骨干人才。支持河南经济管理学校、南阳农校和南阳幼师升格工作。力争今年底基本完成中等职业学校布局调整。积极发展科技、文化等社会事业。继续搞好甲型H1N1流感等重大疾病防控。办好第七届全国农民运动会。实施“就业促进行动计划”，全年新增城镇就业人员8万人，下岗失业人员再就业2.5万人，其中“4050”等就业困难人员1万人，“零就业家庭”动态归零；新增农村劳动力转移就业10万人以上。加强社会保障工作。进一步扩大社会保险覆盖面，重点加强非公有制企业从业人员、个体工商户、灵活就业人员及农民工的社会保险扩面工作。继续做实企业职工基本养老保险个人账户。抓好社旗、淅川、西峡国家首批新型农村社会养老保险试点。确保新农合参合率达到95%以上，城镇居民医疗保险覆盖面达到80%以上。推进城乡医疗救助与城镇居民基本医疗保险、新型农村合作医疗的同步结算试点。进一步完善城乡低保制度，做到应保尽保。做好人口和计划生育工作，稳定低生育水平。实施“安全发展行动计划”，坚决遏制重特大事故发生。积极预防和妥善处置群体性事件和突发公共事件，加强和改进信访工作，健全社会治安防控体系，确保社会大局和谐稳定。

（八）着力强化重大问题研究，认真做好“十二五”规划编制工作

强化对结构调整和产业优化升级、完善自主创新体系、构建现代城镇体系、现代服务业发展、重点领域和关键环节改革等重大问题研究，在此基础上，提出“十二五”规划目标、战略重点、重大工程和项目、重大改革和落实措施。做好与国家和省规划纲要草案的衔接工作，力争更多战略布局进入国家、省规划笼子。广泛吸收社会各界参与研究和论证，努力做到科学决策、民主决策。

各位代表，今年全市经济社会发展形势依然严峻，任务十分繁重。我们要全面贯彻党的十七大、十七届三中、四中全会精神，以邓小平理论和“三个代表”重要思想为指导，深入落实科学发展观，认真落实市委战略部署，开拓创新，扎实工作，为实现经济社会平稳较快发展、建设富强美好和谐新南阳而努力奋斗！

关于南阳市2009年财政预算执行情况和2010年财政预算(草案)的报告

——2010年3月4日在南阳市第四届人民代表大会第二次会议上

南阳市财政局局长　胡云生

各位代表：

我受市人民政府委托，向大会报告南阳市2009年财政预算执行情况和2010年财政预算草案，请予审议，并请各位政协委员和其他列席人员提出意见。

一、2009年全市财政预算执行情况

2009年是进入新世纪以来我市财政收支矛盾最为突出的一年，也是我市积极应对危机挑战、取得重大成效的一年。在市委的正确领导下，各级财政部门坚持加强收入征管，严格支出管理，为保增长、保民生、保稳定、保态势提供了有力保障，预算执行情况好于预期。

(一)全市一般预算收支完成情况

1.一般预算收入情况。全市一般预算收入完成56.2亿元，为预算的100.9%，增长9.5%，增收4.9亿元。分级完成情况：市级一般预算收入完成17.3亿元，为预算的100%，增长8%；县市区级一般预算收入完成38.9亿元，为预算的101.2%，增长10.2%。分项完成情况：全市地方税收收入完成41.6亿元，增长8%，增收3.6亿元，税收占一般预算收入的比重74%。其中，增值税7.8亿元，下降17%；营业税13.5亿元，增长12.7%；企业所得税3.3亿元，增长16.3%。全市非税收入完成14.6亿元，增长14.1%，增收18080万元。

2.一般预算支出情况。全市一般预算支出突破200亿元，完成203.5亿元，为调整预算的96.4%，增长24.7%，增支40.3亿元。分级完成情况：市级一般预算支出完成40.4亿元，为调整预算的88.8%，增长18%；县市区级一般预算支出完成163.1亿元，为调整预算的98.4%，增长26.4%。主要支出完成情况：教育支出完成39亿元，增长13.5%；科技支出完成2.9亿元，增长0.9%(扣除2008年上级一次性补助后，增长24%)；农林水支出完成25.3亿元，增长37.7%；文化体育与传媒支出完成2.3亿元，增长37.7%；社会保障与就业支出完成27.8亿元，增长27.8%；环境保护支出完成16.1亿元，增长4.3%；一般公共服务支出完成31.6亿元，增长23.4%；公共安全支出完成12.1亿元，增长31.6%。

3.基金和预算外资金收支情况。全市基金预算收入16.5亿元，增长101.4%；基金预算支出24.3亿元，增长41.5%。市级基金预算收入5.4

亿元,基金预算支出3.5亿元。全市预算外资金收入11.3亿元,支出10.7亿元。市级预算外收入4.7亿元,支出4.5亿元。

预计全市可以实现预算收支平衡,目前正在汇编收支决算,待与省级结算后,及时向市人大常委会报告。

(二)全市财政预算执行的主要特点

1.强化增收节支,实现了财政收支新突破。面对严峻挑战,各级财政部门大力开源挖潜,努力增收节支,圆满完成了市人代会确定的预算任务。一是强化收入征管。重点加强了"组织领导、协调服务、目标责任、分析督导、调研监控"等五个机制建设,真正形成了组织收入工作的合力。全市地方财政总收入突破100亿元,完成101.6亿元。其中一般预算收入完成56.2亿元,增长9.5%,总量位居全省第4位。二是强化支出管理。积极整合资金,集中财力保重点,为促进经济平稳较快发展提供了有力支撑。全市一般预算支出突破200亿元,完成203.5亿元,总量比2006年增长近1倍,保持全省第3位。三是强化资金争取。始终把财政资金争取工作放在与收支管理同等重要的地位,不断提高各级财政保障能力。全市共争取上级各项转移支付和专项资金116.6亿元,而且使我市部分享受了与黄淮四市同等的优惠政策,增加了我市有效财力,增强了保障能力。四是强化厉行节约。在全市收支矛盾突出的情况下,对临时追加预算控制比较严格。各部门各单位严格执行财务管理制度,坚持厉行节约,全市因公出国(境)经费、车辆购置、公务接待费用与往年相比明显下降。

2.强化服务保障,促进了经济平稳较快增长。坚持把支持经济平稳较快发展作为财政工作的首要任务,充分发挥财政职能,促进经济回升向好。一是支持了扩大投资和消费。争取扩大内需资金15.6亿元,市县落实配套资金5.4亿元,争取中央代理发行地方政府债券3.6亿元,加大了对民生工程、结构调整和重大基础设施建设等方面的投入。全市实际兑付家电和汽车摩托车下乡补贴1.6亿元,使100多万农户受益。二是推动了产业结构优化升级。加大专项资金整合力度,提高资金规模效益。市级整合资金1亿元,支持了企业改制和重点工业项目的顺利实施;筹措1.34亿元,支持了产业集聚区投融资平台建设;筹措8.7亿元,支持了重大科技项目、低碳经济项目、环境保护项目的快速发展,加快了新产品新技术开发和产业化生产。三是保障了招商引资和重点项目建设。积极开展"项目推进年"活动,千方百计筹措资金支持以"四大工程"为龙头的重点项目建设。市级筹措1400万元,支持了各类招商引资和项目争取工作;筹措3.3亿元,确保了农运会各项筹备工作顺利开展;筹措5000余万元,支持了南水北调生态保护和移民搬迁安置。积极深化投融资体制改革,推进银政、银企合作,为经济社会发展提供了信贷支持。四是改善了经济发展环境。扎实开展好"企业服务年"活动,认真落实涉企税费优惠政策,综合运用财政贴息、政府采购和参股经营等手段,支持重点行业企业恢复产能和产品升级。向市中小企业担保中心注资1000万元,提高其融资担保能力。统筹财政间歇资金6亿元支持企业生产,缓解了部分优质企业短期资金困难。

3.强化政策落实,保障了民生改善和社会事业发展。坚持把解决民生问题作为财政保障的重中之重,确保省、市"十大实事"全面完成,加快了社会事业发展。一是促进了就业和社会保障。全市社保与就业支出27.8亿元,增长27.8%,较好地落实了各项社会保障政策。认真落实小额担保贷款财政贴息政策,允许企业缓交和阶段性降低部分社保资金费率,促进了社会就业。二是推进了教育发展。积极筹措资金,实现了农村义务教育经费保障机制改革政策目标,确保了义务教育教师绩效工资改革顺利实施,支持了中心城区中小学校建设,改善了城乡义务教育办学条件,推进了职教攻坚计划的实施。清理锁定农村"普九"债务,化债工作全面展开。三是启动了医药卫生体制改革。支持了新型农村合作医疗、城镇居民医疗保险,保障了城乡基本公共卫生服务经费保障机制建设和甲型H1N1流感等突发卫生事件防治工作。四是加大了住房保障力度。筹措1.8亿元,支持新建、改建、收购廉租住房,发放困难家庭租赁补贴,为1.5万户困难家庭提供了廉租住房保障。五是改革了司法经费保障体制。积极争取并严格落实政法转移支付资金2.8亿元,支持建立分类保障机制,为保稳定和平安南阳建设提供了有力支持。六是提升了中心城区建设管理水平。通过城建融资和预算安排，拨付资金2.5亿元，保障了3条道路大修改造，54条背街小巷整治以及机场新航站楼等重点基础设施建设，新购置公交车100台。全力做好“六创一迎”活动资金保障，提升了南阳城市形象。此外，大力支持实施文化惠民工程，公共文化服务体系进一步完善。

4.强化统筹发展，巩固了农业农村发展的好形势。严格落实各项强农惠农政策，支持了粮食丰产增产，促进了农村经济协调发展、农民收入稳定增加。一是提高了粮食生产能力。围绕打造粮食生产核心区，切实加大了支农投入。筹措1.5亿元，支持实施抗旱保丰收应急灌溉工程；争取产粮大县奖励1.1亿元，调动了县乡政府发展粮食生产积极性；筹措1.7亿元，支持了农田水利基本建设，促进了粮食连续增产。二是支持了农业结构调整和农村经济发展。以粮食、畜牧两大产业为重点，支持现代农业生产发展。安排畜牧业发展专项资金1000万元，落实生猪调出大县奖励资金2280万元，积极支持畜禽疫病防控，促进了畜牧产业化发展；拨付保费补贴1626万元，支持了玉米、棉花等农业保险工作；采取贴息、补助、信贷担保等方式，支持了龙大牧原、科尔沁牛业等一批农业产业化龙头企业发展。三是改善了农村生产生活条件。筹措资金5.4亿元支持农业农村基础设施建设，有力促进了农村沼气和道路建设，解决了部分农村居民安全饮水问题；兑付各类涉农补贴25.5亿元，促进了农民群众增收；筹措1300万元，对3.7万名农村和贫困地区劳动力进行职业技能培训；投入财政扶贫资金1.4亿元，带动了贫困人口脱贫致富；拨付村级经费1.5亿元，确保了村组正常运转。

5.强化监管职能，推进了财政管理水平不断提高。坚持推进财政管理体制机制改革，不断提高财政资金支出绩效。一是深化了财政各项改革。认真落实省与市县财政体制改革政策，深入研究完善市县财政体制的政策措施；进一步完善部门预算管理改革，严格预算约束，规范追加预算管理；扎实开展预算支出绩效评价，为加强专项资金分配使用与管理提供了有益参考；继续深化国库管理制度改革，规范财政资金管理，提高了财政资金拨付效率。二是强化了财政监督检查。组织开展了“财政监督管理年”活动，对扩大内需资金和政策落实、社会保障资金和“十大实事”资金管理等情况开展专项检查，确保了各项财政资金规范安全、有效运行。开展了“小金库”专项治理，查处了一些违规违纪问题，有效堵塞了财务管理漏洞，规范了财经秩序。三是巩固了其他各项财政监管职能。严格收支两条线管理，促进了非税收入应收尽收，应纳尽纳。全年实现政府采购25.3亿元，增长13.9%。完成财政投资评审项目942个，审减投资7亿元。增强政府债务分析预警能力，促进了财政可持续发展。加强资产评估和行政事业单位国有资产管理，防止了国有资产流失。

(三)预算执行中存在的问题

总体上看，2009年全市财政预算执行情况良好，但也存在一些不容忽视的问题。财政收入方面，由于经济发展中仍然存在着结构不尽合理，传统工业比重过大，高新技术产品尚未形成产业化等问题，财政收入增幅和质量还不够高，收入结构有待进一步优化。财政支出方面，财政收支矛盾仍然比较突出，各种利益诉求和矛盾增多，需求与保障能力的差距还很大，支出结构仍需不断优化，财政支出绩效有待进一步提高。财政监管方面，财政基础管理工作相对粗放，财政科学化精细化管理水平有待提高；通过“小金库”专项治理工作，发现少数部门和单位违反财经纪律的问题时有发生，非税收入征管需要进一步强化。对此，我们将高度重视，采取有效措施，努力加以改进和解决。

二、2010年财政预算安排情况

(一)财政工作和预算安排的指导思想

2010年可能是新世纪以来全市经济形势最为复杂的一年。从总体上看，我市面临的宏观发展环境好于去年，经济回升向好的基础逐步巩固。元月份以来，全市主要经济指标开局良好。但是，我们也要清醒看到，财政经济中一些深层次的矛盾和问题还没有得到根本解决，经济快速增长的内生动力不足，财政收入短期内难以随经济回升而实现较快增长；结构性减税政策继续执行，也将影响财政收入增长。支出方面，继续实施积极的财政政策，把支持消费、调整收入分配、改善民生、发展社会事业作为扩大内需的重点，对地方财政支出的要求会更高；财政支出基数大、刚性强，也增加了财政支出压力。

根据全市经济社会发展目标,财政工作的指导思想是:以科学发展观为统领,继续落实好积极的财政政策,围绕保增长、调结构、惠民生、保稳定的要求,牢牢把握重在持续、重在提升、重在统筹、重在为民的时代主题,着力支持“项目带动、品牌带动、创新带动、服务带动”,促进经济增长和结构调整;着力优化支出结构,切实保障重点任务和改善民生;着力强化增收节支,为跨越式发展提供有力支撑;着力推进改革创新,提升财政科学化精细化管理水平;着力提高服务效能,打牢财政保障和服务大局的坚实基础。

(二)预算安排的原则

一是实事求是、积极稳妥、合理安排收入计划。二是按照“保发展、保民生、保稳定、保重点”的要求,安排各项支出。足额安排人员工资福利性支出和涉及民生的支出;确保运转支出需要;确保中央投资项目配套。三是教育、科技、农业支出按法定要求增长,增加医疗卫生、文化发展和计划生育支出,加大节能减排、环境治理投入,加大公共安全投入。四是树立过紧日子思想,量入为出,收支平衡,严格控制一般性支出,勤俭办一切事业。五是统筹安排各类财政资金,科学配置财政资源,集中财力办大事。

(三)一般预算收入指导性计划

综合考虑经济社会发展形势和政策变化,2010 年全市一般预算收入指导性计划为增长10%。各县市区要根据当地实际,妥善安排本级收入预算,原则上不能低于全市收入增长平均水平。

(四)市级预算安排初步意见

1.一般预算收入拟安排 18.71 亿元,增长8%,增加 1.39 亿元。税收收入安排 15.64 亿元,税收占一般预算收入的比重比上年提高 2 个百分点以上。分征收部门情况:国税部门安排 38100 万元,增长 10.2%。地税部门安排 105300 万元,增长 13.2%。财政等部门安排 43700 万元。其中,契税 13000 万元,增长 12.5%,增加 1440 万元;非税收入 30700 万元,减少 6060 万元。

2.一般预算支出拟安排 24 亿元,增加1.3亿,增长5.7%。

(1)基本支出 10.7 亿元,占一般预算支出的44.6%。其中,工资福利支出 7.4 亿元,商品和服务支出 0.9 亿元,对个人和家庭的补助支出 2.4 亿元。

(2)专项收入及政策性列支 5 亿元,占一般预算支出的 20.8%。主要是专项收入等列收列支 3 亿元,交通体制改革转移支付及其他政策性列支约 2 亿元。

(3)专款和专项支出安排 8.3 亿元,占一般预算支出的 34.6%。

其中预备费 4300 万元,占财力支出的1.8%。

另外,按照省人大确定的财政经常性收入口径,2010 年市级财政经常性收入预计增长 3.4%。三项法定支出安排情况是:教育支出安排 36761 万元,增长 6%;科学技术支出安排 2783 万元,增长 6%;农林水事务支出安排 13144 万元,增长 6%。均高于经常性收入增长水平。

需要说明的是,市级财政收入形势依然较为严峻,整个预算收入和财力打得比较满。尽管如此,新增财力有限,仍然不能完全满足各项刚性支出需求,尤其是在优先保障基本支出的前提下,还要统筹财力保障农运会筹备、南水北调移民安置和建设等大事支出。为此,我们根据各类项目的轻重缓急,对支出项目进行了全面梳理,并将调整下来的项目纳入预算编制项目库,在年度预算执行中,根据财力增长情况逐步予以解决。

三、2010 年财政工作重点

2010 年,在加快财政改革发展的过程中,要紧紧围绕保增长、调结构、惠民生、保稳定的总体要求,坚持依法理财、统筹兼顾、增收节支,努力为保持全市跨越式发展态势提供财力支撑。

(一)着力支持“四个带动”,促进经济增长和结构调整

一是积极支持项目带动。支持实施工业强市战略,继续整合资金,支持开展“项目提速年”活动,确保“3121”投资促进计划有效实施,推进各项战略产业发展壮大,支持产业集聚发展,促进产业和产品结构升级,加快基础设施项目建设进度。筹措资金 1200 万元,支持实施“对外开放行动计划”,扩大招商引资和项目争取成果。筹措资金,推进节能减排和环境保护等建设。积极扩大消费需求,增强消费对经济的拉动作用。二是支持强化品牌带动。围绕打造品牌南阳这一核心目标,

支持实施“1311”工程，扶持优势企业和产业做大做强。积极筹措资金，支持打造南阳中心城区文化旅游品牌。筹措畜牧产业化发展专项资金1000万元，支持打造一批现代农牧业品牌。全力保障南阳粮食主产区建设，支持开展“粮食稳定保收行动计划”，提高粮食综合生产能力。三是支持实施创新带动。安排企业自主创新资金1600万元，支持光电光伏、新能源、装备制造、新材料、中医药等5大领域的科技创新，促进太阳能电池、纤维乙醇、全降解塑料、核级电机等方面研发和规模化生产上取得新突破。认真落实高新技术企业所得税优惠政策和企业研究开发费用税收抵扣政策。积极支持科技型中小企业技术创新。四是支持实施服务带动。充分发挥财政政策和资金引导作用，为企业和项目建设提供优质高效的政务服务环境。支持实施“企业服务行动计划”，认真落实涉企税费优惠政策，促进重点企业产品升级。支持“重点改革行动计划”，安排企业改制资金5500万元，推进国有企业改制改组，加快其他领域改革步伐。

（二）着力保障重点任务，积极服务全市中心工作

一是全力支持农运会筹备工作。积极争取国家和省政策资金支持，大力开展投融资服务，加快农运会体育场馆和新闻中心等重点设施建设，保障各项筹备工作顺利开展。支持做好“六创一迎”活动，保障城区背街小巷改造等市政重点工程建设，提升城市建设管理水平。筹措资金支持加快综合交通运输体系建设，改善群众出行条件。二是支持抓好南水北调中线工程移民迁安和渠线工程建设。安排南水北调专项经费1000万元，全力保障好第一批6.5万人大规模移民安置，支持启动第二批移民安置准备工作，保障和服务好中线工程建设。努力争取国家生态建设补偿资金和受水区对口支援，促进我市经济社会健康发展。三是支持加快产业集聚区建设。落实对产业集聚区发展财税奖扶政策，支持产城互动、融合发展，推进“一个载体、三个体系”发展发育。大力发展融资担保等生产性服务业，扩大产业集聚区融资规模，促进县域经济发展。四是支持做大做强中心城市。进一步完善市与县区财政管理体制，调动市与县区支持中心城市发展的积极性，增强中心城市辐射带动能力。运用政策扶持和资金引导等手段，支持发展壮大中心城区工业经济，加快发展现代服务业，加快基础设施和招商引资步伐，提升中心城区综合经济实力。

（三）着力保障改善民生，积极支持构建和谐社会

积极筹措资金，集中财力支持实施好“十项民生工程”，解决老百姓最关注、最迫切、最困难的事情，让人民群众更多地享受到改革发展的成果。市级安排社会保障和就业支出3亿元，保障“就业促进行动计划”和完善社会保障制度。筹措资金，大力支持农村教育、医疗等社会事业发展，推进教育事业优先发展、深化医药卫生体制改革、加快保障性安居工程建设、促进文化事业发展。按照中央和省统一部署，认真落实义务教育，公共卫生、基层医疗卫生事业单位绩效工资政策，继续做好公务员津贴补贴规范兑现工作。筹措资金，支持中心城区中小学在建、改扩建、教育资源整合，落实“两免一补”政策，支持高等院校建设和职业教育加快发展。支持实施“安全发展行动计划”，深化司法体制改革，加大安全生产投入，全力维护社会和谐稳定。

（四）着力强化增收节支，为跨越式发展提供有力支撑

一是强化财政收入组织工作。依法加强税收征管，严格控制减免税收，制止和纠正越权减免税收，严厉打击利用假发票等手段偷骗税违法活动，确保应收尽收，努力实现财政收入稳定增长。加强国有资源（资产）有偿使用收入收缴管理，防止收入流失。进一步规范非税收入征管，建立和完善“小金库”治理的长效机制，严格落实“收支两条线”要求，加大非税收入征缴力度。二是严格支出管理。严格控制一般性支出，市直单位经常性专项业务经费平均压缩10%。牢固树立过紧日子的思想，严肃财经纪律，坚决反对大手大脚花钱和铺张浪费行为。三是加大资金争取力度。抓住中央补助继续向中西部倾斜，向“三农”、民生等方面倾斜的有利机遇，结合我市筹备农运会、南水北调移民和生态保护等特殊情况，认真研究政策，抓好项目储备和筛选上报，争取上级更多资金支持，提升财政保障能力。

（五）着力推进改革创新，提升财政科学化精

细化管理水平

一是深化财政预算管理制度改革。加快国库集中收付制度改革，充分发挥政府采购、投资评审、绩效评价和财政监督平台作用，加强对中央新增投资和省市十项民生工程等重点支出项目的评审、监督和绩效评价。抓好政府债务预算编制工作，建立健全财政风险预警机制。二是狠抓财政管理基础工作和基层财政建设。大力强化财政内部管理机制建设，进一步简化资金拨付程序，减少中间审批环节，提高工作效能。加强基层财政所建设，促进其监管和服务职能有效发挥。三是进一步加强财政监督。全力推进依法行政、依法理财，强化财政支出绩效监督，健全财政资金运行全程监督机制。健全财政政务公开制度，自觉接受人大代表、政协委员和社会各方面的监督。认真贯彻执行人大及其常委会的决议决定，积极配合人大执法检查和视察调研，认真办理好人大代表的建议、批评和意见，切实维护人大监督权威。

各位代表，今年是确保完成"十一五"规划的关键一年。我们将继续在市委的正确领导和人大、政协的监督指导下，深入贯彻落实科学发展观，坚定信心，扎实工作，圆满完成今年各项财政工作任务和"十一五"规划目标，为保持全市跨越式发展态势提供坚强保障。

2009 年南阳经济运行情况及 2010 年发展建议

南阳市统计局局长　王书延

刚刚过去的 2009 年是新世纪以来南阳经济社会发展最为困难的一年。面对世界金融危机的严重冲击，面对保增长、保民生、保稳定、保态势的严峻考验，市委、市政府全面分析、准确判断、果断决策、从容应对，深入贯彻落实科学发展观，领导全市人民全面贯彻落实中央、省应对危机的一揽子计划和政策措施，决战二季度、大干三季度、决胜四季度，经济社会发展取得重要进展，绝大多数经济指标实绩好于预期。但当前国际金融危机的影响还没有消除，国际国内经济形势不确定因素依然较多，全市经济运行中还存在一些矛盾和问题，必须要在新的更高起点上积极有效地转变发展方式，推进结构调整，着力改善民生，努力实现又好又快发展。

一、2009 年回顾：应对危机，科学发展取得重大胜利

1. 经济回升速度不断加快，年度发展目标基本完成。初步预计，全市全年生产总值达 1780 亿元，按可比价格计算，比上年增长 11%，增速高于全省平均水平 0.3 个百分点，连续第七年保持两位数以上增长。从进度数据看，2009 年全市经济发展止跌企稳后，回升速度不断加快。一季度全市生产总值增长 7.1%，虽然比 2008 年回落 5 个百分点，但总体好于预期；上半年增长 8.0%，已呈现回升态势；前三季度增长 9.5%，企稳回升趋势进一步明显；全年重回两位数增长平台。分产业看，第一产业增加值367.07亿元，增长4.2%；第二产业增加值 896.55 亿元，增长 11.2%；第三产业增加值 516.42 亿元，增长 15.8%。

对照省政府年初确定的预期目标任务，除规模以上工业增加值、规模以上工业利润及对外贸易外，生产总值、财政收入、固定资产投资、社会消费品零售总额、高新技术产业增加值、单位生产总值能耗、社会消费品零售总额、城乡居民收入等指标均完成或超额完成预期目标。

2. 面对严重自然灾害和金融危机冲击，工农业生产稳中有升。从农业看，粮食实现连续六年增产。全年粮食总产量达到 579.4 万吨，比上年增长1.7%。其中，夏粮产量 356.5 万吨，同比增长1.8%；秋粮产量 223 万吨，同比增长 1.6%。油料播种面积 458.3 万亩，增长 4.9%，产量111.4万吨，增长 9.2%；烟叶 34.1 万亩，增长7.2%，产量 5.9 万吨，增长 8.0%；只有棉花生产受政策调减和前期市场疲软的双重影响，产量（籽棉为 27.01 万吨，折合皮棉为 9.0 万吨），下降17.5%。农业生产特别是粮食的持续稳产为全市经济保增长、调结构腾出了较大的政策调控空间。畜禽养殖业持续增长，全年肉类、禽蛋和奶类产量分别比上年增长5.7%、5.5%和9.0%。

从工业看，企稳回升态势牢固确立。全年规模以上工业增加值完成 486.38 亿元，比上年增长14.0%，低于全省水平0.6个百分点，位居全省第 12 位。受金融危机影响，2008 年底全市工业生产增速急速下滑，2009 年这一大幅下滑势头得到根本扭转，并持续向好的方向发展。全市规模以上

工业增加值增幅元月份为 1.1%，一季度达到 2.1%，上半年增长6.5%，前三季度增长 9.1%，10 月重回两位数增长平台，全年累计为 14.0%。分经济类型看，国有及国有控股企业增长 3.3%；集体企业增长4.5%；股份制企业增长 22.8%；外商及港澳台投资企业增长 11.5%。分轻重工业看，重工业增长 15.2%，轻工业增长 12.2%。分行业看，35 个大类行业中有 29 个实现同比增长，其中非金属矿物制品、黑色金属冶炼及压延加工、医药制造等重点行业增幅均在 20%以上。全市高新技术产业增加值 42.62 亿元，增长 19.6%，增幅比上年提升 0.2 个百分点。

3.在外需低迷的情况下，内需成为经济增长的主动力。从投资看，2009 年全市全社会固定资产投资总量达 1153.18 亿元，比上年增长28.7%。其中全年完成城镇固定资产投资 929.52 亿元，增长 31.2%，比上年加快 3.4 个百分点。城镇投资总量居全省第 3 位，增幅居全省第 12 位。从进度情况看，2009 年全市投资增速低开高走，一季度城镇固定资产投资仅增长 19.1%，自 4 月份以来，城镇投资就一直保持 30%以上的较高增速，全年累计为 31.2%。投资项目明显增加，全年全市城镇施工项目已达到 4631 个，比上年增加 945 个；其中本年新开工项目 3859 个，增加 1126 个；亿元以上项目 145 个，增加 28 个。工业投资增速加快，全年城镇工业投资累计完成 603.09 亿元，增长 36.4%；工业投资施工项目 2581 个，净增 528 个其中本年新开工项目 2107 个，增加 616 个。民间投资仍保持快速增长。全年全市城镇投资中的民间投资完成 643.60 亿元，增长 64.2%，比全市投资平均增长水平高 33.0 个百分点。

从消费看，全市社会消费品零售市场在国家继续扩大消费需求的宏观政策主导下，居民消费结构不断优化升级，消费品市场承接上年良好的发展势头，保持了平稳发展。全年社会消费品零售总额 676.66 亿元，比上年增长 19.0%。

4.发展质量不断改善，各项收入保持增长。从财政收入看，2009 年，全市地方财政收入合计 101.58 亿元，比上年增长0.7%。财政一般预算收入 56.2 亿元，增长 9.5%。

从企业收入看，在工业生产增幅逐月持续回升的同时，利润降幅也逐月收窄，并于 11 月实现了由降转升，全年规模以上工业实现利润96.22亿元，同比增长 9.6%。

从居民收入看，2009 年全市城镇居民人均可支配收入达到 13498 元，增长 8.9%；农民人均纯收入达到 4931 元，增长 7.9%。

5.发展环境继续优化，各种要素支持力度加大。从金融运行看，贷款增加较多。12 月末，全市金融机构人民币各项贷款余额 699.08 亿元，比年初增加 148.17 亿元，同比多增 91.93 亿元。其中，短期贷款 439.52 亿元，比年初增加 75.32 亿元；中长期贷款 215.40 亿元，比年初增加 50.72 亿元。金融机构人民币各项存款余额 1145.9 亿元，比年初增长 224.73 亿元，同比多增 90.53 亿元。其中，企业存款 158.28 亿元，比年初增加 37.32 亿元；居民储蓄存款 803.81 亿元，比年初增加 116.37 亿元。

从利用外资看，2009 年全市累计实现外商直接投资 1.33 亿美元，较上年增长 12.3%，提前 3 个月完成全年实际利用外资目标任务。

从市场物价看，居民消费价格平稳下降。全年居民消费价格比上年下降 0.4%。其中，城市下降 0.5%，农村下降 0.3%。分类别看，八大类商品价格五涨二落：烟酒及用品上涨 2.3%，医疗保健和个人用品上涨 0.9%，食品上涨 0.3%，家庭设备用品及维修服务上涨1.5%，衣着上涨 3.0%，娱乐教育文化用品及服务上涨 3.2%；居住下降 8.0%，交通和通信下降 1.6%。居民消费价格 12 月份同比涨幅由负转正，当月上涨1.3%。全年商品零售价格比上年下降0.7%；农业生产资料价格总指数比上年上涨1.4%。

2009 年我市经济运行中也还存在一些矛盾和问题，比较突出的有：一是产业结构转型升级压力较大，从工业回升的基础看，相当大程度上依靠传统产业的拉动，新兴产业、高技术产业对经济的支撑作用不强。同时，部分支柱行业仍然困难，如全市石油和天然气开采业全年增加值下降8.2%，由上年盈利 18.14 亿元转为亏损 3.94 亿元。二是消费需求落后于投资需求，2009 年在国家宏观调控政策主导下，全市投资一直保持高位运行，但社会消费需求未能实现同步拉高，经济增长的内生动力还不强，不利于“后金融危机”时期全市经济的稳定发展。三是对外贸易仍然低迷。2009

年，全市出口总额6.38亿美元，下降27.2%。四是农民增收仍然较难。在连续五年保持两位数较快增长之后增幅双双降至10%以下，居民收入增速的大幅回落将对居民消费产生抑制作用，使得扩大内需的乘数效应小于预期；同时城乡居民收入差距拉大，不利于城乡协调发展。

二、2010年走势：既有继续向好回升的机遇，也有后危机时代的挑战

当前，国内外经济形势依然十分复杂，积极变化和不利影响同时显现，短期问题和长期问题相互交织，国内因素和国际因素相互影响。纵观大势，今年世界经济已在恢复增长中进入"后危机时代"。南阳经济发展面临着三个方面机遇和三个方面的挑战。

机遇之一：世界经济逐渐走出本轮衰退，未来几年世界经济将恢复增长。2009年下半年以来，在全球强有力的经济政策刺激下，世界经济逐渐走出衰退，开始缓慢复苏。主要表现为：国际金融市场和房地产市场持续向好，主要国家工业生产、消费支出由降转增，全球贸易止跌回升等等。12月初，联合国发布《2010年世界经济形势与展望》报告称：如果目前的刺激经济政策得以持续，世界经济将在2010年缓慢复苏，实现2.4%的低速增长。其中，发展中经济体将成为增长的主要动力，中国和印度经济预计将分别增长8.8%和6.5%。发达经济体也将出现增长，但幅度不大。美国经济预计2009年负增长2.5%，2010年增长2.1%。欧盟和日本今年经济增长较慢，预计分别为0.6%和0.9%。英国共识公司预测，2010－2014年，美国居民消费支出年均增长2.4%，工业生产年均增长3.8%；欧元区分别增长1.3%和2.8%；日本1.1%和5.6%。基于当前国际环境判断，有关方面普遍预测今年我国出口形势将有好转。如：有专家预测2010年出口增长为10%左右。经济合作与发展组织（OECD）预测2010年中国出口增长12%至13%。国际间投资、兼并等也将逐步恢复活力。

机遇之二：国家宏观政策保持连续性和稳定性，并根据新形势新情况增强针对性和灵活性，有利于巩固向好回升的态势。因为：一是继续实施积极的财政政策和适度宽松的货币政策，有利于维护平稳较快发展。有关信息和专家预测表明：财政主导的为期两年的"四万亿投资"计划中，有一半将在2010年实现；地方政府将继续获得发债的权力，而中央财政也将继续延续"高赤字预算"的路线，甚至有可能超过2009年9500亿元的纪录，在"万亿元大关"左右徘徊。2009年底，随着经济形势向好，特别是企业效益回升，各级财政收入呈快速增长之势，预示着今年国家财政调控的能力在继续增强。2009年全国新增贷款达9.6万亿元，同比多增4.7万亿元，今年的信贷投放也不会下降太多，相关分析可能达到8万亿元左右。二是五个"更加注重"和"六项重点"，有利于拓展新的增长空间，增强可持续发展能力。今年将迎来经济结构调整和经济贸易发展方式转变的黄金调整期。"加快产业结构调整"、"推进城镇化和户籍制度改革"、"促进农民增产增收"、"持续扩大内需"及"进一步促进消费和改善民生"等政策措施的加强和完善，将有利于新兴产业的发展、城镇化的推进、消费需求的持续扩大，增强经济发展新的内生动力。稳定的出口政策及外需形势的好转，以及今年中国—东盟自由贸易区的启动，我国关税下调的承诺履行到位，双方90%的贸易产品将实现零关税，并实质性开放服务贸易市场，将促使中国2010年外向经济的发展形势优于2009年。三是政策的取向，有效地提振了社会的信心。中国社科院预测：2010年，固定资产投资仍将保持较高增速，预计名义增长率为23.9%，固定资产投资相当于GDP的比重可能超过70%；消费需求仍将平稳增长，实际增幅或达16.4%；外贸形势趋于好转，进出口增幅有望分别达到18.7%和17.3%；我国GDP增长率将回升到9%左右。同时，在需求总体平稳增长，而生产和供给能力充足的背景下，今年全国CPI涨幅在3%以内；食品、工业消费品、生产资料等的价格也将保持大体平稳。可以预计，如果不发生大面积通胀，南阳经济有可能进入"高增长、低通胀"的发展机遇期。

机遇之三：南阳经济平稳较快发展的势头已初步确立，扩大内需和产业结构升级的潜力巨大。2009年全市新开工项目个数增加41.2%，计划总投资增长87.5%，随着后续投资到位及农运会场馆建设相继进入投资高峰期，今年全社会固定资产投资仍有望保持25%左右的较快增长；在国家

政策利好下，社会消费品零售额也将实现16%左右的增速；受世界经济复苏的拉动，外贸出口有望止跌回升，出现恢复性增长。2009年南阳人均GDP约为2550美元，今年将接近2900美元。按国际经验和南阳的实际判断，全市正处于经济结构快速转换和升级的阶段，直到2020年，经济保持年均10%左右的增长是有可能的。主要依据：一是消费拉动的潜力大。目前南阳城乡居民年平均消费支出低于全省平均水平109元，低于郑州2731元，低于洛阳1254元；每百户城镇居民家用汽车、家用电脑、照相机、微波炉等的拥有量均低于全省平均水平；农村居民人均衣着、居住、交通和通讯等消费水平也明显偏低，绝大多数耐用消费品拥有量均达不到全省平均水平。目前，以住房、汽车、家用电脑、文化教育、交通通讯、医疗卫生等为主导的新一轮消费升级已经开始，并将延续多年。南阳作为一个人口超千万的大市，如果仅以达到全省平均水平计算，消费市场和潜力巨大。二是城镇拓展的潜力大。2008年，南阳城镇化率为34.9%，比全省平均水平低1.1个百分点，比全国低10.7个百分点。按雷·诺塞姆的S型曲线三阶段理论判别，南阳正处于城市化进程的中期加速阶段(30%<城市化率<70%)。实际上，2005年以来，全市城镇化率以年均1.6个百分点的速度加快提高。今后相当时期内全市城镇化率仍将保持一个较快提高，直到接近全国目前的水平时才会减缓下来。南阳城镇化水平每提高1个百分点，就相应新增城镇人口10万人以上，按目前城乡居民人均消费水平差距6473元计算，可新增消费支出近10亿元。这还不包括一次性购房、购车的大额开支。城镇化的加速推进，将对经济的持续增长起到促进作用。三是产业升级的潜力大。南阳目前处于工业化和城镇化加快推进阶段，需要建造大量的基础设施，比如城市设施、铁路、公路、房屋等，需要相应加快配套第二、三产业的发展。四是技术进步的潜力大。目前，全市科技进步对经济增长的贡献份额达到48%，科技综合实力和竞争力位居全省前列；"电子纸"、"高亮度投影机"、"激光电视"和"全降解塑料"4个高新技术项目被列入国家863计划。虽然距离发达国家早已达到70%甚至80%以上的水平还有相当差距，但如果今后高新技术产业发展加快、劳动力素质逐步提升、节能降耗做得更好、宏观调控和企业管理不断完善和创新，则技术进步的贡献还将继续提升，可有力地支撑经济平稳较快增长。

挑战之一：国际金融危机的阴影尚未消去，后危机时代的挑战又已接踵而至。主要表现：一是出口拉动难以强劲恢复。2009年后两个月出口降幅缩小，主要是去年四季度基数较低的结果。今年还难以恢复到危机前连年增长20%以上的强劲势头。二是国际初级产品价格仍可能震荡上扬，不仅加大我国通货膨胀的外部压力，也增加了经济发展成本。三是新技术、新经济的发展任重道远。近几年来，美国、欧盟和日本等发达国家加大对新能源技术、节能技术和环保技术的开发和研究，作为推动未来经济发展的战略目标。绿色经济、低碳发展已成为全球趋势，新的产业群会因此出现。欧洲人已经可以利用低碳技术赚钱了。美国40%、日本60%的财政计划也与低碳经济有关。"低碳"市场越来越大，人们会越来越多地为低碳技术花钱，当然也有越来越多的经济体会用"低碳"作为保护自己、打击别人的工具。但具体到中国、河南、乃至南阳，因为面临转型压力，工业特别是粗放制造业将受到的较大冲击。如果我们在全球绿色经济浪潮中不能迎头赶上，经济社会发展将受到很大牵制，将拉大与发达地区的差距。

挑战之二：区域经济新一轮大发展已初露端倪，地区间的竞争更趋激烈。主要表现：一是竞相加速发展。从目前掌握的情况看，各省辖市对2010年经济增长形势都比较看好，预期目标都在10%以上，超过一半的市确定在12%或12%以上，而南阳由于基数较高，如果不能有效应对，增速可能放缓，位次难以靠前。二是竞相争取国家政策和项目布局。如：在国家发改委1月11日公布的《促进中部地区崛起规划》中，我们没有看到南阳，而洛阳(继续加强洛阳、武汉、长岭、安庆、九江等大中型石油化工企业技术改造和改扩建，重点推进武汉80万吨乙烯、洛阳68万吨对二甲苯和100万吨精对苯二甲酸等工程建设；培育形成郑汴洛工业走廊；重点以郑东新区、汴西新区、洛阳新区建设为载体，整合区域资源，加强分工合作，推进区域内城市空间和功能对接，率先在统筹城乡、统筹区域协调发展的体制机制创新方面实现新突破)、平顶山(建设平顶山、长沙、宜昌高压开关设备制造基地；重点建设河南平顶山、江西麻丘和湖北应城地下储气库，为西气东输二线配套）、信阳（信阳“双低”油菜优势区；新增信阳机场建设）等毗邻城市均被提及；在工业和信息化部公示的首批62个国家新型工业化产业示范基地中，洛阳的节能环保装备和汤阴的食品产业在列，南阳在国家中长期发展战略中再一次被“边缘化”。

挑战之三：既要加快经济增长方式转变，又要全力维护社会和谐稳定。根据中央经济工作会议要求，加快转变经济发展方式，是做好今年经济工作的重点。然而，经济社会处于发展黄金期和矛盾凸显期的南阳，还存在诸多两难问题，其中，较为突出的有：一是继续扩大内需的难题。投资高增长、信贷大投放等救市政策早晚要“退市”，如何保持长期稳定增长，得寻找新动力和新思路，得在更大程度上靠扩大内需。但就业形势比较严峻、农民增收困难等因素，又可能使得消费需求再扩展的难度增大。特别是作为农业大市，生猪、棉花、油菜等农产品价格起落不定，将影响农业增效和农民增收。二是继续调整结构的难题。一方面高耗能产业比重较大，传统产业升级压力大，如，钢铁、水泥等属于产能过剩行业，而这些行业又恰恰还是南阳当前和今后一段时间经济发展的支柱，是财政的主要来源和就业的重要渠道。另一方面，值得鼓励的战略性新兴产业还刚刚起步，如：新能源、新材料、光电、光伏、生物等，能否在新一轮发展大潮中做大做强，还面临激烈竞争。发展慢了，也迟早会遭遇过剩的时候。三是继续协调发展的难题。现阶段，南阳急需加快推进新型工业化和新型城市化，但“三农问题”仍然突出。农业基础设施比较薄弱，特别是水利设施老化严重，目前全市有效灌溉面积占耕地面积的48.4%，低与全省平均水平20.9个百分点。农产品加工业欠发达。南阳粮食产量、肉类产量占全省的比重均在10%以上，但农副食品加工业增加值只占全省的3.0%。城乡发展、居民收入乃至县市区之间的差别仍很明显，可用于投资建设的资源有限，要做到统筹兼顾很难。

三、工作建议：朝着转方式、可持续的大方向，稳增长，稳投资，在调结构、促开放、惠民生等方面做得更好

今年是全面完成“十一五”规划目标，谋划“十二五”发展的关键之年，也是巩固扩大应对金融危机成果，促进经济更长时期、更高水平发展的重要一年。结合今年经济工作的总体要求，和南阳实际，提出以下建议：

1.抓住机遇，保持经济平稳较快增长。南阳是一个人口大省，长期以来人均水平靠后，就业压力沉重，必须针对南阳发展还不够的实际，坚定不移保增长、谋发展。如果经济发展慢了，就业、民生就无从谈起，调结构和转方式也就失去了基础。特别是在当前国际金融危机冲击仍在延续的背景下，稍有懈怠，就有可能坐失良机而前功尽弃。一要充分认识宏观形势的复杂性，既看到经济企稳回升的积极变化，又看到影响经济持续稳定增长的因素仍然很多，增强危机感、紧迫感，树立责任感、使命感，努力保持当前好的势头。二要积极贯彻落实国家宏观调控政策，重点在促进发展方式转变上下功夫，着力培育新经济增长点，抓好优势产业振兴规划的落实，真正在发展中促转变，在转变中谋发展。

2.转变方式，大力推进产业结构调整。紧抓政策机遇，突出加快提高新型工业化、新型城市化、经济低碳化的水平，为实现科学发展、加速我市经济崛起拓展新动力、新空间。一是高度重视工业发展后劲问题，加快提高我市新型工业化。要以落实重点产业调整振兴规划为契机，加快新型工业化进程出发，争取国家和省里更多的支持。从当前看，要切实抓好工业生产经营，尤其是抓好对全市工业有巨大影响的市直两属工业。各企业要大力开拓市场，拓宽产品销路；各部门加强生产要素保障能力，确保企业正常生产；要加强对重点企业的服务协调，确保重点企业提速增效。从长远看，要着力调整产业结构的高度，谋划工业发展的长远布局，充分发挥科技在工业增长中的带动作用。二是以推进城镇化为契机，拓展经济社会发展的新空间。要利用工业化加速推进、国家将放宽中小城市和城镇户籍限制等机遇，加速推进我市新型城市化水平。这将起到扩大居民消费、带动城镇投资、提高进城农民生活水平、促进社会和谐稳定等一举多得的作用。三是以发展低碳经济为契机，加速发展战略性新兴产业。2008年，我市万元GDP能耗为1.24吨标准煤/万元，比全国、全省的平均水平都高。要利用危机所形成的倒逼机制，抢占先机，大力发展新能源、新材料、生物医药、环保等战略性新兴产业。围绕发展低碳经济，改变能源结构，发展新能源和可再生能源，倡导节俭的消费方式，优先发展两型产业，积极推进节能减排。

3. 夯实基础，进一步扩大投资规模。要千方百计保持投资稳定增长。一要继续加大项目推进力度，对在建和拟建重点项目，分类施策，强化措施，加快项目前期工作和建设进度。充分发挥政府投资的引导作用，最大限度地启动民间投资，毫不放松地抓好招商引资，确保投资的拉动作用持续发挥效应。要更加注重项目储备和项目包装，力争使我市的投资规模上台阶。二是依托"六创一迎"有利契机，抓好基础设施建设。特别是城区和农村公路交通、农田水利、文教卫生、防灾救灾等基础设施建设。三要继续做好中央新增投资项目的争取和实施工作，围绕"三农"、民生工程、节能环保等领域，提前做好项目准备工作。

4. 开拓市场，提升国内外贸易需求。一要采取积极的消费政策，着力开拓消费市场，增强消费对经济增长的拉动力。继续完善土地出让管理制度，增加普通商品住房用地供给；继续实施好家电、汽车下乡以及以旧换新等政策，完善配套措施；积极促进旅游、健身、教育培训等服务消费，挖掘消费需求潜力，同时善于根据政策的导向，及早瞄准居民消费水平提高和结构升级大趋势、大市场，配套加速相关产业的发展。当然最关键的还是要努力提高城乡居民收入水平，缩小收入差距，有效提高广大居民的消费倾向，增加即期消费。二要采取有力措施，努力稳定出口贸易。一是提高出口产品竞争力。要鼓励企业加大技术创新和产品研发投入，不断提高出口产品的档次和质量，努力扩大高新技术产品和名牌产品出口。二是开拓外需市场。鼓励企业积极参加国际展会，加强国际营销方式创新，形成自己的国际营销网络，掌握产品营销关键环节，提高出口产品利润率。三是提高利用外资质量。努力优化投资环境，加大吸引外资力度，重点引进辐射面广、产业关联度大、能耗低的大型工业项目和现代服务业项目。同时，继续实施"走出去"战略，鼓励有条件的企业按照国际惯例到境外投资，扩大市场空间，提高资源等生产要素的保障程度。

5. 致力民生，继续加大惠民政策实施。民生问题不仅是构建和谐社会的基本要求，更是关乎根本改善投资消费关系、确保经济长期稳定增长的重大问题。要继续加大对改善民生的投入力度，丰富拓展民生工程内容，巩固扩大民生工程成果，健全社会保障制度，加强与民生紧密相联的社会文化事业建设，进一步提高政府公共服务的能力和水平。要从有限财力出发，让群众更多地共享发展成果，加大低收入人群生活保障工作力度，改善居民消费预期，千方百计增加居民收入，提高消费能力。同时及时解决困难群众生活、就业等方面的实际问题，保持社会生活的稳定有序。

统 计 资 料

1

综　　合

资料整理：王兰芝　蔡　华

1-1 全市行政区划

(2009 年)

	土地面积(平方公里)	乡、镇、街道办事处个数				农村村民委员会	社区居委会
		合计	乡政府个数	镇政府个数	市辖办事处		
全市	**26509**	**236**	**83**	**123**	**30**	**4569**	**261**
宛城区	970	16	6	4	6	232	54
卧龙区	1017	18	4	7	7	235	60
南召县	2933	16	8	8		326	15
方城县	2542	16	9	7		542	4
西峡县	3454	19	6	10	3	289	28
镇平县	1490	22	7	12	3	410	23
内乡县	2301	16	6	10		288	8
淅川县	2818	17	4	11	2	503	21
社旗县	1152	15	5	10		236	8
唐河县	2497	21	7	12	2	494	21
新野县	1056	15	5	8	2	250	16
桐柏县	1915	16	5	11		215	8
邓州市	2370	27	11	13	3	524	55
高新区		2			2		

注:本表农村村民委员会、社区居委会个数来自市民政局。

1-2 各县(市、区)乡、镇、办事处名称

(2009年底)

	乡	镇	街道办事处
卧龙区	七里园乡、王村乡、谢庄乡、龙兴乡	蒲山镇、石桥镇、英庄镇、青华镇、潦河镇、陆营镇、安皋镇	梅溪街道、靳岗街道、卧龙街道、七一街道、武侯街道、光武街道、车站街道
宛城区	溧河乡、汉冢乡、金华乡、茶庵乡、高庙乡、新店乡	官庄镇、红泥湾镇、瓦店镇、黄台岗镇	新华街道、东关街道、仲景街道、汉冶街道、白河街道、枣林街道
南召县	城郊乡、小店乡、皇后乡、太山庙乡、石门乡、四棵树乡、马市坪乡、崔庄乡	城关镇、皇路店镇、留山镇、云阳镇、乔端镇、南河店镇、白土岗镇、板山坪镇	
方城县	券桥乡、杨集乡、二郎庙乡、古庄店乡、杨楼乡、清河乡、柳河乡、四里店乡、袁店回族乡	小史店镇、城关镇、独树镇、拐河镇、赵河镇、博望镇、广阳镇	
西峡县	田关乡、阳城乡、寨根乡、石界河乡、军马河乡、二郎坪乡	丁河镇、丹水镇、回车镇、米坪镇、西坪镇、双龙镇、桑坪镇、五里桥镇、重阳镇、太平镇	白羽街道、莲花街道、紫金街道
镇平县	柳泉铺乡、二龙乡、王岗乡、马庄乡、张林乡、彭营乡、郭庄乡	高丘镇、遮山镇、老庄镇、卢医镇、曲屯镇、石佛寺镇、晁陂镇、贾宋镇、侯集镇、枣园镇、杨营镇、安子营镇	涅阳街道、雪枫街道、玉都街道
内乡县	大桥乡、赵店乡、余关乡、乍岖乡、板场乡、七里坪乡	师岗镇、瓦亭镇、灌涨镇、湍东镇、王店镇、马山口镇、赤眉镇、夏馆镇、城关镇、桃溪镇	
淅川县	西簧乡、毛堂乡、大石桥乡、滔河乡	荆紫关镇、寺湾镇、盛湾镇、金河镇、上集镇、老城镇、仓房镇、香花镇、厚坡镇、马蹬镇、丹阳镇	商圣街道、龙城街道
社旗县	城郊乡、大冯营乡、太和乡、陌陂乡、唐庄乡	晋庄镇、李店镇、桥头镇、兴隆镇、郝寨镇、苗店镇、饶良镇、赊店镇、朱集镇、下洼镇	
唐河县	城郊乡、桐河乡、昝岗乡、祁仪乡、马振扶乡、古城乡、东王集乡	桐寨铺镇、张店镇、郭滩镇、苍台镇、源潭镇、龙潭镇、湖阳镇、黑龙镇、上屯镇、大河屯镇、毕店镇、少拜寺镇	文峰街道、滨河街道
新野县	城郊乡、前高庙乡、樊集乡、上庄乡、上港乡	五星镇、王庄镇、施庵镇、沙堰镇、新甸铺镇、歪子镇、王集镇、溧河铺	汉城街道、汉华街道
桐柏县	城郊乡、回龙乡、朱庄乡、程湾乡、新集乡	城关镇、月河镇、吴城镇、固县镇、毛集镇、埠江镇、大河镇、平氏镇、淮源镇、黄岗镇、安棚镇	
邓州市	龙堰乡、白牛乡、夏集乡、裴营乡、文曲乡、高集乡、陶营乡、小杨营乡、腰店乡、九龙乡、张楼乡	汲滩镇、穰东镇、赵集镇、罗庄镇、十林镇、张村镇、都司镇、构林镇、刘集镇、孟楼镇、林扒镇、桑庄镇、彭桥镇	花洲街道、古城街道、湍河街道
高新区			张衡街道、百里奚街道

1—3 基本单位数

单位:个

年份	法人单位数	单产业法人	多产业法人	产业活动单位数	多产业法人的活动单位	异地产业活动单位
1996	22633	21016	1617	35695	14679	
1997	22076	20514	1562	34996	14482	
1998	24317	22876	1441	36448	13572	
1999	22735	21361	1374	34521	13160	
2000	22496	21146	1350	34262	13116	
2001	27627	26316	1311	39478	13162	
2002	30580	29258	1322	42164	12906	
2003	31700	30414	1286	43368	12954	
2004	33070	31818	1252	45793	13945	30
2005	33800	32593	1207	46422	13829	
2006	34886	33737	1149	47200	13463	
2007	35468	34355	1113	47649	13294	
2008	38466	37426	1040	48278	10852	
2009	39681	38642	1039	49442	10800	

1-4 各县(市、区)基本单位数

(2009年)

单位:个

	法人单位数	单产业法人	多产业法人	产业活动单位数	多产业法人的活动单位
总计	**39681**	**38642**	**1039**	**49442**	**10800**
市辖区	1630	1524	106	1592	68
宛城区	3205	3195	10	3589	394
卧龙区	2844	2789	55	4442	1653
南召县	1989	1877	112	2553	676
方城县	3903	3806	97	4630	824
西峡县	2038	1963	75	2774	811
镇平县	2568	2478	90	3663	1185
内乡县	2454	2399	55	2875	476
淅川县	2522	2482	40	3117	635
社旗县	2313	2173	140	2908	735
唐河县	3825	3754	71	4288	534
新野县	3120	3059	61	4311	1252
桐柏县	2417	2383	34	2912	529
邓州市	4853	4760	93	5788	1028

1-5 按三次产业分的基本单位数及构成

单位：个、%

	单位数（个）	第一产业		第二产业		第三产业	
		绝对数	构成(%)	绝对数	构成(%)	绝对数	构成(%)
法人单位							
1996	22633	395	1.7	10221	45.2	12017	53.1
1997	22076	597	2.7	9646	43.7	11833	53.6
1998	24317	713	2.9	11231	46.2	12373	50.9
1999	22735	703	3.1	10279	45.2	11753	51.7
2000	22496	763	3.4	10068	44.8	11665	51.8
2001	27627	806	2.9	10478	37.9	16343	59.2
2002	30580	717	2.3	10203	33.4	19660	64.3
2003	31700	878	2.8	10696	33.7	20126	63.5
2004	33070	1955	5.9	11864	35.9	19251	58.2
2005	33800	2030	6.0	12541	37.1	19229	56.9
2006	34886	1917	5.5	13614	39.0	19355	55.5
2007	35468	1984	6.0	13958	39.0	19526	55.0
2008	38466	2289	6.0	13284	34.5	22893	59.5
2009	39681	2330	5.9	13736	34.6	23615	59.5
产业活动单位							
1996	35695	424	1.2	11325	31.7	23946	67.1
1997	34996	625	1.8	6974	19.9	27397	78.3
1998	36448	750	2.1	11340	31.1	24358	66.8
1999	34521	218	0.6	11164	32.3	23139	67.1
2000	34262	773	2.3	10894	32.3	22595	65.4
2001	39478	832	2.1	11283	28.6	27363	69.3
2002	42164	733	1.7	10854	25.7	30577	72.6
2003	43368	893	2.1	11357	26.2	31118	71.7
2004	45793	1983	4.3	12555	27.4	31255	68.3
2005	46422	2065	4.4	13118	28.3	31239	67.3
2006	47200	1959	4.2	14174	30.0	31067	65.8
2007	47649	2009	4.2	14505	30.4	31135	65.4
2008	48278	2336	4.8	13580	28.1	32362	67.1
2009	49442	2364	4.8	14030	28.4	33048	66.8

1-6 按登记注册类型分组的基本单位数

(2009 年)　　　　单位:个

	法人单位数	单产业法人	多产业法人	产业活动单位数	多产业法人的活动单位
全　　市	**37351**	**36313**	**1038**	**47078**	**10765**
内　　资	**37279**	**36242**	**1037**	**46885**	**10643**
国　　有	6884	6278	606	12264	5986
集　　体	1590	1499	91	3158	1659
股份合作	185	159	26	878	719
国有联营	4	4		6	2
集体联营	27	25	2	29	4
国有与集体联营	4	4		4	
其他联营	30	30		30	
国有独资公司	28	20	8	53	33
其他有限责任公司	2063	2027	36	2447	420
股份有限公司	449	409	40	1139	730
私营独资	14333	14320	13	14603	283
私营合作	940	936	4	952	16
私营有限责任公司	1011	997	14	1091	94
私营股份有限公司	271	270	1	270	
其他内资	9460	9264	196	9961	697
港澳台商投资	**37**	**37**		**52**	**15**
与港澳台商合资经营	18	18		18	
与港澳台商合作经营	4	4		5	1
港澳台商独资	12	12		26	14
港澳台商投资股份有限公司	3	3		3	
外商投资	**35**	**34**	**1**	**141**	**107**
中外合资经营	23	22	1	24	2
中外合作经营	2	2		2	
外商独资	7	7		112	105
外商投资股份有限公司	3	3		3	

注:本表不含第一产业单位数。

1-7 按行业分的基本单位数

(2009年)

单位:个

	法人单位数	单产业法人	多产业法人	产业活动单位数	多产业法人的活动单位
全市	39681	38642	1039	49442	10800
农、林、牧、渔业	2330	2329	1	2364	35
农业	162	162		163	1
林业	112	112		121	9
畜牧业	1540	1539	1	1551	12
渔业	62	62		66	4
农、林、牧、渔服务业	454	454		463	9
采矿业	1166	1164	2	1170	6
煤炭开采和洗选业					
石油和天然气开采业	4	2	2	7	5
黑色金属矿采选业	231	231		231	
有色金属矿采选业	125	125		125	
非金属矿采选业	797	797		798	1
其他采矿业	9	9		9	
制造业	11772	11754	18	11858	104
农副食品加工业	1734	1732	2	1773	41
食品制造业	282	282		283	1
饮料制造业	193	192	1	194	2
烟草制品业	1	1		1	
纺织业	670	670		670	
纺织服装、鞋、帽制造业	115	114	1	115	1
皮革、毛皮、羽毛(绒)及其制品业	50	50		51	1
木材加工及木、竹、藤、棕、草制品业	777	777		777	
家具制造业	513	512	1	513	1
造纸及纸制品业	89	89		89	
印刷业和记录媒介的复制	158	158		159	1
文教体育用品制造业	21	21		23	2
石油加工、炼焦及核燃料加工业	26	26		26	
化学原料及化学制品制造业	335	334	1	337	3
医药制造业	111	109	2	111	2
化学纤维制造业	5	5		5	
橡胶制品业	34	34		35	1
塑料制品业	331	329	2	331	2
非金属矿物制品业	4127	4127		4134	7
黑色金属冶炼及压延加工业	59	58	1	61	3
有色金属冶炼及压延加工业	43	42	1	46	4
金属制品业	372	371	1	376	5

1－7 续表 1 (2009 年) 单位:个

	法人单位数	单产业法人	多产业法人	产业活动单位数	多产业法人的活动单位
通用设备制造业	219	218	1	219	1
专用设备制造业	223	222	1	229	7
交通运输设备制造业	226	225	1	228	3
电气机械及器材制造业	123	122	1	126	4
通信设备、计算机及其他电子设备制造业	41	41		42	1
仪器仪表及文化、办公用机械制造业	82	82		83	1
工艺品及其他制造业	783	782	1	792	10
废弃资源和废旧材料回收加工业	29	29		29	
电力、燃气及水的生产和供应业	170	160	10	350	190
电力、热力的生产和供应业	74	64	10	252	188
燃气生产和供应业	8	8		8	
水的生产和供应业	88	88		90	2
建筑业	628	620	8	652	32
房屋和土木工程建筑业	402	395	7	420	25
建筑安装业	52	51	1	55	4
建筑装饰业	149	149		149	
其他建筑业	25	25		28	3
交通运输、仓储和邮政业	294	289	5	583	294
铁路运输业					
道路运输业	166	162	4	194	32
城市公共交通业	26	26		29	3
水上运输业	14	14		14	
航空运输业	2	2		2	
管道运输业					
装卸搬运和其他运输服务业	41	41		41	
仓储业	40	40		42	2
邮政业	5	4	1	261	257
信息传输、计算机服务和软件业	317	311	6	496	185
电信和其他信息传输服务业	42	36	6	221	185
计算机服务业	265	265		265	
软件业	10	10		10	
批发和零售业	3630	3443	187	6217	2774
批发业	1512	1450	62	2236	786
零售业	2118	1993	125	3981	1988
住宿和餐饮业	1293	1281	12	1405	124
住宿业	356	347	9	391	44
餐饮业	937	934	3	1014	80
金融业	68	24	44	1379	1355
银行业	24	3	21	781	778

1—7 续表 2　　　　(2009 年)　　　　单位:个

	法人单位数	单产业法人	多产业法人	产业活动单位数	多产业法人的活动单位
证券业	2	2		2	
保险业	24	1	23	552	551
其他金融活动	18	18		44	26
房地产业	491	491		494	3
房地产业	491	491		494	3
租赁和商务服务业	654	652	2	802	150
租赁业	48	48		48	
商务服务业	606	604	2	754	150
科学研究、技术服务和地质勘查业	467	460	7	503	43
研究与试验发展	44	44		47	3
专业技术服务业	272	269	3	292	23
科技交流和推广服务业	140	137	3	151	14
地质勘查业	11	10	1	13	3
水利、环境和公共设施管理业	292	288	4	318	30
水利管理业	111	109	2	122	13
环境管理业	59	58	1	67	9
公共设施管理业	122	121	1	129	8
居民服务和其他服务业	357	354	3	386	32
居民服务业	259	256	3	285	29
其他服务业	98	98		101	3
教育	3161	2930	231	5408	2478
教育	3161	2930	231	5408	2478
卫生、社会保障和社会福利业	4051	4016	35	4739	723
卫生	3881	3847	34	4540	693
社会保障业	46	46		54	8
社会福利业	124	123	1	145	22
文化、体育和娱乐业	391	387	4	494	107
新闻出版业	9	8	1	10	2
广播、电视、电影和音像业	56	53	3	78	25
文化艺术业	275	275		354	79
体育	12	12		12	
娱乐业	39	39		40	1
公共管理和社会组织	8149	7689	460	9824	2135
中国共产党机关	121	117	4	124	7
国家机构	2401	2142	259	3950	1808
人民政协和民主党派	14	13	1	15	2
群众团体、社会团体和宗教组织	773	745	28	895	150
基层群众自治组织	4840	4672	168	4840	168

1-8 国民经济和社会发

	1990	1995	2000	2005	2008	2009
人口与就业						
人口(万人)						
年底总人口	985.00	1025.61	1049.01	1074.58	1091.31	1096.22
#市镇人口	110.02	152.07	211.48	298.99	381.95	401.55
#男性人口	516.3	537.22	548.43	555.22	568.55	570.87
就业(万人)						
年底从业人员	456.6	570.04	611.08	627.01	649.07	660.54
#在岗职工	56.69	69.71	65.81	63.14	67.81	67.79
宏观经济						
国民核算(亿元)						
生产总值	90.79	306.6	519.66	1031.06	1596.77	1714.49
第一产业	41.2	98.83	153.7	258.23	344.48	366.91
第二产业	26.88	134.42	237.66	527.99	832.63	875.49
#工业	24.41	124.16	214.23	468.17	752.69	781.28
第三产业	22.71	73.36	128.3	249.68	419.67	472.09
人均生产总值(元)	929	2999	4963	9618	15971	16996
固定资产投资(亿元)						
全社会固定资产投资总额	15.37	75.08	117.62	377.29	895.83	1153.18
#城镇投资	7.77	52.94	70.74	285.38	708.55	929.52
财政(亿元)						
地方财政收入	5.53	9.58	19.59	31.00	59.48	72.67
地方财政支出	6.92	15.19	29.9	82.99	178.72	227.88
物价总指数(以上年为100)						
居民消费价格总指数		116.5	98.7	102.3	106.5	99.6
商品零售价格总指数		116.4	98.0	102.2	106.4	99.3
农业生产资料价格总指数		128.4	98.0	107.8	110.0	101.40
利用外资(万美元)						
签订外商直接投资协议金额	112	4582	962	9428	23338	32643
实际利用外商直接投资金额	104	1571	884	4809	11635	13303
产业经济						
农林牧渔业						
播种面积(千公顷)	1530.58	1559.33	1692.93	1897.91	1836.96	1857.4
主要农产品产量						
粮食(万吨)	397.52	359.64	378.05	465.88	569.66	579.37
#小麦(万吨)	223.35	161.33	200.91	283.19	348.63	354.77
棉花(万吨)	9.3	15.16	11.85	11.85	10.92	9.00
油料(万吨)	17.71	37.05	53.34	90.46	101.98	111.4
烟叶(万吨)	5.83	4.46	4.65	5.49	5.44	5.87
水果(万吨)	2.82	8.75	20.71	38.00	56.65	61.75

展总量与速度指标

2009 年为以下各年 %					平均每年增长 %			
1990	1995	2000	2005	2008	1991—1995	1996—2000	2001—2005	2006—2009
111.3	106.9	104.5	102.0	100.4	0.8	0.5	0.5	0.5
365.0	264.1	189.9	134.3	105.1	6.7	6.8	7.2	7.7
110.6	106.3	104.1	102.8	100.4	0.8	0.4	0.2	0.7
144.7	115.9	108.1	105.3	101.8	4.5	1.4	0.5	1.3
119.6	97.2	103.0	107.4	100.0	4.2	-1.1	-0.8	1.8
933.6	447.5	272.4	155.5	110.0	15.8	10.4	11.9	11.7
384.3	276.7	179.9	123.8	104.2	6.8	9.0	7.8	5.5
1738.3	557.8	320.5	163.6	111.2	25.5	11.7	14.4	13.1
1753.2	551.8	319.9	167.6	110.4	26.0	11.5	13.8	13.8
952.2	468.4	296.5	171.2	112.1	15.2	9.6	12.0	14.4
837.2	420.0	261.7	153.0	109.0	14.8	9.9	11.4	11.2
7502.8	1535.9	980.4	305.6	128.7	37.3	9.4	26.3	32.2
11962.9	1755.8	1314.0	325.7	131.2	46.8	6.0	32.2	34.3
1314.1	758.6	371.0	234.4	122.2	11.6	15.4	9.6	23.7
3293.1	1500.2	762.1	274.6	127.5	17.0	14.5	22.7	28.7
29145.5	712.4	3393.2	346.2	139.9	110.1	-26.8	57.9	36.4
12791.3	846.8	1504.9	276.6	114.3	72.1	-10.9	40.3	29.0
121.4	119.1	109.7	97.9	101.1	0.5	2.1	2.9	-0.5
145.8	161.0	153.3	124.4	101.7	-2.0	1.0	4.3	5.6
158.8	219.9	176.6	125.3	101.8	-6.3	4.5	7.1	5.8
96.8	59.4	75.9	75.9	82.5	10.3	-4.8		-6.6
629.0	300.7	208.8	123.1	109.2	15.9	7.6	11.1	5.3
100.7	131.6	126.2	106.9	108.0	-5.2	0.8	3.4	1.7
2189.7	705.7	298.2	162.5	109.0	25.4	18.8	12.9	12.9

1—8 续表 1

	1990	1995	2000	2005	2008	2009
工业						
规模以上工业增加值(亿元)			211.53	225.12	458.73	486.38
主要工业产品产量						
纱(万吨)	2.53	5.22	9.45	28.12	76.04	89.97
布(亿米)	0.62	1.33	1.36	2.31	3.27	4.00
卷烟(万箱)	39.00	44.30	39.83	151.04	129.11	129.00
饮料酒(万吨)	8.87	12.18	7.84	17.39	25.09	36.05
原油(万吨)	252	192	185	187	181	188
发电量(亿千瓦小时)	1.62	1.01	46.12	57.75	104.91	128.74
生铁(万吨)	12.65	18.62	4.79	15.91	136.84	202.11
钢(万吨)	0.37	0.52		0.42	124.68	187.90
烧碱(万吨)	1.07	2.60	2.89	6.68	5.18	1.95
酒精(万吨)	6.61	10.59	7.61	19.13	6.25	4.13
合成氨(万吨)	18.56	22.58	15.47	24.07	28.73	9.46
水泥(万吨)	106	285	417	912	1333	1519
大理石板(万立方米)	17.70	679.23	408.28	362.85	314.84	227.64
建筑业						
施工房屋面积(万平方米)	89.65	362.00	448.50	874.82	1141.36	1176.09
竣工房屋面积(万平方米)	40.82	210.00	192.40	409.99	530.97	702.19
运输和邮电						
客运量(万人)	3953	4682	6113	8347	11285	12657
#公路	3778	4602	6058	8300	11231	12601
货运量(万吨)	698	3446	4381	6770	9974	12779
#公路	640	3380	4301	6600	9739	12520
邮电业务总量(万元)	3132	18832	130463	418756	382980	424299
批发零售贸易业、餐饮业						
社会消费品零售总额(亿元)	31.86	93.05	183.11	339.65	568.61	676.66
对外经济贸易						
进出口总额(万美元)		6467	10462	30336	87640	63719
进口额		545	3249	6869	18385	20811
出口额		5922	7213	23467	69255	42908
金融						
金融机构年底存款余额(亿元)	31.72	93.76	313.13	625.99	921.18	1145.90
金融机构年底贷款余额(亿元)	49.63	125.00	305.78	441.84	550.91	699.08
教育、文化						
教育						
专任教师数(人)						
高等学校	363	523	783	2094	2966	3543
中等专业学校	2408	3759	4369	4457	4594	4737
普通中学	26155	28437	35386	36815	36365	35830
小学	54191	40795	49398	48977	49284	49527

2009 年为以下各年 %					平 均 每 年 增 长 %			
1990	1995	2000	2005	2008	1991—1995	1996—2000	2001—2005	2006—2009
		438.0	207.2	114.0			16.2	19.7
3556.1	1723.6	952.1	320.0	118.3	15.6	12.6	24.4	33.7
645.2	300.8	294.1	173.2	122.3	16.5	0.4	11.2	14.7
330.8	291.2	323.9	85.4	99.9	2.6	-2.1	30.5	-3.9
406.4	296.0	459.8	207.3	143.7	6.5	-8.4	17.3	20.0
74.6	97.9	101.6	100.5	103.9	-5.3	-0.7	0.2	0.1
7946.9	12746.5	279.1	222.9	122.7	-9.0	114.7	4.6	22.2
1597.7	1085.4	4219.4	1270.3	147.7	8.0	-23.8	27.1	88.8
50783.8	36134.6		44738.1	150.7	7.0			359.9
182.2	75.0	67.5	29.2	37.6	19.4	2.1	18.2	-26.5
62.5	39.0	54.3	21.6	66.1	9.9	-6.4	20.2	-31.8
51.0	41.9	61.2	39.3	32.9	4.0	-7.3	9.2	-20.8
1438.4	533.0	364.3	166.6	114.0	22.0	7.9	16.9	13.6
1286.1	33.5	55.8	62.7	72.3	107.4	-9.7	-2.3	-11.0
1311.9	324.9	262.2	134.4	103.0	32.2	4.4	14.3	7.7
1720.2	334.4	365.0	171.3	132.2	38.8	-1.7	16.3	14.4
320.2	270.3	207.1	151.6	112.2	3.4	5.5	6.4	11.0
333.5	273.8	208.0	151.8	112.2	4.0	5.7	6.5	11.0
1830.8	370.8	291.7	188.8	128.1	37.6	4.9	9.1	17.2
1956.3	370.4	291.1	189.7	128.6	39.5	4.9	8.9	17.4
13547.2	2253.1	325.2	101.3	110.8	43.2	47.3	26.3	0.3
2123.9	727.2	369.5	199.2	115.6	23.9	14.5	13.2	18.7
	985.3	609.1	210.0	72.6		10.1	23.7	20.4
	3818.5	640.5	303.0	113.2		42.9	16.2	31.9
	724.6	594.9	182.8	61.9		4.0	26.6	16.3
3612.5	1222.2	366.0	183.1	124.4	24.2	27.3	14.9	16.3
1408.6	559.3	228.6	158.2	126.9	20.3	19.6	7.6	12.2
976.0	677.4	452.5	169.2	119.5	7.6	8.4	21.7	14.1
196.7	126.0	108.4	106.3	103.1	9.3	3.1	0.4	1.5
137.0	126.0	101.3	97.3	98.5	1.7	4.5	0.8	-0.7
91.4	121.4	100.3	101.1	100.5	-5.5	3.9	-0.2	0.3

1—8 续表 2

	1990	1995	2000	2005	2008	2009
在校学生数(万人)						
高等学校	0.23	0.40	1.06	3.88	5.24	7.82
中等专业学校	3.04	7.01	8.53	10.37	11.65	13.11
普通中学	38.17	52.16	68.86	67.98	57.25	56.26
小学	123.69	113.88	100.83	85.56	99.03	105.36
文化、文物						
艺术表演团体	23	19	17	17	17	17
文化馆	20	19	19	16	15	15
公共图书馆	13	13	13	13	13	13
公共图书量(万册)	71	79	112	128	111	139
博物馆	11	11	11	13	14	16
家　庭、生　活						
家庭						
家庭总户数(万户)	239.6	260.24	279.48	335.93	341.91	343.19
城镇居民平均每户家庭人口(人)	3.62	3.45	3.28	3.04	2.90	2.89
农村居民平均每户家庭人口(人)	4.78	4.48	4.00	4.03	4.01	4.00
婚姻						
登记结婚(对)			82250	78573		94690
登记离婚(民政部门)(对)			1815	4463		8082
居住						
城市居民人均居住面积(平方米)	14.11	13.30	19.95	28.70	29.76	29.77
农村居民人均居住面积(平方米)	14.01	17.98	23.49	25.97	29.84	31.16
生活						
城乡居民储蓄存款年底余额(亿元)	26.47	95.85	229.59	468.45	687.44	803.81
城镇居民人均可支配收入(元)	1265	2773	4430	7831	12395	13498
城镇居民人均消费性支出(元)	970	2245	3403	5283	8362	9595
农民人均纯收入(元)	487	1124	1889	2894	4570	4931
农民人均生活消费支出(元)	455	870	1179	2006	3256	3606
工资						
在岗职工工资总额(亿元)	9.22	28.30	40.61	73.66	120.63	141.03
在岗职工平均工资(元)	1649	4143	6164	11820	17847	20834
卫生						
医院、卫生院数(个)	281	289	296	305	305	302
卫生机构床位数(万张)	1.49	1.52	1.49	1.81	2.19	2.48
#医院、卫生院	1.34	1.37	1.44	1.70	2.08	2.28
卫生技术人员数(万人)	1.99	2.23	2.36	2.50	2.69	3.81

2009年为以下各年 %					平均每年增长 %			
1990	1995	2000	2005	2008	1991—1995	1996—2000	2001—2005	2006—2009
3400.0	1955.0	737.7	201.5	149.2	11.9	21.3	29.6	19.1
431.3	187.0	153.7	126.4	112.5	18.2	4.0	4.0	6.0
147.4	107.9	81.7	82.8	98.3	6.4	5.7	-0.3	-4.6
85.2	92.5	104.5	123.1	106.4	-1.6	-2.4	-3.2	5.3
73.9	89.5	100.0	100.0	100.0				
75.0	78.9	78.9	93.8	100.0				
100.0	100.0	100.0	100.0	100.0				
195.8	175.9	124.1	108.6	125.2	2.2	7.2	2.7	2.1
145.5	145.5	145.5	123.1	114.3				5.3
143.2	131.4	122.8	102.2	100.4	1.7	1.4	3.7	0.5
79.8	83.8	88.1	95.1	99.7	-1.0	-1.0	-1.5	-1.3
83.7	89.3	100.0	99.3	99.8	-1.3	-2.2	0.1	-0.2
							-0.9	4.8
							19.7	16.0
211.0	223.8	149.2	103.7	100.0	-1.2	8.4	1.3	0.9
222.4	173.3	132.7	120.0	104.4	5.1	5.5	2.0	4.7
3036.7	838.6	350.1	171.6	116.9	29.4	19.1		14.5
1067.0	486.8	304.7	172.4	108.9	17.0	9.8	12.1	14.6
989.2	427.4	282.0	181.6	114.7	18.3	8.7	9.2	16.1
1012.5	438.7	261.0	170.4	107.9	18.2	10.9	8.9	14.3
792.5	414.5	305.9	179.8	110.7	13.8	6.3	11.2	15.8
1529.6	498.3	347.3	191.5	116.9	25.1	7.5	12.6	17.6
1263.4	502.9	338.0	176.3	116.7	20.2	8.3	13.9	15.2
107.5	104.5	102.0	99.0	99.0	0.6	0.5	0.6	-0.2
166.4	163.2	166.4	137.0	113.2	0.4	-0.4	4.0	8.2
170.1	166.4	158.3	134.1	109.6	0.5	1.0	3.4	7.6
191.5	170.9	161.4	152.4	141.6	2.3	1.2	1.1	11.1

1—9 国民经济和社会发展结构指标

单位:%

	1990	1995	2000	2005	2008	2009
人口与就业						
人口						
城乡结构						
市镇	11.2	14.8	20.2	30.0	34.9	36.6
乡村	88.8	85.2	79.8	70.0	65.1	63.4
性别结构						
男	52.4	52.4	52.3	51.7	52.1	52.1
女	47.6	47.6	47.7	48.3	47.9	47.9
就业						
从业人员产业结构						
第一产业	75.6	66.9	70.7	57.1	52.5	50.7
第二产业	11.5	17.2	13.5	19.9	24.3	25.5
第三产业	12.9	15.9	15.8	23.0	23.2	23.8
在岗职工人数登记注册类型结构						
国有单位	74.7	76.6	66.8	59.2	57.0	54.4
城镇集体单位	25.3	17.3	20.5	11.5	9.9	8.8
其他单位		6.1	12.7	21.2	33.1	36.8
宏观经济						
国民核算						
生产总值产业结构						
第一产业	45.4	32.2	29.6	24.9	21.1	21.4
第二产业	29.6	43.9	45.7	51.0	52.3	51.1
#工业	26.9	40.5	41.2	45.2	46.9	45.6
第三产业	25.0	23.9	24.7	24.1	26.6	27.5
投资						
全社会固定资产投资结构						
#城镇	50.5	70.5	60.1	75.6	79.1	80.6
农村	49.5	29.5	39.9	24.4	20.9	19.4
城镇固定资产投资产业结构						
第一产业	3.5	0.8	2.3	2.9	3.8	4.1
第二产业	80.9	72.0	38.2	35.6	62.4	64.9
#工业	80.7	70.5	37.5	35.6	62.4	64.9
第三产业	15.7	27.2	59.5	61.5	27.8	25.0

1—9 续表

单位:%

	1990	1995	2000	2005	2008	2009
产　　业						
农　业						
农林牧渔业增加值结构						
农业	77.8	65.7	64.2	65.1	64.3	62.0
林业	2.9	3.0	3.6	4.1	4.2	3.2
牧业	18.6	30.7	31.1	27.5	28.2	30.8
渔业	0.7	0.6	1.2	1.4	1.5	1.2
农林牧渔服务业				1.9	1.8	2.8
农作物播种面积结构						
粮食作物	76.9	68.5	58.6	54.3	60.0	60.1
经济作物	23.1	31.5	41.4	44.9	39.5	39.6
其他农作物				0.8	0.5	0.4
工　业						
工业增加值结构						
规模以上			46.5	48.1	60.9	62.2
规模以下			16.8	18.1	14.3	12.1
城乡个体			36.7	33.8	24.8	25.6
工业增加值轻重工结构						
轻工业			49.3	52.1	48.6	51.4
重工业			50.7	47.9	51.4	48.6
批发零售贸易、住宿和餐饮业						
社会消费品零售总额结构						
批发零和售贸易业	90.7	87.5	86.2	84.5	82.7	82.6
住宿和餐饮业	4.2	6.2	8.4	13.5	15.4	15.7
其它	5.1	6.3	5.4	2.0	1.9	1.7
生　　活						
城镇居民消费结构						
食品类	51.2	49.0	39.5	34.3	34.3	33.0
衣着类	15.1	15.7	12.6	14.8	14.3	14.3
居住	6.7	7.8	15.4	10.8	10.4	10.4
日用品及其他	27.0	27.5	32.5	40.0	41.0	42.3
农村居民消费结构						
食品类	59.4	62.6	47.7	45.9	39.7	37.8
衣着类	9.2	8.1	5.9	5.6	5.6	5.4
居住	13.6	11.6	18.5	21.8	27.2	29.0
日用品及其他	17.8	17.7	27.9	26.7	27.5	27.8

1-10 国民经济和社会发展比例和效益指标

	1990	1995	2000	2005	2008	2009
人口和就业						
人口						
出生率(‰)	22.8	11.9	11.7	11.0	11.4	11.1
死亡率(‰)	7.1	6.4	6.4	6.3	5.9	6.0
自然增长率(‰)	15.8	5.5	5.3	4.8	5.4	5.1
城市化水平(%)	11.2	14.8	20.2	30.0	34.9	36.6
宏观经济						
国民核算						
经济增长贡献率(%)						
第一产业	77.0	27.6	19.0	13.7	10.2	8.8
第二产业	-16.4	54.4	58.3	60.7	59.3	60.0
#工业		52.9	47.9	54.4	56.5	50.8
第三产业	39.4	18.0	22.7	25.6	30.4	31.2
全社会劳动生产率(元/人·年)	2013	5629	8527	16924	25212	25956
第一产业	1211	2755	3866	7494	10100	10954
第二产业	5159	13979	24108	45562	54355	51960
第三产业	3856	8171	11330	18013	28962	30056
人均国内生产总值(元)	929	2999	4963	9662	16367	16996
能耗						
单位GDP能耗(吨标准煤/万元)				1.36	1.24	1.17
单位GDP电耗(千瓦时/万元)				806.90	854.30	825.50
单位工业增加值能耗(吨标准煤/万元)				2.46	2.05	1.81
固定资产投资						
全社会固定资产投资相当于地区生产总值比例(%)	16.9	24.5	22.6	35.8	54.7	67.3
财政						
地方财政收入相当于地区生产总值比例(%)	6.1	3.1	3.8	2.9	3.6	4.2
地方财政支出相当于地区生产总值比例(%)	7.6	5.0	5.8	7.9	10.9	13.3
利用外资						
实际利用外资额相当于签订利用外资额比例(%)	92.9	34.3	91.9	51	49.9	40.8
产业经济						
农业						
每公顷播种面积农产量(千克)						
粮食	3377	3369	3813	4523	5171	5168

1－10 续表

	1990	1995	2000	2005	2008	2009
＃小麦	3818	2840	3461	4707	5330	5368
棉花	823	865	819	829	925	845
油料	1322	2229	2500	3001	3500	3646
工　业						
规模以上工业企业经济						
总资产贡献率(%)			9.4	18.1	26.2	20.7
成本费用利润率(%)			4.7	7.6	8.0	7.3
资产负债率(%)			67.6	61.4	57.2	57.9
产品销售率(%)			98.7	99.2	99.0	98.6
资金利税率(%)			8.4	19.0	53.6	23.2
全员劳动生产率(元/人年)			68194	77680	161800	149300
对外经济贸易						
进出口总额相当于地区生产总值比例(%)		1.8	1.7	2.4	3.7	2.5
金　融						
金融机构存款相当于地区生产总值比例(%)	34.9	30.6	60.3	59.4	56.3	66.8
金融机构贷款相当于地区生产总值比例(%)	54.7	40.8	58.8	41.9	33.7	40.8
教　育						
小学适龄人口入学率(%)	98.9	99.6	100.0	99.3	99.7	99.8
小学毕业生升学率(%)	60.7	90.4	96.2	97.4	99.7	98.2
小学在校生巩固率(%)	98.8	98.9	99.8	100.0	99.6	98.9
初中毕业生升学率(%)	31.1	48.8	35.3	50.5	54.2	65.2
初中在校生巩固率(%)	98.0	96.1	98.3	99.4	98.9	99.4
学校教师负担系数						
高等学校	6.0	8.0	11.0	25.8	17.7	22.1
普通高中	15.0	18.0	19.0	22.6	18.5	17.6
普通初中				17.4	14.8	15.1
小学学校	23.0	28.0	20.0	17.5	20.1	21.3
生　活						
城乡居民收入比例(农民人均纯收入为1)	2.6	2.47	2.35	2.71	2.71	2.74
恩格尔系数(%)						
城镇居民	51.2	49.0	39.5	34.3	34.3	33.0
农民	54.5	62.6	47.7	45.9	39.7	37.8

1-11 主要社会经济指标人均水平

	1990	1995	2000	2005	2008	2009
人口密度(人/平方公里)	**372**	**387**	**396**	**404**	**412**	**414**
生产总值(元)	**929**	**2999**	**4963**	**9662**	**16367**	**16996**
第一产业	422	967	1468	2572	3445	3637
第二产业	275	1315	2270	4925	8562	8679
工业	250	1214	2046	4367	7683	7745
第三产业	232	718	1225	2329	4360	4680
人民生活(元)						
在岗职工平均工资	1649	4143	6164	11820	17847	20834
城镇居民人均可支配收入	1265	2773	4430	7831	12395	13498
城镇居民人均消费性支出	970	2245	3403	5283	8362	9595
农民人均纯收入	487	1124	1889	2894	4570	4931
农民人均生活消费支出	455	870	1179	2006	3256	3606
居民储蓄额	271	938	2193	4370	5761	7349
农林牧渔业						
主要农产品产量(千克)						
粮食	450.80	390.25	421.65	511.40	613.75	621.59
棉花	10.54	16.45	13.22	13.00	11.76	9.66
油料	20.09	40.20	59.50	99.30	109.87	119.52
猪牛羊肉	16.14	31.51	49.27	59.13	61.01	63.24
水产品	1.38	2.02	5.26	8.07	9.75	10.19
蔬菜	100.63	268.96	756.72	1097.71	946.28	966.56
水果	3.20	9.49	23.10	41.71	61.04	66.25
工 业						
主要工业产品产量						
纱(千克)	2.59	5.11	9.03	26.23	75.72	82.26
布(米)	6.34	13.01	12.99	21.55	32.56	36.57
原油(千克)	257.90	187.80	176.74	174.43	180.24	171.88
发电量(千瓦小时)	16.58	9.88	440.47	538.67	1044.70	1177.00
生铁(千克)	12.94	18.21	4.57	14.84	136.27	184.80
酒精(千克)	6.76	10.36	7.27	17.84	6.22	3.78
水泥(千克)	108.05	278.77	398.25	850.68	1327.41	1388.77
社会消费品零售总额(元)	**326**	**910**	**1749**	**3168**	**5662**	**6186**
财 政						
地方财政收入(元)	57	94	187	289	592	664
地方财政支出(元)	71	149	286	774	1780	2083
卫 生						
每千人口拥有医生数(人)	0.82	0.76	0.77	0.8	0.89	1.02
每千人口拥有医院、卫生院病床数(张)	1.52	1.48	1.54	1.53	1.88	2.50

注：1. 本表价值量指标均按当年价格计算；

2. 每千人拥有医生指的是执业医师和执业助理医师。

主要统计指标解释

可比价格 指计算各种总量指标所采用的扣除了价格变动因素的价格，可进行不同时期总量指标的对比。按可比价格计算总量指标有两种方法：一种是直接用产品产量乘某一年的不变价格计算；另一种是用价格指数进行缩减。

不变价格 指以同类产品某年的平均价格作为固定价格，用于计算各年的产品价值。按不变价格计算的产品价值消除了价格变动因素，不同时期对比可以反映生产的发展速度。新中国成立后，随着工农业产品价格水平的变化，国家统计局先后五次制定了全国统一的工业产品不变价格和农业产品不变价格。从1952年到1957年使用1952年工(农)业产品不变价格，从1957年到1970年使用1957年不变价格，从1971年到1980年使用1970年不变价格，从1981年到1990年使用1980年不变价格，从1991年开始使用1990年不变价格。

平均增长速度 我国计算平均增长速度有两种方法：一种是习惯上经常使用的"水平法"，又称几何平均法，是以间隔期最后一年的水平同基期水平对比来计算平均每年增长(或下降)速度；另一种是"累计法"，又称代数平均法或方程法，是以间隔期内各年水平的总和同基期水平对比来计算平均每年增长(或下降)速度。在一般正常情况下，两种方法计算的平均每年增长速度比较接近；但在经济发展不平衡、出现大起大落时，两种方法计算的结果差别较大。

本《年鉴》内所列的平均增长速度，从某年到某年平均增长速度的年份，均不包括基期年在内。如建国四十三年的平均增长速度是以1949年为基期计算的，则写为1950－1992年平均增长速度，其余类推。

企业(单位)登记注册类型 是以在工商行政管理机关登记注册的各类企业为划分对象，以工商行政管理部门对企业登记注册的类型为依据，将企业登记注册类型分为内资企业、港澳台商投资企业和外商投资企业三大类。内资企业包括国有企业、集体企业、股份合作企业、联营企业、有限责任公司、股份有限公司、私营公司和其他企业；港澳台商投资企业和外商投资企业分别包括合资经营企业、合作经营企业、独资经营企业和股份有限公司。对不在工商行政管理部门进行登记注册的行政机关、事业单位和社会团体，主要按其经费来源和管理方式进行划分。

国有企业 指企业全部资产归国家所有，并按《中华人民共和国企业法人登记管理条例》规定登记注册的非公司制的经济组织。不包括有限责任公司中的国有独资公司。

集体企业 指企业资产归集体所有，并按《中华人民共和国企业法人登记管理条例》规定登记注册的经济组织。

股份合作企业 指以合作制为基础，由企业职工共同出资入股，吸收一定比例的社会资产投资组建，实行自主经营，自负盈亏，共同劳动，民主管理，按劳分配与按股分红相结合的一种集体经济组织。

联营企业 指两个及两个以上相同或不同所有制性质的企业法人或事业单位法人，按自愿、平等、互利的原则，共同投资组成的经济组织。联营企业包括国有联营企业、集体联营企业、国有与集体联营企业和其他联营企业。

有限责任公司 指根据《中华人民共和国公司登记管理条例》规定登记注册，由两个以上、五十个以下的股东共同出资，每个股东以其所认缴的出资额对公司承担有限责任，公司以其全部资产对其债务承担责任的经济组织。有限责任公司包括国有独资公司以及其他有限责任公司。

股份有限公司 指根据《中华人民共和国公司登记管理条例》规定登记注册，其全部注册资本由等额股份构成并通过发行股票筹集资本，股东以其认购的股份对公司承担有限责任，公司以其全部资产对其债务承担责任的经济组织。

私营企业 指由自然人投资设立或由自然人控股，以雇佣劳动为基础的营利性经济组织。包括按照《公司法》、《合伙企业法》、《私营企业暂行条例》规定登记注册的私营有限责任公司、私营股份有限公司、私营合伙企业和私营独资企业。

其他内资企业 指上述企业之外的其他内资经济组织。

与港澳台商合资经营企业 指港澳台地区投资者与内地企业依照《中华人民共和国中外合资经营企业法》及有关法律的规定，按合同规定的比例投资设立、分享利润和分担风险的企业。

与港澳台商合作经营企业 指港澳台地区投资者与内地企业依照《中华人民共和国中外合作经营企业法》及有关法律的规定，依照合作合同的约定进行投资或提供条件设立、分配利润和分担风险的企业。

港澳台商独资经营企业 指依照《中华人民共和国外资企业法》及有关法律的规定，在内地由港澳台地区投资者全额投资设立的企业。

港澳台商投资股份有限公司 指根据国家有关规定，经外经贸部依法批准设立，其中港、澳、台商的股本占公司注册资本的比例达25%以上的股份有限公司。凡其中港、澳、台商的股本占公司注册资本的比例小于25%的，属于内资企业中的股份有限公司。

中外合资经营企业 指外国企业或外国人与中国内地企业依照《中华人民共和国中外合资经营企业法》及有关法律的规定，按合同规定的比例投资设立、分享利润和分担风险的企业。

中外合作经营企业 指外国企业或外国人与中国内地企业依照《中华人民共和国中外合作经营企业法》及有关法

律的规定，依照合作合同的约定进行投资或提供条件设立、分配利润和分担风险的企业。

外资企业 指依照《中华人民共和国外资企业法》及有关法律的规定，在中国内地由外国投资者全额投资设立的企业。

外商投资股份有限公司 指根据国家有关规定，经外经贸部依法批准设立，其中外资的股本占公司注册资本的比例达25%以上的股份有限公司。凡其中外资股本占公司注册资本的比例小于25%的，属于内资企业中的股份有限公司。

行政机关、事业单位和社会团体 参照企业登记注册类型，主要按其经费来源和管理方式划分。具体规定如下：

(1)行政机关：包括国家机关和政党机关，原则上均列为"国有"。但有特殊规定的，如供销社等，则列为"集体"。

(2)事业单位：包括经国家机构编制部门和有关业务主管部门批准成立的各类事业单位，不包括实行企业化管理的事业单位。事业单位的划分办法如下：

①由国家财政预算拨款或列入财政预算外资金管理以及经费主要来源于国有主管部门或国有上级单位的事业单位，列为"国有"。

②经费主要来源于集体单位的事业单位，列为"集体"。

③公民个人(或个人合伙)开办的事业单位，列为"私营"。

④上述以外的其他事业单位，如果其经费来源不明确，按管理方式进行归类。

(3)社会团体：包括经民政部门批准成立以及未纳入社会团体管理条例范围的工会、妇联等

各类社会团体。社会团体的划分办法如下：

①未纳入民政部社会团体管理条例范围的工会、妇联、共青团、青联、工商联、科协、侨联等社会团体，国家拨款设立的基金会或基金管理组织以及经费主要来源于国有业务主管部门或国有上级单位的社会团体，列为"国有"。

②经费主要来源于集体单位的社会团体，列为"集体"。

③公民个人(或个人合伙)开办的社会团体，划为"私营"。

④上述以外的其他社会团体，如果其经费来源不明确，改按管理方式进行归类。

2

国民经济核算

资料整理：杨　飞　王　珂　刘春雨　张　莹

2-1 历年生产总值

	生产总值（万元）	第一产业	第二产业			第三产业	人均生产总值（元）
				工业	建筑业		
1952	33994	30577	2209			1208	63
1957	45688	37833	4041			3814	79
1962	38187	28437	4923			4827	67
1965	58138	42569	8628			6941	97
1970	77753	46437	20598			10718	116
1975	142548	80317	44809			17422	186
1978	184289	103700	58972	49314	9658	21617	226
1979	204440	110806	68078	57276	10802	25556	246
1980	234069	118417	79220	66650	12570	36432	277
1981	282312	153383	80952	67721	13231	47977	329
1982	283256	134913	82361	68449	13912	65982	324
1983	368773	206261	87947	74296	13651	74565	415
1984	399616	209104	98139	86911	11228	92373	444
1985	478988	234957	124705	112215	12490	119326	526
1986	526823	234663	148242	133313	14929	143918	573
1987	655471	299022	188242	169697	18545	168207	703
1988	714851	296305	227985	200541	27444	190561	756
1989	800143	338892	251374	226083	25291	209877	832
1990	907887	411982	268769	244075	24694	227136	929
1991	994993	415213	318870	288801	30069	260910	1004
1992	1195538	426141	443529	389724	53805	325868	1194
1993	1605313	501057	681923	610019	71904	422333	1590
1994	2230428	715246	952263	870527	81736	562919	2193
1995	3066008	988260	1344172	1241625	102547	733576	2999
1996	3714704	1198001	1618827	1488159	130668	897876	3651
1997	4390280	1392324	1957140	1779789	177351	1040816	4241
1998	4658731	1524433	2031461	1828110	203351	1102837	4480
1999	4849380	1550227	2105461	1922313	183148	1193692	4647
2000	5196645	1537025	2376582	2142323	234259	1283038	4963
2001	5741903	1696195	2617381	2334648	282733	1428327	5458
2002	6204033	1827172	2798215	2485027	313188	1578646	5866
2003	7156213	1955116	3421765	3036810	384955	1779332	6734
2004	8678834	2422649	4130981	3611661	519320	2125204	8132
2005	10310592	2582332	5279889	4681762	598127	2448371	9618
2006	11698833	2752929	6123277	5465536	657741	2822627	11740
2007	13570052	3020447	7147831	6414020	733811	3401774	13620
2008	15967720	3444769	8326278	7526882	799396	4196673	15971
2009	17144914	3669124	8754933	7812845	942088	4720857	16996

注：本表按当年价格计算。

2-2 历年生产总值指数

(以1952年为100)

	生产总值	第一产业	第二产业			第三产业	人均生产总值
				工业	建筑业		
1952	100.0	100.0	100.0			100.0	100.0
1957	128.9	118.7	175.5			303.1	120.1
1962	107.3	88.8	212.8			381.6	101.4
1965	160.7	130.8	367.0			539.8	144.5
1970	216.8	142.8	960.3			730.5	171.9
1975	335.1	220.8	1507.7			1091.2	234.5
1978	451.7	297.2	2068.9	100.0	100.0	1411.7	298.3
1979	468.6	297.0	2253.7	110.3	101.8	1521.8	303.6
1980	522.7	339.4	2285.0	111.3	106.0	1938.2	333.0
1981	549.5	348.9	2429.1	117.7	115.6	2156.8	344.5
1982	542.4	324.6	2388.8	116.3	111.2	2554.0	334.0
1983	704.9	466.8	2435.7	119.5	109.1	3519.5	426.5
1984	775.6	489.6	2746.9	139.9	97.3	4258.4	463.0
1985	860.8	494.9	3350.3	173.5	104.7	5219.2	508.3
1986	924.3	461.2	3928.6	205.9	110.1	6495.4	539.9
1987	1062.3	536.0	4942.9	261.5	126.8	6618.0	612.6
1988	1033.1	431.6	5420.4	279.8	174.3	7254.8	587.1
1989	1089.6	486.6	5745.3	303.3	150.0	6956.1	609.2
1990	1149.7	541.4	5602.1	298.2	135.0	7537.9	632.3
1991	1218.7	533.1	6410.5	339.9	160.8	8205.7	661.1
1992	1403.3	533.4	8277.6	428.0	261.0	9930.8	753.5
1993	1710.0	597.5	11004.3	578.6	299.9	11848.7	910.3
1994	2026.0	642.3	14296.6	768.4	308.9	13527.6	1070.6
1995	2398.6	751.9	17457.1	947.4	333.0	15321.9	1260.5
1996	2739.6	849.0	20151.0	1093.5	385.1	17379.5	1432.4
1997	3118.0	944.1	23559.9	1269.2	495.2	19270.8	1618.7
1998	3407.3	1044.2	25781.9	1381.3	578.6	20689.4	1761.1
1999	3683.4	1104.7	28052.6	1522.7	533.9	22647.2	1897.2
2000	3940.1	1156.6	30386.4	1634.3	651.3	24204.2	2022.5
2001	4329.6	1251.5	33652.7	1787.2	804.4	26705.1	2212.0
2002	4748.6	1350.4	37200.8	1964.4	930.1	29416.3	2413.1
2003	5278.7	1389.5	43290.7	2274.9	1122.2	32723.3	2669.8
2004	6103.3	1570.2	50967.4	2660.8	1384.1	37430.4	3073.6
2005	6901.4	1680.1	59508.9	3118.6	1573.6	41917.9	3460.2
2006	7820.1	1814.5	68897.8	3640.2	1704.9	47617.1	3903.6
2007	8802.2	1888.9	79025.1	4233.9	1724.0	55396.8	4395.4
2008	9758.1	1996.5	87574.2	4735.5	1738.6	64027.2	4855.4
2009	10733.9	2080.4	97382.5	5227.9	2091.5	71774.5	5293.6

注:本表按可比价格计算。第二、三产业其中项以1978年为100。

2-3 历年生产总值指数

(以上年为100)

	生产总值	第一产业	第二产业			第三产业	人均生产总值
				工业	建筑业		
1952	103.2	101.7	112.6			129.2	102.6
1957	93.4	89.3	120.9			119.7	92.3
1962	108.5	116.0	82.4			102.4	106.8
1965	122.9	123.3	139.0			105.5	121.2
1970	106.8	100.6	123.4			104.8	102.3
1975	107.1	108.6	103.4			110.7	105.0
1978	123.4	131.2	112.9			119.4	121.0
1979	103.7	99.9	108.9	110.3	101.8	107.8	101.8
1980	111.6	114.3	101.4	100.9	104.1	127.4	109.7
1981	105.1	102.8	106.3	105.8	109.1	111.3	103.5
1982	98.7	93.0	98.3	98.8	96.2	118.4	96.9
1983	130.0	143.8	102.0	102.7	98.1	137.8	127.7
1984	110.0	104.9	112.8	117.1	89.2	121.0	108.5
1985	111.0	101.1	122.0	124.0	107.6	122.6	109.8
1986	107.4	93.2	117.3	118.7	105.2	124.5	106.2
1987	114.9	116.2	125.8	127.0	115.1	101.9	113.5
1988	97.3	80.5	109.7	107.0	137.5	109.6	95.8
1989	105.5	112.7	106.0	108.4	86.6	95.9	103.8
1990	105.5	111.3	97.5	98.3	89.4	108.4	103.8
1991	106.0	98.5	114.4	114.0	119.1	108.9	104.6
1992	115.1	100.1	129.1	125.9	162.3	121.0	114.0
1993	121.9	112.0	132.9	135.2	114.9	119.3	120.8
1994	118.5	107.5	129.9	132.8	103.0	114.2	117.6
1995	118.4	117.1	122.1	123.3	107.8	113.3	117.7
1996	114.2	112.9	115.4	115.4	115.7	113.4	113.6
1997	113.8	111.2	116.9	116.1	128.6	110.9	113.0
1998	109.3	110.6	109.4	108.8	116.9	107.4	108.8
1999	108.1	105.8	108.8	110.2	92.3	109.5	107.7
2000	107.0	104.7	108.3	107.3	122.0	106.9	106.6
2001	109.9	108.2	110.8	109.4	123.5	110.3	109.4
2002	109.7	107.9	110.5	109.9	115.6	110.2	109.1
2003	111.2	102.9	116.4	115.8	120.7	111.2	110.6
2004	115.6	113.0	117.7	117.0	123.3	114.4	115.1
2005	113.1	107.0	116.8	117.2	113.7	112.0	112.6
2006	113.3	108.0	115.8	116.7	108.3	113.6	112.8
2007	112.6	104.1	114.7	116.3	101.1	116.3	112.6
2008	110.9	105.7	110.8	111.8	100.8	115.6	110.5
2009	110.0	104.2	111.2	110.4	120.3	112.1	109.0

注:本表按可比价格计算。

2-4 历年生产总值分产业构成

	生产总值	第一产业	第二产业			第三产业
				工业	建筑业	
1952	100.0	90.0	6.5			3.5
1957	100.0	82.8	8.8			8.4
1962	100.0	74.5	12.9			12.6
1965	100.0	73.2	14.8			12.0
1970	100.0	59.7	26.5			13.8
1975	100.0	56.4	31.4			12.2
1978	100.0	56.3	32.0	26.8	5.2	11.7
1979	100.0	54.2	33.3	28.0	5.3	12.5
1980	100.0	50.6	33.9	28.5	5.4	15.6
1981	100.0	54.3	28.7	24.0	4.7	17.0
1982	100.0	47.6	29.1	24.2	4.9	23.3
1983	100.0	55.9	23.9	20.2	3.7	20.2
1984	100.0	52.3	24.6	21.8	2.8	23.1
1985	100.0	49.1	26.0	23.4	2.6	24.9
1986	100.0	44.5	28.1	25.3	2.8	27.3
1987	100.0	45.6	28.7	25.9	2.8	25.7
1988	100.0	41.5	31.9	28.1	3.8	26.7
1989	100.0	42.4	31.4	28.3	3.2	26.2
1990	100.0	45.4	29.6	26.9	2.7	25.0
1991	100.0	41.7	32.1	29.0	3.0	26.2
1992	100.0	35.6	37.1	32.6	4.5	27.3
1993	100.0	31.2	42.5	38.0	4.5	26.3
1994	100.0	32.1	42.7	39.0	3.7	25.2
1995	100.0	32.2	43.8	40.5	3.4	23.9
1996	100.0	32.3	43.6	40.1	3.5	24.2
1997	100.0	31.7	44.6	40.5	4.0	23.7
1998	100.0	32.7	43.6	39.2	4.4	23.7
1999	100.0	32.0	43.4	39.6	3.8	24.6
2000	100.0	29.6	45.7	41.2	4.5	24.7
2001	100.0	29.5	45.6	40.7	4.9	24.9
2002	100.0	29.5	45.1	40.1	5.1	25.5
2003	100.0	27.3	47.8	42.4	5.4	24.9
2004	100.0	27.9	47.6	41.6	6.0	24.5
2005	100.0	25.0	51.2	45.4	5.8	23.8
2006	100.0	23.5	52.3	46.7	5.6	24.2
2007	100.0	22.3	52.7	47.3	5.4	25.0
2008	100.0	21.6	52.1	47.1	5.0	26.3
2009	100.0	21.4	51.1	45.6	5.5	27.5

注：本表按当年价格计算。

2-5 第三产业增加值构成及指数

	2000	2005	2006	2007	2008	2009
第三产业增加值(亿元)	**128.30**	**244.84**	**282.26**	**340.18**	**419.67**	**472.09**
交通运输、仓储和邮政业	18.71	42.43	47.89	53.97	64.67	70.57
信息传输、计算机服务和软件业	4.13	9.54	12.78	15.32	17.04	20.27
批发和零售业	33.87	50.59	56.66	63.00	76.65	87.09
住宿和餐饮业	9.15	30.16	32.97	40.62	49.69	58.94
金融业	3.38	8.35	10.37	15.08	23.47	28.04
房地产业	14.01	25.49	28.97	35.06	42.89	45.40
租赁和商务服务业	1.23	3.88	4.36	5.04	5.61	6.68
科学研究、技术服务和地质勘查业	0.73	2.22	2.78	3.56	4.36	5.19
水利、环境和公共设施管理业	1.70	3.05	3.39	4.06	4.81	5.30
居民服务和其他服务业	9.83	10.08	9.89	9.64	9.21	11.33
教育	11.38	20.01	24.35	30.90	38.98	43.91
卫生、社会保障和社会福利业	5.40	13.28	15.84	20.44	27.93	30.91
文化、体育和娱乐业	0.57	1.47	1.65	1.85	2.05	2.45
公共管理和社会组织	14.21	24.29	30.34	41.65	52.31	56.02
构　　成(%)						
第三产业	**100.0**	**100.0**	**100.0**	**100.0**	**100.0**	**100.0**
交通运输、仓储和邮政业	14.6	17.3	17.0	15.9	15.4	14.9
信息传输、计算机服务和软件业	3.2	3.9	4.5	4.5	4.1	4.3
批发和零售业	26.4	20.7	20.1	18.5	18.3	18.4
住宿和餐饮业	7.1	12.3	11.7	11.9	11.8	12.5
金融业	2.6	3.4	3.7	4.4	5.6	5.9
房地产业	10.9	10.4	10.3	10.3	10.2	9.6
租赁和商务服务业	1.0	1.6	1.5	1.5	1.3	1.4
科学研究、技术服务和地质勘查业	0.6	0.9	1.0	1.0	1.0	1.1
水利、环境和公共设施管理业	1.3	1.2	1.2	1.2	1.1	1.1
居民服务和其他服务业	7.7	4.1	3.5	2.8	2.2	2.4
教育	8.9	8.2	8.6	9.1	9.3	9.3
卫生、社会保障和社会福利业	4.2	5.4	5.6	6.0	6.7	6.5
文化、体育和娱乐业	0.4	0.6	0.6	0.5	0.5	0.5
公共管理和社会组织	11.1	9.9	10.7	12.2	12.5	11.9
指　　数(上年=100)						
第三产业		**112.0**	**113.6**	**116.3**	**115.6**	**112.1**
交通运输、仓储和邮政业		106.9	110.7	113.8	111.3	109.1
信息传输、计算机服务和软件业		123.8	132.6	115.0	111.1	119.1
批发和零售业		114.2	111.0	106.5	113.2	114.3
住宿和餐饮业		112.9	108.4	115.0	109.5	113.7
金融业		120.1	114.3	138.6	144.1	122.1
房地产业		110.2	111.8	114.0	110.3	106.7
租赁和商务服务业		114.5	110.3	112.1	108.9	116.7
科学研究、技术服务和地质勘查业		111.0	122.6	124.4	119.9	119.3
水利、环境和公共设施管理业		101.4	109.8	115.2	116.2	110.4
居民服务和其他服务业		91.5	96.3	94.5	93.6	127.0
教育		111.6	120.8	126.0	125.0	110.2
卫生、社会保障和社会福利业		116.9	119.0	126.1	131.9	110.9
文化、体育和娱乐业		107.3	112.4	111.0	109.9	117.9
公共管理和社会组织		118.9	123.3	130.2	117.4	107.3

2-6 各县(市、区)生产总值

(2008 年)

	生产总值(万元)	第一产业	第二产业	工业	建筑业	第三产业	交通运输仓储和邮政业	批发和零售业	人均生产总值(元)
总计	**15967722**	**3444770**	**8326278**	**7526882**	**799396**	**4196674**	**646748**	**766450**	**15971**
宛城区	1862598	225266	1035123	886980	148143	602209	47393	102538	22112
卧龙区	1735607	154942	715005	611898	103107	865660	126072	132212	19324
南召县	663079	125000	359605	327218	32387	178474	41965	35670	11196
方城县	873094	262903	387269	342399	44870	222922	34059	46348	9446
西峡县	1150854	173596	750192	683222	66970	227066	38792	40697	27461
镇平县	1305127	216021	785416	722801	62615	303690	42635	63565	14272
内乡县	858287	241265	421642	370292	51350	195380	31711	43224	14125
淅川县	998518	247516	544729	489170	55559	206274	32110	43144	15157
社旗县	681765	235324	278531	249638	28893	167909	21474	37243	11203
唐河县	1557536	496775	744413	663948	80465	316347	53444	59845	13831
新野县	1375807	323381	761939	729420	32519	290487	78440	54747	20336
桐柏县	896965	144171	596368	562861	33507	156426	28181	31239	21864
邓州市	1970869	598610	908434	849423	59011	463825	70472	75977	14934

2—6 续表

(2009 年)

	生产总值(万元)	第一产业	第二产业	工业	建筑业	第三产业	交通运输仓储和邮政业	批发和零售业	人均生产总值(元)
总计	**17144914**	**3669124**	**8754933**	**7812845**	**942088**	**4720857**	**705678**	**870860**	**16996**
宛城区	1922185	225700	1007364	835222	172142	689121	54543	116437	22662
卧龙区	1911416	165786	768872	649030	119842	976758	138293	147192	21137
南召县	780722	133704	449670	411195	38475	197348	44966	40820	13084
方城县	956548	277044	424973	372386	52587	254531	39429	52386	10280
西峡县	1290183	197870	830345	747726	82619	261968	42475	47915	30559
镇平县	1368003	230118	780896	707950	72946	356989	49927	81428	14866
内乡县	922540	258792	444341	383389	60952	219407	34986	49162	15079
淅川县	1107974	264153	611181	545344	65837	232640	35391	48667	16709
社旗县	771741	261494	321521	287196	34325	188726	24785	41898	12594
唐河县	1669508	532104	778118	682928	95190	359286	58892	68821	14734
新野县	1428391	344850	759836	721659	38177	323705	83133	63051	20941
桐柏县	855943	154409	524468	485045	39423	177066	30521	35569	20756
邓州市	2142044	623199	1014249	944676	69573	504596	75499	87633	15875

注:本表按当年价格计算。

2-7 各县(市、区)生产总值指数

(2008年,以上年为100)

	生产总值(万元)	第一产业	第二产业	工业	建筑业	第三产业	交通运输仓储和邮政业	批发和零售业	人均生产总值
总计	**110.9**	**105.7**	**110.8**	**111.8**	**100.8**	**115.6**	**111.3**	**113.2**	**110.5**
宛城区	115.8	105.6	115.7	117.4	104.1	121.3	106.2	110.5	115.3
卧龙区	115.3	105.7	114.5	115.0	110.9	118.5	117.6	116.8	114.1
南召县	108.4	105.0	107.6	108.4	95.8	113.9	114.3	123.9	107.5
方城县	109.3	105.3	109.4	112.6	89.8	115.2	106.8	123.9	108.8
西峡县	115.4	105.2	116.3	116.9	111.4	121.1	114.6	113.3	115.1
镇平县	104.9	105.0	104.2	105.8	83.0	107.2	98.3	103.5	104.4
内乡县	108.4	106.2	107.1	109.7	90.8	114.3	114.6	118.8	107.9
淅川县	111.7	106.0	112.2	114.3	93.6	117.1	122.0	111.0	111.3
社旗县	109.6	106.1	111.0	111.6	107.2	112.6	116.1	117.4	109.3
唐河县	110.7	105.9	112.9	113.8	106.7	114.8	109.6	115.4	110.3
新野县	112.3	105.8	114.5	115.4	95.6	114.2	124.9	123.0	112.3
桐柏县	113.4	105.7	115.3	115.7	111.3	116.6	130.2	115.1	113.3
邓州市	110.5	105.9	113.2	113.8	106.0	112.6	99.4	100.6	110.1

2-7 续表

(2009年,以上年为100)

	生产总值(万元)	第一产业	第二产业	工业	建筑业	第三产业	交通运输仓储和邮政业	批发和零售业	人均生产总值
总计	**110.0**	**104.2**	**111.2**	**110.4**	**120.3**	**112.1**	**109.1**	**114.3**	**109.0**
宛城区	108.9	104.1	106.9	105.1	118.6	114.2	115.1	114.2	108.1
卧龙区	110.8	104.3	110.1	108.9	118.6	112.5	109.3	112.0	110.0
南召县	110.5	104.5	112.8	112.1	121.2	109.7	106.2	115.1	109.7
方城县	110.8	104.6	113.0	112.3	119.6	114.1	116.6	113.7	110.1
西峡县	116.0	104.1	119.0	118.4	125.9	114.8	109.0	118.4	115.1
镇平县	111.1	104.2	110.7	110.1	118.9	117.2	117.2	128.9	110.4
内乡县	109.1	104.6	110.2	108.9	121.1	112.0	110.6	114.4	108.4
淅川县	110.9	104.6	113.0	112.2	120.9	112.5	110.6	113.5	110.2
社旗县	109.6	104.4	112.4	111.5	121.2	111.9	113.7	113.2	108.8
唐河县	108.1	104.3	108.2	106.8	120.7	113.0	110.3	115.7	107.4
新野县	110.0	104.1	111.9	111.6	119.8	111.7	106.6	115.9	109.1
桐柏县	105.6	104.4	104.2	103.3	120.1	112.4	107.6	114.6	104.8
邓州市	110.1	104.3	114.2	113.8	120.3	108.1	106.8	116.0	107.7

注:本表按可比价格计算。

2-8 各县(市、区)生产总值构成

(2008年) 单位:%

	生产总值	第一产业	第二产业	工业	建筑业	第三产业	交通运输仓储和邮政业	批发和零售业
总计	**100.0**	**21.6**	**52.1**	**47.1**	**5.0**	**26.3**	**4.1**	**4.8**
宛城区	100.0	12.1	55.6	47.6	8.0	32.3	2.5	5.5
卧龙区	100.0	8.9	41.2	35.3	5.9	49.9	7.3	7.6
南召县	100.0	18.9	54.2	49.3	4.9	26.9	6.3	5.4
方城县	100.0	30.1	44.4	39.2	5.1	25.5	3.9	5.3
西峡县	100.0	15.1	65.2	59.4	5.8	19.7	3.4	3.5
镇平县	100.0	16.6	60.2	55.4	4.8	23.3	3.3	4.9
内乡县	100.0	28.1	49.1	43.1	6.0	22.8	3.7	5.0
淅川县	100.0	24.8	54.6	49.0	5.6	20.7	3.2	4.3
社旗县	100.0	34.5	40.9	36.6	4.2	24.6	3.1	5.5
唐河县	100.0	31.9	47.8	42.6	5.2	20.3	3.4	3.8
新野县	100.0	23.5	55.4	53.0	2.4	21.1	5.7	4.0
桐柏县	100.0	16.1	66.5	62.8	3.7	17.4	3.1	3.5
邓州市	100.0	30.4	46.1	43.1	3.0	23.5	3.6	3.9

2—8续表 (2009年) 单位:%

	生产总值	第一产业	第二产业	工业	建筑业	第三产业	交通运输仓储和邮政业	批发和零售业
总计	**100.0**	**21.4**	**51.1**	**45.6**	**5.5**	**27.5**	**4.1**	**5.1**
宛城区	100.0	11.7	52.4	43.5	9.0	35.9	2.8	6.1
卧龙区	100.0	8.7	40.2	34.0	6.3	51.1	7.2	7.7
南召县	100.0	17.1	57.6	52.7	4.9	25.3	5.8	5.2
方城县	100.0	29.0	44.4	38.9	5.5	26.6	4.1	5.5
西峡县	100.0	15.3	64.4	58.0	6.4	20.3	3.3	3.7
镇平县	100.0	16.8	57.1	51.8	5.3	26.1	3.6	6.0
内乡县	100.0	28.1	48.2	41.6	6.6	23.8	3.8	5.3
淅川县	100.0	23.8	55.2	49.2	5.9	21.0	3.2	4.4
社旗县	100.0	33.9	41.7	37.2	4.4	24.5	3.2	5.4
唐河县	100.0	31.9	46.6	40.9	5.7	21.5	3.5	4.1
新野县	100.0	24.1	53.2	50.5	2.7	22.7	5.8	4.4
桐柏县	100.0	18.0	61.3	56.7	4.6	20.7	3.6	4.2
邓州市	100.0	29.1	47.3	44.1	3.2	23.6	3.5	4.1

注:本表为在地数据,按当年价格计算。

2—9 生产总值分产业构成项目

（2009 年）

单位：万元

	增加值	劳动者报酬	生产税净额	补贴	固定资产折旧	营业盈余
地区生产总值	**17144914**	**8617355**	**2053245**	**54588**	**2004262**	**4470052**
第一产业	3669124	3176127	4082	18395	148430	340485
第二产业	8754933	3199583	1678673	36193	1039726	2836951
工业	7812845	2699528	1581816	36193	980713	2550788
建筑业	942088	500055	96857		59013	286163
第三产业	4720857	2241645	370490		816106	1292616
交通运输、仓储和邮政业	705678	179214	66926		177116	282422
信息传输、计算机服务和软件业	202681	24270	10791		58396	109224
批发和零售业	870860	395730	106305		33114	335711
住宿和餐饮业	589423	258750	80859		26669	223145
金融业	280432	63596	64710		20084	132042
房地产业	454027	18027	26012		377386	32602
租赁和商务服务业	66756	52464	1487		7580	5225
科学研究、技术服务和地质勘查业	51920	36957	1557		3736	9670
水利、环境和公共设施管理业	52988	35677	848		6937	9526
居民服务和其他服务业	113315	47266	6500		8351	51198
教育	439093	388367	835		38367	11524
卫生、社会保障和社会福利业	309059	219187	843		20240	68789
文化、体育和娱乐业	24466	17184	524		2392	4366
公共管理和社会组织	560159	504956	2293		35738	17172

注：本表按当年价格计算。

2-10 按支出法计算的生产总值

单位:万元

	按当年价格计算		按可比价格计算		
	2008	2009	2008	2009	2009年为上年%
生产法地区生产总值	**15967740**	**17144914**	**14578458**	**16030659**	**110.0**
支出法地区生产总值	**15967740**	**17144914**	**14578458**	**16030862**	**110.0**
一、最终消费支出	7341694	8120030	6858223	7634515	111.3
(一)居民消费支出	5429513	6102856	5071994	5737772	113.1
农村居民	2076343	2244115	1906096	2072547	108.7
城镇居民	3353170	3858741	3165898	3665225	115.8
(二)政府消费支出	1912181	2017174	1786229	1896743	106.2
二、资本形成总额	**15762273**	**18095779**	**14358565**	**17180457**	**119.7**
(一)固定资本形成总额	8791428	11660359	8056915	11126309	138.1
(二)存货增加	6970845	6435420	6301650	6054148	96.1
三、货物和服务净流出	**-7136227**	**-9070895**	**-6638330**	**-8784110**	**132.3**
(一)流出					
(二)流入	7136227	9070895	6638330	8784110	132.3

2-11 居民消费水平

	计量单位	2008	2009	2009年为上年%
一、当年价格居民消费水平	**元/人**	**5431**	**6050**	**111.4**
农村居民	元/人	3190	3464	108.6
城镇居民	元/人	9608	10691	111.3
二、可比价格居民消费水平	**元/人**	**5073**	**5688**	**112.1**
农村居民	元/人	2929	3199	109.2
城镇居民	元/人	9071	10155	111.9
三、居民年平均人口	**万人**	**1000**	**1009**	**100.9**
农村居民	万人	651	648	99.5
城镇居民	万人	349	361	103.4

主要统计指标解释

地区生产总值(GDP) 指一个国家(或地区)所有常住单位在一定时期内生产活动的最终成果。地区生产总值有三种表现形态,即价值形态、收入形态和产品形态。从价值形态看,它是所有常住单位在一定时期内生产的全部货物和服务价值超过同期中间投入的全部非固定资产货物和服务价值的差额,即所有常住单位的增加值之和;从收入形态看,它是所有常住单位在一定时期内创造并分配给常住单位和非常住单位的初次收入分配之和;从产品形态看,它是所有常住单位在一定时期内最终使用的货物和服务价值与货物和服务净出口价值之和。在实际核算中,地区生产总值有三种计算方法,即生产法、收入法和支出法。三种方法分别从不同的方面反映地区生产总值及其构成。

三次产业 是根据社会生产活动历史发展的顺序对产业结构的划分,产品直接取自自然界的部门称为第一产业,对初级产品进行再加工的部门称为第二产业,为生产和消费提供各种服务的部门称为第三产业。它是世界上较为通用的产业结构分类,但各国的划分不尽一致。

我国的三次产业划分是:

第一产业:农业(包括种植业、林业、牧业、渔业和农林牧渔服务业)。

第二产业:工业(包括采掘业,制造业,电力、煤气及水的生产和供应业)和建筑业。

第三产业:除第一、第二产业以外的其他各业。由于第三产业包括的行业多、范围广,根据我国的实际情况,第三产业可分为两大部分;一是流通部门,二是服务部门。具体又可分为四个层次:

第一层次:流通部门,包括交通运输、仓储及邮电通信业,批发和零售贸易、餐饮业。

第二层次:为生产和生活服务的部门,包括金融、保险业,地质勘查业、水利管理业,房地产业,社会服务业,交通运输辅助业,综合技术服务业等。

第三层次:为提高科学文化水平和居民素质服,务的部门,包括教育、文化艺术及广播电影电视业,卫生、体育和社会福利业,科学研究业等。

第四层次:为社会公共需要服务的部门,包括国家机关、政党机关和社会团体以及军队、警察等。

支出法地区生产总值 指一个国家(或地区)所有常住单位在一定时期内用于最终消费、资本形成总额,以及货物和服务的净出口总额,它反映本期生产的地区生产总值的使用及构成。

最终消费 指常住单位在一定时期内对于货物和服务的全部最终消费支出,也就是常住单位为满足物质、文化和精神生活的需要,从本国经济领土和国外购买的货物和服务的支出;不包括非常住单位在本国经济领土内的消费支出。最终消费分为居民消费和政府消费。

居民消费 指常住住户对货物和服务的全部最终消费支出。居民消费按市场价格计算,即按居民支付的购买者价格计算。购买者价格是购买者取得货物所支付的价格,包括购买者支付的运输和商业费用。居民消费除了直接以货币形式购买货物和服务的消费之外,还包括以其他方式获得的货物和服务的消费支出,即所谓的虚拟消费支出。居民虚拟消费支出包括以下几种类型:单位以实物报酬及实物转移的形式提供给劳动者的货物和服务;住户生产并由本住户消费了的货物和服务,其中的服务仅指住户的自有住房服务;金融机构提供的金融媒介服务;保险公司提供的保险服务。

政府消费 指政府部门为全社会提供公共服务的消费支出和免费或以较低价格向住户提供的货物和服务的净支出。前者等于政府服务的产出价值减去政府单位所获得的经营收入的价值,政府服务的产出价值等于它的经常性业务支出加上固定资产折旧;后者等于政府部门免费或以较低价格向住户提供的货物和服务的市场价值减去向住户收取的价值。

资本形成总额 指常住单位在一定时期内获得的减去处置的固定资产加存货的变动,包括固定资本形成总额和存货增加。

固定资本形成总额 指常住单位购置、转入和自产自用的固定资产,扣除固定资产的销售和转出后的价值,分有形固定资产形成总额和无形固定资产形成总额。有形固定资产形成总额包括一定时期内完成的建筑工程、安装工程和设备工器具购置(减处置)价值,以及土地改良、新增役、种、奶、毛、娱乐用牲畜和新增经济林木价值。无形固定资产形成总额包括矿藏的勘探、计算机软件、娱乐和文学艺术品原件等获得减处置。

存货增加 指常住单位存货实物量变动的市场价值,即期末价值减期初价值的差额。存货增加可以是正值,也可以是负值;正值表示存货上升,负值表示存货下降。它包括生产单位购进的原材料、燃料和储备物资等存货,以及生产单位生产的产成品、在制品等存货等。

货物和服务净出口 指货物和服务出口减货物和服务进口的差额。出口包括常住单位向非常住单位出售或无偿转让的各种货物和服务的价值;进口包括常住单位从非常住单位购买或无偿得到的各种货物和服务的价值。由于服务活动的提供与使用同时发生,因此服务的进出口业务并不发生出入境现象,一般把常住单位从国外得到的服务作为进口,非常住单位从本国得到的服务作为出口。货物的出口和进口都按离岸价格计算。

劳动者报酬 指劳动者因从事生产活动所获得的全部

报酬。包括劳动者获得的各种形式的工资、奖金和津贴，既包括货币形式的，也包括实物形式的；还包括劳动者所享受的公费医疗和医药卫生费、上下班交通补贴和单位支付的社会保险费等。对于个体经济来说，其所有者所获得的劳动报酬和经营利润不易区分，这两部分统一作为劳动者报酬处理。

生产税净额 指生产税减生产补贴后的余额。生产税指政府对生产单位生产、销售和从事经营活动以及因从事生产活动使用某些生产要素（如固定资产、土地、劳动力）所征收的各种税、附加费和规费。生产补贴与生产税相反，指政府对生产单位的单方面收入转移，因此视为负生产税，包括政策亏损补贴、粮食系统价格补贴、外贸企业出口退税收入等。

固定资产折旧 指一定时期内为弥补固定资产损耗按照核定的固定资产折旧率提取的固定资产折旧，或按国民经济核算统一规定的折旧率虚拟计算的固定资产折旧。它反映了固定资产在当期生产中的转移价值。各类企业和企业化管理的事业单位的固定资产折旧是指实际计提并计入成本费中的折旧费；不计提折旧的政府机关、非企业化管理的事业单位和居民住房的固定资产折旧是按照统一规定的折旧率和固定资产原值计算的虚拟折旧。原则上，固定资产折旧应按固定资产的重置价值计算，但是目前我国尚不具备对全社会固定资产进行重估价的基础，所以暂时只能采用上述办法。

营业盈余 指常住单位创造的增加值扣除劳动者报酬、生产税净额和固定资产折旧后的余额。它相当于企业的营业利润加上生产补贴，但要扣除从利润中开支的工资和福利等。

机构单位 指能以自己的名义拥有资产、发生负债、从事经济活动并与其他实体进行交易的经济实体。根据机构单位在生产、消费、融资活动中所起的不同作用，资金流量核算将常住单位区分为如下四类机构单位：非金融企业、金融机构、政府单位、住户和国外。

机构部门 将相同性质的机构单位归并在一起，就形成机构部门。资金流量核算中区分了如下几类机构部门：非金融企业部门、金融机构部门、政府部门、住户部门。

非金融企业与非金融企业部门 非金融企业指主要从事市场货物生产和提供非金融市场服务的常住企业，它主要包括各类法人企业。所有非金融企业归并在一起，就形成非金融企业部门。

金融机构与金融机构部门 金融机构指主要从事金融中介以及与金融中介密切相关的辅助金融活动的常住单位，它主要包括中央银行、商业银行和政策性银行、非银行信贷机构和保险公司。所有金融机构归并在一起，就形成金融机构部门。

政府单位与政府部门 政府单位指在我国境内通过政治程序建立的、在一特定区域内对其他机构单位拥有立法、司法和行政权的法律实体及其附属单位。政府单位的主要职能是利用征税和其他方式获得的资金向社会和公众提供公共服务。通过转移支付，对社会收入和财产进行再分配。它主要包括各种行政单位和事业单位。所有政府单位归并在一起，就形成政府部门。

住户与住户部门 住户指共享同一生活设施、部分或全部收入和财产集中使用、共同消费住房、食品和其他消费品与消费服务的常住个人或个人群体。所有住户归并在一起，就形成住户部门。

非常住单位与国外部门 所有不具有常住性的机构单位都是非常住单位。将所有与我国常住单位发生交易的非常住单位归并在一起，就形成国外部门。

初次分配总收入 初次分配指以劳动者报酬、固定资产折旧、生产税及财产收入等形式对增加值进行的分配。初次分配形成的收入余额为初次分配总收入。

经常转移 指部门间以实物和资金方式实现的单方面转让。包括社会保险付款、社会补助、侨汇、无偿捐赠、赔偿等。

可支配总收入 指各机构部门在初次分配总收入基础上通过经常转移后所获得的收入。这部分收入用于最终消费和储蓄。

总储蓄 指可支配总收入扣除最终消费后的余额。

资本转移 指一个部门无偿地向另一个部门支付用于资本形成的资金，是一种不从对方获取任何对应物作为回报的交易。资本转移具有不同于经常转移的两个特征，一是转移的目的是用于投资，而不是用于消费；二是资产所有权的转移，而不仅仅是使用权的转移。资本转移包括投资性补助和其他资产转移，根据我国目前的实际情况，投资性补助是指财政投资性拨款，即财政拨款中用于基本建设、更新改造和其他固定资产投资的部分。

净金融投资 从实物交易角度看，它是指总储蓄加资本转移收入减资本转移支出减资本形成总额后的余额。从金融交易角度看，它是金融资产的增加额减金融负债的增加额之后的余额。

通货 指以现金形式存在于市场流通领域中的货币，包括辅币和纸币。

存款 指以各种形式存在的所有存款，包括活期存款、定期存款、住户储蓄存款、财政存款、外汇存款和其他存款。

贷款 指金融机构向非金融部门提供的各种形式的所有贷款，包括短期贷款、中长期贷款、财政贷款、外汇贷款和其他贷款。

证券 包括债券和股票。

保险准备金 指对人寿保险准备金和养恤基金的净权益、保险费预付款和未结索赔准备金。

结算资金 指银行的汇兑在途资金。

金融机构往来 指各机构之间的资金往来，包括同业存放款和同业拆借款。

准备金 指各金融机构在中央银行的存款及缴存中央银行的法定准备金。

中央银行贷款 指中央银行向各金融机构的贷款。

经常项目 包括货物、服务、收益及经常性转移。

货物 指通过我国海关进出口的货物，以海关进出口统计资料为基础，并根据国际收支统计口径的要求，出口、进口都以商品所有权变化为原则进行调整。出口和进口金额均按离岸价格统计。

服务 包括运输、旅游、通讯、建筑、保险、国际金融服务、计算机和信息服务、专有权力使用费和特许费、各种商业服务、个人文化娱乐服务以及政府服务。

收益 包括职工报酬和投资收益。投资收益包括直接投资、证券投资和其它投资的收益和支出以及直接投资收益的再投资。

资本项目 包括移民转移、债务减免等资本性转移。

金融项目 包括直接投资、证券投资和其它投资。

直接投资 指外国、港澳台地区在我国和我国在外国、港澳台地区以独资、合资、合作及合作勘探开发方式进行的投资。

证券投资 指外国、港澳台地区购买(或我国买回)我国(包括地方政府和企业)发行的股票、债券等有价证券和我国(政府、企业、私人)买卖外国、港澳台地区发行的股票、债券等有价证券。

其它投资 包括外国提供给我国和我国提供给外国的贸易信贷、贷款、货币和存款以及其它资产。

储备资产增减额 指我国在黄金储备、外汇储备、在国际货币基金组织的储备头寸、特别提款权、使用基金信贷等方面本年末与上年末余额之间的差额。储备资产增加用负号表示。

3

人　口

资料整理：李永祥　李　丹

3-1 历年总户数、总人口

（年底数）

	总户数	总人口数	按性别分		按城乡分		城市化率	人口密度
	（万户）	（万人）	男	女	市镇	乡村	（%）	（人/平方公里）
1949	113.70	448.70						169
1952	125.90	538.30	300.50	237.80				203
1957	132.90	580.60	322.30	258.30	27.98	552.62	4.82	219
1962	136.20	576.90	312.20	264.70	28.24	548.66	4.90	218
1965	134.80	605.10	325.70	279.40	29.88	575.22	4.94	228
1970	142.20	668.50	358.50	310.00	35.63	632.87	5.33	252
1975	156.50	775.30	413.70	361.60	44.73	730.57	5.77	292
1976	160.80	790.10	421.20	368.90	45.63	744.47	5.78	298
1977	164.30	805.90	428.20	377.70	46.90	759.00	5.82	304
1978	167.40	821.90	435.80	386.10	47.73	774.17	5.81	310
1979	171.30	837.30	443.20	394.10	49.19	788.11	5.87	316
1980	174.00	850.10	449.00	401.10	53.18	796.92	6.26	321
1981	178.20	864.50	456.40	408.10	56.34	808.16	6.52	326
1982	188.90	881.30	464.10	417.20	60.60	820.70	6.88	332
1983	188.10	895.20	472.60	422.60	63.68	831.52	7.11	338
1984	191.30	905.80	477.60	428.20	76.28	829.52	8.42	342
1985	195.70	914.80	483.20	431.60	89.23	825.57	9.75	345
1986	201.40	925.60	489.40	436.20	86.07	839.53	9.30	349
1987	207.80	938.60	496.00	442.60	93.22	845.38	9.93	354
1988	224.10	952.90	502.90	450.00	98.30	854.60	10.32	359
1989	236.50	969.70	512.60	457.10	103.94	865.76	10.72	366
1990	239.60	985.00	516.30	468.70	110.02	874.98	11.17	372
1991	242.90	996.90	524.30	472.60	117.82	879.08	11.82	376
1992	268.90	1005.10	528.60	476.50	125.76	879.34	12.51	379
1993	270.60	1014.30	532.70	481.60	134.31	879.99	13.24	383
1994	257.40	1020.00	535.00	485.00	142.94	877.06	14.01	385
1995	260.24	1025.61	537.22	488.38	152.07	873.54	14.83	387
1996	263.51	1030.44	539.47	490.98	161.65	868.79	15.69	389
1997	267.68	1037.88	542.68	495.20	172.20	865.68	16.59	392
1998	269.85	1041.95	544.90	497.05	182.83	859.12	17.55	393
1999	267.14	1045.11	548.20	496.91	193.90	851.21	18.55	394
2000	279.48	1049.01	548.43	500.58	211.48	837.53	20.16	396
2001	282.85	1055.10	551.61	503.49	219.05	836.05	20.76	398
2002	293.82	1060.33	556.01	504.32	230.90	829.43	21.78	400
2003	295.50	1065.07	558.67	506.40	271.81	793.26	25.52	402
2004	319.59	1069.48	556.88	512.60	289.29	780.19	27.05	403
2005	335.93	1074.58	555.22	519.36	322.59	751.99	30.02	404
2006	337.99	1080.02	562.69	517.33	340.85	739.17	31.56	407
2007	339.78	1085.48	565.51	519.97	361.07	724.41	33.30	409
2008	341.91	1091.31	568.55	522.76	381.95	709.36	34.92	412
2009	343.19	1096.22	570.87	525.35	401.55	694.67	36.63	414

注：市镇人口是指市和镇建成区的人口数，为年度调查数据推算数。

3-2 历年市总户数、总人口

（年底数）

	总户数（万户）	总人口数（万人）	按性别分		性别比（女=100）	非农业人口	
			男	女		人口数（万人）	占总人口（%）
1952	1.10	9.00	4.65	4.35	106.9	4.50	50.0
1957	1.27	10.30	5.21	5.09	102.4	5.50	53.4
1962	2.68	12.90	7.09	5.81	122.0	7.00	54.3
1965	2.80	14.10	7.67	6.43	119.3	7.70	54.6
1970	2.97	16.50	9.12	7.38	123.6	9.20	55.8
1975	4.35	20.40	11.17	9.23	121.0	12.00	58.8
1978	4.86	21.90	11.97	9.93	120.5	12.90	58.9
1979	5.33	23.10	12.59	10.51	119.8	14.00	60.6
1980	5.72	24.10	12.91	11.19	115.4	14.83	61.5
1981	6.25	24.92	13.30	11.62	114.5	15.42	61.9
1982	6.96	26.62	14.23	12.39	114.9	16.07	60.4
1983	7.79	27.70	14.96	12.74	117.4	17.05	61.6
1984	7.75	28.23	14.97	13.26	112.9	18.06	64.0
1985	8.19	29.48	15.78	13.70	115.2	19.36	65.7
1986	8.69	30.40	16.25	14.15	114.8	20.18	66.4
1987	9.47	31.22	16.63	14.59	114.0	20.81	66.7
1988	42.01	166.00	86.85	79.15	109.7	30.08	18.1
1989	44.13	170.27	89.64	80.63	111.2	31.71	18.6
1990	44.34	178.36	92.93	85.43	108.8	32.43	18.2
1991	45.94	181.07	95.42	85.65	111.4	33.35	18.4
1992	50.78	183.34	96.01	87.33	109.9	35.91	19.6
1993	52.48	185.46	96.84	88.62	109.3	38.37	20.7
1994	75.42	298.66	155.38	143.28	108.4	47.26	15.8
1995	75.97	300.38	156.26	144.12	108.4	51.99	17.3
1996	77.62	303.52	157.76	145.76	108.2	54.54	18.0
1997	80.24	310.67	161.62	149.05	108.4	57.59	18.5
1998	81.56	313.09	162.95	150.14	108.5	59.62	19.0
1999	81.96	314.38	164.05	150.33	109.1	61.20	19.5
2000	84.11	313.69	162.89	150.80	108.0	63.46	20.2
2001	82.82	315.10	163.82	151.28	108.3	65.25	20.7
2002	85.99	317.30	166.41	150.89	110.3	66.23	20.9
2003	86.71	318.78	167.45	151.33	110.7	67.07	21.0
2004	94.78	320.46	166.02	154.44	107.5	68.01	21.2
2005	106.62	322.00	166.25	155.75	106.7	71.16	22.1
2006	107.20	323.39	167.13	156.26	107.0	71.25	22.0
2007	107.71	325.08	168.18	156.90	107.2	73.50	22.6
2008	108.57	326.92	170.08	156.84	108.4	73.17	22.4
2009	107.37	328.79	171.12	157.67	108.5	74.45	22.6

注：1.1987年及以前年份为原南阳市数据，1988年至1993年为原南阳市和邓州市数据，1994年以后为宛城、卧龙两区和邓州市数据。

2.数据来源于历年《南阳经济统计年鉴》和调查推算数据。

3.非农业人口为公安人口年报数据。

3-3 历年镇人口数

单位:万人

	总人口数	非农业人口		农业人口	
		人口数	占总人口(%)	人口数	占总人口(%)
1957	30.83	25.25	81.9	5.58	18.1
1962	26.83	15.19	56.6	11.64	43.4
1965	28.96	15.93	55.0	13.03	45.0
1970	33.43	19.68	58.9	13.75	41.1
1975	40.27	24.48	60.8	15.79	39.2
1978	43.46	24.43	56.2	19.03	43.8
1979	46.42	26.69	57.5	19.73	42.5
1980	49.58	29.17	58.8	20.41	41.2
1981	52.95	31.87	60.2	21.08	39.8
1982	56.55	34.83	61.6	21.72	38.4
1983	64.91	34.69	53.4	30.22	46.6
1984	107.18	48.32	45.1	58.86	54.9
1985	177.05	60.37	34.1	116.68	65.9
1986	244.20	51.13	20.9	193.07	79.1
1987	264.20	57.41	21.7	206.79	78.3
1988	274.19	54.26	19.8	219.93	80.2
1989	290.61	55.89	19.2	234.72	80.8
1990	307.92	57.58	18.7	250.34	81.3
1991	326.29	59.32	18.2	266.97	81.8
1992	345.74	61.11	17.7	284.63	82.3
1993	366.36	62.94	17.2	303.42	82.8
1994	388.13	64.84	16.7	323.29	83.3
1995	400.98	68.48	17.1	332.50	82.9
1996	428.22	70.96	16.6	357.26	83.4
1997	461.70	75.29	16.3	386.41	83.7
1998	536.01	78.86	14.7	457.15	85.3
1999	554.16	81.41	14.7	472.75	85.3
2000	586.80	85.53	14.6	501.27	85.4
2001	610.69	86.95	14.2	523.74	85.8
2002	614.87	89.97	14.6	524.90	85.4
2003	617.73	92.31	14.9	525.42	85.1
2004	620.91	93.78	15.1	527.13	84.9
2005	624.59	97.51	15.6	527.08	84.4
2006	628.13	101.89	16.2	526.24	83.8
2007	631.44	111.16	17.6	520.28	82.4
2008	635.16	115.81	18.2	519.35	81.8
2009	638.43	117.73	18.4	520.70	81.6

注:1.非农业人口为公安人口年报数据。

2.镇是指建制镇,镇人口是指镇年末总人口。

3-4 历年人口自然变动情况

单位:万人

	年平均人口数	出生人口数	出生率(‰)	死亡人口数	死亡率(‰)	自然增长人口数	自然增长率(‰)
1957	577.00	15.00	26.00	6.50	11.27	8.50	14.73
1962	568.40	22.60	39.76	4.00	7.04	18.60	32.72
1965	597.80	18.40	30.78	4.30	7.19	14.10	23.59
1970	678.00	25.00	36.87	5.20	7.67	19.80	29.20
1975	768.20	18.20	23.69	5.60	7.29	12.60	16.40
1978	813.90	16.90	20.76	5.30	6.51	11.60	14.25
1979	829.60	14.70	17.72	5.70	6.87	9.00	10.85
1980	843.70	14.40	17.07	5.90	6.99	8.50	10.07
1981	857.30	16.00	18.66	6.20	7.23	9.80	11.43
1982	872.90	20.00	22.91	5.70	6.53	14.30	16.38
1983	888.30	20.00	22.51	6.40	7.20	13.60	15.31
1984	900.50	16.60	18.43	6.40	7.11	10.20	11.33
1985	910.30	15.80	17.36	6.50	7.14	9.30	10.22
1986	920.20	17.70	19.23	6.70	7.28	11.00	11.95
1987	932.10	20.00	21.46	6.80	7.30	13.20	14.16
1988	945.80	20.90	22.10	6.50	6.87	14.40	15.23
1989	961.30	23.20	24.13	6.00	6.24	17.20	17.89
1990	977.40	22.30	22.82	6.90	7.06	15.40	15.76
1991	990.90	18.50	18.67	6.50	6.56	12.00	12.11
1992	1001.00	11.70	11.69	7.00	6.99	4.70	4.70
1993	1009.70	11.40	11.29	6.40	6.34	5.00	4.95
1994	1017.10	12.50	12.29	6.70	6.59	5.80	5.70
1995	1022.80	12.13	11.86	6.50	6.36	5.63	5.50
1996	1028.00	11.90	11.58	7.07	6.88	4.83	4.70
1997	1035.32	10.06	9.72	6.73	6.50	3.33	3.22
1998	1039.92	9.68	9.31	6.85	6.59	2.83	2.72
1999	1043.53	9.68	9.28	6.59	6.32	3.09	2.96
2000	1047.12	12.22	11.67	6.68	6.38	5.54	5.29
2001	1052.06	12.52	11.90	6.38	6.06	6.14	5.84
2002	1057.71	11.65	11.01	6.33	5.98	5.32	5.03
2003	1062.69	11.74	11.04	6.27	5.90	5.47	5.14
2004	1067.28	11.55	10.82	6.67	6.24	4.88	4.58
2005	1072.03	11.81	11.02	6.72	6.26	5.09	4.76
2006	1077.29	11.93	11.07	6.49	6.02	5.44	5.05
2007	1082.75	10.96	11.01	5.93	5.96	5.03	5.05
2008	1088.40	12.36	11.36	6.47	5.94	5.89	5.42
2009	1093.77	12.09	11.05	6.54	5.98	5.55	5.07

3-5 历年市人口自然变动情况

单位:万人

	年平均人口数	出生人口数	出生率(‰)	死亡人口数	死亡率(‰)	自然增长人口数	自然增长率(‰)
1957	10.00	0.15	15.00	0.03	3.00	0.12	12.00
1962	13.05	0.43	32.95	0.11	8.43	0.32	24.52
1965	13.95	0.53	37.99	0.11	7.89	0.42	30.11
1970	15.95	0.37	23.20	0.04	2.51	0.33	20.69
1975	20.25	0.44	21.73	0.12	5.93	0.32	15.80
1978	21.60	0.36	16.67	0.13	6.02	0.23	10.65
1979	22.50	0.32	14.22	0.15	6.67	0.17	7.56
1980	24.01	0.34	14.16	0.12	5.00	0.22	9.16
1981	24.47	0.31	12.67	0.14	5.72	0.17	6.95
1982	25.77	0.40	15.52	0.13	5.04	0.27	10.48
1983	27.16	0.40	14.73	0.15	5.52	0.25	9.20
1984	27.96	0.25	8.94	0.14	5.01	0.11	3.93
1985	28.86	0.23	7.97	0.15	5.20	0.08	2.77
1986	29.94	0.35	11.69	0.15	5.01	0.20	6.68
1987	30.81	0.40	12.98	0.15	4.87	0.25	8.11
1988	167.14	2.47	14.78	1.01	6.04	1.46	8.74
1989	168.13	2.69	16.00	1.04	6.19	1.65	9.81
1990	176.67	3.96	22.41	1.12	6.34	2.84	16.08
1991	179.89	3.23	17.96	1.10	6.11	2.13	11.84
1992	183.17	2.16	11.79	1.07	5.84	1.09	5.95
1993	186.51	2.26	12.12	1.24	6.65	1.02	5.47
1994	297.69	3.78	12.70	1.87	6.28	1.91	6.42
1995	299.12	3.51	11.73	1.89	6.32	1.62	5.42
1996	301.93	3.32	11.00	1.83	6.06	1.49	4.93
1997	309.09	3.21	10.39	1.86	6.02	1.35	4.37
1998	311.89	3.81	12.22	1.88	6.03	1.93	6.19
1999	313.74	3.71	11.83	1.88	5.99	1.83	5.83
2000	314.03	3.68	11.72	1.89	6.02	1.79	5.70
2001	314.43	3.67	11.36	1.87	5.95	1.80	5.07
2002	316.39	3.57	11.10	1.82	5.75	1.74	5.24
2003	318.04	3.52	11.06	1.88	5.91	1.64	5.15
2004	319.62	3.51	10.98	1.91	5.98	1.60	5.01
2005	321.05	3.59	11.18	1.05	3.27	2.54	7.91
2006	322.51	3.57	11.07	1.86	5.77	1.71	5.30
2007	324.23	3.34	10.30	1.73	5.34	1.61	4.97
2008	326.01	3.74	11.47	1.90	5.84	1.84	5.63
2009	327.85	3.63	11.07	1.84	5.61	1.79	5.46

注:1. 1987 及以前年份为原南阳市人口,1988 年至 1993 年为原南阳市和邓州市人口,1994 年以后为邓州市和两区人口。
2. 数据来源于年度人口与城镇化抽样调查推算数据。

3-6 历年县人口自然变动情况

单位:万人

	年平均人口数	出生人口数	出生率(‰)	死亡人口数	死亡率(‰)	自然增长人口数	自然增长率(‰)
1957	567.00	14.85	26.19	6.47	11.41	8.38	14.78
1962	555.35	22.17	39.92	3.89	7.00	18.28	32.92
1965	583.85	17.87	30.61	4.19	7.18	13.68	23.43
1970	662.05	24.63	37.20	5.16	7.79	19.47	29.41
1975	747.95	17.76	23.74	5.48	7.33	12.28	16.42
1978	792.30	16.54	20.88	5.17	6.53	11.37	14.35
1979	807.10	14.38	17.82	5.55	6.88	8.83	10.94
1980	819.69	14.06	17.15	5.78	7.05	8.28	10.10
1981	832.83	15.69	18.84	6.06	7.28	9.63	11.56
1982	847.13	19.60	23.14	5.57	6.58	14.03	16.56
1983	861.14	19.60	22.76	6.25	7.26	13.35	15.50
1984	872.54	16.35	18.74	6.26	7.17	10.09	11.56
1985	881.44	15.57	17.66	6.35	7.20	9.22	10.46
1986	890.26	17.35	19.49	6.55	7.36	10.80	12.13
1987	901.29	19.60	21.75	6.65	7.38	12.95	14.37
1988	778.66	18.43	23.67	5.49	7.05	12.94	16.62
1989	793.17	20.51	25.86	4.96	6.25	15.55	19.60
1990	800.73	18.34	22.90	5.78	7.22	12.56	15.69
1991	811.01	15.27	18.83	5.40	6.66	9.87	12.17
1992	817.83	9.54	11.67	5.93	7.25	3.61	4.41
1993	823.19	9.14	11.10	5.16	6.27	3.98	4.83
1994	719.41	8.72	12.12	4.83	6.71	3.89	5.41
1995	723.68	8.62	11.91	4.61	6.37	4.01	5.54
1996	726.07	8.58	11.82	5.24	7.22	3.34	4.60
1997	726.23	6.85	9.43	4.87	6.71	1.98	2.73
1998	728.03	5.87	8.06	4.97	6.83	0.90	1.24
1999	729.79	5.97	8.18	4.71	6.45	1.26	1.73
2000	733.09	8.54	11.65	4.79	6.53	3.75	5.12
2001	737.63	8.85	12.00	4.51	6.11	4.35	5.88
2002	741.32	8.08	10.90	4.51	6.08	3.58	4.82
2003	744.66	8.22	11.04	4.39	5.90	3.83	5.14
2004	747.66	8.04	10.75	3.77	5.04	4.27	5.71
2005	750.98	8.22	10.95	3.67	4.89	4.55	6.06
2006	754.79	8.36	11.08	4.63	6.13	3.73	4.94
2007	758.52	7.62	10.05	4.20	5.54	3.42	4.51
2008	762.39	8.61	11.29	4.57	5.99	4.04	5.30
2009	767.42	8.48	11.05	4.71	6.14	3.77	4.91

3-7 各县(市、区)总户数、总人口

(2009年底)　　单位:人

	总户数(户)	总人口数	按性别分		按城乡分		按农业、非农业分		城镇化水平(%)	常住人口
			男	女	市镇	乡村	非农业人口	农业人口		
全市	**3431941**	**10962238**	**5708685**	**5253553**	**4015468**	**6946770**	**1814120**	**9148118**	**36.63**	**10133600**
宛城区	268706	832948	431481	401467	535394	297554	257540	575408	64.28	850298
卧龙区	283662	884725	457392	427333	564768	319957	316921	567804	63.84	906570
南召县	200072	634367	331368	302999	189901	444466	97980	536387	29.94	598240
方城县	312274	1033234	539728	493506	308481	724753	102752	930482	29.86	932710
西峡县	132248	444526	231316	213210	148534	295992	87317	357209	33.41	423184
镇平县	272571	976224	508745	467479	301521	674703	115072	861152	30.89	922332
内乡县	205398	653289	341573	311716	197757	455532	123234	530055	30.27	613077
淅川县	219366	739947	387470	352477	241917	498030	113918	626029	32.69	664719
社旗县	194018	658638	340953	317685	195534	463104	80047	578591	29.69	614498
唐河县	424057	1332348	693065	639283	426250	906098	134107	1198241	31.99	1135874
新野县	260200	758718	391898	366820	229949	528769	114287	644431	30.31	684038
桐柏县	137994	442953	231320	211633	136519	306434	100992	341961	30.82	414506
邓州市	521376	1570321	822376	747945	538943	1031378	169953	1400368	34.32	1373553

注:非农业人口数据来源于公安统计年报,其他数据为年度人口与城镇化抽样调查推算数据。

3-8 各县(市、区)人口自然变动情况

(2009年)　　单位:人

	年平均人口	出生率(‰)	出生人口	死亡率(‰)	死亡人口	自然增长率(‰)	自然增长人口	人口密度(人/平方公里)
全市	**10937692**	**11.05**	**120883**	**5.98**	**65408**	**5.07**	**55475**	**414**
宛城区	830884	10.58	8788	5.61	4661	4.97	4127	859
卧龙区	882518	10.54	9298	5.54	4889	5.00	4409	869
南召县	632770	10.73	6787	5.68	3594	5.05	3193	216
方城县	1030796	10.49	10809	5.76	5937	4.73	4872	406
西峡县	443491	10.84	4807	6.17	2736	4.67	2071	128
镇平县	973970	11.02	10729	6.39	6224	4.63	4505	655
内乡县	651910	11.72	7640	7.49	4883	4.23	2757	284
淅川县	743452	10.94	8130	6.02	4476	4.92	3654	262
社旗县	656389	11.58	7598	6.12	4017	5.46	3581	572
唐河县	1328662	10.99	14596	6.06	8052	4.93	6544	534
新野县	755779	11.73	8862	5.98	4520	5.75	4342	718
桐柏县	441888	10.65	4706	5.83	2576	4.82	2130	231
邓州市	1565185	11.59	18133	5.65	8843	5.94	9290	663

3-9 各县(市、区)人口年龄结构

(2009年底)　　单位:人、%

	总人口				百分比		
		0—14岁	15—64岁	65岁以上	0—14岁	15—64岁	65岁以上
全　　市	**10962238**	**2210844**	**7807254**	**944140**	**20.17**	**71.22**	**8.61**
宛　城　区	832948	148598	611884	72466	17.84	73.46	8.70
卧　龙　区	884725	172610	637002	75113	19.51	72.00	8.49
南　召　县	634367	129474	454905	49988	20.41	71.71	7.88
方　城　县	1033234	217289	725537	90408	21.03	70.22	8.75
西　峡　县	444526	87260	320770	36496	19.63	72.16	8.21
镇　平　县	976224	204714	690874	80636	20.97	70.77	8.26
内　乡　县	653289	139673	456845	56771	21.38	69.93	8.69
淅　川　县	739947	171298	513375	55274	23.15	69.38	7.47
社　旗　县	658638	132979	473034	52625	20.19	71.82	7.99
唐　河　县	1332348	238091	958491	135766	17.87	71.94	10.19
新　野　县	758718	149240	531103	78375	19.67	70.00	10.33
桐　柏　县	442953	91735	316623	34595	20.71	71.48	7.81
邓　州　市	1570321	327883	1116812	125626	20.88	71.12	8.00

注:数据来源于年度人口与城镇化抽样调查推算。

3-10 各县(市、区)人口抚养系数

(2009年底)　　单位:%

	少年儿童系数	老年系数	老少比	少儿抚养系数	老年抚养系数	总抚养系数
合　　计	**20.17**	**8.61**	**42.69**	**28.43**	**11.98**	**40.41**
宛　城　区	17.84	8.70	48.77	24.28	11.85	36.13
卧　龙　区	19.51	8.49	43.52	27.11	11.79	38.90
南　召　县	20.41	7.88	38.61	28.47	11.00	39.47
方　城　县	21.03	8.75	41.61	29.94	12.46	42.40
西　峡　县	19.63	8.21	41.82	27.20	11.37	38.57
镇　平　县	20.97	8.26	39.39	29.63	11.68	41.31
内　乡　县	21.38	8.69	40.65	30.57	12.43	43.00
淅　川　县	23.15	7.47	32.27	33.38	10.76	44.14
社　旗　县	20.19	7.99	39.57	28.10	11.12	39.22
唐　河　县	17.87	10.19	57.02	24.84	14.17	39.01
新　野　县	19.67	10.33	52.52	28.09	14.76	42.85
桐　柏　县	20.71	7.81	37.71	28.98	10.92	39.90
邓　州　市	20.88	8.00	38.31	29.37	11.24	40.61

注:数据来源于年度人口与城镇化抽样调查。

3—11 南阳市五次人口普查基本情况

单位:万人

	1953	1964	1982	1990	2000
总人口(万人)	**590.52**	**582.93**	**870.21**	**975.66**	**957.78**
男			458.17	511.28	500.64
女			412.04	464.38	457.14
性别比(女=100)			111.21	110.10	109.52
家庭户规模(人/户)			4.70	4.08	3.41
各年龄组人口(%)					
0—14岁			35.68	29.86	22.66
15—64岁			58.78	64.16	70.35
65岁及以上			5.54	5.98	6.99
民族人口(万人、%)	590.52	582.93	870.21	975.66	957.78
汉族	582.32	572.98	854.91	954.88	936.97
占总人口比重	98.60	98.30	98.20	97.90	97.80
少数民族	8.20	9.95	15.30	20.78	20.81
占总人口比重	1.40	1.70	1.80	2.10	2.20
每十万人拥有的各种					
受教育程度人口(人)					
大专及以上			190	520	2076
高中和中专			5010	5690	8590
初中			17890	25350	41317
小学			32140	40800	35355
文盲人口及文盲率					
文盲人口(万人)			273.94	158.55	36.85
文盲率(%)			26.80	14.70	3.85
城乡人口(万人)			870.21	975.66	957.78
城镇人口			62.31	110.02	193.21
乡村人口			807.90	874.98	764.57

注:2000年数据是"五普"常住人口口径。

主要统计指标解释

人口数 指一定时点、一定地区范围内的有生命的个人的总和。年度统计的年末人口数指每年 12 月 31 日 24 时的人口数。

出生率(又称粗出生率) 指在一定时期内(通常为一年)平均每千人所出生的人数的比率,一般用千分率表示。计算公式为:

出生率=年出生人数/年平均人数×1000‰式中:出生人数指活产婴儿,即胎儿脱离母体时(不管怀孕月数),有过呼吸或其他生命现象。年平均人数指年初、年底人口数的平均数,也可用年中人口数代替。

死亡率(又称粗死亡率) 指在一定时期内(通常为一年)一定地区的死亡人数与同期平均人数(或期中人数)之比,一般用千分率表示。计算公式为:

死亡率=年死亡人数/年平均人数×1000‰

人口自然增长率 指在一定时期内(通常为一年)人口自然增加数(出生人数减死亡人数)与该时期内平均人数(或期中人数)之比,一般用千分率表示。计算公式为:

人口自然增长率=(本年出生人数－本年死亡人数)/年平均人数×1000‰=人口出生率－人口死亡率

性别比 总人口中男性人数与女性人数之比。通常用每 100 个女性人口相应有多少男性人口表示。其计算公式为:性别比=男性人口数/女性人口数×100%

常住人口 是指本年度末在本辖区居住半年以上的全部人口。

总抚养系数 指被抚养人口(0－14 岁和 65 岁以上人口)与 15－64 岁人口的比例。计算公式为:总抚养系数=被抚养人口/15－64 岁人口×100

老年抚养系数 指老年人口(65 岁以上人口)与 15－64 岁人口的比例。计算公式为:

老年抚养系数=老年人口/15－64 岁人口×100

少儿抚养系数 指少年儿童与 15－64 岁人口的比例。计算公式为:

少儿抚养系数=少年儿童人口/15－64 岁人口×100

4

从业人员和职工工资

资料整理:宋　晓　李　丹

4-1 重点年份从业人员

单位:人

	从业人员	按三次产业分			按城乡分	
		第一产业	第二产业	第三产业	城镇	乡村
1983	3539804	3071228	219073	249503	423209	3116595
1984	3738250	3222838	223799	291613	470618	3267632
1985	3909000	3004000	362000	543000	542000	3367000
1986	4144000	3247000	443000	454000	574000	3570000
1987	4298000	3289000	491000	518000	597000	3701000
1988	4396000	3228000	574000	594000	644000	3752000
1989	4456000	3349000	516000	591000	650000	3806000
1990	4566000	3453000	526000	587000	641000	3925000
1991	4813000	3694000	373000	746000	634000	4179000
1992	4994000	3703000	434000	857000	659000	4335000
1993	5022130	3371783	941322	709025	755997	4266133
1994	5193400	3361000	945000	887400	792200	4401200
1995	5700400	3814000	978200	908200	968000	4732400
1996	5396300	3299600	1000500	1096200	1029200	4367100
1997	5629300	3425400	1047400	1156500	1024900	4604400
1998	6017000	3610200	1143200	1263600	1444800	4572200
1999	6077200	3632200	1145200	1299800	752500	5324700
2000	6110800	4319400	826400	965000	747100	5363700
2001	5947317	4002320	946745	998252	717417	5229900
2002	5848170	4010011	790898	1047261	853070	4995100
2003	6077423	3773704	1043367	1260352	918923	5158500
2004	6178890	3777968	1067422	1333500	973190	5205700
2005	6270099	3581187	1250241	1438671	879587	5390512
2006	6387977	3538687	1375004	1474286	1031377	5356600
2007	6375106	3431101	1471600	1472405	992006	5383100
2008	6490720	3410636	1574859	1505225	1028420	5462300
2009	6605422	3349674	1685026	1570722	1072392	5533030

4-2 按城乡分的从业人员

(2009 年底)　　单位:人

	合计	城镇	国有单位	集体单位	私营	个体	乡村
从业人员总计	**6605422**	**1072392**	**376375**	**61033**	**123919**	**251008**	**5533030**
按国民经济行业分							
农、林、牧、渔业	3349674	19325	6907	2093	4094	3742	3330349
工业	1226423	295281	56753	8392	50288	34207	931142
采掘业	113281	36189	27854	99	1521	2185	77092
制造业	1015301	242442	16854	7823	47953	31932	772859
电力、燃气及水的生产和供应业	97841	16650	12045	470	814	90	81191
建筑业	458603	71475	10008	9311	3283	400	387128
交通运输、仓储和邮政业	203205	35353	10578	1885	1969	11630	167852
信息传输、计算机服务和软件业	34171	9944	3615		3321	411	24227
批发和零售业	527271	228366	20393	16831	38774	134128	298905
住宿和餐饮业	172173	43660	4880	1919	2339	32367	128513
金融业	19258	19258	3511	4757			
房地产业	9514	9514	2973	276	2351		
租赁和商务服务业	287033	22119	9290	664	6179	2009	264914
科学研究、技术服务和地质勘查业	12979	12979	11309	598	327		
水利、环境和公共设施管理业	13092	13092	12301	82	245		
居民服务和其他服务业	41963	41963	893		10411	29812	
教育	119609	119609	100601	13361			
卫生、社会保障和社会福利业	39160	39160	34208	521	124	528	
文化、体育和娱乐业	7540	7540	4970	156	214	1774	
公共管理和社会组织	83754	83754	83185	187			
按三次产业分							
第一产业	3349674	19325	6907	2093	4094	3742	3330349
第二产业	1685026	366756	66761	17703	53571	34607	1318270
第三产业	1570722	686311	302707	41237	66254	212659	884411

4—3 按经济类型分的在岗职工人数

单位:人

	职工年末人数				职工平均人数			
	合计	国有经济	集体经济	其他经济	合计	国有经济	集体经济	其他经济
1978	312858	264920	47938		302738	255288	47249	
1979	335991	281768	54223		324425	273344	51081	
1980	374430	321064	53366		360912	308703	51927	
1981	402629	344697	57932		386340	330795	55737	
1982	400530	342305	58225		396774	339686	56894	
1983	423985	362454	61531		407486	348329	59304	
1984	442985	344838	98147		428696	337371	91417	
1985	471878	367265	104613		457462	360123	97232	
1986	504246	389518	114728		487053	378475	108577	
1987	532037	406600	125437		510550	396566	114252	
1988	562414	427532	134882		546184	419512	126586	
1989	560218	421621	138597		553249	419575	133489	
1990	566853	423659	143194		558563	419698	139128	
1991	585412	442413	141943	1056	566782	432714	133462	1031
1992	631527	497362	133358	807	613425	484748	128727	932
1993	630696	487675	136816	6205	615409	475443	134235	6180
1994	671406	507268	137434	26704	656319	496622	134183	26679
1995	697092	533790	121028	42274	682986	522980	119175	42249
1996	714792	548521	119803	46468	695794	536614	114472	46443
1997	725429	503896	153117	68416	713271	496916	149602	68391
1998	736705	482390	154925	99390	730762	479333	153354	99365
1999	663260	446599	134256	82405	659950	444429	132318	83203
2000	658117	439629	134991	83497	658861	438633	135014	85214
2001	647210	434241	134771	78198	646212	436385	131982	77845
2002	650705	421905	131766	97034	651392	423041	131505	96846
2003	634259	379561	128228	126470	628140	375697	127462	124981
2004	630244	377218	123104	129922	619035	370422	121855	126758
2005	631381	373477	123829	134075	623200	368549	122223	132428
2006	660971	373928	75485	211558	650435	369837	74548	206050
2007	676381	378388	77802	220191	662241	373666	76916	211659
2008	678144	386712	67082	224350	675923	386335	67012	222576
2009	677901	368628	59598	249675	676938	368227	59602	249109

4-4 按经济类型分的在岗职工工资和平均工资

	职工工资总额（万元）				职工平均工资（元）			
	合计	国有经济	集体经济	其他经济	合计	国有经济	集体经济	其他经济
1978	15924	13760	2164		510	539	458	
1979	18969	16403	2566		584	604	473	
1980	24145	21424	2721		669	694	524	
1981	26387	23288	3099		683	704	556	
1982	28290	24865	3425		713	732	602	
1983	29502	26264	3238		724	754	546	
1984	33524	28103	5421		782	833	593	
1985	41995	35004	6991		918	972	719	
1986	50897	42200	8697		1045	1115	801	
1987	58458	48381	10077		1145	1220	882	
1988	73571	61039	12532		1347	1455	990	
1989	81217	67174	14043		1468	1601	1052	
1990	92170	76469	15638		1649	1822	1124	
1991	102871	85461	17270	140	1815	1975	1294	1358
1992	130905	111686	19219	155	2134	2304	1493	1663
1993	154837	127704	25894	1239	2516	2686	1929	2005
1994	222492	183750	30889	7853	3390	3700	2302	2944
1995	282961	232569	35955	14437	4143	4447	3017	3417
1996	326884	267019	40775	19090	4698	4976	3562	4110
1997	342798	254620	61217	26961	4806	5124	4092	3942
1998	361362	260326	59946	41090	4945	5431	3909	4135
1999	379414	276786	61974	40655	5749	6228	4684	4886
2000	406096	303919	63867	38310	6164	6929	4730	4496
2001	440319	326243	70650	43425	6814	7476	5353	5578
2002	495996	351629	82576	61792	7614	8312	6279	6380
2003	551114	365245	92511	93359	8774	9722	7258	7464
2004	629024	413000	103500	112524	10164	11148	8496	8880
2005	736571	478692	120479	137400	11820	12984	9852	10380
2006	873877	551107	82161	240609	13440	14904	11016	11676
2007	1059675	675228	101438	283009	15996	18072	13188	13368
2008	1206299	783011	96148	327140	17847	20268	14348	14698
2009	1410318	899229	99658	411431	20834	24420	16721	16516

4-5 各县(市、区)年末在岗职工人数

单位:人

	1978	1980	1985	1990	1995	2000	2005	2008	2009
总计	**312858**	**374430**	**471878**	**567353**	**697092**	**658117**	**631381**	**678144**	**677901**
宛城区	19603	24875	35432	38328	30611	29029	33031	36397	36421
卧龙区	67964	78589	104352	126168	45875	30987	28790	31491	31534
南召县	18074	30221	37258	41797	29560	25160	23885	23469	23525
方城县	17433	20418	27884	31985	31254	33876	29522	31376	31501
西峡县	12277	14513	19227	27601	28861	26678	25290	31031	30710
镇平县	18658	25249	30787	37235	39376	37670	41434	41722	41965
内乡县	16167	17980	20534	25848	31540	31512	31183	32899	33013
淅川县	18467	21715	28280	35273	42251	40399	37496	39078	39312
社旗县	14943	15811	20099	21931	25186	23066	23652	24092	24622
唐河县	21311	24835	30042	36803	47744	43309	39749	36009	35874
新野县	20068	23393	28200	32419	46991	45777	40819	44179	44333
桐柏县	12861	13623	16129	20325	24505	24463	22479	21569	21986
邓州市	29125	34201	42721	54176	57544	57818	59485	59480	59173
市直					143132	150759	153640	181412	180054
军工油田					72662	57614	40926	43940	43878

4-6 各县(市、区)在岗职工工资总额

单位:万元

	1978	1980	1985	1990	1995	2000	2005	2008	2009
总计	**15924**	**24145**	**41996**	**92170**	**282961**	**406096**	**736571**	**1206299**	**1410318**
宛城区	1014	1481	2171	6124	12274	15652	32456	55289	65905
卧龙区	3837	5423	9505	21398	14777	16297	28041	45836	56707
南召县	901	2032	3619	7309	9184	11988	21861	36028	42415
方城县	890	1219	2275	4477	10711	18005	28338	50275	59885
西峡县	590	924	1678	4354	10374	15791	27797	60060	67332
镇平县	931	1581	2520	5346	13670	19976	38434	75278	89060
内乡县	808	1093	1870	3813	10352	15785	30795	55418	65423
淅川县	932	1278	2203	4861	13650	20469	34650	72961	86716
社旗县	716	983	1721	3116	8266	11360	20144	37325	43371
唐河县	1048	1500	2236	5482	15304	22319	36867	55780	65256
新野县	931	1246	2160	4393	15246	23177	35914	60486	73433
桐柏县	631	836	1387	3273	9320	12816	22093	32576	38010
邓州市	1354	2131	3646	7733	19542	28096	58543	105370	125394
市直					67779	109439	222140	344604	401594
军工油田	1341	2418	5005	10491	52512	64926	98498	119013	129817

4-7 各县(市、区)在岗职工平均工资

单位:元

	1978	1980	1985	1990	1995	2000	2005	2008	2009
总　　计	**526**	**669**	**918**	**1649**	**4143**	**6164**	**11820**	**17847**	**20834**
宛 城 区	517	654	672	1642	3907	5600	9924	15194	18095
卧 龙 区	565	711	943	1730	3264	5228	9768	14908	18067
南 召 县	499	697	975	1770	3167	4990	9204	15355	18027
方 城 县	511	621	853	1416	3528	5329	9636	16029	19017
西 峡 县	481	650	903	1609	3650	5901	11016	19738	22128
镇 平 县	499	645	841	1418	3531	5330	9312	18001	21196
内 乡 县	500	603	920	1497	3399	5105	10044	16826	19818
淅 川 县	505	614	826	1419	3362	5212	9312	18641	21962
社 旗 县	479	646	879	1401	3376	4955	8580	15466	17664
唐 河 县	492	614	791	1522	3286	5154	9396	15489	18301
新 野 县	464	572	785	1382	3280	5059	8952	13698	16544
桐 柏 县	491	627	871	1639	3867	5266	9960	15112	17309
邓 州 市	465	643	864	1428	3530	4893	10032	18136	21244
市　　直					4891	7078	14760	18962	22338
军工油田					7176	10993	24336	27084	29637

4-8 各种分组的在岗职工

（2009 年底）　　单位：人

	合计	国有单位	城镇集体单位	其他单位
总计	**677901**	**368628**	**59598**	**249675**
＃女性	249708	139272	21113	89323
按企业、事业、机关分				
企业	397897	114641	43698	239558
事业	209428	190918	13367	5143
机关	58713	57321	1313	79
民间非营利组织	1385	474	136	775
其他	10478	5274	1084	4120
按三次产业分				
第一产业	10940	6453	1998	2489
第二产业	271424	64986	17242	189196
＃工业	206364	55544	8231	142589
第三产业	395537	297189	40358	57990
按国民经济行业分				
（一）农、林、牧、渔业	10940	6453	1998	2489
农业	1118	1100		18
林业	1423	1252	71	100
畜牧业	2266	267	18	1981
渔业	339	339		
农、林、牧、渔服务业	5794	3495	1909	390
（二）采矿业	31333	27854	99	3380
石油和天然气开采业	27263	26310	99	854
黑色金属矿采选业	52			52
有色金属矿采选业	1922	6		1916
非金属矿采选业	2096	1538		558
（三）制造业	159807	16167	7662	135978
农副食品加工业	5823	1393	386	4044
食品制造业	2290		200	2090
饮料制造业	7070	1128		5942
烟草制品业	1733	1093		640
纺织业	28118	1528	527	26063
纺织服装、鞋、帽制造业	1113		45	1068
皮革、毛皮、羽毛(绒)及其制品业	620			620
木材加工及木、竹、藤、棕、草制	1272		209	1063
家具制造业	383		219	164
造纸及纸制品业	3926	457	84	3385
印刷业和记录媒介的复制	1663	228	869	566
文教体育用品制造业	118			118
石油加工、炼焦及核燃料加工业	275			275
化学原料及化学制品制造业	11605	3116	2009	6480
医药制造业	9593			9593
橡胶制品业	509			509

4-8 续表 1　　　　(2009 年底)　　　　单位:人

	合　　计	国有单位	城镇集体单　　位	其他单位
塑料制品业	1679		130	1549
非金属矿物制品业	17692	2095	704	14893
黑色金属冶炼及压延加工业	11271			11271
有色金属冶炼及压延加工业	1398			1398
金属制品业	2833	433	20	2380
通用设备制造业	7799	807	255	6737
专用设备制造业	7796		275	7521
交通运输设备制造业	11303	2956	230	8117
电气机械及器材制造业	7158		609	6549
通信设备、计算机及其他电子设备制造业	2039	420		1619
仪器仪表及文化、办公用机械制造业	8630	250		8380
工艺品及其他制造业	3855	263	721	2871
废弃资源和废旧材料回收加工业	243		170	73
(四)电力、燃气及水的生产和供应业	15224	11523	470	3231
电力、热力的生产和供应业	10658	9315	320	1023
燃气生产和供应业	1166	120		1046
水的生产和供应业	3400	2088	150	1162
(五)建筑业	65060	9442	9011	46607
房屋和土木工程建筑业	54792	8488	8180	38124
建筑安装业	7720	368	662	6690
建筑装饰业	1505	109	169	1227
其他建筑业	1043	477		566
(六)交通运输、仓储和邮政业	21110	10126	1785	9199
道路运输业	14557	6246	1098	7213
城市公共交通业	3767	1923	461	1383
水上运输业	42	30	12	
航空运输业	284			284
装卸搬运和其他运输服务业	309	92	17	200
仓储业	1663	1347	197	119
邮政业	488	488		
(七)信息传输、计算机服务和软件业	6212	3615		2597
电信和其他信息传输服务业	4998	3615		1383
计算机服务业	565			565
软件业	649			649
(八)批发和零售业	52547	18706	16069	17772
批发业	29884	13994	8834	7056
零售业	22663	4712	7235	10716
(九)住宿和餐饮业	8823	4749	1919	2155
住宿业	7248	4388	1599	1261
餐饮业	1575	361	320	894
(十)金融业	14805	3511	4740	6554
银行业	12178	2896	4740	4542

4—8 续表 2 (2009 年底) 单位:人

	合计	国有单位	城镇集体单位	其他单位
保险业	2618	615		2003
其他金融活动	9			9
(十一)房地产业	6630	2780	276	3574
房地产开发经营	6108	2375	264	3469
物业管理	51	35		16
房地产中介服务	471	370	12	89
(十二)租赁和商务服务业	13871	9230	664	3977
租赁业	2195	755	20	1420
商务服务业	11676	8475	644	2557
(十三)科学研究、技术服务和地质勘查业	12614	11271	598	745
研究与试验发展	1997	1987	10	
专业技术服务业	6256	5328	424	504
科技交流和推广服务业	2893	2488	164	241
地质勘查业	1468	1468		
(十四)水利、环境和公共设施管理业	12708	12162	82	464
水利管理业	5887	5784	11	92
环境管理业	4179	3785	22	372
公共设施管理业	2642	2593	49	
(十五)居民服务和其他服务业	1735	888		847
居民服务业	1398	888		510
其他服务业	337			337
(十六)教育	119312	100332	13361	5619
学前教育	2117	1412	15	690
初等教育	51967	42325	7623	2019
中等教育	57167	50121	4644	2402
高等教育	3163	3158		5
其他教育	4898	3316	1079	503
(十七)卫生、社会保障和社会福利业	37219	33009	521	3689
卫生	35791	31748	470	3573
社会保障业	786	786		
社会福利业	642	475	51	116
(十八)文化、体育和娱乐业	5522	4940	156	426
新闻出版业	644	617	17	10
广播、电视、电影和音像业	1731	1631	80	20
文化艺术业	2419	2271	59	89
体育	370	370		
娱乐业	358	51		307
(十九)公共管理和社会组织	82429	81870	187	372
中国共产党机关	3787	3767		20
国家机构	76632	76487	131	14
人民政协和民主党派	470	470		
群众团体、社会团体和宗教组织	1540	1146	56	338

4—9 各种分组的在岗职工工资总额

（2009 年） 单位：万元

	合计	国有单位	城镇集体单位	其他单位
总计	**1410318**	**899229**	**99658**	**411431**
按企业、事业、机关分				
企业	705827	261003	57590	387234
事业	541697	493218	36160	12319
机关	129913	126419	3347	147
民间非盈利组织	3349	1593	371	1385
其他	29533	16996	2191	10345
按三次产业分				
第一产业	13679	9049	1791	2839
第二产业	492036	172450	23881	295706
＃工业	401652	159112	12651	229889
第三产业	904603	717730	73986	112886
按国民经济行业分				
（一）农、林、牧、渔业	13679	9049	1791	2839
农业	1055	1042		13
林业	1555	1326	56	174
畜牧业	2351	291	16	2044
渔业	325	325		
农、林、牧、渔服务业	8393	6065	1720	609
（二）采矿业	107836	99349	262	8225
煤炭开采和洗选业				
石油和天然气开采业	100135	95959	262	3913
黑色金属矿采选业	53			53
有色金属矿采选业	3469	14		3455
非金属矿采选业	4180	3376		804
（三）制造业	258208	32803	11435	213971
农副食品加工业	8242	2359	450	5433
食品制造业	2963		260	2703
饮料制造业	10757	980		9777
烟草制品业	5742	4550		1192
纺织业	38171	1472	838	35862
纺织服装、鞋、帽制造业	1694		62	1632
皮革、毛皮、羽毛（绒）及其制品业	919			919
木材加工及木、竹、藤、棕、草制	1848		256	1593
家具制造业	496		298	199
造纸及纸制品业	7952	810	97	7046
印刷业和记录媒介的复制	3452	234	2653	565
文教体育用品制造业	217			217
石油加工、炼焦及核燃料加工业	472			472
化学原料及化学制品制造业	22860	10189	2270	10401
医药制造业	16850			16850
橡胶制品业	580			580

4—9 续表 1 (2009 年) 单位:万元

	合　计	国有单位	城镇集体单位	其他单位
塑料制品业	3329		170	3159
非金属矿物制品业	25890	3289	1183	21419
黑色金属冶炼及压延加工业	13430			13430
有色金属冶炼及压延加工业	2168			2168
金属制品业	4058	726	10	3322
通用设备制造业	15445	1220	363	13861
专用设备制造业	16152		306	15846
交通运输设备制造业	18660	5868	261	12532
电气机械及器材制造业	14233		943	13290
通信设备、计算机及其他电子设备制造业	2855	625		2230
仪器仪表及文化、办公用机械制造业	13564	320		13244
工艺品及其他制造业	4902	162	806	3934
废弃资源和废旧材料回收加工业	309		210	99
(四)电力、燃气及水的生产和供应业	35608	26960	955	7693
电力、热力的生产和供应业	28301	23963	740	3598
燃气生产和供应业	2336	150		2186
水的生产和供应业	4970	2847	215	1909
(五)建筑业	90384	13338	11229	65817
房屋和土木工程建筑业	76779	11652	9933	55193
建筑安装业	10137	792	989	8356
建筑装饰业	2040	192	307	1540
其他建筑业	1429	701		727
(六)交通运输、仓储和邮政业	30913	13826	2827	14261
道路运输业	21269	8768	1730	10771
城市公共交通业	5091	2344	730	2018
水上运输业	32	18	14	
航空运输业	1108			1108
装卸搬运和其他运输服务业	409	158	36	216
仓储业	2313	1848	317	148
邮政业	690	690		
(七)信息传输、计算机服务和软件业	11911	6576		5335
电信和其他信息传输服务业	9427	6576		2851
计算机服务业	1168			1168
软件业	1317			1317
(八)批发和零售业	71971	30947	18027	22997
批发业	42389	24028	9285	9077
零售业	29582	6920	8742	13920
(九)住宿和餐饮业	11533	6105	2561	2867
住宿业	9705	5745	2167	1793
餐饮业	1828	360	395	1074
(十)金融业	41470	13009	8877	19584
银行业	35091	10856	8877	15358

4—9 续表 2　　(2009 年)　　单位:万元

	合　计	国有单位	城镇集体单位	其他单位
保险业	6359	2153		4205
其他金融活动	21			21
(十一)房地产业	16642	7101	492	9049
房地产开发经营	15559	6227	461	8871
物业管理	104	81		23
房地产中介服务	980	793	32	155
(十二)租赁和商务服务业	26384	17306	1068	8010
租赁业	4102	1205	80	2817
商务服务业	22283	16101	988	5193
(十三)科学研究、技术服务和地质勘查业	32542	29735	1438	1370
研究与试验发展	4593	4558	35	
专业技术服务业	16366	14423	1071	872
科技交流和推广服务业	6715	5885	332	498
地质勘查业	4870	4870		
(十四)水利、环境和公共设施管理业	30061	29092	128	841
水利管理业	12968	12751	32	185
环境管理业	10063	9364	44	656
公共设施管理业	7030	6977	53	
(十五)居民服务和其他服务业	3066	1500		1566
居民服务业	2612	1500		1111
其他服务业	455			455
(十六)教育	332600	281679	37087	13834
学前教育	4534	3303	21	1210
初等教育	141679	114850	20482	6346
中等教育	164224	144683	14260	5282
高等教育	11597	11585		13
其他教育	10566	7258	2325	984
(十七)卫生、社会保障和社会福利业	110141	97447	932	11761
卫生	107224	94815	866	11544
社会保障业	1679	1679		
社会福利业	1238	954	67	218
(十八)文化、体育和娱乐业	10776	10019	90	667
新闻出版业	1492	1476	10	6
广播、电视、电影和音像业	3005	2942	45	18
文化艺术业	4991	4780	35	176
体育	717	717		
娱乐业	571	105		467
(十九)公共管理和社会组织	174591	173388	458	745
中国共产党机关	8783	8744		39
国家机构	161625	161258	346	20
人民政协和民主党派	1058	1058		
群众团体、社会团体和宗教组织	3125	2328	112	686

4-10 各种分组的在岗职工平均工资

（2009 年） 单位:元

	合　计	国有单位	城镇集体单　位	其他单位
总　　计	**20834**	**24420**	**16721**	**16516**
按企业、事业、机关分				
企业	17760	22751	13178	16203
事业	25928	25903	27049	23949
机关	22117	22044	25488	18608
民间非营利组织	24229	33599	27649	17899
其他	28188	32245	20214	25097
按三次产业分				
第一产业	12515	14045	8965	11405
第二产业	18128	26536	13850	15630
＃工业	19463	28646	15370	16123
第三产业	22870	24151	18332	19467
按国民经济行业分				
(一)农、林、牧、渔业	12515	14045	8965	11405
农业	9436	9472		7222
林业	10935	10598	7831	17360
畜牧业	10373	10910	8778	10315
渔业	9861	9861		
农、林、牧、渔服务业	14486	17353	9009	15603
(二)采矿业	34381	35632	26475	24306
石油和天然气开采业	36701	36434	26475	46203
黑色金属矿采选业	10192			10192
有色金属矿采选业	17944	23333		17927
非金属矿采选业	19945	21951		14416
(三)制造业	16182	20294	14673	15779
农副食品加工业	14156	16935	11661	13438
食品制造业	12926		13000	12919
饮料制造业	15526	8689		16856
烟草制品业	33734	41777		19445
纺织业	13575	9630	15909	13760
纺织服装、鞋、帽制造业	15249		13733	15313
皮革、毛皮、羽毛(绒)及其制品业	14821			14821
木材加工及木、竹、藤、棕、草制	14531		12234	14983
家具制造业	12961		13603	12104
造纸及纸制品业	20245	17724	11488	20803
印刷业和记录媒介的复制	20235	10263	30528	9281
文教体育用品制造业	18356			18356
石油加工、炼焦及核燃料加工业	17160			17160
化学原料及化学制品制造业	19690	32689	11299	16040
医药制造业	17429			17429
橡胶制品业	11389			11389
塑料制品业	19826		13077	20393

4—10 续表 1　　　　　　　　(2009 年)　　　　　　　　单位:元

	合　计	国有单位	城镇集体单位	其他单位
非金属矿物制品业	14805	15697	14274	14706
黑色金属冶炼及压延加工业	12318			12318
有色金属冶炼及压延加工业	15509			15509
金属制品业	14327	16771	4800	13963
通用设备制造业	19493	15120	14243	20203
专用设备制造业	20633		11109	20980
交通运输设备制造业	16468	19850	11348	15386
电气机械及器材制造业	19818		15337	20238
通信设备、计算机及其他电子设备制造业	13904	14874		13655
仪器仪表及文化、办公用机械制造业	15439	12800		15517
工艺品及其他制造业	12713	6175	11175	13697
废弃资源和废旧材料回收加工业	12728		12353	13603
(四)电力、燃气及水的生产和供应业	23482	23529	20309	23774
电力、热力的生产和供应业	26687	25856	23125	35378
燃气生产和供应业	19834	12500		20665
水的生产和供应业	14700	13752	14300	16443
(五)建筑业	13964	14114	12693	14175
房屋和土木工程建筑业	14095	13715	12392	14540
建筑安装业	13151	21522	14932	12513
建筑装饰业	13551	17615	18189	12552
其他建筑业	13698	14704		12850
(六)交通运输、仓储和邮政业	14634	13671	15835	15456
道路运输业	14582	14067	15760	14846
城市公共交通业	13530	12187	15824	14636
水上运输业	7595	5967	11667	
航空运输业	40449			40449
装卸搬运和其他运输服务业	13246	17185	20882	10785
仓储业	13909	13716	16102	12454
邮政业	14148	14148		
(七)信息传输、计算机服务和软件业	19156	18162		20543
电信和其他信息传输服务业	18840	18162		20614
计算机服务业	20664			20664
软件业	20287			20287
(八)批发和零售业	13666	16447	11207	12947
批发业	14128	17043	10492	12864
零售业	13055	14667	12083	13002
(九)住宿和餐饮业	13057	12885	13168	13335
住宿业	13362	13125	13332	14220
餐饮业	11646	9972	12331	12079
(十)金融业	27939	36645	18728	29885
银行业	28765	37614	18728	33584
保险业	24131	32431		21335

4—10 续表 2　　(2009 年)　　单位:元

	合计	国有单位	城镇集体单位	其他单位
其他金融活动	22778			22778
(十一)房地产业	25280	25635	17833	25584
房地产开发经营	25628	26218	17447	25848
物业管理	20314	23029		14375
房地产中介服务	21256	22039	26333	17404
(十二)租赁和商务服务业	19172	18974	16084	20141
租赁业	18687	15956	40000	19838
商务服务业	19264	19246	15342	20310
(十三)科学研究、技术服务和地质勘查业	25795	26377	24043	18389
研究与试验发展	23032	22974	34500	
专业技术服务业	26147	27054	25267	17296
科技交流和推广服务业	23194	23633	20244	20676
地质勘查业	33171	33171		
(十四)水利、环境和公共设施管理业	23581	23842	15659	18116
水利管理业	21931	21947	28636	20109
环境管理业	24005	24654	20000	17624
公共设施管理业	26599	26897	10796	
(十五)居民服务和其他服务业	17683	16855		18556
居民服务业	18694	16855		21921
其他服务业	13493			13493
(十六)教育	27894	28094	27770	24624
学前教育	21378	23328	14000	17536
初等教育	27256	27126	26873	31432
中等教育	28749	28891	30712	21988
高等教育	37254	37274		25200
其他教育	21577	21861	21623	19594
(十七)卫生、社会保障和社会福利业	29711	29657	17896	31856
卫生	30080	30005	18417	32280
社会保障业	21361	21361		
社会福利业	19380	20206	13098	18784
(十八)文化、体育和娱乐业	19483	20244	5788	15653
新闻出版业	23169	23919	6059	6000
广播、电视、电影和音像业	17290	17961	5625	9000
文化艺术业	20615	21028	5932	19809
体育	19368	19368		
娱乐业	15953	20510		15195
(十九)公共管理和社会组织	21233	21231	24356	20024
中国共产党机关	23015	23035		19300
国家机构	21158	21150	26242	14571
人民政协和民主党派	22517	22517		
群众团体、社会团体和宗教组织	20162	20136	19911	20293

4—11 各县（市、区）分行业

（2009

	合计	农林牧渔业	采掘业	制造业	电力燃气及水的生产和供应业	建筑业	交通运输仓储和邮政业	信息传输计算机服务和软件业	批发和零售业
全市	**677901**	**10940**	**31333**	**159807**	**15224**	**65060**	**21110**	**6212**	**52547**
宛城区	36421	2200	460	5530	440	5650	438	5	3771
卧龙区	31534	76		2172	330	7100	133		2359
南召县	23525	833	6	2556	539	2356	98		1807
方城县	31501	654	52	2360	1142	1215	1607	12	1995
西峡县	30710	546	117	14617	488	43	791	93	1352
镇平县	41965	1285	181	8717	676	2656	1133	225	5031
内乡县	33013	450	261	8821	657	1520	1347		3011
淅川县	39312	712		13054	1171	3289	486	41	1779
社旗县	24622	1078		2470	672	4746	41	88	1908
唐河县	35874	73		1891	681	2749	424		4656
新野县	44333	1056		17129	715	2610	797	60	5047
桐柏县	21986	586	1655	2611	452	1611	928	85	815
邓州市	59173	1134		11766	1456	3560	2029		9163
市直	180054	257	1584	51305	5805	23902	10858	5603	9853
军工油田	43878		27017	14808		2053			

4—12 各县（市、区）分行业

（2009

	合计	农林牧渔业	采掘业	制造业	电力燃气及水的生产和供应业	建筑业	交通运输仓储和邮政业	信息传输计算机服务和软件业	批发和零售业
全市	**1410318**	**13679**	**107836**	**258208**	**35608**	**90384**	**30913**	**11911**	**71971**
宛城区	65905	1950	800	6950	890	6430	1090	7	4281
卧龙区	56707	61		2781	584	6207	132		2635
南召县	42415	1268	14	2748	905	2706	146		2731
方城县	59885	705	53	2284	2152	1605	1688	21	3037
西峡县	67332	663	131	23913	1147	74	1440	174	1464
镇平县	89060	2332	274	10846	1993	3872	2106	352	6195
内乡县	65423	700	210	11539	1313	2168	1422		3962
淅川县	86716	705		12788	3043	3560	451	69	2619
社旗县	43371	739		2431	1307	5677	42	114	1937
唐河县	65256	65		1634	1605	2516	204		5603
新野县	73433	1332		23486	1401	3360	933	95	6488
桐柏县	38010	439	3244	4403	1501	2235	1182	93	627
邓州市	125394	2260		22898	3000	6865	3682		15958
市直	401594	459	3716	103002	14765	39191	16396	10987	14435
军工油田	129817		99394	26505		3918			

在 岗 职 工 人 数

年 底）

单位:人

住宿和餐饮业	金融业	房地产业	租赁和商务服务业	科学研究技术服务和地质勘查业	水利环境和公共设施管理业	居民服务和其他服务业	教育	卫生社会保障和社会福利业	文化、体育和娱乐业	公共管理和社会组织
8823	**14805**	**6630**	**13871**	**12614**	**12708**	**1735**	**119312**	**37219**	**5522**	**82429**
620	627	780	220	180	70	100	7870	3030	185	4245
626	535	70	255	181	333	236	9171	2745	274	4938
168	320	72	102	767	596	15	7012	1552	92	4634
381	675	351	162	371	230	81	9545	2820	380	7468
288	390	183	135	259	365	12	5028	1284	88	4631
411	386	328	297	485	613	133	9476	2780	283	6869
456	337	199	393	497	464	46	7119	1761	337	5337
504	353	197	576	568	627	96	8709	2095	234	4821
53	510	112	310	276	199	15	5369	1624	215	4936
234	847	230	670	677	902	46	10263	2732	198	8601
510	621	27	303	507	299	321	7615	2280	63	4373
	273	65	229	512	570		5077	1460	223	4834
734	521	637	265	1577	1350	32	14290	3195	628	6836
3838	8410	3379	9954	5757	6090	602	12768	7861	2322	9906

在 岗 职 工 工 资 总 额

年）

单位:万元

住宿和餐饮业	金融业	房地产业	租赁和商务服务业	科学研究技术服务和地质勘查业	水利环境和公共设施管理业	居民服务和其他服务业	教育	卫生社会保障和社会福利业	文化、体育和娱乐业	公共管理和社会组织
11533	**41470**	**16642**	**26384**	**32542**	**30061**	**3066**	**332600**	**110141**	**10776**	**174591**
720	1293	2917	330	710	170	170	21180	7190	420	8407
1048	1284	239	428	461	741	339	21043	8347	506	9871
243	494	220	164	1302	1043	45	17038	2981	129	8238
298	850	824	220	700	451	66	26655	6249	363	11663
303	1013	666	201	914	1095	20	18229	4640	179	11069
675	960	886	538	1720	1736	239	31397	8108	549	14283
465	325	282	559	1022	988	40	20617	8297	535	10980
667	489	304	704	1372	1153	130	34805	8776	388	14693
48	1050	234	406	580	392	19	13059	6020	305	9011
183	1989	278	626	919	1140	58	25730	7477	228	15000
540	1192	71	456	982	454	417	18199	4765	121	9142
	470	100	307	973	842		10469	3070	260	7795
1162	1212	1996	559	4722	3564	62	31694	8224	1243	16291
5180	28849	7628	20887	16167	16291	1462	42487	25997	5549	28146

4—13 各县（市、区）分行业

（2009

	合计	农林牧渔业	采掘业	制造业	电力燃气及水的生产和供应业	建筑业	交通运输仓储和邮政业	信息传输计算机服务和软件业	批发和零售业
全市	**20834**	**12515**	**34381**	**16182**	**23482**	**13964**	**14634**	**19156**	**13666**
宛城区	18095	8864	17391	12568	20227	11381	24886	14000	11352
卧龙区	18067	8026		12803	17697	8953	9925		11171
南召县	18027	15223	23333	10752	16798	11486	14898		15113
方城县	19017	10781	10192	9679	18842	13209	10502	17083	14999
西峡县	22128	11989	11154	16780	23502	17233	18207	18688	10817
镇平县	21196	18146	15133	12443	29478	14576	18586	15662	12314
内乡县	19818	15562	8054	13093	19991	14252	10556		13150
淅川县	21962	10105		9713	25989	10823	9475	16756	13705
社旗县	17664	6854		9843	19452	12241	10195	12909	10151
唐河县	18301	8904		8643	23924	9154	4818		12057
新野县	16544	12604		13683	19594	12872	11704	15833	12854
桐柏县	17309	7545	19474	16836	32146	13807	12834	10152	7741
邓州市	21244	19929		19506	21011	19284	18149		17489
市直	22338	17872	23460	20038	25598	16440	15056	19613	14646
军工油田	29637		36761	18012		19113			

4—14 各县（市、区）国有分行

（2009

	合计	农林牧渔业	采掘业	制造业	电力燃气及水的生产和供应业	建筑业	交通运输仓储和邮政业	信息传输计算机服务和软件业	批发和零售业
全市	**368628**	**6453**	**27854**	**16167**	**11523**	**9442**	**10126**	**3615**	**18706**
宛城区	14265		200	350	120	1150	200	5	1360
卧龙区	20757			1078	330	695	35		550
南召县	17196	833	6		539		98		787
方城县	18073	511			987	463	1481	12	1008
西峡县	14308	546			488	13	641	93	519
镇平县	21324	886			676	223	623	225	2330
内乡县	18810	432		212	497	413	343		999
淅川县	21322	712		446	1084	1145	453	41	919
社旗县	15433	308		1128	672			88	1117
唐河县	26980	55		1111	681		424		1432
新野县	18126	561		130	692	440	372		385
桐柏县	14338	586			302		797	85	131
邓州市	41159	829		2227	1456	1492	1393		4892
市直	80227	194	1338	9485	2999	3408	3266	3066	2277
军工油田	26310		26310						

在 岗 职 工 平 均 工 资

年）

单位:元

住宿和餐饮业	金融业	房地产业	租赁和商务服务业	科学研究技术服务和地质勘查业	水利环境和公共设施管理业	居民服务和其他服务业	教育	卫生社会保障和社会福利业	文化、体育和娱乐业	公共管理和社会组织
13057	**27939**	**25280**	**19172**	**25795**	**23581**	**17683**	**27894**	**29711**	**19483**	**21233**
11613	20622	37397	15000	39444	24286	17000	26912	23729	22703	19804
16744	24007	34129	16780	25453	22325	14231	22898	30409	18482	19986
14452	15438	30597	16108	16881	17502	30000	24301	19210	13978	17773
7936	12593	23462	13599	18863	19626	8148	27993	22161	9563	15645
10524	25969	35989	14852	35976	27997	16333	35990	35970	20341	23846
16421	24865	27003	18114	35462	28325	17932	33116	29165	19406	20650
10193	9629	14146	14214	20557	21287	8696	28948	47114	15887	20574
13236	13839	19369	12320	24162	18386	13542	39973	41892	16577	30477
9000	20594	20848	13106	21014	19704	12933	24323	36175	14200	18256
7838	23479	12083	9340	13581	12642	12630	25017	27389	11495	17891
10584	19200	26333	15043	19373	15197	12997	23895	20761	19206	20901
	17947	15308	13384	19004	14765		20636	21319	11317	16216
15835	23263	31328	21106	29940	26442	19313	22245	25773	19795	23853
13445	34105	22634	21205	28067	26676	24406	33515	33859	23875	28419

业 在 岗 职 工 人 数

年底）

单位:人

住宿和餐饮业	金融业	房地产业	租赁和商务服务业	科学研究技术服务和地质勘查业	水利环境和公共设施管理业	居民服务和其他服务业	教育	卫生社会保障和社会福利业	文化、体育和娱乐业	公共管理和社会组织
4749	**3511**	**2780**	**9230**	**11271**	**12162**	**888**	**100332**	**33009**	**4940**	**81870**
200			60	130	60	10	4930	1340	65	4085
356			230	181	308	224	8967	2611	274	4918
154		41	82	767	584	15	7012	1552	92	4634
135		297	127	177	200	81	2545	2540	205	7304
115		112	114	259	365	12	5028	1284	88	4631
277		196	220	420	602	133	4971	2390	283	6869
341		98	331	497	464	46	6795	1701	337	5304
334		62	576	531	478	38	7629	1819	234	4821
53			310	259	199		4556	1592	215	4936
81		188	670	482	853	46	9496	2732	198	8531
277			273	464	299	62	7477	2269	63	4362
		6	168	512	570		4812	1432	203	4734
429		537	178	1577	1350	32	14268	3055	608	6836
1997	3511	1243	5891	5015	5830	189	11846	6692	2075	9905

4-15 各县（市、区）国有分行

（2009

	合计	农林牧渔业	采掘业	制造业	电力燃气及水的生产和供应业	建筑业	交通运输仓储和邮政业	信息传输计算机服务和软件业	批发和零售业
全市	**899229**	**9049**	**99349**	**32803**	**26960**	**13338**	**13826**	**6576**	**30947**
宛城区	29751		400	450	150	1190	420	7	1040
卧龙区	44840			1293	584	814	38		941
南召县	35129	1268	14		905		146		1600
方城县	33672	561			1986	576	1533	21	2211
西峡县	40688	663			1147	21	1237	174	573
镇平县	53749	1741			1993	537	1277	352	2953
内乡县	47667	685		213	1210	823	298		1754
淅川县	63994	705		406	2886	1113	415	69	1697
社旗县	31596	190		980	1307			114	1197
唐河县	54903	52		906	1605		204		3106
新野县	38184	734		170	1371	547	448		895
桐柏县	25892	439			1287		904	93	219
邓州市	91123	1659		3916	3000	2953	2559		8993
市直	212081	352	2976	24469	7529	4765	4346	5747	3768
军工油田	95959		95959						

4-16 各县（市、区）国有分行

（2009

	合计	农林牧渔业	采掘业	制造业	电力燃气及水的生产和供应业	建筑业	交通运输仓储和邮政业	信息传输计算机服务和软件业	批发和零售业
全市	**24420**	**14045**	**35632**	**20294**	**23529**	**14114**	**13671**	**18162**	**16447**
宛城区	20856		20000	12857	12500	10348	21000	14000	7647
卧龙区	21582			11998	17697	11711	10800		17115
南召县	18027	15223	23333		16798		14898		20325
方城县	18626	10982			20120	12432	10352	17083	21304
西峡县	28275	11989			23502	16231	19301	18688	11044
镇平县	25144	19644			29478	24058	20501	15662	12676
内乡县	25335	15845		10024	24354	19932	8685		17520
淅川县	29906	10105		9105	26619	9717	9366	16756	16378
社旗县	20420	6179		8689	19452			12909	10720
唐河县	20520	9455		8156	23924		4818		21826
新野县	21045	13064		13077	19812	12420	12051		23255
桐柏县	18095	7545			40590		11383	10152	16733
邓州市	22200	20007		17582	21011	19794	18373		18499
市直	26556	18160	22242	25806	25460	13949	13306	18750	16539
军工油田	36434		36434						

业在岗职工工资总额

年）　　单位:万元

住宿和餐饮业	金融业	房地产业	租赁和商务服务业	科学研究技术服务和地质勘查业	水利环境和公共设施管理业	居民服务和其他服务业	教育	卫生社会保障和社会福利业	文化、体育和娱乐业	公共管理和社会组织
6105	**13009**	**7101**	**17306**	**29735**	**29092**	**1500**	**281679**	**97447**	**10019**	**173388**
200			50	500	140	30	15480	1860	140	7694
580			374	461	676	317	20539	7899	506	9818
231		65	139	1302	1029	45	17038	2981	129	8238
141		751	196	318	398	66	7182	5920	250	11563
148		409	171	914	1095	20	18229	4640	179	11069
459		558	405	1567	1705	239	17748	7383	549	14283
334		162	467	1022	988	40	20120	8095	535	10922
402		108	704	1283	791	51	30763	7523	388	14693
48			406	556	392		11142	5947	305	9011
58		248	626	675	1087	58	23705	7477	228	14867
298			411	900	454	92	17881	4743	121	9120
		11	213	973	842		9984	3013	242	7673
634		1661	369	4722	3564	62	31646	7890	1204	16291
2574	13009	3129	12776	14544	15931	481	40223	22077	5242	28145

业在岗职工平均工资

年）　　单位:元

住宿和餐饮业	金融业	房地产业	租赁和商务服务业	科学研究技术服务和地质勘查业	水利环境和公共设施管理业	居民服务和其他服务业	教育	卫生社会保障和社会福利业	文化、体育和娱乐业	公共管理和社会组织
12885	**36645**	**25635**	**18974**	**26377**	**23842**	**16855**	**28094**	**29657**	**20244**	**21231**
10000			8333	38462	23333	30000	31400	13881	21538	18835
16289			16257	25453	22010	14031	22856	30253	18482	19964
15000		15854	16939	16881	17622	30000	24301	19210	13978	17773
10430		25286	15433	17983	19920	8148	28352	23307	12200	15859
12870		36473	14974	35976	27997	16333	35990	35970	20341	23846
16581		28480	18427	37305	28319	17932	35674	30890	19406	20650
9780		16531	14115	20557	21287	8696	29597	47588	15887	20593
12021		20712	12320	24158	16544	13421	40334	41356	16577	30477
9000			13106	21471	19704		24456	36438	14200	18256
7198		13170	9340	14006	12748	12630	24926	27389	11495	17882
10747			15048	19386	15197	14806	23911	20767	19206	20902
		18167	12655	19004	14765		20765	21339	11538	16300
14767		30931	20742	29940	26442	19313	22245	25861	19799	23853
12959	36645	25172	22077	28983	27246	25460	34203	33933	25239	28421

4-17 各县(市、区)城镇集体单

（2009

	合计	农林牧渔业	采掘业	制造业	电力燃气及水的生产和供应业	建筑业	交通运输仓储和邮政业	信息传输计算机服务和软件业	批发和零售业
全市	**59598**	**1998**	**99**	**7662**	**470**	**9011**	**1785**		**16069**
宛城区	5276	1000		1610	320		238		161
卧龙区	4481	76		116		3040	98		911
南召县	2039			52		743			878
方城县	8977	39		439		272	126		312
西峡县	793			84					246
镇平县	9334			1942			460		1972
内乡县	1799	18		186			94		948
淅川县	1473			331		190	33		455
社旗县	3653	770				1490			474
唐河县	4502					420			3043
新野县	3093			50		350	225		1807
桐柏县	800				150				544
邓州市	6826	95		2075		362	461		3140
市直	6085		99	777		1677	50		1178
军工油田	467					467			

4-18 各县(市、区)城镇集体单位

（2009

	合计	农林牧渔业	采掘业	制造业	电力燃气及水的生产和供应业	建筑业	交通运输仓储和邮政业	信息传输计算机服务和软件业	批发和零售业
全市	**99658**	**1791**	**262**	**11435**	**955**	**11229**	**2827**		**18027**
宛城区	8047	900		2030	740		670		231
卧龙区	3943	61		55		2603	94		663
南召县	2520			43		1002			930
方城县	21233	46		539		372	155		219
西峡县	1452			97					268
镇平县	19843			2202			759		2263
内乡县	2008	16		202			83		1132
淅川县	2084			557		179	36		483
社旗县	4757	549				1728			446
唐河县	5095					393			2366
新野县	4212			66		453	243		2178
桐柏县	728				215				305
邓州市	12227	220		3875		849	730		5004
市直	10714		262	1769		2855	58		1541
军工油田	795					795			

位分行业在岗职工人数

年）

单位:人

住宿和餐饮业	金融业	房地产业	租赁和商务服务业	科学研究技术服务和地质勘查业	水利环境和公共设施管理业	居民服务和其他服务业	教育	卫生社会保障和社会福利业	文化、体育和娱乐业	公共管理和社会组织
1919	**4740**	**276**	**664**	**598**	**82**		**13361**	**521**	**156**	**187**
150	627		30	20	10		860	170		80
198							28			14
14	320		20		12					
88	675			194			6525	139	156	12
52	390		21							
134	386		14	10	11		4298	107		
115	337	101								
32	353							79		
	510						406	3		
153					49		767			70
	621	12	17							11
							83	23		
85	521		87							
898		163	475	374			394			

分行业在岗职工工资总额

年）

单位:万元

住宿和餐饮业	金融业	房地产业	租赁和商务服务业	科学研究技术服务和地质勘查业	水利环境和公共设施管理业	居民服务和其他服务业	教育	卫生社会保障和社会福利业	文化、体育和娱乐业	公共管理和社会组织
2561	**8877**	**492**	**1068**	**1438**	**128**		**37087**	**932**	**90**	**458**
220	1293		90	110	30		1260	230		243
365							61			42
12	494		25		14					
35	850			382			18444	85	90	18
45	1013		30							
216	960		20	35	32		13084	275		
131	325	120								
50	489							290		
	1050						981	3		
125					53		2025			133
	1192	32	26							23
							159	50		
148	1212		190							
1215		341	687	912			1075			

4—19 各县(市、区)城镇集体单位

(2009

	合计	农林牧渔业	采掘业	制造业	电力燃气及水的生产和供应业	建筑业	交通运输仓储和邮政业	信息传输计算机服务和软件业	批发和零售业
全　　市	**16721**	**8965**	**26475**	**14673**	**20309**	**12693**	**15835**		**11207**
宛城区	15252	9000		12609	23125		28151		14348
卧龙区	9132	8026		4767		9049	9612		7281
南召县	12361			8269		13491			10590
方城县	23681	11667		12273		13669	12262		7010
西峡县	18309			11488					10874
镇平县	21257			11340			16491		11474
内乡县	11161	8778		10866			8777		11943
淅川县	12919			12221		9421	10939		10274
社旗县	13021	7125				11599			9414
唐河县	11296					9360			7775
新野县	13617			13200		12929	10800		12052
桐柏县	9101				14300				5597
邓州市	17913	23200		18673		23453	15824		15935
市　　直	17524		26475	22590		17027	11640		13070
军工油田	17030					17030			

分行业在岗职工平均工资

年）

单位:元

住宿和餐饮业	金融业	房地产业	租赁和商务服务业	科学研究技术服务和地质勘查业	水利环境和公共设施管理业	居民服务和其他服务业	教育	卫生社会保障和社会福利业	文化、体育和娱乐业	公共管理和社会组织
13168	**18728**	**17833**	**16084**	**24043**	**15659**		**27770**	**17896**	**5788**	**24356**
14667	20622		30000	55000	30000		14651	13529		30375
18414							21643			27800
8429	15438		12700		11667					
4000	12593			19665			28314	6094	5788	15000
8712	25969		14190							
16090	24865		14143	34500	28636		30434	25692		
11417	9629	11832								
15563	13839							36747		
	20594						24153	9333		
8176					10796		26126			18957
	19200	26333	15235							20455
							19205	21609		
17400	23263		21851							
13144		20926	14463	24380			27551			

4—20 各县(市、区)按登记注册类型分组的在岗职工

(2009 年)

单位:人

	在岗职工	国有经济	集体经济	股份合作经济	联营经济	港澳台经济	外商经济	其它
全市	**677901**	**368628**	**59598**	**15370**	**1133**	**7869**	**6866**	**218437**
宛城区	36421	14265	5276	1010	40	200	200	15430
卧龙区	31534	20757	4481	937		85	226	5048
南召县	23525	17196	2039				191	4099
方城县	31501	18073	8977	488	8	119		3836
西峡县	30710	14308	793				117	15492
镇平县	41965	21324	9334	252	729			10326
内乡县	33013	18810	1799		198	470		11736
淅川县	39312	21322	1473	136	58	1386		14937
社旗县	24622	15433	3653			615		4921
唐河县	35874	26980	4502	847		620		2925
新野县	44333	18126	3093	1074				22040
桐柏县	21986	14338	800	273	37	592	516	5430
邓州市	59173	41159	6826	375		293	385	10135
市直	180054	80227	6085	9978	63	3489	5231	74981
军工油田	43878	26310	467					17101

4-21 离开本单位仍保留劳动关系的职工

（2009年底）　　单位：人

	合　计	国有单位	城镇集体单位	其他单位
总　计	**16381**	**6873**	**2365**	**7143**
按企业、事业、机关分				
企业	14619	5186	2344	7089
事业	690	680	4	6
机关	986	986		
民间非营利组织				
其他	86	21	17	48
按国民经济行业分				
农、林、牧、渔业	103	37	66	
工业	6822	2121	776	3925
采掘业	991	462		529
制造业	4811	1481	776	2554
电力、燃气及水的生产和供应业	1020	178		842
建筑业	500	205	24	271
交通运输、仓储和邮政业	632	268	19	345
信息传输、计算机服务和软件业	65	65		
批发和零售业	4762	2332	1145	1285
住宿和餐饮业	601	126		475
金融业	1121	45	326	750
房地产业	13	10		3
租赁和商务服务业				
科学研究、技术服务和地质勘查业	134	134		
水利、环境和公共设施管理业	65	65		
居民服务和其他服务业	1	1		
教育	129	118	5	6
卫生、社会保障和社会福利业	223	188	2	33
文化、体育和娱乐业	57	5	2	50
公共管理和社会组织	1153	1153		
按三次产业分				
第一产业	103	37	66	
第二产业	7322	2326	800	4196
第三产业	8956	4510	1499	2947

4-22 离开本单位仍保留劳动关系的职工生活费

(2009 年) 单位:万元

	合计	国有单位	城镇集体单位	其他单位
总计	**11717**	**6603**	**702**	**4413**
按企业、事业、机关分				
企业	10290	5251	690	4349
事业	472	467	1	4
机关	879	879		
民间非营利组织				
其他	77	6	11	60
按国民经济行业分				
农、林、牧、渔业	37	16	21	
工业	6265	3645	191	2429
采掘业	1280	1157		123
制造业	4012	2378	191	1443
电力、燃气及水的生产和供应业	972	109		863
建筑业	422	184	24	215
交通运输、仓储和邮政业	374	106	11	258
信息传输、计算机服务和软件业	90	90		
批发和零售业	1937	1071	439	427
住宿和餐饮业	68	47		21
金融业	1107	88	12	1007
房地产业	18	15		3
租赁和商务服务业				
科学研究、技术服务和地质勘查业	64	64		
水利、环境和公共设施管理业	8	8		
居民服务和其他服务业	2	2		
教育	180	173	3	4
卫生、社会保障和社会福利业	152	101	1	50
文化、体育和娱乐业				
公共管理和社会组织	995	995		
按三次产业分				
第一产业	37	16	21	
第二产业	6687	3829	215	2643
第三产业	4994	2758	466	1769

4—23 各县(市、区)离开本单位仍保留劳动关系的职工

(2009 年底)　　　　单位:人

	合　计	按登记注册类型分						按三次产业分		
		国有单位	城镇集体单位	其他单位	内　资	港澳台投资	外商投资	第一产业	第二产业	第三产业
全　　市	**16381**	**6873**	**2365**	**7143**	**6561**	**151**	**431**	**103**	**7322**	**8956**
宛城区										
卧龙区	1911	374	901	636	636				772	1139
南召县										
方城县	856	689	99	68	68				114	742
西峡县	222	86		136	136				62	160
镇平县	561	305	256					35	80	446
内乡县	413	144	261	8	8				8	405
淅川县	1929	1148	318	463	463				292	1637
社旗县	183	83	100					66	25	92
唐河县	535	535								535
新野县	2064	287	230	1547	1547				1003	1061
桐柏县	1199	458		741	212	98	431		675	524
邓州市	287	223	38	26	26			2	113	172
市　　直	5576	2079	162	3335	3282	53			3533	2043
军工油田	645	462		183	183				645	

主要统计指标解释

经济活动人口　指在16岁以上，有劳动能力，参加或要求参加社会经济活动的人口；包括从业人员和失业人员。

从业人员　指从事一定社会劳动并取得劳动报酬或经营收入的人员，包括全部职工、再就业的离退休人员、私营业主、个体户主、私营和个体从业人员、乡镇企业从业人员、农村从业人员、其他从业人员（包括民办教师、宗教职业者、现役军人等）。这一指标反映了一定时期内全部劳动力资源的实际利用情况，是研究我国基本国情国力的重要指标。

各单位的从业人员　指在各级国家机关、政党机关、社会团体及企业、事业单位中工作，取得工资或其他形式的劳动报酬的全部人员。包括在岗职工、再就业的离退休人员、民办教师以及在各单位中工作的外方人员和港澳台方人员、兼职人员、借用的外单位人员和第二职业者。不包括离开本单位仍保留劳动关系的职工。各单位的从业人员反映了各单位实际参加生产或工作的全部劳动力。

城镇私营和个体从业人员　城镇私营从业人员指在工商管理部门注册登记，其经营地址设在县城关镇（含城关镇）以上的私营企业从业人员；包括私营企业投资者和雇工。城镇个体从业人员指在工商管理部门注册登记，并持有城镇户口或在城镇长期居住，经批准从事个体工商经营的从业人员；包括个体经营者和在个体工商户劳动的家庭帮工和雇工。

城镇登记失业人员　指有非农业户口，在一定的劳动年龄内，有劳动能力，无业而要求就业，并在当地就业服务机构进行求职登记的人员。

城镇登记失业率　指城镇登记失业人数同城镇从业人数与城镇登记失业人数之和的比。计算公式为：

城镇登记失业率＝城镇登记失业人数/（城镇从业人数＋城镇登记失业人数）×100％

职工　指在国有经济、城镇集体经济、联营经济、股份制经济、外商和港、澳、台投资经济、其他经济单位及其附属机构工作，并由其支付工资的各类人员，不包括返聘的离退休人员、民办教师、在国有经济单位工作的外方人员和港、澳、台人员（1998年以后的数据均为在岗职工数据，其他相关指标如职工工资总额，职工平均工资等指标也从1998年按此口径进行了相应调整）。

国有单位职工　指在国有经济单位及其附属机构工作，并由其支付工资的各类人员。

城镇集体单位职工　指在城镇集体经济单位及其管理部门工作，并由其支付工资的各类人员。

其他单位职工　指在联营经济、股份制经济、外商投资经济、港、澳、台投资经济单位工作，并由其支付工资的各类人员。

在岗职工　指在本单位工作并由单位支付工资的人员，以及有工作岗位，但由于学习、病伤产假等原因暂未工作，仍由单位支付工资的人员。

职工工资总额　指各单位在一定时期内直接支付给本单位全部职工的劳动报酬总额。工资总额的计算原则应以直接支付给职工的全部劳动报酬为根据。各单位支付给职工的劳动报酬以及其他根据有关规定支付的工资，不论是计入成本的还是不计入成本的，不论是按国家规定列入计征奖金税项目的，还是未列入计征奖金税项目的，不论是以货币形式支付的还是以实物形式支付的，均包括在工资总额内。

奖金　指支付给职工的超额劳动报酬和增收节支的劳动报酬。

津贴和补贴　指为了补偿职工特殊或额外的劳动消耗和因其他特殊原因支付给职工的津贴，以及为了保证职工工资水平不受物价影响支付给职工的物价补贴。

职工平均工资　指企业、事业、机关单位的职工在一定时期内平均每人所得的货币工资额。它表明一定时期职工工资收入的高低程度，是反映职工工资水平的主要指标。计算公式为：职工平均工资＝报告期实际支付的全部职工工资总额/报告期全部职工平均人数

职工平均工资指数　指报告期职工平均工资与基期职工平均工资的比率，是反映不同时期职工货币工资水平变动情况的相对数。计算公式为：

职工平均工资指数＝报告期职工平均工资/基期职工平均工资

职工平均实际工资指数　职工平均实际工资指扣除物价变动因素后的职工平均工资。

职工平均实际工资　指数是反映实际工资变动情况的相对数，表明职工实际工资水平提高或降低的程度。计算公式为：

职工平均实际工资指数＝报告期职工平均工资指数/报告期城镇居民消费价格指数×100％。

5

固定资产投资

资料整理：陈喜祥　张书范　许珂　杜英

5-1 历年全社会固定资产投资总额

单位:万元

	全社会固定资产投资额	#城镇投资	农村投资
1978	28827	28827	
1979	31411	31411	
1980	15126	15126	
"六五"时期	257070	160511	96559
1981	34435	18571	15864
1982	44949	33822	11127
1983	42984	20732	22252
1984	64522	46021	18501
1985	70180	41365	28815
"七五"时期	598395	339059	259336
1986	73288	37331	35957
1987	101462	56189	45273
1988	133663	84683	48980
1989	136295	83200	53095
1990	153687	77656	76031
"八五"时期	2110359	1417192	693167
1991	175593	98435	77158
1992	286796	192685	94111
1993	415466	282231	133235
1994	481708	314480	167228
1995	750796	529361	221435
"九五"时期	5359066	3485968	1873098
1996	921418	644312	277106
1997	1157083	808175	348908
1998	1124221	753409	370812
1999	980122	572722	407400
2000	1176222	707350	468872
"十五"时期	11583835	8261419	3322416
2001	1437977	928737	509240
2002	1623120	1079820	543300
2003	2078108	1468525	609583
2004	2671708	1930517	741191
2005	3772922	2853820	919102
"十一五"时期	32630732	25945134	6685598
2006	5144331	4022191	1122140
2007	6996308	5542295	1454013
2008	8958338	7085454	1872884
2009	11531755	9295194	2236561

5-2 各种分组的全社会固定资产投资

	1978	1980	1985	1990	1995	2000	2005	2008	2009
投资总额(万元)	**28827**	**15126**	**70180**	**153687**	**750796**	**1176222**	**3772922**	**8958338**	**11531755**
按登记注册类型分									
国有经济	28648	14955	35357	68347	297855	566697	1383714	2993128	2831425
集体经济	179	171	4639	18704	111329	240495	514596	809216	1362206
#农村			3210	14040	88345	229024	408183	335019	538467
城乡个人			30184	66636	172297	279007	510919	848226	1240066
#农村			25605	61991	133090	239848	510919	736487	857271
联营经济					80	472	2460	3346	1130
股份制经济					19230	38772	875752	1688681	2188482
外商投资经济					3681	2996	39232	66452	34748
港澳台投资经济						2537	24697	56856	95311
私营经济						2447	353966	2258612	3423189
其他经济					146324	42799	67586	233821	355198
按管理渠道分									
城镇投资	28827	15126	41365	77656	529361	707350	2853820	7085454	9295194
房地产开发				1293	7610	50421	165361	425226	561243
农村投资			28815	76031	221435	468872	919102	1872884	2236561
农村非农户			3210	14040	88345	229024	408183	1136397	1379290
农村农户			25605	61991	133090	239848	510919	736487	857271
按隶属关系分									
中央	23750	7468	18373	44341	156433	200498	265396	624908	611526
地方	5077	7658	51807	109346	594363	975724	3507526	8333430	10920229
按资金来源分									
上年末结余资金					3860	33684	73750	115083	184517
国家预算内资金	26672	4172	3765	5563	5898	57139	84989	196566	443769
国内贷款		1725	4260	19395	135117	157571	619195	571685	572989
债券					912	3277			
利用外资		1700		5426	115415	10426	30405	31655	40680
自筹资金		5873	56097	122347	394069	268013	1756876	6756737	8634731
其他资金	2155	1656	6058	956	95525	646112	90667	1401695	1847525
按构成分									
建筑安装工程	20231	9236	38099	69361	426556	984630	2965765	6560734	8399124
设备工器具购置	1182	5861	15911	27799	279402	138258	471489	1981447	2460833
其他费用	7414	29	16170	56527	44838	53334	335668	416157	671798
房屋建筑面积(万平方米)									
施工面积	53.23	50.58	148.65	196.29	197.48	305.98	757.22	1217.51	2916.51
#住宅	16.14	19.99	93.38	103.23	56.17	188.81	324.43	529.10	747.23
竣工面积	26.77	39.78	123.23	172.63	129.75	161.10	305.68	328.57	489.70
#住宅	8.37	17.04	76.08	97.46	41.22	100.02	129.04	87.48	147.27

5-3 按登记注册类型分的全社会固定资产投资

(2009 年)　　单位:万元

	合　计	国有经济	集体经济		个人投资	
				农　村		农村个人
投资总额	**11531755**	**2831425**	**1362206**	**538467**	**1240066**	**857271**
按隶属关系分						
中央	611526	542876	660			
地方	10920229	2288549	1361546	538467	1240066	857271
按资金来源分						
上年末结余资金	184517	19930	1306	1100		
国家预算内资金	443769	344356	66555	20588		
国内贷款	572989	376039	25743	1000	4555	
利用外资						
债券	40680	10140	10050			
自筹资金	8634731	1928237	1242421	515982	227147	
其他资金	1847525	173722	17474	897	1008364	857271
按构成分						
建筑工程	7967410	2166384	1099732	476015	1199584	857271
安装工程	431714	83117	39094	12364	6409	
设备、工具、器具购置	2460833	438640	158868	27923	17041	
其他费用	671798	143284	64512	22165	17032	

5-3 续表　　(2009 年)　　单位:万元

	联营经济	股份制经济	港澳台投资	外商投资	私营经济	其他经济
投资总额	**1130**	**2188482**	**95311**	**34748**	**3423189**	**355198**
按隶属关系分						
中央		67990				
地方	1130	2120492	95311	34748	3423189	355198
按资金来源分						
上年末结余资金		119992	950	740	39579	2020
国家预算内资金		5060		400	2040	25358
国内贷款		99415	11000		55437	800
利用外资						
债券		600	4590	3800	10500	1000
自筹资金	1130	1783987	60256	27278	3086199	278076
其他资金		284775	25135	3530	283661	50864
按构成分						
建筑工程	340	1149646	31542	11242	2066790	242150
安装工程	530	104787	1290	2380	163597	30510
设备、工具、器具购置	120	765633	56845	18761	961428	43497
其他费用	140	168416	5634	2365	231374	39041

5-4 重点年份各县(市、区)全社会固定资产投资

单位:万元

	1978	1980	1985	1990	1995	2000	2005	2008	2009
全　　市	**28827**	**15126**	**70180**	**153687**	**750796**	**1176222**	**3772922**	**8958338**	**11531755**
宛 城 区	80	750	1791	1283	19192	52143	147080	429293	594903
卧 龙 区	2253	1970	7371	12222	20330	43423	132192	364954	516846
南 召 县	395	457	1082	1292	22664	56584	136208	316037	487881
方 城 县	126	265	1101	1274	18372	60807	194897	546348	741873
西 峡 县	299	468	1158	1308	17473	53080	175025	661873	1042239
镇 平 县	553	491	1463	920	37363	97923	263761	608295	849290
内 乡 县	203	332	1884	1458	18480	63167	223211	510433	732800
淅 川 县	666	534	1038	502	25376	65971	236509	681601	972637
社 旗 县	41	321	715	991	17912	32647	123872	339695	442389
唐 河 县	85	538	1510	1669	21750	93631	250565	607421	800784
新 野 县	126	434	1030	1100	25220	81675	199671	593654	855418
桐 柏 县	228	529	872	5476	26073	49797	123072	455517	634200
邓 州 市	194	554	1827	1828	33612	74678	187745	776615	1112553
市　　直	23578	7312	18523	46333	306279	350696	1379114	2066602	1747942

注:分县市区投资中:1980 年不包括城镇集体投资;1985、1990 年不包括农村农户和农村非农户投资;1995 年不包括房地产开发和农村农户投资;2005 年以后年份为 50 万元及以上项目投资。

5-5 各县(市、区)全社会固定资产投资

单位:万元

	全社会固定资产投资			1.城镇固定资产投资			#50万元及以上项目投资			房地产开发投资		
	2009	2008	增减%	2009	2008	增减%	2009	2008	增减%	2009	2008	增减%
全　市	**11531755**	**8958338**	**28.7**	**9295194**	**7085454**	**31.2**	**8733951**	**6660228**	**31.1**	**561243**	**425226**	**32.0**
宛城区	594903	429293	38.6	505895	349341	44.8	420065	305921	37.3	85830	43420	97.7
卧龙区	516846	364954	41.6	427270	293640	45.5	324820	224359	44.8	102450	69281	47.9
南召县	487881	316037	54.4	311707	205108	52.0	308952	198845	55.4	2755	6263	-56.0
方城县	741873	546348	35.8	610153	426047	43.2	584134	405435	44.1	26019	20612	26.2
西峡县	1042239	661873	57.5	897069	543820	65.0	885095	533141	66.0	11974	10679	12.1
镇平县	849290	608295	39.6	506350	345999	46.3	502765	343319	46.4	3585	2680	33.8
内乡县	732800	510433	43.6	636012	425784	49.4	633541	423559	49.6	2471	2225	11.1
淅川县	972637	681601	42.7	823440	549910	49.7	801130	531910	50.6	22310	18000	23.9
社旗县	442389	339695	30.2	295074	204542	44.3	288990	195667	47.7	6084	8875	-31.4
唐河县	800784	607421	31.8	470743	312199	50.8	443051	286301	54.8	27692	25898	6.9
新野县	855418	593654	44.1	735398	491680	49.6	717940	474746	51.2	17458	16934	3.1
桐柏县	634200	455517	39.2	513180	346939	47.9	508456	336765	51.0	4724	10174	-53.6
邓州市	1112553	776615	43.3	814961	523843	55.6	776098	488374	58.9	38863	35469	9.6
市　直	795948	879263	-9.5	795948	879263	-9.5	586920	724547	-19.0	209028	154716	35.1
高新区	136878	97105	41.0	136878	97105	41.0	136878	97105	41.0			
两　属	815116	1090234	-25.2	815116	1090234	-25.2	815116	1090234	-25.2			

5—5 续表

单位:万元

	2.农村固定资产投资			其中:农村非农户投资			其中:农村农户投资		
	2009	2008	增减%	2009	2008	增减%	2009	2008	增减%
全　市	**2236561**	**1872884**	**19.4**	**1379290**	**1136397**	**21.4**	**857271**	**736487**	**16.4**
宛城区	89008	79952	11.3	27755	28484	-2.6	61253	51468	19.0
卧龙区	89576	71314	25.6	60503	47594	27.1	29073	23720	22.6
南召县	176174	110929	58.8	153500	91680	67.4	22674	19249	17.8
方城县	131720	120301	9.5	36737	38020	-3.4	94983	82281	15.4
西峡县	145170	118053	23.0	117777	96697	21.8	27393	21356	28.3
镇平县	342940	262296	30.7	225134	156070	44.3	117806	106226	10.9
内乡县	96788	84649	14.3	28110	25791	9.0	68678	58858	16.7
淅川县	149197	131691	13.3	94280	87497	7.8	54917	44194	24.3
社旗县	147315	135153	9.0	96960	92512	4.8	50355	42641	18.1
唐河县	330041	295222	11.8	197291	169455	16.4	132750	125767	5.6
新野县	120020	101974	17.7	56870	48717	16.7	63150	53257	18.6
桐柏县	121020	108578	11.5	97329	88943	9.4	23691	19635	20.7
邓州市	297592	252772	17.7	187044	164937	13.4	110548	87835	25.9
市　直									
高新区									
两　属									

5-6 城镇50万元及以上项目固定资产投资

	1978	1980	1985	1990	1995	2000	2005	2008	2009
投资总额(万元)	**28827**	**15126**	**35479**	**71718**	**482344**	**581673**	**2688459**	**6660228**	**8733951**
按资金来源分									
上年末结余资金					2324	33684	32594	62074	97374
国家预算内资金	26672	4172	8871	4693	4871	57139	84989	164924	390416
国内贷款		1725	4260	13200	108777	157571	580871	541043	510363
债券					912	3277			
利用外资		1700		4578	107472	10426	30405	31225	37980
自筹资金		5873	21279	44471	206259	268013	1687309	5393768	7131131
其他资金	2155	1656	92	733	76030	77945	226223	529268	37980
按隶属关系分									
中央	23750	7468	19346	46723	156433	200498	265396	624908	611526
地方	5077	7658	16133	24995	325911	381175	2423063	6035320	8122425
按构成分									
建筑安装工程	20231	8826	22451	45445	207844	390081	1942540	4498142	5905873
设备、工器具购置	1182	5889	10106	22180	239164	138258	470498	1838739	2307459
其他费用	7414	411	2922	4093	35336	53334	275421	323347	520619
按建设性质分									
#新建	26438	12429	5063	20729	218753	275105	1804575	5088145	6432471
扩建	2147	2697	25402	43474	214111	160034	411243	1144174	1285885
改建			3473	2706	41715	122172	403302	316986	879784
按三次产业分									
第一产业		985	1450	2682	4064	16321	81870	268929	377654
第二产业	26207	11512	27257	62809	381147	270125	1016414	4421897	6030956
#工业	26207	11479	27074	62650	373258	265353	1014734	4421452	6030691
第三产业	2620	2629	6772	6227	97133	295227	1590175	1969402	2325341
#交通运输邮电通信业	355	750	2443	2264	34377	155337	943861	415877	338545
新增固定资产(万元)	20259	13798	22061	49485	266370	350795	1931937	6110739	7457870
房屋建筑面积(万平方米)									
施工面积	54.25	50.58	83.34	58.88	171.84	206.69	497.81	509.23	1895.81
#住宅	16.26	20.49	28.11		34.73	99.49	113.68	15.82	40.15
竣工面积	42.60	38.54	68.02	38.76	111.94	118.63	222.06	190.73	284.75
#住宅	15.01	16.11	24.94	13.43	26.69	60.74	55.77	9.07	12.97

5-7 按行业分的城镇50万元及以上项目固定资产投资

(2009年) 单位:万元

	投资总额	按构成分				按建设性质分		
		建筑工程	安装工程	设备购置	其他费用	新建	扩建	改建
合计	**8733951**	**5520467**	**385406**	**2307459**	**520619**	**6432471**	**1285885**	**879784**
(一)农、林、牧、渔业	377654	258716	11689	50141	57108	318870	39553	17661
农业	52955	24038	1827	5584	21506	33694	12661	6600
林业	62449	48473	955	4125	8896	53284	9165	
畜牧业	138612	86100	6405	28160	17947	123437	12399	2776
渔业	1000	720		200	80	1000		
农、林、牧、渔服务业	122638	99385	2502	12072	8679	107455	5328	8285
(二)采矿业	663441	398511	24721	187460	52749	232602	120032	308197
石油和天然气开采业	310789	183076	14972	85646	27095	51000	56972	201917
黑色金属矿采选业	54454	37015	1302	15462	675	33974	1550	18930
有色金属矿采选业	122895	85695	2690	28060	6450	56295	35210	31390
非金属矿采选业	171445	89847	5157	57912	18529	87475	26300	55960
其他采选业	3858	2878	600	380		3858		
(三)制造业	4623012	2353899	256334	1754049	258730	3598337	686273	245589
农副食品加工业	419607	240273	29045	132736	17553	317949	70718	25870
食品制造业	76404	45914	5670	18286	6534	62954	9350	3780
饮料制造业	184771	80091	12160	77596	14924	150937	24291	9543
烟草制品业	7200	1750	350	5040	60	7200		
纺织业	456343	134754	11841	291199	18549	277261	108366	21193
纺织服装、鞋、帽制造业	23349	12290	2425	6682	1952	14364	8865	120
皮革、毛皮、羽毛(绒)及其制品业	25144	16362	1845	5830	1107	24294	850	
木材加工及木、竹、藤、棕、草制品业	73561	35876	3457	30128	4100	71551	1830	180
家具制造业	64004	37580	1544	19471	5409	45044	15370	3590
造纸及纸制品业	68167	37030	4476	25205	1456	62042	4670	1455
印刷业和记录媒介的复制	52490	25254	6462	17062	3712	37300	14010	
文教体育用品制造业	7712	5935	11	1741	25	7632		80
石油加工、炼焦即核燃料加工业	21520	13670	1240	5640	970	20920	600	
化学原料及化学制品制造业	469765	193972	14051	228504	33238	394592	33968	33595
医药制造业	103875	52933	6047	41402	3493	92235	6550	5090
化学纤维制造业	7740	5340	200	2000	200	7740		
橡胶制品业	9330	5636	459	2250	985	3380	3800	2150
塑料制品业	75296	44257	2769	23818	4452	62101	6265	4660
非金属矿物制品业	1058664	634347	64533	299857	59927	814648	172551	63085
黑色金属冶炼及压延加工业	98189	41059	9710	42650	4770	90990	6399	
有色金属冶炼及压延加工业	259958	123793	24370	101880	9915	215460	33450	11048
金属制品业	140729	68740	9912	54429	7648	111472	17757	7300
通用设备制造业	151577	74281	10279	58143	8874	131265	16262	1350
专用设备制造业	189977	105731	7432	67772	9042	143536	34720	9851
交通运输设备制造业	169045	104589	7936	39627	16893	145719	15660	3466
电气机械及器材制造业	213704	100342	8454	91696	13212	155548	30099	24417
通信设备、计算机及其他电子设备制造业	81369	42567	6221	27447	5134	59464	15335	6570
仪器仪表及文化、办公用机械制造业	56878	26938	2418	26412	1110	24741	27907	3630
工艺品及其他制造业	52844	40676	1007	8558	2603	42198	6630	3566
废弃资源和废旧材料回收加工业	3800	1919	10	988	883	3800		
(四)电力、燃气及水的生产和供应业	744238	558085	40638	127931	17584	589162	110656	41420
电力、热水的生产和供应业	368824	256853	28833	73347	9791	274581	76188	15055
燃气生产和供应业	249208	224812	3800	16345	4251	231263	17945	
水的生产和供应业	126206	76420	8005	38239	3542	83318	16523	26365
(五)建筑业	265	80	50	105	30	265		
建筑装饰业	265	80	50	105	30	265		

5—7 续表 (2009 年) 单位:万元

	投资总额	按构成分				按建设性质分		
		建筑工程	安装工程	设备购置	其他费用	新建	扩建	改建
(六)交通运输、仓储和邮政业	241958	195260	6274	20439	19985	153097	41783	44308
铁路运输业	4309	4009	200		100	3900	409	
道路运输业	138098	123277	910	5781	8130	75976	18014	44108
城市公共交通业	761	761				761		
水上运输业	2770			2770				
航空运输业	8790	6690			2100		8790	
装卸搬运及其他运输服务业	6670	4396	160	1720	394	6670		
仓储业	79060	54627	5004	10168	9261	64590	14470	
邮政业	1500	1500				1200	100	200
(七)信息传输、计算机服务和软件业	96587	59253	6807	29007	1520	29558	29441	37588
电信和其他信息传输服务业	96587	59253	6807	29007	1520	29558	29441	37588
(八)批发和零售业	325332	264446	7268	35074	18544	280067	28336	13216
批发业	163524	131500	2859	18129	11036	134025	19846	5940
零售业	161808	132946	4409	16945	7508	146042	8490	7276
(九)住宿和餐饮业	136538	116180	4299	7382	8677	119007	11712	5219
住宿业	88567	76190	2780	4300	5297	74805	9012	4750
餐饮业	47971	39990	1519	3082	3380	44202	2700	469
(十)金融业	6812	4792		1970	50	3720		2272
银行业	6012	3992		1970	50	2920		2272
保险业	800	800				800		
(十一)房地产业	229379	211848	2140	3305	12086	203779	7300	18300
房地产业	229379	211848	2140	3305	12086	203779	7300	18300
(十二)租赁和商务服务业	11880	10283	316	880	401	10890	70	920
租赁业	520	63	16	410	31	520		
商务服务业	11360	10220	300	470	370	10370	70	920
(十三)科学研究、技术服务和地质勘查业	19252	10229	315	8037	671	12427	1430	735
研究与实验发展	1250	1250				1250		
专业技术服务业	9752	3398	30	5653	671	2927	1430	735
科技交流和推广服务业	8250	5581	285	2384		8250		
(十四)水利、环境和公共设施管理业	781156	684299	9821	36308	50728	531608	124480	121873
水利管理业	135868	126567	477	2044	6780	88524	3510	43834
环境管理业	66932	55930	955	6211	3836	60532	4100	2300
公共设施管理业	578356	501802	8389	28053	40112	382552	116870	75739
(十五)居民服务和其他服务业	31181	24995	1660	3930	596	27957	2614	
居民服务业	14791	12175	810	1410	396	12677	2114	
其他服务业	16390	12820	850	2520	200	15280	500	
(十六)教育	73283	58313	1061	10585	3324	45554	13352	4753
教育	73283	58313	1061	10585	3324	45554	13352	4753
(十七)卫生、社会保障和社会福利业	92980	70432	7204	10547	4797	67730	11250	8899
卫生	75500	57787	6596	8081	3036	51310	10350	8739
社会保障业	6100	4170	300	1550	80	6100		
社会福利业	11380	8475	308	916	1681	10320	900	160
(十八)文化、体育和娱乐业	155446	133155	1849	12656	7786	109341	43096	2284
广播、电视、电影和音像业	8842	3016	390	5352	84	4810	4032	
文化艺术业	31223	25501	859	3384	1479	23279	7035	684
体育	12556	12318			238	3697	7259	1600
娱乐业	102825	92320	600	3920	5985	77555	24770	
(十九)公共管理与社会组织	123557	107691	2960	7653	5253	98500	14507	6550
中国共产党机关	2300	1590	100	500	110	2300		
国家机构	105131	92110	2297	6626	4098	83814	13207	4260
人民政协和民主党派	4000	3650			350	4000		
群众社团、社会团体和宗教组织	1626	1226	110	290		766	600	260
基层群众自治组织	10500	9115	453	237	695	7620	700	2030

5-8 按行业分的城镇50万元及以上项目个数及新增固定资产

（2009年）

	施工项目（个）	新开工	全部投产项目（个）	项目建成投产率（%）	新增固定资产（万元）	固定资产交付使用率（%）
合计	**4631**	**3859**	**3326**	**71.8**	**7457870**	**85.4**
（一）农、林、牧、渔业	339	289	275	81.1	340492	90.2
农业	44	40	34	77.3	45067	85.1
林业	44	37	35	79.5	39851	63.8
畜牧业	139	123	105	75.5	138790	100.1
渔业	4	3	4	100.0	1000	100.0
农、林、牧、渔服务业	108	86	97	89.8	115784	94.4
（二）采矿业	199	171	157	78.9	566867	85.4
石油和天然气开采业	3	3	3	100.0	303067	97.5
黑色金属矿采选业	36	33	28	77.8	47854	87.9
有色金属矿采选业	55	44	39	70.9	75790	61.7
非金属矿采选业	102	90	84	82.4	136298	79.5
其他采选业	3	1	3	100.0	3858	100.0
（三）制造业	2206	1788	1513	68.6	3513597	76.0
农副食品加工业	244	203	171	70.1	292930	69.8
食品制造业	60	51	36	60.0	47050	61.6
饮料制造业	65	43	47	72.3	410655	222.3
烟草制品业	1	1	1	100.0	7200	100.0
纺织业	155	135	111	71.6	324088	71.0
纺织服装、鞋、帽制造业	17	11	14	82.4	18105	77.5
皮革、毛皮、羽毛(绒)及其制品业	16	13	7	43.8	8694	34.6
木材加工及木、竹、藤、棕、草制品业	51	44	43	84.3	66581	90.5
家具制造业	56	53	49	87.5	53790	84.0
造纸及纸制品业	31	23	23	74.2	44052	64.6
印刷业和记录媒介的复制	30	23	21	70.0	52150	99.4
文教体育用品制造业	7	2	7	100.0	8962	116.2
石油加工、炼焦即核燃料加工业	14	11	10	71.4	18680	86.8
化学原料及化学制品制造业	134	104	89	66.4	287443	61.2
医药制造业	51	42	31	60.8	48554	46.7
化学纤维制造业	4	4	2	50.0	5740	74.2
橡胶制品业	6	6	5	83.3	6800	72.9
塑料制品业	55	38	41	74.5	61295	81.4
非金属矿物制品业	621	521	446	71.8	722023	68.2
黑色金属冶炼及压延加工业	39	26	26	66.7	73390	74.7
有色金属冶炼及压延加工业	87	72	47	54.0	123010	47.3
金属制品业	95	83	71	74.7	105127	74.7
通用设备制造业	72	62	44	61.1	86913	57.3
专用设备制造业	68	51	42	61.8	148547	78.2
交通运输设备制造业	79	56	41	51.9	105871	62.6
电气机械及器材制造业	63	51	35	55.6	144261	67.5
通信设备、计算机及其他电子设备制造业	29	21	15	51.7	40798	50.1
仪器仪表及文化、办公用机械制造业	19	9	12	63.2	161814	284.5
工艺品及其他制造业	35	27	24	68.6	35274	66.8
废弃资源和废旧材料回收加工业	2	2	2	100.0	3800	100.0
（四）电力、燃气及水的生产和供应业	175	147	131	74.9	1391209	186.9
电力、热水的生产和供应业	100	81	76	76.0	1093568	296.5
燃气生产和供应业	11	10	9	81.8	202517	81.3
水的生产和供应业	64	56	46	71.9	95124	75.4
（五）建筑业	1	1	1	100.0	265	100.0
建筑装饰业	1	1	1	100.0	265	100.0

注：本表不包含房地产开发数据。

5—8 续表 (2009年)

	施工项目(个)	新开工	全部投产项目(个)	项目建成投产率(%)	新增固定资产(万元)	固定资产交付使用率(%)
(六)交通运输、仓储和邮政业	167	144	122	73.1	152898	63.2
铁路运输业	3	3				
道路运输业	121	102	95	78.5	113337	82.1
城市公共交通业	1		1	100.0	761	100.0
水上运输业					2760	99.6
航空运输业	2	1	1	50.0	6690	76.1
装卸搬运及其他运输服务业	5	5	3	60.0	2820	42.3
仓储业	31	29	20	64.5	26230	33.2
邮政业	4	4	2	50.0	300	20.0
(七)信息传输、计算机服务和软件业	27	21	17	63.0	30458	31.5
电信和其他信息传输服务业	27	21	17	63.0	30458	31.5
(八)批发和零售业	257	211	184	71.6	278538	85.6
批发业	109	86	80	73.4	156877	95.9
零售业	148	125	104	70.3	121661	75.2
(九)住宿和餐饮业	128	108	98	76.6	128792	94.3
住宿业	70	54	52	74.3	84479	95.4
餐饮业	58	54	46	79.3	44313	92.4
(十)金融业	7	7	6	85.7	5832	85.6
银行业	6	6	5	83.3	5032	83.7
保险业	1	1	1	100.0	800	100.0
(十一)房地产业	80	59	57	71.3	96499	42.1
房地产业	80	59	57	71.3	96499	42.1
(十二)租赁和商务服务业	17	10	13	76.5	9780	82.3
租赁业	2	2	2	100.0	520	100.0
商务服务业	15	8	11	73.3	9260	81.5
(十三)科学研究、技术服务和地质勘查业	14	14	12	85.7	17875	92.8
研究与实验发展	1	1				
专业技术服务业	8	8	7	87.5	9625	98.7
科技交流和推广服务业	5	5	5	100.0	8250	100.0
(十四)水利、环境和公共设施管理业	542	486	367	67.7	566996	72.6
水利管理业	90	83	53	58.9	73630	54.2
环境管理业	45	40	32	71.1	47924	71.6
公共设施管理业	407	363	282	69.3	445442	77.0
(十五)居民服务和其他服务业	29	21	19	65.5	29671	95.2
居民服务业	13	7	12	92.3	17541	118.6
其他服务业	16	14	7	43.8	12130	74.0
(十六)教育	105	91	90	85.7	66719	91.0
教育	105	91	90	85.7	66719	91.0
(十七)卫生、社会保障和社会福利业	97	84	80	82.5	65246	70.2
卫生	81	68	65	80.2	48516	64.3
社会保障业	2	2	2	100.0	6100	100.0
社会福利业	14	14	13	92.9	10630	93.4
(十八)文化、体育和娱乐业	104	87	72	69.2	98162	63.1
广播、电视、电影和音像业	6	6	6	100.0	8842	100.0
文化艺术业	38	32	30	78.9	25400	81.4
体育	8	7	1	12.5	19970	159.0
娱乐业	52	42	35	67.3	43950	42.7
(十九)公共管理与社会组织	137	120	112	81.8	97974	79.3
中国共产党机关	1	1	1	100.0	2300	100.0
国家机构	108	93	89	82.4	87588	83.3
人民政协和民主党派	1	1				
群众社团、社会团体和宗教组织	4	3	4	100.0	1626	100.0
基层群众自治组织	23	22	18	78.3	6460	61.5

5-9 各县(市、区)城镇50万元

(2009

	投资总额	按三次产业分			按建
		第一产业	第二产业	第三产业	新建
全市	**8733951**	**377654**	**6030956**	**2325341**	**6432471**
宛城区	420065	7931	229695	182439	340074
卧龙区	324820	21721	170548	132551	257267
南召县	308952	24158	196893	87901	273865
方城县	584134	55162	258535	270437	436065
西峡县	885095	12100	714675	158320	856995
镇平县	502765	28479	326346	147940	466520
内乡县	633541	16313	498122	119106	236971
淅川县	801130	41762	564160	195208	654776
社旗县	288990	28560	146575	113855	259515
唐河县	443051	15941	313050	114060	376917
新野县	717940	52609	544780	120551	383146
桐柏县	508456	33478	353419	121559	231552
邓州市	776098	39440	502502	234156	748618
市直	586920		358071	228849	433305
高新区	136878		113818	23060	116648
两属	815116		739767	75349	360237

注:本表不包括房地产开发投资数据。

5-10 各县(市、区)分行业城镇50万元

(2009

	投资总额	农林牧渔业	工业	采矿业	制造业	电力燃气水的生产和供应业	建筑业	交通运输、仓储和邮政业	信息传输、计算机服务和软件业
全市	**8733951**	**377654**	**6030691**	**663441**	**4623012**	**744238**	**265**	**241958**	**96587**
宛城区	420065	7931	229695	1450	215285	12960		8380	
卧龙区	324820	21721	170548	220	164602	5726		40071	
南召县	308952	24158	196893	5100	186843	4950		2071	
方城县	584134	55162	258535	44522	198607	15406		15943	12090
西峡县	885095	12100	714675	32330	671545	10800		6300	5300
镇平县	502765	28479	326081	4955	284830	36296	265	13904	328
内乡县	633541	16313	498122	76125	415864	6133		13712	3550
淅川县	801130	41762	564160	39350	460300	64510		26698	2100
社旗县	288990	28560	146575	1000	130965	14610		3500	1000
唐河县	443051	15941	313050	22590	282120	8340		11640	650
新野县	717940	52609	544780		521342	23438		11617	5640
桐柏县	508456	33478	353419	125910	213109	14400		6228	1700
邓州市	776098	39440	502502		454794	47708		27140	
市直	586920		358071		101859	256212		38594	
高新区	136878		113818		102318	11500		1200	4200
两属	815116		739767	309889	218629	211249		14960	60029

注:本表不包括房地产开发投资数据。

及以上项目固定资产投资

年）

单位:万元

设性质分		按构成分				新增固定资产
扩建	改建	建筑工程	安装工程	设备购置	其他费用	
1285885	**879784**	**5520467**	**385406**	**2307459**	**520619**	**7457870**
34507	37347	233718	12893	135590	37864	292331
22552	31488	171283	30434	58570	64533	278522
34332	755	218824	9776	47315	33037	166614
108094	19262	371682	9570	194667	8215	530820
18000	10100	644285	65000	174390	1420	626915
26870	5845	397475	22819	60210	22261	307162
273562	123008	585007	5200	14900	28434	394269
128804	17550	309720	78020	333727	79663	389600
22125	1440	185389	77316	2743	23542	238287
44749	21105	435245	50	5722	2034	347560
208774	82772	160294	6396	517657	33593	568527
73466	194898	245080	4489	175999	82888	360306
17980		423323	27440	295013	30322	518038
75419	62156	506072	8800	50588	21460	725008
	13830	83823	2206	38162	12687	275502
196651	258228	549247	24997	202206	38666	1438409

及以上项目固定资产投资

年）

单位:万元

批发和零售业	住宿和餐饮业	金融业	房地产业	租赁和商务服务业	科学研究、技术服务和地质勘查业	水利环境和公共设施管理业	居民服务和其他服务业	教育	卫生、社会保障和社会福利业	文化、体育和娱乐业	公共管理与社会组织
325332	**136538**	**6812**	**229379**	**11880**	**19252**	**781156**	**31181**	**73283**	**92980**	**155446**	**123557**
60385	9325		47902	1780		11940	8250	8791	6050	13468	6168
7318	13188		10320	1140		30401	5500	10126	3987	2960	7540
19900	11000		11200		1000	15100		2965	2581	17297	4787
59640	3853	3770	3710	500	8710	91475	1370	17870	9368	12579	29559
22940	20320		1480			88560	12020	300			1100
27038	9291		2737	3430		62564	367	4314	13208	5131	5628
15760	22490	1600	1800		230	52512		900	2815	2737	1000
	24050		19300	2000		54054	200	370	445	62600	3391
9863	4385		1200			47874	610	2291	8723	4765	29644
13540	3260		1780	1830	400	51741	350	7225	6784	4290	10570
21228	4872	1122			5062	49969	1414	5611	2465	8351	3200
7846	10504		3630		1200	69536		5160	6461	4934	4360
45795			31560		2650	82911	1100	4000	15150	8500	15350
13129			82790			71929		1190	13383	7834	
950		320	9970	1200		590		1810	1560		1260
								360			

5—11 按登记注册类型分的城镇50

（2009

	合　计	国有经济	集体经济	联营经济
投　资　总　额	**8733951**	**2503072**	**815278**	**650**
按隶属关系分				
中央	611526	542876	660	
地方	8122425	1960196	814618	650
按资金来源分				
上年末结余资金	97374	16520		
国家预算内资金	390416	314043	45967	
国内贷款	510363	375739	24623	
利用外资	37980	9940	10050	
债券				
自筹资金	7131131	1670961	720986	650
其他资金	664061	132389	13652	
按构成分				
建筑工程	5520467	1870335	615369	320
安装工程	385406	77241	26730	70
设备、工具、器具购置	2307459	428157	130945	120
其他费用	520619	127339	42234	140

5—12 按登记注册类型分的农村

（2009

	总　计	内　资	国　有	集　体	股份合作	其他联营
投 资 总 额	**1379290**	**1344677**	**297697**	**532094**	**6373**	**480**
按构成分						
建筑工程	1107704	1084424	265826	472235	3780	20
安装工程	45281	43032	5869	11858	506	460
设备工器具购置	138338	136630	10365	26916	1007	
其他费用	87967	80591	15637	21085	1080	
按资金来源分						
本年资金来源合计	1401204	1366291	296860	550445	6373	480
上年末结余资金	1100	1100		1100		
本年资金来源小计	1400104	1365191	296860	549345	6373	480
国家预算内资金	53353	53353	30313	20588		
国内贷款	5119	4869		1000		
债券						
利用外资	2700	2700	200			
自筹资金	1270768	1240320	239569	509609	6373	480
其他资金来源	68164	63949	26778	18148		

万元及以上项目固定资产投资

年）

股份制经济	港澳台投资	外商投资	私营经济	个体经济	其他经济
1819073	**87801**	**31458**	**2851832**	**275525**	**349262**
67990					
1751083	87801	31458	2851832	275525	349262
71015			7819	2020	
5060		400	1400	23546	
76861	7000		21635	200	4305
600	4590	3800	8000	1000	
1593827	59276	27178	2651873	208601	197779
142725	16935	80	168924	42178	147178
864889	25562	8362	1630538	185079	320013
100421	1210	2370	149481	23723	4160
739749	55445	18361	882986	36313	15383
114014	5584	2365	188827	30410	9706

50万元及以上固定资产投资

年）

其他有限责任公司	股份有限公司	私营	其他内资	澳台商投资	外商投资	个体经营	个体户	个人合伙
32699	**39775**	**363316**	**72243**	**980**	**100**	**33533**	**26963**	**6570**
19474	24585	248863	49641	880	100	22300	16937	5363
903	2785	13864	6787			2249	1813	436
10166	9095	71897	7184	50		1658	1375	283
2156	3310	28692	8631	50		7326	6838	488
32699	40365	365344	73725	980	100	33833	27263	6570
32699	40365	365344	73725	980	100	33833	27263	6570
		640	1812					
489	400	2380	600			250	250	
		2500						
32210	37165	353769	61145	980	100	29368	22948	6420
	2800	6055	10168			4215	4065	150

5-13 按行业分的农村50万元及以上固定资产投资

(2009年)　　　　单位:万元

	投资总额	按构成分				按建设性质分		
		建筑工程	安装工程	设备购置	其他费用	新建	扩建	改建
合　　计	**1379290**	**1107704**	**45281**	**138338**	**87967**	**1133457**	**152855**	**90768**
(一)农、林、牧、渔业	**347183**	**267018**	**13515**	**24369**	**42281**	**313966**	**13689**	**19528**
农业	41152	26368	979	3420	10385	39112	2040	
林业	73535	65763	580	2440	4752	69135	3460	940
畜牧业	118155	82819	5978	11190	18168	112311	4674	1170
渔业	7600	2703	506	2878	1513	7000		600
农、林、牧、渔服务业	106741	89365	5472	4441	7463	86408	3515	16818
(二)采矿业	**37836**	**22273**	**1652**	**10088**	**3823**	**28026**	**9300**	**510**
黑色金属矿采选业	2537	1140		1397		2527		10
有色金属矿采选业	12100	7310	760	1750	2280	6800	5300	
非金属矿采选业	22699	13523	692	6941	1543	18199	4000	500
其他采选业	500	300	200			500		
(三)制造业	**303911**	**203685**	**12654**	**73686**	**13886**	**245400**	**52122**	**5359**
农副食品加工业	68873	48906	3221	14819	1927	64295	3868	710
食品制造业	8714	5994	690	1660	370	7664	200	850
饮料制造业	4245	1355	500	1810	580	1745	2500	
烟草制品业	910	910				910		
纺织业	24360	15595	437	7296	1032	15304	7617	1439
纺织服装、鞋、帽制造业	5166	1266	469	2850	581	1166	4000	
皮革、毛皮、羽毛(绒)及其制品业	1320	749	255		316	520	800	
木材加工及木、竹、藤、棕、草制品业	8030	4572	238	2939	281	5050	2780	
家具制造业	5298	3050	613	1480	155	3218	1500	
造纸及纸制品业	200	50		100	50	200		
印刷业和记录媒介的复制	2820	620	100	1780	320	2300		520
文教体育用品制造业	1074	387	2	605	80	1074		
石油加工、炼焦即核燃料加工业	613	189	4	400	20	613		
化学原料及化学制品制造业	9278	4179	202	4113	784	6246	2782	
医药制造业	910		6	904				910
化学纤维制造业								
橡胶制品业	445	158		275	12	395	50	
塑料制品业	4409	3669	230	475	35	3479		930
非金属矿物制品业	104377	74342	4049	21181	4805	87982	16395	
黑色金属冶炼及压延加工业	5130	2350	320	2110	350	1680	3450	
有色金属冶炼及压延加工业	3200	1600	200	1200	200	3200		
金属制品业	7184	6324	130	560	170	5334	1850	
通用设备制造业	6360	2950	355	2840	215	5990	370	
专用设备制造业	4564	4000	33	514	17	4464	100	
交通运输设备制造业	6050	3350	300	2000	400	4830	1220	
电气机械及器材制造业	3144	2490	60	540	54	2004	1140	
通信设备、计算机及其他电子设备制造业	1865	1605	130		130	1865		
仪器仪表及文化、办公用机械制造业	110	30	35	20	25	110		
工艺品及其他制造业	6391	4394	5	1215	777	4891	1500	
废弃资源和废旧材料回收加工业	8871	8601	70		200	8871		

5—13 续表 1　　　　(2009 年)　　　　单位:万元

	投资总额	按构成分				按建设性质分		
		建筑工程	安装工程	设备购置	其他费用	新建	扩建	改建
(四)电力、燃气及水的生产和供应业	**39823**	**30195**	**3083**	**4695**	**1850**	**34743**	**3070**	**1960**
电力、热水的生产和供应业	18539	13089	2530	1800	1120	14089	2500	1900
燃气生产和供应业	3389	3089	20	130	150	3389		
水的生产和供应业	17895	14017	533	2765	580	17265	570	60
(五)建筑业	**800**	**200**		**400**	**200**			**800**
房屋和土木工程建筑业	800	200		400	200			800
(六)交通运输、仓储和邮政业	**30471**	**29901**	**185**	**175**	**210**	**25143**	**2080**	**3248**
道路运输业	23012	22912	15	25	60	18794	970	3248
城市公共交通业	3150	3100	50			3150		
装卸搬运及其他运输服务业	369	189	20	150	10	369		
仓储业	3940	3700	100		140	2830	1110	
(七)信息传输、计算机服务和软件业	**1880**	**1630**	**220**		**30**	**1880**		
电信和其他信息传输服务业	1880	1630	220		30	1880		
(八)批发和零售业	**63216**	**52325**	**3699**	**2530**	**4662**	**59024**	**1770**	**2422**
批发业	23674	19133	1344	1970	1227	21182	920	1572
零售业	39542	33192	2355	560	3435	37842	850	850
(九)住宿和餐饮业	**9349**	**8099**	**335**	**225**	**690**	**9074**	**275**	
住宿业	3084	2744	20	40	280	3084		
餐饮业	6265	5355	315	185	410	5990	275	
(十一)房地产业	**26261**	**24756**	**130**	**600**	**775**	**19060**	**6201**	**1000**
房地产业	26261	24756	130	600	775	19060	6201	1000
(十二)租赁和商务服务业	**420**	**390**		**30**		**420**		
租赁业	420	390		30		420		
(十三)水利、环境和公共设施管理业	**362504**	**333381**	**4076**	**16706**	**8341**	**275355**	**38735**	**48414**
水利管理业	61453	57516	530	2455	952	39282	9380	12791
环境管理业	21756	17656	881	2480	739	20206	870	680
公共设施管理业	279295	258209	2665	11771	6650	215867	28485	34943
(十四)居民服务和其他服务业	**4496**	**3640**	**856**			**3810**	**686**	
居民服务业	4016	3620	396			3330	686	
其他服务业	480	20	460			480		
(十五)教育	**14049**	**12656**	**277**	**374**	**742**	**9857**	**3570**	**622**
教育	14049	12656	277	374	742	9857	3570	622
(十六)卫生、社会保障和社会福利业	**18606**	**16555**	**275**	**782**	**994**	**13756**	**2480**	**1990**
卫生	13259	11816	215	592	636	8909	1980	1990
社会保障业	120	120				120		
社会福利业	5227	4619	60	190	358	4727	500	
(十七)文化、体育和娱乐业	**51635**	**47011**	**569**	**1755**	**2300**	**40338**	**10407**	**890**
广播、电视、电影和音像业	2020	1490	245	285		1740		280
文化艺术业	16742	16542		200		15525	607	610
娱乐业	32873	28979	324	1270	2300	23073	9800	
(十八)公共管理与社会组织	**66850**	**53989**	**3755**	**1923**	**7183**	**53605**	**8470**	**4025**
国家机构	38812	31299	2057	803	4653	30567	5690	2455
群众社团、社会团体和宗教组织	2082	1882		200		1822		260
基层群众自治组织	25956	20808	1698	920	2530	21216	2780	1310

5-14 按行业分的农村 50 万元及以上项目个数及新增固定资产

(2009 年)

	施工项目（个）	新开工	全部投产项目（个）	项目建成投产率（%）	新增固定资产（万元）	固定资产交付使用率（%）
合　　计	**1988**	**1543**	**1417**	**71.3**	**1036474**	**75.1**
(一)农、林、牧、渔业	**489**	**409**	**327**	**66.9**	**245050**	**70.6**
农业	47	41	33	70.2	31284	76.0
林业	105	92	73	69.5	50559	68.8
畜牧业	188	150	117	62.2	84612	71.6
渔业	5	5	4	80.0	5300	69.7
农、林、牧、渔服务业	144	121	100	69.4	73295	68.7
(二)采矿业	**44**	**36**	**33**	**75.0**	**31686**	**83.7**
黑色金属矿采选业	5	2	4	80.0	2527	99.6
有色金属矿采选业	9	8	4	44.4	5400	44.6
非金属矿采选业	29	25	25	86.2	23759	104.7
其他采选业	1	1				
(三)制造业	**419**	**272**	**295**	**70.4**	**236120**	**77.7**
农副食品加工业	82	59	54	65.9	51363	74.6
食品制造业	14	7	11	78.6	10424	119.6
饮料制造业	4	4				
烟草制品业	2	2	1	50.0	900	98.9
纺织业	37	28	30	81.1	24164	99.2
纺织服装、鞋、帽制造业	5	4	2	40.0	696	13.5
皮革、毛皮、羽毛(绒)及其制品业	3	3	2	66.7	520	39.4
木材加工及木、竹、藤、棕、草制品业	12	9	10	83.3	7550	94.0
家具制造业	6	5	5	83.3	4018	75.8
造纸及纸制品业	1	1	1	100.0	200	100.0
印刷业和记录媒介的复制	2	2	1	50.0	520	18.4
文教体育用品制造业	2	2	1	50.0	250	23.3
石油加工、炼焦即核燃料加工业	1	1				
化学原料及化学制品制造业	10	6	5	50.0	5996	64.6
医药制造业	1	1	1	100.0	910	100.0
橡胶制品业	2	2				
塑料制品业	9	5	6	66.7	3569	80.9
非金属矿物制品业	160	87	129	80.6	91614	87.8
黑色金属冶炼及压延加工业	6	5	4	66.7	3550	69.2
有色金属冶炼及压延加工业	3	2	1	33.3	400	12.5
金属制品业	11	5	5	45.5	5194	72.3
通用设备制造业	8	6	7	87.5	8700	136.8
专用设备制造业	6	4	4	66.7	2178	47.7
交通运输设备制造业	6	4	1	16.7	2800	46.3
电气机械及器材制造业	6	4	3	50.0	3900	124.0
通信设备、计算机及其他电子设备制造业	4	2	2	50.0	900	48.3
仪器仪表及文化、办公用机械制造业	1	1	1	100.0	110	100.0
工艺品及其他制造业	10	7	7	70.0	4114	64.4
废弃资源和废旧材料回收加工业	5	5	1	20.0	1580	17.8

5－14 续表 （2009 年）

	施工项目（个）	新开工	全部投产项目（个）	项目建成投产率（%）	新增固定资产（万元）	固定资产交付使用率（%）
（四）电力、燃气及水的生产和供应业	**57**	**43**	**46**	**80.7**	**29760**	**74.7**
电力、热水的生产和供应业	22	15	17	77.3	15319	82.6
燃气生产和供应业	10	9	9	90.0	3269	96.5
水的生产和供应业	25	19	20	80.0	11172	62.4
（五）建筑业	**1**	**1**	**1**	**100.0**	**800**	**100.0**
房屋和土木工程建筑业	1	1	1	100.0	800	100.0
（六）交通运输、仓储和邮政业	**86**	**56**	**60**	**69.8**	**25835**	**84.8**
道路运输业	76	52	55	72.4	21025	91.4
城市公共交通业	2		2	100.0	3150	100.0
装卸搬运及其他运输服务业	2	1	1	50.0	360	97.6
仓储业	6	3	2	33.3	1300	33.0
邮政业						
（七）信息传输、计算机服务和软件业	**3**	**3**	**3**	**100.0**	**1880**	**100.0**
电信和其他信息传输服务业	3	3	3	100.0	1880	100.0
（八）批发和零售业	**88**	**61**	**55**	**62.5**	**47271**	**74.8**
批发业	33	21	15	45.5	16694	70.5
零售业	55	40	40	72.7	30577	77.3
（九）住宿和餐饮业	**25**	**20**	**18**	**72.0**	**7314**	**78.2**
住宿业	7	4	6	85.7	2854	92.5
餐饮业	18	16	12	66.7	4460	71.2
（十一）房地产业	**21**	**15**	**19**	**90.5**	**23761**	**90.5**
房地产业	21	15	19	90.5	23761	90.5
（十二）租赁和商务服务业	**1**	**1**	**1**	**100.0**	**420**	**100.0**
租赁业	1	1	1	100.0	420	100.0
（十三）水利、环境和公共设施管理业	**465**	**384**	**336**	**72.3**	**282851**	**78.0**
水利管理业	86	76	65	75.6	48413	78.8
环境管理业	32	21	28	87.5	19066	87.6
公共设施管理业	347	287	243	70.0	215372	77.1
（十四）居民服务和其他服务业	**9**	**8**	**6**	**66.7**	**5806**	**129.1**
居民服务业	8	7	5	62.5	5326	132.6
其他服务业	1	1	1	100.0	480	100.0
（十五）教育	**38**	**34**	**32**	**84.2**	**10939**	**77.9**
教育	38	34	32	84.2	10939	77.9
（十六）卫生、社会保障和社会福利业	**48**	**34**	**42**	**87.5**	**14396**	**77.4**
卫生	31	21	28	90.3	11439	86.3
社会保障业	1	1	1	100.0	120	100.0
社会福利业	16	12	13	81.3	2837	54.3
（十七）文化、体育和娱乐业	**55**	**46**	**35**	**63.6**	**27675**	**53.6**
广播、电视、电影和音像业	4	4	3	75.0	1740	86.1
文化艺术业	22	21	15	68.2	11494	68.7
娱乐业	29	21	17	58.6	14441	43.9
（十八）公共管理与社会组织	**139**	**120**	**108**	**77.7**	**44910**	**67.2**
国家机构	73	68	54	74.0	22847	58.9
群众社团、社会团体和宗教组织	4	2	4	100.0	2082	100.0
基层群众自治组织	62	50	50	80.6	19981	77.0

5-15 各县(市、区)农村50万元及以上项目

(2009

	投资总额	按三次产业分			按建
		第一产业	第二产业	第三产业	新建
全市	**1379290**	**347183**	**382370**	**649737**	**1133457**
宛城区	27755	19830	1650	6275	18955
卧龙区	60503	16210	11600	32693	42670
南召县	153500	33250	54870	65380	111570
方城县	36737	4030	10437	22270	33737
西峡县	117777	26910	40210	50657	117777
镇平县	225134	53809	74625	96700	211128
内乡县	28110	5150	1940	21020	11598
淅川县	94280	6315	43845	44120	52590
社旗县	96960	30489	10750	55721	93462
唐河县	197291	63646	54719	78926	172096
新野县	56870	12660	21149	23061	28486
桐柏县	97329	20840	6271	70218	53134
邓州市	187044	54044	50304	82696	186254

5-16 各县(市、区)农村50万元及以

(2009

	投资总额	农林牧渔业	工业	采矿业	制造业	电力燃气水的生产和供应业	建筑业	交通运输、仓储和邮政业	信息传输、计算机服务和软件业
全市	**1379290**	**347183**	**381570**	**37836**	**303911**	**39823**	**800**	**30471**	**1880**
宛城区	27755	19830	1650		650	1000		1290	
卧龙区	60503	16210	11600	1800	9000	800		1288	
南召县	153500	33250	54870	14650	34650	5570		2400	
方城县	36737	4030	10437	8307	2130			2600	
西峡县	117777	26910	40210	2100	33330	4780		3150	
镇平县	225134	53809	74625	2629	55046	16950		3686	1200
内乡县	28110	5150	1940		1940			1200	
淅川县	94280	6315	43845	4000	37365	2480		2020	
社旗县	96960	30489	10750	700	10050			470	280
唐河县	197291	63646	54719	1290	51149	2280		5004	
新野县	56870	12660	21149	550	19807	792		560	
桐柏县	97329	20840	5471	410	3000	2061	800	4093	400
邓州市	187044	54044	50304	1400	45794	3110		2710	

按三次产业和构成分的固定资产投资

年）

单位：万元

设性质分		按构成分				新增固定资产
扩建	改建	建筑工程	安装工程	设备购置	其他费用	
152855	**90768**	**1107704**	**45281**	**138338**	**87967**	**1036474**
1300	7500	18830	1249	3969	3707	24835
11798	4625	35279	4926	8572	11726	57565
39070	2860	111590	4730	13105	24075	121250
1950	1050	29510	49	5823	1355	36737
		90717	6100	20460	500	80800
4389	8967	220387	415	1300	3032	143085
8626	7886	26012	50	50	1998	20440
41690		52535	4850	29280	7615	56365
3398	100	67732	19239	428	9561	81771
20085	5110	196426	30	538	297	143307
13539	14845	31215	194	19191	6270	24470
6220	37825	83180	145	4740	9264	87429
790		144291	3304	30882	8567	158420

上项目分行业固定资产投资

年）

单位：万元

批发和零售业	住宿和餐饮业	房地产业	租赁和商务服务业	水利环境和公共设施管理业	居民服务和其他服务业	教育	卫生、社会保障和社会福利业	文化、体育和娱乐业	公共管理与社会组织
63216	**9349**	**26261**	**420**	**362504**	**4496**	**14049**	**18606**	**51635**	**66850**
2230				1230		565	750	60	150
2930	1965	480		13536		340	1743	280	10131
3490	800	21300		24320	100	1050	2800	6500	2620
5360				13760				550	
3950	1260			38470	1050	400		2377	
5239	1224	1881		42677	800	3696	6617	12333	17347
1550				15260	1000		620	890	500
500				21300		1300		15900	3100
14515	1470			9139	1256	876	488	1430	25797
15160	2130		420	38994	290	2830	2620	9518	1960
2767				11797		1530	1690	967	3750
1290	500	1200		59130		812	1278	700	815
4235		1400		72891		650		130	680

5-17 各县(市、区)农户固定

(2009

	农村固定资产投资额	按投资构成分		
		建筑工程	设备工器具购置	其他
全　　市	**857271**	**691947**	**144987**	**20337**
宛　城　区	61253	54736	6517	
卧　龙　区	29073	26744	2329	
南　召　县	22674	18925	2114	1635
方　城　县	94983	83828	6702	4453
西　峡　县	27393	22047	4820	526
镇　平　县	117806	93328	24478	
内　乡　县	68678	65481	56	3141
淅　川　县	54917	51730	2918	269
社　旗　县	50355	33433	7068	9854
唐　河　县	132750	97986	34764	
新　野　县	63150	35286	27864	
桐　柏　县	23691	13595	9913	183
邓　州　市	110548	94828	15444	276

5—17 续表

(2009

	按具体投资项			
	房屋	住宅	设备	水利
全　　市	**681248**	**648244**	**144987**	**7877**
宛　城　区	54736	45776	6517	
卧　龙　区	26709	26709	2329	35
南　召　县	17997	10901	2114	926
方　城　县	83798	83770	6702	
西　峡　县	22047	22047	4820	
镇　平　县	93328	93328	24478	
内　乡　县	65352	65352	56	129
淅　川　县	51730	51730	2918	
社　旗　县	26910	26910	7068	6524
唐　河　县	97986	86054	34764	
新　野　县	32495	32495	27864	
桐　柏　县	13332	10228	9913	263
邓　州　市	94828	92944	15444	

资产投资完成情况

年）

单位:万元

按投资方向分						
第一产业	第二产业	工业	第三产业	交通运输仓储及邮电业	文化教育事业	卫生体育福利和社会服务业
109667	**45722**	**44215**	**701882**	**22695**	**273**	**7829**
15477			45776			
1594			27479	770		
3771			18903	905		
6929			88054	3576		
2540			24853	2806		
3125	12812	12812	101869	8541		
2342			66336	711	273	
3187			51730			
11348	7068	7068	31939	5029		
10429	24335	24335	97986			
30655			32495			
2173			21518	357		7829
16097	1507		92944			

年）

单位:万元

目分	本年施工房屋面积（万平方米）		本年竣工房屋面积（万平方米）	
其他		住宅		住宅
23159	**1795**	**1673**	**1779**	**1689**
	163	126	163	139
	60	60	60	60
1637	48	44	48	44
4483	210	210	210	210
526	112	112	112	112
	273	273	273	273
3141	136	136	136	136
269	112	112	96	96
9853	68	68	68	68
	210	180	210	180
2791	71	71	71	71
183	67	51	67	51
276	265	230	265	249

5-18 计划总投资亿元

（2009

	项目名称	计划总投资
南阳市移民局	安置移民扶持生产等工程	508200
南阳天益发电有限责任公司	鸭电二期项目	429083
南阳宛达昕高速公路建设有限公司	内乡至邓州高速公路新建	392414
南阳市供电公司	高压试验示范工程	224170
河南石油勘探局	更新改造	196000
唐河县时代矿业有限公司	铜镍矿开采	189000
南阳市建设委员会	日元贷款综合治理工程	183147
南阳热电有限责任公司	热电联产项目	179000
南阳郑燃燃气有限公司	西气东输南阳支线工程	172344
桐柏安棚碱矿有限责任公司	三期工程年产100万吨纯碱项目	150000
河南合力投资有限公司	中国内乡石材基地项目建设	150000
河南天冠集团有限公司	30万吨/年燃料乙醇项目	149833
河南天冠企业集团有限公司	玉米综合加工项目	113600
河南中光学集团有限公司	数字微显光学引擎大规模生产能力建设	110000
乐凯集团第二胶片厂	印刷光电影像信息材料工程	103280
唐河县王集昱鑫碱业有限公司	碱矿开采	100000
河南天冠企业集团有限公司	10万吨/年全降解塑料	96000
南阳市鸭河口灌区管理局	续建配套项目	79200
南召县天瑞集团有限公司	青山水泥粉磨站项目	70000
淅川县铝业集团有限公司	年产10万吨PS板及铝箔毛料一期工程	70000
南阳二机石油装备(集团)有限公司	大型数字化钻机及钻机配套开发二期项目	67500
南阳二机石油装备有限公司	数字化钻机40台/年及钻机配件400套	67500
南召县县城工业办	针织业生产项目	65300
河南裕丰复合肥有限公司	大型复合肥厂建设	61809
南阳迅天宇硅品有限公司	2400吨太阳能级多晶硅扩建项目	53000
河南石油勘探局	其他投资	52000
河南石油勘探局	基本建设	51000
南方航空河南分公司南阳基地	姜营机场扩建工程	50705
河南龙成集团	技术改造	50000
南阳防暴集团股份有限公司	年产200台核级电机及其他核级配套电机共计300台生产能力项目	50000
南阳德美奥翔公司	建设光彩大世界	50000
河南中光学集团有限公司	光电新区一期工程建设项目	49390
河南天冠企业集团有限公司	30万吨玉米综合深加工一期工程	49000
南阳市建设委员会	仲景北路扩建工程	46500
中国联合网络通信有限公司南阳市分公司	2009年南阳新扩建工程	45046
河南淅川水泥有限公司	日产4500吨新型干法水泥熟料生产线项目	45000
内乡县仙鹤纸业有限公司	10万吨高档文化用纸项目	45000
内乡县中汇铁路物流有限公司	建设年吞吐500万吨的物流中心	45000
南阳市卧龙区银海市场开发有限公司	物流钢材市场建设	43000
南阳市建设委员会	健康路新建工程	42747
河南天冠企业集团有限公司	城市民用沼气工程	41826
淅川县永煤集团有限公司	厂房修建及设施配套	40000
淅川县九信电化有限公司	4台25500KVA电石炉工程	40000
科尔沁牛业南阳有限公司	十万头肉牛产业系列开发	39000
镇平县石佛寺镇天下玉源指挥部	建天下玉源商城	38000
河南中南工业有限责任公司	高品级工业钻石技术改造项目	37600
中国电信集团公司南阳分公司	2009年本地网扩建	36546
西峡县特种材料有限公司	年产500台冶金机械项目	36187

及以上项目情况

年）　　　　　　　　　　　　　　　　　　　　　　单位:万元

累计完成投资	本年完成投资	建筑工程	安装工程	设备购置	其他费用	本年新增固定资产
100850	82790	82790				
457610	64222	64222				447610
6170	6170				6170	
259555	37385	37385				259555
201917	201917	111054	14134	73860	2869	197816
21100	14500	14500				
183247	183147	183147				183147
179000	11500		1250	10250		179000
28746	28746	18500	2500	7500	246	
137575	47143	4143		36000	7000	
11000	11000	3150			7850	
173398	23565	23565				173398
133572	20160	160	2150	17850		133572
128963	20950	950	1874	18126		128963
103290	103280	52950	3042	45409	1879	96580
4980	2480	2480				
1800	1800	1500			300	
22315	6915	5857			1058	
45000	45000	27000	4000	14000		
69100	8000	300	800	6600	300	
4700	4700	700			4000	
48082	47530	23500	1030	23000		
22443	22443	16510			5933	
43600	43600	16200	700	25700	1000	
17500	17500	2000		15500		
56972	56972	33306			23666	53351
51000	51000	38716	838	10886	560	51000
2100	2100				2100	
50000	25000	16000	1000	8000		25000
13510	13500	8800		4700		
51922	13129	13129				51922
10100	7000	7000				
6050	6050	500			5550	
45970	21491	21491				
36088	36088	20551	530	15007		
44100	7100	400	800	5700	200	
45000	1675	1675				1675
6100	6100	4100			2000	
36100	28100	16600	3400	2900	5200	
487	487	487				
17945	17945	15045			2900	
39000	2200		100	2000	100	
32200	10100	500	1400	7400	800	
39000	10102	3400	77	6625		39000
150	150				150	
40553	5337	1219	241	3569	308	40553
21947	21947	21947				
5600	5600	2900	800	1900		

5—18 续表 1 (2009

	项　目　名　称	计划总投资
西峡县龙成集团	边铸结晶器铜板项目	35300
南阳市体育局	第七届农运会主体育场	35021
南阳天羽有色金属压延有限公司	10 吨 ps 版基生产线	35000
南召县旅游局	莲花温泉开发项目	30000
南阳中南金刚石有限公司	高品级工业钻石项目	30000
河南桂园公司桐柏方便面厂	方便面制造项目	30000
唐河泰隆水泥有限公司	泰隆水泥新型干法生产线项目	30000
淅川县福森药业有限公司	新上镁粉、铝镁合金加工项目	29000
南阳市宛城区城中村改造办公室	都市春天项目	28800
南阳市污水净化中心	污水处理厂二期工程	28274
南阳光辉机械厂	新型成套面粉机组、节能变压器项目	28000
南阳飞龙汽车零部件有限公司	年产 300 万只汽车水泵、排气管	28000
南阳二机石油装备集团有限公司	大型数字化钻机开发项目	27500
南阳市公路局	S331 申营一草店段	26846
南阳市中心医院	综合病房楼	26000
河南龙大牧原肉食品有限公司	高档肉食品加工项目	26000
西峡县龙成集团	建成结晶器铜板生产线	25300
南阳市建设委员会	光武西路新建工程	25095
南召县云钢铸造有限公司	450 立方米高炉锰铁项目	25000
中电投南阳方城风力发电有限公司	南阳方城风电一期	24900
南阳飞龙电器制造有限公司	ABB 合作年产 5000 台(套)500KV 输变电开关设备生产线项目	24000
河南三色鸽豆业有限公司	河南三色鸽食品加工项目	22740
河南淮源盛煌油脂有限公司	年产 12 万吨精炼花生油续建项目	22166
南阳市鸭河口水库管理局	水库除险加固工程	22016
西峡县通宇集团	双零铝箔材	22000
西峡县伏牛山旅游接待中心	新建旅游接待中心项目	22000
南阳市建设委员会	仲景大桥新建工程	22000
南阳裕祥纺织有限公司	5 万锭高支纱项目	21000
乐凯集团第二胶片厂	新建市“发动机计划”项目	20680
南阳市公路局	S331 南召县城至宛洛界	20048
河南天籁生态资源开发有限公司	生态园项目	20000
河南红宇企业集团	专用汽车生产项目	20000
南阳红宇机电有限公司	专用车辆生产项目	20000
南阳仲盛生物质能发电有限公司	生物质能发电项目	20000
西峡县通宇集团	薄板连铸机械装备项目	20000
淅川县丹江疗养基地	疗养基地二期工程建设	20000
淅川县腾达合金有限公司	工厂修建及生产设施装备	20000
南阳市卧龙区金光数显有限公司	光显数字高清晰大屏幕电视及投影产业化建设	20000
南阳市体育局	体育中心馆场建设	19970
河南天冠企业集团有限公司	酒精生产高效节能生产整体改造	19088
南阳高新区创业服务中心	光电孵化园	19000
南阳高新区管委会	创业大厦	18000
河南新野纺织有限公司	3200 万米高档织物项目	17630
南阳市建设委员会	张衡东路新建工程	17110
邓州市太子奶分公司	太子奶生产线建设	17000
南阳市水利局	中央扩大内需第 2、3 批安全饮水项目	16160
南阳防爆电器研究所	防爆研究所研发及产业基地项目	16000
南阳市海泳纺织制衣企业有限公司	新建 10 锭棉纺织品项目	16000

年）

单位:万元

累计完成投资	本年完成投资	建筑工程	安装工程	设备购置	其他费用	本年新增固定资产
15000	9800	7000	1500	1300		
218	218				218	
30892	16000	4300	800	10900		
19000	9000	9000				
11350	9000	3000		6000		
14000	2000				2000	
28330	5280	2470	20	2790		
29000	1640	100	240	800	500	1640
17000	17000	13400			3600	
6584	4188	3027			1161	
5200	5200	1700	30	2870	600	
28000	21300	17220		1720	2360	21300
30438	5030	5030				27500
15001	1701	1701				
23780	11732	6500	5232			
26000	22984	10484	3600	8900		22984
12100	7000	5000		1500	500	
491	491	491				
6200	200				200	
24900	1000	500		500		1000
2500	2500	500			2000	
11926	6850	3500	200	3150		
19500	19500	5000	1000	11900	1600	
2560	2560	2077			483	
5300	5300	3800	300	1200		
300	300	300				
10450	10050	10050				
18670	7320		200	6720	400	
20680	5369		110	4215	1044	5369
12918	4476	4476				
16500	16500	14800		200	1500	
1400	1400	253			1147	
4100	2450	2450				
3800	3800	1230		1300	1270	
400	400	400				
20000	450	450				450
20000	350		100	250		350
13350	6800	3450	1350	1300	700	
19970	7259	7259				19970
17853	2931	2931				
10250	2600	2600				
18000	560		560			18000
17630	17630	1741	137	15240	512	17630
20514	3404	3404				20514
15400	15400	5510	1220	8170	500	
16160	16160	2826	1000	12010	324	16160
1200	1200	200			1000	
14900	2900			2900		

5—18 续表 2 （2009

	项　目　名　称	计划总投资
淅川县中方阀业有限公司	年产 30000 吨耐磨铸件技改项目	16000
方城县宛北水泥有限责任公司	油井专用特种水泥技术改造项目	16000
南阳市建设委员会	明山路扩建工程	15940
桐柏鑫泓银制品有限责任公司	三期扩建项目	15800
邓州市华纺企业有限公司	年产 4312 万米高精服装面料项目	15303
西峡县恐龙遗迹园旅游公司	恐龙遗迹园二期工程	15216
河南北方红阳工业有限公司	汽车整体车桥、液压破碎锤和汽车连杆项目	15011
西峡县通宇冶材集团有限公司	年产 2 万吨连铸迂轧配件	15000
南阳哇哈哈昌盛饮料有限公司	超净和发酵生产线项目	15000
南阳市金鹏机电集团有限公司	年产 2 万吨高强度园环链条基地建设项目	15000
河南天冠企业集团有限公司	3 万吨/年全降解塑料项目	15000
方城县金红石选矿厂	选矿设备及生产线	15000
南阳市建设委员会	仲景中路扩建	14987
南阳防暴集团股份有限公司	年产 150KW 节能电机技改项目	13830
南阳市新旺氯碱化工有限责任公司	新旺氯碱公司整体搬迁	13400
南阳金牛彩印集团有限公司	年产 1 万吨纸铝塑液体无菌包装材料项目	13200
南阳市星康苑老年活动中心	新建活动中心	13000
唐河县麦龙食品有限公司	食品加工生产线建设项目	13000
内乡县宝隆冶金辅料有限责任公司	年产 3 万元冶金辅料加工项目	13000
卧龙区交通局	节能环保冶材项目	12600
南阳市建设委员会	光武东路新建	12081
新野神力聚能科技有限公司	18 万支锂电子电动车专用生产线项目	12056
西峡县宛药公司	绿色包装生产线	12000
南阳防爆集团重型电机有限公司	新建重型防爆电机生产项目	12000
南阳华祥光学有限公司	新建合色棱镜、锥体棱镜及望远镜生产线项目	12000
社旗县人民医院	县医院整体搬迁项目	12000
南阳市乐乐牛乳业有限责任公司	年产 10 万吨豆奶加工项目	12000
南阳天融科技实业有限公司(桐柏)	建二氧化碳催化剂厂	12000
南阳市卧龙区辽原筑路机械有限公司	沥青、混凝土筑路机械生产线项目	12000
南阳防爆集团有限公司	“发动机”项目	12000
南阳市纵横丝绸纺织有限责任公司	生产区搬迁扩建项目	12000
新野新新光电科技有限公司	光学仪器生产线二期工程	12000
内乡县峡谷漂流有限公司	天贵漂流酒店	12000
河南中光学集团有限公司	数字投影产品生产线项目	11832
乐凯集团第二胶片厂	柔性树脂板生产线	11500
中国人民解放军第 6456 工厂	年产 25000 台汽车发动机总成再制造项目	11434
新野县鼎泰电子精工科技有限公司	5000 万支 PCB 微钻针生产线	11300
唐河县王集乡移民办	移民安置	11200
西峡县鑫龙保温材料有限公司	镀铝锌钢带彩涂板生产线的升级和改造	11000
南阳英宝电子有限公司社旗公司	电子产品生产线一期工程建设	11000
南阳市金润来机电有限公司	厂房建设	11000
唐河县宏达造纸有限公司	建造纸厂	11000
唐河县福林先科航模有限公司	建先科航模有限公司	11000
内乡县国宇密封材料有限公司	万吨无石棉环保抄取卷材自动化生产线	11000
南阳知府衙门博物馆	修复工程	10700
邓州市熙华纺织有限公司	羊毛线生产线建设	10260
南阳中祥电力电子有限公司	年产 1000 台动态无功补偿装置及 3000 台光电互感器项目	10132
南阳金冠电气有限公司	年产 5000 台特高压 GIS 罐式氧化锌避雷器项目	10130
西峡县通宇集团	无料钟炉顶	10000

年）

单位:万元

累计完成投资	本年完成投资	建筑工程	安装工程	设备购置	其他费用	本年新增固定资产
13500	13500	600	2400	9750	750	
16000	9000	3400		5600		9000
134	134	134				
9800	9800	1400		5400	3000	
15303	15303	1200	300	13143	660	15303
1600	1600	1200	400			
9850	4200	4200				
11000	6500	6400	100			
12460	12460	2812		9048	600	
14044	9024	4580	560	2300	1584	
11575	615	615				
15000	5000	1900		3100		5000
13378	13328	5537			7791	
13930	13830	6730		7100		13830
5200	5200	3400		700	1100	
13200	13200	12050	1150			13200
13000	6600	6600				6600
6580	1980	1980				
3300	3300	1200	100	1400	600	
12600	11100				11100	12600
310	310	310				
11700	11700	1677	800	9020	203	
12000	1900	900	500	500		1900
12000	3350	3350				12000
12000	4900	4900				12000
533	533	50			483	
8810	8810	4660	700	2430	1020	
1200	1200	77			1123	
3985	3985	1100	485	1300	1100	
12114	1399	305	38	1028	28	12114
11505	4450	4450				
11605	11605	542	99	9980	984	
4000	4000	3395			605	
900	900	210			690	
4715	4715	3407		917	391	
11445	11434	7700		3734		11434
11300	11300	874	86	9802	538	11300
4030	3780	3780				
11000	8400	5400	1000	2000		8400
11000	2000	300	1700			2000
9700	9700	5500	900	1700	1600	
530	530	530				
11000	1150	300		850		11000
9100	9100	7100			2000	
7291	25				25	
10260	10260	850	120	8290	1000	10260
4010	4010		432	2920	658	
5996	5996	3600	396		2000	
3200	3200	1900	500	800		

5-19 当年完成投资5000万

(2009

	项目名称	计划总投资
河南石油勘探局	更新改造	196000
南阳市建设委员会	日元贷款综合治理工程	183147
乐凯集团第二胶片厂	印刷光电影像信息材料工程	103280
南阳市移民局	安置移民扶持生产等工程	508200
南阳天益发电有限责任公司	鸭电二期项目	429083
河南石油勘探局	其他投资	52000
河南石油勘探局	基本建设	51000
南阳二机石油装备有限公司	数字化钻机40台/年及钻机配件400套	67500
桐柏安棚碱矿有限责任公司	三期工程年产100万吨纯碱项目	150000
南召县天瑞集团有限公司	青山水泥粉磨站项目	70000
河南裕丰复合肥有限公司	大型复合肥厂建设	61809
南阳市供电公司	高压试验示范工程	224170
中国联合网络通信有限公司南阳市分公司	2009年南阳新扩建工程	45046
南阳郑燃燃气有限公司	西气东输南阳支线工程	172344
南阳市卧龙区银海市场开发有限公司	物流钢材市场建设	43000
河南龙成集团	技术改造	50000
河南天冠集团有限公司	30万吨/年燃料乙醇项目	149833
河南龙大牧原肉食品有限公司	高档肉食品加工项目	26000
南召县县城工业办	针织业生产项目	65300
中国电信集团公司南阳分公司	2009年本地网扩建	36546
南阳市建设委员会	仲景北路扩建工程	46500
南阳飞龙汽车零部件有限公司	年产300万只汽车水泵、排气管	28000
河南中光学集团有限公司	数字微显光学引擎大规模生产能力建设	110000
河南天冠企业集团有限公司	玉米综合加工项目	113600
河南淮源盛煌油脂有限公司	年产12万吨精炼花生油续建项目	22166
河南天冠企业集团有限公司	城市民用沼气工程	41826
河南新野纺织有限公司	3200万米高档织物项目	17630
南阳迅天宇硅品有限公司	2400吨太阳能级多晶硅扩建项目	53000
南阳市宛城区城中村改造办公室	都市春天项目	28800
河南天籁生态资源开发有限公司	生态园项目	20000
南阳市水利局	中央扩大内需第2、3批安全饮水项目	16160
南阳天羽有色金属压延有限公司	10吨ps版基生产线	35000
邓州市太子奶分公司	太子奶生产线建设	17000
邓州市华纺企业有限公司	年产4312万米高精服装面料项目	15303
唐河县时代矿业有限公司	铜镍矿开采	189000
南阳防暴集团股份有限公司	年产150KW节能电机技改项目	13830
南阳防暴集团股份有限公司	年产200台核级电机及其他核级配套电机共计300台生产能力项目	50000
淅川县中方阀业有限公司	年产30000吨耐磨铸件技改项目	16000
南阳市建设委员会	仲景中路扩建	14987
南阳金牛彩印集团有限公司	年产1万吨纸铝塑液体无菌包装材料项目	13200
南阳德美奥翔公司	建设光彩大世界	50000
南阳哇哈哈昌盛饮料有限公司	超净和发酵生产线项目	15000
南阳市中心医院	综合病房楼	26000
新野神力聚能科技有限公司	18万支锂电子电动车专用生产线项目	12056
新野新新光电科技有限公司	光学仪器生产线二期工程	12000
南阳热电有限责任公司	热电联产项目	179000

元及以上项目情况

年）

单位:万元

累计完成投资	本年完成投资	建筑工程	安装工程	设备购置	其他费用	本年新增固定资产
201917	201917	111054	14134	73860	2869	197816
183247	183147	183147				183147
103290	103280	52950	3042	45409	1879	96580
100850	82790	82790				
457610	64222	64222				447610
56972	56972	33306			23666	53351
51000	51000	38716	838	10886	560	51000
48082	47530	23500	1030	23000		
137575	47143	4143		36000	7000	
45000	45000	27000	4000	14000		
43600	43600	16200	700	25700	1000	
259555	37385	37385				259555
36088	36088	20551	530	15007		
28746	28746	18500	2500	7500	246	
36100	28100	16600	3400	2900	5200	
50000	25000	16000	1000	8000		25000
173398	23565	23565				173398
26000	22984	10484	3600	8900		22984
22443	22443	16510			5933	
21947	21947	21947				
45970	21491	21491				
28000	21300	17220		1720	2360	21300
128963	20950	950	1874	18126		128963
133572	20160	160	2150	17850		133572
19500	19500	5000	1000	11900	1600	
17945	17945	15045			2900	
17630	17630	1741	137	15240	512	17630
17500	17500	2000		15500		
17000	17000	13400			3600	
16500	16500	14800		200	1500	
16160	16160	2826	1000	12010	324	16160
30892	16000	4300	800	10900		
15400	15400	5510	1220	8170	500	
15303	15303	1200	300	13143	660	15303
21100	14500	14500				
13930	13830	6730		7100		13830
13510	13500	8800		4700		
13500	13500	600	2400	9750	750	
13378	13328	5537			7791	
13200	13200	12050	1150			13200
51922	13129	13129				51922
12460	12460	2812		9048	600	
23780	11732	6500	5232			
11700	11700	1677	800	9020	203	
11605	11605	542	99	9980	984	
179000	11500		1250	10250		179000

5—19 续表 1 (2009

	项 目 名 称	计划总投资
中国人民解放军第 6456 工厂	年产 25000 台汽车发动机总成再制造项目	11434
新野县鼎泰电子精工科技有限公司	5000 万支 PCB 微钻针生产线	11300
卧龙区交通局	节能环保冶材项目	12600
河南合力投资有限公司	中国内乡石材基地项目建设	150000
邓州市熙华纺织有限公司	羊毛线生产线建设	10260
科尔沁牛业南阳有限公司	十万头肉牛产业系列开发	39000
淅川县九信电化有限公司	4 台 25500KVA 电石炉工程	40000
南阳市建设委员会	仲景大桥新建工程	22000
南阳二机石油集团公司	专用车生产线项目	9950
西峡县龙成集团	边铸结晶器铜板项目	35300
桐柏鑫泓银制品有限责任公司	三期扩建项目	15800
方城县宛北水泥有限责任公司	油井专用特种水泥技术改造项目二期工程	9800
邓州市雪阳棉纺集团有限公司	年产 10 万立方米绿色环保刨花板项目	9700
南阳市金润来机电有限公司	厂房建设	11000
河南中南工业有限责任公司	生产线改造	9660
南阳市建设委员会	热力管网建设	9650
邓州市永泰棉纺白牛分公司	纺纱厂建设	9600
河南省赊店集团	破产重组项目	9500
南阳市供电公司	新农村电气化建设	8500
方城县巨轮生物能源有限公司	厂房建设	9500
南阳市供电公司	农田机井通电工程	9200
内乡县国宇密封材料有限公司	万吨无石棉环保抄取卷材自动化生产线	11000
南阳市金鹏机电集团有限公司	年产 2 万吨高强度园环链条基地建设项目	15000
南召县旅游局	莲花温泉开发项目	30000
南阳中南金刚石有限公司	高品级工业钻石项目	30000
淅川县福森药业有限公司	国家四类新药盐酸二甲双胍缓释片生产线	9600
邓州市电业局	农网完善工程(一期)	9500
淅川县玉典化冶公司	纯低温余热发电	9500
方城县宛北水泥有限责任公司	油井专用特种水泥技术改造项目	16000
河南天冠集团公司	企业自动化建设	8950
方城县治平商贸城	商贸城建设	8900
南阳市乐乐牛乳业有限责任公司	年产 10 万吨豆奶加工项目	12000
南阳二胶厂	印刷生产线改造	8665
西峡县鑫龙保温材料有限公司	镀铝锌钢带彩涂板生产线的升级和改造	11000
南阳市供电公司	淅川南扩建	8367
淅川县铝业集团	电解铝 330KA 产能置换	9200
南阳纺织集团公司	购置进口纺织机械	8289
宛城区茶庵郑燃基地	基地建设项目	8200
南阳日昇印刷新材有限公司	基础设施建设及生产线扩建	8100
方城县广宇太阳能有限公司	太阳能组件项目一期	7500
淅川县铝业集团有限公司	年产 10 万吨 PS 板及铝箔毛料一期工程	70000
淅川县电业局	淅川(西)输变电工程	9000
淅川县福森药业有限公司	丹江大观苑续建项目	9000
桐柏博源新型化工有限公司	三期扩建	8000
河南新野纺织股份有限公司	新建 10 台气流纺生产线	8000
方城县裕昇大通市场二期工程办事处	市场建设	8000

年）

单位:万元

累计完成投资	本年完成投资	建筑工程	安装工程	设备购置	其他费用	本年新增固定资产
11445	11434	7700		3734		11434
11300	11300	874	86	9802	538	11300
12600	11100				11100	12600
11000	11000	3150			7850	
10260	10260	850	120	8290	1000	10260
39000	10102	3400	77	6625		39000
32200	10100	500	1400	7400	800	
10450	10050	10050				
9955	9955	9855			100	9500
15000	9800	7000	1500	1300		
9800	9800	1400		5400	3000	
9800	9800	2400		7400		9800
9700	9700	3800	100	4900	900	9700
9700	9700	5500	900	1700	1600	
9665	9665	9665				9665
9650	9650	9650				9650
9600	9600	2340	160	6900	200	9600
9500	9500	2000	3500		4000	9500
9500	9500	9500				9500
9500	9500	4000		5500		9500
9200	9200	9200				8850
9100	9100	7100			2000	
14044	9024	4580	560	2300	1584	
19000	9000	9000				
11350	9000	3000		6000		
9000	9000	800	500	7200	500	
9000	9000	1500	3000	4500		
9000	9000	800	1300	6400	500	
16000	9000	3400		5600		9000
8950	8950	4685	380	3885		8560
8900	8900	8900				8900
8810	8810	4660	700	2430	1020	
8665	8665	8575			90	8355
11000	8400	5400	1000	2000		8400
8367	8367	8367				8367
8300	8300	1000	500	5900	900	
8289	8289			8289		
8200	8200	2000	600	5200	400	8200
8100	8100	3540	4000		560	8100
8100	8100	1900		6200		8100
69100	8000	300	800	6600	300	
8000	8000	800	2500	4200	500	
8000	8000	7600			400	
8000	8000	3000		4000	1000	8000
8000	8000		58	7890	52	8000
8000	8000	5800		1000	1200	8000

5—19 续表 2 （2009

	项 目 名 称	计划总投资
河南中亚精密轴承有限公司	扩建项目	8000
方城县石川景区风景管理处	旅游开发	8000
河南新野纺织股份有限公司	新建年产 713 万米高档服装面料生产线	7960
南阳市公路局	沪陕高速油田连接线	7778
乐凯集团第二胶片厂	市政府发动机项目	7801
西峡县鑫宇公司	保护材料加工	7600
南阳裕祥纺织厂	50000 锭高织纱项目	7500
邓州市北园木业有限公司	年产 8 万立方米密度板项目	7356
南阳裕祥纺织有限公司	5 万锭高支纱项目	21000
南阳市体育局	体育中心馆场建设	19970
南阳金叶烟草有限公司	打叶生产线二期工程	7200
镇平县南阳普康药业公司	高纯度林可霉素衍生物产业化项目	9600
淅川县林业局	长江防护林项目	7500
河南淅川水泥有限公司	日产 4500 吨新型干法水泥熟料生产线项目	45000
南阳市水利局	水电电气化建设	7029
社旗县发展和改革委员会	城区供气供热管网建设项目	7000
南阳英宝电子有限公司	电子产品生产线二期扩建项目	8000
南阳鸿四方食品有限公司	生产线建设	7000
河南中光学集团有限公司	光电新区一期工程建设项目	49390
西峡县龙成集团	建成结晶器铜板生产线	25300
邓州市盛唐针织公司	年产 600 万件羊毛衫生产线项目	7000
桐柏县安棚水泥粉末站	建水泥粉末生产线	9900
南阳市鸭河口灌区管理局	续建配套项目	79200
方城县文化局	金玉影视城建设项目	6900
河南三色鸽豆业有限公司	河南三色鸽食品加工项目	22740
淅川县建设局	县城供水网络改扩建项目	6800
南阳市卧龙区金光数显有限公司	光显数字高清晰大屏幕电视及投影产业化建设	20000
方城县杨楼乡政府	2009 年农综开发	6800
新野县英皇医药胶囊有限公司	新建药用胶囊生产线 14 条	8000
新野县神明电子有限公司	新建电子光学模具生产线	6742
淅川县龙城街道办事处	上集社区住宅楼建设	7200
南航河南分公司南阳基地	航站楼改扩建工程	6695
新野县佳华纺织有限公司	新建 8 台气流纺生产线	6640
南阳市星康苑老年活动中心	新建活动中心	13000
南阳纵横丝绸有限公司	设备升级购置	6550
淅川水泥有限公司	纯低温余热发电	6537
南阳防爆集团股份有限公司	技术改造升级及设备项目	9865
西峡县通宇冶材集团有限公司	年产 2 万吨连铸迁轧配件	15000
南阳天瑞科技股份有限公司	新建变压器铁芯生产项目	6500
邓州市老廷实业有限公司	5 万吨再生纸生产线项目	6500
淅川县南通公司	南通广场别墅停车场修建修建	7000
镇平县矿泉水加工公司	矿泉水加工项目	9000
镇平县天冠集团纤维乙醇有限公司	天冠集团纤维乙醇扩建项目	9260
镇平县华新地毯集团公司	华新地毯集团公司机织地毯项目	9000
镇平县特种锅炉有限公司	特种锅炉建设项目	9120
镇平县洛钼集团钼矿采选深加工有限公司	洛钼集团钼矿采选深加工项目	8900

年）

单位:万元

累计完成投资	本年完成投资	建筑工程	安装工程	设备购置	其他费用	本年新增固定资产
8000	8000	2320		5000	680	8000
8000	8000	8000				8000
7960	7960		664	7221	75	7960
7880	7880	7880				7880
7801	7801	2130		5371	300	7801
7600	7600	4800	700	2100		7600
7500	7500	1920	220	5120	240	7500
7356	7356	2450	140	4466	300	7356
18670	7320		200	6720	400	
19970	7259	7259				19970
7200	7200	1750	350	5040	60	7200
7190	7190	5090	300	1700	100	
7100	7100	6600			500	
44100	7100	400	800	5700	200	
7030	7030	7030				7030
7000	7000	4500	2500			7000
7000	7000	4700	2300			
7000	7000	3440	3000		560	7000
10100	7000	7000				
12100	7000	5000		1500	500	
7000	7000	2900	400	3480	220	7000
7000	7000	2000		3000	2000	
22315	6915	5857			1058	
6900	6900	4000		2900		6900
11926	6850	3500	200	3150		
6800	6800	2400	900	3500		6800
13350	6800	3450	1350	1300	700	
6800	6800	6800				6800
6797	6797	812	77	5802	106	
6742	6742	753	44	5890	55	6742
6700	6700	6100			600	
7040	6690	6690				6690
6640	6640	322	31	6287		6640
13000	6600	6600				6600
6550	6550			6550		6550
6537	6537	500	900	4937	200	6537
6537	6537	6537				
11000	6500	6400	100			
6500	6500	2600	400	3500		6500
6500	6500	2200	250	4024	26	6500
6500	6500	5400		600	500	
6500	6500	4400	900	1000	200	
6460	6460	4460	400	1500	100	
6450	6450	4450	200	1500	300	
6390	6390	4390	700	1000	300	
6350	6350	4950	300	1000	100	

5—19 续表 3 （2009

	项　目　名　称	计划总投资
镇平县生物纸浆公司	生物纸浆建设项目	9300
西峡县隆达耐材料有限责任公司	耐火材料生产线	6300
镇平县宛龙公司	宛龙公司直缝钢管生产项目	8800
镇平县南阳月星公司锂电负极材料加工有限公司	锂电负极材料加工项目	8800
南阳市建设委员会	城区供水管网建设	6260
镇平县思龙机械制造有限公司	思龙机械制造项目	9200
邓州市永泰棉纺有限公司	4 万锭特效棉精梳纱技术改造项目	7128
淅川县移民局	小三峡大桥建设	6500
南阳市供电公司	董庄牵引站线路	6196
镇平县绿色活性生物制品公司	绿色活性生物制品建设项目	9110
南阳宛达昕高速公路建设有限公司	内乡至邓州高速公路新建	392414
南阳金冠电气有限公司	特高压避雷器用高能氧化锌压敏电阻器项目	6118
内乡县中汇铁路物流有限公司	建设年吞吐 500 万吨的物流中心	45000
河南天冠企业集团有限公司	30 万吨玉米综合深加工一期工程	49000
镇平县生物质发电公司	生物质发电改造项目	8535
社旗县三粉加工有限公司	厂区及生产线建设	6000
淅川县旅游局	荆紫关镇明清古街修复开发项目	6200
淅川县铝业集团	3.5 万吨予焙阳板生产线一期	6000
淅川县金戈利有限公司	年产 1 万吨复合铸件消失模和年产 3000 吨铝镁合金粉扩建	6000
淅川县电业局	渠首变电站二期工程	6000
桐柏县毛集镇昱昌新型页岩墙体材料厂	页岩墙体材料生产线	6000
桐柏县金川化工有限责任公司	建纯碱生产线	9900
南阳市卧龙区示佳光电有限公司	光学冷加工镜片、镜头生产线	6000
内乡县牧原养殖公司	肉制品加工项目	6000
南阳金冠电气有限公司	年产 5000 台特高压 GIS 罐式氧化锌避雷器项目	10130
方城县金豫达有色金属加工厂	厂房建设及设备购置	9500
淅川县玉典化冶公司	年产 14.4 万吨复合脱氧剂项目深度治理清洁生产	5800
河南聚来饲料有限公司邓州分公司	饲料加工厂建设	6500
卧龙区七里园白云机动车尾汽检测站	厂房建设	7000
方城县国土资源局	四季花城土地建设项目	8000
淅川县电灌局	宋岗、陶岔电灌区续建配套项目	9000
镇平电业局	镇平 220kv 输变电工程	7945
卧龙区石桥瑞光变压器厂	高效节能变压器项目	5680
西峡县特种材料有限公司	年产 500 台冶金机械项目	36187
淅川县丰源氯碱公司	年产 1 万吨三氯氢硅项目	5600
淅川县自来水公司	上九路水管网络改造	5600
新野汉华酒业有限责任公司	新建万吨蔬菜汁及果汁生产线	5600
南召县科峰有限公司	轻钙加工	8000
淅川县丰源氯碱有限公司	年产 3 万吨三氯氢硅生产线项目	8000
淅川县玉典化冶公司	机械制造产业集聚区产品检测及技术研发中心	8000
淅川县巨能钙有限公司	碳酸钙粉生产项目	8000
淅川县渠首饮品有限公司	饮料系列产品加工项目	8000
淅川县福森药业有限公司	年产 8000 万片四类新药建设项目	7600
淅川县铝业集团	年产 3 万吨高性能版带材	8700
南阳市双冠生物科技有限公司	厂房建设	5500
方城县龙泉路街道开发区	街道开发	5500
邓州市方欣实业有限公司	新建面粉面条厂	5700

年）

单位：万元

累计完成投资	本年完成投资	建筑工程	安装工程	设备购置	其他费用	本年新增固定资产
6340	6340	4340	1700		300	
6300	6300	3600	150	2550		6300
6300	6300	4300	200	1600	200	
6300	6300	4300	300	1600	100	
6260	6260	6260				6260
6240	6240	4240	300	1600	100	
6200	6200	2980	300	2500	420	
6200	6200	6200				
6196	6196	6196				6196
6190	6190	4490	1500		200	
6170	6170				6170	
6118	6118	2390		3728		6118
6100	6100	4100			2000	
6050	6050	500			5550	
6050	6050	4450	1400		200	
6000	6000	2889	2711		400	6000
6000	6000	6000				
6000	6000	400	800	4500	300	6000
6000	6000	500	800	4400	300	6000
6000	6000	800	1000	3700	500	6000
6000	6000	5800			200	6000
6000	6000	2000		2000	2000	
6000	6000	3700	780	750	770	6000
6000	6000	5960			40	5200
5996	5996	3600	396		2000	
5800	5800	1200	100	4500		
5800	5800	600	1000	3400	800	5800
5800	5800	3100	120	2380	200	
5800	5800	2500	900	1050	1350	
5800	5800	5800				
5700	5700	5700				
5690	5690	3690	200	1800		
5680	5680	2020	800	1560	1300	5680
5600	5600	2900	800	1900		
5600	5600	500	700	4200	200	5600
5600	5600	700	900	3800	200	5600
5600	5600	377	67	4956	200	5600
5500	5500	1100	200	2500	1700	
5500	5500	500	300	4200	500	
5500	5500	500	300	4200	500	
5500	5500	600	500	4000	400	
5500	5500	500	500	4100	400	
5500	5500	400	300	4300	500	
5500	5500	500	400	4100	500	
5500	5500	2450	770	1200	1080	5500
5500	5500	3200		2300		5500
5400	5400	2610	90	2540	160	

5—19 续表 4 （2009

	项 目 名 称	计划总投资
乐凯集团第二胶片厂	新建市“发动机计划”项目	20680
河南中南工业有限责任公司	高品级工业钻石技术改造项目	37600
西峡县通宇集团	双零铝箔材	22000
邓州市永盛油脂有限公司	年加工花生、大豆 24 万吨，生产植物油 20.6 万吨工程	6000
邓州市引丹灌溉管理局	何冲水库续建	6000
邓州市穰东纸业有限公司	年综合利用 5.1 万吨废纸，生产 10 万吨再生高档文化用纸项目	8000
淅川县湿地保护处	湿地保护项目	5300
唐河泰隆水泥有限公司	泰隆水泥新型干法生产线项目	30000
邓州市鑫泽绿色微生物工程开发有限公司	年产 60 万吨肥田微生物肥项目	8300
西峡县瑞发水电设备有限公司	年产 400 台风力发电设备高技术产业化示范项目	9000
西峡县龙成集团(特材分公司)	特材生产二期工程	9600
邓州市宝源建材有限公司	二期工程	6000
南阳光辉机械厂	新型成套面粉机组、节能变压器项目	28000
南阳市新旺氯碱化工有限责任公司	新旺氯碱公司整体搬迁	13400
新野县益丰粮油分公司公司	粮食收储深加工项目年经营 30 万吨	5150
邓州市燃料公司	储油设施建设	5100
新野新航水泥有限公司	100 万吨水泥粉磨建设项目	5100
邓州市引丹灌溉管理局	中小河流治理	5797
邓州市风龙养猪专业合作社	年存栏 60000 头商品猪项目	7230
南阳二机石油装备集团有限公司	大型数字化钻机开发项目	27500
镇平县恒亚公司	恒亚公司可降解塑料项目	7000
方城县沣润纸业有限公司	新建厂房	9500
南召县红宇农业机械有限公司	农业机械制造	5000
南召县万家园保温材料有限公司	扩建保温材料和产线	6200
淅川县金龙管业有限公司	PE 管生产线建设	7000
邓州市粮食局	粮食核心区粮仓设施建设	5000
淅川县丰源农药有限公司	年产 1 万吨草甘膦原药项目	6800
邓州市引丹灌溉管理局	灌区末级渠系建设	5000
邓州市花洲建材有限公司	配套建设 7.5MW 纯低温电所建设项目	5000
淅川县英翔电冶有限公司	锰铁脱氧剂生产项目	7000
淅川县丹江减震器有限公司	年产 1 千万支摩托车减震器项目	7000
邓州市一帆棉业有限公司	2 万锭精纺纱项目	5000
淅川县贵族装饰公司	高性能环保用装饰板生产项目	7000
淅川县铝业集团	2 万吨小电解项目	5000
淅川县宏大建材实业有限公司	年产 60 万立方米空心砖项目	7000
淅川县螺旋打庄机厂	新建厂房，设施装备	5000
邓州市涛雄生物有机肥公司	生物有机肥厂建设	5000
桐柏县兴源矿业有限公司	扩建	5000
南阳中联卧龙水泥有限公司	7.5WM 纯低温余热发电	5000
南阳市红祥纸箱包装有限公司	彩色纸箱包装自动生产线建设项目	5000
方城县永丰钾镁肥有限责任公司	扩建项目	5000
内乡县瑞得王店分厂	新型砖加工项目	5000
方城县城关镇	西关农贸市场建设	5000
方城县孟庄铁矿厂	铁矿开采	5000
方城县新兴微粉有限公司	碳化硅生产线	5000
方城县金红石选矿厂	选矿设备及生产线	15000
新野县三环印务有限公司	新建 2 条自动彩印生产线	5000

年）

单位:万元

累计完成投资	本年完成投资	建筑工程	安装工程	设备购置	其他费用	本年新增固定资产
20680	5369		110	4215	1044	5369
40553	5337	1219	241	3569	308	40553
5300	5300	3800	300	1200		
5300	5300	2700	200	2000	400	
5300	5300	5300				
5300	5300	2990	260	2000	50	
5300	5300	5300				5300
28330	5280	2470	20	2790		
5220	5220	2200	150	2750	120	
5200	5200	4600		600		
5200	5200	4700	100	400		
5200	5200	2950	50	1950	250	
5200	5200	1700	30	2870	600	
5200	5200	3400		700	1100	
5150	5150	440	27	4150	533	5150
5100	5100	3150	300	1500	150	5100
5100	5100		104	4910	86	5100
5040	5040	5040				
5030	5030	3800		1200	30	
30438	5030	5030				27500
5030	5030	3670	560		800	
9500	5010	2310		2700		5010
5000	5000	3700			1300	5000
5000	5000	4000	200	800		
5000	5000	600	400	3600	400	
5000	5000	3850	200	950		5000
5000	5000	500	700	3500	300	
5000	5000	5000				5000
5000	5000	2040	450	2250	260	5000
5000	5000	500	400	3700	400	
5000	5000	500	600	3500	400	
5000	5000	2040	160	2550	250	5000
5000	5000	600	400	3500	500	
5000	5000	300	900	3500	300	5000
5000	5000	500	400	3700	400	
5000	5000	500	700	3300	500	5000
5000	5000	2880	200	1800	120	5000
5000	5000	800	150	2650	1400	5000
5000	5000	750	250	2300	1700	5000
5000	5000	1570	1050	615	1765	5000
5000	5000	2000	200	2800		5000
5000	5000	5000				5000
5000	5000	4000			1000	5000
5000	5000	1700		3300		5000
5000	5000	2650		2350		5000
15000	5000	1900		3100		5000
5000	5000		45	4955		5000

5－20 城镇和农村生产能力

（2009 年）

	建设规模	本年施工规模	本年新开工	累计生产能力（或效益）	本年新增
天然原油开采（万吨/年）	21.1	21.1	21.1	21.1	21.1
铁矿开采（原矿）（万吨/年）	410	230	170	0.9	0.8
铁矿选矿处理原矿量（万吨/年）	0.11	0.11	0.11	0.11	0.11
生铁（万吨/年）	7	7	1	1	1
粗钢（万吨/年）	2	2	2	0.2	0.2
铁合金（折标吨/年）	70300	70150	70150	70000	70000
冷轧（拔）钢材（万吨/年）	1	1	1	1	1
锻压、挤压、旋压钢材（万吨/年）	100	80	80	80	60
铜采矿（原矿）（万吨/年）	403	203	103	3.4	3.4
铜冶炼（吨/年）	200	100	50	0.2	0.2
铅锌选矿：（1）处理原矿（万吨/年）	0.8	0.8	0.8	0.8	0.8
电解铝（吨/年）	100000	100000	100000	100000	100000
黄金（公斤/年）	492	482	477	472.2	472.2
水力发电（万千瓦）	1.6	1.6	1.6	1.6	1.6
火力发电（万千瓦）	42	21		42	21
其他发电（万千瓦）	153.45	123.45	117.45	82.85	62.85
输电线路长度（11 万伏及以上）	2039.6	2019.6	1902.1	2009.6	1954.6
水泥（万吨/年）	1042	1042	588	588	588
平板玻璃（万重量箱/年）	340	290	270	250	230
石墨及炭素制品（吨/年）	107276	69824	47121	9268.7	8165.7
氮肥（吨/年）	149000	137790	127580	127370	127160
磷肥（吨/年）	12000	12000	12000	12000	12000
钾肥（吨/年）	500	500	500	500	500
化学农药原药（吨/年）	33000	32300	32000	31600	31200
塑料树脂及共聚物（吨/年）	4120	3640	3230	2820	2410
内燃机（台/年）	3000	2000	1000	0.3	0.3
化学纤维（吨/年）	1000	490	380	270	240
棉纺锭（锭）	1159000	1159000	909000	909000	909000
白酒（万吨/年）	9.1	9.1	5.1	5.1	5.1
其他酒（万吨/年）	0.3	0.3	0.3	0.3	0.3
新建公路（公里）	665	595	535	395	335
其中：高速公路（公里）	90	90	90		
改建公路（公里）	870.92	870.92	671.32	662.32	654.32
二级公路（公里）	274.92	274.92	75.32	66.32	66.32
新建独立公路桥梁（延长米）	1365.72	1365.72	1365.72	638.4	638.4
新建独立公路桥梁（延长米）	12	12	12	9	9
城市自来水供水能力（万吨/日）	44.9	44.9	42.9	42.9	42.9
城市污水处理能力（万吨/日）	3	3	3	3	
新（扩）建公路客、货运站	7	7	7	7	7
新（扩）建公路客、货运站	12900	12800	12700	12600	12500
城市自来水供水能力	45	45	43	43	43
城市污水处理能力	33	23	21	18	13

5-21 房地产开发企业基本情况

	1995	2000	2005	2008	2009
年末从业人员数(人)	1262	2794	4156	6410	6591
年平均从业人员数(人)	1157	2682		6182	6377
实收资本	6466	32320	58469	325124	362558
#国家资本		1432	7088	21346	14824
资产总计(万元)	19525	95983	415598	1085412	1368135
固定资产累计折旧(万元)	245	1213	2749	13211	16735
#本年折旧	94	366	490	2338	2996
负债总计(万元)	15856	70554	122098	654529	829275
所有者权益合计(万元)	3669	25365	79746	430882	538860
主营收入总计(万元)	5159	28340	72506	286571	370903
土地转让收入	863	1137	96	232	586
商品房屋销售收入	3539	26269	40174	276708	360717
房屋出租收入	11	52	420	409	507
其他收入	746	882	1313	9222	9093
税金及附加(万元)		1325	2228	15462	22784
利润总额(万元)	139	152	2390	16193	29947
商品房屋销售额(万元)	3167	26257	112404	415200	424520
#住宅	2054	19207	97302	325941	351722
商品房屋销售面积(万平方米)	5.36	28.92	82.9	203.72	218.50
住宅	4.17	26.65	77.83	187.67	201.80
#别墅、高档公寓		0.23	3.69	3.77	
经济适用房		7.44	11.29	9.71	9.50
办公楼	0.16	0.33	0.72	1.16	1.60
商业营业用房	0.98	1.82	4.08	14.54	13.80
其他房屋	0.04	0.12	0.27	0.35	1.20
房屋销售价格(元)	579	908	1356	2038	1943
住宅	492	721	1250	1736	1743
#别墅、高档公寓			2518	2926	
经济适用房		588	1136	1132	1322
办公楼	562	670	652	1000	3264
商业营业用房	941	3708	3543	6006	4735
其他房屋	500	667	626	2197	1566

5-22 房地产开发投资完成情况

	1995	2000	2005	2008	2009
本年完成投资(万元)	**7610**	**50421**	**165361**	**425226**	**561243**
土地开发投资额	643	10610	25277	5577	888
按构成分					
建筑、安装工程	6118	38148	105903	377860	482995
设备、工器具购置	152	27	991	3002	15036
其他费用	1340	12246	58467	44364	63212
#土地购置费	794	10389	34962	21755	25988
按工程用途分					
住宅	5779	37315	125005	327831	437673
#别墅、高级公寓		60		221	800
经济适用房		9858	16697	29057	31084
办公楼	194	2953	2958	3108	3301
商业营业用房	602	2831	10018	76718	84520
其他	1035	7322	27380	17569	35749
按资金来源分					
国家预算内资金		18			
国内贷款	2628	19229	38324	22484	57507
债券					
利用外资	625				
#外商直接投资					
自筹资金	1646	15088	73725	242865	232832
其他资金	3638	19001	70743	223479	278843
新增固定资产(万元)	5431	30753	79983	162503	206515
本年购置土地面积(万平方米)	26.50	36.08	74.81	29.36	43.17
本年完成开发土地面积(万平方米)	12.64	22.10	64.65	29.28	27.13
本年正在开发的土地面积(万平方米)	3.57	35.62			
本年待开发的土地面积(万平方米)	6.23	24.32	20.91	26.18	43.24
自开始建设至本年底累计完成投资(万元)	13949	72955	313654	882380	1206308
房屋建筑面积(万平方米)					
施工面积	25.64	99.30	259.41	613.29	836.18
#住宅	21.44	89.72	210.75	505.92	699.62
竣工面积	17.81	42.50	83.62	97.22	159.09
#住宅	14.53	39.69	73.27	78.41	133.96
商品房屋销售建筑面积(万平方米)	5.47	28.93	82.90	203.72	218.52
房屋空置面积(万平方米)	10.48	12.91	7.88	12.87	17.36
商品房屋竣工价值(万元)	7587	29276	69527	107395	1590905
商品房屋销售额(万元)	3167	26257	112404	415200	424520

5-23 分县市、区房地产开发企业情况

(2009 年)　　　　单位:个

	合计	二级	三级	四级	暂定
全　　市	**331**	**19**	**45**	**81**	**186**
宛城区	71	1	5	10	55
卧龙区	82	1	2	4	75
南召县	7			3	4
方城县	7	1	4	1	1
西峡县	10	2		7	1
镇平县	4		2	1	1
内乡县	2		1		1
淅川县	3		1	1	1
社旗县	6		1	4	1
唐河县	7		4		3
新野县	5		1	2	2
桐柏县	4		1	2	1
邓州市	15			3	12
市　　直	108	14	23	43	28

5-23 续表

(2009 年)　　　　单位:个

	内资			港澳台	外资
		国有	集体		
全　　市	**324**	**18**	**4**	**5**	**2**
宛城区	71				
卧龙区	82				
南召县	7				
方城县	7	1			
西峡县	10				
镇平县	4	3			
内乡县	2		1		
淅川县	3	1			
社旗县	6				
唐河县	7	1			
新野县	5	1			
桐柏县	4	1			
邓州市	15	2			
市　　直	101	8	3	5	2

5-24 房地产开发企业完成情况表

单位:万元

	2007	2008	2009
计划总投资	**1131580**	**1476448**	**2259492**
自开始建设累计完成投资	611129	882380	1206308
本年完成投资	323646	425226	561243
其中:土地开发投资额	331	5577	888
其中:配套工程投资	3103	677	4517
建筑工程	261502	363095	481968
安装工程	26360	14765	1027
设备工器具购置	3412	3002	15036
其他费用	33372	44364	63212
其中:旧建筑物购置费	2240	2455	2012
其中:土地购置费	15720	21755	25988
其中:住宅投资	247963	327831	437673
其中:90平米住房	63947	79685	124666
其中:经济适用房	11779	29057	31084
其中:别墅、高档公寓	7710	221	800
办公楼	3363	3108	3301
商业营业用房	50595	76718	84520
其他	21725	17569	35749
本年新增固定资产	160570	162503	206515
本年资金来源合计	421583	538257	655225
上年末结余资金	67186	49429	86043
本年资金来源小计	354397	488828	569182
国内贷款	36053	22484	57507
其中:银行贷款		16820	50700
非银行金融机构贷款		5664	6807
利用外资	2860		
其中:外商直接投资	1860		
自筹资金	137512	242865	232832
企事业单位自有资金	67288	84614	85480
其他资金来源	177972	223479	278843
其中:定金及预付款	94261	147270	152805
个人按揭贷款	23204	14851	44030
本年各项应付款合计	17772	43009	108904
其中:工程款	3118	36352	15852
本年完成开发土地面积	374976	292772	271305
待开发土地面积	877200	261812	432439
本年购置土地面积	305168	293616	431679
本年土地成交价款	15793	19154	41976

5—24 续表

单位:万元

	2007	2008	2009
流动资产合计	714158	945109	1064357
其中:存货	248829	382369	424457
固定资产原价	54859	68944	72999
固定资产累计折旧	9138	13211	16735
本年折旧	1919	2338	2996
资产总计	857640	1085412	1368135
负债总计	522861	654529	829275
所有者权益合计	334779	430882	538860
其中:实收资本	280318	325124	362558
国家资本	16116	21346	14824
集体资本	11134	3935	7255
法人资本	37350	82380	51312
个人资本	206994	206812	280394
港澳台资本	5834	3220	4852
外商资本	2890	7430	3920
主营业务收入	304398	286571	370903
土地转让收入	1317	232	586
商品房屋销售收入	291018	276708	360717
房屋出租收入	293	409	507
其他收入	11770	9222	9093
主营业务成本	240771	221017	279209
主营业务税金及附加	20595	15462	22784
主营业务利润	37023	43447	63078
其他业务收入	764	38	442
其他业务利润	738	711	429
销售费用	6009	6673	8049
管理费用	14850	19467	21213
其中:税金	886	1495	2446
差旅费	1171	1583	1519
工会经费	114	123	168
财务费用	6260	8346	7761
利息支出	4597	5640	6373
营业利润	16651	16345	32316
营业外收入	1245	249	382
营业外支出	1355	372	718
利润总额	16700	16193	29947
应缴所得税	4650	3842	5586
劳动失业、保险费	169	329	389
住房公积金及住房补贴	60	81	27
本年应付工资总额	7111	8324	10588
本年应付福利费总额	905	1048	1333
全部从业人员年平均人数	5330	6182	6377

5－25 房地产开发面

（2009

	单位	合计	住宅	90平方米以下
房屋施工面积	平方米	8361815	6996156	1636791
本年新开工面积	平方米	2914222	2475066	435245
房屋竣工面积	平方米	1590905	1339615	194887
不可销售面积	平方米			
商品住宅竣工套数	套		11031	2402
竣工房屋价值	万元	148344	121954	18247
出租房屋面积	平方米	72891		
商品房销售面积	平方米	2185211	2018351	367390
现房销售面积	平方米	849454	814586	149181
期房销售面积	平方米	1335757	1203765	218209
商品房销售额	万元	424520	351722	66426
现房销售额	万元	131043	115127	22666
期房销售额	万元	293477	236595	43760
商品房销售套数	套		17371	4474
现房销售套数	套		6977	1755
期房销售套数	套		10394	2719
空置面积	平方米	173622	151841	20060
空置 1－3 年(含 1 年)	平方米	76593	68606	13900
空置 3 年以上(含 3 年)	平方米			

积 完 成 情 况

年）

140平方米以下	经济实用房	别墅、高档公寓	办公楼	商业营业用房	其他
1339044	344459	1200	59737	1003118	302804
428546	248474	1200	25918	343945	69293
217629	12240			223014	28276
1381	136				
22799	920			21728	4662
			8977	63914	
387876	95118		16438	138461	11961
115393	39210			30445	4423
272483	55908		16438	108016	7538
70709	12574		5366	65559	1873
20376	3797			15215	701
50333	8777		5366	50344	1172
2483	880				
727	348				
1756	532				
26208	14772		2666	15089	4026
1884			223	5995	1769

5-26 按登记注册类型分的

（2009

	总计	内资	国有	集体	其他有限责任公司	股份有限公司
本年完成投资	**561243**	**519383**	**30656**	**8461**	**230085**	**66850**
按资金来源分						
本年资金来源合计	655225	602909	35135	8704	274422	56845
上年末结余资金	86043	65603	3410	206	39714	9263
本年资金来源小计	569182	537306	31725	8498	234708	47582
国内贷款	57507	42657	300	120	20865	800
利用外资						
自筹资金	232832	232832	17707	5453	87771	33014
其他资金来源	278843	261817	13718	2925	126072	13768
按构成分						
建筑工程	481968	447198	30223	8348	183379	57319
安装工程	1027	757	7		604	74
设备工器具购置	15036	8216	118		5443	1180
其他费用	63212	63212	308	113	40659	8277

5-27 各县（市、区）按构成分

（2009

	本年完成投资	住宅投资	办公楼	商业营业用房	其他用房	建筑工程
全市	**561243**	**437673**	**3301**	**84520**	**35749**	**481968**
宛城区	85830	71768	315	4730	9017	73369
卧龙区	102450	60065	1913	28881	11591	87293
南召县	2755	1838		360	557	2148
方城县	26019	19604		4674	1741	23717
西峡县	11974	9570		878	1526	9526
镇平县	3585	3585				3555
内乡县	2471	2471				2471
淅川县	22310	22310				22032
社旗县	6084	5153		245	686	5284
唐河县	27692	22084		4576	1032	25260
新野县	17458	12900		233	4325	13133
桐柏县	4724	2055		2669		4679
邓州市	38863	37743		870	250	30598
市直	209028	166527	1073	36404	5024	178903

房 地 产 开 发 投 资

年）

单位:万元

私营独资	私营合伙	私营有限责任公司	其他内资	港澳台投资	外商投资	外商合资经营	外商独资
7750	**10762**	**154089**	**7430**	**6530**	**35330**	**32140**	**3190**
19560	13214	183099	8330	13150	39166	34976	4190
3151	708	9071		950	19490	18750	740
16409	12506	174028	8330	12200	19676	16226	3450
6300	700	12772		4000	10850	10850	
6386	6742	65109	8330				
3723	5064	96147		8200	8826	5376	3450
7750	10762	139149	7430	5100	29670	26890	2780
		72		80	190	180	10
		1475		1350	5470	5070	400
		13393					

房 地 产 开 发 投 资

年）

单位:万元

安装工程	新增固定资产	主营业务收入	土地转让收入	商品房屋销售收入	房屋出租收入	其他收入	其他业务收入
1027	**206515**	**370903**	**586**	**360717**	**507**	**9093**	**442**
	44710	28350		28264		86	
354		74280		73738	393	150	207
	810	5594		5586		8	
	8050	19609		19609			
127	11099	14808	305	14503			
	2957	3377	281	3096			
		2489		2489			
		5257		3122		2135	
7	3070	869		857		12	
2	2464	19590		19530	60		
	4652	3428		3280		148	
2	5104	6487		6487			
50	28150	17043		17043			
485	95449	169724		163115	54	6555	236

5-28 各县(市、区)按构成分商品房施工面积

(2009 年)　　　　单位:平方米

	商品房施工面积	住宅		办公楼	商业营业用房	其他用房
			经济适用房			
全　　市	**8361815**	**6996156**	**344459**	**59737**	**1003118**	**302804**
宛 城 区	1189579	1079013	106015	11148	64339	35079
卧 龙 区	943746	625098		27914	245374	45360
南 召 县	36100	33800			2300	
方 城 县	406924	367285			27000	12639
西 峡 县	347216	334987			7079	5150
镇 平 县	75400	75400				
内 乡 县	50600	50600				
淅 川 县	61880	61880	61880			
社 旗 县	91714	85508			6206	
唐 河 县	254121	206733	18848		41388	6000
新 野 县	162498	144021			13632	4845
桐 柏 县	46933	46933				
邓 州 市	191224	159084			18940	13200
市　　直	4503880	3725814	157716	20675	576860	180531

5-29 各县(市、区)按构成分商品房竣工面积

(2009 年)　　　　单位:平方米

	商品房竣工面积	住宅		办公楼	商业营业用房	其他用房
			经济适用房			
全　　市	**1590905**	**1339615**	**12240**		**223014**	**28276**
宛 城 区	306627	268136			38141	350
卧 龙 区						
南 召 县	7100	6100			1000	
方 城 县	85000	85000				
西 峡 县	75099	68040			4479	2580
镇 平 县	38100	38100				
内 乡 县						
淅 川 县						
社 旗 县	22000	22000				
唐 河 县	34917	34917	12240			
新 野 县	52000	52000				
桐 柏 县	28235	28235				
邓 州 市	82964	82964				
市　　直	858863	654123			179394	25346

5-30 各县(市、区)按构成分商品房竣工价值

(2009 年)

单位:万元

	商品房竣工价值	住宅	经济适用房	办公楼	商业营业用房	其他用房
全　　市	**148344**	**121954**	**920**		**21728**	**4662**
宛　城　区	23175	19832			3318	25
卧　龙　区						
南　召　县	810	632			178	
方　城　县	6304	6304				
西　峡　县	8705	7386			967	352
镇　平　县	2957	2957				
内　乡　县						
淅　川　县						
社　旗　县	3070	3070				
唐　河　县	2294	2294	920			
新　野　县	4600	4600				
桐　柏　县	2300	2300				
邓　州　市	6096	6096				
市　　直	88033	66483			17265	4285

5-31 各县(市、区)按构成分商品房销售面积

(2009 年)

单位:平方米

	商品房销售面积	现房	期房	住宅	90平米以下住房	经济适用房	办公楼	商业营业用房	其他用房
全　　市	**2185211**	**849454**	**1335757**	**2018351**	**367390**	**95118**	**16438**	**138461**	**11961**
宛　城　区	208946	90158	118788	200311	17273	3075		8635	
卧　龙　区	138364	501	137863	108671	43975		16438	13255	
南　召　县	25190	14190	11000	23470				1720	
方　城　县	368808	172200	196608	349808	4571			19000	
西　峡　县	175977	44433	131544	169789	503			3849	2339
镇　平　县	38100	38100		38100	5600				
内　乡　县	28324		28324	28324	23349				
淅　川　县	60325	55845	4480	60325	13770	35355			
社　旗　县	15780	9398	6382	15425				355	
唐　河　县	146219	88368	57851	121256	72127	14535		24963	
新　野　县	21230	16130	5100	21230	14176				
桐　柏　县	30215	30215		29447	16235			768	
邓　州　市	118890	60180	58710	106030	31140			6200	6660
市　　直	808843	229736	579107	746165	124671	42153		59716	2962

5—32 各县(市、区)按构成分商品房销售额

(2009 年)　　　　单位:万元

	商品房屋销售额	现房	期房	住宅	90平米以下住房	经济适用房	办公楼	商业营业用房	其他房屋
全市	**424520**	**131043**	**293477**	**351722**	**66426**	**12574**	**5366**	**65559**	**1873**
宛城区	35359	14412	20947	33825	2442	690		1534	
卧龙区	66216	117	66099	35827	17653		5366	25023	
南召县	2863	1763	1100	2423				440	
方城县	46405	19572	26833	43217	515			3188	
西峡县	32092	7878	24214	31183	87			661	248
镇平县	3681	3681		3681	616				
内乡县	3833		3833	3833	3098				
淅川县	6598	6102	496	6598	1644	3498			
社旗县	2020	1031	989	1892				128	
唐河县	22382	12875	9507	17762	10718	1353		4620	
新野县	3280	2548	732	3280	2185				
桐柏县	5658	5658		3389	1707			2269	
邓州市	16925	8380	8545	13880	3959			1850	1195
市直	177208	47026	130182	150932	21802	7033		25846	430

5—33 各县(市、区)商品房空置面积

(2009 年)　　　　单位:平方米

	空置面积	住宅	办公楼	商业营业用房	其他用房
全市	**173622**	**151841**	**2666**	**15089**	**4026**
宛城区					
卧龙区	3900		2443	1457	
南召县	10870	10290		580	
方城县	7528	7528			
西峡县	60350	59827			523
镇平县	16566	16566			
内乡县					
淅川县	2300	2300			
社旗县	13918	13918			
唐河县					
新野县					
桐柏县	13440	13440			
邓州市					
市直	44750	27972	223	13052	3503

5-34 全年累计完成投资1000万元及以上房地产开发企业生产经营情况

（2009年）

	资质等级	全年累计完成投资（万元）	资产总计（万元）	期末从业人员（人）	施工面积（平方米）	实际销售面积（平方米）
南阳市淯阳房地产开发公司	5	35800	341896	22	236000	
河南省万正房地产开发有限公司	2	32140	394386	193	407000	49492
南阳市兴达房地产开发有限公司	2	17743	643722	60	204598	28248
南阳市长安房地产开发有限公司	3	17257	204642	56	293776	6279
南阳市鑫安房地产开发有限责任公司	3	17050	182947	26	152937	2395
南阳市中实骏景房地产开发有限公司	5	13516	538247	24	115885	
南阳市宏悦房地产开发有限公司	5	13200	33970	6	60000	21000
南阳市明伦房地产开发有限公司	2	11900	117810	73	97876	41825
南阳东方房地产开发股份有限公司	3	9366	26423	21	92170	12100
淅川县永丰房地产开发有限责任公司	4	8900	10272	26	28100	18480
南阳市名门房地产开发有限公司	5	8565	94433	14	30000	22093
南阳市天合伟业房地产开发有限公司	5	8370	90000	8	91000	24024
新野县宏业房地产开发公司	3	8272	4851	28	87000	21230
南阳市黄河房地产开发有限责任公司	2	8000	164703	50	216400	42000
邓州市同华房地产开发有限公司	5	7500	6320	9	75000	50350
淅川县大民房地产开发有限公司	5	7430	41762	16	16780	14770
邓州市金川城乡建设有限公司	5	7300	8500	12	49000	28820
南阳海昌房地产开发有限责任公司	3	7202	247658	39	113260	41537
唐河中信置业有限责任公司	5	7076	89368	42	108000	44500
河南万家园房地产开发集团有限公司	2	7000	607832	60	242254	4220
南阳市天晟房地产开发有限公司	4	6680	129663	20	52815	
南阳市三杰房地产开发有限公司	2	6530	290294	32	105467	50657
南阳市众龙房地产开发有限公司	3	6300	76507	10	110000	3000
南阳市三川房地产开发有限公司	2	6298	442066	126	306630	29692
南阳德美奥翔置业有限公司	4	6271	169886	53	86000	5066
南阳市中达房地产开发有限公司	2	6200	218310	136	470000	6470
南阳市广厦实业开发有限公司	2	6176	221262	78	82640	23830
南阳房中恒房地产开发有限责任公司	3	6078	197188	27	114354	
淅川县房地产开发有限公司	3	5980	34625	80	17000	27075
南阳市乾元房地产开发有限责任公司	3	5900	46664	33	70000	8027
海南复兴房地产开发有限公司	3	5700	1100	28	11200	7250
南阳市天达置业房地产开发有限公司	3	5650	127123	21	556075	1866
南阳市裕邦佳合房地产开发有限公司	3	5550	15868	53	88955	81238
唐河县恒基房地产开发公司	3	5340	81405	42	45479	60496
方城县方圆房地产开发有限公司	5	5276	38020	30	58500	56876
南阳市凯盛房地产开发有限公司	5	5242	9874	38	150000	90260
邓州市振越房地产开发有限公司	5	5230	8112	12	11000	10260
南阳市宏祥房地产开发有限责任公司	4	5200	75674	26	65000	65000
方城县恒基房地产开发有限责任公司	3	5000	64080	25	99600	97400
南阳长天置业有限责任公司	5	4986	64064	12	48498	
南阳市广苑房地产开发有限公司	3	4939	72099	20	20127	15180
南阳市天泰房地产开发有限公司	5	4900	26860	13	100000	41900
南阳市康泰置业有限公司	3	4862	76948	14	20490	
南阳市佳泰房地产开发有限公司	3	4450	112217	25	90578	26353
南阳市鑫东海置业有限公司	5	4405	270000	47	100364	38612
南阳市乐乐牛房地产开发有限公司	5	4300	72244	30	40000	1596
河南省宇信房地产开发有限公司	2	4281	124460	92	73000	68452
新野县瑞祥房地产开发有限责任公司	4	4200	2521	20	27000	
邓州市住宅开发有限公司	4	3983	5680	19	9000	4590

5—34 续表 (2009 年)

	资质等级	全年累计完成投资（万元）	资产总计（万元）	期末从业人员（人）	施工面积（平方米）	实际销售面积（平方米）
唐河县嘉隆房地产开发有限公司	5	3900	34070	5	26800	4700
南阳市昌泰房地产开放有限公司	5	3900	36690	12	11000	
邓州市家园置业有限责任公司	5	3820	1632	11	10300	7500
南阳市金广源房地产开发有限公司	2	3800	283656	38	162680	10860
河南奇春房地产开发有限公司	5	3730	11300	5	8424	4230
邓州市三贤置业有限公司	5	3690	27154	19	16500	7100
邓州市城市综合开发公司	4	3610	9400	15	12000	6040
河南省惠众置业有限公司	5	3580	66380	14	72906	22790
南阳市坤奥置业有限公司	3	3409	107440	60	90981	259
南阳市东锋房地产开发有限公司	3	3300	14500	16	43794	14738
南阳市鸿德房地产开发公司	2	3250	413080	58	102504	
南阳港岛房地产开发有限公司	4	3190	207203	40	39900	17000
社旗县华府房地产开发有限公司	5	3067	81329	35	62060	6382
西峡县华府置业有限公司	4	2983	42558	30	24184	21663
南阳市英昌房地产开发有限公司	3	2980	20026	16	45394	14945
南阳市宝城房地产开发有限公司	4	2800	197488	6	203530	27600
南阳市建发房地产有限公司	3	2800	10245	11	100000	23000
社旗县房地产建设开发有限公司	4	2750	1080	12	22000	
南阳市峰宇房地产开发有限公司	4	2727	30040	15	33406	33356
桐柏县佳泰房地产开发公司	5	2535	19939	32	1758	1980
南阳市四方置业有限公司	5	2524	61618	12	59538	8846
南阳市向阳房地产开发有限责任公司	2	2521	196209	45	87979	17278
内乡县宏达房地产开发有限公司	3	2383	47818	68	29600	19760
唐河县房地产开发公司	3	2376	36000	53	18848	14535
南阳市宏源房地产开发有限公司	4	2350	11001	18	21863	13200
南阳市恒佳房地产开发有限公司	4	2265	100000	17	31520	8446
方城县新裕城市建设投资开发有限公司	3	2255	97666	14	18700	15142
南阳市鸿达房地产开发有限公司	4	2244	53135	34	15200	4106
方城县兴达房地产开发有限公司	3	2240	28510	20	49169	41100
南阳市万达基业房地产开发有限公司	5	2200	33798	12	26000	15000
西峡县房地产开发有限责任公司	2	2157	22408	48	35097	38929
西峡县中鼎房地产开发公司	4	2100	19200	15	24000	2650
桐柏县房地产开发公司	4	1920	7867	11	44675	28235
河南天工集团房地产开发有限责任公司	2	1900	42690	22	21420	
南阳市亿安房地产开发公司	3	1800	9360	7	56330	56330
南阳市中泰房地产开发有限公司	5	1700	24100	57	132000	
南阳市诚发房地产开发有限公司	5	1684	73321	30	48349	22652
南阳市中意房地产开发有限公司	4	1660	41948	20	13000	10200
南阳市双德房地产开发有限公司	4	1500	72408	10	22000	2060
南阳市丹霞房地产开发有限公司	5	1500	2800	7	18000	
南阳市广宇房地产开发有限责任公司	2	1420	31390	35	72600	3900
方城县顺达房地产开发有限责任公司	4	1417	7613	20	19000	8600
西峡县鸿运房地产开发公司	2	1275	46594	30	45049	15050
南阳市国泰房地产开发有限公司	4	1200	9098	19	3000	
西峡县恒安房地产开发公司	4	1190	5333	12	14670	7560
西峡县恒瑞房地产开发有限公司	4	1111	4384	25	14896	1745
南阳市新经纬房地产开发有限公司	4	1100	27532	15	16900	
南阳市住宅统建综合开发有限公司	3	1090	76287	52	31379	
镇平县惠贤置业有限公司	4	1065	2855	15	20500	20500
南阳市华安房地产开发有限公司	3	1000	87700	30	26184	21596

主要统计指标解释

固定资产投资 固定资产投资是社会固定资产再生产的主要手段。通过建造和购置固定资产的活动，国民经济不断采用先进技术装备，建立新兴部门，进一步调整经济结构和生产力的地区分布，增强经济实力，为改善人民物质文化生活创造物质条件。这对我国的社会主义现代化建设具有重要意义。

固定资产投资额是以货币表现的建造和购置固定资产活动的工作量，它是反映固定资产投资规模、速度、比例关系和使用方向的综合性指标。全社会固定资产投资按经济类型可分为国有、集体、个体、联营、股份制、外商、港澳台商、其他等。按照管理渠道，全社会固定资产投资总额分为基本建设、更新改造、房地产开发投资和其他固定资产投资四个部分。

房地产开发投资 指房地产开发公司、商品房建设公司及其他房地产开发法人单位和附属于其他法人单位实际从事房地产开发或经营的活动单位统一开发的包括统代建、拆迁还建的住宅、厂房、仓库、饭店、宾馆、度假村、写字楼、办公楼等房屋建筑物和配套的服务设施，土地开发工程（如道路、给水、排水、供电、供热、通讯、平整场地等基础设施工程）的投资；不包括单纯的土地交易活动。

城镇和工矿区私人建房投资和农村个人投资 城镇和工矿区私人建房包括市、县城、镇、工矿区所辖范围内的全部私人建房，不论其房主是否系本地的常住户口均应包括。农村个人投资包括农村个人建房及购置生产性固定资产的投资。

固定资产投资的资金来源 根据固定资产投资的资金来源不同，分为国家预算内资金、国内贷款、利用外资、自筹资金和其他资金来源。

(1)国家预算内资金：指中央财政和地方财政中由国家统筹安排的基本建设拨款和更新改造拨款，以及中央财政安排的专项拨款中用于基本建设的资金和基本建设拨款改贷款的资金等。

(2)国内贷款：指报告期内企、事业单位向银行及非银行金融机构借入的用于固定资产投资的各种国内借款。包括银行利用自有资金及吸收的存款发放的贷款、上级主管部门拨入的国内贷款、国家专项贷款（包括煤代油贷款、劳改煤矿专项贷款等）、地方财政专项资金安排的贷款、国内储备贷款、周转贷款等。

(3)利用外资：指报告期内收到的用于固定资产投资的国外资金，包括统借统还、自借自还的国外贷款，中外合资项目中的外资，以及对外发行债券和股票等。国家统借统还的外资指由我国政府出面同外国政府、团体或金融组织签订贷款协议、并负责偿还本息的国外贷款。

(4)自筹资金：指建设单位报告期内收到的，用于进行固定资产投资的上级主管部门、地方和企、事业单位自筹资金。

(5)其他资金来源：指报告期内收到的除以上各种拨款、借款、自筹资金之外，其他用于固定资产投资的资金。

固定资产投资按国民经济行业分 建设项目归哪个行业，按其建成投产后的主要产品或主要用途及社会经济活动性质来确定。基本建设按建设项目划分国民经济行业，更新改造、国有单位其他固定资产投资及城镇集体投资根据整个企业、事业单位所属的行业来划分。一般情况下，一个建设项目或一个企业、事业单位只能属于一种国民经济行业。为了更准确地反映国民经济各行业之间的比例关系，联合企业（总厂）所属分厂属于不同行业的，原则上按分厂划分行业。

固定资产投资按建设性质分 建设项目的性质一般分为新建、扩建、改建、迁建、恢复。基本建设按建设项目划分建设性质，更新改造、国有单位其他固定资产投资及城镇集体投资等按整个企业、事业单位的建设情况确定建设性质，房地产开发单位、农村投资、城镇工矿区私人建房等投资不划分建设性质。

(1)新建：一般是指从无到有、“平地起家”新开始建设的单位。有的单位原有的基础很小，经过建设后其新增加的固定资产价值超过原有固定资产价值（原值）三倍以上的也算新建。

(2)扩建：一般是指为扩大原有产品的生产能力，在厂内或其他地点增建主要生产车间（或主要工程）、独立的生产线或分厂的企业；事业单位和行政单位在原单位增建业务用房（如学校增建教学用房、医院增建门诊部或病床用房、行政机关增建办公楼等）也作为扩建。

(3)改建：一般是指现有企业、事业单位为了技术进步，提高产品质量，增加花色品种，促进产品升级换代，降低消耗和成本，加强资源综合利用和三废治理、劳保安全等，采用新技术、新工艺、新设备、新材料等对现有设施、工艺条件进行技术改造或更新（包括相应配套的辅助性生产、生活福利设施）。有的企业为充分发挥现有生产能力，进行填平补齐而增建不增加本单位主要产品生产能力的车间等，也属于改建。

固定资产投资按构成分 固定资产投资活动按其工作内容和实现方式分为建筑安装工程，设备、工具、器具购置，其他费用三个部分。

(1)建筑安装工程（建筑安装工作量）：指各种房屋、建筑物的建造工程和各种设备、装置的安装工程。包括各种房屋建造工程，各种用途设备基础和各种工业窑炉的砌筑工程；为施工而进行的各种准备工作和临时工程以及完工后的清理工作等；铁路、道路的铺设，矿井的开凿及石油管道的架设等;水利工程;防空地下建筑等特殊工程;以及各种机械设备的安装工程;为测定安装工程质量,对设备进行的试运工作。在安装工程中,不包括被安装设备本身的价值。

(2)设备、工具、器具购置:指购置或自制达到固定资产标准的设备、工具、器具的价值,固定资产的标准按财务部门规定。新建单位、扩建单位的新建车间按照设计和计划要求购置或自制的全部设备、工具、器具,不论是否达到固定资产标准均计入“设备、工具、器具购置”中。

(3)其他费用:指在固定资产建造和购置过程中发生的,除建筑安装工程和设备、工具、器具购置以外的各种应摊入固定资产的费用。

施工项目 指报告期内曾进行建筑或安装工程施工活动的建设项目,包括报告期内新开工项目、报告期以前开工跨入报告期继续施工的项目以及报告期施过工并在报告期内全部建成投产或停缓建的项目。

全部建成投产项目 工业项目是指设计文件规定形成生产能力的主体工程及其相应配套的辅助设施全部建成,经负荷试运转,证明具备生产设计规定合格产品的条件,并经过验收鉴定合格或达到竣工验收标准,与生产性工程配套的生活福利设施可以满足近期正常生产的需要,正式移交生产的建设项目。非工业项目是指设计文件规定的主体工程和相应的配套工程全部建成,能够发挥设计规定的全部效益,经验收鉴定合格或达到竣工验收标准,正式移交使用的建设项目。

新增生产能力 指通过固定资产投资活动而增加的设计能力或工程效益,它是用实物形态表示的固定资产投资的成果。新增生产能力的计算,是以能独立发挥生产能力或工程效益的单项工程(或项目)为对象。当单项工程(或项目)建成,经有关部门鉴定合格,正式移交投入生产,即可计算新增生产能力。

新增生产能力或工程效益有以下几种表现形式:

(1)以建设项目或单项工程建成后的年产能力表示,如煤炭开采、石油开采等。

(2)以建设项目或单项工程建成后处理原料的能力表示,如选矿工程的年处理矿石能力、洗煤厂年洗原煤能力等。

(3)以新增的主要设备数量或容量表示,如棉纺锭锭数、发电机组容量等。

(4)以建筑物容积、容量、面积或长度表示,如水库容量、铁路公路里程等。

新增生产能力的数量一般按设计能力计算。设计能力是指设计文件中规定的在正常情况下能够达到的生产能力,而不论投产后的实际产量如何。以设备数量、建筑物容积、面积、长度等表示的新增生产能力或工程效益,则按建成的实际数量计算。

房屋建筑面积 指从房屋外墙线算起的各层平面面积的总和,包括可供使用的有效面积和房屋结构(如柱、墙)占用的面积。多层建筑按各层(包括地下室)面积总和计算。

住宅建筑面积 指施工和竣工房屋建筑面积中供居住用的施工和竣工房屋建筑面积。

施工面积 指报告期内施工的全部房屋建筑面积。包括本期新开工的面积、上期跨入本期继续施工的房屋面积、上期停缓建在本期恢复施工的房屋面积、本期竣工的房屋面积及本期施工后又停缓建的房屋面积。

竣工面积 指在报告期内房屋建筑按照设计要求已全部完工,达到住人和使用条件,经验收鉴定合格,正式移交使用单位的建筑面积。

房屋建筑面积竣工率 指一定时期内房屋竣工面积占同期房屋施工面积的比率。它是从房屋建筑施工速度的角度反映投资效果和建筑业经济效益的指标。

新增固定资产 指通过投资活动所形成的新的固定资产价值,包括已经建成投入生产或交付使用的工程价值和达到固定资产标准的设备、工具、器具的价值及有关应摊入的费用。它是以价值形式表示的固定资产投资成果的综合性指标,可以综合反映不同时期、不同部门、不同地区的固定资产投资成果。

建设项目投产率 指一定时期内全部建成投入生产项目个数与同期正式施工项目个数的比率。它是从项目建设速度的角度反映投资效果的指标。

固定资产交付使用率 指一定时期新增固定资产与同期完成投资额的比率。

它是反映各个时期固定资产动用速度,衡量建设过程中投资效果的一个综合性指标。

6

能　　源

资料整理:王秀英

6-1 综合能源消费情况

单位:万吨标准煤

	2005	2006	2007	2008	2009
能源消费总量	**1437.3**	**1604.2**	**1701.6**	**1797.6**	**1875.3**
第一产业	50.2	51.7	54.3	56.3	66.9
农林牧渔业	50.2	51.7	54.3	56.3	66.9
第二产业	1132.0	1292.0	1359.6	1430.0	1468.6
工业	1118.4	1279.2	1348.0	1418.0	1454.4
规模以上工业	718.7	718.9	1111.7	1187.6	1227.5
建筑业	13.6	12.8	11.6	12.0	14.2
第三产业	118.4	116.7	131.1	145.4	162.7
交通运输业	34.0	34.7	35.5	40.0	45.5
批零住宿业	31.6	32.4	33.2	35.0	38.6
其他	52.8	49.6	61.3	70.4	78.6
生活消费	136.7	143.9	156.6	165.9	177.1
城镇居民生活消费	69.8	75.9	80.1	84.9	89.8
农村居民生活消费	67.0	68.0	76.5	81.0	87.3
人均生活能耗(千克标准煤/人)	136.5	133.2	144.3	152.4	161.9
其中:城镇居民	233.3	247.5	241.7	228.5	229.2
农村居民	86.3	100.6	101.5	113.0	124.4

6-2 分行业能源消费构成

单位:%

	2005	2006	2007	2008	2009
总计	**100.0**	**100.0**	**100.0**	**100.0**	**100.0**
第一产业	3.5	3.2	3.2	3.1	3.6
农林牧渔业	3.5	3.2	3.2	3.1	3.6
第二产业	78.8	80.5	79.9	79.6	78.3
工业	77.8	79.7	79.2	78.9	77.6
规模以上工业	63.8	65.4	65.3	66.1	65.5
建筑业	0.9	0.8	0.7	0.7	0.8
第三产业	8.2	7.3	7.7	8.1	8.7
交通运输业	2.4	2.2	2.1	2.2	2.4
批零住宿业	2.2	2.0	2.0	1.9	2.1
其他	3.7	3.1	3.6	3.9	4.2
生活消费	9.5	9.0	9.2	9.2	9.4
城镇居民生活消费	4.9	4.7	4.7	4.7	4.8
农村居民生活消费	4.7	4.2	4.5	4.5	4.7

6-3 万元 GDP 能耗

单位:吨标准煤/万元

	2005	2006	2007	2008	2009
合计	**1.36**	**1.34**	**1.28**	**1.24**	**1.17**
第一产业	0.18	0.16	0.17	0.15	0.19
农林牧渔业	0.18	0.16	0.17	0.15	0.19
第二产业	2.12	2.11	1.97	1.83	1.76
工业	2.36	2.35	2.17	1.85	1.93
规模以上工业	2.46	2.36	2.18	2.05	1.81
建筑业	0.24	0.14	0.1	0.14	0.18
第三产业	0.53	0.42	0.42	0.68	0.39
交通运输业	0.93	0.7	0.57	0.71	0.70
批零住宿业	0.67	0.52	0.39	0.60	0.31
其他	0.38	0.3	0.4	0.49	0.34

6-4 各县(市、区)主要能耗指标

	单位GDP能耗(吨标准煤/万元)				
	2005	2006	2007	2008	2009
全国	**1.22**	**1.21**	**1.16**	**1.10**	**1.08**
河南省	1.38	1.34	1.29	1.22	1.16
南阳市	1.36	1.34	1.28	1.24	1.17
宛城区	1.34	1.31	1.24	1.17	1.10
卧龙区	1.35	1.29	1.24	1.21	1.19
南召县	1.78	1.75	1.67	1.64	1.50
方城县	1.44	1.42	1.36	1.26	1.21
西峡县	2.23	2.21	2.12	1.99	1.87
镇平县	1.28	1.27	1.21	1.15	1.09
内乡县	1.49	1.45	1.39	1.34	1.26
淅川县	3.39	3.26	3.13	2.96	2.83
社旗县	1.31	1.30	1.23	1.17	1.11
唐河县	1.37	1.35	1.28	1.21	1.14
新野县	1.29	1.28	1.21	1.14	1.06
桐柏县	2.03	2.00	1.92	1.81	1.76
邓州县	1.67	1.60	1.52	1.45	1.38

6—4 续表 1

	单 位 GDP 电 耗 （千瓦时/万元）				
	2005	2006	2007	2008	2009
河 南 省	**1277.7**	**1257.5**	**1302.2**	**1266.2**	**1218.4**
南 阳 市	**806.9**	**801.9**	**847.8**	**854.3**	**825.5**
宛 城 区	791.5	759.7	804.6	1539.7	1522.3
卧 龙 区	909.4	872.0	923.5	1654.0	1607.2
南 召 县	431.8	436.3	440.7	444.5	374.0
方 城 县	376.7	354.0	354.8	353.6	364.9
西 峡 县	441.5	441.9	494.2	517.4	625.6
镇 平 县	183.7	222.6	331.1	587.9	548.8
内 乡 县	408.6	471.1	505.4	481.7	440.2
淅 川 县	3066.9	3004.6	3700.1	3440.9	2752.7
社 旗 县	341.3	355.2	355.1	224.2	248.9
唐 河 县	283.9	277.4	242.2	226.7	272.4
新 野 县	612.4	601.0	524.0	497.6	564.9
桐 柏 县	478.0	499.3	333.1	343.1	376.6
邓 州 县	373.8	327.1	338.0	302.6	348.4

6—4 续表 2

	单 位 工 业 增 加 值 能 耗（吨标准煤/万元）				
	2005	2006	2007	2008	2009
河 南 省	**4.02**	**3.78**	**3.45**	**3.08**	**2.71**
南 阳 市	**2.46**	**2.36**	**2.18**	**2.05**	**1.81**
宛 城 区	1.71	1.64	1.49	1.35	1.35
卧 龙 区	1.02	0.91	0.96	1.11	1.02
南 召 县	1.98	1.94	1.66	1.58	0.83
方 城 县	1.81	1.65	1.53	1.34	1.22
西 峡 县	3.35	3.29	3.35	3.54	2.97
镇 平 县	1.21	1.16	1.03	1.07	0.86
内 乡 县	2.07	1.98	1.93	1.99	1.42
淅 川 县	4.04	3.98	3.52	3.30	3.08
社 旗 县	1.86	1.76	1.68	1.63	1.50
唐 河 县	1.48	1.42	1.31	1.22	1.04
新 野 县	0.94	0.90	0.88	0.82	0.67
桐 柏 县	4.41	4.28	4.05	3.82	3.19
邓 州 县	2.03	1.86	1.71	1.68	1.43

6-5 各县(市、区)万元能耗降低率

	2006	2007	2008	2009	2006—2009 累计
全　　市	**-1.48**	**-4.15**	**-3.55**	**-5.16**	**-13.62**
宛　　城	-2.14	-4.80	-5.36	-5.74	-16.89
卧　　龙	-4.09	-4.13	-2.10	-3.58	-13.20
南　　召	-1.76	-4.15	-2.03	-7.33	-14.51
方　　城	-1.39	-4.51	-7.30	-4.28	-16.44
西　　峡	-0.89	-4.00	-5.94	-5.58	-15.50
镇　　平	-1.13	-4.01	-4.99	-5.73	-15.00
内　　乡	-2.43	-4.05	-3.90	-7.13	-16.45
淅　　川	-3.76	-4.12	-5.43	-4.79	-16.92
社　　旗	-1.05	-4.14	-4.55	-6.49	-15.34
唐　　河	-1.69	-4.50	-5.81	-5.51	-16.44
新　　野	-0.73	-4.17	-5.98	-6.02	-15.94
桐　　柏	-1.48	-4.00	-5.75	-4.90	-15.23
邓　　州	-4.05	-4.30	-4.86	-5.17	-17.15

6-6 各县(市、区)高耗能行业情况

	企业数	2008			2009			2009与2008对比(%)		
		综合能源消费量(吨标准煤)	工业总产值(万元)	产值单耗(吨标准煤/万元)	综合能源消费量(吨标准煤)	工业总产值(万元)	产值单耗(吨标准煤/万元)	综合能源消费量比	工业总产值比	产值能耗比
全　　市	**267**	**5518172**	**5079166**	**0.99**	**5705259**	**5960697**	**0.96**	**-3.3**	**-14.8**	**-11.9**
市　　直	7	164066	422936	0.56	147297	436815	0.34	11.4	-3.2	-13.1
宛 城 区	9	14415	53621	0.20	41032	70536	0.58	-64.9	-24.0	116.4
卧 龙 区	28	178392	249669	0.26	193990	316053	0.61	-8.0	-21.0	-14.1
高 新 区	7	165356	163832	1.16	97362	195978	0.50	69.8	-16.4	-50.8
南 召 县	22	20204	100539	0.05	26865	152726	0.18	-24.8	-34.2	-12.5
方 城 县	17	920813	1360137	0.16	999583	1624610	0.62	-7.9	-16.3	-9.1
西 峡 县	40	320019	227876	0.61	306891	284720	1.08	4.3	-20.0	-23.2
镇 平 县	20	234184	189516	1.00	167877	218847	0.77	39.5	-13.4	-37.9
内 乡 县	18	669761	820871	0.81	735864	984851	0.75	-9.0	-16.7	-8.4
淅 川 县	21	8450	67271	0.74	10184	78609	0.13	-17.0	-14.4	3.1
社 旗 县	13	57442	119428	0.11	54512	152284	0.36	5.4	-21.6	-25.6
唐 河 县	17	49061	62240	0.50	12202	75411	0.16	302.1	-17.5	-79.5
新 野 县	5	564613	311204	0.68	547213	319207	1.71	3.2	-2.5	-5.5
桐 柏 县	11	168136	306654	2.53	237188	360578	0.66	-29.1	-15.0	20.0
邓 州 县	25	33992	28548	0.54	158817	73688	2.16	-78.6	-61.3	81.0
两　　属	7	1949268	594824	3.90	1968381	615784	3.20	-1.0	-3.4	-2.5

6－7 规模以上工业企业分品种能源购进、消费及库存

（2009 年）

	年初库存	购进量		消费量	生产消费	
		实物量	金额（万元）		工业	非工业
原煤（吨）	478882	12504762	7115925	10356449	10062825	293624
洗精煤（吨）	16	210764	200794	210778	210778	
其他洗煤（吨）	3	3775	3282	3515	3515	
煤制品（吨）		272	237	272	272	
焦炭（吨）	916	644843	867190	641779	641776	3
天然气（万立方米）				3275	3275	
原油（吨）		21	116	622165	622165	
汽油（吨）	51	10968	67925	13769	9246	4523
煤油（吨）		303	2026	300	296	4
柴油（吨）	1760	19827	121450	68040	56943	11097
燃料油（吨）		68	367	82021	82021	
液化石油气（吨）	1	655	3985	1087	1087	
炼厂干气（吨）				12031	12031	
其他石油制品（吨）	2	5438	23338	28610	28610	
热力（百万千焦）		1015239	48021	1183098	1183098	
电力（万千瓦时）		1100676	6250376	1225242	1205303	19939
其他燃料（吨标准煤）		24500	10417	23742	23742	

6-8 规模以上工业企业分行业主要能源消费量

（2009 年）

	原煤（吨）	焦炭（吨）	原油（吨）	汽油（吨）	柴油（吨）	燃料油（吨）	热力（百万千焦）	电力（万千瓦时）
总计	**10356449**	**641779**	**622165**	**13769**	**68040**	**82021**	**1183098**	**1225242**
采矿业	288539		622144	6262	51238	81953	167859	114395
石油和天然气开采业	248177		622144	5670	49024	81953	167859	68559
黑色金属矿采选业	21			77	876			6056
有色金属矿采选业	407			204	483			9658
非金属矿采选业	39934			312	855			30122
制造业	4157381	641779	21	6978	13945	68	1015239	919978
农副食品加工业	20525	150		102	62			30778
食品制造业	33016	530		109	425			11538
饮料制造业	608581			169	2025			33979
烟草制品业	10259							1570
纺织业	99343			196	53		11997	155543
纺织服装、鞋、帽制造业	1026			37	8			1306
皮革、毛皮、羽毛(绒)及其制品业	7536			2				677
木材加工及木、竹、藤、棕、草制品业	33340	117		37	43			4552
家具制造业	520			15				2490
造纸及纸制品业	101295			124	79	68		11974
印刷业和记录媒介的复制	3534			57				1816
文教体育用品制造业	5	2072						164
石油加工、炼焦业及核燃料加工业	70							198
化学原料及化学制品制造业	1175534	12500		2731	1403			123335
医药制造业	32548	1850		160	210		1003242	41322
橡胶制品业	2832			45				1647
塑料制品业	1190			58	182			7088
非金属矿物制品业	1504492	8920		830	2871			173667
黑色金属冶练及压延加工业	457732	580802		77	127			150348
有色金属冶练及压延加工业	7251	31881		215	4422			91566
金属制品业				51	36			2986
通用设备制造业	25813	483		378	262			17676
专用设备制造业	10337			295	783			7108
交通运输设备制造业	7594	22		213	461			15823
电气机械及器材制造业	15	20		227	182			5489
通信设备、计算机及其它电子设备制造业	1227			255	186			3720
仪器仪表及文化、办公用机械制造业	9630	2432	21	532	121			15767
工艺品及其他制造业	2137			67	5			5852
电力、燃气、及水的生产和供应业	5910529			529	2857			190868
电力、热力的生产和供应业	5910529			492	2857			187015
煤气生产和供应业				37				88
水的生产和供应业								3765

6-9 各县(市、区)规模以上工业企业分品种主要工业能源消费量

(2009年)

	原煤(吨)	焦炭(吨)	原油(吨)	汽油(吨)	柴油(吨)	燃料油(吨)	热力(百万千焦)	电力(万千瓦时)
南阳市	**10356449**	**641779**	**622165**	**13769**	**68040**	**82021**	**1183098**	**1225242**
市直	684699			587	2411		1015239	149360
宛城区	106593			184	168			51932
卧龙区	222939	680		2622	212			36368
高新区	5072	82949		698	684			17372
南召县	27590			431	2637			35435
方城县	419776	472309		316	805			109373
西峡县	402473			23	202			48705
镇平县	268680		21	327	200	68		24938
内乡县	506311	81129		390	4636			251533
淅川县	70340							23828
社旗县	68564	4649		257	522			41592
唐河县	49779			118	80			134784
新野县	926969			128	1686			50787
桐柏县	380969			670	43			48839
邓州县	421688	60		528	879			19705
两属	5794007	3	622144	6489	52877	81953	167859	180689

6-10 规模以上工业能源转换效率

单位:吨标准煤、%

	2008年			2009年		
	能源加工转换产出合计	能源加工转换投入合计	能源转换效率	能源加工转换产出合计	能源加工转换投入合计	能源转换效率
总计	**2122872**	**4340343**	**48.91**	**2390653**	**4778205**	**50.03**
火力发电	1294890	3472839	37.29	1643944	4010766	40.99
供热	19364	51216	37.81			
原煤入洗						
炼焦						
炼油	808617	816288	99.06	746709	767440	97.30
制气						
天然气液化						
加工型煤						
热电联产	1314254	3524055	37.29	1643944	4010766	40.99
炼焦与制气						

主要统计指标解释

能源生产总量 指一定时期内全国一次能源生产量的总和。该指标是观察全国能源生产水平、规模、构成和发展速度的总量指标。一次能源生产量包括原煤、原油、天然气、水电、核能及其他动力能(如风能、地热能等)发电量,不包括低热值燃料生产量、生物质能、太阳能等的利用和由一次能源加工转换而成的二次能源产量。

能源消费总量 指一定时期内全国物质生产部门、非物质生产部门和生活消费的各种能源的总和。该指标是观察能源消费水平、构成和增长速度的总量指标。能源消费总量包括原煤和原油及其制品、天然气、电力,不包括低热值燃料、生物质能和太阳能等的利用。能源消费总量分为终端能源消费量、能源加工转换损失量和能源损失量三部分。

工业企业能源消费量 包括工业企业在生产过程中作为燃料、动力、原料、辅助材料使用的能源以及工艺用能、非生产用能。作为能源加工转换企业,还要包括能源加工转换的投入量。

工业生产能源消费:指工业企业为进行工业生产活动所消费的能源。主要包括:

(1)用于本企业产品生产、工业性作业的能源,包括用作原料、材料、燃料、动力;作为能源加工转换企业,还包括用作加工转换的能源(这部分能源不能理解为用作原材料,用作原材料的概念见后面的解释)。

(2)产品生产过程中作为辅助材料使用的能源。

(3)生产工艺过程使用的能源。

(4)新技术研究、新产品试制、科学试验使用的能源。

(5)为了工业生产活动而在进行的各种修理过程中使用的能源。

(6)生产区内的劳动保护用能等

能源加工、转换消费 能源加工、转换是指为了特定的用途,将一种能源(一般为一次能源),经过一定的工艺,加工或转换成另外一种能源(二次能源)

能源加工转换产出量 指各种能源经过加工转换后产出的各种二次能源产品(包括不作能源使用的其他副产品和联产品),比如火力发电产出的电力,热电联产同时产出的电力、蒸汽、热水,洗煤产出的洗精煤、洗中煤、煤泥等,炼焦产出的焦炭、焦炉煤气和其他焦化产品,炼油产出的汽油、煤油、柴油、燃料油、液化石油气、炼厂干气和其他石油制品(石脑油、各种原料油、溶剂油、石蜡、润滑油、石油沥青等),制气产出的是焦炉煤气、其他煤气、焦炭和其他焦化产品(煤焦油、粗苯等)。

综合能源消费量 指报告期内工业企业在工业生产活动中实际消费的各种能源的总和。计算综合能源消费量时,需要先将使用的各种能源折算成标准燃料后再进行计算。根据生产活动的性质,综合能源消费量在不同的企业有不同的计算方法。

非能源加工转换企业综合能源消费量,就是企业工业生产消费的各种一次能源和二次能源的总和,即:综合能源消费量=工业生产消费的能源合计。

能源加工转换企业综合能源消费量 是企业工业生产消费的各种一次能源和二次能源扣除加工转换产出的二次能源后的实际能源消费量。计算公式为:综合能源消费量=工业生产消费的能源合计-能源加工转换产出合计

标准煤 标准煤亦称煤当量,具有统一的热值标准。我国规定每千克标准煤的热值为7000千卡。将不同品种、不同含量的能源按各自不同的热值换算成每千克热值为7000千卡的标准煤。能源折标准煤系数=某种能源实际热值(千卡/千克)/7000(千卡/千克)。

单位GDP能耗=能源消耗总量/GDP

单位GDP电耗 指一定时期内,一个国家或地区每生产一个单位的国内生产总值所消耗的电力。计算公式为:

单位GDP电耗=全社会用电量/GDP

单位工业增加值能耗 指一定时期内,一个国家或地区每生产一个单位的工业增加值所消耗的能源。计算公式为:

单位工业增加值能耗=工业能源消耗量/工业增加值

7

物　价

资料整理:王　勇

7-1 居民消费价格总指数和商品零售价格总指数

（以上年为100）

	全市		城镇		#城区		农村	
	居民消费价格总指数	商品零售价格总指数	居民消费价格总指数	商品零售价格总指数	居民消费价格总指数	商品零售价格总指数	居民消费价格总指数	商品零售价格总指数
1984					102.0	101.6		
1985					107.1	106.5		
1986					106.0	105.4		
1987					107.6	107.4		
1988					121.8	123.5		
1989					116.1	115.9		
1990					103.5	102.5		
1991					106.4	106.2		
1992	105.3	105.0	107.4	107.4	106.9	106.8	103.4	102.9
1993	110.3	107.2	110.6	107.7	111.1	107.9	109.8	106.5
1994	123.6	119.9	123.5	119.6	124.3	117.9	123.8	120.0
1995	116.5	116.4	115.6	113.7	114.8	113.0	116.7	118.2
1996	110.8	109.2	110.3	107.3	110.4	107.4	110.9	109.8
1997	104.7	101.3	103.3	100.1	103.6	100.1	104.8	102.1
1998	96.9	96.2	96.8	95.3	96.8	95.3	97.0	96.7
1999	97.1	96.4	97.2	95.9	97.2	95.9	97.1	96.6
2000	98.7	98.0	98.9	99.3	98.9	99.3	98.4	97.5
2001	101.2	99.7	101.3	100.2	101.5	100.2	101.1	99.5
2002	100.9	99.1	100.0	98.5	99.9	98.3	101.6	99.3
2003	101.8	100.6	102.2	100.6	102.2	100.6	101.4	100.6
2004	105.3	104.8	105.7	104.5	105.7	104.5	105.0	104.9
2005	102.3	102.2	102.1	102.3	102.1	102.3	102.4	102.1
2006	101.0	101.1	100.7	100.7	100.7	100.7	101.4	101.3
2007	104.8	104.1	105.4	104.3	105.4	104.3	104.2	104.0
2008	106.5	106.4	106.8	107.6	106.8	107.6	105.8	105.8
2009	99.6	99.3	99.5	99.2	99.5	99.2	99.7	99.6

注："商品零售价格总指数"不包括"农业生产资料价格指数"。

7-2 居民消费价格总指数和商品零售价格总指数

（2009年）

	全市		城镇		#城区		农村	
	居民消费价格总指数	商品零售价格总指数	居民消费价格总指数	商品零售价格总指数	居民消费价格总指数	商品零售价格总指数	居民消费价格总指数	商品零售价格总指数
以1987价格为100					354.3	277.2		
以1988价格为100					290.9	224.4		
以1989价格为100					250.6	193.6		
以1990价格为100					242.1	188.9		
以1991价格为100	226.5	186.96	226.6	182.4	227.5	177.9	220.5	187.6
以1992价格为100	215.1	178.05	211.0	169.9	212.8	166.6	213.3	182.3
以1993价格为100	195.0	166.09	190.7	157.7	191.6	154.4	194.2	171.2
以1994价格为100	157.8	138.53	154.5	131.9	154.1	130.9	156.9	142.6
以1995价格为100	135.4	119.01	133.6	116.0	134.3	115.9	134.4	120.7
以1996价格为100	122.2	108.98	121.1	108.1	121.6	107.9	121.2	109.9
以1997价格为100	116.8	107.58	117.3	108.0	117.4	107.8	115.7	107.6
以1998价格为100	120.5	111.83	121.1	113.3	121.3	113.1	119.3	111.3
以1999价格为100	124.1	116.01	124.6	118.2	124.8	117.9	122.8	115.2
以2000价格为100	125.7	118.38	126.0	119.0	126.1	118.8	124.8	118.2
以2001价格为100	124.2	118.73	124.4	118.8	124.3	118.5	123.5	118.8
以2002价格为100	123.1	119.81	124.4	120.6	124.4	120.6	121.5	119.6
以2003价格为100	120.9	119.10	121.7	119.8	121.7	119.8	119.8	118.9
以2004价格为100	114.9	113.64	115.2	114.7	115.2	114.7	114.1	113.3
以2005价格为100	112.3	111.20	112.8	112.1	112.8	112.1	111.5	111.0
以2006价格为100	111.2	109.99	112.0	111.3	112.0	111.3	109.9	109.6
以2007价格为100	106.1	105.66	106.3	106.7	106.3	106.7	105.5	105.4
以2008价格为100	99.6	99.30	99.5	99.2	99.5	99.2	99.7	99.6

注："商品零售价格总指数"不包括"农业生产资料价格指数"。

7-3 居民消费价格指数

(2009 年)

	以上年价格为100			定基比		
	全市	城市	农村	全市	城市	农村
居民消费价格总指数	**99.6**	**99.5**	**99.7**	**113.7**	**114.5**	**112.3**
非食品价格指数	**99.3**	**99.0**	**99.7**	**101.6**	**100.6**	**103.3**
服务项目价格指数	**97.7**	**96.9**	**99.9**	**99.8**	**98.1**	**103.8**
工业品价格指数	**100.3**	**100.6**	**99.8**	**102.9**	**102.4**	**103.3**
扣除食品和能源价格指数	**99.3**	**99.2**	**99.5**	**100.7**	**99.8**	**101.8**
扣除鲜菜鲜果总指数	**98.8**	**98.8**	**98.9**	**110.5**	**110.9**	**109.8**
消费品价格指数	**100.2**	**100.5**	**99.7**	**118.0**	**120.1**	**114.5**
一、食品	**100.3**	**100.8**	**99.3**	**145.0**	**149.6**	**136.0**
1.粮食	105.9	106.0	106.8	132.2	136.8	125.3
大米	107.0	107.7	105.8	130.1	128.7	133.3
面粉	110.2	110.9	109.5	130.2	135.7	123.8
2.淀粉	99.9	98.1	100.8	109.5	105.8	108.3
3.干豆类及豆制品	95.7	94.4	98.9	141.8	140.3	146.2
4.油脂	80.9	79.7	82.8	130.0	126.8	133.9
食用植物油	82.3	79.6	86.7	135.7	146.4	126.8
植物油制品	80.3	80.2	80.8	102.5	101.1	110.3
5.肉禽及其制品	88.1	87.6	88.8	151.6	160.3	140.4
(1)食用畜肉及副产品	83.9	83.4	84.5	155.1	165.2	143.3
猪肉	78.4	78.7	77.6	148.3	155.1	139.2
牛肉	103.0	101.7	104.0	170.7	168.8	177.2
羊肉	98.3	96.7	102.0	146.4	153.1	138.3
(2)禽	94.8	92.4	101.9	131.8	120.0	155.5
(3)加工肉禽	98.3	97.0	100.2	139.3	157.0	110.0
6.蛋	103.0	105.1	99.8	118.2	124.7	108.2
鲜蛋	103.1	105.1	99.5	117.4	124.1	105.7
蛋制品	102.4	105.4	100.9	124.9	133.5	119.8
7.水产品	98.7	99.3	97.0	125.5	133.2	110.4
(1)鱼	95.9	96.1	95.7	121.8	128.0	110.0
(2)其他水产品	113.9	116.0	104.4	141.6	155.6	110.6
8.菜	108.1	103.4	118.9	190.1	188.9	185.3
鲜菜	109.3	102.9	125.9	204.0	194.5	212.8
9.调味品	106.5	112.1	100.8	127.9	135.9	118.4
10.糖	100.4	101.3	99.9	117.5	126.5	113.9
11.茶及饮料	101.4	101.6	101.1	104.3	105.4	103.5
12.干鲜瓜果	119.8	122.5	110.1	172.7	176.4	163.2
鲜瓜果	130.2	135.8	112.0	187.9	192.4	172.5
13.糕点饼干	110.1	112.6	102.8	119.4	126.1	103.7
14.液体乳及乳制品	102.1	102.1	102.1	115.0	114.3	122.8
15.在外用膳食品	106.3	107.4	103.4	140.8	144.0	129.2
16.其他食品	100.7	100.5	101.0	108.3	114.1	103.9
二、烟酒及用品	**102.4**	**103.4**	**101.2**	**107.6**	**111.2**	**103.5**
1.烟草	100.2	99.9	100.5	103.1	100.7	104.8
2.酒	105.1	107.8	101.8	113.7	124.9	102.0
3.吸烟、饮酒用品	100.5	100.0	101.7	100.6	100.0	102.1
三、衣着	**103.0**	**103.6**	**100.9**	**100.9**	**102.2**	**97.1**
1.服装	102.2	102.5	100.5	96.3	96.2	95.1
2.衣着材料	100.5	101.6	100.1	103.2	113.9	98.9
3.鞋袜帽	105.7	107.0	102.0	115.4	122.2	100.8
4.衣着加工服务费	108.5	134.5	102.1	112.0	136.5	105.9
四、家庭设备用品及维修服务	**101.5**	**102.0**	**100.4**	**104.7**	**107.3**	**100.8**
1.耐用消费品	98.2	97.6	99.5	100.7	102.4	98.2
(1)家具	101.7	102.4	101.0	100.6	102.1	98.9
(2)家庭设备	96.0	95.3	98.0	100.6	102.1	97.4

注:定基比是以2005年平均价格为100进行对比计算的指数。

7—3续表　　　　　　　　　　　　(2009年)

	以上年价格为100			定基比		
	全市	城市	农村	全市	城市	农村
洗衣机	97.3	95.7	100.4	100.6	99.9	102.6
电冰箱(柜)	97.3	98.1	94.4	110.6	116.7	95.4
空调器	91.4	91.1	94.4	92.4	92.0	96.4
2.室内装饰品	101.8	102.1	100.9	103.7	104.3	101.9
3.床上用品	100.3	100.6	99.8	99.8	100.7	98.7
4.家庭日用杂品	100.8	100.7	101.1	103.4	104.2	102.8
5.家庭服务及加工维修服务	126.9	138.1	102.7	145.1	163.2	110.0
五、医疗保健和个人用品	**101.0**	**101.2**	**100.6**	**103.0**	**102.0**	**104.1**
1.医疗保健	99.8	99.9	99.6	100.2	99.1	101.4
(1)医疗器具及用品	100.2	98.7	101.3	94.1	72.2	107.9
(2)中药材及中成药	102.0	102.9	99.1	113.7	113.7	110.7
(3)西药	98.7	98.6	98.7	94.3	92.3	96.9
(4)保健器具及用品	96.6	95.5	99.5	96.9	97.0	99.4
(5)医疗保健服务	100.0	99.9	100.3	99.2	98.4	100.6
2.个人用品及服务	103.5	104.0	102.7	109.1	108.6	110.0
(1)化妆美容用品	99.6	99.4	99.9	95.2	93.1	99.7
(2)清洁化妆用品	101.8	102.4	100.4	106.7	110.3	101.0
(3)个人饰品	99.8	100.3	99.6	111.1	120.6	102.2
(4)个人服务	109.7	111.2	107.5	120.1	114.9	127.9
六、交通和通信	**98.4**	**98.2**	**99.0**	**96.4**	**94.6**	**100.5**
1.交通	98.8	98.5	99.2	104.0	103.8	104.1
(1)交通工具	98.8	98.1	99.3	95.6	95.9	94.9
摩托车	96.5	95.3	97.6	91.0	94.9	86.3
轿车	99.1	99.0	100.0	82.5	82.2	100.0
(2)车用燃料及零配件	93.2	92.5	94.2	123.0	123.0	123.7
汽油	89.5	88.3	95.3	141.2	140.2	147.5
柴油	86.5	80.3	88.8	139.8	139.8	144.8
(3)车辆使用及维修费	102.9	104.3	100.5	106.1	108.9	102.4
(4)市区公共交通费	100.1	100.0	100.9	103.2	100.0	122.8
(5)城市间交通费	99.3	98.5	100.2	109.6	104.0	116.4
2.通信	98.1	98.0	98.6	90.7	90.4	92.4
(1)通信工具	86.9	83.9	93.9	44.6	37.2	69.3
(2)通信服务	100.0	100.0	100.0	100.7	100.7	100.5
七、娱乐教育文化用品及服务	**103.2**	**104.3**	**100.5**	**103.9**	**103.7**	**102.0**
1.文娱用耐用消费品及服务	95.6	94.7	96.9	86.4	77.7	94.8
电视机	93.1	91.9	94.1	82.8	66.7	92.0
电脑	92.9	92.8	99.3	86.9	87.2	81.6
2.教育	104.9	106.4	101.8	107.4	107.5	104.8
(1)教材及参考书	105.4	108.4	102.3	106.3	120.4	95.6
(2)学杂托幼费	104.9	106.3	101.7	107.5	106.3	106.1
3.文化娱乐类	102.3	102.7	100.4	104.5	105.7	100.5
(1)文化娱乐用品	101.8	102.4	100.3	102.8	103.7	100.4
(2)书报杂志	106.5	108.7	100.5	111.7	116.7	100.4
(3)文娱费	100.0	100.0	100.1	102.2	102.3	100.9
4.旅游	107.2	108.5	99.9	114.5	116.4	100.9
八、居住	**92.0**	**88.5**	**98.2**	**100.4**	**95.9**	**109.5**
1.建房及装修材料	98.6	101.3	97.7	109.2	110.1	109.4
2.租房	105.8	111.5	100.7	107.4	113.7	101.0
3.自有住房	82.7	79.2	94.9	86.8	86.2	93.7
4.水、电、燃料	99.4	97.7	103.3	113.3	108.7	123.2
其他燃料	110.8	111.0	110.8	154.2	164.1	151.3

7-4 各县(市、区)居民消费价格指数

(2009年,上年=100)

	中心城区	南召县	方城县	西峡县	镇平县	内乡县	淅川县	社旗县	唐河县	新野县	桐柏县	邓州市
居民消费价格总指数	**99.5**	**99.8**	**100.9**	**100.1**	**99.5**	**100.2**	**100.2**	**101.4**	**100.5**	**100.0**	**99.9**	**98.8**
非食品价格指数	**99.0**	**100.2**	**100.8**	**99.2**	**100.3**	**100.4**	**100.4**	**100.5**	**100.6**	**100.0**	**99.9**	**99.3**
服务项目价格指数	**96.9**	**101.1**	**103.6**	**100.5**	**102.5**	**101.4**	**101.3**	**100.6**	**101.3**	**99.3**	**102.2**	**100.3**
工业品价格指数	**100.6**	**99.8**	**99.8**	**98.6**	**99.6**	**99.9**	**100.1**	**100.4**	**100.3**	**100.3**	**99.0**	**98.9**
扣除食品和能源价格指数	**99.2**	**99.9**	**100.3**	**99.0**	**100.1**	**100.3**	**100.3**	**100.1**	**100.4**	**100.1**	**100.2**	**99.5**
扣除鲜菜鲜果总指数	**98.8**	**99.5**	**99.9**	**98.7**	**99.1**	**99.4**	**99.2**	**100.0**	**99.8**	**99.2**	**99.0**	**98.2**
消费品价格指数	**100.5**	**99.5**	**100.2**	**100.0**	**98.8**	**99.9**	**100.0**	**101.6**	**100.3**	**100.2**	**99.3**	**98.4**
一、食品	**100.8**	**99.0**	**101.4**	**102.2**	**97.7**	**100.1**	**99.8**	**103.7**	**100.5**	**100.1**	**99.8**	**97.5**
1.粮食	106.0	108.0	105.7	108.4	109.5	108.4	100.6	109.8	103.2	106.0	103.2	107.4
大米	107.7	107.8	103.5	103.8	110.1	105.4	105.0	106.5	102.9	104.1	93.8	109.0
面粉	110.9	113.0	108.9	118.6	111.5	113.4	95.2	113.9	104.8	108.4	108.8	108.7
2.淀粉	98.1	96.1	99.0	100.0	100.0	100.0	100.0	100.0	100.0	100.0	97.3	100.0
3.干豆类及豆制品	94.4	98.4	103.0	107.0	90.4	98.1	100.0	99.5	102.8	93.0	95.5	99.4
4.油脂	79.7	80.5	81.5	87.5	79.9	78.1	85.2	93.9	95.3	91.6	77.6	72.8
食用植物油	79.6	81.1	81.5	90.2	83.7	86.0	88.5	101.4	100.3	96.1	77.5	70.8
植物油制品	80.2	78.5	85.3	84.9	69.0	78.8	85.7	77.5	82.4	100.2	78.3	76.2
5.肉禽及其制品	87.6	93.5	93.7	90.2	88.2	89.0	89.9	92.7	90.2	88.8	88.8	83.6
(1)食用畜肉及副产品	83.4	89.7	90.6	85.1	85.0	82.8	85.9	87.8	85.8	84.3	83.5	78.9
猪肉	78.7	83.9	83.3	78.5	79.0	77.2	82.2	81.4	79.3	77.8	76.4	69.8
牛肉	101.7	114.4	102.3	107.9	99.0	93.8	97.0	106.6	107.1	101.3	101.9	106.0
羊肉	96.7	96.7	118.3	105.8	96.0	98.0	93.1	105.2	103.4	102.0	104.3	98.6
(2)禽	92.4	100.7	95.2	101.0	100.5	109.1	99.1	109.2	105.9	101.3	99.0	94.0
(3)加工肉禽	97.0	104.8	106.2	100.1	96.5	100.4	101.4	102.3	99.1	100.5	103.3	97.4
6.蛋	105.1	98.7	98.8	98.4	98.9	100.5	100.2	102.4	99.4	99.2	100.8	100.6
鲜蛋	105.1	98.1	97.9	98.1	98.5	98.8	100.0	100.7	99.1	99.3	100.8	100.4
蛋制品	105.4	101.4	102.5	99.7	100.6	103.7	100.1	110.0	100.0	97.6	98.3	101.0
7.水产品	99.3	92.5	102.1	99.8	101.4	90.3	97.9	95.2	96.1	98.5	89.5	96.1
(1)鱼	96.1	91.9	102.4	94.5	100.2	88.1	97.5	91.8	95.1	98.7	86.4	95.3
(2)其他水产品	116.0	97.2	99.9	122.4	107.8	106.8	100.3	111.9	100.9	97.3	104.7	100.0
8.菜	103.4	109.8	126.2	127.9	109.2	125.6	131.4	127.2	125.1	126.2	122.2	112.9
鲜菜	102.9	112.3	133.0	135.5	114.1	131.1	145.7	134.5	129.8	132.3	126.1	116.7
9.调味品	112.1	105.4	100.1	100.0	102.0	99.7	99.9	101.6	100.0	101.5	100.0	99.6
10.糖	101.3	106.2	97.3	102.5	96.7	102.4	95.6	101.5	97.8	97.0	99.1	110.5
11.茶及饮料	101.6	103.9	100.0	100.0	103.3	101.8	100.0	100.9	100.0	100.0	107.8	100.0
12.干鲜瓜果	122.5	96.5	129.3	129.8	102.5	103.7	124.7	133.9	97.1	85.0	110.4	110.8
鲜瓜果	135.8	95.6	133.8	139.7	107.6	102.3	126.0	147.5	98.5	87.5	112.8	113.1
13.糕点饼干	112.6	109.3	102.2	100.0	102.2	102.8	99.8	102.5	100.0	100.0	106.8	103.8
14.液体乳及乳制品	102.1	101.8	96.7	104.2	106.6	107.3	100.0	101.5	101.4	99.8	101.8	102.6
15.在外用膳食品	107.4	100.8	100.6	103.0	105.3	105.2	101.3	102.3	105.0	108.7	108.2	103.0
16.其他食品	100.5	103.5	100.2	100.0	104.3	100.0	100.0	100.0	101.2	100.0	100.1	100.0
二、烟酒及用品	**103.4**	**100.0**	**100.0**	**100.0**	**103.7**	**100.1**	**100.0**	**100.1**	**103.4**	**103.8**	**102.3**	**100.0**
1.烟草	99.9	100.0	100.0	100.0	104.3	100.0	100.0	100.0	100.0	100.0	100.0	100.0
2.酒	107.8	100.0	100.0	100.0	103.1	100.0	100.0	100.2	107.0	108.2	102.1	100.0
3.吸烟、饮酒用品	100.0	100.0	100.0	100.0	104.7	101.2	100.0	100.0	105.0	100.0	130.3	100.0
三、衣着	**103.6**	**100.5**	**97.7**	**99.2**	**99.4**	**101.2**	**101.2**	**101.4**	**104.2**	**100.1**	**99.6**	**100.6**
1.服装	102.5	101.4	97.5	98.8	99.0	102.8	102.0	101.0	105.0	99.9	98.9	98.8
2.衣着材料	101.6	102.3	95.3	100.0	98.9	100.0	103.3	100.0	100.5	100.0	100.0	100.0
3.鞋袜帽	107.0	97.2	99.0	100.0	100.1	96.5	97.3	103.6	103.7	100.0	100.5	107.3
4.衣着加工服务费	134.5	100.0	100.0	100.0	106.0	104.7	104.0	100.0	104.1	103.5	107.0	100.0
四、家庭设备用品及维修服务	**102.0**	**99.9**	**99.7**	**99.7**	**100.0**	**102.3**	**101.5**	**100.6**	**103.3**	**99.8**	**99.3**	**98.9**
1.耐用消费品	97.6	98.9	99.2	99.2	98.7	98.3	100.2	98.9	104.7	99.1	97.6	97.6
(1)家具	102.4	99.4	98.8	100.0	100.6	98.0	99.9	100.0	109.0	100.0	99.2	100.0
(2)家庭设备	95.3	98.3	99.6	98.5	96.8	98.6	100.5	97.8	99.9	98.3	96.2	95.2

7—4续表　　　　　　　　　　　　（2009年，上年=100）

	中心城区	南召县	方城县	西峡县	镇平县	内乡县	淅川县	社旗县	唐河县	新野县	桐柏县	邓州市
洗衣机	95.7	100.3	98.7	100.0	101.2	99.3	100.6	100.0	104.5	100.0	96.9	100.3
电冰箱(柜)	98.1	97.8	100.0	95.5	92.9	100.0	99.3	100.0	92.8	100.0	89.5	87.0
空调器	91.1	96.2	100.0	98.4	96.5	93.1	101.6	92.4	93.9	93.4	94.5	90.5
2.室内装饰品	102.1	100.0	100.0	100.0	97.9	100.5	109.5	100.0	100.0	100.0	100.0	100.0
3.床上用品	100.6	100.0	100.0	100.0	98.6	102.3	100.0	100.0	100.0	100.0	100.0	100.0
4.家庭日用杂品	100.7	100.0	100.0	100.0	102.2	105.9	102.9	101.6	100.9	100.6	99.9	100.0
5.家庭服务及加工维修服务	138.1	104.5	100.0	100.0	101.6	109.7	100.0	107.2	112.4	100.0	105.5	100.0
五、医疗保健和个人用品	**101.2**	**101.0**	**99.9**	**100.5**	**100.6**	**98.7**	**100.7**	**100.6**	**100.9**	**99.7**	**100.3**	**100.3**
1.医疗保健	99.9	100.6	100.2	100.0	99.9	97.0	99.2	100.1	99.6	100.1	100.2	99.4
(1)医疗器具及用品	98.7	101.3	100.0	104.3	95.4	105.2	98.5	100.0	100.0	100.0	105.3	103.4
(2)中药材及中成药	102.9	97.8	100.1	100.9	98.1	89.7	97.7	102.1	97.4	100.0	108.5	101.8
(3)西药	98.6	101.7	101.0	98.8	98.5	97.2	99.2	99.3	100.3	100.2	94.8	97.2
(4)保健器具及用品	95.5	103.6	100.0	100.0	103.1	99.2	100.0	97.3	100.0	100.0	100.0	97.1
(5)医疗保健服务	99.9	100.4	100.0	100.0	102.2	100.0	100.0	100.0	100.0	100.0	100.0	100.0
2.个人用品及服务	104.0	101.8	99.3	101.9	101.8	102.2	103.8	101.5	103.3	98.9	100.5	102.4
(1)化妆美容用品	99.4	101.1	97.9	100.0	99.6	100.1	100.0	100.4	100.0	100.0	100.8	100.0
(2)清洁化妆用品	102.4	104.1	99.7	100.0	100.6	102.1	101.6	100.9	100.0	100.0	102.3	100.0
(3)个人饰品	100.3	100.6	98.7	99.3	99.8	98.7	97.5	98.3	95.2	95.0	100.6	102.6
(4)个人服务	111.2	101.3	100.0	106.0	105.1	105.6	111.5	104.4	113.2	100.0	99.7	105.1
六、交通和通信	**98.2**	**98.2**	**98.7**	**99.5**	**97.9**	**99.3**	**99.4**	**100.1**	**98.0**	**100.0**	**101.5**	**98.7**
1.交通	98.5	99.4	98.7	100.2	98.3	100.1	99.5	100.0	99.8	99.9	103.1	98.6
(1)交通工具	98.1	99.5	99.8	100.0	96.8	100.0	99.6	100.0	100.0	100.0	100.1	98.4
摩托车	95.3	98.6	100.0	100.0	93.0	100.8	98.8	100.0	100.0	100.0	99.6	92.9
轿车	99.0	100.0	100.0	100.0	100.0	100.0	100.0	100.0	100.0	100.0	100.0	100.0
(2)车用燃料及零配件	92.5	94.6	96.0	92.8	94.8	99.4	95.2	97.3	96.8	98.5	101.5	91.9
汽油	88.3	93.4	98.4	88.6	88.9	107.3	93.9	94.8	100.6	97.4	103.4	88.2
柴油	80.3	87.4	91.4	86.4	85.3	87.2	91.6	95.2	84.4	97.8	100.3	82.8
(3)车辆使用及维修费	104.3	100.1	99.2	98.1	100.0	110.9	100.0	101.4	102.7	100.9	117.2	100.0
(4)市区公共交通费	100.0	100.0	101.7	100.0	104.2	98.8	100.0	99.4	100.0	100.0	118.3	100.0
(5)城市间交通费	98.5	100.8	96.9	103.9	101.2	97.2	100.0	100.7	99.2	100.0	100.1	101.5
2.通信	98.0	96.5	98.7	98.8	97.4	98.1	99.1	100.3	95.6	100.0	99.1	98.7
(1)通信工具	83.9	84.7	96.3	94.7	88.5	90.8	95.4	100.0	80.5	100.0	93.0	93.7
(2)通信服务	100.0	100.0	99.4	100.0	100.0	100.0	100.0	100.4	100.0	100.0	101.0	100.0
七、娱乐教育文化用品及服务	**104.3**	**101.2**	**105.7**	**100.1**	**101.0**	**102.2**	**101.3**	**100.1**	**99.3**	**100.3**	**100.0**	**100.0**
1.文娱用耐用消费品及服务	94.7	96.7	93.9	100.2	98.7	97.8	98.1	100.0	96.5	100.0	93.2	99.9
电视机	91.9	91.1	87.4	100.6	92.3	95.0	97.2	100.0	93.2	100.0	82.4	99.9
电脑	92.8	98.0	97.1	100.0	100.0	96.1	94.6	100.0	100.0	100.0	97.6	100.0
2.教育	106.4	103.6	111.4	100.0	102.2	103.0	102.1	100.2	100.1	100.4	100.1	100.1
(1)教材及参考书	108.4	111.4	108.2	99.9	108.9	112.7	99.9	101.5	100.8	103.7	100.6	100.8
(2)学杂托幼费	106.3	102.5	111.8	100.0	101.4	101.8	102.4	100.0	100.0	100.0	100.0	100.0
3.文化娱乐类	102.7	100.2	98.9	100.0	100.9	106.1	103.7	100.0	100.0	100.1	107.4	100.0
(1)文化娱乐用品	102.4	100.4	99.6	100.0	99.8	102.1	100.0	100.0	100.0	100.0	114.1	100.0
(2)书报杂志	108.7	100.0	97.7	100.0	101.0	114.4	110.3	100.0	100.0	100.0	100.0	100.0
(3)文娱费	100.0	100.0	98.9	100.0	104.7	102.7	100.0	100.0	100.0	100.6	100.0	100.0
4.旅游	108.5	100.0	100.0	100.0	99.1	100.0	100.0	100.0	100.0	100.0	100.0	100.0
八、居住	**88.5**	**99.9**	**101.6**	**97.2**	**100.4**	**99.9**	**99.8**	**100.5**	**98.3**	**98.8**	**97.8**	**97.2**
1.建房及装修材料	101.3	98.2	98.9	94.9	97.4	98.3	98.8	97.8	94.7	100.7	97.6	96.8
2.租房	111.5	104.6	100.0	100.0	100.0	100.0	100.0	100.0	103.9	100.0	100.0	100.0
3.自有住房	79.2	97.4	98.7	99.5	107.5	101.9	97.4	98.8	100.0	95.6	99.7	98.7
4.水、电、燃料	97.7	103.6	107.7	100.8	104.0	101.7	102.2	106.3	104.0	98.5	96.0	97.4
其他燃料	111.0	114.7	122.0	108.4	116.2	106.1	105.3	125.7	114.4	102.6	97.1	94.8

7—5 商品零售价格指数

(2009年)

	以上年价格为100			定基比		
	全市	城市	农村	全市	城市	农村
商品零售价格总指数	**99.3**	**99.2**	**99.8**	**112.7**	**114.0**	**112.3**
一、食品	**100.7**	**101.5**	**100.3**	**139.5**	**149.0**	**135.2**
1.粮食	107.5	108.0	106.7	129.5	135.8	126.2
大米	106.8	107.7	104.9	131.0	128.7	132.2
面粉	110.0	110.9	109.0	126.9	135.7	122.1
2.淀粉	101.2	98.1	101.9	109.0	105.8	109.3
3.干豆类及豆制品	96.2	94.6	98.0	141.8	140.6	143.2
4.油脂	82.8	79.5	84.5	125.7	130.5	124.5
食用植物油	84.2	79.6	86.3	131.9	146.4	127.7
植物油制品	80.6	80.2	81.5	104.1	101.1	106.7
5.肉禽及其制品	89.4	87.9	90.4	144.2	155.2	140.7
(1)食用畜肉及副产品	84.2	83.5	85.1	148.2	156.3	145.3
猪肉	77.4	78.7	77.1	142.4	155.1	136.9
牛肉	102.3	101.7	103.4	170.4	168.8	171.1
羊肉	99.7	96.7	101.9	150.1	153.1	149.9
(2)禽	100.9	92.1	101.7	149.0	120.5	156.1
(3)肉禽加工制品	98.4	96.8	100.0	123.7	161.8	113.6
6.蛋	101.5	105.2	99.4	113.8	125.1	108.7
鲜蛋	101.4	105.1	99.2	113.4	124.1	108.4
蛋制品	102.5	105.4	101.0	116.0	133.5	110.5
7.水产品	103.2	102.5	99.8	124.9	138.9	112.9
(1)鱼	98.7	95.8	97.1	119.5	128.0	111.3
(2)其他水产品	116.9	121.9	108.9	138.9	167.5	116.6
8.菜	111.2	102.6	118.5	180.7	187.6	177.6
鲜菜	114.1	102.9	126.3	203.3	194.5	211.8
9.调味品	102.8	112.6	100.9	122.1	139.1	118.5
10.糖	100.9	101.4	100.6	116.6	125.7	114.6
11.干鲜瓜果	114.3	123.0	107.9	160.4	177.1	150.8
鲜瓜果	122.6	135.8	113.2	180.2	192.4	172.0
12.糕点饼干面包	106.6	112.6	103.0	110.8	125.9	103.2
13.液体乳及乳制品	102.2	102.2	102.4	116.0	113.2	123.6
14.在外用膳食品	105.2	107.7	103.5	132.2	143.7	126.4
15.其他食品	100.8	100.5	100.8	104.7	114.1	102.9
二、饮料、烟酒	**102.0**	**103.1**	**101.6**	**105.9**	**109.4**	**104.4**
1.茶及饮料	102.0	102.4	101.4	104.7	105.9	104.1
2.烟草	100.5	99.9	100.6	104.3	100.6	105.1
3.酒	103.4	106.8	102.4	107.9	121.9	103.8
三、服装、鞋帽	**101.6**	**103.9**	**100.8**	**99.0**	**104.4**	**96.2**
1.服装	100.7	102.6	100.5	94.7	97.0	94.8
2.鞋袜帽	103.9	107.1	101.8	110.6	122.5	100.5
3.其他	99.7	100.0	99.6	93.1	100.0	91.4
四、纺织品	**99.9**	**100.9**	**99.5**	**99.6**	**105.0**	**97.8**
1.衣着材料	99.8	101.7	99.3	100.1	115.2	97.3
2.床上用品	100.1	100.6	99.8	99.1	100.3	98.5
五、家用电器及音像器材	**96.2**	**95.3**	**97.0**	**93.7**	**89.1**	**96.1**
1.家庭设备	96.8	95.4	98.1	98.8	101.8	98.9

注:定基比是以2005年平均价格为100进行对比计算的指数。

7—5 续表

(2009 年)

	以上年价格为100			定基比		
	全市	城市	农村	全市	城市	农村
洗衣机	98.8	95.7	100.1	101.7	99.9	103.1
电冰箱(柜)	96.2	98.1	94.9	102.2	116.7	96.0
空调器	92.3	91.1	95.1	93.2	92.0	96.8
2. 文娱用耐用消费品	95.1	94.6	95.2	86.7	73.3	92.3
电视机	93.2	91.9	94.1	84.4	66.7	91.9
3. 音像器材	99.4	99.0	100.0	86.7	93.3	77.1
六、文化办公用品	**97.4**	**96.1**	**101.1**	**95.7**	**94.0**	**100.7**
电脑及配件	93.2	92.8	99.2	88.4	89.2	89.2
打印机及配件	88.0	86.7	99.4	90.6	90.2	98.9
七、日用品	**100.1**	**99.5**	**100.6**	**101.2**	**100.5**	**101.7**
1. 日用百货	99.5	98.9	100.3	99.2	97.5	100.8
2. 日用杂品	100.2	99.9	100.5	100.0	99.3	100.4
3. 洗涤用品	101.0	100.0	101.6	105.4	104.4	105.1
4. 其他日用品	99.8	99.5	100.0	100.0	100.7	99.9
八、体育娱乐用品	**100.0**	**99.8**	**100.2**	**96.7**	**93.1**	**100.2**
1. 体育用品	100.2	100.4	100.2	100.4	100.7	100.3
2. 娱乐用品	99.6	99.3	100.1	91.9	87.0	99.9
九、交通、通信用品	**96.2**	**95.3**	**97.2**	**79.3**	**75.2**	**83.4**
1. 交通运输机械	98.9	99.0	98.6	90.9	90.8	90.2
轿车	99.0	99.0	100.0	79.0	78.9	100.0
摩托车	97.0	95.3	98.1	88.6	94.9	86.5
2. 通信器材	92.6	86.1	96.2	66.0	45.1	78.7
固定电话机	99.9	100.0	99.8	93.0	100.0	91.9
移动电话机	85.1	82.3	88.3	41.5	33.2	52.6
十、家具	**101.3**	**102.4**	**100.5**	**97.7**	**102.3**	**95.7**
十一、化妆品	**99.8**	**100.0**	**99.9**	**97.7**	**95.7**	**99.2**
十二、金银珠宝	**88.0**	**83.5**	**96.7**	**143.8**	**142.2**	**153.2**
金饰品	88.9	82.0	102.8	165.2	144.2	200.6
银饰品	109.4	120.0	100.6	135.0	200.0	102.4
铂金饰品	77.5	74.8	89.3	146.2	137.4	179.7
十三、中西药品及医疗保健用品	**99.5**	**100.2**	**98.9**	**101.3**	**98.8**	**102.1**
1. 医疗器具及用品	100.2	98.7	101.1	88.7	72.2	108.3
2. 中药材及中成药	101.0	103.3	99.1	116.4	114.1	114.9
3. 西药	98.5	98.6	98.5	93.6	92.1	94.2
4. 保健品及器具	98.3	95.8	99.6	97.1	94.6	98.7
十四、书报杂志及电子出版物	**103.9**	**108.0**	**101.9**	**103.6**	**114.9**	**98.7**
1. 教材及参考书	104.2	108.8	102.8	99.9	113.9	96.0
2. 书报杂志	104.1	108.9	101.0	108.1	118.5	101.6
3. 电子音像制品	100.0	100.0	100.0	99.9	100.0	99.7
十五、燃料	**95.1**	**89.9**	**100.7**	**139.5**	**134.6**	**144.5**
1. 煤炭及制品	111.8	105.9	113.6	148.5	132.6	153.8
2. 石油及制品	87.3	85.9	90.5	133.5	134.6	135.8
汽油	89.6	88.3	95.7	140.8	140.2	147.8
柴油	84.8	80.3	89.0	146.3	139.8	152.9
十六、建筑材料及五金电料	**98.4**	**100.3**	**98.0**	**108.2**	**108.1**	**108.5**
1. 建筑装璜材料	98.5	101.5	97.6	111.3	112.8	110.6
2. 五金电料	98.1	96.6	100.1	94.9	94.5	97.5

7-6 各县(市、区)商品零售价格指数

(2009年,上年=100)

	中心城区	南召县	方城县	西峡县	镇平县	内乡县	淅川县	社旗县	唐河县	新野县	桐柏县	邓州市
商品零售价格总指数	**99.2**	**99.7**	**100.3**	**100.4**	**98.9**	**99.6**	**101.9**	**101.7**	**100.1**	**99.9**	**99.9**	**98.2**
一、食品	**101.5**	**100.3**	**102.2**	**104.0**	**98.4**	**100.6**	**102.1**	**105.0**	**101.0**	**100.3**	**101.4**	**98.9**
1.粮食	108.0	109.1	105.8	109.3	109.5	109.4	99.8	110.3	103.5	105.7	102.6	107.6
大米	107.7	107.8	103.5	103.8	110.1	105.4	105.0	106.5	102.9	104.1	93.8	109.0
面粉	110.9	113.0	108.9	118.6	111.5	113.4	95.2	113.9	104.8	108.4	108.8	108.7
2.淀粉	98.1	96.1	99.0	100.0	100.0	100.0	100.0	100.0	100.0	100.0	97.3	100.0
3.干豆类及豆制品	94.6	98.5	102.2	106.8	90.1	97.8	98.2	99.6	101.5	91.3	92.9	99.4
4.油脂	79.6	80.4	82.4	89.1	79.4	82.6	86.7	94.7	93.4	94.0	77.6	72.2
食用植物油	79.6	81.1	81.5	90.2	83.7	86.0	88.5	101.4	100.3	96.1	77.5	70.8
植物油制品	80.2	78.5	85.3	84.9	69.0	78.8	85.7	77.5	82.4	100.2	78.3	76.2
5.肉禽及其制品	87.9	94.4	94.7	92.9	89.2	90.0	89.8	94.0	91.4	91.2	90.9	86.6
(1)食用畜肉及副产品	83.5	89.9	90.5	86.5	85.0	83.7	85.6	88.2	86.9	86.7	85.4	81.3
猪肉	78.7	83.9	83.3	78.5	79.0	77.2	82.2	81.4	79.3	77.8	76.4	69.8
牛肉	101.7	114.4	102.3	107.9	99.0	93.8	97.0	106.6	107.1	101.3	101.9	106.0
羊肉	96.7	96.7	118.3	105.8	96.0	98.0	93.1	105.2	103.4	102.0	104.3	98.6
(2)禽	92.1	100.4	93.0	101.7	100.5	103.7	99.0	107.7	104.7	98.5	97.9	94.5
(3)肉禽加工制品	96.8	105.2	106.5	100.1	96.5	100.1	101.5	102.7	98.4	100.6	103.1	96.9
6.蛋	105.2	98.4	98.5	98.4	98.9	99.4	100.2	101.7	99.2	99.7	101.6	100.6
鲜蛋	105.1	98.1	97.9	98.1	98.5	98.8	100.0	100.7	99.1	99.3	100.8	100.4
7.水产品	102.5	91.8	104.1	103.2	101.0	89.0	96.3	96.0	96.7	99.4	90.5	96.8
(1)鱼	95.8	91.6	105.9	94.6	99.9	86.7	97.1	91.8	95.3	98.2	86.3	95.6
(2)其他水产品	121.9	97.2	99.3	123.4	107.4	107.1	100.1	111.7	101.3	100.7	101.8	100.0
8.菜	102.6	110.5	122.3	126.7	109.2	122.1	131.2	127.6	123.3	122.4	122.3	112.7
鲜菜	102.9	112.3	133.0	135.5	114.1	131.1	145.7	134.5	129.8	132.3	126.1	116.7
9.调味品	112.6	106.3	100.1	100.0	102.2	99.7	99.8	101.5	100.0	101.2	99.7	99.6
10.糖	101.4	105.7	96.5	102.5	96.3	102.1	94.3	101.9	97.4	96.1	99.6	111.5
11.干鲜瓜果	123.0	96.8	124.1	128.5	102.5	104.0	121.1	132.8	96.7	85.1	110.3	110.7
鲜瓜果	135.8	95.6	133.8	139.7	107.6	102.3	126.0	147.5	98.5	87.5	112.8	113.1
12.糕点饼干面包	112.6	109.8	101.8	100.0	102.2	103.0	99.8	102.7	100.0	100.0	108.3	103.6
13.液体乳及乳制品	102.2	101.9	95.5	104.6	106.5	106.7	100.0	101.4	101.6	99.7	101.9	102.6
14.在外用膳食品	107.7	100.7	100.7	102.6	104.2	103.7	102.1	101.1	103.5	106.9	109.7	102.3
15.其他食品	100.5	103.5	100.2	100.0	104.3	100.0	100.0	100.0	101.2	100.0	100.1	100.0
二、饮料、烟酒	**103.1**	**100.8**	**100.0**	**100.0**	**103.6**	**100.3**	**100.0**	**100.2**	**103.2**	**103.0**	**103.7**	**100.0**
1.茶及饮料	102.4	105.0	100.0	100.0	103.5	102.2	100.0	101.1	100.0	100.0	109.3	100.0
2.烟草	99.9	100.0	100.0	100.0	104.2	100.0	100.0	100.0	100.0	100.0	100.0	100.0
3.酒	106.8	100.0	100.0	100.0	103.1	100.0	100.0	100.2	107.5	108.4	103.1	100.0
三、服装、鞋帽	**103.9**	**100.2**	**97.9**	**99.4**	**99.2**	**101.0**	**100.4**	**101.8**	**104.2**	**100.0**	**99.5**	**101.2**
1.服装	102.6	101.5	97.4	99.0	98.9	103.0	101.8	101.0	104.7	100.0	98.9	98.6
2.鞋袜帽	107.1	97.3	98.9	100.0	100.1	96.9	97.4	103.7	103.8	100.0	100.6	107.5
3.其他	100.0	100.0	100.0	100.0	97.6	100.0	100.0	100.0	100.0	100.0	100.0	100.0
四、纺织品	**100.9**	**101.2**	**97.1**	**100.0**	**98.8**	**100.6**	**100.7**	**100.0**	**100.4**	**100.0**	**100.0**	**100.0**
1.衣着材料	101.7	102.0	95.5	100.0	98.9	100.0	105.7	100.0	100.7	100.0	100.0	100.0
2.床上用品	100.6	100.0	100.0	100.0	98.6	101.5	100.0	100.0	100.0	100.0	100.0	100.0
五、家用电器及音像器材	**95.3**	**96.5**	**96.7**	**99.4**	**95.6**	**97.5**	**99.7**	**98.5**	**97.1**	**99.1**	**89.5**	**97.5**
1.家庭设备	95.4	98.4	99.6	98.6	96.5	97.9	100.6	97.5	99.1	98.4	95.9	95.8
洗衣机	95.7	100.3	98.7	100.0	101.2	99.3	100.6	100.0	104.5	100.0	96.9	100.3

7—6 续表　　　　(2009 年,上年=100)

	中心城区	南召县	方城县	西峡县	镇平县	内乡县	淅川县	社旗县	唐河县	新野县	桐柏县	邓州市
电冰箱(柜)	98.1	97.8	100.0	95.5	92.9	100.0	99.3	100.0	92.8	100.0	89.5	87.0
空调器	91.1	96.2	100.0	98.4	96.5	93.1	101.6	92.4	93.9	93.4	94.5	90.5
2.文娱用耐用消费品	94.6	93.6	92.3	100.3	94.0	96.9	98.0	100.0	94.4	100.0	80.3	99.9
电视机	91.9	91.1	87.4	100.6	92.3	95.0	97.2	100.0	93.2	100.0	82.4	99.9
3.音像器材	99.0	99.1	100.0	100.0	100.0	98.8	100.0	100.0	100.0	100.0	100.0	100.0
六、文化办公用品	**96.1**	**99.8**	**98.7**	**100.0**	**100.4**	**102.7**	**99.5**	**100.0**	**99.9**	**100.0**	**116.5**	**100.0**
电脑及配件	92.8	98.0	97.1	100.0	100.0	96.1	94.6	100.0	100.0	100.0	97.6	100.0
打印机及配件	86.7	99.2	99.5	100.0	96.1	98.7	100.0	100.0	97.3	100.0	100.0	100.0
七、日用品	**99.5**	**102.0**	**99.8**	**100.0**	**101.2**	**101.5**	**100.0**	**102.2**	**101.4**	**100.5**	**101.1**	**100.2**
1.日用百货	98.9	102.5	99.5	100.0	101.1	100.8	100.0	100.6	102.5	100.0	99.6	100.5
2.日用杂品	99.9	100.0	100.0	100.0	103.7	100.3	100.0	100.0	102.0	100.0	100.2	100.0
3.洗涤用品	100.0	103.6	100.0	100.0	101.3	104.1	100.0	106.8	100.1	101.5	104.1	100.0
4.其他日用品	99.5	100.3	100.0	100.0	99.4	100.0	100.0	100.0	100.8	100.0	100.0	100.0
八、体育娱乐用品	**99.8**	**99.4**	**100.0**	**100.0**	**100.7**	**100.0**	**100.0**	**100.0**	**100.7**	**100.0**	**100.0**	**100.0**
1.体育用品	100.4	100.0	100.0	100.0	101.4	100.0	100.0	100.0	100.0	100.0	100.0	100.0
2.娱乐用品	99.3	97.9	100.0	100.0	99.1	100.0	100.0	100.0	101.5	100.0	100.0	100.0
九、交通、通信用品	**95.3**	**93.2**	**97.7**	**98.6**	**91.3**	**95.4**	**98.5**	**100.0**	**89.0**	**100.0**	**97.7**	**94.5**
1.交通运输机械	99.0	99.0	100.0	100.0	95.0	100.8	99.3	100.0	100.0	100.0	99.7	94.6
轿车	99.0	100.0	100.0	100.0	100.0	100.0	100.0	100.0	100.0	100.0	100.0	100.0
摩托车	95.3	98.6	100.0	100.0	93.0	100.8	98.8	100.0	100.0	100.0	99.6	92.9
2.通信器材	86.1	89.6	96.2	97.2	88.6	92.3	97.2	100.0	78.9	100.0	96.0	94.4
固定电话机	100.0	100.0	94.9	100.0	97.5	100.0	100.0	100.0	100.0	100.0	107.8	100.0
移动电话机	82.3	77.2	97.7	92.8	84.8	86.5	93.3	100.0	72.1	100.0	85.8	91.1
十、家具	**102.4**	**99.2**	**99.0**	**100.0**	**100.5**	**97.4**	**99.9**	**100.0**	**108.7**	**99.8**	**99.1**	**100.0**
十一、化妆品	**100.0**	**101.5**	**98.8**	**100.0**	**100.1**	**100.1**	**100.0**	**100.0**	**100.0**	**100.0**	**100.1**	**100.0**
十二、金银珠宝	**83.5**	**99.5**	**102.4**	**103.8**	**102.8**	**88.8**	**97.5**	**99.2**	**91.8**	**83.5**	**99.2**	**93.6**
金饰品	82.0	97.1	106.2	106.1	106.7	95.9	93.5	104.9	98.4	97.1	109.5	107.6
银饰品	120.0	104.3	100.0	100.0	100.0	100.0	96.7	110.7	100.0	100.0	102.4	100.0
铂金饰品	74.8	105.0	103.7	104.1	102.2	80.2	102.1	91.0	81.8	75.5	87.6	77.6
十三、中西药品及医疗保健用品	**100.1**	**100.3**	**99.4**	**100.0**	**98.5**	**95.6**	**98.8**	**99.8**	**99.3**	**100.1**	**100.5**	**98.0**
1.医疗器具及用品	98.7	101.3	100.0	104.3	95.4	105.2	98.5	100.0	100.0	100.0	105.3	103.4
2.中药材及中成药	103.3	97.9	98.2	101.1	98.1	90.5	97.7	101.8	97.4	100.0	108.2	99.8
3.西药	98.6	101.1	100.9	98.6	98.4	97.8	99.3	99.2	100.3	100.2	96.1	96.5
4.保健品及器具	95.8	103.6	100.0	100.0	103.1	99.5	100.0	96.4	100.0	100.0	100.0	97.5
十四、书报杂志及电子出版物	**108.0**	**104.9**	**103.7**	**99.9**	**105.5**	**114.6**	**105.9**	**100.5**	**101.0**	**101.3**	**100.3**	**100.5**
1.教材及参考书	108.8	110.9	108.4	99.8	109.8	110.9	100.0	101.1	102.2	103.0	100.8	101.2
2.书报杂志	108.9	100.0	98.0	100.0	100.9	119.7	113.8	100.0	100.0	100.0	100.0	100.0
3.电子音像制品	100.0	100.0	100.0	100.0	99.5	100.0	100.0	100.0	100.0	100.0	100.0	100.0
十五、燃料	**89.9**	**101.3**	**106.6**	**97.3**	**100.4**	**99.9**	**113.7**	**104.7**	**103.5**	**96.8**	**98.0**	**94.2**
1.煤炭及制品	105.9	115.7	121.0	111.2	117.3	106.2	121.7	123.4	123.7	100.0	98.8	103.1
2.石油及制品	85.9	88.5	93.6	86.1	88.3	94.0	91.4	92.0	90.8	94.1	97.6	87.8
液化石油气	82.1	78.1	84.5	79.2	80.7	86.2	86.3	73.4	80.8	72.9	71.3	92.2
汽油	88.3	93.4	98.4	88.6	88.9	107.3	93.9	94.8	100.6	97.4	103.4	88.2
柴油	80.3	87.4	91.4	86.4	85.3	87.2	91.6	95.2	84.4	97.8	100.3	82.8
十六、建筑材料及五金电料	**100.3**	**96.0**	**99.7**	**98.4**	**97.8**	**97.2**	**97.9**	**97.5**	**95.9**	**100.4**	**97.8**	**96.1**
1.建筑装璜材料	101.5	95.2	99.7	97.3	97.5	96.7	97.4	96.7	94.5	100.5	96.6	95.1
2.五金电料	96.6	100.0	100.0	100.0	99.5	100.0	100.0	100.0	100.2	100.0	101.6	100.0

7-7 农业生产资料价格指数

（2009年）

	以上年价格为100	定基比
农业生产资料价格指数	**101.4**	**116.2**
一、农用手工工具	**100.0**	**100.7**
农用手工工具	100.0	100.7
二、饲料	**102.9**	**114.5**
混合饲料	102.4	113.7
其他	105.6	118.7
三、产品畜	**96.2**	**111.3**
幼禽家畜	96.2	111.3
四、半机械化农具	**101.2**	**104.8**
半机械化农具	101.2	104.8
五、机械化农具	**99.9**	**104.3**
农用机械	99.9	104.3
六、化学肥料	**100.5**	**121.7**
氮肥	100.0	120.3
磷肥	101.3	114.4
钾肥	104.0	127.6
复合肥料	102.1	144.1
七、农药及农药械	**99.8**	**105.2**
1.化学农药	99.6	106.0
杀虫剂	99.5	105.8
杀菌剂	99.1	104.3
除草剂	100.6	108.5
2.农药器械	100.6	101.1
农药器械	100.6	101.1
八、农用机油	**99.5**	**121.9**
农用机油	99.5	121.9
九、其他农业生产资料	**101.2**	**116.9**
1.农用种子	101.5	121.3
农用种子	101.5	121.3
2.其他	100.6	106.9
农用薄膜	102.1	115.8
其他	99.4	99.9
十、农业生产服务	**107.1**	**113.6**
排灌费	116.7	123.3
机械作业费	101.1	106.5
其他	109.3	116.0

注：定基比是以2005年平均价格为100进行对比计算的指数。

7—8 各县(市、区)农业生产资料价格指数

(2009 年,上年=100)

	南召县	方城县	西峡县	镇平县	内乡县	淅川县	社旗县	唐河县	新野县	桐柏县	邓州市
农业生产资料价格指数	**96.5**	**96.8**	**103.3**	**98.7**	**97.1**	**102.6**	**107.7**	**100.9**	**101.4**	**99.5**	**100.4**
一、农用手工工具	**101.6**	**93.3**	**100.0**	**100.0**	**101.1**	**100.0**	**104.5**	**100.0**	**100.0**	**100.0**	**100.0**
二、饲料	**101.0**	**102.9**	**103.3**	**106.3**	**103.3**	**100.0**	**107.4**	**102.0**	**101.6**	**103.8**	**105.0**
混合饲料	98.1	99.1	102.7	107.5	104.0	100.0	108.5	100.0	100.0	104.6	105.0
三、产品畜	**73.7**	**100.9**	**103.0**	**101.0**	**97.9**	**93.5**	**97.4**	**95.3**	**100.0**	**100.5**	**96.9**
四、半机械化农具	**102.7**	**100.0**	**100.0**	**97.5**	**100.0**	**100.6**	**100.0**	**100.0**	**100.0**	**110.0**	**100.0**
五、机械化农具	**100.3**	**100.0**	**100.0**	**95.0**	**99.3**	**102.6**	**100.1**	**100.0**	**100.0**	**101.3**	**100.0**
六、化学肥料	**94.0**	**92.9**	**107.2**	**93.3**	**91.8**	**103.3**	**107.6**	**102.5**	**104.9**	**99.7**	**100.1**
氮肥	92.4	92.4	109.4	92.9	84.6	103.0	97.4	104.3	105.7	96.8	101.2
磷肥	84.7	95.7	105.6	91.7	125.8	118.2	100.6	100.6	106.1	113.2	100.8
钾肥	122.5	93.4	106.2	100.4	102.6	100.0	114.1	113.2	100.0	98.9	100.3
复合肥料	94.0	92.1	100.9	93.8	87.0	100.6	111.0	96.4	100.0	91.3	96.4
七、农药及农药械	**98.2**	**94.0**	**100.1**	**100.3**	**106.3**	**113.2**	**97.6**	**100.0**	**99.5**	**84.5**	**97.7**
1. 化学农药	98.0	94.2	100.1	100.3	106.6	112.7	97.2	100.0	99.4	80.4	97.3
2. 农药器械	100.0	93.0	100.0	100.0	100.0	122.2	100.0	100.0	100.0	97.1	100.0
八、农用机油	**97.5**	**102.3**	**100.0**	**95.6**	**94.4**	**97.8**	**100.4**	**93.0**	**99.5**	**101.7**	**103.7**
九、其他农业生产资料	**107.5**	**94.1**	**100.0**	**105.1**	**106.4**	**104.3**	**107.3**	**101.2**	**95.1**	**99.9**	**100.0**
1. 农用种子	110.8	95.0	100.0	110.3	110.7	101.7	108.3	101.7	92.4	100.0	100.0
2. 其他	100.0	92.0	100.0	94.0	95.9	106.8	102.8	100.0	103.1	99.7	100.0
农用薄膜	99.7	92.0	100.0	91.0	92.1	109.6	104.8	100.0	106.8	99.4	100.0
十、农业生产服务	**103.5**	**100.0**	**101.9**	**120.3**	**101.4**	**100.0**	**131.0**	**100.0**	**100.0**	**100.0**	**100.0**
排灌费	100.0	100.0	100.0	127.2	100.0	100.0	114.6	100.0	100.0	100.0	100.0
机械作业费	112.5	100.0	106.4	109.1	104.3	100.0	100.0	100.0	100.0	100.0	100.0
其他	100.0	100.0	100.0	100.0	100.0	100.0	187.5	100.0	100.0	100.0	100.0

7—9 各月全市居民消费、商品零售、农资价格指数

(2009 年,上年同月=100)

	1月	2月	3月	4月	5月	6月	7月	8月	9月	10月	11月	12月
居民消费价格总指数(%)	**102.6**	**100.4**	**100.2**	**99.6**	**99.8**	**98.9**	**98.1**	**98.5**	**98.4**	**97.9**	**99.0**	**101.4**
#城市	102.9	100.4	100.4	99.8	100.1	99.1	98.0	98.4	98.0	97.3	98.6	101.7
农村	102.0	100.6	99.9	99.4	99.2	98.7	98.4	98.8	99.3	99.1	100.0	100.9
1. 食品	106.2	99.5	99.9	99.0	99.3	97.8	98.3	99.5	100.5	98.8	100.4	105.3
2. 烟酒及用品	103.9	103.8	103.8	103.2	103.2	101.6	101.4	102.3	102.3	101.1	100.8	101.9
3. 衣着	106.5	106.1	106.6	106.5	106.4	105.2	100.0	100.1	100.4	98.9	100.2	100.2
4. 家庭设备用品及维修服务	103.4	104.2	102.9	102.1	102.1	102.2	101.5	101.4	101.0	99.3	99.1	99.4
5. 医疗	101.7	101.8	101.4	101.4	101.6	101.2	100.2	100.3	99.5	100.2	100.6	101.6
6. 交通和通讯	99.1	98.9	98.7	98.5	98.4	98.1	97.6	98.2	98.3	98.2	98.5	98.8
7. 娱乐教育文化用品及服务	105.1	105.1	104.8	103.7	104.3	104.2	104.0	103.5	101.0	101.0	101.0	101.0
8. 居住	94.0	93.8	92.5	92.0	91.6	90.7	89.6	89.7	89.7	90.7	93.2	97.4
商品零售价格总指数(%)	**102.5**	**100.8**	**100.0**	**99.4**	**99.3**	**98.4**	**98.0**	**98.2**	**98.5**	**97.9**	**99.0**	**100.4**
农业生产资料价格指数(%)	**108.5**	**107.8**	**102.2**	**101.2**	**100.5**	**101.4**	**101.0**	**100.6**	**100.1**	**99.2**	**97.2**	**97.8**

主要统计指标解释

商品零售价格指数 是反映城乡商品零售价格变动趋势的一种经济指数。零售物价的调整变动直接影响到城乡居民的生活支出和国家的财政收入,影响居民购买力和市场供需平衡,影响消费与积累的比例。因此,计算零售价格指数,可以从一个侧面对上述经济活动进行观察和分析。

消费价格指数 是反映一定时期内城乡居民所购买的生活消费品价格和服务项目价格变动趋势和程度的相对数,是对城市居民消费价格指数和农村居民消费价格指数进行综合汇总计算的结果。利用居民消费价格指数,可以观察和分析消费品的零售价格和服务价格变动对城乡居民实际生活费支出的影响程度。

城市居民消费价格指数 是反映城市居民家庭所购买的生活消费品价格和服务项目价格变动趋势和程度的相对数。城市居民消费价格指数可以观察和分析消费品的零售价格和服务项目价格变动对职工货币工资的影响,作为研究职工生活和确定工资政策的依据。

农村居民消费价格指数 是反映农村居民家庭所购买的生活消费品价格和服务项目价格变动趋势和程度的相对数。农村居民消费价格指数可以观察农村消费品的零售价格和服务项目价格变动对农村居民生活消费支出的影响,直接反映农民生活水平的实际变化情况,为分析和研究农村居民生活问题提供依据。

8

人民生活

资料整理:陈庆伟　朱芸苹　张　季　王同刚　李　磊

8-1 居民消费水平及指数

	居民消费水平(元)			城乡消费水平对比农民=1	居民消费水平指数(以上年为100)		
	全体居民	农村居民	城镇居民		全体居民	农村居民	城镇居民
1980	147	130	428	3.29			
1981	181	164	456	2.78	109.4	111.4	94.3
1982	187	168	468	2.79	101.2	101.4	101.0
1983	228	206	534	2.59	121.8	122.2	114.0
1984	245	225	521	2.32	109.0	110.4	98.7
1985	286	255	664	2.60	108.2	105.0	117.8
1986	317	277	779	2.81	108.4	106.6	114.9
1987	391	344	918	2.67	113.6	114.7	108.9
1988	396	343	972	2.83	90.4	88.8	94.5
1989	401	342	1017	2.97	95.8	94.3	98.0
1990	476	420	1046	2.49	110.3	113.9	96.2
1991	499	416	1314	3.16	102.1	96.5	122.1
1992	591	513	1343	2.62	114.6	119.1	98.7
1993	678	575	1594	2.77	108.8	106.5	112.8
1994	914	767	2113	2.75	111.5	109.9	110.5
1995	1086	883	2615	2.96	105.4	103.7	105.4
1996	1429	1210	2999	2.48	119.2	123.6	104.8
1997	1534	1273	3336	2.62	104.6	102.9	108.1
1998	1567	1279	3464	2.71	104.9	103.4	106.1
1999	1644	1346	3554	2.64	108.2	108.3	106.2
2000	1688	1359	3739	2.75	103.4	101.8	106.2
2001	1795	1434	3984	2.78	105.6	104.7	105.8
2002	1956	1531	4467	2.92	108.6	106.1	112.4
2003	2056	1608	4660	2.90	103.6	103.6	102.6
2004	2583	1701	5057	2.97	108.1	107.9	107.4
2005	2957	1843	5902	3.20	112.1	106.1	114.3
2006	4059	2244	8566	3.82	135.8	120.2	143.8
2007	4770	2643	9632	3.64	111.4	111.6	106.7
2008	5431	3190	9608	3.01	113.4	118.5	100.2
2009	6050	3464	10691	3.09	112.1	109.2	111.9

注:本表绝对数按当年价格计算,指数按可比价格计算。

8-2 城乡居民收支及恩格尔系数

单位:元

	城镇居民家庭人均					农民家庭人均				
	可支配收入	可支配收入指数	消费性支出	食品	恩格尔系数(%)	纯收入	纯收入指数	生活消费支出	食品	恩格尔系数(%)
1985	602	116.0	545	258	47.3	317	111.0	270	153	56.7
1986	723	120.2	646	309	47.9	325	123.5	304	164	53.9
1987	808	111.8	706	354	50.2	357	103.6	283	156	55.1
1988	867	107.3	793	392	49.5	353	107.4	320	169	52.8
1989	1084	125.0	935	451	48.2	395	116.5	372	193	51.9
1990	1265	116.7	970	497	51.2	487	112.2	455	248	54.5
1991	1382	109.3	1097	518	47.3	511	94.2	434	248	57.1
1992	1577	114.1	1112	556	50.0	546	122.4	482	274	56.8
1993	1690	107.2	1282	647	50.5	633	112.3	541	316	58.4
1994	2158	127.7	1765	885	50.1	874	139.5	751	434	57.8
1995	2773	128.5	2245	1101	49.0	1124	114.7	870	545	62.6
1996	3376	121.8	2735	1300	47.5	1499	149.0	1230	728	59.2
1997	3713	110.0	3057	1372	44.9	1777	105.6	1378	798	57.9
1998	3860	103.9	3149	1364	43.3	1846	101.8	1266	715	56.5
1999	4144	107.4	3169	1355	42.8	1886	92.8	1201	680	56.6
2000	4430	106.9	3403	1345	39.5	1889	118.0	1179	562	47.7
2001	4752	107.3	3693	1230	33.3	1940	106.6	1360	683	50.2
2002	5659	119.1	4118	1366	33.2	2020	107.7	1453	700	48.2
2003	6109	108.0	4253	1460	34.3	2122	99.8	1532	694	45.3
2004	6919	113.3	4591	1573	34.2	2495	112.1	1714	816	47.6
2005	7831	113.2	5283	1813	34.3	2894	103.0	2006	921	45.9
2006	8913	113.8	6630	2032	30.6	3386	115.8	2397	998	41.6
2007	10713	120.2	7276	2460	33.8	4014	112.3	2837	1136	40.0
2008	12395	115.7	8362	2864	34.3	4570	107.8	3256	1291	39.7
2009	13498	108.9	9595	3169	33.0	4931	99.7	3606	1363	37.8

注:农民人均纯收入指数为计算现金纯收入、实物纯收入及扣除物价因素后得出。

8-3 各县(市、区)居民收支及恩格尔系数

(2009 年) 单位:元

	城镇居民人均				农村居民人均			
	可支配收入	消费性支出	食品	恩格尔系数(%)	纯收入	生活费支出	食品	恩格尔系数(%)
全市	**13498**	**9595**	**3169**	**33.0**	**4931**	**3606**	**1363**	**37.8**
宛城区	14718	10864	3459	31.8	5533	4653	1798	38.6
卧龙区	14762	10891	3318	30.5	5132	3897	1919	49.2
南召县	11764	6442	2126	33.0	3828	2859	1420	49.7
方城县	12016	8379	2950	35.2	4626	3377	1163	34.4
西峡县	13007	8787	2711	30.9	5514	3540	1050	29.7
镇平县	12085	7992	2961	37.0	5396	4016	1448	36.1
内乡县	12272	7929	2823	35.6	4906	3883	1224	31.5
淅川县	12488	9610	3258	33.9	3994	3350	1722	51.4
社旗县	10901	6688	2887	43.2	3691	3121	1587	50.8
唐河县	12231	7962	3110	39.1	5310	3228	1182	36.6
新野县	12739	7950	2711	34.1	5561	4446	1169	26.3
桐柏县	11763	8402	3508	41.8	3447	2954	1172	39.7
邓州市	12990	9770	2906	29.7	5481	3522	1174	33.3

8-4 城镇居民家庭基本情况

	单位	1985	1990	1995	2000	2005	2008	2009
一、调查户数	户	**130**	**130**	**300**	**650**	**650**	**650**	**650**
二、家庭人口数	人	**514**	**471**	**1034**	**2130**	**1976**	**1885**	**1879**
平均每户家庭人口数	人	3.95	3.62	3.45	3.28	3.04	2.90	2.89
三、就业人口数	人	**285**	**249**	**551**	**1152**	**1125**	**1060**	**1060**
平均每户就业人口数	人	2.19	1.91	1.84	1.77	1.73	1.63	1.63
平均每一就业人口负担人数	人	1.80	1.89	1.88	1.85	1.76	1.78	1.77
四、平均每人全年家庭总收入	元	**604**	**1269**	**2775**	**4436**	**8154**	**12828**	**14098**
#可支配收入	元	602	1265	2773	4430	7831	12395	13498
五、平均每人全年家庭总支出	元	**627**	**1270**	**2551**	**3945**	**7556**	**10199**	**12120**
#消费性支出	元	545	970	2245	3403	5283	8362	9595
六、现住房总使用面积	平方米	**4893**	**6653**	**13755**	**42340**	**56711**	**56098**	**55932**
平均每户总使用面积	平方米	37.64	51.18	76.00	65.14	87.25	86.30	86.05
平均每人总使用面积	平方米	9.52	14.11	13.30	19.95	28.70	29.76	29.77
现住房总辅助面积	平方米	1884	1411	5025	13583	13812	18699	18635
平均每户总辅助面积	平方米	14.49	10.85	16.75	20.90	21.25	28.77	28.67
平均每人总辅助面积	平方米	3.67	3.00	4.86	6.38	6.99	9.92	9.92

8-5 城镇居民家庭平均每人现金收支情况

单位:元

	1985	1990	1995	2000	2005	2008	2009
一、期初手存现金	**64.03**	**95.15**	**152.40**	**159.64**	**494.15**	**279.28**	**703.26**
二、家庭总收入	**603.56**	**1268.91**	**2774.66**	**4435.63**	**8154.00**	**12828.21**	**14097.88**
其中:可支配收入	601.63	1264.85	2772.61	4429.54	7830.69	12395.25	13498.13
(一)工薪收入	490.92	814.38	2048.93	2731.88	5712.04	8934.01	9596.84
1.工资及补贴收入	488.02	805.07	2035.90	2663.77	5472.76	8699.12	9387.48
2.其他劳动收入	2.90		13.03	68.11	239.28	234.90	209.36
(二)经营净收入		9.31	50.67	540.76	1003.73	1336.50	1495.88
(三)财产性收入			52.98	287.79	142.38	250.40	310.12
1.利息收入			30.46	25.25	51.39	4.54	40.08
2.股息与红利收入			12.09	5.77	12.82	79.89	133.24
3.保险收益					0.97	1.46	6.56
4.其它投资收入			1.40	50.35	16.41	24.86	25.71
5.出租房屋收入			8.12	205.41	56.93	113.47	98.32
6.知识产权收入							
7.其他财产性收入			0.90	1.00	3.87	26.17	6.21
(四)转移性收入	65.64	216.86	493.59	859.25	1295.84	2307.30	2695.03
1.养老金或离退休金	14.68	113.92	412.80	729.10	977.46	1981.37	2376.06
2.社会救济收入	1.10	1.34	1.57	3.36	3.31	0.29	0.66
3.辞退金							1.03
4.赔偿收入					0.73	2.98	
5.保险收入					0.91	0.46	6.12
其中:失业保险金					0.08		
6.赡养收入	8.96	22.21	40.58	47.80	55.12	111.30	97.05
7.捐赠收入	14.57	42.34	35.00	76.10	212.16	189.81	186.73
8.亲友搭伙费	3.72	10.61	0.45	0.30	2.06		
9.提取住房公积金					5.50		0.45
10.记帐补贴	5.92	8.65	3.27	3.15	22.66	15.23	18.26
11.其他转移性收入	15.37	15.46	0.40	2.47	15.94	5.86	8.67
三、出售财物收入	**2.42**	**3.67**	**1.02**	**0.32**	**9.39**	**11.82**	**330.57**
1.出售住房收入					2.73	7.60	327.26
2.出售其他物品收入					6.66	4.22	3.31
四、借贷收入	**151.04**	**178.48**	**392.68**	**484.22**	**1744.28**	**948.25**	**1869.33**
1.提取储蓄存款	54.63	112.21	260.68	349.56	1611.41	906.80	1178.84
2.借入款	79.83	47.42	107.54	113.92	113.31	22.27	305.93
3.收回借出款			18.72	16.16	16.21	11.76	183.59
4.收回储蓄性保险本金							1.79
5.兑售有价证券			7.08	2.98			1.78
6.收回投资本金					0.94	5.92	
7.住房贷款							197.4
8.汽车贷款							

8－5续表　　　　　　　　　　　　　　　　　　　　　　　　　　　　单位:元

	1985	1990	1995	2000	2005	2008	2009
9.教育贷款					0.79		
10.其他贷款					0.95	0.82	
11.其他借贷收入	1.33	3.68	6.74	1.57	0.68	0.67	
五、家庭总支出	**627.15**	**1269.88**	**2551.47**	**3944.82**	**7555.64**	**10199.32**	**12120.00**
(一)消费支出	545.35	970.42	2245.07	3402.94	5283.14	8362.07	9594.61
其中:服务性消费支出					1290.01	2052.35	2300.53
(二)购房与建房支出		24.55	26.45	51.29	1071.50	167.46	649.82
1.购房					1057.83	167.46	649.05
2.建房					13.67		0.77
(三)转移性支出	81.80	274.91	277.78	487.03	917.52	1267.86	1301.33
1.交纳的个人收入税			0.30	0.16	19.60	21.52	11.18
2.捐赠支出	49.89	185.80	199.99	407.71	595.02	939.17	1022.48
3.购买彩票					1.64	3.36	4.90
4.赡养支出	31.91	89.11	56.00	39.20	234.39	260.78	213.47
其中:在外就学子女费用					153.05	179.02	125.21
5.各种非储蓄性保险支出			0.97	4.50	18.94	14.35	28.68
其中:车辆保险支出					0.09		3.40
6.其他转移性支出			20.52	35.46	47.93	28.69	20.62
(四)财产性支出		1.98	2.17	3.56	2.45	5.72	9.37
1.非生产性利息支出		1.98	2.17	3.56	2.19	5.53	9.37
2.其他					0.26	0.19	
(五)社会保障支出					281.04	396.21	564.87
1.个人交纳的养老基金					118.88	177.20	216.80
2.个人交纳的住房公积金					83.99	110.27	178.70
3.个人交纳的医疗基金					60.22	95.74	145.14
4.个人交纳的失业基金					17.75	12.56	23.52
5.其他社会保障支出					0.20	0.44	0.71
六、借贷支出	**116.56**	**258.25**	**612.59**	**728.27**	**1944.49**	**2755.96**	**3475.29**
1.存入储蓄款	62.10	177.62	481.08	563.92	1570.85	2514.40	2919.70
2.借出款	7.76	16.27	23.38	38.15	100.58	33.80	78.40
3.归还借款	33.68	43.88	67.07	59.31	107.19	83.24	274.46
4.储蓄性保险支出			2.76	55.07	97.75	65.17	54.22
5.购买有价证券			6.67	1.57	1.37	2.66	8.65
6.其它投资支出					15.74	1.85	78.54
7.归还住房贷款			1.93		46.48	53.35	60.77
8.归还汽车贷款							
9.归还教育贷款							
10.归还其他贷款					4.18		
11.其他借贷支出	6.84	8.83	5.95	9.22	0.35	1.49	0.55
七、期末手存现金	**42.55**	**68.00**	**155.38**	**406.40**	**528.11**	**1143.83**	**1538.29**

8－6 各县(市、区)城镇居民家庭平均每人现金收支情况

(2009 年)　　　　单位:元

	市　区	宛城区	卧龙区	南召县	方城县	西峡县	镇平县
一、期初手存现金	**482.73**	**200.11**	**645.46**	**51.61**	**3278.32**	**1063.43**	**669.57**
二、家庭总收入	**15577.17**	**15373.38**	**15646.33**	**12126.63**	**12318.39**	**13452.80**	**12477.78**
其中:可支配收入	14730.93	14717.87	14761.58	11764.32	12016.00	13007.00	12085.03
(一)工薪收入	11038.18	10974.54	11112.47	8777.82	7590.39	9979.51	6844.16
1.工资及补贴收入	11030.82	10974.32	11105.38	7770.14	6582.34	9979.51	6756.77
2.其他劳动收入	7.36	0.82	17.09	1007.68	1008.05		87.39
(二)经营净收入	771.7	639.87	783.33	2515.71	2800.57	2075.23	1548.95
(三)财产性收入	378.06	530.35	266.96	76.77	554.52	79.43	350.74
1.利息收入	68.07	12.51	141.32			0.62	18.51
2.股息与红利收入	205.36	402.54	17.09	12.90	15.43	9.19	3.96
3.保险收益	12.37	3.03	25.64				
4.其它投资收入	5.99		9.83	6.45	247.78		
5.出租房屋收入	83.73	112.27	67.09	57.42	240.31	69.63	326.29
6.知识产权收入							
7.其他财产性收入	2.54		5.98		51.00		1.98
(四)转移性收入	3389.23	3228.63	3473.56	756.32	1372.91	1318.63	3733.93
1.养老金或离退休金	3089.43	2851.89	3343.35	735.03	1302	1154.43	2901.09
2.社会救济收入	0.58	1.18					1.32
3.辞退金		0.44					
4.赔偿收入							
5.保险收入	3.63						95.67
其中:失业保险金		7.37					
6.赡养收入	125.49	111.67	48.24	6.45	12.35		133.74
7.捐赠收入	152.03	224.23	76.84	12.9	53.09	164.2	519.26
8.提取住房公积金							
9.记帐补贴	18.07	32.99	5.13				76.08
10.其他转移性收入				1.94	5.48		6.77
三、出售财物收入	**656.32**	**1329.91**	**4.27**				**14.06**
1.出售住房收入	652.96	1326.78					
2.出售其他物品收入	3.35	3.13	4.27				14.06
四、借贷收入	**2514.38**	**2653.71**	**784.62**	**38.06**	**1614.81**	**1187.10**	**1377.35**
1.提取储蓄存款	1259.71	827.17	784.62	38.06	1187.04	1187.10	967.22
2.借入款	536.15	1089.43			427.78		257.57
3.收回借出款	355.76						112.93
4.收回储蓄性保险本金							
5.兑售有价证券							39.63
6.收回投资本金							
7.住房贷款	362.76	737.10					
8.汽车贷款							
9.教育贷款							

8－6 续表 1 （2009 年） 单位：元

	市　区	宛城区	卧龙区	南召县	方城县	西峡县	镇平县
10. 其他贷款							
11. 其他借贷收入							
五、家庭总支出	**14015.23**	**13807.37**	**11752.20**	**7589.03**	**10467.51**	**11036.01**	**10248.52**
(一)消费支出	10888.92	10864.23	10888.92	6441.62	8378.51	8787.08	7992.46
其中：服务性消费支出	2728.47	2591.52	2416.17	1186.26	2034.26	1851.85	1493.32
(二)购房与建房支出	1124.55	2285.01			864.20		
1. 购房	1124.55	2285.01			864.20		
2. 建房							
(三)转移性支出	1181.45	1132.40	1174.24	785.10	907.81	1801.92	1916.93
1. 交纳的个人收入税	20.77	1.71	2.68			2.22	7.48
2. 捐赠支出	823.73	900.08	708.66	774.03	723.72	1677.09	1338.06
3. 购买彩票	8.56			0.65	1.53		4.31
4. 赡养支出	279.03	179.85	418.97	9.03	46.3	93.83	550.8
其中：在外就学子女费用	167.7	114.99	261.79				461.64
5. 各种非储蓄性保险支出	28.4	32.89	18.87		47.53	2.94	1.65
其中：车辆保险支出	3.66				35.8		
6. 其他转移性支出	20.95	17.87	25.05	1.39	88.73	25.84	14.64
(四)财产性支出	9.37	26.22			14.60	3.44	29.93
1. 非生产性利息支出	9.37	26.22			14.60	3.44	29.93
2. 其他							
(五)社会保障支出	807.41	622.12	693.54	362.31	302.39	443.58	309.19
1. 个人交纳的养老基金	287.54	251.49	208.7	161.17	139.12	77.61	109.48
2. 个人交纳的住房公积金	290.65	175.71	268.91	40.73	115.48	207.78	106.09
3. 个人交纳的医疗基金	192.24	149.72	202.55	157.72	45.47	158.03	73.07
4. 个人交纳的失业基金	36.76	44.75	13.38	2.68	2.31	0.15	9.95
5. 其他社会保障支出	0.22	0.45					10.61
六、借贷支出	**3771.38**	**3441.35**	**4581.12**	**4341.06**	**215.09**	**3162.85**	**3715.15**
1. 存入储蓄款	2850.59	1883.68	4288.03	4329.12	18.52	2907.27	2991.25
2. 借出款	114.09	73.71	142.31		13.58	61.11	270.45
3. 归还借款	518.2	950.12	119.23	3.87	125.62	24.69	34.34
4. 储蓄性保险支出	42.7	36.58	31.55	8.06		137.85	240.34
5. 购买有价证券							31.70
6. 其它投资支出	156.71	318.43					
7. 归还住房贷款	88.01	178.83			57.37	31.93	147.07
8. 归还汽车贷款							
9. 归还教育贷款							
10. 归还其他贷款							
11. 其他借贷支出	1.09						
七、期末手存现金	**1657.65**	**418.59**	**634.36**	**286.21**	**6525.41**	**1517.43**	**694.95**

8—6 续表 2 （2009 年） 单位:元

	内乡县	淅川县	社旗县	唐河县	新野县	桐柏县	邓州市
一、期初手存现金	**479.22**	**390.04**	**918.46**	**250.43**	**678.45**	**124.91**	**1884.87**
二、家庭总收入	**12507.93**	**12767.41**	**11202.62**	**12399.34**	**13333.94**	**12204.54**	**13310.89**
其中:可支配收入	12272.20	12488.00	10900.99	12230.59	12739.00	11762.99	12989.69
(一)工薪收入	8981.57	8480.08	6076.91	7791.42	10062.37	7304.84	7826.74
1.工资及补贴收入	8959.80	8355.28	5692.62	7199.64	9864.09	7304.84	7062.60
2.其他劳动收入	21.77	124.80	384.29	591.78	198.27		764.14
(二)经营净收入	598.57	1556.07	3312.91	1505.88	919.25	3723.55	3586.36
(三)财产性收入	227.55	699.93	209.48	42.60	203.78	72.77	163.39
1.利息收入	13.95		11.31	19.26	55.09		12.69
2.股息与红利收入	43.54	285.88	128.91		19.55		120.82
3.保险收益				1.30	7.33		
4.其它投资收入	34.01	130.81	8.23	9.20	80.45		
5.出租房屋收入	136.05	283.23	44.57	12.84	41.35	72.77	
6.知识产权收入							
7.其他财产性收入			16.46				29.87
(四)转移性收入	2700.24	2031.33	1603.33	3059.44	2148.55	1103.39	1734.40
1.养老金或离退休金	2364.46	1131.6	1227.83	2727.62	1680.32	995.36	1572.58
2.社会救济收入		1.13	8.57				
3.辞退金			34.29				
4.赔偿收入							
5.保险收入							
其中:失业保险金							
6.赡养收入	87.76		208.46	186.49	40.60	93.30	18.87
7.捐赠收入	245.58	894.00	39.43	125.47	382.63	5.52	28.30
8.亲友搭伙费							
9.提取住房公积金							6.29
10.记帐补贴	2.45	4.60	20.57	19.86	27.07		37.74
11.其他转移性收入			64.18		17.92	9.21	70.63
三、出售财物收入		**0.08**	**17.62**	**7.38**	**1.37**		
1.出售住房收入							
2.出售其他物品收入		0.08	17.62	7.38	1.37		
四、借贷收入	**892.45**	**3252.00**	**113.83**	**1720.17**	**1309.47**	**444.40**	**1003.14**
1.提取储蓄存款	892.45	2878.67	68.57	1720.17	1166.17	444.40	1003.14
2.借入款		40.00	38.40		98.20		
3.收回借出款			6.86				
4.收回储蓄性保险本金					45.11		
5.兑售有价证券							
6.收回投资本金							
7.住房贷款		333.33					
8.汽车贷款							

8—6 续表 3　　　　(2009 年)　　　　单位:元

	内乡县	淅川县	社旗县	唐河县	新野县	桐柏县	邓州市
9. 教育贷款							
10. 其他贷款							
11. 其他借贷收入							
五、家庭总支出	**10049.43**	**12070.94**	**8170.92**	**9868.02**	**10672.04**	**10192.34**	**11040.22**
(一)消费支出	7929.27	9609.61	6687.83	7962.41	7950.00	8401.85	9769.97
其中:服务性消费支出	1712.90	3103.40	1556.40	1775.64	2030.04	1655.07	1978.82
(二)购房与建房支出		1035.20					
1. 购房		1018.67					
2. 建房		16.53					
(三)转移性支出	1885.66	1144.74	1201.96	1751.08	2153.94	1349.79	989.79
1. 交纳的个人收入税				1.64	0.41	0.86	3.01
2. 捐赠支出	1567.11	1012.11	1147.76	1521.84	1701.44	1329.94	891.50
3. 购买彩票		0.03		3.53	3.20		
4. 赡养支出	299.25	38.67	36.17	149.51	313.53		85.47
其中:在外就学子女费用	260.54	4.67		20.10	186.47		
5. 各种非储蓄性保险支出	6.95	83.71	5.61	57.85	116.19		
其中:车辆保险支出							
6. 其他转移性支出	12.34	10.22	12.43	16.71	19.17	18.99	9.81
(四)财产性支出	1.22	6.59	0.08	7.28	0.64		
1. 非生产性利息支出	1.22	6.59	0.08	7.28	0.64		
2. 其他							
(五)社会保障支出	233.28	274.80	281.05	147.25	567.46	440.69	280.46
1. 个人交纳的养老基金	96.50	203.11	198.95	78.11	361.64	215.85	58.45
2. 个人交纳的住房公积金	62.47	8.82	1.42	18.74	75.41	9.59	86.81
3. 个人交纳的医疗基金	70.69	51.39	76.60	45.20	118.41	145.09	135.20
4. 个人交纳的失业基金	3.62	10.68	2.72	4.45	12.00	70.17	
5. 其他社会保障支出		0.80	1.37	0.74			
六、借贷支出	**3165.11**	**4000.29**	**2344.44**	**3645.62**	**3845.60**	**2178.41**	**3620.31**
1. 存入储蓄款	2933.74	3924.75	2061.94	3560.99	3691.61	2178.41	3479.87
2. 借出款	46.26	22.67	22.63		61.28		
3. 归还借款	90.73	29.33	18.86		15.79		
4. 储蓄性保险支出	80.11		1.01		76.92		140.43
5. 购买有价证券			240				
6. 其它投资支出							
7. 归还住房贷款	14.29	23.53		84.64			
8. 归还汽车贷款							
9. 归还教育贷款							
10. 归还其他贷款							
11. 其他借贷支出							
七、期末手存现金	**678.66**	**338.30**	**1848.20**	**922.18**	**803.34**	**511.90**	**1648.57**

8-7 按收入等级分的城镇居民家庭人均现金收支情况

（2009 年）　　　　单位:元

	最低 10%	更低 5%	低 10%	较低 20%	中间 20%	较高 20%	高 10%	最高 10%	更高 5%
一、期初手存现金	**568.80**	**427.56**	**687.68**	**628.10**	**784.22**	**619.87**	**829.59**	**892.23**	**1009.72**
二、家庭总收入	**6960.90**	**5979.00**	**8819.96**	**10639.46**	**12295.73**	**15310.23**	**19202.35**	**25827.71**	**30546.04**
其中:可支配收入	6545.02	5750.22	8492.57	10147.12	11941.41	14626.48	18411.12	24685.15	29526.18
(一)工薪收入	5485.17	4697.63	7682.41	7842.72	8422.25	10887.93	12455.38	14273.42	14475.88
1.工资及补贴收入	5389.45	4689.09	7226.63	7756.80	8134.39	10714.61	12196.37	14007.51	13909.27
2.其他劳动收入	95.71	8.54	455.78	85.92	287.86	173.32	259.01	265.91	566.60
(二)经营净收入	674.83	365.59	532.74	926.33	1465.30	1101.52	2199.54	4096.76	6200.91
(三)财产性收入	83.31	173.52	33.88	84.76	276.07	243.81	293.99	1294.75	3111.12
1.利息收入	2.96	3.75		16.94	3.59	53.69	63.56	151.28	322.49
2.股息与红利收入	1.08	2.31	16.94	18.62	38.17	86.65	35.01	876.19	2270.98
3.保险收益						24.25	0.71	6.74	17.52
4.其它投资收入	5.21	11.13		2.82	16.73	31.41	86.69	47.66	95.88
5.出租房屋收入	73.20	156.33	12.60	46.26	207.38	36.87	108.02	201.41	374.42
6.知识产权收入									
7.其他财产性收入	0.86		4.33	0.12	10.20	10.93		11.48	29.83
(四)转移性收入	717.60	742.27	570.94	1785.64	2132.11	3076.97	4253.44	6162.78	6758.14
1.养老金或离退休金	516.03	450.99	422.43	1553.74	1893.30	2768.47	4032.24	5229.77	5292.43
2.社会救济收入	0.57	1.22	1.46	2.07		0.46			
3.辞退金				5.49					
4.赔偿收入									
5.保险收入				21.31	1.55			16.40	
其中:失业保险金									
6.赡养收入	25.50	28.37	32.07	50.08	34.45	86.36	105.77	406.54	601.80
7.捐赠收入	154.63	241.59	89.55	124.74	168.43	199.62	95.75	470.31	838.89
8.亲友搭伙费									
9.提取住房公积金						1.88			
10.记帐补贴	16.13	20.09	12.80	23.30	15.61	16.65	15.87	25.29	24.84
11.其他转移性收入	4.74		12.63	4.91	18.77	3.52	3.80	14.47	0.17
三、出售财物收入	**7.58**	**15.59**	**5.24**	**1.22**	**7.07**	**1382.76**		**2.27**	**3.99**
1.出售住房收入						1381.35			
2.出售其他物品收入	7.58	15.59	5.24	1.22	7.07	1.40		2.27	3.99
四、借贷收入	**968.23**	**1054.48**	**824.83**	**937.90**	**537.08**	**3045.61**	**917.08**	**5580.30**	**6093.97**
1.提取储蓄存款	919.98	1048.36	811.59	823.97	517.71	1065.53	868.56	3907.67	5926.08
2.借入款	16.73		13.24	112.99	19.37	1138.42	47.05	35.14	91.34
3.收回借出款	31.52	6.12		0.95		0.87	1.47	1621.43	34.80
4.收回储蓄性保险本						7.56			
5.兑售有价证券								16.07	41.76
6.收回投资本金									
7.住房贷款						833.23			
8.汽车贷款									
9.教育贷款									
10.其他贷款									
11.其他借贷收入									

8—7 续表　　(2009 年)　　单位:元

	最低 10%	更低 5%	低 10%	较低 20%	中间 20%	较高 20%	高 10%	最高 10%	更高 5%
五、家庭总支出	**6539.18**	**5653.96**	**7580.78**	**8982.89**	**8956.48**	**14555.62**	**14886.68**	**23214.51**	**26594.85**
(一)消费支出	5368.70	4684.86	6003.80	7278.45	7440.29	10079.75	12009.97	20194.35	23385.74
其中:服务性消费支出	1259.90	939.36	1310.68	1688.67	1510.18	2620.74	3048.64	4922.62	5532.71
(二)购房与建房支出			453.57	200.94	82.53	2382.26			
1.购房			453.57	200.94	82.53	2379.00			
2.建房						3.26			
(三)转移性支出	773.18	761.15	779.63	1031.08	1094.15	1425.41	2116.64	1931.09	2165.81
1.交纳的个人收入税	2.46	0.75		0.01	0.55	11.56	15.53	58.73	0.03
2.捐赠支出	624.07	728.02	684.81	793.14	960.54	1159.02	1420.58	1450.17	1726.80
3.购买彩票	10.22	0.02	0.08	0.88	0.44	0.46	33.19	1.16	2.16
4.赡养支出	127.68	21.80	63.16	188.85	85.95	201.95	560.34	357.25	388.92
其中:在外就学子女费用	40.12		21.44	118.70	14.03	119.31	308.46	317.04	311.22
5.各种非储蓄性保险支出	1.29	2.38	21.86	35.12	38.47	19.30	34.39	45.82	28.44
其中:车辆保险支出							15.50	16.56	
6.其他转移性支出	7.47	8.19	9.71	13.08	8.20	33.12	52.61	17.97	19.46
(四)财产性支出			29.20	3.39	1.35	12.66	0.24	30.53	48.30
1.非生产性利息支出			29.20	3.39	1.35	12.66	0.24	30.53	48.30
2.其他									
(五)社会保障支出	397.29	207.94	314.59	469.03	338.16	655.54	759.82	1058.54	995.00
1.个人交纳的养老基金	164.20	92.04	141.54	231.54	137.15	237.03	249.07	352.04	326.46
2.个人交纳的住房公积金	105.07	25.87	85.06	95.97	59.47	228.52	311.66	423.11	370.22
3.个人交纳的医疗基金	111.48	82.93	78.90	126.09	116.51	164.45	182.13	224.97	226.47
4.个人交纳的失业基金	15.48	4.84	8.41	14.58	23.94	25.28	16.63	57.61	70.88
5.其他社会保障支出	1.06	2.26	0.69	0.85	1.09	0.25	0.33	0.80	0.97
六、借贷支出	**1072.05**	**1131.57**	**1570.98**	**1838.26**	**2900.92**	**4441.85**	**4538.87**	**7655.81**	**10210.59**
1.存入储蓄款	737.05	472.37	1331.80	1720.80	2693.28	3086.18	4060.67	6995.58	9304.33
2.借出款	287.31	610.36	11.31	25.46	109.40	25.10	64.44	89.55	
3.归还借款	6.88	14.69	3.95	37.58	39.28	875.99	242.12	243.49	419.80
4.储蓄性保险支出	23.59	34.14	28.90	27.97	53.05	36.52	141.19	104.10	159.52
5.购买有价证券	11.96		20.45	24.15			14.11		
6.其它投资支出						331.53			
7.归还住房贷款			174.56	2.29	5.90	86.54	16.34	223.10	326.93
8.归还汽车贷款									
9.归还教育贷款									
10.归还其他贷款									
11.其他借贷支出	5.26								
七、期末手存现金	**886.10**	**691.72**	**1194.59**	**1489.66**	**1784.82**	**1450.96**	**1756.95**	**2014.03**	**2105.93**

8-8 城镇居民家庭平均每人全年消费支出

单位:元

	1985	1990	1995	2000	2005	2008	2009
消费支出	**545.35**	**970.42**	**2245.07**	**3402.94**	**5283.14**	**8362.07**	**9594.61**
其中:服务性消费支出					1290.01	2052.35	2300.53
一、食品	**258.20**	**496.68**	**1101.08**	**1345.42**	**1813.15**	**2864.15**	**3168.61**
(一)粮油类	81.03	122.06	383.79	381.72	404.86	577.31	578.29
1.粮食	69.57	98.68	299.03	270.70	265.40	341.72	354.28
(1)大米	20.79	41.85	56.62	53.34	72.98	94.42	94.82
(2)面粉	25.42	51.15	85.46	83.38	66.97	86.00	84.23
(3)其他粮食	23.36	5.68	6.01	8.32	12.77	161.31	175.23
2.淀粉及薯类			15.80	23.93	22.78	24.20	28.19
3.干豆类及豆制品	3.14	9.53	18.45	25.46	29.18	44.75	51.48
4.油脂类	8.32	13.85	50.51	61.63	87.50	166.64	144.34
(1)食用植物油	8.32	13.82	50.50	59.12	87.08	164.71	144.20
(2)食用动物油			0.01	2.51	0.42	1.93	0.15
(二)肉禽蛋水产品类	68.14	129.98	290.76	321.73	479.53	723.62	724.45
1.肉类	52.10	92.30	213.01	214.59	294.85	464.43	457.40
(1)猪肉	30.25	64.40	137.76	121.25	160.38	251.17	220.02
(2)牛肉	4.31	10.32	13.16	21.28	37.97	68.70	80.11
(3)羊肉	7.35	17.58	22.41	36.23	61.00	101.93	99.42
2.禽类	4.07	6.33	7.66	31.42	67.13	103.71	102.04
(1)鸡	3.66	5.70	6.59	28.28	40.39	65.28	62.51
(2)鸭	0.41	0.63	0.67	3.14	6.59	12.46	9.59
3.蛋类	11.97	31.35	77.09	75.72	86.29	110.60	113.86
(1)鲜蛋	10.83	26.47	56.43	74.23	82.89	107.56	107.19
4.水产品类	4.93	7.54	14.61	24.40	31.25	44.87	51.15
(1)鱼	3.08	6.61	13.71	21.45	26.59	37.11	41.42
(2)虾				1.78	1.20	3.08	3.58
(三)菜类	28.55	63.35	107.82	131.19	216.64	341.85	382.04
1.鲜菜	25.86	56.29	102.05	114.90	198.60	317.65	351.95
2.干菜	2.69	7.06	4.21	12.25	13.37	13.82	15.81
(四)调味品	5.21	12.26	16.47	29.32	27.74	38.44	44.60
(五)糖烟酒饮料类	49.94	83.61	149.87	245.21	253.13	430.32	525.66
1.糖类	7.04	13.14	16.12	16.76	14.74	16.53	23.64
2.烟草类	19.35	42.61	64.80	104.33	103.88	189.15	217.58
3.酒类	11.20	21.45	53.09	88.33	101.10	169.60	214.41
4.饮料	3.35	6.41	15.86	35.79	33.41	55.05	70.03
(六)干鲜瓜果类	12.48	29.06	51.84	41.17	74.44	119.95	144.14
(七)糕点、奶及奶制品	11.85	19.97	33.96	50.35	115.05	153.24	178.08
(八)其他食品			1.73	4.71	26.74	38.11	39.41
(九)饮食服务	5.01	10.72	39.07	91.94	215.02	441.30	551.93
#在外饮食					214.62	439.50	549.57
二、衣着	**72.23**	**146.64**	**351.41**	**428.48**	**784.32**	**1195.69**	**1323.15**

8—8 续表 1

单位:元

	1985	1990	1995	2000	2005	2008	2009
(一)服装	29.55	61.94	231.55	290.42	578.80	907.74	984.37
(二)衣着材料	28.50	52.80	42.77	22.28	3.19	4.05	4.54
(三)鞋类	10.89	24.63	54.05	85.23	156.97	240.07	277.43
(四)其他衣着用品	3.21	7.27	15.96	23.01	42.35	40.43	53.15
(五)衣着加工服务费			7.08	7.53	3.01	3.40	3.16
三、家庭设备用品及服务	**44.52**	**104.87**	**183.61**	**228.50**	**284.26**	**578.09**	**654.14**
(一)耐用消费品	26.29	67.75	103.24	109.83	129.28	293.19	363.40
1.家具	2.17	11.87	24.83	33.34	33.24	52.65	81.74
2.家庭设备	18.81	50.57	63.41	65.21	96.03	240.54	281.66
(二)室内装饰品		1.13	5.63	15.46	9.36	9.48	20.63
(三)床上用品	1.30	2.00	11.59	22.85	26.80	44.43	43.84
(四)家庭日用杂品	4.21	8.19	43.93	54.17	104.88	217.43	196.76
(五)家具材料	10.31	20.00	2.03	10.07	1.53	1.42	3.52
(六)家庭服务	2.41	6.00	17.20	16.12	12.41	12.15	25.99
四、医疗保健	**10.53**	**45.17**	**95.29**	**261.63**	**370.24**	**669.80**	**830.01**
(一)医疗器具			0.39	0.71	1.78	2.67	1.85
(二)保健器具	0.50	0.80	1.45	2.59	12.77	15.80	16.59
(三)药品费	7.97	36.00	81.55	229.96	251.67	384.87	484.64
(四)滋补保健品	0.63	2.40	1.05	0.61	25.44	24.92	37.33
(五)医疗费	1.43	5.98	7.58	26.73	71.76	234.32	265.55
(六)其他			3.27	1.04	6.82	7.21	24.05
五、交通和通讯	**0.43**	**20.83**	**91.62**	**209.19**	**568.10**	**903.72**	**1264.49**
(一)交通	9.16	20.30	44.18	78.71	164.72	392.40	709.26
1.家庭交通工具	5.29	13.46	22.63	31.87	75.37	166.81	462.76
2.车辆用燃料及零配件			0.03	4.32	21.98	37.74	42.74
3.交通工具服务支出			4.43	8.79	15.13	16.98	44.23
4.交通费	3.87	6.84	17.10	33.72	52.23	170.86	159.54
(二)通信	0.27	0.53	47.43	130.49	403.38	511.32	555.23
1.通信工具			5.04	17.17	48.71	76.78	79.98
2.通信服务	0.27	0.53	42.39	113.32	354.68	434.55	475.25
(1)电信费			15.95	109.72	347.91	432.17	468.15
(2)邮费	0.27	0.53	3.24	2.10	2.03	0.73	1.59
(3)其他			23.20	1.50	4.74	1.64	5.51
六、教育文化娱乐服务	**31.50**	**61.87**	**182.35**	**315.24**	**713.96**	**1004.90**	**1095.05**
(一)文化娱乐用品	16.30	26.69	40.13	69.08	138.04	235.27	241.60
(二)文化娱乐服务	10.03	15.12	35.29	89.01	198.38	324.81	383.36
1.参观游览			5.50	31.44	25.22	33.54	37.31
2.健身活动					3.06	11.41	23.28
3.团体旅游				4.00	98.75	169.75	215.91
4.其它文娱活动	1.31	1.65	11.05	24.21	69.30	105.49	103.86
5.文娱用品修理服务费	0.72	3.74	6.73	7.35	2.04	4.62	3.01

8—8 续表 2

单位:元

	1985	1990	1995	2000	2005	2008	2009
(三)教育	13.17	27.06	118.94	179.15	377.55	444.82	470.09
1. 教材	1.50	2.00	8.47	13.30	30.07	19.55	29.41
(1)课本及参考书	1.50	2.00	8.47	13.30	24.05	15.35	28.08
(2)教育软件					1.35	0.04	
2. 教育费用	11.67	25.06	110.47	165.85	347.47	425.27	440.68
(1)非义务教育学杂费	2.77	7.67	34.54	49.11	100.06	162.92	164.37
(2)义务教育学杂费	4.58	12.67	56.89	81.15	50.35	26.67	7.70
(3)托幼费	2.32	2.58	3.05	4.78	31.70	44.41	25.59
(4)成人教育费			5.11	8.55	66.18	31.58	39.63
(5)家教费					3.18	10.83	26.88
(6)培训班					39.39	84.02	113.81
(7)学校住宿费					9.24	2.90	6.37
(8)其他	2.00	2.14	10.68	22.27	47.38	61.94	56.32
七、居住	**31.89**	**65.04**	**175.32**	**522.65**	**571.11**	**870.17**	**940.92**
(一)住房					114.64	172.47	243.75
1. 租赁房房租	2.33	4.49	8.20	7.49	14.39	7.84	2.70
2. 住房装潢支出					65.39	93.49	142.76
3. 维修用建筑材料	15.34	26.47	65.11	102.61	24.45	50.99	78.71
4. 其他	0.81	1.51	6.72	17.23	10.41	20.15	19.57
(二)水电燃料及其他	13.41	32.57	87.29	185.32	427.40	631.03	629.21
1. 水	0.98	3.83	9.96	29.61	48.40	72.51	77.37
2. 电	2.13	8.84	22.26	78.17	198.01	282.20	318.14
3. 燃料	10.30	19.90	54.37	76.30	165.00	267.10	231.21
4. 其他			0.70	1.02	15.99	4.11	2.51
(三)居住服务费					29.08	66.66	67.96
1. 物业管理费					7.21	17.00	31.82
2. 维修服务费					4.62	18.78	13.22
3. 其它					17.25	30.89	22.92
八、杂项商品和服务	**26.09**	**45.89**	**64.39**	**91.83**	**177.99**	**275.56**	**318.25**
(一)杂项商品	18.23	35.06	45.46	62.96	120.39	179.00	220.38
1. 金银珠宝饰品	4.23	4.83	5.48	5.57	24.14	35.11	57.33
2. 手表	0.35	0.62	0.59	0.27	1.40	11.02	10.15
3. 理发美容用具	0.24	0.45	0.63	0.23	0.93	1.03	1.41
4. 化妆品	5.85	8.15	16.17	25.24	47.50	67.45	78.13
5. 其他杂品	7.56	21.01	22.50	31.65	46.41	64.39	73.36
(二)服务	1.86	10.83	18.93	28.81	57.61	96.56	97.87
1. 旅馆住宿费	0.83	0.91	1.00	1.06	2.42	10.21	5.05
2. 理发洗澡费	3.55	4.65	8.00	9.36	29.53	47.77	59.96
3. 美容费	2.00	2.10	3.42	4.10	18.38	23.15	18.70
4. 其他服务	1.48	3.17	6.51	14.35	7.28	15.43	14.16

8-9 各县(市、区)城镇居民家庭平均每人全年消费支出

(2009 年)

单位:元

	市区	宛城区	卧龙区	南召县	方城县	西峡县	镇平县
消费支出	**10888.92**	**10864.23**	**10888.92**	**6441.62**	**8378.51**	**8787.08**	**7992.46**
#服务性消费支出	2728.47	2591.52	2416.17	1186.26	2034.26	1851.85	1493.32
一、食品	**3422.80**	**3459.27**	**3317.62**	**2125.97**	**2949.97**	**2711.06**	**2960.86**
(一)粮油类	648.20	660.04	669.63	511.16	551.62	465.94	506.81
1.粮食	386.27	369.70	419.82	365.48	368.85	293.96	296.40
(1)大米	103.43	96.61	117.83	150.03	50.79	70.87	59.70
(2)面粉	95.03	87.59	116.46	70.66	74.52	41.17	57.83
(3)其他粮食	187.82	185.50	185.53	144.80	243.54	181.92	178.87
2.淀粉及薯类	37.92	38.71	41.08	12.56	18.26	11.93	39.38
3.干豆类及豆制品	59.12	69.48	51.79	36.18	44.63	45.99	46.31
4.油脂类	164.88	182.15	156.94	96.94	119.88	114.06	124.73
(1)食用植物油	164.70	181.77	156.94	96.94	119.80	113.84	124.59
(2)食用动物油	0.19	0.38			0.08	0.22	0.14
(二)肉禽蛋水产品类	797.19	815.67	823.73	677.89	662.07	537.92	713.00
1.肉类	490.02	497.02	512.40	437.89	411.36	408.58	434.59
(1)猪肉	241.44	230.82	260.27	266.41	206.84	225.12	211.26
(2)牛肉	83.31	82.03	92.59	52.17	60.92	5.45	67.61
(3)羊肉	97.12	116.10	90.67	111.53	63.40	121.11	115.77
2.禽类	102.04	108.82	118.85	109.53	129.29	42.15	107.82
(1)鸡	61.38	66.63	58.37	96.84	82.02	11.21	56.21
(2)鸭	9.61	10.35	9.25	11.49	0.62	0.06	4.63
3.蛋类	137.06	152.88	129.99	62.83	87.15	67.16	137.46
(1)鲜蛋	128.37	148.34	115.08	61.72	83.47	64.04	133.09
4.水产品类	59.01	56.95	62.48	67.64	34.26	20.03	33.13
(1)鱼	45.42	46.83	44.93	66.33	22.61	9.49	25.09
(2)虾	4.72	5.32	3.15	0.48	8.06		3.05
(三)菜类	447.72	395.20	523.01	304.51	365.02	302.56	330.90
1.鲜菜	407.69	345.31	491.95	282.80	340.58	284.86	298.41
2.干菜	19.75	23.50	14.56	16.71	12.69	7.66	29.04
(四)调味品	49.28	43.65	57.55	54.56	34.82	27.82	41.60
(五)糖烟酒饮料类	527.96	576.21	490.22	381.14	446.54	290.87	445.19
1.糖类	28.34	28.40	24.66	13.58	14.66	19.87	26.72
2.烟草类	222.38	243.93	228.89	131.87	176.71	133.34	204.80
3.酒类	206.58	239.79	162.31	217.67	172.15	108.95	149.05
4.饮料	70.66	64.10	74.37	18.02	83.02	28.71	64.64
(六)干鲜瓜果类	165.19	189.36	108.17	79.93	148.00	105.10	135.63
(七)糕点、奶及奶制品	204.08	196.54	194.48	46.90	175.55	122.40	204.98
(八)其他食品	32.83	35.59	35.53	9.99	124.19	23.38	24.46
(九)饮食服务	550.35	547.00	415.30	59.88	442.17	835.07	558.28
#在外饮食	547.96	544.79	412.23	59.29	442.12	834.93	557.28
二、衣着	**1527.57**	**1683.06**	**1281.71**	**1222.42**	**1313.07**	**1231.01**	**998.98**

8—9 续表 1　　　　(2009 年)　　　　单位:元

	市　区	宛城区	卧龙区	南召县	方城县	西峡县	镇平县
(一)服装	1134.15	157.09	933.26	991.25	881.36	986.27	739.37
(二)衣着材料	7.06	4.51	9.53	0.01	6.70		4.12
(三)鞋类	313.36	93.09	91.04	215.21	300.84	230.30	228.31
(四)其他衣着用品	70.16	80.43	64.07	14.48	118.49	8.97	21.41
(五)衣着加工服务费	2.85	3.48	1.74	1.48	5.67	5.48	5.77
三、家庭设备用品及服务	**676.63**	**602.32**	**956.86**	**408.03**	**627.69**	**906.13**	**580.21**
(一)耐用消费品	366.78	315.26	539.86	32.68	335.02	682.23	241.50
1.家具	44.60	37.22	55.94		124.32	147.10	100.08
2.家庭设备	322.18	228.04	483.92	32.68	210.70	535.13	141.42
(二)室内装饰品	27.78	53.50		34.35	18.52	2.47	58.42
(三)床上用品	38.10	48.64	23.26	72.20	47.18	43.39	61.03
(四)家庭日用杂品	202.20	162.17	342.24	264.93	208.24	155.71	197.58
(五)家具材料	4.84						
(六)家庭服务	36.94	22.75	51.50	3.87	18.74	22.34	21.68
四、医疗保健	**1067.37**	**1048.43**	**1081.38**	**381.04**	**516.29**	**672.28**	**670.95**
(一)医疗器具	2.87	3.51		2.14			4.81
(二)保健器具	7.95	16.15					29.87
(三)药品费	595.86	530.19	680.90	321.30	276.08	641.26	485.12
(四)滋补保健品	33.93	42.74	30.39	50.19	0.09		42.14
(五)医疗费	381.81	400.66	336.31	7.41	237.56	31.01	106.74
(六)其他	44.94	55.19	33.77		2.56		2.27
五、交通和通讯	**1625.15**	**1546.38**	**1741.85**	**630.67**	**1005.20**	**889.66**	**726.29**
(一)交通	1017.11	1325.49	1404.47	228.22	445.29	381.50	376.29
1.家庭交通工具	729.56	1189.65	1098.73	14.06	201.27	235.12	207.34
2.车辆用燃料及零配件	42.18	26.09	27.28	9.46	111.25	48.57	57.95
3.交通工具服务支出	57.83	21.41	14.52	8.05	44.07	34.62	15.04
4.交通费	187.54	88.34	263.94	196.64	88.69	63.19	95.96
(二)通信	608.04	620.99	537.38	402.45	559.92	508.15	350.00
1.通信工具	83.42	76.61	67.08	9.68	70.04	52.34	36.13
2.通信服务	524.63	544.38	470.31	392.77	489.88	455.82	313.87
(1)电信费	513.49	526.87	467.23	391.74	482.08	451.29	310.16
(2)邮费	2.30	3.66	1.17	0.97	1.50	2.53	1.03
(3)其他	8.84	13.85	1.91	0.06	6.30	2.00	2.67
六、教育文化娱乐服务	**1262.05**	**1206.93**	**1327.65**	**757.66**	**894.48**	**1083.71**	**747.60**
(一)文化娱乐用品	215.27	141.64	244.35	342.92	134.13	388.71	281.94
(二)文化娱乐服务	542.70	576.00	528.32	181.84	237.59	373.86	234.01
1.参观游览	28.23	5.87	11.45		28.38	9.80	0.81
2.健身活动	46.20	93.80	0.09	1.29			
3.团体旅游	343.97	328.89	414.38	80.00	15.49	301.11	160.98
4.其它文娱活动	120.32	144.51	101.11	99.75	193.72	61.54	69.23
5.文娱用品修理服务费	3.98	2.93	1.28	0.79		1.41	2.99

8—9 续表 2　　　　(2009 年)　　　　单位:元

	市　区	宛城区	卧龙区	南召县	方城县	西峡县	镇平县
(三)教育	504.08	489.29	354.98	232.91	522.77	321.15	231.66
1.教材	35.74	62.55	6.41	4.77	0.40	2.53	10.18
(1)课本及参考书	34.82	61.17	6.29	1.79	0.14	1.91	7.23
(2)教育软件							
2.教育费用	468.34	426.73	348.57	228.14	522.36	318.62	221.48
(1)非义务教育学杂费	161.02	171.49	146.25	70.45	106.73	177.72	18.79
(2)义务教育学杂费	2.69		6.33			9.29	7.02
(3)托幼费	33.29	24.09	5.97	5.48	7.41	37.28	31.92
(4)成人教育费	44.40	38.62		51.61	42.63		56.41
(5)家教费	16.60	24.29	4.10	0.26	2.16		
(6)培训班	155.25	151.63	108.27	93.00	111.30	75.52	85.56
(7)学校住宿费	3.92	6.86	1.28				
(8)其他	51.18	8.86	76.38	7.33	252.14	18.80	21.78
七、居住	**949.91**	**904.29**	**959.83**	**648.99**	**819.52**	**924.80**	**964.92**
(一)住房	134.64	144.86	73.54	121.68	252.69	440.03	300.67
1.租赁房房租					12.72		
2.住房装潢支出	65.74	107.35	25.64	100.00	162.62		191.72
3.维修用建筑材料	48.99	23.21	24.40	17.17	22.66	440.03	94.52
4.其他	19.91	14.30	23.50	4.52	54.69		14.42
(二)水电燃料及其他	708.82	661.64	785.13	518.67	532.63	462.78	619.62
1.水	97.66	78.61	123.63	49.98	43.19	31.52	39.37
2.电	371.66	339.25	410.61	223.53	271.34	302.02	320.77
3.燃料	235.60	237.73	248.70	245.16	218.10	129.24	252.88
4.其他	3.91	0.52					6.61
(三)居住服务费	106.44	97.79	101.15	8.63	34.20	21.99	44.63
1.物业管理费	57.81	47.30	55.86	0.05	10.45	7.90	9.25
2.维修服务费	17.03	22.34	10.83	0.53	3.09		14.66
3.其它	31.60	28.15	34.46	8.05	20.66	14.09	20.72
八、杂项商品和服务	**357.44**	**413.45**	**222.02**	**266.84**	**252.29**	**368.43**	**342.66**
(一)杂项商品	240.72	271.01	141.65	179.63	195.66	261.11	264.85
1.金银珠宝饰品	53.15	62.17	30.53	5.81	57.94	132.79	103.87
2.手表	15.94	1163.33	7.52				0.17
3.理发美容用具	0.45	0.91		2.09			4.07
4.化妆品	55.52	75.35	27.02	150.59	130.09	112.72	104.33
5.其他杂品	115.65	106.85	76.57	21.15	7.63	15.60	52.42
(二)服务	116.73	142.43	80.37	87.21	56.63	107.33	77.81
1.旅馆住宿费	4.21	2.21	7.35		5.99	7.59	2.30
2.理发洗澡费	74.13	86.34	47.61	29.63	42.69	69.08	30.42
3.美容费	27.45	52.09	1.71	53.74	4.84		14.81
4.其他服务	10.94	1.78	23.71	3.83	3.11	30.65	30.28

8—9 续表 3 （2009 年） 单位:元

	内乡县	淅川县	社旗县	唐河县	新野县	桐柏县	邓州市
消费支出	**7929.27**	**9609.61**	**6687.83**	**7962.41**	**7950.00**	**8401.85**	**9769.97**
#服务性消费支出	1712.90	3103.40	1556.40	1775.64	2030.04	1655.07	1978.82
一、食品	**2823.04**	**3257.50**	**2886.89**	**3110.20**	**2710.65**	**3507.60**	**2906.07**
(一)粮油类	495.96	420.61	627.24	566.40	357.84	656.31	467.26
1.粮食	316.48	236.12	374.04	395.08	226.75	386.91	293.70
(1)大米	64.58	77.52	68.62	55.88	63.31	194.59	91.18
(2)面粉	91.97	51.59	84.19	73.42	69.52	85.15	93.99
(3)其他粮食	159.93	107.01	221.23	265.78	93.92	107.18	108.53
2.淀粉及薯类	22.72	2.82	36.24	28.88	16.70	13.56	8.00
3.干豆类及豆制品	38.37	20.62	50.44	59.08	41.69	67.08	36.77
4.油脂类	118.40	161.05	166.52	83.35	72.69	188.75	128.79
(1)食用植物油	118.03	161.00	166.52	83.35	72.63	188.75	128.60
(2)食用动物油	0.36	0.05			0.07		0.19
(二)肉禽蛋水产品类	503.69	584.78	651.46	734.10	532.31	760.26	722.43
1.肉类	331.48	400.24	417.52	478.45	336.63	424.42	512.19
(1)猪肉	148.19	233.67	196.58	229.75	170.61	229.63	111.44
(2)牛肉	34.44	51.40	49.20	117.31	69.53	133.03	139.68
(3)羊肉	128.95	39.32	145.73	76.61	56.59	29.70	193.10
2.禽类	44.76	60.66	102.48	107.54	62.72	156.72	92.05
(1)鸡	32.79	54.65	86.63	60.59	36.77	117.33	64.14
(2)鸭	1.64	5.42	3.16	13.13	2.18	39.39	16.01
3.蛋类	110.66	95.64	91.42	101.30	91.01	75.47	76.23
(1)鲜蛋	107.90	75.26	89.98	95.16	87.59	75.47	73.30
4.水产品类	16.78	28.24	40.04	46.81	41.95	103.66	41.96
(1)鱼	14.08	21.17	36.79	39.66	32.02	102.63	37.94
(2)虾	1.78	4.67	0.74	0.48	2.38	1.03	3.00
(三)菜类	276.03	263.85	411.21	311.41	259.15	325.24	339.88
1.鲜菜	259.17	236.35	380.11	299.35	229.35	325.24	324.85
2.干菜	13.92	8.48	23.10	8.69	7.04		7.72
(四)调味品	37.46	35.28	44.52	40.40	33.18	40.45	44.71
(五)糖烟酒饮料类	390.96	761.62	512.83	402.64	339.00	1163.55	575.61
1.糖类	29.64	11.74	15.03	26.66	11.66	18.74	17.21
2.烟草类	189.55	352.70	198.40	143.74	129.48	414.27	240.10
3.酒类	123.76	293.86	175.57	183.46	146.44	660.05	207.91
4.饮料	48.01	103.33	123.82	48.78	51.42	70.49	110.40
(六)干鲜瓜果类	135.41	132.68	100.11	190.95	133.01	97.40	88.25
(七)糕点、奶及奶制品	285.26	163.28	89.83	180.81	221.89	33.69	128.25
(八)其他食品	13.28	94.42	21.61	31.61	70.31		69.67
(九)饮食服务	684.99	800.97	428.08	651.89	763.95	430.71	470.02
#在外饮食	684.31	795.75	427.71	651.51	763.76	430.71	459.15
二、衣着	**1101.72**	**1266.26**	**825.90**	**1081.40**	**1118.50**	**1015.12**	**1073.71**

8－9 续表 4　　(2009 年)　　单位:元

	内乡县	淅川县	社旗县	唐河县	新野县	桐柏县	邓州市
(一)服装	814.59	956.42	596.22	822.86	820.62	729.90	797.78
(二)衣着材料	5.05		2.58	1.24	3.48	0.37	
(三)鞋类	240.11	292.96	206.38	214.94	234.08	245.70	238.37
(四)其他衣着用品	38.00	15.73	19.12	36.36	56.14	39.15	35.00
(五)衣着加工服务费	3.97	1.15	1.59	5.99	4.19		2.57
三、家庭设备用品及服务	**496.12**	**617.50**	**365.85**	**554.99**	**469.93**	**679.79**	**994.06**
(一)耐用消费品	229.39	427.83	154.99	321.55	288.09	450.17	631.47
1.家具	50.95	193.67	57.44	76.74	64.81	127.98	265.79
2.家庭设备	178.44	234.17	97.54	244.80	223.28	322.19	365.68
(二)室内装饰品			9.57	2.20	10.56		11.64
(三)床上用品	45.81	47.70	26.22	37.45	29.43	5.83	93.17
(四)家庭日用杂品	164.11	130.28	164.92	168.40	134.36	217.22	251.74
(五)家具材料			5.49	14.49		3.07	0.04
(六)家庭服务	56.81	11.69	4.67	10.90	7.49	3.49	6.01
四、医疗保健	**847.80**	**653.49**	**376.08**	**556.06**	**831.27**	**411.55**	**566.67**
(一)医疗器具			0.14	1.55	0.14		0.08
(二)保健器具			1.04	12.05	0.89	100.66	88.74
(三)药品费	594.92	153.13	189.79	404.28	426.17	235.41	366.00
(四)滋补保健品	77.90	6.20	14.45	26.64	200.08		36.20
(五)医疗费	174.98	494.04	168.86	110.64	203.12	75.48	59.19
(六)其他		0.12	1.79	0.90	0.85		16.45
五、交通和通讯	**904.74**	**1083.05**	**646.11**	**726.25**	**773.02**	**861.82**	**1346.03**
(一)交通	429.78	514.98	184.39	245.60	302.82	351.90	702.88
1.家庭交通工具	191.22	84.67	84.67	112.03	127.28	95.14	557.04
2.车辆用燃料及零配件	78.52	28.53	18.09	26.70	36.32	30.98	32.91
3.交通工具服务支出	20.74	141.43	10.34	14.36	14.82	0.92	24.67
4.交通费	139.29	260.35	71.29	92.51	124.40	224.86	88.27
(二)通信	474.96	568.07	461.72	480.64	470.19	509.92	643.14
1.通信工具	138.22	83.27	71.14	86.86	80.79	7.86	149.66
2.通信服务	336.74	484.80	390.58	393.78	389.40	502.06	493.48
(1)电信费	335.05	484.45	381.19	391.26	386.38	501.45	491.53
(2)邮费	0.04	0.35	0.81	0.93	0.98	0.61	0.47
(3)其他	1.65		8.58	1.59	2.04		1.48
六、教育文化娱乐服务	**859.91**	**1528.68**	**585.56**	**800.61**	**1011.70**	**657.64**	**1088.96**
(一)文化娱乐用品	226.82	472.11	64.31	135.03	281.88	38.06	442.77
(二)文化娱乐服务	160.60	292.45	99.76	243.99	270.74	54.96	260.03
1.参观游览	86.80	146.73	30.17	129.12	2.99		37.55
2.健身活动	1.36			0.05			
3.团体旅游		83.33	6.86		156.80		151.67
4.其它文娱活动	72.30	62.38	62.39	114.22	106.95	54.96	62.54
5.文娱用品修理服务费	0.14		0.35	0.60	3.99		8.27

8—9 续表 5　　(2009 年)　　单位:元

	内乡县	淅川县	社旗县	唐河县	新野县	桐柏县	邓州市
(三)教育	472.49	764.12	421.49	421.59	459.08	564.62	386.16
1.教材	65.05		10.50	2.27	32.28	135.32	5.32
(1)课本及参考书	65.05		7.92	1.99	29.84	135.32	
(2)教育软件							
2.教育费用	407.44	764.12	410.99	419.32	426.79	429.30	380.84
(1)非义务教育学杂费	186.60	449.67	194.44	248.45	73.31	2.15	235.22
(2)义务教育学杂费	7.28	111.73	0.41		3.39		
(3)托幼费	25.31	7.33	22.84	3.72	79.95		
(4)成人教育费	33.95		60.45	58.46	20.23	6.14	43.33
(5)家教费			56.64	1.96	7.52	387.87	
(6)培训班	118.37	86.92	6.17	61.35	149.43		21.99
(7)学校住宿费	14.01	8.00		33.78	2.26		20.63
(8)其他	21.93	100.47	70.03	11.60	90.71	33.15	59.67
七、居住	**658.08**	**937.36**	**757.85**	**937.49**	**771.45**	**1128.92**	**1372.58**
(一)住房	190.94	484.96	137.39	231.12	241.88	434.27	765.88
1.租赁房房租	9.59	11.33		21.62			
2.住房装潢支出		241.20	97.95	135.24	226.95	214.53	703.96
3.维修用建筑材料	137.55	230.69	38.75	46.36	0.14	219.74	31.32
4.其他	43.80	1.73	0.69	27.91	14.79		30.60
(二)水电燃料及其他	448.55	426.59	577.54	666.43	503.23	668.17	575.08
1.水	49.15	57.45	66.66	69.60	46.22	83.11	75.35
2.电	237.33	229.18	264.77	291.13	254.22	244.45	267.45
3.燃料	162.07	139.96	245.76	305.16	197.54	340.61	232.28
4.其他				0.51	0.23	14.36	
(三)居住服务费	18.59	25.81	42.91	39.93	26.35	26.48	31.62
1.物业管理费	5.99	10.15	0.58	2.59	6.29	0.52	7.16
2.维修服务费			27.63	14.72	5.11	18.41	17.61
3.其它	12.61	15.66	14.70	22.62	14.95	7.54	6.85
八、杂项商品和服务	**237.84**	**265.76**	**243.58**	**195.41**	**263.48**	**139.42**	**421.88**
(一)杂项商品	196.53	149.12	141.58	153.04	173.61	103.06	311.76
1.金银珠宝饰品	3.93	47.17	50.95	22.57	25.41	34.99	151.62
2.手表	4.08	14.67	0.30	5.37		21.97	0.81
3.理发美容用具			1.61	1.63	1.71		9.99
4.化妆品	155.44	63.90	59.47	80.80	121.09	46.10	87.45
5.其他杂品	33.08	23.38	29.25	42.68	25.41		61.90
(二)服务	41.31	116.64	102.00	42.36	89.87	36.36	110.12
1.旅馆住宿费	8.16	8.53		0.68	7.40		16.92
2.理发洗澡费	31.79	39.83	63.66	34.37	38.32	36.36	78.97
3.美容费		2.07	36.08	4.11			3.82
4.其他服务	1.36	66.21	2.26	3.20	44.15		10.42

8-10 按收入等级分的城镇居民家庭平均每人全年消费性支出

(2009 年)　　单位:元

	最低 10%	更低 5%	低 10%	较低 20%	中间 20%	较高 20%	高 10%	最高 10%	更高 5%
消费支出	**5368.70**	**4684.86**	**6003.80**	**7278.45**	**7440.29**	**10079.75**	**12009.97**	**20194.35**	**23385.74**
#服务性消费支出	1259.90	939.36	1310.68	1688.67	1510.18	2620.74	3048.64	4922.62	5532.71
一、食品	**2156.53**	**1953.49**	**2362.41**	**2823.06**	**2629.28**	**3471.63**	**3951.79**	**4772.46**	**5349.94**
(一)粮油类	457.41	470.50	510.94	579.39	516.33	543.96	703.94	796.80	838.55
1.粮食	307.39	325.37	317.34	342.75	315.39	324.58	436.51	495.98	521.31
(1)大米	82.39	92.82	78.39	97.47	73.63	88.36	122.30	137.27	148.09
(2)面粉	70.79	66.23	87.53	90.46	72.24	70.10	111.57	109.88	96.84
(3)其他粮食	154.22	166.32	151.42	154.82	169.52	166.13	202.64	248.83	276.38
2.淀粉及薯类	21.82	22.97	18.86	29.26	26.11	31.24	25.42	37.83	38.73
3.干豆类及豆制品	33.44	32.95	35.73	48.47	50.05	53.23	59.86	74.55	83.17
4.油脂类	94.75	89.21	139.01	158.92	124.78	134.91	182.15	188.44	195.34
(1)食用植物油	94.67	89.05	138.95	158.87	124.78	134.52	181.95	188.34	195.34
(2)食用动物油	0.08	0.16	0.06	0.05	0.20	0.39	0.20	0.10	
(二)肉禽蛋水产品类	519.89	535.24	532.32	630.24	635.87	765.35	880.06	1119.65	1099.90
1.肉类	322.93	325.02	343.67	382.52	387.27	498.32	581.53	701.56	672.05
(1)猪肉	175.30	195.77	185.95	193.35	197.18	225.60	282.62	298.73	298.18
(2)牛肉	45.62	37.83	52.13	68.88	66.82	90.02	91.86	139.99	137.26
(3)羊肉	66.29	62.78	77.30	72.51	86.34	110.76	124.42	165.36	162.41
2.禽类	62.49	62.78	71.20	80.78	101.66	112.47	105.73	169.69	159.78
(1)鸡	42.50	43.40	52.69	58.32	69.28	60.23	59.92	90.16	91.26
(2)鸭	4.13	5.17	4.90	8.89	11.05	11.86	9.33	11.78	7.81
3.蛋类	105.58	113.24	88.01	125.83	99.12	96.06	133.73	162.81	145.70
(1)鲜蛋	102.56	109.88	85.15	121.47	93.63	92.45	127.96	136.99	134.58
4.水产品类	28.89	34.20	29.43	41.10	47.82	58.50	59.07	85.58	122.37
(1)鱼	25.82	31.01	24.72	35.02	39.95	43.67	46.87	70.19	100.35
(2)虾	0.82	0.38	1.89	1.83	2.68	6.21	4.90	4.88	7.03
(三)菜类	271.22	273.34	340.05	340.80	344.14	384.14	502.95	532.29	536.67
1.鲜菜	258.17	263.98	328.72	320.38	321.33	347.49	449.28	481.02	494.67
2.干菜	8.74	6.01	6.77	10.94	13.81	15.54	29.54	27.81	29.33
(四)调味品	33.47	33.74	33.04	42.25	41.79	43.00	54.22	65.83	74.31
(五)糖烟酒饮料类	293.04	184.56	359.95	444.52	414.45	657.71	696.94	737.59	928.25
1.糖类	17.02	12.06	12.02	22.16	25.56	25.72	26.11	29.78	45.53
2.烟草类	144.74	80.67	169.25	183.44	140.69	297.36	290.86	268.15	355.04
3.酒类	95.94	60.97	135.50	172.34	193.48	254.89	307.41	311.28	360.68
4.饮料	35.33	30.86	43.18	66.58	54.73	79.75	72.56	128.38	167.01
(六)干鲜瓜果类	89.12	77.48	103.41	126.14	117.35	150.61	177.22	253.74	256.89
(七)糕点、奶及奶制品	128.16	110.53	145.48	177.40	151.34	175.74	206.37	271.50	288.68
(八)其他食品	29.04	17.64	34.44	33.49	33.28	51.95	34.29	50.62	45.89
(九)饮食服务	335.18	250.46	302.79	448.82	374.74	699.17	695.79	944.46	1280.82
#在外饮食	332.30	250.01	302.39	446.89	372.97	695.53	691.95	943.64	1279.64
二、衣着	**656.90**	**723.80**	**865.08**	**1035.00**	**1137.32**	**1448.02**	**1628.86**	**2497.73**	**3419.97**

8—10 续表 1　　　　(2009 年)　　　　单位:元

	最低 10%	更低 5%	低 10%	较低 20%	中间 20%	较高 20%	高 10%	最高 10%	更高 5%
(一)服装	468.44	509.86	618.25	751.36	808.58	1095.31	1203.76	1957.69	2648.48
(二)衣着材料	2.40	1.33	2.26	6.54	3.01	2.90	9.64	6.08	10.64
(三)鞋类	153.62	165.82	207.87	237.04	269.73	293.42	346.11	422.39	612.84
(四)其他衣着用品	30.48	46.05	34.96	37.18	53.05	53.45	64.70	106.50	138.97
(五)衣着加工服务费	1.96	0.73	1.73	2.87	2.96	2.94	4.66	5.08	9.04
三、家庭设备用品及服务	**257.47**	**176.85**	**314.25**	**466.17**	**547.73**	**619.08**	**1110.52**	**1400.81**	**1639.87**
(一)耐用消费品	66.02	57.24	120.13	272.37	318.75	307.57	771.45	774.52	999.97
1.家具	0.82		4.63	90.67	55.14	74.57	127.97	209.92	154.63
2.家庭设备	65.19	57.24	115.50	181.70	263.61	233.00	643.49	564.60	845.34
(二)室内装饰品	65.33	0.20	1.09	10.39	4.20	2.54	16.41	79.16	159.27
(三)床上用品	23.39	11.42	25.79	32.01	51.36	50.89	55.17	56.34	72.08
(四)家庭日用杂品	98.58	107.04	160.81	138.46	163.57	242.50	249.90	320.71	303.59
(五)家具材料				5.53	0.70			21.17	29.83
(六)家庭服务	4.15	0.95	6.43	7.41	9.16	15.59	17.60	148.92	75.13
四、医疗保健	**555.81**	**254.76**	**397.81**	**567.76**	**555.83**	**864.69**	**785.48**	**2240.06**	**2609.56**
(一)医疗器具	0.42		0.07	1.49	2.89	0.78	0.01	7.12	2.78
(二)保健器具			0.39	2.25	38.30	11.84	14.86	41.50	66.79
(三)药品费	373.10	209.08	242.43	310.80	302.09	522.33	519.22	1237.03	1517.93
(四)滋补保健品	5.63	9.18	4.81	29.80	25.89	16.50	42.17	160.01	239.38
(五)医疗费	174.72	33.14	150.07	215.03	177.40	296.16	193.77	659.88	647.54
(六)其他	1.93	3.36	0.03	8.39	9.26	17.07	15.45	134.53	135.14
五、交通和通讯	**475.63**	**395.96**	**593.02**	**648.45**	**728.33**	**1091.58**	**1244.55**	**4775.40**	**5106.22**
(一)交通	184.51	138.18	199.18	220.61	249.54	459.07	537.00	3828.10	3964.22
1.家庭交通工具	92.10	55.16	93.35	68.71	126.24	201.55	145.89	3132.79	3178.35
2.车辆用燃料及零配件	10.61	7.46	26.44	38.30	22.01	50.39	55.59	97.95	112.86
3.交通工具服务支出	4.46	6.96	8.48	13.50	11.16	47.44	49.62	200.83	305.95
4.交通费	77.34	68.60	70.92	100.10	90.13	159.69	285.88	396.53	367.05
(二)通信	291.12	257.78	393.84	427.84	478.79	632.52	707.55	947.30	1141.99
1.通信工具	20.02	16.30	32.54	37.03	58.87	95.80	143.02	183.85	162.79
2.通信服务	271.10	241.48	361.30	390.82	419.92	536.71	564.53	763.45	979.20
(1)电信费	269.40	241.43	359.15	384.14	411.13	530.04	557.43	749.42	957.53
(2)邮费	0.10	0.05	0.78	0.40	1.60	0.94	1.75	6.74	15.15
(3)其他	1.60		1.37	6.28	7.18	5.73	5.36	7.30	6.53
六、教育文化娱乐服务	**569.64**	**448.39**	**563.87**	**762.04**	**659.16**	**1261.63**	**1738.19**	**2290.37**	**2576.90**
(一)文化娱乐用品	111.83	108.68	134.47	127.67	173.55	270.71	442.97	494.75	682.71
(二)文化娱乐服务	57.43	40.39	85.79	216.76	187.95	445.44	722.65	1051.43	1115.11
1.参观游览			4.97	3.34	25.97	38.03	59.50	147.93	85.41
2.健身活动				26.73	25.79	39.80	0.03	35.58	57.54
3.团体旅游	4.15		5.10	93.62	72.04	259.82	504.47	644.06	727.92
4.其它文娱活动	51.54	40.24	73.83	92.07	63.15	105.56	155.05	210.96	242.99

8—10 续表 2 (2009 年) 单位:元

	最 低 10%	更 低 5%	低 10%	较 低 20%	中 间 20%	较 高 20%	高 10%	最 高 10%	更 高 5%
5. 文娱用品修理服务费	1.74	0.15	1.90	1.00	0.99	2.22	3.61	12.89	1.25
(三)教育	400.38	299.31	343.61	417.61	297.67	545.49	572.58	744.19	779.07
1. 教材	28.54	27.61	13.51	42.52	22.64	32.23	9.93	41.38	27.45
2. 教育费用	371.84	271.70	330.10	375.08	275.03	513.25	562.64	702.81	751.62
(1)非义务教育学杂费	105.71	155.67	116.73	172.82	94.33	231.98	200.92	176.82	88.73
(2)义务教育学杂费	11.11	13.54	6.94	14.29	7.83	4.03	2.70	5.96	4.47
(3)托幼费	55.99	4.20	7.15	23.65	10.98	31.93	10.05	37.69	
(4)成人教育费	18.21	11.45	26.76	16.81	37.48	26.95	41.87	135.26	276.73
(5)家教费	7.94	0.09	39.30	30.53	35.04	26.03	32.67	13.12	
(6)培训班	69.61	27.01	63.35	77.86	63.40	127.01	148.12	274.71	270.42
(7)学校住宿费				8.70	2.91	6.51	7.83	16.70	43.41
(8)其他	103.28	59.73	69.87	30.42	23.05	58.80	118.48	42.55	67.86
七、居住	**550.51**	**549.82**	**727.35**	**760.35**	**855.08**	**1003.93**	**1155.99**	**1563.79**	**1775.52**
(一)住房	68.00	47.54	186.39	160.15	246.21	262.66	291.11	498.62	679.92
1. 租赁房房租	3.61	7.71		0.65	7.42	1.34		4.40	10.96
2. 住房装潢支出	23.56	5.91	112.69	56.73	101.34	184.15	178.25	369.08	524.95
3. 维修用建筑材料	20.62	14.19	68.05	85.53	92.45	65.82	107.43	106.21	118.13
4. 其他	20.20	19.73	5.66	17.24	45.01	11.35	5.44	18.92	25.88
(二)水电燃料及其他	437.37	468.34	522.43	553.84	569.37	669.82	745.84	913.25	962.75
1. 水	42.95	45.29	67.41	63.48	66.24	82.91	109.78	117.02	118.29
2. 电	204.51	214.10	237.24	257.69	287.68	365.96	373.44	477.73	517.12
3. 燃料	189.69	208.50	217.78	232.67	215.46	219.49	262.44	299.41	288.41
4. 其他	0.21	0.46				1.45	0.18	19.09	38.92
(三)居住服务费	45.15	33.93	18.52	46.36	39.50	71.46	119.04	151.92	132.86
1. 物业管理费	13.84	4.52	8.05	12.45	12.37	27.91	67.30	105.81	81.15
2. 维修服务费	5.00	0.30	0.90	14.15	8.24	20.44	23.55	10.83	17.15
3. 其它	26.31	29.11	9.57	19.76	18.90	23.11	28.20	35.28	34.56
八、杂项商品和服务	**146.22**	**181.80**	**180.02**	**215.62**	**327.56**	**319.19**	**394.58**	**653.74**	**907.77**
(一)杂项商品	76.55	75.86	99.34	143.59	266.78	213.52	287.47	436.64	620.50
1. 金银珠宝饰品	0.05		1.85	20.16	103.19	54.56	89.22	107.97	60.48
2. 手表				4.58	22.64	9.52	16.30	10.07	24.83
3. 理发美容用具	0.08	0.04	0.91	3.10	1.76	1.18	0.41	0.95	0.76
4. 化妆品	36.53	35.11	69.18	67.08	79.91	71.71	90.94	140.43	243.49
5. 其他杂品	39.89	40.71	27.40	48.67	59.28	76.56	90.60	177.22	290.92
(二)服务	69.68	105.94	80.67	72.04	60.78	105.66	107.12	217.10	287.27
1. 旅馆住宿费	1.88	4.01	5.93	0.24	0.71	9.96	8.44	9.41	0.56
2. 理发洗澡费	40.84	56.62	42.84	51.68	47.46	57.13	83.45	108.74	144.88
3. 美容费	20.68	32.92	9.28	5.49	5.23	17.83	6.50	81.20	126.26
4. 其他服务	6.28	12.40	22.62	14.63	7.38	20.74	8.73	17.75	15.57

8－11 城镇居民家庭平均每人全年购买的主要商品量

	单 位	1985	1990	1995	2000	2005	2008	2009
粮食	千克	155.14	159.70	141.92	136.90	108.57	127.18	121.31
大米	千克	30.15	31.13	28.38	28.40	26.45	28.68	27.08
面粉	千克	59.99	62.34	59.92	57.60	33.30	38.47	34.82
油脂类	千克	4.41	4.44	5.04	7.00	8.98	10.22	10.44
食用植物油	千克	4.11	4.14	4.90	6.60	8.93	10.10	10.43
食用动物油	千克	0.30	0.30	0.14	0.40	0.05	0.12	0.01
猪肉	千克	11.69	10.05	12.57	12.40	11.64	10.23	11.01
牛肉	千克	0.60	0.80	0.92	1.60	2.25	2.25	2.71
羊肉	千克	1.40	1.60	1.81	2.60	3.00	3.01	3.08
鸡	千克	1.90	2.20	2.40	3.50	3.79	4.68	4.49
禽制品	千克				0.40	1.04	1.84	2.15
鲜蛋	千克	5.35	6.80	12.50	17.70	14.68	16.05	16.37
蛋制品	千克	0.12	0.14	0.15	0.20	0.48	3.04	1.02
鱼	千克	0.61	1.43	1.75	3.10	3.39	3.72	4.02
虾	千克	0.07	0.05	0.05	0.10	0.06	0.18	0.18
鲜菜	千克	130.58	132.88	116.30	108.00	139.52	161.94	157.71
干菜	千克	0.45	1.04	0.34	0.60	0.69	1.38	1.58
白酒	千克	2.41	2.28	3.16	3.40	3.64	3.17	3.59
果酒	千克	0.10	0.10	0.10	0.10	0.08	0.15	0.11
啤酒	千克	1.04	2.29	3.30	6.20	3.66	2.82	2.83
碳酸饮料	千克	0.40	0.60	0.80	1.30	0.79	0.21	0.47
果蔬饮料	千克	0.13	0.14	0.15	0.18	0.55	1.47	2.53
鲜果	千克	12.40	13.60	14.70	17.80	17.94	20.72	19.91
鲜瓜	千克	6.30	7.30	8.80	9.20	10.43	9.85	9.67
干果	千克	0.20	0.20	0.25	0.30	0.96	1.87	2.53
瓜果制品	千克	1.20	1.40	1.80	1.90	0.19	2.51	2.64
坚果及果仁	千克	1.40	2.60	3.00	4.00	1.06	1.96	2.03
糕点	千克	2.25	2.23	2.49	2.10	3.16	3.18	4.03
鲜乳品	千克	5.64	5.36	1.93	5.70	15.50	18.29	19.05
服装	件	1.61	2.33	5.03	4.20	6.57	6.31	6.92
鞋类	双	2.25	2.30	2.40	2.50	2.83	2.69	3.12

8-12 按收入等级分的城镇居民家庭平均每人全年购买的主要商品

（2009年）

	单位	最低 10%	更低 5%	低 10%	较低 20%	中间 20%	较高 20%	高 10%	最高 10%	更高 5%
粮食	千克	106.46	112.97	110.69	117.73	109.59	110.03	151.04	168.27	173.74
大米	千克	24.00	27.18	21.99	27.99	21.25	25.16	34.91	38.54	40.12
面粉	千克	29.64	28.83	36.84	36.72	30.29	28.98	46.74	44.51	38.97
油脂类	千克	7.49	7.28	9.58	11.85	9.26	9.61	13.11	12.78	13.71
食用植物油	千克	7.48	7.26	9.57	11.84	9.26	9.57	13.10	12.77	13.71
食用动物油	千克	0.01	0.02	0.01	0.01	0.01	0.04	0.01	0.01	
猪肉	千克	8.97	9.95	9.63	9.74	9.66	11.26	13.67	15.31	14.97
牛肉	千克	1.62	1.42	1.76	2.48	2.33	3.00	3.02	4.50	4.35
羊肉	千克	2.13	2.03	2.29	2.29	2.70	3.40	3.83	5.10	5.01
鸡	千克	3.22	3.33	3.64	4.26	4.98	4.21	4.23	6.60	6.88
禽制品	千克	1.14	1.02	0.99	0.99	1.53	2.91	2.61	4.87	4.36
鲜蛋	千克	15.56	17.01	13.16	18.63	14.44	14.08	19.44	20.72	20.52
蛋制品	千克	0.46	0.51	0.44	0.67	0.84	0.55	0.88	3.94	1.70
鱼	千克	2.48	2.99	2.65	3.58	4.05	4.43	4.48	5.75	7.24
虾	千克	0.04	0.01	0.07	0.12	0.14	0.30	0.21	0.25	0.31
鲜菜	千克	117.35	118.96	144.85	145.80	147.06	157.93	189.59	212.51	214.30
干菜	千克	0.58	0.40	0.45	0.73	0.92	1.03	1.97	1.85	1.96
白酒	千克	1.86	1.27	2.32	2.97	3.36	4.11	5.91	4.27	4.82
果酒	千克	0.17	0.23	0.07	0.08	0.14	0.06	0.03	0.21	0.42
啤酒	千克	1.76	1.51	3.40	3.04	2.85	2.51	3.35	3.33	4.34
碳酸饮料	千克	0.24	0.42	0.22	0.46	0.34	0.36	0.54	1.21	1.64
鲜果	千克	14.04	12.70	15.43	20.47	17.34	20.69	25.05	25.28	29.11
鲜瓜	千克	6.66	7.15	7.29	11.83	7.29	10.12	9.10	13.93	17.43
干果	千克	1.32	1.03	1.63	2.17	2.74	3.32	4.53	6.12	6.15
瓜果制品	千克	1.35	1.01	1.51	1.52	2.08	2.17	3.12	4.97	5.12
糕点	千克	2.82	2.72	3.53	4.38	3.63	3.95	4.62	5.24	6.58
鲜乳品	千克	11.82	10.79	16.80	16.08	13.51	20.71	23.58	34.08	31.36
服装	件	4.73	5.46	5.48	6.36	6.39	6.98	7.81	10.81	13.56
鞋类	双	2.27	2.70	2.51	2.97	3.26	3.11	3.45	4.08	4.89

8—13 城镇居民家庭平均每百户年末主要耐用消费品拥有量

	单 位	1985	1990	1995	2000	2005	2008	2009
1. 成套家具	套	8	15	19	20	60.69		
2. 摩托车	辆		2.5	3.2	20.73	42.29	48.6	50.61
3. 自行车	辆	200.88	245.21	258.05	209.64	175.87		
4. 助力车	辆			2.3	3.2	22.06	56.49	60.46
5. 家用汽车	辆				0.48	0.51	1.09	2.22
6. 洗衣机	台	33.11	79.53	91.05	91.38	98.3	99.47	100.91
7. 电风扇	台	86.64	166.66	212.6	199.2	202.3		
8. 电冰箱	台	5	23.36	28.85	61.62	77.8	86.01	86.51
9. 冰柜	台		1.1	2.3	6	9.93		
10. 彩色电视机	台	14.64	39.78	66	101.4	120.21	118.77	120.44
11. 影碟机	台	11.21	13.21	16.38	29.31	55.63		
12. 录音机	台	28.49	30.15	33.35	24.65	32.4		
13. 录放像机	台		1.21	3.75	5.57	3.57		
14. 家用电脑	台				2.2	25.22	35.55	39.84
15. 组合音响	套		3.41	6.25	11.01	9.7	11.33	11.33
16. 摄像机	架				0.7	1.35	3.9	3.58
17. 照相机	架	2.5	8.92	14.25	15.61	31.13	18.59	20.24
18. 钢琴	架				0.7	1.42	1.27	1.27
19. 其他中高档乐器	件		5.9	6.15	1.62	5.9	1.65	1.82
20. 微波炉	台		0.58	1.8	2.2	21.63	30.05	31
21. 空调器	台		4.81	8.1	30.35	87.71	111.73	117.21
22. 取暖器	台	18	19	20	23	32.69		
23. 电炊具	台	2.31	4.46	25.8	25.11	46.76		
24. 淋浴热水器	台		5.1	8.9	11.79	30.7	44.89	50.07
25. 排油烟机	台		7.3	10.05	19.89	29		
26. 消毒碗柜	台				3.8	8.18	6.15	6.68
27. 洗碗机	台					0.14	1.05	1.05
28. 饮水机	台			9.5	14.2	19.39		
29. 吸尘器	台		0.8	0.9	1.95	2.44		
30. 健身器材	套	1.1	1.8	2.2	2.34	1.89	2.76	2.98
31. 普通电话	部	10.21	24	34	75	88.89	72.93	72.14
32. 移动电话	部		5	15	45.11	112.49	149.24	157.03
33. 传真机	部					0.52		

8－14 城镇居民家庭主要收、支指标构成

单位:元、%

	1985		1990		1995		2000	
	总量	构成	总量	构成	总量	构成	总量	构成
一、家庭总收入	**603.6**	**100.0**	**1268.9**	**100.0**	**2774.7**	**100.0**	**4435.6**	**100.0**
其中:可支配收入	601.6		1264.9		2772.6		4429.5	
(一)工薪收入	490.9	81.3	942.7	74.3	2148.9	77.5	2747.8	62.0
(二)经营净收入			9.3	0.7	50.7	1.8	540.8	12.2
(三)财产性收入					53.0	1.9	287.8	6.5
(四)转移性收入	112.6	18.7	316.9	25.0	522.1	18.8	859.3	19.4
二、家庭总支出	**627.2**	**100.0**	**1269.9**	**100.0**	**2551.5**	**100.0**	**3944.8**	**100.0**
(一)消费支出	545.4	87.0	970.4	76.4	2245.1	88.0	3402.9	86.3
1.食品	289.2	53.0	496.7	51.2	1101.1	49.0	1345.4	39.5
2.衣着	72.2	13.2	146.6	15.1	351.4	15.7	428.5	12.6
3.设备用品及服务	49.5	9.1	98.3	10.1	183.6	8.2	228.5	6.7
4.医疗保健	20.5	3.8	45.2	4.7	95.3	4.2	261.6	7.7
5.交通通讯	14.4	2.6	20.8	2.2	91.6	4.1	209.2	6.2
6.娱乐文教服务	31.5	5.8	61.9	6.4	182.4	8.1	315.2	9.3
7.居住	41.9	7.7	65.0	6.7	175.3	7.8	522.7	15.4
8.杂项商品和服务	26.1	4.8	35.9	3.7	64.4	2.9	91.8	2.7
(二)购房与建房支出			24.6	1.9	26.5	1.0	51.3	1.3
(三)转移性支出	81.8	13.0	274.9	21.7	277.8	10.9	487.0	12.4
(四)财产性支出			2.0		2.2	0.1	3.6	0.1
(五)社会保障支出								

8－14 续表

	2005		2007		2008		2009	
	总量	构成	总量	构成	总量	构成	总量	构成
一、家庭总收入	**8154.0**	**100.0**	**11177.2**	**100.0**	**12828.2**	**100.0**	**14097.88**	**100.0**
其中:可支配收入	7830.7		10713.0		12395.3		13498.13	
(一)工薪收入	5712.0	70.1	8071.5	72.2	8934.0	69.6	9596.84	68.1
(二)经营净收入	1003.7	12.3	1041.5	9.3	1336.5	10.4	1495.88	10.6
(三)财产性收入	142.4	1.8	165.5	1.5	250.4	2.0	310.12	2.2
(四)转移性收入	**1295.8**	**15.9**	**1898.7**	**17.0**	**2307.3**	**18.0**	**2695.03**	**19.1**
二、家庭总支出	7555.6	100.0	9548.3	100.0	10199.3	100.0	12120.01	100.0
(一)消费支出	5283.1	69.9	7276.0	76.2	8362.1	82.0	9594.61	79.2
1.食品	1813.2	34.3	2459.6	33.8	2864.2	34.3	3168.61	33.0
2.衣着	784.3	14.9	1112.8	15.3	1195.7	14.3	1325.15	13.8
3.设备用品及服务	284.3	5.4	439.4	6.0	578.1	6.9	654.14	6.8
4.医疗保健	370.2	7.0	512.2	7.0	669.8	8.0	830.01	8.7
5.交通通讯	568.1	10.8	822.9	11.3	903.7	10.8	1264.49	13.2
6.娱乐文教服务	714.0	13.5	935.1	12.9	1004.9	12.0	1095.05	11.4
7.居住	571.1	10.8	753.6	10.4	870.2	10.4	940.92	9.8
8.杂项商品和服务	178.0	3.4	240.1	3.3	275.6	3.3	318.25	3.3
(二)购房与建房支出	1071.5	14.2	652.8	6.8	167.5	1.6	649.82	5.4
(三)转移性支出	917.5	12.1	1193.6	12.5	1267.9	12.4	1301.33	13.6
(四)财产性支出	2.5	0.1	4.7		5.7	0.1	9.37	0.1
(五)社会保障支出	281.0	3.7	418.4	4.4	396.2	3.9	564.87	4.7

8-15 市城区按收入等级分的城镇居民家庭人均现金收支情况

（2009 年）　　　　单位:元

	最低10%	更低5%	低10%	较低20%	中间20%	较高20%	高10%	最高10%	更高5%
一、期初手存现金	**394.64**	**425.84**	**429.33**	**400.14**	**535.23**	**531.36**	**492.87**	**686.18**	**898.32**
二、家庭总收入	**7786.51**	**6760.29**	**10430.56**	**12456.94**	**15300.70**	**19061.70**	**23356.35**	**30574.01**	**34577.60**
其中:可支配收入	7125.91	6058.64	9891.70	11901.36	14486.70	18083.02	21571.47	29295.09	33314.33
(一)工薪收入	6954.29	5978.53	6913.55	8775.21	11289.61	14031.10	16760.38	16751.03	14367.34
1.工资及补贴收入	6954.29	5978.53	6913.55	8775.21	11272.66	14011.87	16760.38	16749.45	14364.34
2.其他劳动收入					16.95	19.23		1.58	3.00
(二)经营净收入	421.67			434.43		985.44	1571.43	4568.87	8680.86
(三)财产性收入	65.28	136.47	122.54	415.43	73.73	184.89	231.48	2858.47	5299.10
1.利息收入	4.17	7.06	54.23		7.63	162.77	65.71	358.95	550.00
2.股息与红利收入				161.17	6.78			2441.05	4638.00
3.保险收益					50.85			21.63	41.10
4.其它投资收入					8.47	22.12			
5.出租房屋收入	61.11	129.41	68.31	254.26			165.76		
6.知识产权收入									
7.其他财产性收入								36.84	70.00
(四)转移性收入	345.28	645.29	3394.47	2831.86	3937.36	3860.27	4793.06	6395.63	6230.30
1.养老金或离退休金	141.67	300.00	3207.24	2667.93	3787.02	3560.19	4335.92	5024.05	4786.30
2.社会救济收入			3.61		1.02				
3.辞退金									
4.赔偿收入									
5.保险收入							47.62		
其中:失业保险金									
6.赡养收入			72.29		73.73	181.62	166.67	805.26	1200.00
7.捐赠收入	188.61	334.71	83.13	144.26	59.32	105.77	228.57	537.89	220.00
9.提取住房公积金									
10.记帐补贴	15.00	10.59	28.19	19.67	16.27	12.69	14.29	28.42	24.00
11.其他转移性收入									
三、出售财物收入	**3.17**	**6.71**	**4.41**	**9.26**	**3052.06**			**2.75**	**5.22**
1.出售住房收入					3050.85				
2.出售其他物品收入	3.17	6.71	4.41	9.26	1.21			2.75	5.22
四、借贷收入	**973.06**	**1500.00**	**889.16**	**357.38**	**5179.66**	**257.69**	**8311.90**	**6218.42**	**9415.00**
1.提取储蓄存款	967.50	1500.00	581.93	347.54	1154.24	257.69	3641.90	6165.79	9415.00
2.借入款	5.56		307.23	9.84	2330.51			52.63	
3.收回借出款							4670.00		
4.收回储蓄性保险本									
5.兑售有价证券									
6.收回投资本金									
7.住房贷款					1694.92				
8.汽车贷款									

8—15 续表　　　　(2009 年)　　　　单位:元

	最低 10%	更低 5%	低 10%	较低 20%	中间 20%	较高 20%	高 10%	最高 10%	更高 5%
9.教育贷款									
10.其他贷款									
11.其他借贷收入									
五、家庭总支出	**7018.03**	**6715.88**	**8547.44**	**9177.83**	**16988.97**	**14369.50**	**24874.95**	**28558.81**	**33431.91**
(一)消费支出	5719.38	5386.57	7035.35	7849.16	9838.12	11649.20	21389.65	25630.63	30025.44
其中:服务性消费支出	1541.90	1390.16	2026.58	1677.19	2390.28	3259.82	5164.75	6277.13	6920.84
(二)购房与建房支出					5254.24				
1.购房					5254.24				
2.建房									
(三)转移性支出	630.29	645.29	1001.41	792.69	1101.49	1767.94	1873.73	1613.97	2167.20
1.交纳的个人收入税	3.33	7.06			22.29	13.63	159.50	12.18	
2.捐赠支出	460.94	598.47	507.69	675.90	757.56	1125.00	1207.62	1402.63	1923.00
3.购买彩票	15.00					34.62	0.95		
4.赡养支出	141.67	29.41	417.47	67.21	280.51	522.88	433.33	175.26	210.00
其中:在外就学子女费用			300.00	13.11	194.92	275.00	409.52	143.68	150.00
5.各种非储蓄性保险支出			72.33	39.26	2.37	40.04	55.24	2.74	5.20
其中:车辆保险支出							48.10		
6.其他转移性支出	9.35	10.35	3.93	10.32	38.76	31.78	17.10	21.16	29.00
(四)财产性支出	26.08			0.08	19.68		0.48	75.89	
1.非生产性利息支出	26.08			0.08	19.68		0.48	75.89	
2.其他									
(五)社会保障支出	642.27	684.01	510.67	535.90	775.44	952.36	1611.09	1238.32	1239.27
1.个人交纳的养老基金	253.63	296.25	282.18	220.21	269.23	289.80	540.16	347.17	437.02
2.个人交纳的住房公积金	202.32	237.42	83.28	129.78	290.65	402.90	696.30	520.97	513.95
3.个人交纳的医疗基金	158.63	127.72	132.90	144.13	184.07	232.73	318.72	271.56	250.82
4.个人交纳的失业基金	27.70	22.62	12.31	40.80	31.50	26.93	55.91	98.62	37.48
5.其他社会保障支出				0.99					
六、借贷支出	**1203.39**	**941.18**	**1710.51**	**1869.46**	**5501.64**	**4085.96**	**5840.48**	**9223.42**	**12763.00**
1.存入储蓄款	611.11		1608.43	1688.52	2753.78	3676.92	5612.38	7620.00	11778.00
2.借出款	444.44	941.18		139.34	25.42	48.08	140.48		
3.归还借款			72.29	32.79	1877.97	253.85		781.58	985.00
4.储蓄性保险支出			29.78	8.80		107.12	87.62	157.89	
5.购买有价证券									
6.其它投资支出					732.20				
7.归还住房贷款	139.50				112.27			663.95	
8.归还汽车贷款									
9.归还教育贷款									
10.归还其他贷款									
11.其他借贷支出	8.33								
七、期末手存现金	**901.37**	**962.55**	**1611.82**	**2256.59**	**1736.32**	**1605.20**	**1498.07**	**1308.44**	**1358.93**

8－16 市城区按收入等级分的城镇居民家庭平均每人全年消费性支出

（2009 年）

	最低 10%	更低 5%	低 10%	较低 20%	中间 20%	较高 20%	高 10%	最高 10%	更高 5%
消费支出	**5719.38**	**5386.57**	**7035.35**	**7849.16**	**9838.12**	**11649.20**	**21389.65**	**25630.63**	**30025.44**
#服务性消费支出	1541.90	1390.16	2026.58	1677.19	2390.28	3259.82	5164.75	6277.13	6920.84
一、食品	**2271.73**	**2088.35**	**2542.52**	**2869.08**	**3352.53**	**4165.06**	**4491.29**	**5669.14**	**5079.03**
（一）粮油类	480.66	457.74	683.77	617.75	563.57	713.39	845.59	877.81	750.60
1. 粮食	298.49	308.36	375.12	350.67	329.84	447.26	510.71	553.97	439.68
(1)大米	65.41	66.17	100.42	88.16	89.33	125.24	141.70	170.66	112.89
(2)面粉	74.73	54.29	123.03	81.01	71.19	118.53	129.65	109.12	122.72
(3)其他粮食	158.35	187.90	151.67	181.50	169.32	203.49	239.36	274.19	204.07
2. 淀粉及薯类	26.80	27.84	50.26	41.08	35.99	36.95	33.45	44.43	43.91
3. 干豆类及豆制品	34.97	43.26	58.18	65.71	55.26	59.11	71.40	83.59	97.35
4. 油脂类	120.40	78.28	200.22	160.29	142.48	170.07	230.03	195.83	169.67
（二）肉禽蛋水产品类	473.37	470.33	612.05	671.40	792.23	931.95	1260.65	1218.51	995.09
1. 肉类	266.54	279.78	346.24	386.63	510.97	605.66	768.20	765.70	515.83
(1)猪肉	157.42	163.35	217.70	217.10	222.33	298.37	335.21	313.26	271.66
(2)牛肉	28.88	36.01	51.16	49.07	110.25	92.39	141.73	170.09	76.22
(3)羊肉	40.36	42.88	53.98	74.88	111.63	109.63	161.52	188.36	62.88
2. 禽类	44.35	46.44	55.84	110.65	118.46	118.92	196.00	181.54	173.47
(1)鸡	26.94	21.74	38.66	65.31	65.72	60.02	103.15	91.22	77.06
(2)鸭	1.38	2.09	2.21	12.44	14.05	9.48	12.00	10.87	6.86
3. 蛋类	141.47	124.54	172.42	124.88	92.96	143.47	216.80	147.55	153.66
(1)鲜蛋	138.21	118.89	168.06	119.15	91.14	136.33	162.68	137.46	145.33
4. 水产品类	11.07	11.54	10.71	9.95	9.90	10.90	10.85	14.78	19.40
(1)鱼	16.08	16.76	31.15	37.93	52.35	46.13	64.28	103.04	126.50
(2)虾	0.89		0.33	4.64	7.65	6.74	4.00	4.86	5.24
（三）菜类	325.31	273.69	405.87	400.65	442.52	514.99	550.12	610.58	600.17
1. 鲜菜	310.56	264.75	385.48	363.55	392.45	469.18	478.65	566.49	538.72
2. 干菜	8.67	4.81	14.82	21.97	14.41	26.65	28.21	29.14	39.97
（四）调味品	34.49	36.07	35.82	49.23	48.94	50.62	65.87	76.07	98.95
（五）糖烟酒饮料类	255.23	116.01	187.53	432.00	614.12	732.72	534.78	1012.98	619.99
1. 糖类	21.13	12.77	15.21	38.82	26.12	27.63	17.38	48.50	76.58
2. 烟草类	112.66	29.12	84.47	141.87	278.39	354.72	186.29	393.32	178.30
3. 酒类	88.89	49.29	58.21	191.51	247.19	263.83	219.42	396.96	253.52
4. 饮料	32.55	24.83	29.64	59.79	62.43	86.54	111.70	174.21	111.59
（六）干鲜瓜果类	108.18	89.24	138.78	141.68	133.59	188.56	289.98	283.42	328.04
（七）糕点、奶及奶制品	205.46	165.07	162.57	202.22	176.68	185.46	257.73	344.70	383.90
（八）其他食品	8.45	10.06	7.87	28.20	68.14	18.14	45.19	47.14	54.02
（九）饮食服务	380.58	470.14	308.25	325.95	512.73	829.24	641.36	1197.92	1248.28
#在外饮食	380.58	470.14	305.58	323.85	507.73	826.14	641.36	1197.92	1248.28
二、衣着	**740.34**	**601.61**	**954.39**	**1283.97**	**1468.94**	**1715.17**	**2006.42**	**3775.23**	**3663.14**
（一）服装	487.14	428.21	689.28	905.75	1121.69	1259.02	1548.36	2980.27	2849.42

8—16 续表 1

(2009 年)

	最低 10%	更低 5%	低 10%	较低 20%	中间 20%	较高 20%	高 10%	最高 10%	更高 5%
(二)衣着材料	2.83	5.18	20.10	2.75	4.59	9.88	4.76	12.37	23.50
(三)鞋类	192.77	109.95	207.91	306.70	286.59	372.11	345.06	604.02	575.85
(四)其他衣着用品	55.53	58.10	32.07	67.25	54.23	71.16	105.81	169.96	199.07
(五)衣着加工服务费	2.07	0.18	5.02	1.51	1.84	3.00	2.43	8.61	15.30
三、家庭设备用品及服务	**298.94**	**312.26**	**380.47**	**442.90**	**598.46**	**789.32**	**1436.32**	**1668.64**	**1570.21**
(一)耐用消费品	87.61	56.41	227.96	283.80	267.07	503.56	789.90	831.89	767.40
1. 家具			0.36	47.54	36.44	9.92	274.71	50.00	95.00
2. 家庭设备	87.61	56.41	227.60	236.26	230.63	493.63	515.19	781.89	672.40
(二)室内装饰品	92.00	194.82		2.05	0.51	0.38	41.43	173.68	320.00
(三)床上用品	27.61	2.65	35.13	40.99	46.61	25.17	29.95	71.00	63.10
(四)家庭日用杂品	87.66	58.38	114.84	105.52	273.88	233.81	259.47	484.37	221.41
(五)家具材料				2.22			23.81	36.84	70.00
(六)家庭服务	4.06		2.53	8.31	10.39	26.40	291.76	70.84	128.30
四、医疗保健	**685.06**	**771.27**	**824.04**	**585.30**	**1132.64**	**756.98**	**2189.93**	**3099.82**	**4195.13**
(一)医疗器具	0.10		4.43	4.92			17.42		
(二)保健器具				15.33				66.11	
(三)药品费	389.27	488.05	312.43	288.49	660.63	530.03	1209.85	1687.21	2784.03
(四)滋补保健品	2.06	0.50	28.33	37.54	4.64	14.21	15.95	255.68	151.00
(五)医疗费	290.95	278.21	451.32	221.02	434.62	194.80	852.52	796.61	1069.90
(六)其他	2.69	4.51	27.53	18.00	32.75	17.94	94.19	294.21	190.20
五、交通和通讯	**363.00**	**280.03**	**535.27**	**663.45**	**1032.93**	**1112.11**	**7081.43**	**5903.70**	**10001.76**
(一)交通	76.95	53.79	140.64	204.05	406.03	401.68	6078.00	4673.35	8509.86
1. 家庭交通工具	2.64		24.76	97.78	189.83	50.00	5184.29	3773.68	7000.00
2. 车辆用燃料及零配件	1.40	1.71	17.71	28.72	49.69	23.50	131.81	126.98	241.26
3. 交通工具服务支出	2.39	2.82	19.23	13.10	24.69	27.51	225.81	362.92	679.75
4. 交通费	70.52	49.26	78.94	64.45	141.81	300.67	536.10	409.76	588.85
(二)通信	286.06	226.24	394.63	459.40	626.90	710.42	1003.43	1230.35	1491.90
1. 通信工具	2.58	2.06	27.11	28.20	53.90	137.15	338.10	158.95	302.00
2. 通信服务	283.47	224.18	367.52	431.20	573.00	573.27	665.33	1071.41	1189.90
(1)电信费	281.25	224.18	343.77	419.04	563.66	567.63	652.48	1046.30	1142.20
(2)邮费			0.98	2.69	0.31	1.35	1.05	17.47	33.20
(3)其他	2.22		22.77	9.48	9.03	4.29	11.81	7.63	14.50
六、教育文化娱乐服务	**621.53**	**538.94**	**908.32**	**730.79**	**1060.30**	**1624.69**	**2451.98**	**3015.16**	**2481.80**
(一)文化娱乐用品	98.19	134.08	68.40	69.80	257.61	258.67	461.02	596.11	556.90
(二)文化娱乐服务	69.11	56.91	330.40	369.91	402.27	813.85	998.71	1493.89	969.50
1. 参观游览				13.05		12.42	301.90		
2. 健身活动			65.06	58.69	37.05	57.69		114.21	
3. 团体旅游			175.48	225.90	263.78	569.62	527.62	1048.63	740.00

8—16 续表 2

(2009 年)

	最 低 10%	更 低 5%	低 10%	较 低 20%	中 间 20%	较 高 20%	高 10%	最 高 10%	更 高 5%
4.其它文娱活动	60.82	51.66	57.83	78.05	118.56	122.31	98.60	277.53	312.92
5.文娱用品修理服务费			1.33	0.46	4.00	14.36		9.57	9.00
(三)教育	369.14	496.99	487.17	252.22	523.79	450.48	885.71	979.48	480.80
1.教材	27.85	43.93	50.40	14.21	20.35	13.04	33.79	19.61	5.20
2.教育费用	416.31	316.88	476.39	260.65	358.54	537.48	954.29	836.63	932.60
(1)非义务教育学杂费	128.36	177.24	290.24	101.97	169.66	136.83	324.43	83.16	
(2)义务教育学杂费	5.69	12.06	2.53	0.95	4.71	1.56		2.53	4.80
(3)托幼费	82.58	11.06	14.46	3.61	53.56	4.96	103.10		
(4)家教费	26.81		12.29	23.44	12.54	5.77	38.10		
(5)培训班	73.83	115.18	114.94	64.78	80.85	238.27	405.10	386.32	351.00
(6)其他	99.03	1.35	2.89	17.05	37.22	106.63	12.14	75.16	26.80
七、居住	**565.04**	**611.84**	**685.01**	**892.32**	**918.94**	**1117.67**	**1339.22**	**1456.47**	**1698.53**
(一)住房	37.29	57.82	27.34	200.59	80.17	201.92	132.24	251.32	397.00
1.租赁房房租									
3.住房装潢支出	9.99			38.51	59.24	176.92		143.16	204.00
4.维修用建筑材料	0.22	0.47	0.43	125.20	3.73	23.08	132.24	86.84	152.50
5.其他	27.08	57.35	26.91	36.89	17.20	1.92		21.32	40.50
(二)水电燃料及其他	416.58	443.72	599.51	632.56	769.29	755.11	965.92	1067.99	1102.23
1.水	58.80	48.28	80.79	71.93	98.75	132.04	124.19	151.63	119.63
2.电	185.41	211.35	289.29	339.67	426.91	378.74	500.59	613.81	650.30
3.燃料	172.38	184.09	229.43	219.72	243.63	240.86	337.81	263.09	257.30
4.其他				1.25		3.46	3.33	39.47	75.00
(三)居住服务费	111.17	110.29	58.16	59.17	69.49	160.64	241.07	137.16	199.30
1.物业管理费	28.47	29.24	25.48	24.78	38.82	85.75	200.26	91.58	151.60
2.维修服务费	45.47	12.59	2.35	11.09	5.46	36.75	3.95		
3.其它	37.22	68.47	30.33	23.30	25.21	38.14	36.86	45.58	47.70
八、杂项商品和服务	**173.75**	**182.28**	**205.34**	**381.35**	**273.37**	**368.20**	**393.05**	**1042.47**	**1335.85**
(一)杂项商品	76.17	65.92	123.73	312.90	182.31	232.95	317.00	609.39	894.15
1.金银珠宝饰品				120.18	17.27	63.40	118.86	26.84	31.00
2.手表				36.89	21.02	17.40			
4.化妆品	14.62	13.16	50.69	57.09	33.73	39.15	73.11	228.04	331.40
5.其他杂品	61.56	52.76	73.04	98.75	108.20	112.99	125.04	354.51	531.75
(二)服务	97.58	116.35	81.61	68.45	91.06	135.25	76.05	433.08	441.70
1.旅馆住宿费					14.58	5.77			
2.理发洗澡费	63.79	66.62	63.83	65.70	39.49	98.30	68.29	183.63	177.70
3.美容费	27.44	40.47	5.78		11.53	22.69	6.10	233.24	242.00
4.其他服务	6.35	9.26	12.00	2.75	25.47	8.49	1.67	16.21	22.00

8-17 农民家庭基本情况

	单位	1985	1990	1995	2000	2005	2008	2009
调查户数	户	700	1190	1280	1410	1340	1340	1340
调查户常住人口	人	3596	5694	5735	5633	5398	5369	5352
平均每户常住人口	人	5.14	4.78	4.48	4	4.03	4.01	4.00
平均每户整、半劳动力	人	2.83	2.75	3	2.72	2.93	2.94	2.94
平均每个劳动力负担人口	人	1.81	1.74	1.5	1.47	1.37	1.36	1.36
平均每百个劳动力文化状况								
1.文盲半文盲人数	人	23.21		15.6	3.91	3.33	2.33	2.52
2.小学程度人数	人	35.57		28.25	24.9	16.11	13.64	13.52
3.初中程度人数	人	33.8		42.59	59.29	67.68	68.19	68.32
4.高中程度人数	人	6.96		12.68	10.46	9.57	12.42	11.84
5.中专程度人数	人	0.4		0.76	1.23	2.01	2.23	2.49
6.大专以上程度人数	人	0.05		0.13	0.21	1.3	1.19	1.24
平均每百人经营耕地面积	公顷	10.98	10.73	9.96	9.96	10.61	12.04	12.38
平均每百人经营山地面积	公顷	2.19	1.73	4.04	1.58	0.55	0.68	0.76
平均每人年内新建(购)住房面积	平方米	0.84		0.64	1.21	1.42	1.98	1.61
#砖木结构	平方米	0.56		0.13	0.17	0.18	0.46	0.48
钢筋混凝土结构	平方米	0.05		0.48	0.97	1.23	1.52	1.14
年内平均每平方米新建(购)房屋价值	元	36.78		155.06	218.08	356.61	413.14	475.86
年内平均每人新建(购)房屋中楼房面积	平方米	0.03		0.01	0.56	1.03	1.38	1.24
平均每人年末住房面积	平方米	11.57	14.01	17.98	23.49	25.97	29.84	31.16
#砖木结构	平方米	6.69		9.11	10.6	8.24	9.93	11.56
钢筋混凝土结构	平方米	0.42		4.78	10.83	16.97	18.09	17.93

8-18 农民家庭平均每人总收入

单位:元

	1985	1990	1995	2000	2005	2008	2009
全年总收入	**443.72**	**647.31**	**1760.16**	**2467.46**	**3840.64**	**6301.24**	**6766.33**
工资性收入	**27.43**	**40.02**	**108.82**	**404.08**	**747.89**	**1323.11**	**1445.85**
在非企业组织中劳动得到的收入			21.80	104.59	89.09	131.79	141.66
在本地企业中劳动得到的收入				106.50	74.97	560.12	640.53
#在本地乡镇企业得到的收入				61.70	43.14		120.86
常住人口外出从业得到的收入				125.01	339.68	631.20	663.66
家庭经营收入	**405.06**	**588.77**	**1563.11**	**1921.62**	**2930.38**	**4658.76**	**4934.73**
农业收入	302.45	411.20	1142.80	1385.43	2182.07	3434.92	3610.45
林业收入	4.98	4.41	6.90	11.96	27.18	35.90	33.96
牧业收入	48.79	85.61	250.07	321.85	468.09	743.66	775.01
渔业收入	0.49	1.11	0.34	7.82	3.39	2.98	5.97
工业收入	0.28	6.43	17.62	52.76	71.48	108.98	129.82
建筑业收入	4.47	6.95	22.04	20.61	28.80	80.19	84.70
交通运输、邮电业收入	2.94	7.67	12.18	24.94	35.38	65.74	72.15
批发和零售贸易、餐饮业收入	4.31	5.58	29.49	36.69	59.02	82.27	97.37
社会服务业收入	4.56	5.00	7.19	16.85	22.89	33.64	46.05
文教卫生业收入				4.92	8.01	13.81	19.32
其他家庭经营收入	4.59	6.19	32.39	34.78	23.60	56.36	59.61
财产性收入			**33.72**	**19.18**	**36.35**	**31.99**	**41.40**
转移性收入			**54.51**	**122.57**	**126.03**	**287.38**	**344.35**
#家庭非常住人口寄回和带回	7.21	4.92	24.69	55.15	27.20	37.35	42.60
亲友赠送收入				39.20	61.82	51.96	63.86
退耕还林还草补贴收入					2.71	1.49	2.42
粮食直接补贴收入					18.69	125.70	114.38

8-19 农民家庭人均现金收入构成

单位:元

	1985	1995	2000	2005	2008	2009
全年现金收入	**274.49**	**962.47**	**1506.55**	**2551.74**	**4385.37**	**4809.94**
1.工资性收入		108.70	391.33	746.99	1320.87	1444.88
2.家庭经营现金收入		742.80	998.81	1649.76	2748.34	2998.11
#农业现金收入	127.32	410.98	555.41	960.38	1612.95	1755.59
林业现金收入	4.35	4.44	3.69	26.52	30.53	28.92
牧业现金收入	39.27	177.52	224.77	409.88	662.31	700.76
渔业现金收入	0.45	0.20	6.43	3.33	2.94	5.97
工业现金收入	1.36	8.56	12.73	71.48	108.98	129.28
建筑业现金收入	4.45	22.04	20.61	28.80	79.34	84.43
交通、运输、邮电业现金收入	2.88	12.18	24.94	35.38	65.74	72.15
批零贸易业、饮食业现金收入		6.54		59.02	82.27	97.37
社会服务业现金收入	4.56	7.19	16.85	22.89	33.64	46.05
文教卫生业收入				8.01	13.81	19.32
其他家庭经营现金收入	2.42	32.86	31.43	23.60	55.52	57.94
3.转移性收入		65.30	97.79	119.14	284.17	330.57
4.财产性收入		45.67	18.62	35.83	31.99	36.38

8-20 农民家庭人均总支出构成

单位:元

	1985	1990	1995	2000	2005	2008	2009
全年总支出	**412.33**	**617.13**	**1518.44**	**1802.20**	**3091.24**	**5290.58**	**5782.14**
一、家庭经营费用支出	**92.14**	**148.21**	**534.35**	**380.41**	**815.88**	**1558.53**	**1677.96**
1.农业生产支出	62.77	98.32	346.72	219.62	553.06	1083.88	1157.80
2.林业生产支出	0.35	2.00	3.33	0.52	5.82	8.64	5.96
3.牧业生产支出	22.56	34.29	141.50	116.69	190.21	333.95	352.85
4.渔业生产支出	1.25	0.17	0.21	0.98	0.98	1.59	2.49
5.工业生产支出	0.10	0.38	4.10		24.10	47.21	59.47
6.建筑业支出	0.04	1.34	1.68	7.21	10.23	27.91	30.98
7.交通运输邮电业支出	0.47	2.10	3.75	6.03	10.87	16.99	18.48
8.批零贸易业、饮食业支出		0.44	8.40		12.72	26.43	30.60
9.文教卫生业					1.19	3.98	6.18
10.社会服务业支出	0.62	0.65	0.86	0.65	5.19	7.24	9.80
11.其他经营支出	1.03	4.89	13.94	4.55	1.50	0.72	3.34
二、购置生产性固定资产支出	**18.29**	**12.21**	**50.60**	**36.93**	**106.01**	**170.17**	**201.70**
三、建造生产性固定资产雇工支出					**0.20**	**6.82**	**3.01**
四、缴纳税款	**5.36**	**7.59**	**11.10**	**102.08**	**2.92**	**1.86**	**0.76**
五、生活消费支出	**269.95**	**400.13**	**870.13**	**1178.91**	**2005.75**	**3281.67**	**3605.56**

8-21 农民家庭人均纯收入构成

单位:元

	1985	1990	1995	2000	2005	2008	2009
全年纯收入	**317**	**439**	**1124**	**1889**	**2894**	**4570**	**4931**
一、按来源分							
1. 工资性收入			109	404	748	1313	1446
2. 家庭经营纯收入		388	933	1379	2033	2985	3155
3. 转移性收入			49	87	76	240	289
4. 财产性收入			33	19	36	32	41
二、按性质分							
生产性纯收入		398	1035	1767	2781	4298	4601
非生产性纯收入		41	89	122	113	272	330

8-22 农民家庭人均纯收入分组户数构成

单位:%

	1985	1990	1995	2000	2005	2008	2009
合计	**100.0**	**100.0**	**100.0**	**100.0**	**100.0**	**100.0**	**100.0**
100元以下的户	0.7	0.1					
100—200元的户	11.7	1.3			0.1	0.2	0.3
200—300元的户	37.6	11.5	0.8				
300—400元的户	30.4	22.1	0.4	0.1	0.1	0.1	0.2
400—500元的户	12.0	23.3	2.1	0.4		0.3	0.1
500—600元的户	4.6	18.6	2.8	1.0	0.1	0.4	0.1
600—800元的户	2.4	16.4	14.5	3.4	0.9	0.8	0.1
800—1000元的户	0.4	3.9	19.7	5.7	1.9	0.7	1.0
1000—1200元的户	0.1	2.3	44.1	9.6	1.9	0.4	1.5
1200—1300元的户				5.3	1.0	0.2	0.5
1300—1500元的户				13.1	3.7	0.6	0.9
1500—1700元的户		0.5	11.5	11.4	5.1	0.9	1.1
1700—2000元的户				13.4	9.3	2.1	1.9
2000—2500元的户		0.2	4.2	15.7	18.7	5.8	5.1
2500—3000元的户				9.6	18.1	9.2	6.6
3000—3500元的户				5.1	14.3	11.6	10.2
3500—4000元的户				2.8	9.2	11.0	9.8
4000—4500元的户				1.6	5.4	12.0	7.9
4500—5000元的户				1.0	3.4	8.5	7.9
5000元以上的户				1.1	7.1	35.0	44.6

8-23 农民家庭人均生活消费支出

单位:元

	1980	1985	1990	1995	2000	2005	2008	2009
全年生活消费支出	**133.70**	**269.95**	**400.13**	**870.13**	**1178.91**	**2005.75**	**3256.26**	**3605.56**
#货币性消费	74.60	144.88		473.37	830.13	1477.65	2621.12	2882.87
一、食品	**77.30**	**153.14**	**363.08**	**544.89**	**562.33**	**921.34**	**1291.35**	**1363.01**
#货币性消费	25.70	47.99		177.21	270.25	494.61	772.86	802.55
二、衣着	**17.20**	**27.34**	**36.89**	**70.56**	**69.98**	**112.24**	**182.84**	**195.69**
#货币性消费	16.80	26.35		68.56	69.15	111.60	180.87	195.38
三、居住				**100.70**	**218.27**	**437.54**	**884.54**	**1044.04**
#货币性消费				73.62	162.41	337.33	770.27	882.45
四、家庭设备、用品及服务				**37.25**	**51.12**	**80.85**	**148.07**	**190.06**
#货币性消费				37.25	51.10	80.34	147.65	189.72
五、医疗保健				**30.46**	**54.56**	**103.98**	**201.21**	**228.50**
#货币性消费				30.46	54.56	103.98	201.21	228.50
六、交通和通讯				**14.23**	**47.91**	**150.91**	**308.59**	**324.63**
#货币性消费				14.23	47.91	150.91	308.59	324.63
七、文化、教育、娱乐用品及服务				**59.57**	**130.20**	**157.07**	**157.60**	**179.75**
#货币性消费				59.57	130.20	157.07	157.60	179.75
八、其他商品和服务				**12.47**	**44.55**	**41.82**	**82.05**	**79.89**
#货币性消费				12.47	44.55	41.82	82.05	79.89

8-24 农民家庭主要消费品人均消费量

	单位	1980	1985	1990	1995	2000	2005	2008	2009
粮食	千克	225.30	258.47	277.05	244.41	282.96	236.76	275.18	272.36
#小麦	千克	101.20	189.22		175.91	216.42	166.72	197.32	193.59
稻谷	千克	5.35	11.75		22.07	20.61	26.22	28.14	30.18
玉米	千克					36.35	37.41	43.20	41.62
薯类	千克					8.95	1.99	1.32	1.27
豆类及豆制品	千克					4.22	3.80	3.37	4.04
#大豆	千克					2.16	1.96	1.13	1.53
杂豆	千克					0.06	1.12	1.53	1.79
蔬菜及菜制品	千克	58.55	68.69	76.27	55.93	146.42	121.79	121.88	113.66
油脂类	千克	1.16	17.15	2.90	2.88	4.93	3.38	3.95	4.27
#植物油	千克	0.90	16.66	2.09	2.26	4.25	2.86	3.68	4.04
动物油	千克	0.26	0.49	0.81	0.62	0.68	0.52	0.28	0.23
肉禽及其制品	千克	4.15	5.43	5.76	5.07	12.98	11.00	10.88	12.22
#猪肉	千克	3.55	4.86	5.31	4.59	10.54	8.36	8.28	8.97
牛肉	千克					0.65	0.42	0.37	0.49
羊肉	千克					0.49	0.27	0.30	0.76
家禽	千克		0.35		0.15	1.17	1.58	1.62	1.64
肉禽制品	千克					0.05	0.38	0.31	0.35
蛋类及制品	千克	1.55	2.60	3.26	2.61	10.94	10.91	14.44	15.60
奶及奶制品	千克				0.09	0.11	0.73	2.28	2.31
水产品	千克	0.01	0.13		0.21	0.70	1.12	1.30	1.32
食糖	千克	0.60	1.24	1.70	1.94	1.43	1.18	1.10	1.12
酒和饮料	千克	1.00	1.74	2.77	3.09	5.58	6.83	7.04	7.36
瓜类	千克						1.98	2.70	3.69
水果类	千克						4.00	5.09	6.46
茶叶	千克						0.07	0.09	0.10
坚果	千克						0.19	0.30	0.39

8－25 农民家庭年末平均每百户主要耐用消费品拥有量

	单位	1980	1985	1990	1995	2000	2005	2008	2009
大型家具	件		108.86	169.50	583.20	158.72	165.22		
洗衣机	台			2.10	4.45	23.55	54.40	66.64	74.40
电风扇	台		1.14	20.25	67.89	128.44	162.24		
电冰箱	台				0.86	4.47	9.70	16.64	22.54
空调机	台					0.14	5.45	12.54	16.72
抽油烟机	台					0.50	0.90	1.49	1.87
吸尘器	台						0.15	0.07	0.52
微波炉	台					0.07	0.60	3.36	4.18
热水器	台					0.92	1.64	5.82	12.76
自行车	辆	37.50	91.29	119.92	136.33	145.46	130.22	127.24	124.93
摩托车	辆		0.14		0.55	12.06	43.06	56.34	62.76
汽车(生活用)	辆								0.07
电话机	部					22.48	54.70	52.16	44.33
移动电话	部					0.43	40.75	90.52	106.87
寻呼机	部					1.49	0.75		
彩色电视机	台			2.10	5.55	37.09	73.66	88.21	96.94
黑白电视机	台		0.29	22.44	68.98	60.64	33.73	18.66	12.69
录放像机	台					0.99	0.75		
摄像机	台						0.45	0.67	0.15
影碟机	台					6.31	21.04	23.06	24.55
组合音响	套					3.40	3.51		
收录机	台		0.86	7.98	14.53	12.41	5.45		
照相机	架		0.29	0.34	0.39	0.92	0.90	1.64	2.09
家用计算机	台					1.28	0.52	0.90	1.34
中高挡乐器	件					0.43	0.52	0.60	0.67

8-26 各县(市、区)农民人均现金收入

单位:元

	1995	2000	2005	2008	2009
全　　市	**962**	**1507**	**2552**	**4351**	**4810**
宛城区	1246	1879	2895	5157	5469
卧龙区	1132	1976	3062	5177	5865
南召县	832	940	2057	3189	3511
方城县	714	1351	2263	3634	4068
西峡县	700	1832	2996	5135	5697
镇平县	1170	1750	2853	4535	4876
内乡县	1042	1594	2698	4316	4793
淅川县	751	1120	2122	3509	3753
社旗县	742	1142	2152	4815	4869
唐河县	1091	1683	2722	4371	4761
新野县	1427	1517	2869	5101	5703
桐柏县	717	920	1471	2707	3202
邓州市	887	1496	2546	4722	5264

8-27 各县(市、区)农民人均纯收入

	1978	1980	1985	1990(老)	1990(新)	1995	2000	2005	2008	2009
全　市	**65**	**148**	**317**	**439**	**487**	**1124**	**1889**	**2894**	**4570**	**4931**
宛城区	78	170	364	487	552	1458	2122	3153	5168	5533
卧龙区	90	108	371	770	801	1070	2002	2956	4792	5132
南召县	55	62	186	351	393	1040	1461	2448	3604	3828
方城县	65	71	292	386	413	999	1901	2685	4296	4626
西峡县	53	58	256		370	983	1938	3004	5002	5514
镇平县	87	139	357	510	588	1355	2192	3281	5039	5396
内乡县	42	134	296	420	471	1144	1976	2955	4542	4906
淅川县	41	48	126	321	355	925	1369	2356	3916	3994
社旗县	70	92	341	493	471	1038	1477	2290	3416	3691
唐河县	91	111	341	441	482	1203	2097	3189	4998	5310
新野县	60	84	309	430	462	1239	1960	3240	5210	5561
桐柏县	63	60	149		417	1123	1365	1929	3158	3447
邓州市	50	152	280	417	474	1080	1989	3104	5089	5481

注释:1. 卧龙、宛城两区 1993 年以前数据分别为原南阳市、南阳县数据;
2. 1990 年以后数据为新口径数据。

8-28 各县（市、区）农民

（2009年

	全 市	宛城区	卧龙区	南召县	方城县	西峡县
一、总收入	**6766.33**	**8494.86**	**7972.60**	**5077.81**	**5801.73**	**7247.92**
（一）工资性收入	1445.85	1196.71	2461.52	913.83	1468.40	1626.03
1.在非企业组织中劳动得到收入	141.66	327.09	380.73	81.59	87.42	178.09
2.在本乡地域内劳动得到收入	640.53	277.27	1626.63	499.23	268.91	1232.89
3.外出从业得到收入	663.66	592.35	454.16	333.01	1112.08	215.05
（二）家庭经营收入	4934.73	6880.71	4896.30	4011.27	3967.51	5057.43
1.第一产业收入	4425.39	5698.18	4211.69	3314.04	3744.15	4941.68
（1）农业收入	3610.45	4153.53	3052.15	2313.16	2815.02	4423.14
＃粮食收入	2021.99	2717.40	1747.74	845.37	1874.03	638.55
棉花收入	375.56	374.78	124.00		51.07	
油料收入	458.49	285.90	684.17	835.84	483.51	6.60
蔬菜收入	378.13	241.73	329.55	388.59	126.58	2366.79
中药材收入	49.72			103.61		989.57
（2）林业收入	33.96		31.99	250.69	5.85	72.39
（3）牧业收入	775.01	1544.46	1127.55	699.89	923.28	439.04
（4）渔业收入	5.97	0.18		50.31		7.10
2.第二产业收入	214.52	609.22	424.88	336.39	13.91	77.96
（1）工业收入	129.82	12.95	46.79	280.96	13.91	64.52
（2）建筑业收入	84.70	596.27	378.09	55.42		13.44
3.第三产业收入	294.82	573.31	259.74	360.84	209.45	37.80
＃交通.运输.邮电业收入	72.15	237.75	157.09	61.08	56.78	21.51
批零贸易业.饮食业收入	97.37	169.84	72.11	162.80	32.30	8.06
社会服务业收入	46.05	128.83	13.51	88.94	107.60	5.38
文教卫生业收入	19.32	13.73		3.13	4.30	
（三）财产性收入	41.40	101.78	41.76	3.61	23.52	211.27
（四）转移性收入	344.35	315.67	573.01	149.09	342.30	353.19
＃粮食直接补贴收入	114.38	145.94	114.91	53.23	45.81	37.81
二、总支出	**5782.14**	**7861.59**	**6963.91**	**4130.29**	**4858.51**	**5924.05**
（一）家庭经营费用支出	1677.96	2839.63	2699.95	1079.52	1032.58	1638.84
1.第一产业生产费用支出	1519.11	2487.96	2263.85	894.11	1002.90	1514.99
（1）农业生产费用支出	1157.80	1395.97	1435.30	601.30	571.85	1398.59
（2）林业生产费用支出	5.96	30.20	0.43	31.59	2.02	1.99
（3）牧业生产费用支出	352.85	1060.88	828.13	229.54	428.96	114.41
（4）渔业生产费用支出	2.49	0.91		31.69	0.07	
2.第二产业生产费用支出	90.45	204.07	219.21	85.02	1.85	104.33
（1）工业生产费用支出	59.47	29.80	73.20	65.37	1.44	9.25
（2）建筑业生产费用支出	30.98	174.27	146.01	19.65	0.41	95.08

家 庭 总 收 支 情 况

人均数据）

单位:元/人

镇平县	内乡县	淅川县	社旗县	唐河县	新野县	桐柏县	邓州市
6574.60	**6556.75**	**6119.18**	**6720.49**	**7225.36**	**7794.87**	**4164.86**	**6960.51**
1613.73	1997.96	1440.64	791.27	944.01	2126.85	1193.45	1365.45
71.11	135.28	152.45	6.70	75.77	121.17	61.55	192.60
868.70	570.37	1035.94	364.36	304.14	1168.58	819.61	324.28
673.92	1292.32	252.25	420.20	564.09	837.10	312.29	848.57
4644.82	4084.60	4378.81	5463.88	5981.36	5379.89	2665.78	5117.76
3577.09	3764.69	3780.50	4733.22	5726.37	5209.56	2026.44	4800.20
3070.95	3074.40	2691.85	4433.96	4634.99	4741.03	1697.98	4113.25
1767.15	1340.83	1472.39	2894.29	2441.85	2374.17	1097.21	2765.44
192.39	84.05		646.45	1035.70	1284.74	0.57	339.70
269.07	330.01	800.88	135.56	461.58	837.99	475.94	359.14
589.21	394.79	193.98	715.56	273.16	82.74	82.58	197.98
	11.86	45.29					
38.56	0.25	34.84	9.72	22.69	14.76	28.04	18.19
467.58	690.05	1052.82	289.54	1068.58	453.77	286.32	654.08
		1.00		0.12		14.09	14.68
818.21		176.40	165.36	41.71	20.24	96.66	103.52
818.21		140.47		41.71	20.24	68.68	72.10
		35.93	165.36			27.98	31.42
249.52	319.91	421.92	565.30	213.28	150.09	542.68	214.04
150.17	54.91	9.78		46.76	1.91	191.96	38.07
99.35	199.38	244.07		100.45	48.47	245.55	36.58
	26.67	84.12	1.53	45.62	12.85	105.17	18.12
	11.49				66.92		80.28
14.84	35.48	0.28	94.44	7.52	5.48	70.27	49.46
301.21	438.71	299.45	370.90	292.46	282.65	235.36	427.84
35.74	132.69	76.66	211.52	168.46	36.14	103.50	201.18
5892.87	**5626.01**	**5506.59**	**6187.85**	**5588.41**	**7327.60**	**3995.05**	**5416.44**
1065.68	1338.70	1938.65	2888.78	1773.89	2080.80	588.10	1300.99
688.79	1216.50	1687.15	2859.72	1733.43	2038.81	490.41	1193.05
568.33	955.96	1227.97	2761.46	1261.65	1859.92	356.32	983.80
1.05	3.21	2.96	7.11	1.60	2.51	1.36	3.78
119.41	257.33	453.29	91.15	470.18	176.21	132.73	202.61
		2.93			0.18		2.87
338.58		151.01	29.03	9.28	10.17	19.51	50.21
338.58		142.61	1.76	9.28	10.17	7.91	31.86
		8.40	27.26			11.60	18.35

8—28 续表 1

(2009 年

	全 市	宛城区	卧龙区	南召县	方城县	西峡县
3. 第三产业生产费用支出	68.40	147.60	216.89	100.38	27.82	19.53
(1)交通运输邮电业生产费用支出	18.48	49.91	95.33	14.48	18.05	13.39
(2)批零贸易餐饮业生产费用支出	30.60	51.41	72.97	28.72	4.78	1.08
(3)社会服务业生产费用支出	9.80	39.98	48.59	34.22	1.98	1.92
(4)文教卫生业生产费用支出	6.18				2.97	
(5)其他行业生产费用支出	3.34	6.30		22.96	0.04	3.15
(二)购置生产性固定资产支出	201.70	247.94	43.62	151.04	131.22	326.34
(三)建、造生产性固定资产雇工支出	3.01				6.64	2.28
(四)税费支出	0.76				1.01	11.09
(五)生活消费支出	3605.56	4652.56	3897.04	2859.23	3376.88	3540.07
其中:服务性支出	795.84	977.32	971.15	458.90	752.52	1012.20
1. 食品消费支出	1363.01	1797.91	1919.23	1419.76	1163.25	1050.04
2. 衣着消费支出	195.69	220.37	292.37	247.15	162.47	144.91
3. 居住消费支出	1044.04	1200.48	651.64	492.28	1076.39	1196.23
4. 家庭设备.用品消费支出	190.06	331.17	222.03	154.85	186.93	232.29
5. 交通和通讯消费支出	324.63	450.42	331.28	308.46	284.94	269.80
6. 文化教育.娱乐消费支出	179.75	245.29	253.89	83.27	186.44	299.21
7. 医疗保健消费支出	228.50	308.60	210.48	108.91	283.18	303.90
8. 其他商品和服务消费支出	79.89	98.32	16.12	44.54	33.28	43.68
(六)财产性支出	6.17				1.17	0.08
(七)转移性支出	286.98	121.47	323.29	40.49	309.01	405.35
农村住户纯收入来源						
一、全年纯收入	**4931.44**	**5533.08**	**5131.76**	**3827.91**	**4626.32**	**5513.92**
(一)工资性收入	1445.85	1196.71	2461.52	913.83	1468.40	1626.03
1. 在非企业组织中劳动得到收入	141.66	327.09	380.73	81.59	87.42	178.09
2. 在本乡地域内劳动得到收入	640.53	277.27	1626.63	499.23	268.91	1232.89
3. 外出从业得到收入	663.66	592.35	454.16	333.01	1112.08	215.05
(二)家庭经营纯收入	3155.39	3938.61	2091.21	2802.19	2828.25	3361.17
1. 第一产业纯收入	2813.01	3111.94	1861.71	2309.80	2637.41	3382.32
(1)农业收入	2366.34	2687.50	1533.85	1616.26	2158.47	2984.96
(2)林业收入	27.25	-30.20	31.56	206.49	3.82	69.20
(3)牧业收入	416.05	455.37	296.30	470.19	475.18	321.14
(4)渔业收入	3.38	-0.72		16.86	-0.07	7.03
2. 非农产业纯收入	342.37	826.66	229.50	492.39	190.85	-21.15
A. 第二产业纯收入	121.71	404.98	200.53	247.51	11.95	-27.80
(1)工业收入	68.78	-16.84	-26.41	211.73	12.36	53.84
(2)建筑业收入	52.93	421.82	226.94	35.77	-0.41	-81.64

人均数据）　　单位:元/人

镇平县	内乡县	淅川县	社旗县	唐河县	新野县	桐柏县	邓州市
38.30	122.20	100.49	0.03	31.18	31.82	78.17	57.73
21.55	7.47	3.12		9.57	3.10	33.22	4.63
16.76	106.28	93.36		13.55	5.43	30.86	18.12
	6.25	2.61		6.88	0.25	14.10	
	0.81	0.75			22.95		26.88
	1.39	0.65	0.03	1.18	0.07		8.10
375.17	43.52	147.43	112.62	236.16	484.02	58.30	173.05
2.08		23.08		1.22		7.46	
					2.95		
4015.88	3882.81	3350.19	3121.46	3228.19	4446.11	2953.59	3521.94
782.00	1549.12	332.83	359.29	662.37	1031.65	754.42	857.39
1447.52	1224.28	1722.23	1587.49	1181.99	1168.61	1172.06	1174.48
242.36	243.37	144.98	140.10	192.56	240.79	244.30	130.61
1265.06	979.92	1056.10	753.11	820.06	2032.52	667.72	1098.02
212.10	133.97	64.76	117.95	232.01	210.85	179.48	176.70
341.94	248.89	141.91	289.77	407.49	306.31	213.41	401.96
192.73	304.97	104.84	103.18	92.21	142.19	188.05	217.24
267.67	165.09	91.74	80.43	228.42	289.53	223.99	288.51
46.51	582.31	23.62	49.45	73.46	55.31	64.57	34.41
	5.06	0.13	0.02		17.18	0.28	29.22
434.07	355.91	47.12	64.97	348.95	296.53	387.33	391.23
5396.09	**4906.21**	**3993.75**	**3691.23**	**5309.90**	**5560.71**	**3447.16**	**5480.65**
1613.73	1997.96	1440.64	791.27	944.01	2126.85	1193.45	1365.45
71.11	135.28	152.45	6.70	75.77	121.17	61.55	192.60
868.70	570.37	1035.94	364.36	304.14	1168.58	819.61	324.28
673.92	1292.32	252.25	420.20	564.09	837.10	312.29	848.57
3523.53	2648.20	2287.98	2480.05	4089.17	3174.09	1977.69	3735.53
2850.00	2459.80	1941.17	1778.45	3878.53	3047.53	1469.32	3530.49
2465.24	2032.86	1313.58	1578.64	3260.51	2763.43	1278.64	3058.28
37.51	-2.96	31.88	2.61	21.09	12.25	26.68	14.41
347.24	429.91	597.65	197.20	596.82	272.04	149.92	446.00
		-1.93		0.12	-0.18	14.09	11.81
673.54	188.40	346.81	701.60	210.64	126.56	508.37	205.04
472.26		25.38	136.34	28.93	8.28	68.27	52.39
473.87		-2.14	-1.76	28.93	8.28	55.99	40.24
-1.61		27.53	138.10			12.27	12.16

8—28 续表 2 (2009 年

	全 市	宛城区	卧龙区	南召县	方城县	西峡县
B.第三产业纯收入	220.66	421.69	28.97	244.89	178.90	6.65
(1)交通.运输.邮电业收入	50.36	184.19	47.88	44.99	37.09	4.07
(2)批零贸易业.饮食业收入	66.06	118.44	-0.86	128.13	27.52	4.48
(3)社会服务业收入	35.15	88.47	-35.08	47.58	105.62	0.95
(4)文教卫生业收入	12.62	13.73		3.13	0.24	-1.40
(5)其他行业收入	56.48	16.85	17.03	21.05	8.43	-1.45
(三)财产性纯收入	41.40	101.78	41.76	3.61	23.52	211.27
(四)转移性纯收入	288.80	295.98	537.26	108.27	306.15	315.45
#粮食直接补贴收入	114.38	145.94	114.91	53.23	45.81	37.81
二、全年现金纯收入	**3328.14**	**3431.49**	**4699.52**	**2698.95**	**2971.33**	**3999.02**
三、全年实物纯收入	**1603.30**	**2101.58**	**432.24**	**1128.96**	**1654.99**	**1514.90**
四、直接计算的全年纯收入	**4931.44**	**5533.08**	**5131.76**	**3827.91**	**4626.32**	**5513.92**
其中:家庭经营纯收入	3155.39	3938.61	2091.21	2802.19	2828.25	3361.17
其中:一产业纯收入	2805.02	3107.75	1842.70	2290.38	2634.57	3369.27
农村住户可支配收入来源结构						
全年可支配收入	**4693.84**	**5431.30**	**4844.21**	**3828.25**	**4352.29**	**5146.23**
一、工资性收入	**1445.85**	**1196.71**	**2461.52**	**913.83**	**1468.40**	**1626.03**
1.在非企业组织中劳动得到收入	141.66	327.09	380.73	81.59	87.42	178.09
2.在本乡地域内劳动得到收入	640.53	277.27	1626.63	499.23	268.91	1232.89
3.外出从业得到收入	663.66	592.35	454.16	333.01	1112.08	215.05
二、家庭经营收入	**3155.39**	**3938.61**	**2091.21**	**2802.19**	**2828.25**	**3361.17**
1.第一产业收入	2813.01	3111.94	1861.71	2309.80	2637.41	3382.32
(1)农业收入	2366.34	2687.50	1533.85	1616.26	2158.47	2984.96
(2)林业收入	27.25	-30.20	31.56	206.49	3.82	69.20
(3)牧业收入	416.05	455.37	296.30	470.19	475.18	321.14
(4)渔业收入	3.38	-0.72		16.86	-0.07	7.03
2.非农产业收入	342.37	826.66	229.50	492.39	190.85	-21.15
A.第二产业收入	121.71	404.98	200.53	247.51	11.95	-27.80
(1)工业收入	68.78	-16.84	-26.41	211.73	12.36	53.84
(2)建筑业收入	52.93	421.82	226.94	35.77	-0.41	-81.64
B.第三产业收入	220.66	421.69	28.97	244.89	178.90	6.65
(1)交通.运输.邮电业收入	50.36	184.19	47.88	44.99	37.09	4.07
(2)批零贸易业.饮食业收入	66.06	118.44	-0.86	128.13	27.52	4.48
(3)社会服务业收入	35.15	88.47	-35.08	47.58	105.62	0.95
(4)文教卫生业收入	12.62	13.73		3.13	0.24	-1.40
(5)其他行业收入	56.48	16.85	17.03	21.05	8.43	-1.45
三、财产性收入	**35.23**	**101.78**	**41.76**	**3.61**	**22.35**	**211.19**
四、转移性收入	**57.38**	**194.20**	**249.72**	**108.60**	**33.29**	**-52.15**

人均数据）

单位:元/人

镇平县	内乡县	淅川县	社旗县	唐河县	新野县	桐柏县	邓州市
201.28	188.40	321.43	565.26	181.70	118.27	440.10	152.65
119.57	46.87	6.66		37.19	-1.20	138.56	32.52
82.43	90.13	150.70		86.52	43.04	213.59	18.46
-0.72	20.42	81.51	1.53	38.74	12.60	88.60	15.37
	4.93	-0.75			43.97	-0.28	53.39
0.00	26.06	83.31	563.73	19.26	19.87	-0.37	32.90
14.84	35.48	0.28	94.44	7.52	5.48	70.27	49.46
243.98	224.56	264.84	325.48	269.20	254.29	205.74	330.22
35.74	132.69	76.66	211.52	168.46	36.14	103.50	201.18
3729.83	**3494.92**	**1713.05**	**1886.98**	**3103.91**	**4484.16**	**2545.87**	**3864.00**
1666.26	**1411.28**	**2280.69**	**1804.25**	**2205.99**	**1076.55**	**901.29**	**1616.65**
5396.09	**4906.21**	**3993.75**	**3691.23**	**5309.90**	**5560.71**	**3447.16**	**5480.65**
3523.53	2648.20	2287.98	2480.05	4089.17	3174.09	1977.69	3735.53
2832.69	2450.49	1941.17	1778.45	3874.64	3047.53	1436.04	3525.91
5019.25	**4759.38**	**3981.11**	**3671.66**	**4984.21**	**5275.35**	**3089.18**	**5157.82**
1613.73	**1997.96**	**1440.64**	**791.27**	**944.01**	**2126.85**	**1193.45**	**1365.45**
71.11	135.28	152.45	6.70	75.77	121.17	61.55	192.60
868.70	570.37	1035.94	364.36	304.14	1168.58	819.61	324.28
673.92	1292.32	252.25	420.20	564.09	837.10	312.29	848.57
3523.53	**2648.20**	**2287.98**	**2480.05**	**4089.17**	**3174.09**	**1977.69**	**3735.53**
2850.00	2459.80	1941.17	1778.45	3878.53	3047.53	1469.32	3530.49
2465.24	2032.86	1313.58	1578.64	3260.51	2763.43	1278.64	3058.28
37.51	-2.96	31.88	2.61	21.09	12.25	26.68	14.41
347.24	429.91	597.65	197.20	596.82	272.04	149.92	446.00
		-1.93		0.12	-0.18	14.09	11.81
673.54	188.40	346.81	701.60	210.64	126.56	508.37	205.04
472.26		25.38	136.34	28.93	8.28	68.27	52.39
473.87		-2.14	-1.76	28.93	8.28	55.99	40.24
-1.61		27.53	138.10			12.27	12.16
201.28	188.40	321.43	565.26	181.70	118.27	440.10	152.65
119.57	46.87	6.66		37.19	-1.20	138.56	32.52
82.43	90.13	150.70		86.52	43.04	213.59	18.46
-0.72	20.42	81.51	1.53	38.74	12.60	88.60	15.37
	4.93	-0.75			43.97	-0.28	53.39
0.00	26.06	83.31	563.73	19.26	19.87	-0.37	32.90
14.84	**30.42**	**0.15**	**94.42**	**7.52**	**-11.70**	**70.00**	**20.24**
-132.86	**82.80**	**252.33**	**305.93**	**-56.49**	**-13.89**	**-151.96**	**36.61**

8-29 各县（市、区）农民家

（2009年

	全　市	宛城区	卧龙区	南召县	方城县	西峡县
一、期内现金收入	**4809.94**	**5468.67**	**5864.64**	**3511.44**	**4067.71**	**5697.17**
(一)工资性收入	1444.88	1189.46	2461.52	913.83	1467.17	1626.03
1.在非企业组织中劳动得到收入	141.66	327.09	380.73	81.59	87.42	178.09
2.在本乡地域内劳动得到收入	640.06	270.02	1626.63	499.23	268.91	1232.89
3.外出从业得到收入	663.15	592.35	454.16	333.01	1110.85	215.05
(二)家庭经营现金收入	2998.11	3944.28	2847.58	2482.58	2234.77	3506.67
1.第一产业现金收入	2491.24	2769.01	2162.97	1821.51	2011.40	3390.92
(1)农业现金收入	1755.59	1226.28	1464.18	966.89	1092.64	2893.81
(2)林业现金收入	28.92		24.08	237.57	4.92	72.39
(3)牧业现金收入	700.76	1542.55	674.70	566.73	913.84	417.62
(4)渔业现金收入	5.97	0.18		50.31		7.10
2.第二产业现金收入	213.71	609.22	424.88	321.93	13.91	77.96
(1)工业收入	129.28	12.95	46.79	271.33	13.91	64.52
(2)建筑业收入	84.43	596.27	378.09	50.60		13.44
3.第三产业现金收入	293.15	566.05	259.74	339.15	209.45	37.80
#交通.运输.邮电业收入	72.15	237.75	157.09	61.08	56.78	21.51
批零贸易业.饮食业收入	97.37	169.84	72.11	162.80	32.30	8.06
社会服务业收入	46.05	128.83	13.51	88.94	107.60	5.38
文教卫生业收入	19.32	13.73		3.13	4.30	
(三)财产性收入	36.38	101.78	40.89	3.61	23.47	211.27
(四)转移性收入	330.57	233.15	514.64	111.40	342.30	353.19
#粮食直接补贴收入	114.38	145.94	114.91	53.23	45.81	37.81
二、非收入现金所得	**427.00**	**569.26**	**117.43**	**23.52**	**417.56**	**418.00**
(一)非借贷性现金所得	108.94	264.87	39.05	23.04	108.44	135.39
(二)借贷性现金所得	318.06	304.39	78.38	0.48	309.12	282.62
三、期内现金支出	**4762.52**	**5866.21**	**4313.97**	**2950.64**	**4316.76**	**5531.48**
(一)生产费用支出	1585.92	2230.26	1122.04	895.62	1144.25	1957.47
1.家庭经营费用支出	1381.21	1982.32	1078.42	744.58	1006.39	1628.84
(1)第一产业生产费用支出	1253.30	1733.32	987.12	594.11	976.71	1504.98
①农业生产费用支出	988.97	930.22	773.52	434.79	567.50	1398.59
②林业生产费用支出	4.31	4.29	0.43	31.59	2.02	1.99
③牧业生产费用支出	257.74	797.90	213.17	96.04	407.12	104.40
④渔业生产费用支出	2.28	0.91		31.69	0.07	

庭现金收支情况

人均数据）

单位:元/人

镇平县	内乡县	淅川县	社旗县	唐河县	新野县	桐柏县	邓州市
4875.55	**4793.37**	**3752.72**	**4868.71**	**4760.75**	**5702.96**	**3201.64**	**5263.85**
1613.73	1997.96	1440.64	791.27	944.01	2126.85	1193.45	1362.92
71.11	135.28	152.45	6.70	75.77	121.17	61.55	192.60
868.70	570.37	1035.94	364.36	304.14	1168.58	819.61	324.28
673.92	1292.32	252.25	420.20	564.09	837.10	312.29	846.04
2947.11	2343.70	2015.78	3611.55	3516.76	3290.49	1712.64	3458.95
1879.37	2023.79	1417.46	2880.90	3261.77	3120.16	1073.30	3141.39
1426.35	1347.00	441.71	2582.78	2242.46	2667.85	750.85	2555.46
38.56	0.25	7.53	8.57	13.86	12.93	28.04	15.09
414.46	676.55	967.22	289.54	1005.33	439.38	280.31	556.16
		1.00		0.12		14.09	14.68
818.21		176.40	165.36	41.71	20.24	96.66	103.52
818.21		140.47		41.71	20.24	68.68	72.10
		35.93	165.36			27.98	31.42
249.52	319.91	421.92	565.30	213.28	150.09	542.68	214.04
150.17	54.91	9.78		46.76	1.91	191.96	38.07
99.35	199.38	244.07		100.45	48.47	245.55	36.58
	26.67	84.12	1.53	45.62	12.85	105.17	18.12
	11.49				66.92		80.28
14.37	35.48	0.28	94.99	7.52	5.48	70.27	17.21
300.34	416.23	296.02	370.90	292.46	280.14	225.27	424.77
35.74	132.69	76.66	211.52	168.46	36.14	103.50	201.18
599.31	**299.30**	**326.45**	**24.39**	**306.28**	**631.13**	**600.51**	**771.11**
134.81	225.58	73.32	20.56	76.53	106.94	153.63	106.16
464.49	73.72	253.13	3.84	229.75	524.20	446.88	664.95
5173.39	**4594.17**	**4551.64**	**5282.49**	**4949.63**	**5928.62**	**3498.97**	**4544.62**
1438.81	1101.45	2102.91	3001.40	1811.81	1612.86	652.00	1437.74
1061.56	1057.93	1932.40	2888.78	1574.43	1128.84	586.24	1264.69
684.68	935.73	1680.89	2859.72	1533.97	1093.18	488.56	1156.74
568.33	715.48	1226.34	2761.46	1212.43	945.57	356.32	980.36
1.05	3.21	2.96	7.11	1.60	2.51	1.36	3.78
115.30	217.04	451.59	91.15	319.94	144.92	130.87	169.74
					0.18		2.87

8－29 续表 (2009 年

	全　市	宛城区	卧龙区	南召县	方城县	西峡县
(2)第二产业生产费用支出	72.01	101.40	46.49	71.77	1.85	104.33
①工业生产费用支出	53.48	15.81	1.88	58.14	1.44	9.25
②建筑业生产费用支出	18.53	85.60	44.61	13.63	0.41	95.08
(3)第三产业生产费用支出	55.89	147.60	44.81	78.70	27.82	19.53
①交通运输邮电业生产费用支出	13.75	49.91	21.28	14.48	18.05	13.39
②批零贸易餐饮业生产费用支出	26.89	51.41	19.81	28.72	4.78	1.08
③社会服务业生产费用支出	6.93	39.98	3.73	34.22	1.98	1.92
④文教卫生业生产费用支出	6.18				2.97	
⑤其他行业生产费用支出	2.13	6.30		1.28	0.04	3.15
2.购置生产性固定资产支出	201.70	247.94	43.62	151.04	131.22	326.34
3.建.造生产性固定资产雇工支出	3.01				6.64	2.28
(二)税费支出	0.65				1.01	8.40
(三)生活消费支出	2882.87	3514.48	2868.64	2014.53	2861.32	3160.18
其中:服务性支出	795.84	977.32	971.15	458.90	752.52	1012.20
1.食品消费支出	802.55	1158.60	958.53	686.47	757.39	687.09
2.衣着	195.38	216.57	292.37	247.15	162.47	144.91
3.居住	882.45	705.51	583.94	380.87	966.69	1179.29
4.家庭设备.用品及服务	189.72	331.17	222.03	154.85	186.93	232.29
5.交通和通讯	324.63	450.42	331.28	308.46	284.94	269.80
6.文化教育.娱乐用品及服务	179.75	245.29	253.89	83.27	186.44	299.21
7.医疗保健	228.50	308.60	210.48	108.91	283.18	303.90
8.其他商品和服务	79.89	98.32	16.12	44.54	33.28	43.68
(四)财产性支出	6.17				1.17	0.08
(五)转移性支出	286.91	121.47	323.29	40.49	309.01	405.35
四、非消费性支出	**745.13**	**853.49**	**247.29**	**338.21**	**209.53**	**180.56**
(一)非借贷性支出	158.92	452.77	157.56	338.21	104.50	16.22
(二)储蓄.借贷性支出	586.21	400.73	89.73		105.03	164.34
五、期末金融资产余额	**3038.70**	**868.72**	**1390.71**	**453.23**	**1885.44**	**7194.67**
#手存现金	669.40	868.72	615.14	448.41	485.85	840.53
存款余额	2320.48		775.57	4.82	1399.59	6354.14
六、期末债务余额	**140.72**				**641.39**	**10.75**
#银行、信用社贷款	38.45				293.03	
个人借(欠)款	85.89				206.97	10.75

人均数据）

单位:元/人

镇平县	内乡县	淅川县	社旗县	唐河县	新野县	桐柏县	邓州市
338.58		151.01	29.03	9.28	8.14	19.51	50.21
338.58		142.61	1.76	9.28	8.14	7.91	31.86
		8.40	27.26			11.60	18.35
38.30	122.20	100.49	0.03	31.18	27.53	78.17	57.73
21.55	7.47	3.12		9.57	3.10	33.22	4.63
16.76	106.28	93.36		13.55	1.15	30.86	18.12
	6.25	2.61		6.88	0.25	14.10	
	0.81	0.75			22.95		26.88
	1.39	0.65	0.03	1.18	0.07		8.10
375.17	43.52	147.43	112.62	236.16	484.02	58.30	173.05
2.08		23.08		1.22		7.46	
					2.95		
3300.51	3131.74	2401.49	2216.10	2788.87	3999.47	2460.37	2686.43
782.00	1549.12	332.83	359.29	662.37	1031.65	754.42	857.39
965.51	639.01	852.15	682.12	827.67	827.32	678.84	683.04
242.36	242.23	144.98	140.10	192.56	240.79	244.30	130.61
1031.71	820.80	977.48	753.11	735.06	1927.17	667.72	753.96
212.10	128.43	64.76	117.95	232.01	210.85	179.48	176.70
341.94	248.89	141.91	289.77	407.49	306.31	213.41	401.96
192.73	304.97	104.84	103.18	92.21	142.19	188.05	217.24
267.67	165.09	91.74	80.43	228.42	289.53	223.99	288.51
46.51	582.31	23.62	49.45	73.46	55.31	64.57	34.41
	5.06	0.13	0.02		17.18	0.28	29.22
434.07	355.91	47.12	64.97	348.95	296.15	386.33	391.23
1597.92	**376.18**	**327.57**	**115.49**	**260.73**	**1438.87**	**595.17**	**1741.39**
71.35	119.21	148.09	103.98	131.16	160.31	546.39	69.27
1526.57	256.97	179.48	11.51	129.57	1278.56	48.78	1672.12
7378.05	**1874.08**	**299.65**	**899.16**	**3333.04**	**4474.44**	**2533.29**	**4405.76**
566.25	1469.61	89.82	899.16	541.47	830.68	158.81	837.94
6811.80	404.47	209.83		2791.57	3631.04	2374.48	3255.66
	60.54	**38.11**		**13.73**	**535.88**	**491.71**	**68.81**
	8.17	2.43				220.99	
	52.36	31.55		13.73	535.88	220.99	68.81

主要统计指标解释

城镇居民家庭全部收入 指被调查城镇居民家庭全部的实际收入，包括经常或固定得到的收入和一次性收入。不包括周转性收入，如提取银行存款、向亲友借款、收回借出款以及其他各种暂收款。

城镇居民家庭可支配收入 指被调查的城镇居民家庭在支付个人所得税、财产税及其他经常性转移支出后所余下的实际收入。

城镇居民家庭消费性支出 指被调查的城镇居民家庭用于日常生活的全部支出，包括购买商品支出和文化生活、服务等非商品性支出。不包括罚没、丢失款和缴纳的各种税款（如个人所得税、牌照税、房产税等），也不包括个体劳动者生产经营过程中发生的各项费用。

城镇居民家庭购买商品支出 指被调查的城镇居民家庭为自用或赠送亲友而购买商品的全部支出，包括从商店、工厂、饮食业、工作单位食堂、集市以及直接从农民手中购买各种商品的开支。商品支出分为以下八类：食品；衣着；家庭设备用品及服务；医疗保健；交通与通信；娱乐、教育、文化服务；居住；杂项商品和服务。

农村居民家庭纯收入 指农村常住居民家庭总收入中，扣除从事生产和非生产经营费用支出、缴纳税款和上交承包集体任务金额以后剩余的，可直接用于进行生产性、非生产性建设投资、生活消费和积蓄的那一部分收入。农村居民家庭纯收入包括从事生产性和非生产性的经营收入，取自在外人口寄回带回和国家财政救济、各种补贴等非经营性收入；既包括货币收入，又包括自产自用的实物收入。但不包括向银行、信用社和向亲友借款等属于借贷性的收入。

农村居民家庭生活消费支出 指农村常住居民家庭用于日常生活的全部开支，是反映和研究农民家庭实际生活消费水平高低的重要指标。

农民家庭总收入 是指调查期内农村住户和住户成员从各种来源渠道得到的收入总和。按收入的性质划分为工资性收入、家庭经营收入、财产性收入和转移性收入。

农民家庭现金收入 指农村住户和住户成员在调查期内得到以现金形态表现的收入。按来源分成工资性收入、家庭经营现金收入、财产性收入、转移性收入。

9

城市建设

资料整理:宋　秋　马嵩阳

9-1 南阳中心城区建设基本情况

	2000	2005	2006	2007	2008	2009
城区人口数(万人)	59.8	70	75.84	83.29	88.07	91.88
城区暂住人口(万人)		9	22.5	17.04	17.18	16.77
城区面积(平方公里)	70	70	208.81	208.81	217.51	217.51
#建成区面积	37	58	70	74.59	80.72	80.72
城区人口密度(人/平方公里)		10000	3632	4805	4839	4995
城市建设用地面积(平方公里)	36.31	58.87	64.73	68.28	71.06	77.16
#居住用地	5.38	12.16	13.68	15.22	16.52	18.87
本年征用土地面积(平方公里)	1.52		2.18	1.39	1.53	1.49
年底供水综合生产能力(万立方米/日)	34.14	32.1	35.4	36.4	36.40	39.4
全年供水总量(万立方米)	7741	5458	5462	4265	4044.72	3871.57
#居民家庭用水量	2401	2024	1934	1236	1316.34	1363.26
人均日生活用水量(升)	123.05	99.31	90.66	78.28	82.34	88.29
用水普及率(%)	83.75	91	91.77	71.17	68.61	65.75
公共交通标准运营车辆(标台)	171	348	314	400	449	440
每万人拥有公交车辆(标台)	1.04	4.97	4.51	3.99	4.27	4.73
用气人口(万人)	37.5	51.48	47.84	61.35	65.87	69.31
燃气普及率(%)	63	73.54	63.08	61.15	62.58	63.79
集中供热面积(万平方米)	44.87	50	58	58	58	58
道路长度(千米)	200	222	274	469	482	539
道路面积(万平方米)	278	531	637	812	892	926
人均道路面积(平方米)		7.59	8.4	8.09	8.48	8.52
排水管道长度(千米)	320	468.63	476	499	566	625
污水处理率(%)		43.09	43.52	50.74	60.01	62.45
建成区绿化覆盖面积(公顷)	872	2134	2213	2532	2566	2583
建成区绿化覆盖率(%)	23.57	36.8	31.61	33.95	31.79	32
公园绿地面积(公顷)	652.5	969.81	1218	1226	1237	1237
人均公园绿地面积(平方米)	10.92	13.85	16.06	12.22	11.75	11.39
公园个数(个)	28	31	6	6	6	6
公园面积(公顷)	464.06	470.12	748	748	748	748
生活垃圾清运量(万吨)	23.2	25	26.5	24.7	27.5	29.52
生活垃圾无害化处理率(%)	100	100	100	100	100	100

注：1.本部分资料来源于南阳市建设委员会城市建设年报。

2.本部分资料中中心城区不含市辖建制镇。

3.按照建设部要求，南阳市城区面积，2000—2005年为北起312国道、南至长江路、西至北京路、东至机场路的闭合区域；2006年起为全市十五个办事处和一个七里园乡所辖的全部土地面积。

4.绿化覆盖面积不含水域，绿地面积含水域。2005年以前公园个数含面积在400平方米以上，宽度不小于8米的小游园。2006年起指综合公园、专类公园和带状公园。

5.2009年报中人均指标含有暂住人口。

9-2 城市市政公

（2009

	人口密度（人/平方公里）	人均日生活用水量（升）	用水普及率（%）	燃气普及率（%）	每万人拥有公共交通车辆（标台）	人均城市道路面积（平方米）
中心城区	4995	88.29	65.75	63.79	4.73	8.52
南召县	2607	124.67	71.10	36.57		10.42
方城县	3874	218.51	92.03	47.14	5.50	17.99
西峡县	1314	106.85	68.97	50.71	1.25	16.66
镇平县	1497	85.63	94.19	32.78	1.98	14.47
内乡县	2310	114.37	90.91	30.01	4.18	17.03
淅川县	598	102.59	76.35	15.11	0.91	6.53
社旗县	2447	130.72	70.35	18.44	2.36	13.58
唐河县	3890	129.20	68.24	17.80	2.72	9.85
新野县	6763	69.14	67.57	34.65	0.74	8.70
桐柏县	674	101.90	91.74	37.50	2.17	14.89
邓州市	6250	87.73	75.00	32.84		11.69

9-3 人口和

（2009

	城区面积（平方公里）	城区人口（万人）	暂住人口（万人）	建成区面积（平方公里）	城市		
					合计	居住用地	公共设施用地
中心城区	217.51	91.88	16.77	80.72	77.16	18.87	17.35
南召县	30.00	7.40	0.42	12.00	8.00	3.56	0.77
方城县	23.00	8.40	0.51	15.68	13.16	5.30	1.55
西峡县	128.00	14.58	2.24	15.00	18.20	5.70	1.96
镇平县	108.00	15.23	0.94	17.60	17.33	4.74	3.07
内乡县	30.00	6.35	0.58	9.60	8.69	3.35	1.18
淅川县	387.50	21.84	1.33	18.49	13.05	2.99	0.84
社旗县	50.30	11.99	0.32	14.80	14.80	3.25	2.12
唐河县	59.48	13.37	9.77	20.21	10.79	4.15	0.99
新野县	30.00	15.60	4.69	18.00	18.07	4.42	2.90
桐柏县	136.50	8.70	0.50	11.00	12.07	3.35	1.52
邓州市	40.00	22.00	3.00	24.99	18.95	5.80	1.71

用 设 施 水 平

年）

建成区供水管道密度(公里/平方公里)	建成区排水管道密度(公里/平方公里)	污水处理率(%)	污水处理厂集中处理率	人均公园绿地面积(平方米)	建成区绿化覆盖率(%)	建成区绿地率(%)	生活垃圾无害化处理率
7.55	7.74	62.45	62.45	11.39	32.00	27.87	100.00
4.92	4.83	74.55	74.55	4.99	4.75	3.92	100.00
10.84	8.48	30.67	30.67	3.25	6.82	5.42	100.00
7.50	8.53	28.52	28.52	14.74	38.07	30.40	85.00
9.06	6.42	58.99	58.99	3.34	8.69	7.27	84.81
7.03	7.71	52.83	52.83	1.15	8.65	7.29	100.00
6.55	4.22	40.89	40.89	18.26	36.18	29.69	71.82
6.89	7.30	56.25	56.25	0.32	4.93	2.50	78.06
3.39	4.55	54.80	54.80	1.21	7.47	4.16	65.05
3.69	5.17	66.92	66.92	2.22	3.83	3.67	76.13
8.69	8.18	95.30	95.30	15.00	43.18	34.55	100.00
19.88	5.32	89.98	89.76	7.28	35.81	30.73	100.00

建 设 用 地

年）

建设用地面积(平方公里)							本年征用土地面积(平方公里)	#耕地
工业用地	仓储用地	对外交通用地	道路广场用地	市政公用设施用地	绿地	特殊用地		
15.78	2.47	3.07	9.49	4.86	5.06	0.21	1.49	0.72
0.51	0.23	0.74	1.09	0.41	0.51	0.18	0.18	0.02
1.30	0.30	0.45	2.30	0.57	1.09	0.30	1.39	0.95
2.50	0.51	1.71	2.30	0.55	1.93	1.04		
3.36	0.46	1.05	1.98	0.92	1.62	0.13		
1.26	0.21	0.56	1.01	0.43	0.62	0.07	0.20	0.10
1.98	0.43	0.35	2.37	2.98	1.01	0.10	0.05	
2.60	0.92	1.17	1.93	0.90	1.86	0.05	0.51	0.51
0.83	0.52	0.53	2.26	0.63	0.68	0.20	0.01	0.01
4.80	0.93	0.69	2.18	0.91	1.13	0.11	0.06	
1.12	0.20	0.50	1.45	0.90	2.73	0.30	0.10	0.10
2.80	1.42	1.45	2.38	0.20	3.22			

9-4 城市供水、

(2009

	供水综合生产能力（万立方米/日）	地下水	供水管道长度（公里）	全年供水总量（万立方米）	生产运营用水
中心城区	39.40	34.60	609.31	3871.57	1144.84
南召县	3.70	1.10	59.00	481.10	174.10
方城县	3.60	3.60	170.00	1080.00	280.00
西峡县	4.00	3.71	112.54	1314.60	838.90
镇平县	4.90	1.10	159.50	1141.00	581.00
内乡县	3.50	3.00	67.50	1048.00	630.00
淅川县	3.69	3.59	121.20	1344.70	504.20
社旗县	2.01	2.01	102.00	620.01	162.95
唐河县	3.48	3.48	68.50	1260.88	317.10
新野县	3.71	1.50	66.48	791.00	384.00
桐柏县	5.73	0.78	95.60	663.12	305.00
邓州市	9.70	9.70	496.90	1137.00	440.00

9-5 城市道路桥梁、公共

(2009

	道路长度（公里）	道路面积（万平方米）	#人行道	桥梁数（座）	道路照明灯盏数（盏）
中心城区	539	926	325	79	19891
南召县	54.6	81.5	24.5	23	1262
方城县	92.4	160.3	46	12	2096
西峡县	92.5	280.2	80.5	21	2246
镇平县	89.0	234	73	42	11500
内乡县	64.4	118	28.4	9	8833
淅川县	78.0	151.4	45.4	33	6130
社旗县	89.3	167.2	25.1	4	5357
唐河县	82.5	228	66.9	37	3791
新野县	82.2	176.6	66.3	18	2513
桐柏县	76.5	137	19	34	4236
邓州市	148.1	292.2	40	45	8282

排 水 情 况

年)

公共服务用水	居民家庭用水	用水户数(户)	#家庭用户	用水人口(万人)	排水管道长度(公里)	#污水管道
758.97	1363.26	116234	112725	71.44	625	129
60.00	193.00	14380	14010	5.56	58	12
202.00	452.00	26698	26208	8.20	133	54
136.20	316.20	36574	33358	11.60	128	19
100.00	376.00	46499	43488	15.23	113	33
65.00	198.00	13915	13200	6.30	74	5
177.50	484.90	29049	27037	17.69	78	20
81.10	332.10	19800	19327	8.66	108	22
273.36	471.28	23931	23075	15.79	92	16
133.00	208.00	33998	32290	13.71	93	15
176.00	132.00	14836	14136	8.44	90	33
183.00	390.00	42963	41825	18.75	133	20

交 通、出 租 汽 车 情 况

年)

安装路灯的道路长度(公里)	公共汽车				出租汽车	
	运营车数(辆)	标准运营车数(标台)	运营线路网长度(公里)	客运总量(万人次)	运营车数(辆)	客运总量(万人次)
241	440	514	179	6270	1293	4258
20					70	165
77	70	49	57	170	80	236
49	25	21	52	127	335	884
65	32	32	20	29	310	1100
55	42	29	36	160	80	190
56	30	21	25	178	132	262
80	42	29	21	68	43	94
35	90	63	47	80	125	160
13	21	15	18	51	253	246
73	28	20	57	153	96	253
73	37	26	45	106.6	220	1188

9-6 城市园林绿化情况

(2009 年)

	绿化覆盖面积(公顷)	#建成区	园林绿地面积(公顷)	#建成区	公共绿地面积(公顷)	公园个数(个)	公园面积(公顷)
中心城区	2583	2583	2258	2250	1237	6	748
南召县	59	57	47	47	39	2	39
方城县	121	107	85	85	29		
西峡县	571	571	456	456	248	1	180
镇平县	287	153	131	128	54	1	23
内乡县	105	83	70	70	8	1	2
淅川县	669	669	549	549	423	1	420
社旗县	86	73	39	37	4	1	2
唐河县	173	151	98	84	28	1	2
新野县	102	69	70	66	45	1	23
桐柏县	751	475	380	380	138	1	2
邓州市	926	895	768	768	182	1	35

9-7 城市燃气及集中供热情况

(2009 年)

	液化气供气总量(吨)	#居民家庭	用气总户数(户)	家庭用户	用气总人口(万人)	集中供热面积(万平方米)	住宅
中心城区	12576.00	12062	134022	134022	46.37	58	47.3
南召县	635.00	635.00	7055	7055	2.86		
方城县	1650.00	1270.00	14311	14111	4.20		
西峡县	2232.50	2171.25	24371	24125	8.53		
镇平县	1364.52	1361.52	15128	15128	5.30	20	0.6
内乡县	545.00	505.00	5611	5600	2.08		
淅川县	1750.00	1020.00	11333	11000	3.50		
社旗县	758.00	698.00	7756	7580	2.27		
唐河县	1000.00	944.00	10858	10259	4.12		
新野县	1524.15	1510.00	16777	16777	7.03		
桐柏县	700.00	700.00	7702	7702	3.45		
邓州市	3000.00	2850	19230	19105	8.21		

注:上表为液化石油气。中心城区还有人工煤气,供气管道长度 263 公里,全年供气总量 1819 万立方米,其中居民家庭用气 1162 万立方米;用气户数 66671 户,其中居民家庭用户 66493 户,用气人口 22.94 万人。

9－8 城市污水及市容环境卫生

（2009 年）

	污水处理能力（万吨/日）	COD设计削减能力（万吨/年）	污水排放量（万立方米）	污水处理量（万吨）	全年COD削减量（万吨）	道路清扫保洁面积（万平方米）	＃机械化	生活垃圾清运量（万吨）	密闭车（箱）清运量
中心城区	10.0	1.00	3800	2373	1.00	1262	36	29.52	29.52
南召县	2.0	0.20	440	328	0.09	60		3.42	
方城县	2.5	0.30	864	265	0.07	152	10	3.90	
西峡县	1.0	0.30	1052	300	0.09	172	2	6.00	
镇平县	3.0	0.30	995	587	0.17	213		4.74	
内乡县	3.0	0.40	920	486	0.13	117	30	2.90	1
淅川县	2.5	0.27	1076	440	0.11	105		9.76	7.75
社旗县	1.0	0.10	496	279	0.08	142		4.74	
唐河县	2.0	0.21	1000	548	0.14	220	4	10.10	1.27
新野县	3.0	0.34	650	435	0.06	188		5.95	
桐柏县	2.0	0.21	575	548	0.10	148		4.02	
邓州市	3.0	0.40	820	736	0.35	245	16	13.00	

9－8续表 （2009）

	生活垃圾无害化处理厂（场）数（座）	生活垃圾无害化处理能力（吨/日）	生活垃圾无害化处理量（万吨）	粪便清运量（万吨）	粪便处理量（万吨）	公共厕所（座）	三类以上	市容环卫专用车辆设备总数（辆）
中心城区	1	820	29.52	6.00		650	320	156
南召县	1	110	3.42	2.55		17	6	7
方城县	1	145	3.90	1.20		26	15	28
西峡县	1	140	5.10	1.56	0.85	47	36	20
镇平县	1	170	4.02	2.06		102	66	32
内乡县	1	140	2.90	2.50		53	12	23
淅川县	1	190	7.01	3.15		28	8	10
社旗县	1	120	3.70	2.91		120	18	22
唐河县	1	180	6.57	3.70		30	8	18
新野县	1	241	4.53	2.20		55	16	25
桐柏县	1	130	4.02			48	48	5
邓州市	1	280	13	6.02		72	42	22

主要统计指标解释

年末自来水生产能力 指年底城建部门管理的自来水厂和自备水源的社会单位取水、净化、送水、出厂输水干管等环节的实际生产能力。

年末供水管道长度 指从送水泵到用户水表之间所有管道的长度。

全年供水总量 指公用自来水厂和自备水源的社会单位全年的供水总量,包括有效供水量及损失水量。

生活用水量 指居民日常生活与公共福利设施的用水量,包括居民、饮食店、旅馆、医院、理发店、浴池、洗衣店、游泳池、商店、学校、机关、部队等单位的用水量。

用水普及率 指报告期末城区用水人口与总人口的比率。计算公式为:

用水普及率＝城区用水人口/(城区人口＋城区暂住人口)×100%

人工煤气生产能力 指城市煤气厂制气、净化、输送等环节的综合实际生产能力。

输气管道长度 指由压缩机、鼓风机、储气罐的出口到用户煤气表之间的全部管道长度。

全年供气总量 指全年售给各类用户的全部煤气量,包括工业用量、家庭用量和其他用量。

燃气普及率 指报告期末城区使用燃气的人口与总人口的比率。计算公式为:

燃气普及率＝城区用气人口/(城区人口＋城区暂住人口)×100%

城市供热能力 指热电厂、热力公司和达到标准的集中采暖锅炉房向城市输送的供热源的设计能力,即每小时向城市输送蒸汽、热水的能力。

城市供热总量 指热电厂、热力公司和达到标准的集中采暖锅炉房向城市输送的全部蒸汽、热水量。

城市供热管道长度 指热电厂、热力公司和达到标准的集中采暖锅炉房管理的集中供热热源到用户之间的全部供气、供热水的管道长度。

年底实有铺装道路长度 指除土路外,路面经过铺装宽度在3.5米以上的道路,包括高级、次高级道路和普通道路。

城市桥梁 指城市范围内,修建在河道上的桥梁和道路与道路立交、道路跨越铁路的立交桥及人行天桥。包括永久性桥和半永久性桥,不包括临时性桥、铁路桥、涵洞。

城市下水道总长度 指所有排水总管、干管、支管及暗渠、检查井、连接井进出水口等长度之和。

城市污水日处理能力 指污水处理厂每昼夜处理污水量的设计能力。

年末实有公共汽(电)车 指年底可参加营运的全部车辆数,包括营运车辆数和库存查封未参加营运的车辆。不包括非营运车辆,如架线车、油罐车、工程车、货车及其他专用车辆和借人的客运车辆。

城市绿地面积 指报告期末用作园林和绿化的各种绿地面积,包括公园绿地、生产绿地、防护绿地、附属绿地和其他绿地的面积。

公园绿地 指城市中向公众开放的、以游憩为主要功能,有一定的游憩设施和服务设施,同时兼有健全生态、美化景观、防灾减灾等综合作用的绿化用地,它是城市建设用地、城市绿地系统和城市市政公用设施的重要组成部分。

10

农村经济

资料整理:常仕申　王俊凯　李磊

10—1 农村基本情况

（年底数）

	1990	1995	2000	2005	2008	2009
农村基层组织(个)						
乡镇	224	227	227	206	201	201
＃镇	54	78	117	115	114	116
村民委员会	4638	4669	4651	4622	4620	4619
农村基础设施(个)						
自来水受益村数		980	1365	2227	2518	2642
通汽车村数		4319	4485	4622	4605	4607
通电话村数		1955	4635	4622	4620	4619
乡村人口和从业人员						
乡村户数(万户)	216.00	228.76	230.51	236.16	237.87	239.65
乡村人口数(万人)	881.81	921.58	896.59	910.99	925.17	932.08
乡村劳动力资源数(万人)	391.13	424.43	536.37	577.24	594.24	600.66
＃劳动力年龄内(万人)			486.34	528.04	549.42	552.70
乡村从业人员(万人)	391.13	424.43	536.37	526.25	546.23	553.30
＃劳动力年龄内(万人)			486.34	495.85	511.63	515.08
按性别分						
男	218.11	228.92	286.67	283.13	292.52	297.43
女	173.02	195.51	249.70	243.12	253.71	255.88
按国民经济行业分						
农业	327.93	322.01	431.61	355.93	339.34	333.03
工业	17.44	30.99	37.38	66.74	86.18	93.11
建筑业	14.97	20.74	14.51	27.91	36.04	38.71
交运仓储及邮电通讯业	4.91	8.58	9.14	14.51	16.26	16.79
信息传输、计算机服务和软件业					1.97	2.42
批零贸易及餐饮业	6.39	11.02	16.56	22.18	27.59	29.89
住宿与餐饮业					11.67	12.85
其他	19.47	31.09	27.17	38.98	27.18	26.49

注：1. 乡镇、镇、村民委员会个数以农业普查口径(不含城关镇和居委会)(10—2表同)。

2. 1995年以前的乡村实有劳动力数与乡村从业人员数相等，分行业以乡村实有劳动力进行分解。

10-2 各县(市、区)农村基本情况

(2009年底)

	乡镇(个)	镇	村委会个数	自来水村收益村数	通汽车村数	通公路村数	乡村户数(户)	乡村人口数(人)	乡村劳动力资源数(人)	劳动力年龄内	乡村从业人员(人)
全市	**201**	**116**	**4619**	**2642**	**4607**	**4619**	**2396478**	**9320758**	**6006606**	**5527003**	**5533030**
宛城区	10	4	222	94	222	222	155860	593231	373600	345170	328093
卧龙区	11	7	224	126	224	224	151334	594966	376778	336647	338203
南召县	15	7	333	219	333	333	133567	519529	332309	317860	330422
方城县	15	6	561	209	549	561	248693	937527	624043	565906	605756
西峡县	16	10	287	253	287	287	107089	377129	279049	243474	260059
镇平县	19	11	410	343	410	410	225424	867148	495345	451125	469123
内乡县	15	9	288	136	288	288	153841	559691	341625	314013	305186
淅川县	15	11	505	326	505	505	166064	656408	417964	405104	378236
社旗县	14	8	237	185	237	237	150217	596076	398953	363276	372617
唐河县	19	12	506	302	506	506	296222	1165270	679203	644823	617968
新野县	13	8	265	173	265	265	166407	672740	468535	445182	438078
桐柏县	15	10	209	63	209	209	95980	350600	231700	216400	210900
邓州市	24	13	572	213	572	572	345780	1430443	987502	878023	878389

10-2 续表

(2009年底)

	乡村从业人员										
	劳动力年龄内	男	女	农业	工业	建筑业	交通仓储及邮电运输业	信息传输、计算机服务和软件业	批零贸易及餐饮业	住宿与餐饮业从业人员	其他
全市	**5150837**	**2974268**	**2558762**	**3330349**	**931142**	**387128**	**167852**	**24227**	**298905**	**128513**	**264914**
宛城区	304974	180255	147838	206189	43314	25764	9731	1726	18757	7961	14651
卧龙区	307712	179273	158930	227543	34906	29551	11557	790	11863	4868	17125
南召县	293356	189205	141217	229157	50834	10117	5867	1251	8639	6211	18346
方城县	565454	322650	283106	397327	79205	34132	16543	2280	35096	17064	24109
西峡县	226378	141812	118247	177577	34506	11073	7935	497	11529	6054	10888
镇平县	421420	250978	218145	257514	102306	29819	14730	5279	28355	8700	22420
内乡县	289423	163673	141513	167496	45143	29033	13405	171	18666	7915	23357
淅川县	368469	197358	180878	226000	83210	20558	12133	1652	18643	2862	13178
社旗县	354491	200437	172180	258793	38275	23569	10155	1401	16460	6888	17076
唐河县	575128	330476	287492	399672	80731	52846	14551	1669	29587	13522	25390
新野县	418507	235692	202386	261967	77622	28013	13488		23221	7455	26312
桐柏县	204500	115325	95575	124200	35200	20300	6300	400	8800	6300	9400
邓州市	821025	467134	411255	396914	225890	72353	31457	7111	69289	32713	42662

10－3 农村劳动力就业、外出、转移情况

	单位	2009年	2008年	增减	增减%
一、农村劳动力就业总人数	**万人**	**553.30**	**546.20**	**7.10**	**1.30**
(一)就业的产业分布					
1.第一产业	万人	387.20	390.56	-3.36	-0.86
2.第二产业	万人	95.55	86.85	8.70	10.02
3.第三产业	万人	70.55	68.79	1.76	2.56
(二)就业地点					
1.乡内	万人	430.72	428.47	2.25	0.53
2.县内乡外	万人	9.19	8.13	1.06	13.04
3.省内县外	万人	22.71	22.33	0.38	1.70
4.国内省外	万人	90.55	87.13	3.42	3.93
5.国外	万人	0.14	0.14		
(三)年平均从业时间	月/人	10.16	10.09	0.07	0.69
#从事农业的时间	月/人	6.19	6.05	0.14	2.31
(四)本地企业职工人数	万人	6.22	5.65	0.57	10.09
二、农村劳动力外出从业人数	**万人**	**186.12**	**183.47**	**2.65**	**1.44**
(一)外出从业的劳动力人数分布					
1.举家外出住户的劳动力人数	万人	16.64	15.63	1.01	6.46
2.常住户外出从业劳动力人数	万人	169.48	173.84	-4.36	-2.51
#从业6个月以上	万人	148.12	146.96	1.16	0.79
(二)外出劳动力就业的产业分布					
1.第一产业	万人	5.79	5.24	0.55	10.50
2.第二产业	万人	88.16	87.01	1.15	1.32
3.第三产业	万人	92.17	91.23	0.94	1.03
(三)外出劳动力地区分布					
1.到东部地区	万人	130.91	129.78	1.13	0.87
2.到中部地区	万人	48.68	47.43	1.25	2.64
#外省	万人	4.30	4.22	0.08	1.90
3.到西部地区	万人	5.79	5.53	0.26	4.70
4.其他	万人	0.74	0.73	0.01	1.37
(四)外出劳动力平均外出时间	月/人	11.15	11.05	0.10	0.90
(五)外出劳动力年平均总收入	元/人	14759.93	12105.29	2654.64	21.93
三、农村劳动力转移人数	**万人**	**215.04**	**206.13**	**8.91**	**4.32**
(一)行业分布					
1.第一产业	万人	4.36	4.28	0.08	1.87
2.第二产业	万人	108.47	101.10	7.37	7.29
3.第三产业	万人	102.21	100.76	1.45	1.44
(二)地域分布(按地域分,不含行业转移)					
1.东部地区	万人	114.40	109.60	4.80	4.38
2.中部地区	万人	44.95	41.80	3.15	7.54
#外省	万人	8.72	8.39	0.33	3.93
3.西部地区	万人	3.76	3.46	0.30	8.67
4.其他地区	万人	1.65	1.65		
(三)行业转移人数(乡内)	万人	50.28	49.63	0.65	1.31
1.转移到第二产业的劳动力人数	万人	20.68	20.13	0.55	2.73
2.转移到第三产业的劳动力人数	万人	29.60	29.50	0.10	0.34
(四)地域转移人数(按产业分)	万人	164.76	156.51	8.25	5.27
1.第一产业	万人	4.36	4.28	0.08	1.87
2.第二产业	万人	87.79	80.97	6.82	8.42
3.第三产业	万人	72.61	71.26	1.35	1.89

10-4 历年农林牧渔业总产值

单位:万元

	农林牧渔业	农 业	林 业	牧 业	渔 业	农林牧渔服务业
1949	31561	26298	702	4521	40	
1952	40981	35115	979	4804	83	
1957	53783	46564	1952	5157	110	
1962	41324	35191	581	5488	64	
1965	57182	48699	1735	6646	102	
1970	70701	59565	3168	7830	138	
1975	115569	95271	5234	14638	426	
1978	125189	104069	4326	16548	246	
1979	126598	106640	3000	16645	313	
1980	150948	128594	3341	18631	382	
1981	194587	169273	5950	18803	561	
1982	194648	163887	6995	23301	465	
1983	261462	228610	8200	24119	533	
1984	276081	236919	10103	28289	770	
1985	320742	268293	11595	39693	1161	
1986	330291	273874	12084	43403	930	
1987	420311	356293	11795	50663	1560	
1988	453789	363534	15036	72865	2354	
1989	520100	384774	17998	113636	3692	
1990	617951	480468	18085	115029	4369	
1991	635537	472098	19990	138334	5115	
1992	663259	478572	23471	155549	5667	
1993	823308	583764	30288	201797	7459	
1994	1239925	853732	39815	337238	9140	
1995	1686216	1107992	50586	518317	9321	
1996	2073870	1465656	62216	533434	12564	
1997	2403665	1645837	71919	668881	17028	
1998	2613323	1760515	73933	755770	23105	
1999	2661641	1754322	86522	792908	27889	
2000	2640999	1695177	94017	820189	31616	
2001	2909214	1894958	101341	875810	37105	
2002	3126350	2007482	111523	967389	39956	
2003	3367155	1906982	109428	1206935	36967	106843
2004	4140282	2533469	129710	1316519	44398	116186
2005	4401820	2641086	144621	1426544	53005	136564
2006	4689328	2843918	140668	1536316	55717	112709
2007	5136678	3120000	166000	1614193	96380	140105
2008	5863075	3464532	198410	1978199	70350	151584
2009	6265797	3884349	198434	1929574	76116	177324

10—5 历年农林牧渔业总产值指数

(1952 年=100)

	农林牧渔业	农 业	林 业	牧 业	渔 业	农林牧渔服务业
1949	77.1	75.0	71.8	93.9	47.9	
1952	100.0	100.0	100.0	100.0	100.0	
1957	125.6	126.7	190.8	103.8	128.2	
1962	94.5	94.4	51.0	104.7	76.1	
1965	127.9	127.8	149.4	124.3	118.3	
1970	161.7	159.7	278.7	150.7	163.4	
1975	191.6	187.0	302.1	196.2	393.0	
1978	207.3	203.9	249.5	222.6	226.8	
1979	210.3	210.0	173.6	221.9	290.1	
1980	214.4	215.9	165.2	216.1	301.4	
1981	272.9	283.8	188.4	223.5	350.7	
1982	256.9	258.2	208.4	261.1	273.2	
1983	341.8	356.7	242.0	271.2	309.9	
1984	362.1	370.4	299.1	320.3	449.3	
1985	379.2	377.7	309.5	403.7	611.3	
1986	359.3	354.2	296.7	408.7	450.7	
1987	420.0	423.4	266.1	440.4	694.4	
1988	367.8	348.7	275.1	516.2	849.3	
1989	414.1	399.3	293.7	542.1	907.0	
1990	451.1	442.5	274.5	557.0	945.1	
1991	453.9	429.3	266.2	641.2	1028.2	
1992	464.4	425.8	289.0	716.7	1083.1	
1993	546.3	493.6	363.8	872.4	1254.9	
1994	622.7	529.0	473.8	1144.6	1362.3	
1995	734.8	586.4	511.3	1554.7	1563.9	
1996	832.3	698.8	581.9	1583.8	1987.6	
1997	962.1	808.4	658.7	1826.7	2561.2	
1998	1056.8	871.0	690.7	2090.3	3375.4	
1999	1119.2	892.8	779.8	2339.0	3989.7	
2000	1175.2	924.9	839.9	2505.1	4412.6	
2001	1271.5	1019.2	870.1	2610.3	5709.9	
2002	1372.0	1091.6	963.2	2853.0	5932.6	
2003	1411.8	1057.8	1058.6	3212.5	6608.9	104.6
2004	1595.3	1240.8	1126.4	3447.0	6985.6	115.7
2005	1707.0	1311.5	1225.5	3729.7	7837.8	132.6
2006	1843.6	1429.5	1286.8	3983.3	8315.9	142.0
2007	1919.2	1498.1	1362.7	4070.9	8881.4	147.0
2008	2028.6	1571.5	1456.7	4359.9	9218.9	155.2
2009	2115.8	1621.8	1561.6	4608.4	9725.9	164.2

说明:本表按可比价格计算。

10-6 历年农林牧渔业总产值指数

（上年＝100）

	农林牧渔业	农业	林业	牧业	渔业	农林牧渔服务业
1952	103.0	101.7	102.8	113.9	109.2	
1957	93.0	92.5	95.3	97.7	92.9	
1962	121.7	117.2	84.3	171.6	100.0	
1965	117.2	118.6	117.3	107.6	139.7	
1970	109.4	110.4	120.0	99.1	117.5	
1975	107.3	108.2	112.3	99.2	207.6	
1978	109.8	110.5	109.9	105.5	116.4	
1979	101.4	103.0	69.6	99.7	127.7	
1980	101.9	102.8	95.2	97.4	104.2	
1981	137.4	136.0	211.9	133.0	171.9	
1982	94.1	91.0	110.7	116.8	78.1	
1983	133.0	138.1	116.1	103.9	113.3	
1984	105.9	103.9	123.6	118.1	145.0	
1985	104.7	102.0	103.5	126.1	135.9	
1986	94.7	93.8	95.9	101.2	73.7	
1987	116.9	119.5	89.7	107.7	154.1	
1988	87.6	82.4	103.4	117.2	122.4	
1989	112.6	114.5	106.7	105.0	106.8	
1990	109.0	110.8	93.5	102.7	104.1	
1991	194.4	182.7	221.6	250.1	283.5	
1992	102.3	99.2	108.5	111.8	105.3	
1993	117.6	115.9	125.9	121.7	115.9	
1994	114.0	107.2	130.2	131.2	108.6	
1995	118.0	110.9	107.9	135.8	114.8	
1996	113.3	119.2	113.8	101.9	127.1	
1997	115.6	115.7	113.2	115.3	128.9	
1998	109.9	107.7	104.9	114.4	131.8	
1999	105.9	102.5	112.9	111.9	118.2	
2000	105.0	103.6	107.7	107.1	110.6	
2001	108.2	110.2	103.6	104.2	129.4	
2002	107.9	107.1	110.7	109.3	103.9	
2003	102.9	96.9	109.9	112.6	111.4	104.6
2004	113.0	117.3	106.4	107.3	105.7	110.6
2005	107.0	105.7	108.8	108.2	112.2	114.6
2006	108.0	109.0	105.0	106.8	106.1	107.1
2007	104.1	104.8	105.9	102.2	106.8	103.5
2008	105.7	104.9	106.9	107.1	103.8	105.6
2009	104.3	103.2	107.2	105.7	105.5	105.8

说明：本表按可比价格计算。

10—7 农林牧渔业增加值

	1990	1995	2000	2005	2008	2009
农林牧渔业增加值(万元)	**362737**	**988260**	**1532610**	**2757621**	**3444770**	**3669124**
农业	287890	681559	1034184	1681471	2215461	2449379
林业	13415	37525	66003	105038	144858	144876
牧业	58216	262316	410092	885708	971296	947421
渔业	3216	6860	22331	37443	51005	54745
农林牧渔服务业				47961	62150	72703
农林牧渔业增加值占总产值比重(%)	**58.7**	**58.6**	**58.0**	**57.9**	**58.8**	**58.6**
农业	59.9	61.5	61.0	63.7	63.9	63.1
林业	74.2	74.2	70.2	72.6	73.0	73.0
牧业	50.6	50.6	50.0	49.8	49.1	49.1
渔业	73.6	73.6	70.6	70.6	72.5	71.9
农林牧渔服务业				35.1	41.0	41.0

注：本表按当年价格计算。

10-8 农林牧渔业分项产值

	绝对数(万元)		构成(%)		2009年比2008年增长%
	2008	2009	2008	2009	
农林牧渔业总产值	**5863075**	**6265797**	**100.0**	**100.0**	**4.3**
农业产值	3464532	3884349	59.1	62.0	3.2
谷物及其它作物	1853992	1899157	31.6	30.3	0.6
#谷物	883573	965333	15.1	15.4	
薯类	79820	81276	1.4	1.3	
油料	556203	510975	9.5	8.2	
豆类	62707	63691	1.1	1.0	
棉花	187825	195153	3.2	3.1	
麻类	135	185			
糖类	389	338			
烟草	69886	76734	1.2	1.2	
其他农作物	13454	15472	0.2	0.2	
蔬菜园艺作物	1280309	1604594	21.8	25.6	4.4
蔬菜(含菜用瓜)	1252892	1572811	21.4	25.1	
花卉	11420	14613	0.2	0.2	
其他园艺作物	15997	17170	0.3	0.3	
水果、坚果、饮料和香料作物	226304	256721	3.9	4.1	15.1
水果、坚果(含果用瓜)	213596	238010	3.6	3.8	
茶及其饮料	12708	18711	0.2	0.3	
中药材	103927	123877	1.8	2.0	8.4
林业产值	198410	198434	3.4	3.2	7.2
林木的培育和种植	99344	97862	1.7	1.6	1.4
竹木采运	12882	14654	0.2	0.2	15.5
林产品	86184	85918	1.5	1.4	12.7
牧业产值	1978199	1929574	33.7	30.8	5.7
牲畜饲养	760304	814098	13.0	13.0	5.4
#牛的饲养	508444	549928	8.7	8.8	
羊的饲养	154295	152833	2.6	2.4	
其他牲畜饲养	11903	12146	0.2	0.2	
奶产品	78412	91518	1.3	1.5	
毛绒产品	7250	7673	0.1	0.1	
猪的饲养	804312	660819	13.7	10.5	4.5
家禽的饲养	256941	270138	4.4	4.3	3.4
肉禽	64338	66903	1.1	1.1	
狩猎和捕捉动物	18112	20068	0.3	0.3	9.8
其他畜牧业	138530	164451	2.4	2.6	17.6
渔业产值	70350	76116	1.2	1.2	5.5
农林牧渔服务业	151584	177324	2.6	2.8	5.8

说明:本表绝对数、构成按当年价格计算,速度按可比价格计算。

10—9 各县(市、区)农林牧渔业总产值及指数

(2009 年)

	农林牧渔业总产值(万元)	农业	林业	牧业	渔业	农林牧渔服务业
全市	**6265797**	**3884349**	**198434**	**1929574**	**76116**	**177324**
宛城区	392847	288228	2960	74862	4584	22213
卧龙区	282171	173424	7652	76749	3735	20611
南召县	227778	123995	29785	61380	10889	1729
方城县	473407	352918	15566	77283	3557	24083
西峡县	336832	221552	38982	70238	3627	2433
镇平县	392628	279170	6058	92829	5739	8832
内乡县	440639	206177	27144	201336	3178	2804
淅川县	451687	257779	9940	164182	18271	1515
社旗县	445068	278414	4211	151021	3369	8053
唐河县	907696	579221	8972	306313	5180	8010
新野县	587793	345050	7375	217573	3843	13952
桐柏县	262808	145229	35809	72989	5656	3125
邓州市	1064443	633192	3980	362819	4488	59964

10—9 续表

(2009 年)

	农林牧渔业指数(上年=100)	农业	林业	牧业	渔业	农林牧渔服务业
全市	**104.3**	**103.2**	**107.2**	**105.7**	**105.5**	**105.8**
宛城区	104.2	103.4	104.8	107.5	107.4	103.4
卧龙区	104.4	103.5	105.4	105.8	105.9	105.7
南召县	104.6	103.2	108.0	105.5	105.3	105.5
方城县	104.6	104.0	108.1	105.8	106.5	105.4
西峡县	104.2	104.0	107.4	103.2	105.0	104.0
镇平县	104.3	103.5	106.6	106.2	106.8	104.6
内乡县	104.7	102.6	107.2	106.3	106.2	105.7
淅川县	104.7	104.8	104.7	104.6	105.2	104.4
社旗县	104.5	105.0	106.7	103.8	104.5	104.4
唐河县	104.4	103.8	105.1	105.4	105.0	104.5
新野县	104.2	102.9	106.6	106.0	107.8	104.7
桐柏县	104.5	102.8	106.1	106.9	104.6	104.0
邓州市	104.4	103.8	106.2	105.1	106.4	105.6

说明:本表绝对数按当年价格计算,指数按可比价格计算。

10－10 各县(市、区)农林牧渔业增加值

(2009 年)　　单位:万元

	农林牧渔业	农 业	林 业	牧 业	渔 业	农林牧渔服务业
全 市	**3669124**	**2449379**	**144876**	**947421**	**54745**	**72703**
宛 城 区	225700	177330	2160	34625	3387	8198
卧 龙 区	165786	109494	5334	40853	2683	7422
南 召 县	133704	77605	21683	25758	7750	908
方 城 县	277044	219850	11216	33742	2590	9646
西 峡 县	197871	134939	28474	30643	2611	1204
镇 平 县	230118	174532	4373	43533	4069	3611
内 乡 县	258792	132435	20507	102343	2339	1168
淅 川 县	264153	165993	7170	77343	12931	716
社 旗 县	261394	176403	3074	75491	2426	4000
唐 河 县	532104	357998	6322	161118	3729	2937
新 野 县	344850	223102	5387	107594	2792	5975
桐 柏 县	154409	89696	26248	32967	4073	1425
邓 州 市	623199	410002	2928	181411	3365	25493

说明:本表按当年价格计算。

10－11 各县(市、区)农林牧渔业增加值占总产值的比重

(2009 年,各业总产值＝100)

	农林牧渔业	农 业	林 业	牧 业	渔 业	农林牧渔服务业
全 市	**58.6**	**63.1**	**73.0**	**49.1**	**71.9**	**41.0**
宛 城 区	57.5	61.5	73.0	46.3	73.9	36.9
卧 龙 区	58.8	63.1	69.7	53.2	71.8	36.0
南 召 县	58.7	62.6	72.8	42.0	71.2	52.5
方 城 县	58.5	62.3	72.1	43.7	72.8	40.1
西 峡 县	58.7	60.9	73.0	43.6	72.0	49.5
镇 平 县	58.6	62.5	72.2	46.9	70.9	40.9
内 乡 县	58.7	64.2	75.5	50.8	73.6	41.7
淅 川 县	58.5	64.4	72.1	47.1	70.8	47.3
社 旗 县	58.7	63.4	73.0	50.0	72.0	49.7
唐 河 县	58.6	61.8	70.5	52.6	72.0	36.7
新 野 县	58.7	64.7	73.0	49.5	72.7	42.8
桐 柏 县	58.8	61.8	73.3	45.2	72.0	45.6
邓 州 市	58.5	64.8	73.6	50.0	75.0	42.5

10-12 农用机械和农产品加工机械拥有量

	1985	1990	1995	2000	2005	2008	2009
农用机械总动力(万千瓦)	112.46	152.91	177.97	354.24	608.07	1044.42	1075.62
#柴油发动机动力		107.88	125.22	291.92	534.80	959.07	984.55
汽油发动机动力		4.64	5.12	7.15	7.42	9.17	10.05
电动机动力		40.39	47.63	55.17	65.85	76.18	81.02
大中型拖拉机(万台)	0.34	0.24	0.27	0.37	0.81	1.85	2.28
(万千瓦)				10.05	21.84	58.37	73.77
小型拖拉机(万台)	2.29	5.77	7.05	18.94	43.92	91.80	92.66
(万千瓦)				165.58	357.56	731.27	734.31
大中型拖拉机配套农具(万部)	0.45	0.26	0.37	0.76	1.49	5.50	6.37
小型拖拉机配套农具(万部)	1.69	6.31	10.27	40.31	95.62	153.65	155.48
农用排灌机械(万台)				5.70	7.62	7.69	9.07
(万千瓦)	25.60	29.53	34.63	42.92	55.03	51.75	62.40
#柴油机(万台)				2.29	3.53	2.94	3.83
(万千瓦)	13.57	15.07	15.95	21.34	29.94	25.55	32.00
电动机(万台)				3.41	4.09	4.74	5.24
(万千瓦)	12.03	14.46	18.68	21.58	25.09	26.20	30.40
农用水泵(万台)	2.58	3.26	4.74	9.19	14.46	15.15	16.03
节水灌溉类机械(万套)				1.02	1.36	1.39	1.54
联合收获机(台)	30	15	28	300	2690	4610	5900
(万千瓦)				1.52	10.16	21.26	26.48
机动脱粒机(万台)	2.35	2.65	2.48	3.84	3.24	3.00	2.91
机动喷雾(粉)机(万台)				8.58	4.42	5.24	6.03
(万千瓦)				3.44	7.42	9.17	10.04
农副产品加工作业机械(万台)	3.58	3.89	3.63	3.31	3.97	4.88	5.07
#粮食加工机械	2.67	3.09	2.92	2.63	2.92	3.52	3.57
棉花加工机械	0.41	0.32	0.27	0.24	0.33	0.46	0.48
油料加工机械	0.50	0.48	0.43	0.44	0.72	0.90	1.02
农用运输车(万辆)	0.22	0.30	0.31	5.53	6.89	7.10	6.67
农用运输车(万千瓦)				62.94	91.34	99.91	91.42

10—13 各县(市、区)农用机械和

(2009

	农用机械总动力(万千瓦)	柴油发动机	汽油发动机	电动机	大中型拖拉机(万台)	大中型拖拉机(万千瓦)
全　市	**1075.62**	**984.55**	**10.05**	**81.02**	**2.28**	**73.77**
宛城区	107.67	89.47	0.69	17.51	0.21	7.03
卧龙区	54.54	50.24	0.20	4.10	0.05	3.16
南召县	26.55	24.77	0.05	1.73	0.04	1.18
方城县	96.37	91.46	0.10	4.81	0.73	14.59
西峡县	10.71	7.96	0.16	2.59	0.02	0.46
镇平县	75.50	71.38	0.29	3.83	0.05	2.67
内乡县	50.19	45.06	0.23	4.90	0.05	2.55
淅川县	48.26	39.78	0.11	8.37	0.08	2.55
社旗县	65.08	62.28	0.54	2.26	0.07	3.28
唐河县	171.85	162.74	2.15	6.96	0.29	6.55
新野县	137.58	130.90	1.76	4.92	0.26	13.96
桐柏县	73.19	66.18	0.08	6.93	0.05	1.26
邓州市	158.13	142.33	3.69	12.11	0.38	14.53

10—13 续表

(2009

	农用水泵(万台)	节水灌溉机械(万套)	联合收获机(万台)	联合收获机(万千瓦)	机动割晒机(万台)	机动脱粒机(万台)
全　市	**16.03**	**1.54**	**0.59**	**26.48**	**0.47**	**2.91**
宛城区	3.30	0.06	0.06	2.60	0.13	0.57
卧龙区	0.71	0.02	0.03	1.37	0.02	0.07
南召县	0.30	0.05	0.02	0.73		0.10
方城县	1.57	0.11	0.04	1.58		0.33
西峡县	0.29		0.01	0.33		0.13
镇平县	0.91	0.22	0.03	1.31		0.22
内乡县	0.56	0.08	0.02	0.52		0.15
淅川县	0.45	0.09	0.02	0.88	0.02	0.55
社旗县	0.59	0.45	0.05	2.49		0.03
唐河县	0.88	0.07	0.10	5.30	0.15	0.32
新野县	1.77	0.03	0.02	0.94		0.23
桐柏县	0.80	0.10	0.04	2.87	0.15	0.09
邓州市	3.90	0.26	0.14	5.56		0.12

农产品加工机械拥有量

年 底)

小型拖拉机		大中型拖拉机配套农具（万台）	小型拖拉机配套农具（万台）	农用排灌机械		#电动机	
（万台）	（万千瓦）			（万台）	（万千瓦）	（万台）	（万千瓦）
92.66	**734.31**	**6.37**	**155.48**	**9.07**	**62.40**	**5.24**	**30.40**
7.54	64.18	1.61	21.41	1.13	8.22	0.76	4.95
5.45	34.30	0.12	6.23	0.48	3.79	0.29	2.07
1.66	13.58	0.04	3.07	0.35	0.51	0.30	0.23
6.55	64.23	2.20	10.23	0.69	3.62	0.60	3.01
0.28	2.35	0.03	0.11	0.12	0.89	0.08	0.49
8.62	57.08	0.14	13.82	1.03	4.66	0.73	2.37
4.87	34.83	0.12	10.03	0.45	3.32	0.36	2.38
3.33	22.85	0.23	6.56	0.35	2.96	0.29	2.37
6.34	48.46	0.10	9.41	0.25	1.77	0.15	0.83
18.22	132.36	0.56	31.48	1.24	8.74	0.36	1.99
8.25	103.15	0.34	10.59	0.84	6.80	0.36	2.00
6.73	54.50	0.21	13.88	0.52	4.78	0.52	4.78
14.82	102.44	0.67	18.66	1.62	12.34	0.44	2.93

年 底)

机动喷雾（粉）机		农副产品加工作业机械（万台）	粮食加工	棉花加工	油料加工	农用运输车	
（万台）	（万千瓦）					（万辆）	（万千瓦）
6.03	**10.04**	**5.07**	**3.57**	**0.48**	**1.02**	**6.67**	**91.42**
0.60	0.69	0.77	0.64	0.04	0.09	0.66	9.77
0.03	0.20	0.14	0.09	0.03	0.02	0.40	8.12
0.03	0.05	0.27	0.24	0.02	0.01	0.69	7.86
0.10	0.10	0.55	0.41	0.04	0.10	0.75	8.28
0.06	0.16	0.16	0.13	0.01	0.02	0.13	2.64
0.20	0.29	0.61	0.24	0.07	0.30	0.66	7.62
0.12	0.23	0.34	0.20	0.07	0.07	0.28	4.78
0.07	0.11	0.48	0.39	0.02	0.07	0.84	11.30
0.19	0.54	0.32	0.22	0.04	0.06	0.68	6.54
1.76	2.15	0.33	0.25	0.05	0.03	0.46	7.15
0.59	1.76	0.22	0.14	0.03	0.05	0.31	4.44
0.06	0.07	0.39	0.27	0.06	0.06	0.27	5.15
2.22	3.69	0.49	0.35		0.14	0.54	7.77

10-14 农业机械化、能源、主要物资消耗及水利建设情况

	1985	1990	1995	2000	2005	2008	2009
农业机械化情况							
当年实际机耕面积(千公顷)	161.00	525.00	595.36	765.93	817.65	1262.74	1301.79
为耕地面积%	17.3	58.3	68.4	87.6	87.1	134.1	
当年机械播种面积(千公顷)	5.00	26.00	109.03	512.04	638.97	1061.86	1160.55
为农作物播种面积%	0.3	1.7	7.0	30.3	33.7	57.8	
当年机械收获面积(千公顷)	31.00	125.00	178.07	353.37	511.44	702.55	737.59
为农作物播种面积%	2.1	8.2	11.4	20.9	26.9	38.2	
农村能源情况							
农村用电量(万千瓦小时)	16962	32519	63251	94521	129129	161958	166983
乡、村水电站数(个)				152	153	46	47
装机容量(千千瓦)				9.92	11.82	20.53	20.53
实际发电量(万千瓦小时)				1097	2375	5507	9284
农业主要物资消耗情况							
农用化肥施用折纯量(吨)	203000	260000	394513	529475	704943	753472	766494
每公顷耕地平均施用量(千克)	226	289	453	606	750	800	
农用塑料薄膜使用量(吨)		3641	7045	12239	19328	25892	26638
农药施用实物量(吨)		5311	10111	14111	16949	18591	19172
农用柴油使用量(吨)			53792	97953	112916	125091	135168
农田水利建设情况							
农田有效灌溉面积(千公顷)	241.00	297.00	347.93	431.54	442.55	456.07	464.24
有效灌溉面积占耕地面积比重(%)	26.0	33.0	39.9	49.4	47.1	48.4	
机电井数(万眼)	3.39	3.24	4.69	7.21	7.45	7.51	8.06
旱涝保收农田面积(千公顷)	201.00	211.00	252.70	284.16	311.25	326.87	332.17

10—15 水 库、 灌 区 情 况

	1985	1990	1995	2000	2005	2008	2009
年底水库数(座)	508	505	495	496	494	494	494
大型水库(1亿立方米以上)	1	1	1	2	2	2	2
中型水库(1千万至1亿立方米)	19	19	19	18	20	22	22
小型水库(10万至1千万立方米)	488	485	475	476	472	470	470
水库库容量(万立方米)	227625	227880	235329	236467	245709	291701	291914
大型水库	122000	122500	131600	142250	142250	142250	142250
中型水库	66457	66457	66457	56742	67345	69418	69418
小型水库	39168	38923	37272	37475	36114	34949	35023
水库灌溉面积(公顷)	152527	131300	135984	137705	138443	156757	156715
#大型水库	101033	88407	89034	97605	97904	81560	81560
中型水库	29000	26020	29566	21906	22735	30660	30660
年底灌区数(处)	4495	3305	3302	3301	3301	3301	3301
#3.3万公顷以上	2	2	2	2	2	2	2
灌区有效灌溉面积(公顷)	204233	184567	193358	199985	203591	214080	214080
#3.3万公顷以上	126860	122107	124820	119886	120885	167510	167510

10-16 除涝、治水、治碱情况

	1985	1990	1995	2000	2005	2008	2009
易涝面积(千公顷)	223.35	224.69	224.69	224.69	224.69	224.69	224.69
除涝面积(千公顷)	190.96	178.00	182.91	185.25	210.65	213.60	217.87
占易涝面积比重(%)	85.5	79.2	81.4	82.5	93.8	95.1	97.0
水土流失面积(平方公里)	12547	12547	12547	12547	12547	12605	12605
水土流失治理面积(平方公里)	7963	8947	6626	7338	8052	8893	8893
占水土流失面积比重(%)	63.5	71.3	52.8	58.5	67.8	70.6	70.6
堤防长度(公里)	832	834	834	842	846	846	846
堤防保护面积(千公顷)	136.17	133.38	133.38	132.50	105.10	105.10	105.10

10-17 各县(市、区)农业机械化和能源情况

(2009年)

	农业机械化情况				农村能源情况			
	机耕面积(千公顷)	机械深耕面积(千公顷)	机收面积(千公顷)	机播面积(千公顷)	农村用电量(万千瓦小时)	乡、村及村以下办水电站 个数	装机容量(千千瓦)	发电量(万千瓦小时)
全市	**1301.79**	**520.24**	**737.59**	**1160.55**	**166983**	**47**	**20.53**	**9284**
宛城区	73.46	36.76	53.98	69.90	7686			
卧龙区	63.37	38.69	46.31	59.98	11953			
南召县	50.85	12.44	13.72	29.79	4060	7	2.30	
方城县	100.22	43.33	61.33	124.16	10006			
西峡县	13.38		1.49	2.31	17961	27	15.20	4076
镇平县	112.48	17.00	59.14	109.46	11426			
内乡县	55.00	36.50	35.00	42.50	12580	5	0.66	125
淅川县	83.90	19.03	29.16	77.45	23218	8	2.37	5083
社旗县	74.50		53.21	73.29	6013			
唐河县	232.15	160.00	128.07	177.80	13986			
新野县	100.50	16.72	60.40	63.60	18718			
桐柏县	36.90	8.80	40.60	29.90	6800			
邓州市	305.08	130.97	155.18	300.41	22576			

10—17 续表 1

(2009 年)

	精少量播种面积(千公顷)	机械深施化肥面积(千公顷)	机械脱粒粮食数量(万吨)	机械初加工农副产品数量(万吨)	加工粮食数量	加工棉花数量	加工油料数量	农机运输作业量(万吨\公里)
全市	**480.03**	**246.31**	**302.74**	**715.06**	**522.34**	**106.76**	**84.36**	**9.41**
宛城区	40.47	10.20	23.62	59.64	27.84	28.90	1.30	1.39
卧龙区	30.90	22.00	23.85	61.07	50.76	1.16	9.15	0.75
南召县	6.57		9.44	13.15	6.99	5.80	0.36	0.16
方城县	59.92	9.80	24.34	69.08	66.62	0.52	1.94	2.32
西峡县		8.01		7.97	4.85	2.89	0.23	0.04
镇平县	45.30	22.60	6.69	55.48	42.38	11.64	1.46	0.61
内乡县	32.00	25.00	10.00	30.10	28.50	0.60	1.00	0.32
淅川县	4.94	11.41	19.50	22.97	22.60	0.05	0.32	1.18
社旗县		0.49	72.00	182.60	123.00	30.90	28.70	0.16
唐河县	106.00	14.73	46.00	108.00	77.00	7.00	24.00	0.65
新野县	35.20	16.12	46.90	70.60	44.20	16.00	10.40	0.76
桐柏县	8.00		20.40	18.90	14.70		4.20	0.17
邓州市	110.73	105.95		15.50	12.90	1.30	1.30	0.90

10—17 续表 2

(2009 年)

	跨区机收小麦(千公顷)	小麦机播面积(千公顷)	玉米机播面积(千公顷)	小麦机收面积(千公顷)	玉米机收面积(千公顷)	机械化秸秆还田面积(千公顷)	农田机械节水灌溉面积(千公顷)	机械植保面积(千公顷)
全市	**123.86**	**660.38**	**234.56**	**602.44**	**73.52**	**212.23**	**100.40**	**444.18**
宛城区	23.73	44.91	17.72	42.55	10.21	11.71	3.70	36.38
卧龙区	12.00	43.00	15.30	36.89	7.42	8.00	8.40	10.00
南召县	0.37	15.95	2.71	9.25	0.03	0.92	1.99	1.73
方城县	7.36	60.00	29.98	58.00	3.33	16.67	3.94	30.50
西峡县	0.07	9.45	0.10	1.49				2.07
镇平县	4.20	57.00	40.40	56.50	1.44	45.00		31.00
内乡县	10.00	25.00	15.00	24.80	10.00	21.00	6.00	28.00
淅川县	14.72	27.98	16.30	27.39	0.17	0.59	2.77	12.95
社旗县	7.00	56.50	16.00	50.00	3.21	16.70	27.80	17.30
唐河县	17.00	130.00	30.00	113.30	8.67	22.30	5.60	81.00
新野县	1.20	40.20	20.10	40.20	20.10	33.25	40.20	49.60
桐柏县	3.00	17.10		12.80		0.09		22.00
邓州市	23.21	133.29	30.95	129.27	8.94	36.00		121.65

10—18 各县(市、区)农用物资消耗情况

(2009 年)

	1.农用化肥使用折纯量(吨)	氮肥	磷肥	钾肥	复合肥	2.农用塑膜使用量(吨)	地膜施用量(吨)	地膜覆盖面积(千公顷)	3.农用柴油使用量(吨)	4.农药使用量(吨)
全市	**766494**	**275710**	**159436**	**95467**	**235881**	**26638**	**14353**	**178342**	**135168**	**19172**
宛城区	46223	17283	7604	6312	15024	1020	204	3840	8243	645
卧龙区	42767	16510	7960	3853	14444	810	348	6769	14942	1075
南召县	16223	8440	3557	988	3238	740	227	61	2057	352
方城县	85293	23481	15108	13647	33057	3363	2319	43807	9815	1255
西峡县	30053	12962	7441	3946	5704	1942	622	4292	6035	678
镇平县	43379	17087	13581	3492	9219	952	592	9851	7999	892
内乡县	32832	8820	5500	5862	12650	903	492	8533	5904	728
淅川县	43873	15720	8872	6511	12770	1131	585	8032	3255	652
社旗县	62348	22632	13800	7080	18836	1062	601	7019	9178	1350
唐河县	103879	35324	20589	14192	33774	1940	1211	12110	24147	3893
新野县	108909	37326	18897	14679	38007	8681	4641	38153	9661	3150
桐柏县	41060	21182	11812	1961	6105	742	411	5740	8350	448
邓州市	109655	38943	24715	12944	33053	3352	2100	30135	25582	4054

10—19 各县(市、区)农田水利情况

(2009 年)

	农田有效灌溉面积(千公顷)	机电灌溉面积	有效灌溉面积占常用耕地面积%	机电灌溉面积占有效灌溉面积%	旱涝保收农田面积(千公顷)
全市	**464.24**	**272.37**		**58.67**	**332.17**
宛城区	42.00	14.63		34.83	34.68
卧龙区	31.53	28.17		89.34	24.37
南召县	15.67	5.50		35.10	12.94
方城县	37.54	21.74		57.91	30.94
西峡县	7.60	1.96		25.79	5.62
镇平县	45.37	30.83		67.95	35.94
内乡县	21.99	9.52		43.29	16.65
淅川县	17.15	12.96		75.57	10.15
社旗县	29.13	20.96		71.95	19.47
唐河县	52.36	28.86		55.12	34.61
新野县	49.71	32.28		64.94	37.16
桐柏县	23.26	11.07		47.59	14.20
邓州市	90.93	53.89		59.27	55.44

注:耕地面积来自于国土部门,2009 年土地详查未定。

10—20 各县(市、区)水利设施和除涝面积

(2009 年)

	水库数(座)	水库库容量(万立方米)	易涝耕地面积(千公顷)	除涝面积(千公顷)	除涝面积占易涝面积%
全市	**494**	**246691**	**224.69**	**217.87**	**96.96**
宛城区			45.33	41.67	91.93
卧龙区	29	19090	13.33	12.98	97.37
南召县	86	8666			
方城县	101	8765	12.95	12.95	100.00
西峡县	66	15980			
镇平县	19	19696	10.47	10.47	100.00
内乡县	48	9518	10.20	10.20	100.00
淅川县	23	1733			
社旗县	9	1239	21.15	20.40	96.45
唐河县	22	14051	23.67	23.60	99.70
新野县			44.00	42.07	95.61
桐柏县	72	11967			
邓州市	18	4386	43.59	43.53	99.86
市直	1	131600			

10—21 农民家庭平均每户生产性固定资产原价

(2009 年年底数) 单位:元

	1985	1995	2000	2005	2008	2009
合计	**139.06**	**2157.53**	**3524.56**	**4585.06**	**5361.87**	**6080.54**
农业			2958.53	4081.73	4907.49	5521.89
#房屋及建筑物			802.60	928.19	1099.22	1536.16
役畜及产品畜	81.91	1149.46	460.42	454.75	476.14	529.99
大中型铁木农具	4.93	79.87	381.61	391.85	839.24	758.17
农林牧渔业机械	7.07	335.14	1183.64	2193.37	2369.35	2489.80
工业			240.53	88.21	86.25	90.51
#房屋及建筑物			80.53	13.96	9.78	8.96
生产设备	2.36	33.29	142.94	51.72	54.16	51.92
建筑业			13.87	25.37	49.10	50.60
交通运输业	15.89	114.52	211.84	203.01	187.16	237.31
批发和零售、餐饮业			65.32	85.10	41.42	58.96
社会服务业			17.78	85.97	79.25	101.79
文教卫生体育业			5.53	1.57	0.37	9.18
其他	4.36	178.07	11.17	14.10	10.82	10.30

说明:本表为农村住户抽样调查资料(下表同)。

10—22 农民家庭平均每百户拥有主要生产性固定资产数量

（年底数） 单位:元

	1985	1995	2000	2005	2008	2009
房屋及建筑物(平方米)	884.43		865.17	1006.34	977.24	1086.12
汽车(辆)		0.16	0.28	0.82	0.45	0.97
大中型拖拉机(台)	0.14	2.96	3.40	4.85	5.90	6.94
小型和手扶拖拉机(台)	1.84	8.52	31.28	50.97	57.09	55.90
动力三轮车(台)					9.25	10.07
机动脱粒机(台)		1.02	5.18	5.37	5.52	7.01
收割机(台)			1.35	2.61	1.49	1.42
农用动力机械(台)			9.29	5.82	7.46	9.55
胶轮大车(辆)		1.17	18.87	24.85	14.40	20.97
水泵(台)		7.27	22.27	20.97	31.12	37.24
役畜(头)	64.19	54.06	25.46	22.69	15.82	16.19
产品畜(头)	15.36	39.84	34.26	9.93	31.12	34.78

10—23 农作物播种面积

单位:千公顷

	1985	1990	1995	2000	2005	2008	2009
播种面积总计	**1499.77**	**1530.58**	**1559.33**	**1692.92**	**1897.91**	**1836.96**	**1857.40**
粮食作物	**1155.95**	**1176.86**	**1067.47**	**991.48**	**1029.91**	**1101.55**	**1121.09**
#谷物	779.02	831.00	798.26	785.49	850.56	958.96	975.22
粮食作物占总播种面积%	**77.07**	**76.88**	**68.46**	**58.59**	**54.27**	**59.97**	**60.36**
夏收粮食	589.93	606.51	579.56	585.59	607.97	659.16	666.27
小麦	560.01	584.75	568.01	580.54	601.61	654.07	660.96
夏杂粮	29.92	21.76	11.55	5.05	6.36	5.09	4.63
秋收粮食	566.02	570.35	487.91	405.89	421.94	442.39	454.82
稻谷	25.65	29.81	46.62	54.19	50.72	48.65	49.20
玉米	146.10	171.77	163.33	143.20	193.72	254.20	262.89
大豆	115.80	97.00	84.61	62.30	68.82	60.24	61.81
薯类	158.42	169.23	150.51	119.33	88.98	60.96	62.72
高粱	16.97	11.67	5.04	2.33	1.46	0.82	0.92
谷子	20.37	10.55	3.71	1.82	1.26	0.47	0.53
其他秋杂粮(含绿豆)	82.71	80.32	34.09	22.72	16.98	17.05	21.34
经济作物	**344.00**	**354.00**	**491.86**	**701.44**	**852.69**	**735.41**	**736.31**
占总播种面积%	22.93	23.12	31.54	41.51	44.93	40.03	39.64
棉花	104.75	112.99	175.23	144.72	142.93	118.03	106.56
油料	122.51	133.56	166.17	213.36	301.52	291.41	305.54
#花生	24.75	40.77	89.10	129.27	183.11	188.03	197.15
油菜籽	17.10	26.97	24.84	20.44	48.16	46.02	48.00
芝麻	80.52	65.81	52.23	63.58	70.08	57.36	60.38
麻类	16.47	3.80	1.36	0.61	0.16	0.10	0.10
#黄红麻	11.99	2.71	1.32	0.31	0.16	0.10	0.10
烟叶	34.13	32.83	27.19	29.07	24.24	21.19	22.73
#烤烟	31.97	31.19	25.80	27.65	22.78	21.19	22.73
糖料	0.38	0.33	0.37	0.38	0.18	0.08	0.08
#甘蔗	0.37	0.33	0.37	0.38	0.18	0.08	0.08
药材	2.44	0.33	0.95	9.62	45.37	23.87	20.41
其他农作物	**5.55**	**8.57**	**0.39**	**3.24**	**15.31**	**8.44**	**6.80**
占总播种面积%	0.33	0.59	0.03	0.19	0.80	0.46	0.37
#蔬菜	37.01	50.03	81.60	264.17	303.93	237.55	239.27
果用瓜	14.07	6.26	11.25	35.31	34.36	34.74	34.83
青饲料	2.47	7.58	0.39	0.62	7.55	1.65	1.34

10-24 主要农产品产量

单位:吨

	1985	1990	1995	2000	2005	2008	2009
粮食	3443870	3975157	3596428	3780463	4658800	5696640	5793695
#谷物	2829820	3301661	2813942	403376	4062543	5218243	5311395
夏收粮食	2137815	2289275	1636931	2023285	2855000	3500140	3562300
小麦	2073205	2233461	1613259	2009131	1831929	3486253	3547738
夏杂粮	64610	55814	23672	14154	23071	13887	12306
秋收粮食	1306055	1685882	1959497	1757198	1803800	2196500	2231395
稻谷	123360	192218	333236	403376	314440	311346	313284
玉米	424100	686810	734829	660109	902542	1415626	1444949
大豆	125755	153541	173102	117551	146029	118979	120664
薯类	488295	519955	641784	530557	409814	316495	317486
高粱	25915	24002	12387	6718	3576	1240	1470
谷子	29065	19943	9432	4498	2213	1376	1575
其他秋杂粮(含绿豆)	89565	89413	54727	34389	25186	31438	44150
棉花	83958	92951	151598	118487	118495	109150	90033
油料	121875	177146	370464	533434	904617	1019817	1113995
#花生	44570	84932	282475	444382	698175	803828	887193
油菜籽	27020	46701	35008	31260	120742	133305	132840
芝麻	50120	45513	52961	57542	85010	82684	93962
麻类	24235	6937	3432	1413	540	456	511
#黄红麻	17260	5597	3302	730	540	456	511
烟叶	64705	58265	44562	46503	54854	54352	58719
#烤烟	6051	55384	42623	45647	50903	54352	58719
糖料	16865	17639	21231	20354	10015	4420	3843
#甘蔗	16865	17639	21231	20354	10015	4420	3843
蔬菜	824960	887362	2478718	6784708	10000000	8783120	9009080
果用瓜	262480	137572	376232	1333204	1546683	1946537	1871679

10-25 按乡村人口平均的主要农产品产量

单位:千克/人

	1985	1990	1995	2000	2005	2008	2009
粮食	412.68	450.80	390.25	421.65	511.40	613.75	621.59
#谷物	339.10	374.42	305.34	345.01	445.94	562.21	569.85
棉花	10.06	10.54	16.45	13.22	13.00	11.76	9.66
油料	14.60	20.09	40.20	59.50	99.30	109.87	119.52
猪、牛、羊肉	9.20	16.14	31.51	49.27	59.13	61.01	63.24
水产品	0.65	1.38	2.02	5.26	8.07	9.75	10.19
蔬菜	98.85	100.63	268.96	756.72	1097.71	946.28	966.56
果用瓜	31.45	15.60	40.86	148.70	169.78	209.72	200.81
水果	3.77	3.20	9.49	23.10	41.71	61.04	66.25

10—26 主要农产品单位面积产量(按播种面积计算)

单位:千克/公顷

	1985	1990	1995	2000	2005	2008	2009
粮食	2979.13	3377.36	3369.11	3812.95	4523.50	5171.48	5167.91
#谷物	3541.70	3973.12	3525.09	513.53	4776.32	5441.56	5446.33
夏收粮食	3623.42	3771.46	2824.44	3455.12	4695.96	5310.00	5346.66
小麦	3702.15	3817.88	2840.19	3460.80	4707.25	5330.09	5367.55
夏杂粮	2153.67	2537.00	2049.52	2802.77	3627.52	2728.29	2656.16
秋收粮食	2307.52	2957.69	4016.10	4329.25	4275.02	4965.08	4906.07
稻谷	4744.62	6407.27	7147.92	7443.74	6199.53	6399.71	6367.56
玉米	2904.79	4016.43	4499.04	4609.70	4659.00	5568.95	5496.42
大豆	1084.09	1582.90	2045.88	1886.85	2121.90	1975.08	1952.33
薯类	3090.47	3076.66	4264.06	4446.13	4605.69	5191.85	5061.96
高粱	1524.41	2000.17	2457.74	2883.26	2449.32	1512.20	1596.09
谷子	1453.25	1813.00	2542.32	2471.43	1756.35	2927.66	2977.32
其他秋杂粮(含绿豆)	1079.10	1117.66	1605.37	404.39	1483.27	1843.87	2068.79
棉花	799.60	822.58	865.14	818.73	829.04	924.76	844.90
油料	990.85	1321.99	2229.43	2500.16	3000.19	3499.60	3646.02
#花生	1800.00	2085.00	3170.31	3437.63	3812.87	4275.00	4500.00
油菜籽	1582.50	1725.00	1409.34	1529.35	2507.10	2896.68	2767.50
芝麻	622.50	690.00	1014.00	905.03	1213.04	1441.49	1556.10
麻类	1514.69	1734.25	2523.53	2316.39	3375.00	4560.00	5110.00
#黄红麻	1440.00	2070.00	2501.52	2354.84	3375.00	4560.00	5110.00
烟叶	1903.09	1765.61	1638.91	1599.69	2262.95	2564.98	2583.89
#烤烟	1890.00	1770.00	1652.05	1650.89	2234.55	2564.98	2583.33
糖料	44385.00	52920.00	57381.08	53563.16	55638.89	55250.00	46865.85
#甘蔗	44385.00	52920.00	57381.08	53563.16	55638.89	55250.00	46865.85
蔬菜	21709.47	17747.24	30376.45	25683.11	32902.31	36973.77	37651.73
果用瓜	18748.57	22928.67	33442.84	37757.12	45014.06	56031.58	53743.73

10－27 各县（市、区）主要农

（2009

	农作物播种面积	粮食作物	夏收粮食	小麦	秋收粮食	稻谷	玉米	大豆	薯类
全市	**1857402**	**1121090**	**666267**	**660961**	**454823**	**49200**	**262889**	**16697**	**62720**
宛城区	117179	65751	40660	40580	25091	1641	15590	911	2390
卧龙区	97044	61346	34580	34047	26766	1154	18898	730	4099
南召县	60052	37575	16567	16187	21008	7880	8488	299	3238
方城县	202408	116164	62913	62633	53251	112	31814	1335	8252
西峡县	38151	24753	10920	10887	13833	3155	7182	205	2189
镇平县	138020	97860	51220	50420	46640	590	41150	940	2770
内乡县	88846	53433	25833	25833	27600	420	19660	110	7280
淅川县	127202	61615	34460	33560	27155	3600	16500	3200	3800
社旗县	139228	88918	52034	51934	36884		19737	3058	6252
唐河县	304039	214188	135627	134654	78561	13278	35581	321	13773
新野县	134540	66884	45013	45013	21871		16189	385	3237
桐柏县	72300	44920	20407	20280	24513	16370	2480	803	1390
邓州市	340393	189683	136033	134933	53650	1000	31620	4400	4050

10－28 各县（市、区）主要

（2009

	粮食作物	夏收粮食	小麦	秋收粮食	稻谷	玉米	大豆	薯类
全市	**5793695**	**3562300**	**3547738**	**2231395**	**313284**	**1444949**	**120664**	**317486**
宛城区	380700	246560	246163	134140	10674	101542	8528	11512
卧龙区	297015	161335	160093	135680	7478	100370	3955	22857
南召县	195326	67966	67096	127360	52437	53634	1559	19171
方城县	550086	317576	316894	232510	500	175098	17951	35531
西峡县	105216	36846	36786	68370	20529	34553	1724	10869
镇平县	520021	275691	273441	244330	3460	220130	2600	16838
内乡县	252752	122692	122692	130060	2288	85870	187	41523
淅川县	255466	131906	129586	123560	20588	81683	105	13805
社旗县	504045	302665	302244	201380		140042	19855	34850
唐河县	1134720	774250	771199	360470	74509	173898	25037	84538
新野县	413818	299940	299940	113878		92600	6451	14400
桐柏县	224519	87669	87309	136850	114521	11561	3907	6240
邓州市	1034706	764306	761397	270400	6300	202703	28805	24210

作 物 播 种 面 积

年)

单位：千公顷

油 料				棉 花	麻 类	烟 叶		蔬 菜	果用瓜
	#花 生	油菜籽	芝 麻				烤 烟		
305537	**197154**	**48000**	**60383**	**106560**	**100**	**22725**	**22725**	**239274**	**34826**
6780	4064	600	2116	14994				26410	2716
13652	11594	1030	1028	4669		10	10	14960	1036
10539	9523	510	506					6959	549
47229	34187	6980	6062	3570		4627	4627	27659	2526
2313	1129	550	634			1440	1440	3110	476
20400	13860	3520	3020	5430		1180	1180	9600	1600
15050	9750	2060	3240	1340		3340	3340	13760	1603
37880	10820	13460	13600	900	27	3500	3500	21100	660
17778	9249	2930	5599	12105		2638	2638	15206	1536
25988	15233	5430	5325	18135	32	1701	1701	28496	11394
22658	18365	1730	2563	15227	41			27853	1510
19870	15480	2300	2090	290				4070	1090
65400	43900	6900	14600	29900		4289	4289	40091	8130

农 产 品 产 量

年)

单位：吨

油 料				棉 花	麻 类	烟 叶		蔬 菜	果用瓜
	#花 生	油菜籽	芝 麻				烤 烟		
1113995	**887193**	**132840**	**93962**	**90033**	**511**	**58719**	**58719**	**9009080**	**1871679**
22076	18046	1935	2095	13269				1124506	146245
46316	42595	2510	1211	4077		13	13	644550	41520
43581	41744	991	846					267751	18012
175256	148009	17731	9516	3178		9763	9763	754336	87433
6129	3244	1332	1553			4364	4364	189483	20300
56612	45270	9102	2240	4513		1960	1960	492610	94090
55539	48540	4678	2321	986		6610	6610	364649	31419
109499	44812	37425	27262	644	100	10350	10350	276481	15080
66247	52106	6751	7390	9349		6603	6603	391312	93748
103157	77688	15245	10224	15415	196	4428	4428	636040	692954
92496	83733	6187	2576	13220	215			1778676	102678
66786	59206	5490	2090	173				96972	45528
270301	222200	23463	24638	25208		14628	14628	1991714	482672

10—29 各县(市、区)主要农产品单位面积产量

(2009 年,按播种面积计算) 单位:千克/公顷

	粮食	夏收粮食	小麦	秋收粮食	稻谷	玉米	大豆	薯类	油料
全市	**5167.91**	**5346.66**	**5367.55**	**4906.07**	**6367.56**	**5496.42**	**7226.69**	**5061.96**	**3646.02**
宛城区	5790.03	6063.94	6066.12	5346.14	6504.57	6513.28	9361.14	4816.74	3256.05
卧龙区	4841.64	4665.56	4702.12	5069.12	6480.07	5311.14	5417.81	5576.24	3392.62
南召县	5198.30	4102.49	4145.05	6062.45	6654.44	6318.80	5214.05	5920.63	4135.21
方城县	4735.43	5047.86	5059.54	4366.30	4464.29	5503.80	13446.44	4305.74	3710.77
西峡县	4250.64	3374.18	3378.89	4942.53	6506.81	4811.06	8409.76	4965.28	2649.81
镇平县	5313.93	5382.49	5423.26	5238.64	5864.41	5349.45	2765.96	6078.70	2775.10
内乡县	4730.26	4749.43	4749.43	4712.32	5447.62	4367.75	1700.00	5703.71	3690.30
淅川县	4146.17	3827.80	3861.32	4550.17	5718.89	4950.48	32.81	3632.89	2890.68
社旗县	5668.65	5816.68	5819.77	5459.82		7095.40	6492.81	5574.22	3726.35
唐河县	5297.78	5708.67	5727.26	4588.41	5611.46	4887.38	77996.88	6137.95	3969.41
新野县	6187.10	6663.41	6663.41	5206.80		5719.93	16755.84	4448.56	4082.27
桐柏县	4998.20	4296.03	4305.18	5582.75	6995.78	4661.69	4865.50	4489.21	3361.15
邓州市	5454.92	5618.53	5642.78	5040.07	6300.00	6410.59	6546.59	5977.78	4133.04

10—29 续表 (2009 年,按播种面积计算) 单位:千克/公顷

	#花生	油菜籽	芝麻	棉花	麻类	烟叶	烤烟	蔬菜	果用瓜
全市	**4500.00**	**2767.50**	**1556.10**	**844.90**	**5110.00**	**2583.89**	**2583.89**	**37651.73**	**53743.73**
宛城区	4440.45	3225.00	990.08	884.98				42578.80	53845.73
卧龙区	3673.88	2436.89	1178.02	873.21		1300.00	1300.00	43084.89	40077.22
南召县	4383.49	1943.14	1671.94					38475.50	32808.74
方城县	4329.39	2540.26	1569.78	890.10		2110.01	2110.01	27272.71	34613.22
西峡县	2873.34	2421.82	2449.53			3030.56	3030.56	60927.01	42647.06
镇平县	3266.23	2585.80	741.72	831.18		1661.02	1661.02	51313.54	58806.25
内乡县	4978.46	2270.87	716.36	736.07		1979.04	1979.04	26500.65	19600.12
淅川县	4141.59	2780.46	2004.56	715.93	3703.70	2957.14	2957.14	13103.36	22848.48
社旗县	5633.69	2304.10	1319.88	772.33		2503.03	2503.03	25734.05	61033.85
唐河县	5099.98	2807.55	1920.00	850.01	6125.00	2603.17	2603.17	22320.33	60817.45
新野县	4559.38	3576.30	1005.07	868.19	5243.90			63859.40	67998.68
桐柏县	3824.68	2386.96	1000.00	597.70				23826.04	41768.81
邓州市	5061.50	3400.43	1687.53	843.07		3410.59	3410.59	49679.83	59369.25

10－30 茶园、果园面积和茶叶、蚕茧、水果产量

	1985	1990	1995	2000	2005	2008	2009
面　　积							
茶园面积(千公顷)	3.02	1.46	1.49	1.52	1.77	1.90	1.88
果园面积(千公顷)	12.62	22.01	44.64	46.68	68.90	74.93	77.28
苹果园	6.02	10.37	29.75	16.76	10.33	10.13	9.95
梨园	1.17	1.05	5.23	8.16	9.30	11.78	10.70
葡萄园	0.21	0.28	0.81	1.54	1.36	2.11	1.99
枣园	3.70	1.01	0.44	1.66	7.90	7.46	7.63
柿园	0.11	0.35	1.12	2.57	6.75	4.17	4.87
桃园	0.19	1.48	2.85	5.72	16.38	15.26	15.00
柑桔园	1.04	6.03	2.89	4.77	9.04	9.79	10.11
其他果园	0.18	1.44	1.55	5.50	7.84	14.23	17.03
产　　量							
茶叶产量(吨)	60	116	267	616	874	1526	1286
蚕茧产量(吨)	3325	3905	10765	9620	13293	19960	21482
＃桑蚕茧	95	367	8646	7259	8921	14742	16256
柞蚕茧	3229	3538	2119	2361	4372	5218	5226
水果产量(万吨)	3.15	2.84	8.75	20.71	38.00	56.65	61.75
苹果	1.08	1.06	4.60	7.12	4.86	5.98	5.85
梨	0.38	0.26	0.93	4.29	6.76	8.40	1.94
葡萄	0.02	0.08	0.64	1.04	1.18	1.99	1.74
鲜枣	0.53	0.30	0.44	0.63	1.86	3.06	3.13
柿	0.88	0.55	0.70	1.30	1.61	3.14	2.99
桃	0.08	0.22	1.13	2.55	7.24	11.00	12.47
柑桔	0.02	0.13	0.23	1.85	3.47	3.89	3.93
其他水果	0.16	0.24	0.08	1.93	11.02	23.10	29.69

10-31 各县（市、区）果园面积

（2009 年）　　单位:公顷

	年末果园面积（公顷）	苹果园	梨园	柑桔园	桃园	猕猴桃园	葡萄园	枣园	柿园
全市	**77284**	**9949**	**10700**	**10113**	**14999**	**8350**	**1994**	**7626**	**4871**
宛城区	2855	8	1057		439		280	5	33
卧龙区	2288	235	317	15	427		95	170	450
南召县	5905	1987	467		1071	100	15	26	549
方城县	8020	1468	542	14	2261	16	77	704	1464
西峡县	16944	2073	2222	244	1111	8016	276	107	882
镇平县	756	150	56		127		9	7	36
内乡县	5471	555	476	713	2435	64	83	28	137
淅川县	13851	675	650	8650	700		88	2740	348
社旗县	4483	591	1645		1052		321	314	270
唐河县	5875	88	1781		2341		271	1045	322
新野县	2659	580	880		683	134	72	90	20
桐柏县	2169	897	138		594	20	50	415	30
邓州市	6008	642	469	477	1758		357	1975	330

10—32 各县（市、区）水果产量

（2009 年）　　单位：吨

	园林水果（吨）	苹果	红富士苹果	国光苹果	梨	雪花梨	鸭梨
全　　市	**617466**	**58541**	**19368**	**10487**	**83448**	**17251**	**6350**
宛城区	39141	185	50		25528	40	452
卧龙区	19508	2456	172	239	5646	2702	37
南召县	13047	4819	817	50	959	61	
方城县	32176	12696	4024	5498	3684	40	54
西峡县	241198	9889	2372	130	1623		
镇平县	8190	1462	929	423	2013	28	20
内乡县	49500	7983	196	1422	3641	20	68
淅川县	47845	1471	155		1451	1010	441
社旗县	5002	817	52	29	2030	152	45
唐河县	78002	1681		17	26888	8976	2358
新野县	22983	3536	3026	480	4216	1045	1571
桐柏县	16380	3752	3529	218	493	346	147
邓州市	44494	7794	4046	1981	5276	2831	1157

10—32 续表　　（2009 年）　　单位：吨

	柑桔	其他园林水果	桃	猕猴桃	葡萄	红枣	柿子
全　　市	**39335**	**436142**	**124698**	**206989**	**17359**	**31299**	**29942**
宛城区		13428	8528		4481	37	382
卧龙区	7	11399	5202		892	269	2303
南召县		7269	232	80		157	1886
方城县	5	15791	6265	15	424	2819	5277
西峡县	1174	228512	6085	202447	1170	505	10568
镇平县		4715	350	18	425	1620	215
内乡县	1490	36386	30057	323	830	383	3504
淅川县	29310	15613	3022		4412	7552	627
社旗县		2155	952		331	230	236
唐河县		49433	40212		1224	5009	2216
新野县		15231	4640	4100	897	1671	254
桐柏县		12135	10414	6	338	647	125
邓州市	7349	24075	8739		1935	10400	2349

10—33 林业生产情况

	1990	1995	2000	2005	2008	2009
营林情况						
当年造林面积(千公顷)	32.00	31.37	29.33	28.88	46.49	60.97
人工造林	29.00	27.67	25.87	25.22	45.20	53.17
飞机播种造林	3.00	3.70	3.46	2.66		
按用途分的造林面积(千公顷)						
用材林	19.00	13.78	7.35	18.18	9.03	15.68
#速生丰产林面积	3.90	2.60	1.37	2.37	1.50	1.62
经济林	10.00	10.12	14.38	4.44	3.96	7.20
防护林	1.00	6.88	7.60	5.26	33.50	38.10
薪炭林	2.00	0.59				
迹地更新面积(千公顷)	3.00	4.92	2.12			
零星(四旁)植树(万株)	3119.00	2997.00	3443.00	6854.00	6462.20	5842.80
育苗面积(千公顷)	3.00	1.93	1.85	3.72	4.05	4.03
幼林抚育作业面积(千公顷次)	59.00	257.65	318.04	424.87	477.78	456.22
成林抚育面积(千公顷)	31.00	113.08	207.88	284.60	315.80	369.34
主要林产品产量						
生漆(吨)	26	57	448	811	1050	1143
油桐籽(吨)	7089	10676	20566	28547	31020	31907
油茶籽(吨)		39	301	729	405	415
乌桕籽(吨)	532	475	1573	2659	4105	4412
五倍子(吨)		88	558	1989	2560	2863
核桃(吨)	571	1579	3184	6855	15070	9997
木耳(按干重计算)(吨)		791				
板栗(吨)	592	4037	22432	31567	40186	40808
猕猴桃(吨)		3954			74713	81073
山楂(吨)		1662				
花椒(吨)		2789	999		8606	14330
白果(吨)		114			764	839
村及村以下竹木采伐量						
木材(万立方米)	11.73	14.99	11.63	4.41	3.46	4.16
竹材(万根)	6.80	34.25	4.00			

10—34 各县(市、区)林业生产情况

(2009 年)　　单位:公顷

	当年造林面积	按造林方式分		按林种用途分		
		人工造林	飞播造林	用材林	经济林	防护林
全　　市	**60974**	**53174**		**15675**	**7203**	**38096**
宛 城 区	1794	1794		1130	664	
卧 龙 区	3406	3406		621	167	2618
南 召 县	6281	5748		133	198	5950
方 城 县	6174	6174		487	1988	3699
西 峡 县	6851	5184		5342	1022	487
镇 平 县	2585	2585		267	50	2268
内 乡 县	3960	2627		30	1124	2806
淅 川 县	11931	9931			1206	10725
社 旗 县	2483	2483		867		1616
唐 河 县	2955	2421		563	47	2345
新 野 县	2205	2205				2205
桐 柏 县	6886	5153		3822	620	2444
邓 州 市	3463	3463		2413	117	933

10—34 续表　　(2009 年)　　单位:公顷

	薪炭林	迹地更新面积(公顷)	零星(四旁)植树(万株)	育苗面积	幼林抚育作业面积(千公顷次)	成林抚育面积(公顷)
全　　市			**5843**	**4031**	**456224**	**369342**
宛 城 区			230	288	5652	10267
卧 龙 区			1555	427	18500	20600
南 召 县			260	983	99446	101693
方 城 县			376	206	38620	23731
西 峡 县			470	230	32900	58351
镇 平 县			230	278	32000	14000
内 乡 县			312	234	62000	41000
淅 川 县			70	237	8353	8500
社 旗 县			720	214	13333	16100
唐 河 县			80	242	23000	15500
新 野 县			370	202	34220	31700
桐 柏 县			300	233	80000	25000
邓 州 市			870	257	8200	2900

注:涉及市直的指标数据直接在总计中反映。

10-35 畜牧业生产情况

	1990	1995	2000	2005	2008	2009
牲畜年底头数						
大牲畜(万头)	153.17	160.08	165.29	168.54	167.21	168.50
牛	147.54	152.66	154.71	160.22	160.05	161.29
黄牛	145.44	149.10	152.30	153.90		
良种及改良乳牛	0.06	0.27	0.92	2.92	4.92	5.62
水牛	2.04	3.29	1.49	3.40		
马	1.77	2.72	3.76	3.46	2.60	2.65
驴	3.81	3.97	5.65	3.97	4.04	4.04
骡	0.05	0.73	1.17	0.89	0.52	0.53
猪(万头)	207.85	286.60	433.60	467.98	528.10	533.00
羊(万只)	143.61	205.68	253.62	271.38	285.04	279.20
山羊	123.94	189.60	236.89	252.28	274.63	269.00
绵羊	19.67	16.08	16.73	19.10	10.41	10.20
家禽(万只)	2543.12	3566.23	4112.92	5316.23	5699.17	5822.30
家兔(万只)	38.12	157.01	283.13	415.94	300.58	325.04
畜产品产量						
猪牛羊出栏头(只)数						
猪(万头)	130.00	233.01	389.38	521.26	522.60	545.10
牛(万头)	30.00	70.29	83.97	84.46	91.89	91.84
羊(万只)	86.00	178.31	243.27	298.32	329.24	322.55
肉类总产量(吨)	151347	327237	496814	610681	639484	675700
猪肉	96002	174391	307139	396158	395934	413751
牛肉	33497	93092	105891	107265	131234	137482
羊肉	12824	22885	28704	35201	39108	38222
禽肉	8240	33717	39383	48244	55177	57059
兔肉	323	2156	4691	7786	5903	6053
其他畜产品产量						
奶类产量(吨)	4965	16031	46987	153000	265802	289614
#牛奶	935	9211	29022	107266	205879	224470
山羊毛(吨)	342	874	874	1084	1552	1670
绵羊毛(吨)	551	593	541	576	414	435
羊绒(吨)	1	30	129	104	396	418
蜂蜜(吨)	2024	3802	11581	13605	27704	30186
禽蛋(吨)	78020	176007	247959	268302	295900	312300

10—36 各县(市、区)牲畜期末存栏情况

(2009 年)

	猪(万头)	能繁母猪	牛(万头)	肉牛	奶牛	役用
全市	**533.00**	**57.20**	**161.29**	**82.92**	**5.62**	**72.75**
宛城区	26.86	3.39	2.62	0.62	1.82	0.17
卧龙区	20.20	2.96	2.13	0.42	1.03	0.68
南召县	17.80	1.51	7.76	3.11	0.01	4.64
方城县	22.45	5.31	5.69	1.71	0.12	3.86
西峡县	23.55	2.30	6.42	3.04	0.03	3.35
镇平县	25.47	4.92	6.06	3.32	0.30	2.44
内乡县	76.02	8.07	10.92	4.08	0.19	6.64
淅川县	43.42	3.29	18.63	7.96	0.05	10.63
社旗县	49.29	4.34	13.26	4.11	0.39	8.75
唐河县	83.03	7.33	33.23	23.92	0.48	8.83
新野县	26.49	4.07	14.64	7.71	0.42	6.51
桐柏县	19.42	1.29	8.82	3.11	0.04	5.67
邓州市	99.02	8.44	31.12	19.82	0.72	10.58

10—36 续表

(2009 年)

	羊(万头)	山羊	绵羊	家禽(万只)	其它大牲畜(万头)	马	驴	骡	兔(万只)
全市	**279.20**	**269.00**	**10.20**	**5822.30**	**7.21**	**2.65**	**4.04**	**0.53**	**325.04**
宛城区	5.23	4.59	0.64	226.01					18.76
卧龙区	5.08	4.85	0.22	323.49					2.06
南召县	11.04	10.61	0.42	204.82	0.26	0.02	0.23		0.40
方城县	21.32	20.22	1.10	295.49	0.71	0.20	0.31	0.20	5.83
西峡县	18.08	17.62	0.46	237.39	0.02	0.01	0.01		0.66
镇平县	11.32	10.68	0.63	426.01	0.51	0.20	0.25	0.06	4.47
内乡县	50.03	49.40	0.63	366.61					12.74
淅川县	22.09	22.09		480.23	0.93	0.59	0.33	0.01	1.23
社旗县	15.05	14.10	0.95	344.17	2.25	0.66	1.37	0.22	58.07
唐河县	34.04	32.90	1.14	930.69	2.35	0.95	1.38	0.03	110.39
新野县	24.05	23.03	1.02	503.10					39.99
桐柏县	10.21	9.90	0.31	217.38	0.08	0.01	0.06		4.28
邓州市	51.68	49.00	2.68	1266.92	0.11	0.01	0.09	0.01	66.15

10-37 各县(市、区)畜产品产量

(2009 年)

	猪牛羊出栏头(万头、万只)数				肉类总产量(吨)				
	猪	牛	羊	禽		猪肉	牛肉	羊肉	禽肉
全　　市	**545.10**	**91.84**	**322.55**	**4892.32**	**675700**	**413751**	**137482**	**38222**	**57059**
宛 城 区	27.46	1.74	6.60	143.03	27971	21122	2598	782	1700
卧 龙 区	20.77	1.35	6.01	257.25	22230	15539	1996	707	2981
南 召 县	18.80	2.57	15.00	117.97	22981	14756	3859	1767	1357
方 城 县	23.36	2.58	24.99	326.28	29946	17625	3837	2946	3774
西 峡 县	24.36	3.16	20.66	124.56	27817	18183	4769	2435	1432
镇 平 县	26.20	2.57	15.89	416.50	31597	19747	3796	1873	4801
内 乡 县	80.01	7.63	57.19	346.99	84652	59931	11205	6770	4093
淅 川 县	44.23	10.11	24.98	361.35	56468	33481	14250	2946	4207
社 旗 县	50.26	7.99	17.71	253.26	58229	36589	12065	2086	2975
唐 河 县	83.39	17.63	36.17	727.16	109350	65018	25742	4313	8399
新 野 县	26.71	7.93	28.89	550.09	44557	19851	12038	3475	6729
桐 柏 县	19.56	3.46	12.91	238.65	25550	15054	5472	1502	2745
邓 州 市	100.01	23.13	55.55	1029.22	134352	76855	35855	6620	11866

10—37 续表

(2009 年)

	奶类总产量(吨)	牛奶	蜂蜜(吨)	禽蛋(吨)	鸡蛋	绵羊毛(吨)	细羊毛	半细毛	山羊毛(吨)
全　　市	**289614**	**224470**	**30186**	**312300**	**275065**	**435**	**59**	**353**	**1670**
宛 城 区	89748	75715	608	12004	10573	20		20	
卧 龙 区	82956	50647	56	17123	15081	29		29	
南 召 县	728	728	107	11171	9839	30		30	151
方 城 县	7634	6515	964	15922	14023	59		59	280
西 峡 县	1401	1401	169	12838	11308	19		19	18
镇 平 县	14181	13939	367	23120	20363	42		42	88
内 乡 县	8866	7697	1193	22011	19386	62	48	14	208
淅 川 县	817	817		26006	22906	1		1	
社 旗 县	18858	17718	3848	18266	16089	41	11	30	161
唐 河 县	18964	15814	2711	48954	43117	28		5	432
新 野 县	27324	17612	12030	26122	23008	59		59	
桐 柏 县	1824	1591	6178	11804	10397	27		27	30
邓 州 市	16313	14276	1955	66959	58975	20		20	303

10－38 各县(市、区)渔业生产情况

(2009 年)

	水产品产量(吨)					
	合计	天然生产	人工养殖	鱼类	虾蟹类	其他
全市	**95003**	**4605**	**90398**	**88538**	**492**	**1368**
宛城区	5500	20	5480	5130	230	120
卧龙区	5300	150	5150	5150		
南召县	15960	580	15380	15380		
方城县	4800	150	4650	4620		30
西峡县	3600	120	3480	3210	45	225
镇平县	6200	200	6000	5640		360
内乡县	4300	100	4200	4120	44	36
淅川县	18940	2910	16030	15400	100	530
社旗县	4300	20	4280	4280		
唐河县	7203	200	7003	6958	8	37
新野县	4800		4800	4770		30
桐柏县	7900	55	7845	7780	65	
邓州市	6200	100	6100	6100		

10－39 农民家庭平均每人出售的主要农产品

单位:千克

	1985	1995	2000	2005	2008	2009
粮食	130.66	81.97	150.02	289.94	530.55	607.45
棉花	9.87	10.71	15.13	32.32	33.04	36.91
油料	9.81	19.97	37.86	47.72	31.85	38.30
烟叶	7.11	2.97	3.74	5.25	5.16	4.83
蔬菜	19.83	77.79	143.92	120.64	139.77	135.95
瓜果水果	0.11	2.62	127.58	13.36	22.02	21.99

说明:本表为农村住户抽样调查资料(下表同)。

10－40 农民家庭平均每人出售畜禽产品情况

	1985	1995	2000	2005	2008	2009
肉猪(头)	0.08	0.40	0.24	0.31	0.29	0.39
猪肉(公斤)	5.95	0.47	0.92	21.98	24.04	30.75
肉牛(头)	0.004	0.02	0.02	0.04	0.03	0.03
牛肉(公斤)	0.44	0.02	0.06	5.89	4.72	5.24
菜羊(只)	0.06	0.08	0.07	0.08	0.05	0.09
羊肉(公斤)	0.94	0.01	0.09	1.88	1.02	1.26
家禽(公斤)	0.36	0.40	0.69	0.63	0.94	0.57
蛋类(公斤)	1.69	0.91	2.45	4.86	4.58	5.62
奶类(公斤)					3.25	3.52
水产品(公斤)	0.19	0.03	1.30	0.41	0.43	0.57

注:2003 年以前出售猪肉、牛肉、羊肉的数量,不包括出售猪、牛、羊的毛重按胴体重折肉,
2003 年以后(包括 2003 年)数据包括出售猪、牛、羊的毛重按胴体重折肉。

主要统计指标解释

粮食产量 指全社会的产量。包括国有经济经营的、集体统一经营的和农民家庭经营的粮食产量，还包括工矿企业办的农场和其他生产单位的产量。粮食除包括稻谷、小麦、玉米、高粱、谷子及其他杂粮外，还包括薯类和豆类。其产量计算方法，豆类按去豆荚后的干豆计算；薯类（包括甘薯和马铃薯，不包括芋头和木薯）1963 年以前按每 4 公斤鲜薯折 1 公斤粮食计算，从 1964 年开始改为按 5 公斤鲜薯折 1 公斤粮食计算。城市郊区作为蔬菜的薯类（如马铃薯等）按鲜品计算，并且不作粮食统计。其他粮食一律按脱粒后的原粮计算。

油料产量 指全部油料作物的生产量。包括花生、油菜籽、芝麻、向日葵籽、胡麻籽（亚麻籽）和其他油料。不包括大豆、木本油料和野生油料。花生以带壳干花生计算。

水产品产量 指人工养殖的水产品和天然生长的水产品的捕捞量。包括海水的鱼类、虾蟹类、贝类和藻类以及内陆水域的鱼类、虾蟹类和贝类，不包括淡水生植物。

猪、牛、羊肉产量 指当年出栏并已屠宰、除去头蹄下水后带骨肉（即胴体重）的重量。

期初（末）畜禽存栏头（只）数 指报告期初（末）农村各种合作经济组织和国营农场、农民个人、机关、团体、学校、工矿企业、部队等单位以及城镇居民饲养的大牲畜、猪、羊、家禽等畜禽的存栏数。

常用耕地 是指耕地总资源中专门种植农作物并经常进行耕种、能够正常收获的土地。包括当年实际耕种的熟地；弃耕、休闲不满三年，随时可以复耕的地；开荒利用三年以上的地。不包括临时种植农作物的坡度在 25 度以上的陡坡地；在河套、湖畔、库区临时开发的成片或零星土地；也不包括已列为国家和省（区、市）退耕计划但临时耕种的土地。

农作物播种面积 指实际播种或移植有农作物的面积。凡是实际种植有农作物的面积，不论种植在耕地上还是种植在非耕地上，均包括在农作物播种面积中。在播种季节基本结束后，因遭灾而重新改种和补种的农作物面积，也包括在内。

有效灌溉面积 指具有一定的水源，地块比较平整，灌溉工程或设备已经配套，在一般年景下当年能够进行正常灌溉的耕地面积。

农用化肥施用量 指本年内实际用于农业生产的化肥数量，包括氮肥、磷肥、钾肥和复合肥。化肥施用量要求按折纯量计算数量。折纯量是指把氮肥、磷肥、钾肥分别按含氮、含五氧化二磷、含氧化钾的百分之一百成份进行折算后的数量。复合肥按其所含主要成分折算。

农业机械总动力 指主要用于农、林、牧、渔业的各种动力机械的动力总和。包括耕作机械、排灌机械、收获机械、农用运输机械、植物保护机械、牧业机械、林业机械、渔业机械和其他农业机械〔内燃机按引擎马力折成瓦（特）计算、电动机按功率折成瓦（特）计算〕。不包括专门用于乡镇、村、组办工业、基本建设、非农业运输、科学试验和教学等非农业生产方面用的动力机械与作业机械。

农林牧渔业劳动力 指全社会直接参加农林牧渔业生产活动的劳动力。

乡村从业人员 指乡村人口中劳动年龄在 16 周岁以上实际参加生产经营活动并取得实物或货币收入的人员，包括劳动年龄内经常参加劳动的人员，也包括超过劳动年龄但经常参加劳动的人员，但不包括户口在家的在外学生、现役军人和丧失劳动能力的人，也不包括待业人员和家务劳动者。从业人员按从事主业时间最长（时间相同按收入）分为农业从业人员、工业从业人员、建筑从业人员、交运仓储及邮电业从业人员、批零贸易及餐饮业从业人员、其它从业人员。

11

工　业

资料整理：马协龙　王涛　张祎　焦静琴　康晶晶　袁鸿

11-1 历年工业企业单位数

单位:个

	总计	国有工业	集体工业	城乡个体工业	城乡合作工业	其他经济类型工业	轻工业	重工业
1949	22	8		14				
1952	66	43		23				
1957	232	78		154				
1962	685	178	507					
1965	515	153	362					
1970	753	231	522					
1975	1007	314	693					
1978	1299	362	937					
1979	1367	373	994					
1980	1445	383	1062					
1981	1443	379	1064					
1982	1484	397	1087					
1983	3096	416	1127	1553				
1984	70359	350	4147	65862				
1985	36553	369	3697	27695	4791	1		
1986	65275	386	3951	52817	8121			
1987	90982	421	6404	76041	8110	6		
1988	101597	431	6692	85216	9256	2		
1989	93768	443	5800	84017	3504	4	58499	35269
1990	99427	474	5029	85745	8173	6	65451	33976
1991	97955	445	5056	92323	128	3	60684	37271
1992	118719	433	5318	111637	1322	9	92256	26463
1993	170367	500	6186	160694	2892	95	78927	91440
1994	201462	438	6432	189674	4654	264	129784	71678
1995	188576	481	6186	161755	19697	457	132861	55715
1996	189189	525	6933	162212	19151	368	133043	56146
1997	161564	403	7723	41973	110977	488	127065	34499
1998	137295	201	4883	128399		3812	107353	29942
1999	132393	302	4755	123617		3719	104928	27465
2000	132020	252	4695	123043		4030	102709	29311
2001	131098	250	4378	121063		5407	100020	31078
2002	135407	300	3419	126361		5327	105847	29560
2003	141032	283	2960	131989		5800	106038	34994
2004	138412	236	2113	129040		7023	104562	33850
2005	131093	222	2085	121579		7207	97909	33184
2006	120514	179	991	110050		9294	91875	28639
2007	117833	167	921	105582		11163	90115	27718
2008	117702	106	228	105011		12357	88202	29500
2009	119455	92	221	106784		12358	89925	29530

11-2 各县(市、区)全部工业单位数

(2009 年) 单位:个

	合计	规模以上企业	规模以下企业	个体经营单位	轻工业	重工业
总计	**119455**	**1358**	**11313**	**106784**	**89925**	**29530**
宛城区	6153	75	960	5118	4383	2748
卧龙区	5432	73	859	4500	3386	2375
南召县	10552	68	299	10185	5811	1273
方城县	9263	98	913	8252	6542	2295
西峡县	9198	87	611	8500	5392	1289
镇平县	22572	93	840	21639	18997	2635
内乡县	7112	62	974	6076	3393	1892
淅川县	10205	46	693	9466	9562	1317
社旗县	4636	85	636	3915	4601	1263
唐河县	8721	147	1254	7320	9848	4386
新野县	7332	168	1253	5911	4689	2065
桐柏县	4413	60	668	3685	3163	1906
邓州市	13736	166	1353	12217	10128	3986
市直	30	30			12	18
高新区	78	78			13	65
两属	22	22			5	17

11-2 续表 (2009 年) 单位:个

	公有制企业	国有及国有控股	集体及集体控股	非公有制企业	#大型企业	#中型企业
总计	**313**	**92**	**221**	**119142**	**16**	**94**
宛城区	28	6	22	6125		6
卧龙区	92	10	82	5340		4
南召县	16	6	10	10536		2
方城县	3	2	1	9260		3
西峡县	6	4	2	9192	4	6
镇平县	34	3	31	22538		5
内乡县	6	4	2	7106		5
淅川县	34	9	25	10171	1	6
社旗县	11	5	6	4625		3
唐河县	9	7	2	8712		5
新野县	4	3	1	7328	1	3
桐柏县	5	3	2	4408		8
邓州市	22	4	18	13714		8
市直	16	11	5	14	4	9
高新区	12	7	5	66	1	12
两属	15	8	7	7	5	9

11-3 工业企业增加值

单位:万元

	2000	2001	2002	2003	2004	2005	2006	2007	2008	2009
全部工业总计	**2115251**	**2328917**	**2497280**	**3075633**	**3681733**	**4681756**	**5465568**	**6413271**	**7526856**	**7813580**
按注册类型分										
内资企业	1285855	1413147	1496399	1789755	2174583	3007695	3635724	4407473	5343463	5599444
国有	532429	662868	670593	832483	815273	1000804	1063772	783128	989895	827795
集体	351111	437801	411182	421560	352102	393842	248073	269949	208655	131234
股份合作	135874	143489	133696	102717	79105	99846	80292	71607	71796	95847
股份制工业	192013	209113	237418	361211	563480	852516	1259853	1661997	2094639	2220011
私营企业	171388	227673	314046	463488	766181	1189638	1643392	2124585	2593117	2613878
外商及港澳台商投资	52212	51872	55522	73557	88358	90161	95664	147098	187415	210935
按控股经济分										
公有制					1445169	1459003	1406337	1598126	1672666	1527531
国有工业					815205	1000636	1063772	1192636	1381252	1286726
集体工业					629964	458367	342565	405490	291414	240805
非公有制					2236562	3222753	4059321	4815145	5854190	6286049
按轻重工业分										
轻工业	1050163	1154930	1328604	1586114	1910943	2441102	2780655	3277347	3694847	4013913
重工业	1065088	1173987	1168676	1489519	1770790	2240654	2684913	3135924	3832009	3799667
按企业规模分										
大型企业	385992	486913	525854	618574	500999	695435	798710	1010820	1410631	1296481
中型企业	72185	92141	141800	146293	421908	463034	555843	817663	944002	1199339
小型企业	879890	887960	884267	1098444	1340034	1939187	2379215	2726055	3176244	3314560
一、规模以上工业企业总计	**983721**	**1068670**	**1112947**	**1314640**	**1607152**	**2251156**	**2811568**	**3513171**	**4587256**	**4863780**
按注册类型分										
内资企业	932617	1016798	1059187	1243500	1523649	2165319	2717233	3370259	4402069	4655079
国有	532429	574041	668447	830114	536213	732855	702936	783128	988620	826516
集体	212580	228922	231600	230521	149914	250730	128517	134911	147648	70033
股份合作	80912	84433	94473	66226	46138	61372	57194	45524	57817	81824
股份制工业	186631	207269	218371	347964	527515	828694	1211925	1576240	2050068	2175299
私营企业	30173	42891	74998	133256	330797	590449	951080	1342811	1789412	1807636
外商及港澳台商投资	51104	51872	53760	71140	83503	85837	94335	142912	185188	208701

11－3续表 单位:万元

	2000	2001	2002	2003	2004	2005	2006	2007	2008	2009
按控股经济分										
公有制					1024862	1225783	1275556	1450412	1644330	1499107
国有工业					812614	998642	1060485	1188924	1375368	1280824
集体工业					212248	227141	215071	261488	268962	218283
非公有制					582290	1025373	1536102	2062759	2942926	3364673
按轻重工业分										
轻工业	356699	403085	431377	492081	626859	912311	1131506	1473891	1837623	2026592
重工业	627022	665585	681570	822559	980298	1338845	1680062	2039280	2749633	2837187
按企业规模分										
大型企业	385992	486913	525854	618574	500999	695435	798710	1010820	1410631	1296481
中型企业	72185	92141	141800	146293	421908	463034	555843	817663	944002	1199339
小型企业	74252	489615	445292	549773	684250	1092687	1457015	1684688	2232623	2367960
二、规模以下工业企业总计	**354346**	**398344**	**438974**	**548671**	**655789**	**846500**	**922200**	**1041400**	**943621**	**946600**
按注册类型分										
内资企业	353238	396349	437212	546255	650934	842376	918491	1037214	941394	944366
国有企业									1275	1279
集体企业	138531	208879	179582	154548	166833	161367	119556	135038	61007	61200
股份合作企业	54962	59056	39223	36491	32967	38474	23098	26083	13979	14023
股份制工业	5382	7980	19047	21554	35965	38011	34267	45757	44571	44712
私营企业	141215	169516	239048	330232	396501	599189	692312	781774	803705	806242
外商及港澳台商投资企业	1108	1995	1762	2416	4855	4124	3709	4186	2227	2234
按控股经济分										
公有制					420307	233220	130781	147714	28336	28425
国有工业					2591	1994	3287	3712	5884	5903
集体工业					417716	231226	127494	144002	22452	22522
非公有制					235480	613280	791419	893686	915285	918175
按轻重工业分										
轻工业	141923	135083	179850	222318	263908	335712	370630	418556	369341	396057
重工业	212423	263261	259124	326353	391881	510788	551570	622844	574280	550543
三、城乡个体工业合计	**777184**	**861903**	**945359**	**1212322**	**1418792**	**1584100**	**1731800**	**1858700**	**1995979**	**2003200**
轻工业	551541	621259	717377	871715	1020176	1172259	1278519	1384900	1487883	1591263
重工业	225643	240644	227982	340607	398616	431643	453281	473800	508096	411937

注:本表按当年价格计算。

11—4 工业企业增加值指数

（上年＝100）

	2000	2001	2002	2003	2004	2005	2006	2007	2008	2009
全部工业总计	**107.6**	**110.4**	**109.9**	**115.9**	**117.4**	**117.2**	**116.7**	**116.3**	**115.1**	**110.9**
按注册类型分										
内资企业								120.1	118.0	119.5
国有		107.1	125.7	107.4	120.2	107.1	110.4	113.9	109.9	99.2
集体		107.4	105.4	120.6	108.3	110.9	93.1	112.8	119.0	103.6
股份合作								112.5	101.5	94.7
股份制工业		107.0	37.0	117.4	122.7	133.2	124.4	130.7	125.8	122.5
私营企业		118.8		123.3	120.1	113.5	119.9	123.7	122.9	114.6
外商及港澳台商投资		107.0	103.1	117.5	112.8	102.1	117.9	119.3	116.1	111.5
按控股经济分										
公有制								113.1	110.6	102.8
国有工业					120.2	107.1	110.3	113.0	112.8	103.3
集体工业							93.1	113.2	103.4	104.8
非公有制							135.6	124.4	124.1	131.2
按轻重工业分										
轻工业		112.4	115.5	116.2	110.2	122.5	115.7	117.1	113.2	109.4
重工业		108.3	100.3	121.2	116.6	111.5	116.0	115.4	117.0	112.8
按企业规模分										
大型企业		106.9	103.5	106.2	131.4	112.2	114.1	122.4	119.5	110.4
中型企业		106.9	113.4	109.6	126.6	112.1	111.9	120.4	117.8	117.3
小型企业		115.6	106.5	119.2	118.7	128.6	123.8	119.2	117.3	109.8
一、规模以上工业企业总计	**116.9**	**110.5**	**110.0**	**113.5**	**124.0**	**123.6**	**122.9**	**123.0**	**120.1**	**114.0**
按注册类型分										
内资企业							123.1	123.1	120.2	114.1
国有		107.1	106.6	107.4	124.9	101.4	110.7	113.9	110.1	99.2
集体		112.6	116.0	118.2	113.2	127.8	122.4	114.3	115.2	104.5
股份合作							130.6	113.2	111.7	92.6
股份制工业		110.1	102.6	118.2	123.7	139.9	124.4	127.4	126.0	122.8
私营企业		107.0	110.3	131.7	139.3			132.2	122.7	115.7
外商及港澳台商投资		107.0	104.5	117.6	112.7	99.6	117.6	119.6	116.8	111.5

11－4 续表　　　　　　　　　　　（上年＝100）

	2000	2001	2002	2003	2004	2005	2006	2007	2008	2009
按控股经济分										
公有制							111.7	113.3	112.3	102.7
国有工业					120.2	107.1	110.3	113.0	112.5	103.3
集体工业								114.2	115.2	104.5
非公有制								131.0	124.6	120.2
按轻重工业分										
轻工业		116.2	112.7	113.2	118.9	131.0	126.3	127.1	119.8	112.2
重工业		107.3	108.4	113.6	127.6	119.1	120.7	120.2	120.4	115.2
按企业规模分										
大型企业		106.9	103.5	106.2	131.4	112.2	114.1	122.4	119.5	110.4
中型企业		106.9	113.4	109.6	126.6	112.1	111.9	120.4	117.8	117.3
小型企业		115.6	106.5	119.2	118.7	128.6	123.8	124.7	121.5	114.8
二、规模以下工业企业总计	**106.7**	**110.3**	**110.2**	**116.7**	**112.2**	**111.7**	**110.7**	**111.3**	**108.6**	**106.7**
按注册类型分										
内资企业							110.8	111.3	108.8	100.3
国有企业										103.6
集体企业		111.8	86.0	123.7	104.9	109.7	75.2	111.3	54.1	102.5
股份合作企业							61.0	111.3	64.2	106.7
股份制工业		104.5	58.9	120.2	108.9	114.3	91.6	246.8	116.7	108.2
私营企业		115.7	110.2	119.5	106.0	112.2	117.4	111.3	123.2	112.0
外商及港澳台商投资企业				115.3	114.5	107.4	91.4	111.3	63.8	107.2
按控股经济分										
公有制						48.2	57.0	111.3	23.0	105.9
国有工业						66.9	167.5	111.3	190.0	103.6
集体工业						48.1	56.0	111.3	14.4	108.2
非公有制						226.3	131.1	111.3	122.8	107.5
按轻重工业分										
轻工业		110.8	105.8	119.5	108.2	113.5	110.4	114.1	105.8	107.6
重工业		109.6	113.5	121.5	104.4	110.5	108.0	109.4	110.5	106.4
三、城乡个体工业合计	**109.0**	**109.8**	**109.7**	**118.3**	**113.6**	**112.6**	**111.1**	**107.9**	**106.7**	**105.3**
轻工业		111.5	121.2	116.7	105.7	119.9	110.8	108.9	106.8	106.2
重工业		105.6	84.4	143.5	105.7	96.0	111.9	105.1	106.5	104.4

注：本表按可比价格计算。

11－5 各县(市、区)工业增加值及指数

	工业增加值(万元)									
	2000	2001	2002	2003	2004	2005	2006	2007	2008	2009
全市	**2115251**	**2328917**	**2497280**	**3075633**	**3681733**	**4681762**	**5465568**	**6413271**	**7526856**	**7813580**
市直	143747	169932	548038	630674	665055	835219	323912	299125	350190	319854
宛城区	74390	80731	90195	105014	133377	159339	188418	221249	252192	305568
卧龙区	104793	114261	123361	146179	186557	230213	243730	267899	305046	351572
南召县	93194	104246	110518	139983	199941	262130	304646	342021	233004	243661
方城县	72843	81361	89511	106632	142774	180548	212369	247504	310981	353024
西峡县	89214	102060	114682	145927	193719	271584	358899	471396	683222	747723
镇平县	323621	364485	402505	482454	589252	744293	809307	887059	722801	707950
内乡县	101502	114045	126663	145426	187389	228842	261270	305456	370292	383389
淅川县	116261	128962	144734	179012	235837	301191	345810	418886	489170	545344
社旗县	37171	40615	44582	55069	78775	105495	136495	174723	249638	287196
唐河县	153661	166025	177249	212580	258984	320907	384378	479921	528306	591899
新野县	166458	183836	201132	239558	314940	419320	484725	598741	695591	698620
桐柏县	76890	86403	102748	125877	161306	203144	241663	288609	318886	330397
邓州市	185029	207209	221361	261397	333827	419530	505064	623230	832137	934398
两属	369549	384748					621566	679642	992681	789848
高新区							50314	107812	155131	184076

11－5续表

	工业增加值指数(上年＝100)									
	2000	2001	2002	2003	2004	2005	2006	2007	2008	2009
全市	**107.6**	**110.4**	**109.9**	**115.9**	**117.4**	**117.2**	**116.7**	**116.3**	**115.1**	**110.9**
市直	95.1	118.2	101.3	108.0	105.3	100.0	123.8	115.2	113.1	99.8
宛城区	98.6	107.6	111.6	116.8	112.9	116.3	119.8	114.1	113.6	114.4
卧龙区	109.7	108.2	109.0	117.1	114.6	118.5	115.8	113.2	112.9	110.6
南召县	103.8	111.0	109.0	120.3	128.7	117.5	115.7	112.5	88.6	112.6
方城县	108.7	110.9	110.3	118.2	119.3	120.0	120.0	114.2	113.5	111.4
西峡县	111.6	113.8	113.8	121.1	132.1	136.5	124.9	122.8	118.3	122.3
镇平县	109.9	111.8	111.7	115.0	110.7	119.5	115.4	114.4	87.8	110.1
内乡县	110.2	111.4	112.8	119.3	117.5	118.2	117.0	112.2	111.0	110.6
淅川县	109.1	110.2	113.5	119.9	120.3	123.3	119.4	121.1	115.1	112.7
社旗县	65.1	108.5	111.7	123.2	129.1	119.7	120.0	114.6	112.8	112.7
唐河县	106.7	107.2	107.7	116.1	112.8	118.7	118.4	118.9	114.2	111.5
新野县	99.7	109.8	112.8	116.9	118.5	124.0	119.6	119.7	116.1	114.0
桐柏县	112.5	111.6	117.3	117.3	112.9	119.0	116.3	115.2	114.3	111.3
邓州市	105.2	111.3	111.2	113.7	116.1	118.7	118.5	118.0	115.1	115.2
两属	138.5	104.1					105.1	115.5	113.6	96.3
高新区							126.9	138.8	122.5	116.8

注:本表增加值按当年价格计算,指数按可比价格计算。

11－6 各县(市、区)全部工业增加值

(2009 年)

	全部工业		限额以上工业		限额以下企业		城乡个体	
	增加值(万元)	比上年增长(%)	增加值(万元)	比上年增长(%)	增加值(万元)	比上年增长(%)	增加值(万元)	比上年增长(%)
全　　市	**7813580**	**10.9**	**4863779.8**	**14.0**	**946600**	**6.7**	**2003200**	**5.3**
市　　直	319854	-0.2	319854	-0.2				
宛城区	305568	14.4	151290	22.8	65076	7.0	89203	5.6
卧龙区	351572	10.6	159841	17.1	52310	6.9	139421	5.5
南召县	243661	12.6	155310	16.3	20424	7.3	67927	5.9
方城县	353024	11.4	184700	16.2	70923	7.0	97401	5.6
西峡县	747723	22.3	562149	27.5	57717	7.7	127857	6.3
镇平县	707950	10.1	309022	16.3	62397	6.8	336531	5.4
内乡县	383389	10.6	163726	16.5	122527	6.8	97137	5.4
淅川县	545344	12.7	293659	18.2	74555	7.2	177130	5.8
社旗县	287196	12.7	153009	18.1	41947	7.4	92240	6.0
唐河县	591899	11.5	286209	18.0	79240	6.5	226450	5.1
新野县	698620	14.0	447060	18.5	128541	6.8	123019	5.4
桐柏县	330397	11.3	169259	16.0	65964	7.1	95175	5.7
邓州市	934398	15.2	564070	21.4	87774	6.9	282554	5.5
两　　属	789848	-3.7	789848	-3.7				
高新区	184076	16.8	154775	16.8	17206	6.9	12095	5.5

注：本表增加值按当年价格计算，增长速度按可比价格计算。

11－7 限额以上工业企业分行业单位数、总产值、增加值及销售产值

（2009年）

	单位数(个)	工业总产值(万元)	工业增加值(万元)	工业增加值指数(上年=100)	工业销售产值(万元)
总　　计	**1358**	**16375831**	**4863780**	**114.0**	**16148545**
煤炭开采和洗选业					
石油和天然气开采业	4	820610	356423	91.8	1054944
黑色金属矿采选业	18	111775	35188	126.6	109481
有色金属矿采选业	23	195531	64851	137.6	194208
非金属矿采选业	48	279234	108780	105.5	271443
其他采矿业					
农副食品加工业	161	1063103	309388	113.4	1009472
食品制造业	46	331372	107383	102.9	406301
饮料制造业	29	675259	186727	115.5	619774
烟草制品业	2	170391	96740	93.2	170748
纺织业	218	2371965	643646	111.8	2418554
纺织服装、鞋、帽制造业	20	104639	34110	114.3	104315
皮革、毛皮、羽毛(绒)及其制品业	7	36760	11939	117.2	36121
木材加工及木、竹、藤、棕、草制品业	39	319436	97600	131.7	312415
家具制造业	9	55457	16245	122.4	54686
造纸及纸制品业	21	185024	56381	109.0	182469
印刷业和记录媒介的复制	23	73696	24416	122.2	79235
文教体育用品制造业	4	36414	11397	126.6	35953
石油加工、炼焦及核燃料加工业	3	234954	45440	89.9	15818
化学原料及化学制品制造业	77	868620	238609	115.1	813641
医药制造业	47	642738	208145	125.2	687887
化学纤维制造业					
橡胶制品业	5	27592	9461	155.2	26105
塑料制品业	44	290341	81955	120.1	280788
非金属矿物制品业	206	1920094	617522	126.7	1852009
黑色金属冶炼及压延加工业	16	1039281	281847	160.2	1282586
有色金属冶炼及压延加工业	12	635637	147108	117.3	503011
金属制品业	27	112942	35121	118.3	110866
通用设备制造业	32	229136	67956	118.7	307752
专用设备制造业	33	586311	145074	97.1	359094
交通运输设备制造业	32	368731	83860	118.6	311290
电气机械及器材制造业	29	316512	88908	99.3	310387
通信设备、计算机及其他电子设备制造业	14	91020	29278	123.2	89256
仪器仪表及文化、办公用机械制造业	43	347531	103098	121.3	348227
工艺品及其他制造业	38	349609	124955	108.5	337841
废弃资源和废旧材料回收加工业					
电力、热力的生产和供应业	21	1472777	390046	110.6	1441340
燃气生产和供应业	1	2584	567	115.4	1774
水的生产和供应业	6	8754	3618	96.3	8754

注：本表产值按当年价格计算，增长速度按可比价格计算。

11-8 各县(市、区)限额以上工业企业单位数

(2009 年底)

单位:个

	合 计	#国有及国有控股企业	集体企业	非公有制工业	#外商及港澳台投资企业	轻工业	重工业	大型企业	中型企业	小型企业
总计	**1358**	**67**	**70**	**1150**	**44**	**724**	**634**	**16**	**94**	**1248**
宛城区	75	2	12	54	2	45	30		6	69
卧龙区	73	3	5	62	4	31	42		4	69
南召县	68	2	4	58	2	13	55		2	66
方城县	98	2	1	76	2	36	62		3	95
西峡县	87	3	2	77	5	19	68	4	6	77
镇平县	93	2	9	82	2	61	32		5	88
内乡县	62	3	2	54	3	20	42		5	57
淅川县	46	5	5	30	1	16	30	1	6	39
社旗县	85	2	2	80	1	59	26		3	82
唐河县	147	7		139	4	106	41		5	142
新野县	168	3		165		160	8	1	3	164
桐柏县	60	3	1	53	4	21	39		8	52
邓州市	166	4	10	149	3	107	59		8	158
市直	30	11	5	10	5	12	18	4	9	17
高新区	78	7	5	59	5	13	65	1	12	65
两属	22	8	7	2	1	5	17	5	9	8

11-9 各县(市、区)限额以上工业总产值

(2009 年)

单位:万元

	总产值	国有及国有控股企业	集体企业	非公有制工业	#外商及港澳台投资企业	轻工业	重工业	大型企业	中型企业	小型企业
总计	**16375831**	**4172278**	**230486**	**11469644**	**691571**	**6782320**	**9593511**	**4456608**	**4111950**	**7807273**
宛城区	525916	47854	56845	394215	123663	323521	202395		192097	333818
卧龙区	516501	87645	20995	390040	40724	168719	347782		128319	388181
南召县	484943	15826	20539	447670	8866	94023	390920		41936	443007
方城县	594507	19042	6154	569312	5312	235377	359130		43972	550535
西峡县	2050663	46161		2000645	30396	209067	1841597	1675016	186065	189582
镇平县	940150	39114	41144	797042	28182	523975	416175		159313	780836
内乡县	531146	33846	8937	479299	20001	207156	323991		107531	423616
淅川县	1165841	274262	6523	878991	59462	103600	1062241	227610	805363	132868
社旗县	508073	56329	14866	436879	21870	338375	169698		78199	429875
唐河县	937795	38362		899433	29109	697039	240756		68197	869598
新野县	1660335	316360		1343975		1500877	159457	264008	78414	1317913
桐柏县	570280	152283		404243	34049	189841	380439		191426	378854
邓州市	1868255	51195	42412	1632359	45450	1230005	638250		531687	1336569
市直	1287012	867445	11198	397085	107081	597415	689597	739858	505045	42109
高新区	558684	124580	873	288509	79435	44853	513831	136516	251377	170790
两属	2175731	2001976		109949	57972	318478	1857253	1413600	743010	19122

注:本表按当年价格计算。

11—10 各县(市、区)限额以上工业总产值指数

(2009 年)　　单位:%

	合计	国有及国有控股企业	集体企业	非公有制工业	#外商及港澳台投资企业	轻工业	重工业	大中型企业	#国有企业
总　　计	**114.8**	**105.9**	**104.9**	**119.8**	**113.4**	**112.8**	**116.1**	**115.2**	**104.4**
宛　城　区	123.4	138.4	94.7	128.5	153.0	129.0	115.4	140.1	138.4
卧　龙　区	117.0	108.0	102.3	120.7	134.5	110.0	120.8	132.3	132.0
南　召　县	116.6	105.5	102.6	117.7	113.0	112.9	117.6	110.8	101.8
方　城　县	116.5	121.9	92.3	116.7	124.7	105.8	124.7	136.6	111.7
西　峡　县	124.6	61.1	100.0	126.4	73.6	104.3	126.7	132.4	65.4
镇　平　县	113.2	100.4	108.4	114.8	96.0	106.4	122.2	110.9	100.3
内　乡　县	117.9	192.4	84.4	116.9	58.1	129.0	111.8	191.4	242.9
淅　川　县	117.8	146.0	143.6	111.3	96.0	103.6	119.1	115.9	124.4
社　旗　县	117.9	98.1	106.6	121.4	147.6	116.2	121.4	108.2	98.1
唐　河　县	118.4	107.6	100.0	118.9	115.7	112.3	139.5	123.7	112.6
新　野　县	118.3	133.0	100.0	115.4	100.0	117.8	123.9	134.7	133.9
桐　柏　县	116.5	113.8	100.0	116.0	147.9	119.0	115.3	116.8	100.1
邓　州　市	121.3	122.9	110.0	122.2	136.5	117.3	129.2	134.6	131.6
市　　直	100.8	103.8	87.7	97.0	87.8	105.7	96.8	102.9	104.1
高　新　区	112.7	193.4	128.8	120.9	129.4	138.6	110.9	105.1	187.9
两　　属	97.6	98.2	100.0	82.1	86.4	98.2	97.5	97.5	98.2

注:本表按可比价格计算。

11—11 各县(市、区)限额以上工业销售产值

(2009 年)　　单位:万元

	合计	国有及国有控股企业	集体企业	非公有制工业	#外商及港澳台投资企业	轻工业	重工业	大型企业	中型企业	小型企业
总　　计	**16148545**	**4133885**	**228040**	**11309019**	**690948**	**6813159**	**9335386**	**4422465**	**4049328**	**7676752**
宛　城　区	517856	44687	56542	390762	125328	320955	196901		190038	327818
卧　龙　区	504562	82169	20872	384244	40599	164810	339751		120456	384106
南　召　县	465770	15790	19994	429105	8464	91471	374299		38488	427282
方　城　县	579491	19042	6358	554091	4999	226738	352753		43705	535786
西　峡　县	2058360	46123		2008246	30742	294190	1764170	1681718	192771	183871
镇　平　县	932432	39112	40833	789965	27814	518807	413625		157159	775273
内　乡　县	524084	33745	9220	471879	20241	206664	317420		103806	420278
淅　川　县	1159003	273547	6236	872902	59462	116684	1042318	227610	803127	128265
社　旗　县	503899	54585	14710	434604	21870	334593	169306		76455	427444
唐　河　县	920765	37905		882860	28474	684306	236459		67157	853608
新　野　县	1644061	306585		1337476		1484608	159453	254464	73405	1316192
桐　柏　县	559545	151646		393317	34707	187117	372428		186852	372693
邓　州　市	1802293	52350	40019	1582388	43931	1209559	592735		512442	1289851
市　　直	1264138	850424	12394	389523	106693	610287	653851	713034	504697	46408
高　新　区	535949	120680	862	279753	79653	44119	491829	126685	241492	167772
两　　属	2176338	2005497		107903	57972	318251	1858087	1418954	737278	20107

注:本表按当年价格计算。

11—12 各县(市、区)限额以上工业增加值

(2009 年)

单位:万元

	合　计	#国有及国有控股企业	集体企业	非公有制工业	外商及#港澳台投资企业	轻工业	重工业	大型企业	中型企业	小型企业
总　　计	**4863780**	**1280824**	**218283**	**3364673**	**208701**	**2026592**	**2837187**	**1296481**	**1199339**	**2367960**
宛　城　区	151290	16813	22081	112396	32159	91393	59897		54431	96858
卧　龙　区	159841	24025	13790	122026	15189	53423	106418		38908	120934
南　召　县	155310	3435	6746	145129	2673	30538	124772		9801	145509
方　城　县	184700	4411	1683	178606	2130	69852	114848		11973	172727
西　峡　县	562149	11149	1382	549618	9405	66119	496030	459016	46419	56714
镇　平　县	309022	8391	32519	268112	10241	168652	140370		48042	260980
内　乡　县	163725	8306	6308	149111	7598	66068	97658		30134	133591
淅　川　县	293659	62721	4197	226741	13415	32645	261014	48140	204271	41248
社　旗　县	153009	17663	4063	131283	5677	102061	50948		23340	129668
唐　河　县	286209	10004		276205	7981	212865	73344		18474	267735
新　野　县	447060	81778		365283		403441	43620	70041	18366	358653
桐　柏　县	169259	41492	3852	123915	9990	53875	115383		52189	117070
邓　州　市	564069	11977	62891	489201	14927	370110	193959		160168	403901
市　　直	319854	200126	6291	113437	31504	153925	165929	190020	118131	11703
高　新　区	154775	40240	36361	78174	24054	13362	141414	33979	75697	45099
两　　属	789848	738294	16119	35435	21757	138263	651585	495285	288993	5569

注:本表按当年价格计算

11—13 各县(市、区)限额以上工业增加值率

(2009 年)

单位:%

	合　计	#国有及国有控股企业	集体企业	非公有制企业	#外商及港澳台投资企业	轻工业	重工业	大型企业	中型企业	小型企业
总　　计	**29.7**	**30.7**	**30.4**	**29.3**	**30.2**	**29.9**	**29.6**	**29.1**	**29.2**	**30.3**
宛　城　区	28.8	35.1	23.8	28.5	26.0	28.2	29.6		28.3	29.0
卧　龙　区	30.9	27.4	39.3	31.3	37.3	31.7	30.6		30.3	31.2
南　召　县	32.0	21.7	31.4	32.4	30.2	32.5	31.9		23.4	32.8
方　城　县	31.1	23.2	27.3	31.4	40.1	29.7	32.0		27.2	31.4
西　峡　县	27.4	24.2		27.5	30.9	31.6	26.9	27.4	24.9	29.9
镇　平　县	32.9	21.5	30.7	33.6	36.3	32.2	33.7		30.2	33.4
内　乡　县	30.8	24.5	33.7	31.1	38.0	31.9	30.1		28.0	31.5
淅　川　县	25.2	22.9	33.4	25.8	22.6	31.5	24.6	21.2	25.4	31.0
社　旗　县	30.1	31.4	27.3	30.1	26.0	30.2	30.0		29.8	30.2
唐　河　县	30.5	26.1		30.7	27.4	30.5	30.5		27.1	30.8
新　野　县	26.9	25.8		27.2		26.9	27.4	26.5	23.4	27.2
桐　柏　县	29.7	27.2		30.7	29.3	28.4	30.3		27.3	30.9
邓　州　市	30.2	23.4	34.4	30.0	32.8	30.1	30.4		30.1	30.2
市　　直	24.9	23.1	30.5	28.6	29.4	25.8	24.1	25.7	23.4	27.8
高　新　区	27.7	32.3	24.9	27.1	30.3	29.8	27.5	24.9	30.1	26.4
两　　属	36.3	36.9		32.2	37.5	43.4	35.1	35.0	38.9	29.1

11－14 分县(市、区)高新技术增加值及占限额以上工业增加值比重

	2009 (万元)	2008 (万元)	2009年比重 (%)	2008年比重 (%)	2009年比2008年 增减百分点
南阳市	**426218**	**398677**	**8.8**	**8.7**	**0.1**
宛城区	27545	15196	18.2	15.4	2.8
卧龙区	25800	17790	16.1	15.6	0.5
南召县	1194	432	0.8	0.3	0.5
方城县	9669	10185	5.2	7.1	-1.9
西峡县	39033	34448	6.9	6.9	
镇平县	15766	47728	5.1	16.3	-11.2
内乡县	30848	19540	18.8	12.9	5.9
淅川县	24095	16637	8.2	7.0	1.2
社旗县	8951	5865	5.8	5.0	0.8
唐河县	33043	29930	11.5	13.5	-1.9
新野县	19740	18155	4.4	4.1	0.3
桐柏县	36995	5990	21.9	3.8	18.1
邓州市	45716	37172	8.1	8.8	-0.7
高新区	26125	25929	16.9	20.6	-3.7
市直	23635	26881	7.4	7.7	-0.3
两属	58062	71504	7.4	6.7	0.7

11-15 主 要 工 业

	单 位	1952	1957	1965	1970	1978
纱	吨			199	167	44800
布	万米	5	534	109	296	2157
#化纤布	万米					134
生丝	吨					29
丝织品	万米	11	76	177		317
皮鞋	万双					21
卷烟	万箱	3	2	4	7	13
饮料酒	吨	450	1310	4579	9343	24210
啤酒	吨					
塑料制品	吨					1939
原油	万吨					167
天然汽	万立方米					
发电量	万千瓦时	6	151	2415	4877	12723
铁矿石	吨				66080	185941
生铁	吨	202	583		713	38890
钢	吨					2950
硫酸	吨					1597
烧碱	吨				17	1577
合成氨	吨					36556
化肥	吨				22964	126436
氮肥	吨					109618
磷肥	吨					16818
油漆	吨					421
水泥	万吨			1	5	24
交流电动机	万千瓦				3	17
酒精	吨	431	2399	3518	8303	16257
机砖	万块	1229	905	2250		61327
家具	万件					
铁合金	吨					636
大理石板	平方米					9220
服装	万件					

产 品 产 量

1980	1985	1990	1995	2000	2005	2008	2009
5968	13410	25271	52210	94455	281247	760439	899701
2986	3898	6232	13275	13643	23075	32706	39951
258	225	381	1358	478	690	2165	5356
34	23	60	557	871	519		
391	545	522	725	971	327	312	
	37	23	114	4	2	17	27
21	39	39	44	40	151	129	129
33486	72178	88671	121828	78394	173863	250883	360503
	7657	17394	27061	38526	135372	189739	283977
3476	6544	9880	29884	23321	64585	234047	175920
231	243	252	192	185	187	181	188
	4389	3781	3560	5332	10131	6100	5662
9900	11478	16225	10089	461180	577519	1049098	1287367
155527		159438	324091	186654	531696	733616	815527
46597	54453	126461	186152	47864	159068	1368351	2021079
2161	4334	3735	5166		4226	1246837	1879012
2413	4049	15469	23241	13436	6707		
3316	7078	10666	25954	28877	66840	51835	19530
67654	90542	185595	225831	154686	240650	287297	94584
46524	62894	159315	195904	136346	202786	272870	293536
45503	61258	132420	171252	116122	202388	272870	193872
1021	16363	26895	24652	18044	398		
752	1455	4284	33166	26373	22090	22857	75929
28	73	106	285	417	912	1333	1519
17	36	50	48	93	332	965	973
18092	30744	66090	105938	76082	191256	62453	41324
71433	153212	85982	1010662	126929	125280	433083	391642
	23	29	33	3	4	4	5
308	4535	12705	16067	9047	92147	107549	105437
11246		176963	6792340	4082809	3628548	3148435	2276363
		181	865	621	974	2266	3125

11-16 各县（市、区）主要

（2009

	原油（万吨）	铁矿石（吨）	饮料酒（吨）	啤酒（吨）	酒精（吨）	卷烟（箱）
总计	**188**	**815527**	**360503**	**283977**	**41324**	**1291072**
宛城区						
卧龙区						
南召县		240640				
方城县		324007	5336			
西峡县		5425	1817			
镇平县						
内乡县						
淅川县						
社旗县			16317		34629	
唐河县			37509	23520		
新野县		16856	1616		6204	
桐柏县		228599	4492			
邓州市			260024	229376		
市直			33392	31081	491	
高新区						
两属	188					1291072

11—16 续表 （2009

	烧碱（吨）	合成氨（吨）	化肥（折纯吨）	氮肥（折纯吨）	油漆（吨）	塑料制品（吨）
总计	**19530**	**94584**	**293536**	**193872**	**75929**	**175920**
宛城区			111900	111900		
卧龙区					15300	
南召县						
方城县			99664			3906
西峡县						
镇平县					12365	
内乡县		61607	46620	46620		
淅川县	19530	10051	10051	10051		
社旗县						43181
唐河县						33929
新野县			8326	8326		
桐柏县						46507
邓州市		22926	16975	16975	48264	46363
市直						1641
高新区						
两属						393

工业产品产量

年）

纱（吨）	布（万米）	化纤布（万米）	生丝（吨）	丝织品（万米）	服装（万件）	家俱（件）
899701	**39951**	**5356**			**3125**	**45510**
38887	705					
2300	551	551			286	19200
					588	
					235	
					56	
6316					256	23481
18750					654	
637576	18785				9	2829
138983	11611	4805			1028	
56889	8299					
					12	

年）

水泥（万吨）	砖（万块）	大理石板材（平方米）	生铁（吨）	铁合金（吨）	交流电动机（万千瓦）	发电量（万千瓦时）	天然气（万立方米）
1519	**391642**	**2276363**	**2021079**	**105437**	**973**	**1287367**	**5662**
68	10656						
152	57101	68858					
108		1926830	93647			685	
40	62001						
67		121600	1876474			5859	
262						6650	
84	40358	98075				3299	
70		61000		105437		5889	
44	8189					1243	
49	129830						
71	20095						
68			50958			31902	
331	60349						
105	3063				545	34008	
					428	122771	
						1075061	5662

11—17 限额以上工业企

（2009

	合 计	#国有及国有控股企业	集体工业	非公有制工业
企业单位数(个)	1358	67	70	1221
#亏损企业	31	13	3	15
平均从业人员(人)	325772	79472	19496	226804
工业总产值(现价)	16375831	4172278	733909	11469644
#新产品产值	1453023		1453023	
工业增加值	4863780	1280824	218283	3364673
工业销售产值	16148545	4133885	705641	11309019
#出口交货值	498594		498594	
资产总计	11613933	4998765	460696	6154472
流动资产合计	4808902	1602787	266432	2939683
#应收帐款	1029529	333673	91416	604440
#存货	1250848	431372	71199	748277
#产成品	456113	100561	29025	320820
固定资产合计	5834645	3187451	105824	2541370
固定资产原价	6827095	3464032	143272	3219791
累计折旧	2203254	1292868	47993	862393
#本年折旧				
固定资产净值	3537056	1943211	38419	1555426
负债合计	6729417	3143487	245729	3340201
#流动负债	5062598	2227369	216302	2618927
长期负债	1326127	746419	23756	555952
所有者权益合计	4855524	1854487	214966	2786071
#实收资本	2366168	779951	143649	1442568
#国家资本	466025	379770	31379	54876
集体资本	36325	6050	16890	13385
法人资本	824423	335277	61446	427700
港澳台资本	35400	3866	453	31081
产品销售收入	15302253	4039037	672142	10591074
#产品销售成本	12766953	3415181	552251	8799521
产品销售税金及附加	318576	183510	17742	117324
营业费用	468808	56515	25074	387219
管理费用	607088	312996	30540	263552
#税金	40283	20857	1080	18346
财产保险费				
劳动待业保险费				
财务费用	210305	83365	3651	123289
#利息支出	194982	84773	3249	106960
营业利润	1268042	145226	48040	1074776
利润总额	1022065	50765	47900	923400
#应交所得税	148966	31896	7380	109690
亏损企业的亏损总额	89888	78514	395	10979
税利总额	1938142	401763	90756	1445623
本年应交增值税	597501	167489	25113	404899
本年销项税额	1960348	674161	57513	1228674
本年进项税额	1376109	530257	36291	809561

业主要经济指标

年）

单位:万元

#外商及港澳台投资企业	轻工业	重工业	大型企业	中型企业	小型企业
44	724	634	16	94	1248
3	10	21	1	13	17
17340	148872	176900	79345	73701	172726
691571	6782320	9593511	4456608	4111950	7807273
208701	2026592	2837187	1296481	1199339	2367960
690948	6813159	9335386	4422465	4049328	7676752
629789	3896545	7717389	4469236	3981365	3163332
326012	1906096	2902807	1929661	1494933	1384309
90138	259590	769940	445521	321880	262128
74886	548238	702610	588054	389855	272938
35952	157653	298760	194539	121336	140537
260483	1575177	4259468	2353165	2153837	1327642
411555	2057188	4769907	2050384	3137559	1639152
169756	609967	1593287	665239	1137428	400588
203673	938767	2598289	1385145	1806750	345160
341886	2131968	4597449	2522482	2691651	1515284
292385	1669848	3392751	2303744	1771030	987824
34808	311385	1014742	212480	742509	371138
285654	1744357	3111166	1946754	1284827	1623943
184288	901984	1464184	433390	846720	1086058
1175	50924	415101	66405	339760	59860
105	20705	15620		20443	15882
81526	223537	600886	300091	238011	286321
33440	14986	20414	2186	26414	6799
676896	6661768	8640486	3830344	3899914	7571995
529964	5472195	7294759	3190074	3253085	6323795
1627	165735	152841	102647	129496	86433
25417	241536	227272	120556	87868	260384
31948	196921	410167	267883	167118	172087
2094	12697	27585	19789	8829	11664
7593	86580	123725	62007	84139	64159
6454	80276	114706	57781	84168	53034
84830	598314	669728	425623	244368	598050
90423	536095	485970	181286	237423	603356
13663	76378	72588	30507	47760	70699
6114	8202	81686	49108	36748	4032
119341	958374	979768	417238	546845	974059
27292	256544	340957	133305	179925	284271
87250	818643	1141704	632614	598304	729429
61124	594679	781430	461794	427810	486505

11－18 限额以上工业企业

（2009

	企业单位数（个）	资产总计	流动资产合计	流动资产年平均余额	固定资产合计	固定资产原价	固定资产净值年平均余额
总计	**1358**	**11613933**	**4808902**	**4808902**	**5834645**	**6827095**	**3537056**
一、总计中：(按轻重工分)							
轻工业	724	3896545	1906096	1906096	1575177	2057188	938767
以农产品为原料	576	3212894	1535018	1535018	1316779	1695195	817080
以非农产品为原料	148	683650	371078	371078	258397	361992	121687
重工业	634	7717389	2902807	2902807	4259468	4769907	2598289
采掘工业	99	1803703	330869	330869	1436213	835435	520339
原料工业	161	2601350	857021	857021	1502714	2302057	1243562
加工工业	374	3312335	1714917	1714917	1320541	1632416	834387
二、总计中：(按规模分组)							
大型企业	16	4469236	1929661	1929661	2353165	2050384	1385145
中型企业	94	3981365	1494933	1494933	2153837	3137559	1806750
小型企业	1248	3163332	1384309	1384309	1327642	1639152	345160
三、按国民经济行业分							
煤炭开采和洗选业							
石油和天然气开采业	4	1434634	195653	195653	1238802	595705	378587
黑色金属矿采选业	18	21786	7155	7155	13335	20339	3087
有色金属矿采选业	23	102636	53525	53525	35753	47731	18577
非金属矿采选业	48	103879	37202	37202	47268	54322	16036
其他采矿业							
农副食品加工业	161	292885	133396	133396	131544	160521	23290
食品制造业	46	140675	64045	64045	68791	85301	42872
饮料制造业	29	690341	397628	397628	232700	262307	169948
烟草制品业	2	147424	102034	102034	39217	76390	36307
纺织业	218	1451931	610340	610340	645099	858868	437794
纺织服装、鞋、帽制造业	20	34731	16086	16086	16490	20962	7126
皮革、毛皮、羽毛(绒)及其制品业	7	21797	9244	9244	9304	11972	5006
木材加工及木、竹、藤、棕、草制品业	39	63362	24246	24246	32920	38334	14864
家具制造业	9	13630	4935	4935	5940	6978	2689
造纸及纸制品业	21	119079	42165	42165	55878	66767	9506
印刷业和记录媒介的复制	23	36292	19763	19763	12463	19010	2993
文教体育用品制造业	4	5589	2019	2019	2909	3671	1616
石油加工、炼焦及核燃料加工业	3	9517	3768	3768	4749	5034	
化学原料及化学制品制造业	77	673790	260913	260913	305038	380358	186597
医药制造业	47	503398	273627	273627	179436	236167	125830
化学纤维制造业							
橡胶制品业	5	14728	7856	7856	4953	6297	
塑料制品业	44	102806	48398	48398	43915	54806	8621
非金属矿物制品业	206	1266575	610591	610591	526599	634971	381408
黑色金属冶炼及压延加工业	16	660824	272855	272855	375548	456498	360403
有色金属冶炼及压延加工业	12	246033	146073	146073	87857	112609	55690
金属制品业	27	42202	19384	19384	16430	19446	
通用设备制造业	32	253059	131872	131872	105977	130089	66872
专用设备制造业	33	345615	241368	241368	78694	100778	56962
交通运输设备制造业	32	333111	203386	203386	86571	106237	57120
电气机械及器材制造业	29	272461	184617	184617	66591	83977	45257
通信设备、计算机及其他电子设备制造业	14	137188	52297	52297	30016	25580	9439
仪器仪表及文化、办公用机械制造业	43	327915	179929	179929	116339	169652	80657
工艺品及其他制造业	38	92960	51631	51631	26566	46152	7908
废弃资源和废旧材料回收加工业							
电力、热力的生产和供应业	21	1596789	386782	386782	1160497	1889043	908257
燃气生产和供应业	1	22266	5553	5553	9419	12999	8182
水的生产和供应业	6	32025	8570	8570	21037	27228	7555

分行业主要经济指标

年）

单位:万元

所有者权益	#实收资本	流动负债合计	长期负债合计	产品销售收入	产品销售费用	产品销售税金及附加	利润总额	利税总额	从业人员数（人）
4855524	**2366168**	**5062598**	**1326127**	**15302253**	**468808**	**318576**	**1022065**	**1978424**	**325772**
1744357	901984	1669848	311385	6661768	241536	165735	536095	971071	148872
1427610	706893	1391461	256947	5370216	203034	143001	442742	801441	118662
316747	195091	278387	54438	1291552	38502	22734	93353	169631	30210
3111166	1464184	3392751	1014742	8640486	227272	152841	485970	1007353	176900
1016998	285266	663178	117258	1812573	25726	94730	10560	191880	39646
745806	611168	1160499	675265	3018963	51175	29547	159042	333208	44663
1348363	567750	1569074	222220	3808950	150371	28564	316368	482265	92591
1946754	433390	2303744	212480	3830344	120556	102647	181286	437027	79345
1284827	846720	1771030	742509	3899914	87868	129496	237423	555674	73701
1623943	1086058	987824	371138	7571995	260384	86433	603356	985724	172726
811417	163590	559648	62338	1118372	5899	89234	-47823	99834	21267
14867	11655	3836	2231	115192	4516	1302	10078	15568	2165
51193	23674	32673	16962	179230	3453	764	16716	23863	4519
57842	35838	34199	8927	251007	7539	3089	22147	37261	7252
142465	86436	104249	35491	979115	27411	6370	77800	121581	15814
66563	39708	58266	8865	397793	10589	2687	66719	89062	6573
122979	41799	500902	41293	507114	24277	10701	22596	50416	9755
80028	34347	65568	1829	186989	4387	78107	17809	116908	1887
792986	397072	436040	146275	2401446	84550	30801	195549	311426	59344
17026	10627	14840	907	109874	3504	2186	7019	14251	4445
10694	6406	8477	2068	37970	828	175	3265	5254	1453
37663	26340	17045	6520	294940	11205	17507	25086	54400	5779
9503	6033	2589	813	55977	1111	96	4845	6559	1542
47728	18577	67117	1099	168373	4634	6102	8372	20190	3838
17679	14245	14088	2885	91286	2242	402	4850	8910	2673
3159	1851	1325	1105	34624	722	1980	4492	7290	408
3398	3098	3669	2450	15274	525	55	546	1074	200
330539	190785	283563	51847	786118	32356	16926	59670	108012	19059
175482	52945	268868	37535	664928	46189	9733	38216	74883	16221
5941	3361	6867	1481	18651	512	298	2245	3525	870
50763	33503	30888	16497	266695	6996	1902	22899	37229	7502
611928	320088	473833	172497	1705985	77486	15803	152324	241247	36765
234598	23547	410818	15277	912741	17887	7966	93217	135845	10287
57766	27713	186604	1594	470993	3005	370	25756	46551	2936
19706	13319	18494	3225	111564	3576	697	8047	12961	2653
98479	55552	119037	34755	302722	9665	1016	11339	21601	9995
128679	80634	207101	8243	368694	13009	709	19798	31680	9603
82307	46734	193528	51524	289723	9668	674	27180	37969	9548
116753	59398	133310	14717	319704	18195	1774	44356	61170	7713
97347	79472	28658	8918	90525	5157	211	7493	11123	2293
173220	74125	118593	32103	355201	14094	1080	11782	20708	14084
54668	38296	26495	5308	317419	11219	2945	26786	41755	9717
314094	312053	602945	519043	1359380	605	4813	33122	109784	14488
6756	20000	10487	5024	7797	662	20	-833	-792	958
9310	13350	17983	4484	8838	1139	84	-1395	-673	2166

11-19 各县(市、区)限额以上工

(2009

	企业单位数(个)	资产总计	流动资产合计	流动资产年平均余额	固定资产合计	固定资产原价	固定资产净值年平均余额
总计	**1358**	**11613933**	**4808902**	**4808902**	**5834645**	**6827095**	**3537056**
宛城区	75	252267	106910	106910	115733	141201	69717
卧龙区	73	199655	81550	81550	86551	99927	49375
南召县	68	228484	123112	123112	65802	75596	33024
方城县	98	304791	117469	117469	133583	134977	25136
西峡县	87	1387901	752892	752892	556200	706485	502721
镇平县	93	376320	153463	153463	162390	238714	129601
内乡县	62	251629	100188	100188	106432	138730	29703
淅川县	46	785004	506116	506116	250997	303092	165450
社旗县	85	116490	36157	36157	72090	82431	27506
唐河县	147	346555	153221	153221	174091	221559	55763
新野县	168	1008768	389247	389247	485823	636229	300627
桐柏县	60	474078	129527	129527	240307	278224	143299
邓州市	166	578878	240868	240868	301567	372061	155818
市直	30	1590948	732173	732173	755461	995646	631793
高新区	78	741159	342016	342016	273890	323806	65971
两属	22	2971006	843993	843993	2063731	2078419	1151552

业企业主要经济指标

年） 单位:万元

所有者权益	#实收资本	流动负债合计	长期负债合计	产品销售收入	产品销售费用	产品销售税金及附加	利润总额	利税总额
4855524	**2366168**	**5062598**	**1326127**	**15302253**	**468808**	**318576**	**1022065**	**1978424**
125059	82725	107645	12811	517037	12634	1870	52060	75837
122333	88209	63850	2956	487725	18074	2596	27429	43434
74471	49031	61467	90946	486358	9205	4710	24137	40761
102303	84140	158825	43132	463452	21295	2399	38837	59699
548994	73052	786587	50086	1564518	90185	11096	157713	231540
239539	188930	62305	46788	871791	31975	1456	74222	116281
75383	27435	124991	47904	464206	6229	806	12816	22379
179553	79704	555354	47578	1095314	18235	1742	88624	145940
83611	51533	24501	7658	502341	13914	4526	19008	42229
169166	102019	124945	47491	941742	21584	5768	89750	144385
581533	303923	217435	91523	1704530	68971	8554	158833	225433
238024	140947	181567	51508	518230	20677	13544	55415	103039
303568	178831	185407	88874	1682680	57725	83560	143524	299334
386578	199987	952555	220556	1211334	32946	3341	24945	63226
275513	149892	288997	23107	546051	19375	1565	29337	49018
1349896	565814	1166166	453211	2244946	25782	171042	25414	315892

11—20 限额以上国有控股工业

（2009

	企业单位数（个）	资产总计	流动资产合计	流动资产年平均余额	固定资产合计	固定资产原价
总计	**67**	**4998765**	**1602787**	**1602787**	**3187451**	**3464032**
一、总计中：(按轻重工分)						
轻工业	23	1285274	698839	698839	479931	640630
以农产品为原料	15	1084792	586353	586353	392991	509849
以非农产品为原料	8	200482	112487	112487	86940	130781
重工业	44	3713490	903948	903948	2707521	2823402
采掘工业	2	1438674	190288	190288	1247454	604272
原料工业	23	1456843	369606	369606	1015839	1641371
加工工业	19	817973	344054	344054	444227	577759
二、总计中：(按规模分组)						
大型企业	9	2961386	1065021	1065021	1787605	1316183
中型企业	25	1829758	461827	461827	1277257	2001315
小型企业	33	207620	75940	75940	122590	146534
三、按国民经济行业分						
煤炭开采和洗选业						
石油和天然气开采业	1	1419772	183673	183673	1236099	591384
黑色金属矿采选业						
有色金属矿采选业						
非金属矿采选业	1	18902	6615	6615	11355	12888
其他采矿业						
农副食品加工业	6	12383	6887	6887	5491	6537
食品制造业						
饮料制造业	2	606989	352602	352602	200958	222691
烟草制品业	2	147424	102034	102034	39217	76390
纺织业	4	317810	124776	124776	147199	204046
纺织服装、鞋、帽制造业						
皮革、毛皮、羽毛(绒)及其制品业						
木材加工及木、竹、藤、棕、草制品业						
家具制造业						
造纸及纸制品业						
印刷业和记录媒介的复制	1	186	53	53	125	186
文教体育用品制造业						
石油加工、炼焦及核燃料加工业						
化学原料及化学制品制造业	4	218577	122438	122438	92322	136045
医药制造业						
化学纤维制造业						
橡胶制品业						
塑料制品业						
非金属矿物制品业	6	241786	64896	64896	150637	192966
黑色金属冶炼及压延加工业						
有色金属冶炼及压延加工业						
金属制品业	1	4655	366	366	1235	1500
通用设备制造业	3	160445	82401	82401	76098	87860
专用设备制造业	2	66323	38002	38002	26458	34777
交通运输设备制造业	5	44121	32306	32306	11054	19909
电气机械及器材制造业						
通信设备、计算机及其他电子设备制造业						
仪器仪表及文化、办公用机械制造业	6	207684	122134	122134	75091	117689
工艺品及其他制造业						
废弃资源和废旧材料回收加工业						
电力、热力的生产和供应业	18	1493524	353782	353782	1093079	1729734
燃气生产和供应业	1	22266	5553	5553	9419	12999
水的生产和供应业	4	15919	4268	4268	11613	16432

企业分行业主要经济指标

年）

单位:万元

固定资产净值年平均余额	所有者权益	#实收资本	流动负债合计	长期负债合计	产品销售收入	产品销售费用	产品销售税金及附加	利润总额	利税总额
1943211	**1854487**	**779951**	**2227369**	**746419**	**4039037**	**56515**	**183510**	**50765**	**422621**
384961	401901	142939	793339	83016	1039897	28217	87881	50032	184379
340617	292108	88345	710581	75533	778895	24957	82270	30252	146600
44345	109794	54593	82758	7483	261002	3260	5611	19780	37778
1558249	1452586	637013	1434030	663404	2999140	28298	95629	733	238242
388004	818053	168518	556294	62328	1134846	6264	89019	-48397	100391
935343	312688	328337	616079	515170	1347499	6841	5180	33753	105719
234903	321844	140157	261656	85906	516795	15193	1430	15377	32132
839380	1295678	331402	1471947	192790	2209508	34015	91522	61	179527
1055196	489344	387109	635138	542723	1516243	15986	86289	35253	202540
48635	69466	61440	120284	10906	313286	6514	5698	15451	40553
376649	806326	162501	551119	62328	1101741	5647	88841	-49108	97268
11355	11727	6017	5175		33106	617	177	711	3123
	2317	1251	5273	710	24375	126	8	27	79
161025	93668	22424	480134	32516	342353	15773	4022	8389	20496
36307	80028	34347	65568	1829	186989	4387	78107	17809	116908
143285	116041	30273	159474	40479	224509	4671	134	4025	9093
	54	50	132		670			2	25
81053	124147	55935	93196	1034	287998	6672	6301	21540	40646
134158	143591	73763	80121	18074	185682	3978	561	23013	32052
	1413	250	3242		6602	367	122	218	339
51947	56705	28423	75207	28533	131524	2231	215	2003	4537
21974	27603	22868	31430	7282	52807	2437	62	948	2412
10109	5587	8053	37205	362	50799	2657	56	1279	2999
59521	116353	42307	62570	28598	134009	5455	166	1499	3588
847646	255746	261336	561273	516172	1265075	605	4673	20477	90885
8182	6756	20000	10487	5024	7797	662	20	-833	-792
	6424	10152	5766	3481	3002	231	47	-1232	-1037

11—21 各县(市、区)限额以上国有

(2009

	企业单位数(个)	资产总计	流动资产合计	流动资产年平均余额	固定资产合计	固定资产原价	固定资产净值年平均余额
总计	**67**	**4998765**	**1602787**	**1602787**	**3187451**	**3464032**	**1943211**
宛城区	2	31700	11649	11649	18985	23544	18985
卧龙区	3	71424	18492	18492	35642	37609	29476
南召县	2	11874	5789	5789	6085	9682	4510
方城县	2	32328	5268	5268	26054	30920	5419
西峡县	3	36996	19218	19218	17660	26277	6796
镇平县	2	19371	6895	6895	11067	17176	10240
内乡县	3	11401	3030	3030	8321	14865	7202
淅川县	5	190797	116534	116534	69913	82588	52442
社旗县	2	14859	3408	3408	8063	12309	8063
唐河县	7	31023	10143	10143	18805	30750	11177
新野县	3	329379	135674	135674	149631	212161	146497
桐柏县	3	65749	20479	20479	40769	56781	40534
邓州市	4	34709	21162	21162	12278	28470	10416
市直	11	1114310	433718	433718	608527	776158	503188
高新区	7	259125	66365	66365	187000	217103	22887
两属	8	2743720	724965	724965	1968654	1887639	1065380

控股工业企业主要经济指标

年）

单位:万元

所有者权益	#实收资本	流动负债合计	长期负债合计	产品销售收入	产品销售费用	产品销售税金及附加	利润总额	利税总额
1854487	**779951**	**2227369**	**746419**	**4039037**	**56515**	**183510**	**50765**	**422621**
16452	8462	10837	2411	43756	1066	274	723	3447
53558	40296	17294	339	90807	1509	372	8928	13802
3857	571	4491	3526	15754	7	80	140	1321
7181	5598	22233	2901	17117		55	-69	614
20074	4133	11460	5461	48027	719	194	7602	10260
11762	5395	2636	1758	38890		148	2134	3965
3573	1257	3012	4815	23830	1	73	270	1353
50025	23737	133863	6908	251874	2770	596	22151	39132
6281	5410	6049	2528	52915	4180	2765	90	4140
11933	5888	9937	7258	38849	111	87	282	1559
127939	44393	156904	40453	261136	4982	400	7562	14853
31433	17938	30849	3468	145997	976	5880	6969	24921
18319	11758	11501	4889	52926	372	245	2964	5670
184746	106579	720319	198892	775525	14333	1426	-15732	1224
52143	13040	50726	7861	128567	3006	828	-2955	5461
1255211	485494	1035257	452952	2053066	22482	170087	9706	290898

11-22 限额以上集体工业企业

（2009

	企业单位数（个）	资产总计	流动资产合计	流动资产年平均余额	固定资产合计	固定资产原价
总计	**70**	**460696**	**266432**	**266432**	**105823**	**143272**
一、总计中：(按轻重工分)						
轻工业	33	91499	52681	52681	26482	44181
以农产品为原料	22	51754	26867	26867	17434	26754
以非农产品为原料	11	39745	25814	25814	9048	17427
重工业	37	369198	213752	213752	79342	99091
采掘工业	5	6486	4129	4129	1917	3012
原料工业	7	49815	16969	16969	26275	36920
加工工业	25	312897	192654	192654	51150	59159
二、总计中：(按规模分组)						
大型企业	1	127449	104045	104045	14250	23552
中型企业	5	67111	42259	42259	20361	24111
小型企业	64	266137	120129	120129	71212	95609
三、按国民经济行业分						
煤炭开采和洗选业						
石油和天然气开采业	2	4642	3698	3698	764	948
黑色金属矿采选业	1	545	177	177	369	405
有色金属矿采选业	1	633	390	390	243	317
非金属矿采选业	2	2686	1960	1960	726	1044
其他采矿业						
农副食品加工业	5	10181	5795	5795	3574	4576
食品制造业	3	5237	2471	2471	1751	3351
饮料制造业	1	7247	3124	3124	2799	4557
烟草制品业						
纺织业	6	12929	6009	6009	4051	6284
纺织服装、鞋、帽制造业	3	4629	2391	2391	2128	2490
皮革、毛皮、羽毛(绒)及其制品业						
木材加工及木、竹、藤、棕、草制品业						
家具制造业						
造纸及纸制品业						
印刷业和记录媒介的复制	2	5845	3890	3890	1186	3056
文教体育用品制造业						
石油加工、炼焦及核燃料加工业						
化学原料及化学制品制造业	6	43266	16772	16772	19445	25218
医药制造业	3	8094	4358	4358	3696	4317
化学纤维制造业						
橡胶制品业	1	1469	1340	1340	129	309
塑料制品业	4	21989	14713	14713	4226	8602
非金属矿物制品业	6	11712	7169	7169	4008	9029
黑色金属冶炼及压延加工业						
有色金属冶炼及压延加工业						
金属制品业	2	4657	3732	3732	761	1247
通用设备制造业	2	14136	9900	9900	3074	3722
专用设备制造业	4	163054	125606	125606	28239	35458
交通运输设备制造业	1	558	540	540	17	52
电气机械及器材制造业	7	38482	30709	30709	4346	6431
通信设备、计算机及其他电子设备制造业	1	72053	9449	9449	9337	5139
仪器仪表及文化、办公用机械制造业						
工艺品及其他制造业	5	15842	8661	8661	4680	7026
废弃资源和废旧材料回收加工业						
电力、热力的生产和供应业	2	10813	3579	3579	6277	9695
燃气生产和供应业						
水的生产和供应业						

分行业主要经济指标

年）

单位:万元

固定资产净值年平均余额	所有者权益	#实收资本	流动负债合计	长期负债合计	产品销售收入	产品销售费用	产品销售税金及附加	利润总额	利税总额
38419	**214966**	**143649**	**216303**	**23756**	**672143**	**25074**	**17743**	**47900**	**91834**
11160	39801	26553	43959	4564	293102	10059	16185	21555	48245
5767	23346	15707	25496	1918	192571	7341	7860	11683	26695
5393	16455	10846	18464	2646	100531	2718	8325	9872	21550
27258	175165	117096	172344	19192	379041	15016	1558	26345	43589
969	4212	2286	1785	208	25955	664	688	2047	3770
	23785	6437	21197	4176	76254	2957	196	6285	10860
26289	147168	108373	149362	14809	276833	11395	674	18013	28960
14197	49440	15369	78009		115405	4366	50	10914	15344
15040	26776	24680	40213	122	110201	5968	5240	6096	15285
9182	138751	103600	98081	23634	446537	14741	12453	30890	61205
	780	340	3369	10	5103	117	106	205	771
	476	320	41	28	1239	52	37	321	405
	335	335	272	25	5202	5	11	23	93
389	1628	131	1058		7815	185	629	547	1618
	2035	1368	7465	680	37033	1256	131	1466	2593
587	3724	3112	994	251	15576	477	22	1242	2052
2799	3876	3000	3370		48625	4501	4953	5001	12262
822	7120	4812	4521	612	33677	819	73	1529	2667
913	500	904	3998	131	21763	143	628	293	1969
	2940	1709	2712	194	8866	29	32	-173	207
816	21577	5589	19907	1440	59609	1607	5062	7824	15350
2568	2999	2662	3745	1349	21103	489	3040	2590	6336
	103	53	1366		1722	103	7	4	135
2409	6848	4676	8748	5783	40294	1597	211	4303	6945
529	5179	2812	4596	1637	45534	3491	103	2718	4802
	1658	835	2872	127	7796	440	28	361	583
2275	4412	4986	8881	441	21279	969	15	778	1649
22910	64406	31409	98648		152963	5759	157	11162	16446
	128	50	429		1438	60	7	2	96
	12539	6919	23553	2315	45347	1568	298	2360	3726
	59018	60596	7619	5415	1306	96	6	20	81
1403	7039	3981	6217	447	51709	1312	2046	5054	8947
	5645	3050	1923	2871	37144		141	271	2105

11－23 各县(市、区)限额以上集体

(2009

	企业单位数(个)	资产总计	流动资产合计	流动资产年平均余额	固定资产合计	固定资产原价	固定资产净值年平均余额
总计	**70**	**460696**	**266432**	**266432**	**105823**	**143272**	**38419**
宛城区	12	24866	12543	12543	8664	11961	
卧龙区	5	9189	6755	6755	1557	3448	389
南召县	4	6186	2817	2817	3009	3444	913
方城县	1	2591	2329	2329	262	251	
西峡县	2	7809	3116	3116	3696	6771	
镇平县	9	21833	11629	11629	5638	11630	3851
内乡县	2	3890	2455	2455	1430	2438	
淅川县	5	9919	7022	7022	2897	3627	
社旗县	2	750	332	332	371	473	
唐河县							
新野县							
桐柏县	1	30014	8338	8338	16445	19365	
邓州市	10	34828	18991	18991	13312	21031	6828
市直	5	30602	22527	22527	5791	9073	
高新区	5	212607	123368	123368	24148	29493	14197
两属	7	65612	44211	44211	18604	20267	12241

工业企业主要经济指标

年）　　　　单位:万元

所有者权益	#实收资本	流动负债合计	长期负债合计	产品销售收入	产品销售费用	产品销售税金及附加	利润总额	利税总额
214966	**143649**	**216303**	**23756**	**672143**	**25074**	**17743**	**47900**	**91834**
13666	8044	7782	2609	76850	734	272	933	3814
5454	2360	3555	180	24884	567	675	1103	2660
1634	1182	4219	81	28113	184	673	569	2366
407	214	2115	70	5877	321	193	10	239
1907	928	2269	3633	3165	123	13	189	365
13086	12527	4439	1869	93326	4554	108	9278	13991
1552	557	2238	50	15281	117	13	182	464
2706	1813	6881	331	10542	857	49	108	816
502	370	185	63	14710	214	65	575	1150
15431	1740	14583		13059	766		4609	6202
12269	7354	13952	8578	164757	8892	15068	15695	36763
10403	8187	17973	620	29644	1402	108	1235	2673
113185	77085	94007	5415	129017	4530	83	11854	16440
22765	21287	42105	259	62919	1813	423	1561	3893

11-24 限额以上外商及港澳台投资

（2009

	企业单位数（个）	资产总计	流动资产合计	流动资产年平均余额	固定资产合计	固定资产原价
总计	**44**	**629789**	**326012**	**326012**	**260483**	**411555**
一、总计中:(按轻重工分)						
轻工业	27	221848	99324	99324	93343	128401
以农产品为原料	19	123039	55316	55316	51960	69699
以非农产品为原料	8	98810	44008	44008	41382	58702
重工业	17	407941	226689	226689	167140	283154
采掘工业	1	26443	14324	14324	10047	14757
原料工业	5	143843	46038	46038	89649	184400
加工工业	11	237655	166327	166327	67444	83997
二、总计中:(按规模分组)						
大型企业	1	65100	37834	37834	25716	39995
中型企业	13	439702	232212	232212	188100	311921
小型企业	30	124987	55966	55966	46666	59639
三、按国民经济行业分						
煤炭开采和洗选业						
石油和天然气开采业						
黑色金属矿采选业						
有色金属矿采选业	1	26443	14324	14324	10047	14757
非金属矿采选业	1	2924	1029	1029	796	1155
其他采矿业						
农副食品加工业	4	9818	6665	6665	2437	6292
食品制造业	8	76042	35774	35774	38470	48038
饮料制造业	1	4330	1540	1540	1790	2047
烟草制品业						
纺织业	2	27372	8522	8522	6771	10726
纺织服装、鞋、帽制造业						
皮革、毛皮、羽毛(绒)及其制品业						
木材加工及木、竹、藤、棕、草制品业	3	4415	2159	2159	1329	1853
家具制造业	1	4301	1624	1624	2677	2889
造纸及纸制品业						
印刷业和记录媒介的复制						
文教体育用品制造业						
石油加工、炼焦及核燃料加工业						
化学原料及化学制品制造业	1	30014	8338	8338	16445	19365
医药制造业	3	65201	35219	35219	27879	43301
化学纤维制造业						
橡胶制品业						
塑料制品业	1	4491	1764	1764	2727	2973
非金属矿物制品业	1	16326	6430	6430	9896	12226
黑色金属冶炼及压延加工业						
有色金属冶炼及压延加工业	1	20741	4177	4177	7043	7610
金属制品业						
通用设备制造业						
专用设备制造业						
交通运输设备制造业	3	107242	86444	86444	20798	22278
电气机械及器材制造业						
通信设备、计算机及其他电子设备制造业	1	35507	25472	25472	8819	7263
仪器仪表及文化、办公用机械制造业	6	89714	52251	52251	35661	52262
工艺品及其他制造业	4	11748	4670	4670	5242	6332
废弃资源和废旧材料回收加工业						
电力、热力的生产和供应业	1	92452	29421	29421	61141	149614
燃气生产和供应业						
水的生产和供应业	1	707	190	190	517	573

企业分行业主要经济指标

年）

单位:万元

固定资产净值年平均余额	所有者权益	#实收资本	流动负债合计	长期负债合计	产品销售收入	产品销售费用	产品销售税金及附加	利润总额	利税总额
203673	**285654**	**184288**	**292385**	**34808**	**676896**	**25417**	**1627**	**90423**	**121435**
76503	101984	77950	97551	7538	358582	12557	115	50897	64971
46581	62257	39692	52622	6844	255129	9460	92	50032	60498
29922	39727	38259	44929	694	103454	3097	23	865	4473
127170	183670	106338	194834	27271	318314	12860	1511	39526	56464
10046	2325	1616	12811	11307	10288		94	308	746
70349	75287	52421	64405	4150	117311	5709	1410	22609	32619
46776	106057	52301	117618	11814	190715	7151	7	16609	23098
20997	47062	19924	13038	5000	33788	1198		385	961
175948	168177	117482	227336	27539	417565	13002	164	65959	87953
6729	70416	46882	52011	2269	225543	11216	1463	24079	32522
10046	2325	1616	12811	11307	10288		94	308	746
	1500	1656	1424		501	2			22
1125	6102	2917	3505	210	43854	3502	17	2044	2772
37076	37098	21982	37965	664	161160	5138		47020	55504
1320	1314	1111	232	1784	4575	372	69	12	188
6771	13655	11640	9651	4066	22204	53		31	556
1101	3634	1856	631	150	30814	3234	1416	2840	4991
2677	3382	618	603	317	12296	97		1463	2071
	15431	1740	14583		13059	766		4609	6202
25701	16817	13854	35152		56312	2036		-3970	-2159
	1577	1500	2285	629	7405	109		1742	1743
8927	3497	1000	8829	4000	23099	1834		2881	4749
	15636	18781	5105		825	27		326	326
13102	23455	14277	78556	3129	88669	3642		10588	14336
6332	18387	6240	14064	3056	27450	1990		3178	4111
27341	62273	29728	22378	5000	68334	1473	7	1070	2856
1544	6543	5908	4511	466	47848	1143	14	3760	5382
60611	52703	47667	39749		57161			12374	16795
	326	198	351	31	1043		9	147	245

11-25 各县(市、区)限额以上外商及

(2009

	企业单位数(个)	资产总计	流动资产合计	流动资产年平均余额	固定资产合计	固定资产原价	固定资产净值年平均余额
总计	**44**	**629789**	**326012**	**326012**	**260483**	**411555**	**203673**
宛城区	2	80669	33422	33422	37244	46245	37244
卧龙区	4	10336	5167	5167	3692	7202	1125
南召县	2	1588	943	943	518	591	290
方城县	2	21371	4475	4475	7332	7840	
西峡县	5	9089	5393	5393	1293	1703	142
镇平县	2	5465	2199	2199	1544	2546	1544
内乡县	3	4804	2207	2207	2439	3336	
淅川县	1	74695	58320	58320	16375	13357	8679
社旗县	1	15454	9110	9110	6344	7209	6344
唐河县	4	16038	5058	5058	8904	11415	5659
新野县							
桐柏县	4	63010	24834	24834	29638	38103	11365
邓州市	3	6996	3263	3263	2933	3488	811
市直	5	150320	84183	84183	63816	97271	55625
高新区	5	77503	58018	58018	17270	21636	14234
两属	1	92452	29421	29421	61141	149614	60611

港澳台投资企业主要经济指标

年）

单位:万元

所有者权益	#实收资本	流动负债合计	长期负债合计	产品销售收入	产品销售费用	产品销售税金及附加	利润总额	利税总额
285654	**184288**	**292385**	**34808**	**676896**	**25417**	**1627**	**90423**	**121435**
39226	28934	37403	4040	124338	3336		40887	48552
6125	2907	4211		39194	1481	6	3805	4379
1111	941	477		8466	190	6	64	87
15928	18881	5443		3205	205		362	377
2876	2914	6006	207	33930	644		3925	4250
3886	2500	1004	346	22858	1101	14	2407	3504
695	2558	3848	260	17887	46	1	541	559
17111	8192	52836	3100	53962	1726		9567	12189
9444	2042	6011		21870	194		640	1724
8781	3996	6255	1002	30706	259	9	3372	4312
20204	5567	28715	13091	29565	1202	164	4899	7105
5693	2284	824	480	40854	5306	1427	3864	7204
69248	40821	58778	9000	111519	4965		-2521	1530
32625	14085	40826	3282	81382	4762		6238	8870
52703	47667	39749		57161			12374	16795

11－26 限额以上工业企业主要经济效益指标

（2009 年）

	总资产贡献率（%）	成本费用利润率（%）	资产负债率（%）	产品销售率（%）	资本保值增值率（%）	销售收入利税率（%）	资金利税率（%）	固定资产原价利税率（%）	流动资产周转次数（次/年）	全员劳动生产率（元/人年）
总计	**20.7**	**7.3**	**57.9**	**98.6**	**122.8**	**12.7**	**23.2**	**28.4**	**3.2**	**149300**
一、总计中：（按轻重工分）										
轻工业	31.5	8.9	54.7	98.2	147.6	14.4	33.7	46.6	3.5	140218
以农产品为原料	32.0	9.2	55.0	98.4	153.4	14.8	33.8	46.9	3.5	141319
以非农产品为原料	29.4	7.9	53.3	97.7	126.0	12.7	33.2	45.2	3.5	135895
重工业	15.7	6.0	59.6	98.9	112.2	11.3	17.8	20.5	3.0	156944
采掘工业	11.6	0.6	43.5	99.3	91.8	9.9	21.2	21.6	5.5	166404
原料工业	16.2	5.6	71.3	98.9	123.3	10.9	15.7	14.3	3.5	198545
加工工业	17.5	8.9	59.1	98.7	127.1	12.4	18.5	28.8	2.2	132826
二、总计中：（按规模分组）										
大型企业	11.9	5.0	56.4	99.2	103.0	10.9	12.6	20.3	2.0	163398
中型企业	17.1	6.6	67.6	98.5	118.9	14.0	16.6	17.4	2.6	162730
小型企业	39.8	8.8	47.9	98.3	164.4	12.9	56.3	59.4	5.5	137094
三、按国民经济行业分										
煤炭开采和洗选业										
石油和天然气开采业	7.6	-4.7	43.4	100.5	88.4	8.0	15.6	15.0	5.7	188828
黑色金属矿采选业	75.2	9.8	30.4	97.9	107.2	13.4	151.2	76.2	16.1	162533
有色金属矿采选业	25.9	10.4	49.7	99.3	131.4	12.9	32.1	48.5	3.3	143508
非金属矿采选业	45.7	9.8	43.4	97.2	148.0	14.6	68.7	67.4	6.7	150000
其他采矿业										
农副食品加工业	48.4	8.8	51.2	97.9	127.1	12.3	77.2	75.3	7.3	190288
食品制造业	76.7	20.1	52.2	98.1	132.4	22.3	82.9	103.9	6.2	191786
饮料制造业	11.3	4.1	82.0	95.8	126.2	9.6	8.6	18.6	1.3	184756
烟草制品业	84.8	19.5	45.7	100.2	119.3	62.3	84.1	152.4	1.8	512666
纺织业	29.3	9.2	44.6	99.1	172.6	12.9	29.5	36.0	3.9	112497
纺织服装、鞋、帽制造业	48.4	7.7	49.8	99.7	163.9	12.9	60.8	67.4	6.8	76739
皮革、毛皮、羽毛(绒)及其制品业	26.9	9.5	50.9	98.3	92.0	13.7	36.5	43.5	4.1	82169
木材加工及木、竹、藤、棕、草制品业	111.7	10.0	39.8	97.8	168.7	18.4	138.5	141.3	12.2	168888
家具制造业	60.3	9.5	30.3	98.6	213.7	11.7	85.9	93.9	11.3	105349
造纸及纸制品业	23.7	5.4	58.1	97.9	162.4	12.0	39.0	30.2	4.0	146083
印刷业和记录媒介的复制	31.6	5.7	51.0	98.9	198.0	9.6	38.7	46.3	4.6	99058
文教体育用品制造业	164.5	16.0	43.5	98.7	144.4	21.0	200.0	198.0	17.1	279348
石油加工、炼焦及核燃料加工业	12.5	3.7	64.3	99.7	152.8	7.0	28.4	21.3	4.1	153390
化学原料及化学制品制造业	18.3	8.4	50.8	97.1	122.0	13.0	22.8	26.8	3.0	120617
医药制造业	19.2	6.2	64.9	97.7	127.2	11.1	18.5	31.2	2.4	134923
化学纤维制造业										
橡胶制品业	28.4	13.6	56.7	94.6	127.0	18.5	43.9	54.8	2.4	108744
塑料制品业	44.8	9.5	50.3	98.3	145.2	13.9	65.1	67.7	5.5	107009
非金属矿物制品业	23.4	9.7	51.5	97.8	129.5	14.0	24.1	37.6	2.8	164981
黑色金属冶炼及压延加工业	23.9	11.0	64.5	100.6	92.4	14.6	21.1	29.2	3.3	328046
有色金属冶炼及压延加工业	24.0	5.8	76.5	99.7	137.6	9.7	22.7	40.7	3.2	415035
金属制品业	35.8	7.8	53.1	98.2	117.9	11.6	66.7	66.5	5.8	132384
通用设备制造业	10.1	3.9	61.0	98.0	131.5	6.9	10.5	16.0	2.3	85416
专用设备制造业	9.8	5.5	62.7	95.5	110.2	8.3	10.3	30.4	1.5	98319
交通运输设备制造业	16.2	10.2	74.6	101.5	168.3	13.0	14.4	35.3	1.4	75339
电气机械及器材制造业	26.0	16.2	57.1	96.3	174.9	18.2	25.3	69.4	1.7	117373
通信设备、计算机及其他电子设备制造	9.6	9.3	29.0	99.1	161.2	11.4	16.8	40.5	1.7	126359
仪器仪表及文化、办公用机械制造业	7.6	3.4	47.1	99.4	120.1	5.6	7.6	11.6	2.0	73843
工艺品及其他制造业	50.4	9.3	41.0	97.8	130.8	13.1	70.1	90.4	6.1	127048
废弃资源和废旧材料回收加工业										
电力、热力的生产和供应业	10.4	2.5	80.3	99.8	115.4	7.9	8.3	5.7	3.5	264218
燃气生产和供应业	-1.8	-9.2	69.7	108.1	-548.0	-10.2	-5.8	-6.1	1.4	3762
水的生产和供应业	-1.4	-13.0	70.9	100.0	80.0	-9.0	-4.9	-2.9	1.0	16704

11－27 各县(市、区)限额以上工业企业主要经济效益指标

(2009 年)

	总资产贡献率(%)	成本费用利润率(%)	资产负债率(%)	产品销售率(%)	资本保值增值率(%)	销售收入利税率(%)	资金利税率(%)	固定资产原价利税率(%)	流动资产周转次数(次/年)	全员劳动生产率(元/人年)
总计	**20.7**	**7.3**	**57.9**	**98.6**	**122.8**	**12.7**	**23.2**	**28.4**	**3.2**	**149300**
宛城区	35.2	11.2	50.0	98.5	122.0	14.5	42.4	53.0	4.8	125178
卧龙区	25.5	6.0	37.8	97.7	127.8	8.7	32.6	42.7	6.0	139041
南召县	24.1	5.4	67.0	96.0	155.3	8.4	26.0	53.7	4.0	150597
方城县	26.7	9.1	66.4	97.5	159.7	12.8	41.5	43.8	3.9	120996
西峡县	20.2	10.9	60.3	100.4	115.4	14.5	18.1	32.1	2.1	191344
镇平县	33.6	9.2	35.6	99.2	116.0	13.3	41.0	48.6	5.7	100731
内乡县	12.3	2.9	69.3	98.7	153.7	4.8	17.2	16.1	4.6	152360
淅川县	24.2	8.7	77.1	99.4	117.3	13.2	21.5	47.7	2.2	178636
社旗县	44.1	4.0	27.8	99.2	169.0	8.3	65.6	50.7	13.9	162258
唐河县	46.6	10.6	50.7	98.2	124.6	15.3	68.8	64.9	6.1	166517
新野县	32.2	10.7	41.3	99.0	201.9	13.1	32.4	35.2	4.4	135338
桐柏县	23.7	12.4	49.4	98.1	114.0	18.5	35.1	34.5	4.0	153579
邓州市	66.8	9.8	47.4	96.5	166.1	17.7	75.1	80.1	7.0	159771
市直	6.9	2.0	75.7	98.2	119.9	4.8	4.3	5.8	1.7	131595
高新区	8.6	5.5	62.7	95.9	127.7	8.7	11.6	14.6	1.6	98546
两属	12.2	1.3	54.5	100.0	99.3	13.5	15.1	14.5	2.7	182072

11－28 限额以上国有及国有控股工业企业主要经济效益指标

（2009 年）

	总资产贡献率(%)	成本费用利润率(%)	资产负债率(%)	产品销售率(%)	资本保值增值率(%)	销售收入利税率(%)	资金利税率(%)	固定资产原价利税率(%)	流动资产周转次数(次/年)	全员劳动生产率(元/人年)
总计	**11.7**	**2.2**	**62.1**	**98.6**	**106.4**	**10.5**	**12.8**	**13.7**	**2.5**	**151474**
一、总计中：(按轻重工分)										
轻工业	21.1	5.8	67.9	96.6	118.4	16.9	19.6	32.9	1.8	162525
以农产品为原料	19.6	4.6	72.2	96.7	117.4	17.6	17.8	31.9	1.6	159847
以非农产品为原料	28.0	9.1	47.4	96.3	120.9	15.0	28.9	36.6	2.6	171954
重工业	8.8	0.8	60.1	99.6	103.5	7.9	9.9	9.1	3.0	146917
采掘工业	7.9	-4.4	43.1	100.3	89.4	8.1	16.1	15.5	6.0	190498
原料工业	11.1	2.9	77.6	99.6	134.2	8.0	8.6	6.8	3.7	209885
加工工业	6.9	4.2	58.5	98.4	116.8	7.5	7.4	9.3	1.5	73626
二、总计中：(按规模分组)										
大型企业	7.9	0.5	56.5	98.6	97.0	7.8	9.0	13.6	2.0	144059
中型企业	14.5	2.7	72.8	99.0	122.1	13.2	13.6	10.6	3.2	191447
小型企业	26.0	6.6	56.0	98.1	152.5	12.6	37.8	39.6	3.9	116928
三、按国民经济行业分										
煤炭开采和洗选业										
石油和天然气开采业	7.5	-4.9	43.3	100.5	88.2	7.9	15.6	14.8	5.9	192552
黑色金属矿采选业	78.5	36.4	12.7	97.0	111.9	32.6	229.2	99.8	7.0	53352
有色金属矿采选业	18.4	0.4	47.0	95.7	153.2	1.8	23.5	29.0	13.3	299327
非金属矿采选业	31.7	3.3	38.1	97.3	325.5	11.4	22.9	33.5	4.8	175777
其他采矿业										
农副食品加工业	12.9	2.5	80.7	97.0	84.3	4.3	21.0	24.0	4.8	169437
食品制造业	43.6	8.4	28.9	100.1	158.9	13.2	67.1	61.2	6.3	59793
饮料制造业	9.3	3.0	84.1	95.4	136.3	8.0	6.0	13.8	1.1	233307
烟草制品业	84.8	19.5	45.7	100.2	119.3	62.3	84.1	152.4	1.8	512666
纺织业	6.1	2.2	62.8	96.3	104.6	4.5	4.2	5.5	2.0	81820
纺织服装、鞋、帽制造业	43.8	2.1	89.2	96.9		9.0	59.4	78.9	9.1	51135
皮革、毛皮、羽毛(绒)及其制品业										
木材加工及木、竹、藤、棕、草制品业										
家具制造业										
造纸及纸制品业										
印刷业和记录媒介的复制	3.7	-1.6	50.4	109.9	93.4	2.1	5.1	6.2	2.4	47636
文教体育用品制造业										
石油加工、炼焦及核燃料加工业										
化学原料及化学制品制造业	23.7	9.4	44.3	97.8	124.1	14.6	22.9	31.4	2.5	191487
医药制造业	91.1	16.6	62.9	80.6	103.1	29.9	91.2	146.4	4.8	279294
化学纤维制造业										
橡胶制品业	13.2	0.2	93.0	85.5	43.2	7.8	10.1	43.6	1.3	35802
塑料制品业	39.5	11.3	68.9	97.0	107.8	17.2	40.5	80.7	2.7	76814
非金属矿物制品业	17.5	12.1	41.3	96.8	140.4	15.8	17.6	18.0	3.2	107517
黑色金属冶炼及压延加工业										
有色金属冶炼及压延加工业										
金属制品业	10.5	4.2	67.0	98.0	243.2	6.4	22.5	33.5	3.5	86165
通用设备制造业	4.5	1.8	65.0	98.1	136.9	3.7	3.9	6.3	1.7	71592
专用设备制造业	8.7	6.0	59.9	97.0	115.7	8.8	8.7	25.9	1.3	85501
交通运输设备制造业	9.6	2.4	86.2	102.3	91.9	5.9	7.2	15.5	1.6	61622
电气机械及器材制造业	12.4	5.5	67.4	101.8	309.5	8.2	12.1	57.7	1.5	129880
通信设备、计算机及其他电子设备制造业	0.1	1.5	18.1	87.1	135.6	6.2	0.9	1.6	0.1	11740
仪器仪表及文化、办公用机械制造业	2.4	1.1	44.0	99.9	101.2	2.3	1.7	2.6	1.1	44926
工艺品及其他制造业	67.1	11.3	55.6	96.9	155.4	17.3	88.7	127.1	6.0	103899
废弃资源和废旧材料回收加工业										
电力、热力的生产和供应业	9.8	1.6	82.6	99.8	118.4	7.0	7.6	5.2	3.6	255823
燃气生产和供应业	-1.8	-9.2	69.7	108.1		-10.2	-5.8	-6.1	1.4	3762
水的生产和供应业	-6.4	-30.4	59.6	100.0	89.8	-34.6	-24.3	-6.3	0.7	12352

11－29 各县(市、区)国有及国有控股工业企业主要经济效益指标

(2009 年)

	总资产贡献率(%)	成本费用利润率(%)	资产负债率(%)	产品销售率(%)	资本保值增值率(%)	销售收入利税率(%)	资金利税率(%)	固定资产原价利税率(%)	流动资产周转次数(次/年)	全员劳动生产率(元/人年)
总计	**11.7**	**2.2**	**62.1**	**98.6**	**106.4**	**10.5**	**12.8**	**13.7**	**2.5**	**151474**
宛城区	15.6	1.4	46.8	96.5	159.5	5.7	15.9	19.3	5.0	108398
卧龙区	22.0	9.5	26.5	95.1	129.2	14.1	29.5	39.6	4.6	118543
南召县	22.2	1.9	69.6	98.4	111.5	8.3	26.0	27.8	5.1	91312
方城县	5.5	-0.2	78.2	100.8	256.2	3.7	6.5	2.7	3.0	62367
西峡县	26.8	17.7	50.9	100.2	173.3	20.8	36.5	32.1	2.3	191905
镇平县	49.6	8.9	39.7	99.6	129.4	13.6	55.1	62.3	7.1	86932
内乡县	13.0	1.2	66.5	100.7	212.1	4.5	14.0	10.2	7.1	102558
淅川县	27.9	9.0	73.7	99.7	193.6	15.1	22.6	46.1	2.1	118334
社旗县	30.8	1.0	56.5	97.3	136.7	7.7	43.9	40.5	18.1	118203
唐河县	5.9	0.7	61.3	98.8	91.6	4.0	7.3	5.0	3.8	51835
新野县	7.2	3.0	61.2	96.9	104.8	5.6	5.2	6.9	1.9	93514
桐柏县	35.0	7.9	51.1	100.1	120.9	16.3	37.3	34.0	5.5	238774
邓州市	66.6	10.2	56.0	93.2	121.1	19.4	73.5	85.2	5.4	149527
市直	3.1	-1.6	83.0	98.3	114.1	0.3	0.2	0.3	1.8	186230
高新区	6.8	3.5	64.9	94.8	112.3	8.4	9.5	8.8	1.4	130585
两属	12.1	0.6	54.5	100.1	99.1	13.3	15.2	14.8	2.8	182711

11—30 限额以上集体工业企业主要经济效益指标

（2009年）

	总资产贡献率(%)	成本费用利润率(%)	资产负债率(%)	产品销售率(%)	资本保值增值率(%)	销售收入利税率(%)	资金利税率(%)	固定资产原价利税率(%)	流动资产周转次数(次/年)	全员劳动生产率(元/人年)
总计	**21.2**	**7.8**	**53.3**	**96.1**	**134.6**	**13.5**	**29.8**	**63.3**	**2.5**	**111963**
一、总计中：(按轻重工分)										
轻工业	55.8	8.6	56.5	94.3	108.7	16.4	75.3	108.8	5.6	131728
以农产品为原料	51.7	7.0	54.9	98.1	100.8	13.8	81.4	99.3	7.2	121009
以非农产品为原料	61.9	11.7	58.6	87.5	122.3	21.4	68.9	123.4	3.9	157282
重工业	12.7	7.3	52.6	97.5	142.4	11.3	17.7	43.1	1.8	98830
采掘工业	60.5	8.9	35.1	99.0	129.4	14.3	72.7	123.1	6.3	149998
原料工业	23.6	9.0	52.3	100.7	168.4	13.9	62.4	28.7	4.5	163386
加工工业	10.0	6.7	53.0	96.4	139.3	10.3	13.0	48.0	1.4	83840
二、总计中：(按规模分组)										
大型企业	11.8	10.0	61.2	92.8	109.9	13.0	12.7	63.9	1.1	158631
中型企业	24.1	5.9	60.1	99.4	124.2	13.6	26.1	61.9	2.6	77027
小型企业	25.7	7.7	47.9	96.3	149.0	13.6	47.0	63.6	3.7	116923
三、按国民经济行业分										
煤炭开采和洗选业										
石油和天然气开采业	16.0	4.3	83.2	102.9	83.6	14.9	20.5	80.1	1.4	52007
黑色金属矿采选业	78.5	36.4	12.7	97.0	111.9	32.6	229.2	99.8	7.0	53352
有色金属矿采选业	18.4	0.4	47.0	95.7	153.2	1.8	23.5	29.0	13.3	299327
非金属矿采选业	56.3	8.8	39.4	99.9	116.8	19.9	66.3	149.3	4.0	265984
其他采矿业										
农副食品加工业	28.7	4.1	80.0	96.2	121.7	7.0	44.7	56.7	6.4	234233
食品制造业	43.6	8.4	28.9	100.1	158.9	13.2	67.1	61.2	6.3	59793
饮料制造业	122.4	13.6	46.5	98.7	42.6	25.0	205.5	267.1	15.6	381874
烟草制品业										
纺织业	22.2	4.7	44.9	98.8	130.1	7.9	38.9	42.3	5.6	89105
纺织服装、鞋、帽制造业	43.8	2.1	89.2	96.9		9.0	59.4	78.9	9.1	51135
皮革、毛皮、羽毛(绒)及其制品业										
木材加工及木、竹、藤、棕、草制品业										
家具制造业										
造纸及纸制品业										
印刷业和记录媒介的复制	3.5	-1.7	49.7	112.1	92.4	2.0	4.5	5.8	2.3	51260
文教体育用品制造业										
石油加工、炼焦及核燃料加工业										
化学原料及化学制品制造业	37.3	16.7	50.1	88.8	152.9	25.6	86.7	60.5	3.6	291304
医药制造业	91.1	16.6	62.9	80.6	103.1	29.9	91.2	146.4	4.8	279294
化学纤维制造业										
橡胶制品业	13.2	0.2	93.0	85.5	43.2	7.8	10.1	43.6	1.3	35802
塑料制品业	39.5	11.3	68.9	97.0	107.8	17.2	40.5	80.7	2.7	76814
非金属矿物制品业	44.0	6.4	55.8	99.6	659.6	10.5	62.4	53.2	6.4	119624
黑色金属冶炼及压延加工业										
有色金属冶炼及压延加工业										
金属制品业	13.7	4.7	64.4	96.7	228.4	7.4	15.6	46.6	2.1	101596
通用设备制造业	13.5	3.7	68.8	100.0	103.0	7.5	13.1	42.8	2.1	33704
专用设备制造业	10.4	7.4	60.5	94.1	130.6	10.4	10.8	45.0	1.2	104033
交通运输设备制造业	23.3	0.1	76.9	100.0	153.1	6.7	17.8	186.5	2.7	30087
电气机械及器材制造业	12.4	5.5	67.4	101.8	309.5	8.2	12.1	57.7	1.5	129880
通信设备、计算机及其他电子设备制造业	0.1	1.5	18.1	87.1	135.6	6.2	0.9	1.6	0.1	11740
仪器仪表及文化、办公用机械制造业										
工艺品及其他制造业	67.1	11.3	55.6	96.9	155.4	17.3	88.7	127.1	6.0	103899
废弃资源和废旧材料回收加工业										
电力、热力的生产和供应业	21.8	0.7	47.8	100.0	141.4	5.2	53.7	19.8	10.4	269668
燃气生产和供应业										
水的生产和供应业										

11－31 各县(市、区)限额以上集体工业企业主要经济效益指标

(2009 年)

	总资产贡献率(%)	成本费用利润率(%)	资产负债率(%)	产品销售率(%)	资本保值增值率(%)	销售收入利税率(%)	资金利税率(%)	固定资产原价利税率(%)	流动资产周转次数(次/年)	全员劳动生产率(元/人年)
总计	**21.2**	**7.8**	**53.3**	**96.1**	**134.6**	**13.5**	**29.8**	**63.3**	**2.5**	**111963**
宛城区	16.4	1.2	45.0	98.3	106.2	4.6	28.4	29.8	6.1	146423
卧龙区	28.0	4.9	40.6	98.3	120.1	10.7	37.2	77.0	3.7	248463
南召县	39.9	2.8	73.6	97.3	146.8	8.4	63.3	68.5	10.0	122893
方城县	9.6	0.2	84.3	103.3	125.4	4.1	10.2	95.0	2.5	93467
西峡县	7.8	6.2	75.6	103.5	562.8	11.5	11.6	5.4	1.0	74741
镇平县	76.1	10.7	40.1	99.4	136.0	15.0	90.4	120.3	8.0	81421
内乡县	9.7	1.2	60.1	102.5	-298.8	3.0	18.9	19.0	6.2	133653
淅川县	10.0	1.0	72.7	99.7	135.1	7.7	11.6	22.5	1.5	37341
社旗县	168.0	4.1	33.1	99.0	115.4	7.8	346.7	243.2	44.4	406270
唐河县										
新野县										
桐柏县	21.9	54.5	48.6	106.0	167.0	46.7	73.2	31.5	1.6	192570
邓州市	117.0	11.9	64.8	90.7	90.7	22.2	142.0	174.3	8.7	241518
市直	10.4	4.2	66.0	107.6	196.8	8.8	11.6	28.7	1.3	67074
高新区	8.1	9.8	46.8	93.1	126.3	12.5	11.7	54.7	1.0	130700
两属	6.8	2.3	65.3	98.6	202.4	5.8	6.5	18.0	1.4	37441

11－32 限额以上外商及港澳台投资企业主要经济效益指标

(2009年)

	总资产贡献率(%)	成本费用利润率(%)	资产负债率(%)	产品销售率(%)	资本保值增值率(%)	销售收入利税率(%)	资金利税率(%)	固定资产原价利税率(%)	流动资产周转次数(次/年)	全员劳动生产率(元/人年)
总计	**22.2**	**15.2**	**54.3**	**99.9**	**126.6**	**17.6**	**22.5**	**29.0**	**2.1**	**120359**
一、总计中:(按轻重工分)										
轻工业	33.5	16.1	53.2	99.5	117.7	18.0	36.7	50.2	3.6	129649
以农产品为原料	56.8	24.0	48.3	100.2	121.5	23.6	59.1	86.4	4.6	143846
以非农产品为原料	6.4	0.8	59.3	97.8	112.2	4.1	5.7	7.2	2.4	106841
重工业	16.2	14.1	54.9	100.4	132.1	17.2	15.5	19.4	1.4	110792
采掘工业	2.7	3.3	91.2	100.0	95.0	5.8	2.4	4.0	0.7	44978
原料工业	24.3	23.8	47.7	100.2	118.5	27.4	27.6	17.4	2.5	270619
加工工业	12.5	9.5	55.2	100.4	145.2	11.6	10.4	26.4	1.1	79170
三、总计中:(按规模分组)										
大型企业	2.0	1.1	27.7	101.0	99.9	2.6	1.5	2.2	0.9	38480
中型企业	23.4	18.6	61.2	100.3	128.6	20.6	21.1	27.6	1.8	139536
小型企业	29.4	11.7	43.7	99.1	147.3	14.4	51.6	54.3	4.0	123229
三、按国民经济行业分										
煤炭开采和洗选业										
石油和天然气开采业										
黑色金属矿采选业										
有色金属矿采选业	2.7	3.3	91.2	100.0	95.0	5.8	2.4	4.0	0.7	44978
非金属矿采选业	1.0		48.7	100.0	117.0	4.4	2.1	1.9	0.5	11615
其他采矿业										
农副食品加工业	34.6	4.9	37.8	99.6	137.3	6.3	35.6	44.0	6.6	133575
食品制造业	87.3	40.1	50.8	100.6	125.7	34.3	75.9	115.0	4.5	248649
饮料制造业	6.4	0.3	46.5	98.7	200.9	3.9	6.3	8.8	3.0	71945
烟草制品业										
纺织业	3.0	0.1	50.1	103.2	98.1	2.5	3.6	5.2	2.6	61250
纺织服装、鞋、帽制造业										
皮革、毛皮、羽毛(绒)及其制品业										
木材加工及木、竹、藤、棕、草制品业	142.4	10.6	17.7	96.7	205.4	16.2	153.0	269.2	14.3	128199
家具制造业	60.3	13.5	21.4	97.6	223.1	16.8	48.0	71.5	7.6	92544
造纸及纸制品业										
印刷业和记录媒介的复制										
文教体育用品制造业										
石油加工、炼焦及核燃料加工业										
化学原料及化学制品制造业	21.9	54.5	48.6	106.0	167.0	46.7	73.2	31.5	1.6	192570
医药制造业	-1.5	-6.5	73.5	97.1	74.4	-4.2	-3.9	-5.5	1.6	103769
化学纤维制造业										
橡胶制品业										
塑料制品业	43.3	30.8	64.9	98.8	102.0	23.5	98.8	58.6	4.2	40050
非金属矿物制品业	33.3	13.1	78.6	101.0	228.6	20.2	30.4	38.2	3.6	116866
黑色金属冶炼及压延加工业										
有色金属冶炼及压延加工业	1.9	10.7	24.6	87.7	180.6	39.5	7.8	4.3	0.2	38109
金属制品业										
通用设备制造业										
专用设备制造业										
交通运输设备制造业	18.6	13.5	77.7	99.8	274.0	16.2	14.4	64.3	1.0	95691
电气机械及器材制造业										
通信设备、计算机及其他电子设备制造业	14.6	13.0	48.2	102.3	249.2	12.2	10.5	46.2	1.1	224063
仪器仪表及文化、办公用机械制造业	4.0	1.6	30.6	100.8	112.9	3.9	3.4	5.1	1.3	57543
工艺品及其他制造业	51.6	8.4	44.3	98.8	150.5	11.2	86.6	85.0	10.2	141027
废弃资源和废旧材料回收加工业										
电力、热力的生产和供应业	19.4	27.6	43.0	100.0	102.6	28.8	18.3	11.0	1.9	580184
燃气生产和供应业										
水的生产和供应业	72.3	16.5	53.9	100.0		22.7	124.8	41.4	5.5	107150

11－33 各县（市、区）限额以上外商及港澳台投资企业主要经济效益指标

（2009 年）

	总资产贡献率（%）	成本费用利润率（%）	资产负债率（%）	产品销售率（%）	资本保值增值率（%）	销售收入利税率（%）	资金利税率（%）	固定资产原价利税率（%）	流动资产周转次数（次/年）	全员劳动生产率（元/人年）
总　　计	**22.2**	**15.2**	**54.3**	**99.9**	**126.6**	**17.6**	**22.5**	**29.0**	**2.1**	**120359**
宛城区	71.9	48.6	51.4	101.3	116.7	38.9	68.5	104.6	3.7	294495
卧龙区	48.3	10.8	40.7	99.7	149.4	11.1	69.3	60.6	7.6	122003
南召县	5.6	0.7	30.0	95.5	100.3	1.0	6.7	14.0	9.0	46485
方城县	2.2	6.7	25.5	94.1	181.4	11.8	8.4	4.8	0.7	71727
西峡县	53.3	12.2	68.4	101.1	111.6	12.5	76.7	249.3	6.3	241159
镇平县	78.2	11.1	28.9	98.7	171.9	15.3	93.6	137.7	10.4	101500
内乡县	13.8	3.2	85.5	101.2	61.4	3.1	25.3	16.7	8.1	191388
淅川县	24.6	21.5	77.1	100.0	858.1	22.6	18.2	91.3	0.9	114265
社旗县	17.4	3.0	38.9	100.0	393.6	7.4	10.5	22.5	2.4	81691
唐河县	30.6	12.3	45.3	97.8	131.7	14.0	40.1	37.7	6.1	60739
新野县										
桐柏县	11.8	20.3	66.3	101.9	156.3	23.2	18.9	18.0	1.2	77561
邓州市	126.3	10.9	18.6	96.7	196.6	17.6	176.8	206.6	12.5	214476
市　　直	2.3	-2.1	53.6	99.6	93.6	1.0	0.8	1.2	1.3	65826
高新区	13.6	8.2	56.9	100.3	162.7	9.9	11.1	37.2	1.4	119851
两　　属	19.4	27.6	43.0	100.0	102.6	28.8	18.3	11.0	1.9	580184

11-34 限额以上国有工业企业主要财务指标

单位:万元

	企业数(个)	#亏损	主营业务收入	亏损企业亏损额	利润	实现利税总额	年末固定资产原值
1975	242	70		2476	-100		32427
1980	309	70	99818	1316	7725	7279	114833
1981	317	91	113515	1631	9627	9086	142069
1982	319	90	126052	1894	8247	8509	152155
1983	321	30	129331	430	11107	7833	147537
1984	377	26	126016	616	10973	22309	166997
1985	308	29	158005	1020	14877	10656	185563
1986	326	41	225966	2570	14825	13874	265263
1987	337	40	300081	2128	25224	14435	299302
1988	340	32	348271	4012	22018	9243	340115
1989	330	48	352982	16342	5467	8845	387879
1990	345	78	369859	31608	-13115	8191	455557
1991	340	78	413139	32392	-15206	5119	519897
1992	347	77	481448	41363	-16906	8320	608070
1993	376	82	715648	17240	11479	65570	800921
1994	351	63	814485	11469	20183	104846	963789
1995	371	91	1082451	15156	27037	127917	1248706
1996	382	60	1109116	19960	10065	121469	1297325
1997	255	40	1105376	10720	25794	193007	1390921
1998	184	48	1079342	12055	13921	122040	1439248
1999	201	47	1046628	21326	4727	118081	1570276
2000	201	52	1215587	22922	53358	170017	1368104
2001	196	47	1367887	16392	46901	174534	1499997
2002	181	39	1446809	10171	49749	179592	1595290
2003	164	35	1436866	10063	60430	199584	1518992
2004	133	25	1482471	11078	91920	231337	1197114
2005	116	35	2155444	13505	206456	387238	1534884
2006	110	22	2442833	6870	273543	542873	1621406
2007	71	11	2777087	14535	208659	529835	1608885
2008	49	8	3277043	5370	262072	719346	1981927
2009	49	10	3196583	78091	26578	340444	2213685

11—35 限额以下工业企业主要经济指标

（2009 年）　　单位:万元、人

	单位数	总产值	增加值	从业人员
总计	**11313**	**3473748**	**946600**	**316403**
在总计中:(按控股情况分组)				
国有控股	25	21661	5903	1973
集体控股	151	63645	17343	5797
非公有制控股经济	11137	3388442	923354	308633
在总计中:(按登记注册类型分组)				
国有企业	24	4132	1279	1373
集体企业	116	216817	61200	4879
股份合作企业	29	50495	14023	142
集体联营企业	6	5082	1405	359
其他联营企业	31	10797	2886	95
其他有限责任公司	406	159541	43986	52151
股份有限公司	9	2581	726	1169
私营独资企业	8971	2439269	660984	223098
私营合伙企业	1132	370944	101918	14394
私营有限责任公司	330	125243	34112	6054
私营股份有限公司	98	37260	10127	1355
其他企业	138	44036	11812	10885
港、澳、台与大陆合资经营企业	10	3340	928	129
港、澳、台商独资经营企业	4	1576	426	130
中外合资经营企业	6	1903	587	40
外资企业	3	732	200	150
在总计中:(按隶属关系分组)				
市(地区)属	38	10247	2709	1392
县(区)、县级市属	88	51168	14207	3821
街道属	60	2445	655	4669
镇属	251	47720	13287	14003
乡属	66	27270	7731	4597
居委会属	26	14029	3716	800
村属	412	229752	64749	28134
其他属	10372	3091116	839546	258987
在总计中:(按轻重工业分组)				
轻工业	4376	1376863	370506	124622
以农产品为原料	3497	1098068	294347	100189
以非农产品为原料	879	278795	76160	24433
重工业	6937	2096885	576093	191781
采掘工业	1165	382125	103480	34634
原料工业	1063	312732	86106	23446
加工工业	4709	1402027	386507	133701

11－35 续表　　(2009 年)　　单位:万元、人

	单位数	总产值	增加值	从业人员
在总计中:(按国民经济行业分组)				
黑色金属矿采选业	209	113133	29859	5963
有色金属矿采选业	95	53949	17032	3247
非金属矿采选业	721	212270	55742	18579
其他采矿业	7	2309	632	415
农副食品加工业	1517	444861	113670	34824
食品制造业	230	74572	19669	6153
饮料制造业	160	48699	14555	4140
纺织业	437	129883	33270	19435
纺织服装、鞋、帽制造业	92	21902	5817	3672
皮革、毛皮、羽毛(绒)及其制品业	47	17113	4556	1395
木材加工及木、竹、藤、棕、草制品业	736	206673	55035	17736
家具制造业	479	127803	34623	10222
造纸及纸制品业	66	23357	6449	1853
印刷业和记录媒介的复制	133	40153	11283	2932
文教体育用品制造业	16	3307	832	936
石油加工、炼焦及核燃料加工业	22	9805	2976	705
化学原料及化学制品制造业	244	73912	19351	7139
医药制造业	53	14219	4401	1749
化学纤维制造业	5	440	129	336
橡胶制品业	28	6715	1773	716
塑料制品业	271	80646	20819	6825
非金属矿物制品业	3797	1126088	316602	100211
黑色金属冶炼及压延加工业	38	16856	4121	1300
有色金属冶炼及压延加工业	33	8909	2158	989
金属制品业	321	73018	19046	8006
通用设备制造业	171	51036	13627	5222
专用设备制造业	172	57318	14744	4701
交通运输设备制造业	181	61176	15366	5459
电气机械及器材制造业	87	20798	5378	2544
通信设备、计算机及其他电子设备制造业	18	4083	1242	845
仪器仪表及文化、办公用机械制造业	30	11044	2829	986
工艺品及其他制造业	739	308227	87583	33047
废弃资源和废旧材料回收加工业	25	4766	1416	581
电力、热力的生产和供应业	51	11034	4750	1224
燃气生产和供应业	7	2303	761	210
水的生产和供应业	75	11372	4503	2106

11－36 各县(市、区)限额以下工业企业主要经济指标

(2009 年)　　单位:万元、%

	户　数	总 产 值	增 加 值	从业人员
南 阳 市	**11313**	**3473748**	**946600**	**316403**
宛 城 区	960	238810	65076	20924
卧 龙 区	859	255104	69516	19823
南 召 县	299	74950	20424	6101
方 城 县	913	260267	70923	18404
西 峡 县	611	211805	57717	22039
镇 平 县	840	228979	62397	58961
内 乡 县	974	449639	122527	27354
淅 川 县	693	273595	74555	25095
社 旗 县	636	153933	41947	10231
唐 河 县	1254	290788	79240	25892
新 野 县	1253	471708	128541	35000
桐 柏 县	668	242069	65964	16333
邓 州 市	1353	322101	87773	30246

11—37 个体工业主要经济指标

(2009年)

单位:万元,%

	单位数	营业收入	增加值	从业人数
总计	**106784**	**7351165**	**2003200**	**388204**
在总计中:(按轻重工业分组)				
轻工业	86853	5473081	1493266	258891
以农产品为原料	58982	3340117	877318	169399
以非农产品为原料	27871	2132964	615948	89492
重工业	19931	1878084	509934	129313
采掘工业	2120	243800	64530	20891
原料工业	5617	451545	123584	23104
加工工业	12193	1182739	321820	85318
在总计中:(按国民经济行业分组)				
黑色金属矿采选业	143	45812	12107	1987
有色金属矿采选业	16	14208	4530	180
非金属矿采选业	1174	180064	46874	8090
其他采矿业	62	3716	1019	405
农副食品加工业	40972	2094749	540826	140099
食品制造业	6217	321693	84867	19483
饮料制造业	809	45304	13730	3811
纺织业	2235	112698	29280	11129
纺织服装、鞋、帽制造业	3019	204419	57550	11124
皮革、毛皮、羽毛(绒)及其制品业	515	55317	14761	1766
木材加工及木、竹、藤、棕、草制品业	5190	356008	96417	23608
家具制造业	4768	405198	109710	17022
造纸及纸制品业	108	10618	2935	346
印刷业和记录媒介的复制	348	22032	6206	1363
文教体育用品制造业	42	991	248	124
化学原料及化学制品制造业	508	44814	11993	1745
医药制造业	58	1922	628	310
橡胶制品业	76	1215	323	346
塑料制品业	275	47887	12634	1443
非金属矿物制品业	4687	664420	188907	29400
黑色金属冶炼及压延加工业	35	6311	1489	147
有色金属冶炼及压延加工业	14	4825	1199	39
金属制品业	5021	248667	64985	17904
通用设备制造业	1662	123492	33539	5328
专用设备制造业	2703	86469	21342	8699
交通运输设备制造业	2045	145089	37008	6865
电气机械及器材制造业	33	7417	1889	241
通信设备、计算机及其他电子设备制造业	9	2677	586	27
仪器仪表及文化、办公用机械制造业	33	3645	936	83
工艺品及其他制造业	23485	2057276	594402	73486
废弃资源和废旧材料回收加工业	419	21433	6381	1371
燃气生产和供应业	19	3364	1114	58
水的生产和供应业	84	7415	2783	175

11－38 各县(市、区)个体工业主要经济指标

(2009 年)

单位:万元、%

	户　数	营业收入	增加值	从业人员(人)
南阳市	**106784**	**7351165**	**2003200**	**388204**
宛城区	5118	327349	89203	24267
卧龙区	4500	556020	151516	18864
南召县	10185	249272	67927	16906
方城县	8252	357437	97401	19799
西峡县	8500	469198	127857	33377
镇平县	21639	1378311	375591	49418
内乡县	6076	356465	97137	11082
淅川县	9466	650016	177130	51390
社旗县	3915	338494	92240	22574
唐河县	7320	831006	226450	44563
新野县	5911	451441	123019	13975
桐柏县	3685	349261	95175	36505
邓州市	12217	1036895	282554	45484

11－39 部分重点工业企业主要指标

(2009 年)

单位:万元

	平均从业人员(人)	工业总产值(现价)	所有者权益	资产	固定资产净值	流动资产合计	主营业务收入	利税总额
1. 中国石化集团河南石油勘探局	20436	1034996	806326	1419772	376649	183673	1101741	87035
2. 河南龙成集团有限公司	5750	1002786	211978	520763	332916	180033	682406	108744
3. 河南省淅川铝业(集团)有限公司	1460	456894	33815	189302	50232	121572	428505	42063
4. 南阳天冠集团有限公司	4088	407341	87567	598213	155826	350113	297211	15402
5. 南阳市电业局	1346	404113	31530	344111	275057	22461	417448	-12045
6. 南阳市鸭河口发电有限责任公司	1156	341965	82257	604668	445139	132682	306781	34438
7. 河南省西保冶材集团有限公司	3518	329015	117660	216048	34092	176879	237925	40792
8. 河南新野纺织股份有限公司	7966	264008	111350	303355	140303	119438	212772	8572
9. 淅川县电业局	3519	227610	23335	128233	17866	103342	181000	30435
10. 河南省宛西制药股份有限公司	7354	213071	78230	224328	73139	113158	203943	25953
11. 南阳卷烟厂	1289	165815	71881	137871	32683	96242	181170	114396
12. 南阳市防爆集团	2856	158881	78414	157502	27773	115074	161954	45747
13. 邓州市永泰棉纺有限公司	1005	140650	35910	60441	30357	28855	126825	22263
14. 南阳纺织集团有限公司	5200	140237	86621	168313	56916	98231	140156	8022
15. 河南省淅川县玉典化冶有限责任公司	1600	136546	2525	60995	7460	50803	105674	19362
16. 南阳二机石油装备(集团)有限公司	2142	136516	49440	127449	14197	104045	115405	15040
17. 乐凯集团第二胶片厂	2655	135251	92036	145407	35703	99495	136725	16910
18. 河南通宇冶材集团	2258	130144	28733	93448	6732	77220	79047	6172
19. 河南北方红阳工业有限公司	2871	119905	44709	129233	39169	68055	118802	3578
20. 南阳娃哈哈食品有限公司	572	110003	29067	59836	33455	26381	112097	48078
21. 桐柏县鑫泓银制品有限责任公司	126	106522	1295	7109	578	6067	101664	15163
22. 河南福森药业有限公司	1726	96009	17763	96957	12469	76165	90234	12928
23. 中国联合水泥有限公司南阳分公司	995	95069	75825	111475	90268	17288	73799	14321
24. 邓州市雪阳棉纺集团有限公司	1980	92730	35747	79363	26705	47014	83452	9597
25. 桐柏县安棚碱矿有限责任公司	1640	87667	113865	236567	66229	50317	58644	11270
26. 河南中南工业有限责任公司	2115	80596	74709	134696	83170	41747	80377	17670
27. 河南中光学集团有限公司	4303	77417	57741	117392	30894	72607	82453	1952
28. 邓州市北园木业有限公司	400	74940	5143	10541	4094	3532	64409	18260
29. 邓州市老廷实业有限总公司	1210	69914	10008	11304	9506	1212	58610	9509
30. 河南省西峡汽车水泵股份有限公司	1451	69084	22729	86877	25855	47367	64219	7059
31. 南阳淅减汽车减振器有限公司淅川汽	1174	59462	17111	74695	8679	58320	53962	12189
32. 南阳市鼎鑫钢铁有限公司	850	59117	2074	14600	8727	4751	53599	3707
33. 南阳热电有限责任公司	396	58727	33850	181277		20714	59995	1855
34. 南阳普光电力有限公司	375	57972	52703	92452	60611	29421	57161	16463
35. 邓州花洲建材有限公司	495	56461	17598	52843	31791	13185	40560	11260
36. 金星集团南阳啤酒有限公司	530	54760	3876	7247	2799	3124	48625	12171
37. 河南赊店酒业公司	1175	48909	6101	8776	5199	2489	45142	3687
38. 南阳市普康药业有限公司	1535	48788	13108	59903	25701	33477	50658	-4773
39. 河南北方星光机电有限责任公司	2160	46032	25553	54681	21974	30465	45017	2007
40. 新野县电业局	673	45303	16088	21440	6194	14144	44183	6023
41. 南阳科生生物化工有限公司	350	42719	1593	3983	2941	1042	38737	7302
42. 南阳中联卧龙水泥有限公司	1400	42183	49189	60380	27368	12489	47504	6167
43. 南阳市供电公司西卧龙供电分局	600	41529	3210	4980	2108	2207	41529	7425
44. 新野嘉元脱水食品公司	297	41473	7050	7900	3954	1500	53173	10604

11－39 续表 （2009 年） 单位:万元

	平均从业人员（人）	工业总产值（现价）	所有者权益	资产	固定资产净值	流动资产合计	主营业务收入	利税总额
45.南阳市供电公司东郊农电公司	316	41320	4139	6051		2918	35972	1690
46.镇平县电业局	566	38496	11255	18146	10240	6526	38144	3894
47.河南省淅川县水泥有限公司	570	37555	27815	53368	28710	15871	64636	12941
48.西峡县内燃机排气管有限责任公司	1270	36694	10090	20511	8225	10637	38071	4884
49.南阳中光学机电装备有限公司	1326	36687	16943	29932	5442	10478	39060	971
50.西峡县电业局	375	34757	16900	27384	6796	17638	37167	9903
51.南阳市红宇机电有限公司	1864	34662	13851	33103	8713	20071	34158	687
52.南阳市明东化工总厂	880	34540	11727	18902	11355	6615	33106	3105
53.方城县四里店乡维么寺铅锌选厂	260	34125	1360	6289		2362	27836	1523
54.利达光电股份有限公司	2269	33399	47062	65100	20997	37834	33788	878
55.邓州市电业局	1084	32917	9149	22300	6792	14389	33372	3612
56.邓州市裴营乡丰奇集团公司	350	32786	1599	2693	784	1408	31094	4919
57.内乡县全宇制药有限公司	320	32348	2446	3756		562	30556	174
58.邓州市佳丽来涂料有限公司	85	32164	1370	2902	816	1587	30262	8204
59.河南南阳市油田机械制造有限公司	739	31507	11583	49263	11382	30347	47427	1463
60.南阳市神威民爆有限公司	680	31122	5954	15576	9666	4128	31048	2109
61.邓州市华纺企业有限公司	340	30998	6228	11489	7089	3443	27362	5051
62.西峡县鑫龙保温材料有限公司	430	30324	11609	23512	4019	14593	25357	7268
63.南阳市正大有限公司	1000	29276	1780	3920	1125	2796	28268	1665
64.内乡县电业局	810	28902	3456	10958	7202	2824	19451	1263
65.桐柏县海晶碱业有限责任公司	1256	27923	24577	48282	31892	12802	26469	2792
66.邓州玉华针织服饰有限公司	368	27232	1083	3697	1979	1518	25242	5421
67.南召云阳铸造有限公司	668	27173	3865	29838	11300	18538	23955	-2115
68.中原豪雨太阳能有限公司	1000	26796	3450	13316	4102	5232	13481	594
69.邓州市彭桥矿产品开发公司	480	26506	2179	2633	708	1190	25473	5825
70.新野县华星棉纺织有限公司	1300	25432	5564	28371	10981	12723	20645	238
71.河南陆德筑机股份有限公司	380	24326	6673	30297	697	26830	24326	1413
72.河南英威东风机械制造有限公司	1114	24234	3020	21630	4284	17345	23716	738
73.内乡县泰隆建材有限公司	730	24227	4334	11589	8358	1946	19995	1488
74.邓州市裴营乡天河有限公司	226	24175	2523	2827	811	1216	22348	4905
75.南阳金冠电气有限公司	350	24145	18387	35507	6332	25472	27450	3354
76.南阳裕祥纺织有限公司	350	24134	5429	12909	3531	2916	21424	4317
77.淅川中联水泥有限公司	300	22987	16834	31654	21695	7086	45019	7771
78.桐柏县明星化工有限公司	636	22331	5801	22496	15803	6343	21962	2276
79.南阳森霸光电有限公司	695	21870	9444	15454	6344	9110	21870	1619
80.南阳金牛彩印集团有限公司	400	21840	4400	5950	784	5150	21840	2006
81.南阳防爆集团重型电机有限公司	701	21792	2896	10986	6694	2902	21100	698
82.北京天衡药物研究院南阳天衡制药厂	70	21763	2067	3779	2568	1211	17984	6034
83.南阳市天泰水泥有限公司	613	21283	3497	16326	8927	6430	23099	4665
84.邓州市裕隆地毯有限责任公司	500	21054	1764	2283	646	1088	19771	4664
85.淅川县九信电化有限公司	565	21001	6240	17779	12881	4074	23140	536
86.邓州市赛博板业有限公司	350	20974	4175	8329	4296	3333	19636	3885
87.内乡县大地生化有限公司	82	20092	201	602		323	20281	54

11—40 利税总额超3000万元的工业企业情况

（2009年）

单位:万元

	利税总额	资产总计	产品销售收入
1.南阳卷烟厂	114396	137871	181170
2.河南龙成集团有限公司	108744	520763	682406
3.中国石化集团河南石油勘探局	87035	1419772	1101741
4.南阳娃哈哈食品有限公司	48078	59836	112097
5.南阳市防爆集团	45747	157502	161954
6.河南省淅川铝业(集团)有限公司	42063	189302	428505
7.河南省西保冶材集团有限公司	40792	216048	237925
8.南阳市鸭河口发电有限责任公司	34438	604668	306781
9.淅川县电业局	30435	128233	181000
10.河南省宛西制药股份有限公司	25953	224328	203943
11.邓州市永泰棉纺有限公司	22203	60441	126825
12.河南省淅川县玉典化冶有限责任公司	19362	60995	105674
13.邓州市北园木业有限公司	18260	10541	64409
14.河南中南工业有限责任公司	17670	134696	80377
15.乐凯集团第二胶片厂	16910	145407	136725
16.南阳普光电力有限公司	16463	92452	57161
17.南阳天冠集团有限公司	15402	598213	297211
18.桐柏县鑫泓银制品有限责任公司	15163	7109	101664
19.南阳二机石油装备(集团)有限公司	15040	127449	115405
20.中国联合水泥有限公司南阳分公司	14321	111475	73799
21.河南省淅川县水泥有限公司	12941	53368	64636
22.河南福森药业有限公司	12928	96957	90234
23.南阳淅减汽车减振器有限公司淅川汽车	12189	74695	53962
24.金星集团南阳啤酒有限公司	12171	7247	48625
25.桐柏县安棚碱矿有限责任公司	11270	236567	58644
26.邓州花洲建材有限公司	11260	52843	40560
27.新野嘉元脱水食品公司	10604	7900	53173
28.西峡县电业局	9903	27384	37167
29.邓州市雪阳棉纺集团有限公司	9597	79363	83452
30.邓州市老廷实业有限总公司	9509	11304	58610
31.河南新野纺织股份有限公司	8572	303355	212772
32.邓州市佳丽来涂料有限公司	8204	2902	30262
33.南阳纺织集团有限公司	8022	168313	140156
34.淅川中联水泥有限公司	7771	31654	45019
35.南阳市供电公司西卧龙供电分局	7425	4980	41529
36.南阳科生生物化工有限公司	7302	3983	38737
37.西峡县鑫龙保温材料有限公司	7268	23512	25357

11—40 续表　　（2009 年）　　单位：万元

	利税总额	资产总计	产品销售收入
38.河南省西峡汽车水泵股份有限公司	7059	86877	64219
39.河南通宇冶材集团	6172	93448	79047
40.南阳中联卧龙水泥有限公司	6167	60380	47504
41.桐柏博源新型化工有限公司	6105	30014	13059
42.北京天衡药物研究院南阳天衡制药厂	6034	3779	17984
43.新野县电业局	6023	21440	44183
44.邓州市彭桥矿产品开发公司	5825	2633	25473
45.邓州玉华针织服饰有限公司	5421	3697	25242
46.邓州市华纺企业有限公司	5051	11489	27362
47.邓州市裴营乡丰奇集团公司	4919	2693	31094
48.邓州市裴营乡天河有限公司	4905	2827	22348
49.西峡县内燃机排气管有限责任公司	4884	20511	38071
50.邓州市丹枫面粉厂	4736	1780	18682
51.南阳市天泰水泥有限公司	4665	16326	23099
52.邓州市裕隆地毯有限责任公司	4664	2283	19771
53.南阳裕祥纺织有限公司	4317	12909	21424
54.新野县华远彩印厂	4262	3100	25430
55.杏山建材集团	4261	2183	15413
56.南阳市红阳机械有限公司	4129	24463	11145
57.新野县上港乡航天水泥分装厂	4040	7536	18898
58.高集乡锦桥纸制品有限公司	4019	12012	15875
59.邓州市孟楼孟源木业有限公司	3948	1954	17634
60.镇平县电业局	3894	18146	38144
61.邓州市赛博板业有限公司	3885	8329	19636
62.孟楼镇神龙织布厂	3868	1654	12674
63.邓州市恒业针织有限公司	3771	2263	11861
64.南阳市鼎鑫钢铁有限公司	3707	14600	53599
65.邓州市鑫隆酱业调料有限公司	3693	1127	11706
66.河南赊店酒业公司	3687	8776	45142
67.邓州市电业局	3612	22300	33372
68.河南北方红阳工业有限公司	3578	129233	118802
69.新野县华裕棉业有限公司	3567	4562	15344
70.邓州市同辉玩具有限公司	3552	1991	15213
71.邓州市穰东镇龙升毛织厂	3547	1873	16556
72.南阳金冠电气有限公司	3354	35507	27450
73.南阳市明东化工总厂	3105	18902	33106
74.邓州市金林木业有限公司	3027	1414	12507

11—41 利润总额超 2000 万元的工业企业情况

（2009 年） 单位：万元

	利润	资产	产品销售收入
1. 河南龙成集团有限公司	78642	520763	682406
2. 南阳娃哈哈食品有限公司	40877	59836	112097
3. 南阳市防爆集团	36667	157502	161954
4. 河南省西保冶材集团有限公司	32106	216048	237925
5. 河南省淅川铝业(集团)有限公司	23220	189302	428505
6. 淅川县电业局	17609	128233	181000
7. 南阳卷烟厂	16609	137871	181170
8. 河南中南工业有限责任公司	15397	134696	80377
9. 乐凯集团第二胶片厂	15017	145407	136725
10. 河南省淅川县玉典化冶有限责任公司	14026	60995	105674
11. 河南省宛西制药股份有限公司	13973	224328	203943
12. 南阳普光电力有限公司	12374	92452	57161
13. 南阳二机石油装备(集团)有限公司	10914	127449	115405
14. 南阳淅减汽车减振器有限公司淅川汽车	9567	74695	53962
15. 河南福森药业有限公司	9223	96957	90234
16. 中国联合水泥有限公司南阳分公司	9049	111475	73799
17. 邓州市永泰棉纺有限公司	8873	60441	126825
18. 南阳天冠集团有限公司	8181	598213	297211
19. 新野嘉元脱水食品公司	7872	7900	53173
20. 南阳市鸭河口发电有限责任公司	7817	604668	306781
21. 河南省淅川县水泥有限公司	7708	53368	64636
22. 西峡县电业局	7602	27384	37167
23. 桐柏县安棚碱矿有限责任公司	6849	236567	58644
24. 南阳纺织集团有限公司	5519	168313	140156
25. 邓州市北园木业有限公司	5308	10541	64409
26. 河南省西峡汽车水泵股份有限公司	5238	86877	64219
27. 西峡县鑫龙保温材料有限公司	5182	23512	25357
28. 桐柏县鑫泓银制品有限责任公司	5161	7109	101664
29. 金星集团南阳啤酒有限公司	5001	7247	48625
30. 南阳市供电公司西卧龙供电分局	4976	4980	41529
31. 邓州花洲建材有限公司	4770	52843	40560
32. 桐柏博源新型化工有限公司	4609	30014	13059
33. 淅川中联水泥有限公司	4071	31654	45019

11－41 续表　　(2009 年)　　单位:万元

	利　润	资　产	产品销售收入
34.河南新野纺织股份有限公司	4004	303355	212772
35.南阳中联卧龙水泥有限公司	3951	60380	47504
36.南阳市红阳机械有限公司	3683	24463	11145
37.新野县电业局	3553	21440	44183
38.邓州市雪阳棉纺集团有限公司	3518	79363	83452
39.河南通宇冶材集团	3406	93448	79047
40.南阳金冠电气有限公司	3178	35507	27450
41.南阳明泰食品有限公司	2980	2990	14654
42.新野县华裕棉业有限公司	2916	4562	15344
43.南阳市天泰水泥有限公司	2881	16326	23099
44.邓州市华纺企业有限公司	2876	11489	27362
45.西峡县内燃机排气管有限责任公司	2840	20511	38071
46.邓州市佳丽来涂料有限公司	2802	2902	30262
47.邓州市裴营乡天河有限公司	2776	2827	22348
48.邓州市彭桥矿产品开发公司	2623	2633	25473
49.北京天衡药物研究院南阳天衡制药厂	2547	3779	17984
50.高集乡锦桥纸制品有限公司	2517	12012	15875
51.新野县华远彩印厂	2500	3100	25430
52.新野县上港乡航天水泥分装厂	2500	7536	18898
53.邓州市裴营乡丰奇集团公司	2471	2693	31094
54.邓州市老廷实业有限总公司	2424	11304	58610
55.南阳科生生物化工有限公司	2416	3983	38737
56.邓州玉华针织服饰有限公司	2405	3697	25242
57.河南省公甫实业有限公司	2332	6230	9900
58.方城县亨源棉织品制造有限公司	2326	6801	10000
59.桐柏县淮源镇兴源矿业有限公司	2245	9307	9278
60.邓州市裕隆地毯有限责任公司	2241	2283	19771
61.邓州市恒业针织有限公司	2171	2263	11861
62.镇平县电业局	2134	18146	38144
63.新野县天使棉业有限公司	2101	3500	13393
64.新野县泰丰纺织有限公司	2023	5280	15822
65.杏山建材集团	2015	2183	15413

主要统计指标解释

工业 指从事自然资源的开采，对采掘品和农产品进行加工和再加工的物质生产部门。具体包括：(1)对自然资源的开采，如采矿、晒盐、森林采伐等(但不包括禽兽捕猎和水产捕捞)；(2)对农副产品的加工、再加工，如粮油加工、食品加工、轧花、缫丝、纺织、制革等；(3)对采掘品的加工、再加工，如炼铁、炼钢、化工生产、石油加工、机器制造、木材加工等，以及电力、自来水、煤气的生产和供应等；(4)对工业品的修理、翻新，如机器设备的修理、交通运输工具(包括小卧车)的修理等。

工业统计调查单位 工业统计调查单位分为两类：独立核算法人工业企业和工业活动单位。

(1)**独立核算法人工业企业** 是指从事工业生产经营活动的单位。独立核算法人工业企业应同时具备以下条件：①依法成立，有自己的名称、组织机构和场所，能够承担民事责任；②独立拥有和使用资产，承担负债，有权与其他单位签订合同；③独立核算盈亏，并能够编制资产负债表。

(2)**工业活动单位** 是指在一个场所从事一种或主要从事一种工业生产活动的经济单位。它包括独立核算工业企业按主营业务活动(即工业生产活动)划分的主营业务活动单位和非工业企业所属的工业生产活动单位(即原非独立核算工业生产单位)。工业活动单位，一般应同时具备以下三个条件：①具有一个场所，从事一种或主要从事一种工业活动；②单独组织工业生产、经营或业务活动；③单独核算收入和支出。

企业登记注册类型 本年鉴中涉及的企业登记注册类型：

(1)**国有及国有控股企业** 指国有企业加上国有控股企业。国有企业(即过去的全民所有制工业或国营工业)是指企业全部资产归国家所有，并按《中华人民共和国企业法人登记管理条例》规定登记注册的非公司制的经济组织。包括国有企业、国有独资公司和国有联营企业。1957年以前的公私合营和私营工业，后均改造为国营工业，1992年改为国有工业，这部分工业的资料不单独分列时，均包括在国有企业内。国有控股企业是对混合所有制经济的企业进行的“国有控股”分类。它是指这些企业的全部资产中国有资产(股份)相对其他所有者中的任何一个所有者占资(股)最多的企业。该分组反映了国有经济控股情况。

(2)**集体企业** 指企业资产归集体所有，并按《中华人民共和国企业法人登记管理条例》规定登记注册的经济组织。是社会主义公有制经济的组成部分。包括城乡所有使用集体投资举办的企业，以及部分个人通过集资自愿放弃所有权并依法经工商行政管理机关认定为集体所有制的企业。

(3)**股份合作企业** 指以合作制为基础，由企业职工共同出资入股，吸收一定比例的社会资产投资组建，实行自主经营，自负盈亏，共同劳动，民主管理，按劳分配与按股分红相结合的一种集体经济组织。

(4)**联营企业** 指两个及两个以上相同或不同所有制性质的企业法人或事业单位法人，按自愿、平等、互利的原则，共同投资组成的经济组织。联营企业包括：

国有联营企业 指国有企业与国有企业间的联营；

集体联营企业 指集体企业与集体企业间的联营；

国有与集体联营企业 指国有企业与集体企业间的联营。

(5)**有限责任公司** 指根据《中华人民共和国公司登记管理条例》规定登记注册，由两个以上，五十个以下的股东共同出资，每个股东以其所认缴的出资额对公司承担有限责任，公司以其全部资产对其债务承担责任的经济组织。

有限责任公司包括国有独资公司以及其他有限责任公司。

(6)**股份有限公司** 指根据《中华人民共和国企业法人登记管理条例》规定登记注册，其全部注册资本由等额股份构成并通过发行股票筹集资本，股东以其认购的股份对公司承担有限责任，公司以其全部资产对其债务承担责任的经济组织。

(7)**私营企业** 指由自然人投资设立或由自然人控股，以雇佣劳动为基础的营利性经济组织。包括按照《公司法》、《合伙企业法》、《私营企业暂行条例》规定登记注册的私营有限责任公司、私营股份有限公司、私营合伙企业和私营独资企业。

(8)**港、澳、台商投资企业** 指企业注册登记类型中的港、澳、台资合资、合作、独资经营企业和股份有限公司之和。

(9)**外商投资企业** 指企业注册登记类型中的中外合资、合作经营企业、外资企业和外商投资股份有限公司之和。

“三资”企业系指港、澳、台商投资企业和外资企业的简称。

轻工业 指主要提供生活消费品和制作手工工具的工业。按其所使用的原料不同，可分为两大类：(1)以农产品为原料的轻工业，是指直接或间接以农产品为基本原料的轻工业。主要包括食品制造、饮料制造、烟草加工、纺织、缝纫、皮革和毛皮制作、造纸以及印刷等工业；(2)以非农产品为原料的轻工业，是指以工业品为原料的轻工业。主要包括文教体育用品、化学药品制造、合成纤维制造、日用化学制品、日用玻璃制品、日用金属制品、手工工具制造、医疗器械制造、文化和办公用机械制造等工业。

重工业 是指为国民经济各部门提供物质技术基础的

主要生产资料的工业。按其生产性质和产品用途，可以分为下列三类：(1)采掘(伐)工业，是指对自然资源的开采，包括石油开采、煤炭开采、金属矿开采、非金属矿开采和木材采伐等工业；(2)原材料工业，指向国民经济各部门提供基本材料、动力和燃料的工业。包括金属冶炼及加工、炼焦及焦炭、化学、化工原料、水泥、人造板以及电力、石油和煤炭加工等工业；(3)加工工业，是指对工业原材料进行再加工制造的工业。包括装备国民经济各部门的机械设备制造工业、金属结构、水泥制品等工业，以及为农业提供的生产资料如化肥、农药等工业。

根据上述划分原则，修理业中以重工业产品为修理作业对象的划为重工业，反之划为轻工业。

工业增加值 是指工业行业在报告期内以货币表现的工业生产活动的最终成果。

实收资本 指企业实际收到的投资人投入的资本。按投资主体可分为国家资本、集体资本、法人资本、个人资本、港澳台资本和外商资本等。

资产合计 指企业拥有或控制的能以货币计量的经济资源。包括各种财产、债权和其他权利。资产按其流动性划分为流动资产、长期投资、固定资产、无形及递延资产和其他资产。

(1)流动资产 指企业可以在一年内或者超过一年的一个生产周期内变现或耗用的资产合计。包括现金及各种存款、短期投资、应收及预付款项、存货等。

(2)固定资产 指企业固定资产净值、固定资产清理、在建工程、待处理固定资产损失所占用的资金合计。

(3)无形资产 指企业长期使用而没有实物形态的资产。包括专利权、非专利技术、商标权、著作权、土地使用权、商誉等。

负债合计 指企业承担的能以货币计量，将以资产或劳务偿付的债务。负债一般按偿还期长短分为流动负债和长期负债、递延税项等。

(1)流动负债 指企业在一年内或者超过一年的一个营业周期内需要偿还的债务合计，其中包括短期借款、应付及预收款项、应付工资、应交税金和应交利润等。

(2)长期负债 指企业在一年以上或者超过一年的一个营业周期以上需要偿还的债务合计，其中包括长期借款、应付债务、长期应付款项等。

所有者权益 指企业投资人对企业净资产的所有权。企业净资产等于企业全部资产减去全部负债后的余额，其中包括投资者对企业的最初投入，以及资本公积金、盈余公积金和未分配利润，对股份制企业即为股东权益。

固定资产原价 指企业在建造、购置、安装、改建、扩建、技术改造某项固定资产时所支出的全部货币总额。它一般包括买价、包装费、运杂费和安装费等。

固定资产净值 是指固定资产原价减去历年已提折旧额后的净额。

流动资产 是指可以在一年或者超过一年的一个营业周期内变现或者耗用的资产，包括现金及各种存款、短期投资、应收及预付货款、存货等。

产品销售收入 指企业销售产品和提供劳务等主要经营业务取得的收入总额。

产品销售成本 指企业销售产品和提供劳务等主要经营业务的实际成本。

产品销售税金及附加 指企业销售产品和提供工业性劳务等主要经营业务应负担的城市维护建设税、消费税、资源税和教育费附加。

产品销售利润 指企业销售产品和提供工业性劳务等主要经营业务收入扣除其成本、费用、税金后的利润。

利润总额 指企业实现的利润。

应交增值税 指企业在报告期内应交纳的增值税额。

总资产贡献率 反映企业全部资产的获利能力，是企业经营业绩和管理水平的集中体现，是评价和考核企业盈利能力的核心指标。计算公式为：

总资产贡献率＝(利润总额＋税金总额＋利息支出)/平均资产总额×100％

资产负债率 该指标既反映企业经营风险的大小，也反映企业利用债权人提供的资金从事经营活动的能力。计算公式为：

资产负债率＝负债总额/资产总额×100％

工业成本费用利润率 指在一定时期内实现的利润与成本费用之比，是反映工业生产成本及费用投入的经济效益指标，同时也是反映降低成本的经济效益的指标。计算公式为：

工业成本费用利润率(％)＝利润总额/成本及费用总额×100％

工业增加值率 指在一定时期内工业增加值占同期工业总产值的比重，反映降低中间消耗的经济效益。计算公式为：

工业增加值率(％)＝工业增加值(现价)/工业总产值×100％

流动资产周转次数 指在一定时期内流动资产完成的周转次数，反映流动资产的周转速度。计算公式为：

流动资产周转次数＝产品销售收入/全部流动资产平均余额

产品销售率 指报告期工业销售产值与同期全部工业总产值之比，是反映工业产品已实现销售的程度，分析工业产销衔接情况，研究工业产品满足社会需求程度的指标。计算公式为：

产品销售率(％)＝工业销售产值/工业总产值(现价)×100％

全员劳动生产率 指根据产品的价值量指标计算的平均每一个就业人员在单位时间内的产品生产量。是考核企业经济活动的重要指标，是企业生产技术水平、经营管理水平、职工技术熟练程度和劳动积极性的综合表现。目前我国的全员劳动生产率是将工业企业的工业增加值除以同一时期全部就业人员的平均人数来计算的。计算公式为：

全员劳动生产率(％)＝工业增加值/全部从业人员年平均人数×100％

12

建　筑　业

资料整理:李秀云

12—1 建筑企业基本情况

	企业单位数(个)	国有	集体	建筑业总产值(万元)	国有	集体	房屋建筑面积(万平方米) 施工面积	竣工面积	年末从业人员(人)
1985	26	12	14	5059	3109	1950	49.62	26.49	10758
1986	24	13	11	6898	4702	2196	54.08	28.93	11621
1987	25	12	13	9415	5624	3791	66.13	38.51	14051
1988	31	12	13	21378	6988	4483	123.27	52.64	20309
1989	27	12	9	22466	7027	3151	90.41	40.44	18568
1990	26	17	9	22186	18500	3686	89.65	40.82	17584
1991	45	20	25	31189	21749	9440	130.43	61.57	25800
1992	47	20	27	45940	32753	13187	181.70	201.00	30100
1993	64	32	32	57439	44139	13300	86.50	96.00	21488
1994	126	53	70	111086	79102	28314	339.00	135.00	39221
1995	124	52	69	123229	88713	31964	362.00	210.00	49397
1996	263	68	180	200726	110300	84479	475.80	231.90	49495
1997	195	61	122	199347	97105	86892	468.40	227.00	46930
1998	210	62	124	192013	92390	79013	504.70	218.30	75506
1999	204	61	121	192878	91807	78895	444.70	197.50	69502
2000	198	61	115	212922	106437	76768	448.50	192.40	70884
2001	215	57	125	229032	119494	93975	471.96	119.35	64284
2002	136	46	32	361483	183756	46001	598.86	240.74	76972
2003	145	47	32	414397	192415	35474	626.49	289.33	77191
2004	212	30	31	529537	200237	63963	734.29	363.98	91170
2005	214	25	28	757030	144240	80197	874.82	409.99	102647
2006	256	20	33	982220	187858	98872	1063.95	490.46	116694
2007	255	19	31	1393454	300652	145561	1234.48	587.73	131743
2008	285	24	21	1454636	226588	152003	1141.36	530.97	143301
2009	314	21	13	1654008	206836	63041	1176.09	702.19	150814
年平均增长(%)									
“七五”时期	1.61	5.51	-3.93	34.4	42.86	13.58	12.56	9.03	10.33
“八五”时期	36.68	25.05	50.29	40.91	36.82	50.04	32.20	38.76	22.95
“九五”时期	9.81	3.24	10.76	11.56	3.71	19.15	4.38	-1.74	7.49
“十五”时期	1.57	-16.34	-24.61	28.88	6.27	0.88	14.30	16.34	7.69
2006～2009	10.06	-4.27	-17.45	21.58	9.43	-5.84	7.68	14.40	10.10

12-2 按登记注册类型分的建筑业生产情况

(2009 年)

	合计	内资企业		
			国有	集体
企业个数(个)	314	314	21	13
建筑业合同情况				
签订的合同额(万元)	2142223	2142223	273603	78631
1.上年结转合同额	432374	432374	17232	21479
2.本年新签合同额	1709849	1709849	256371	57152
承包工程完成情况				
直接从建设单位承揽工程完成的产值(万元)	1649088	1649088	190378	63041
1.自行完成的产值	1624297	1624297	190248	63041
2.分包出去的产值	24790	24790	130	
从建设单位以外承揽工程完成的产值(万元)	29710	29710	16588	
建筑业总产值(万元)	1654008	1654008	206836	63041
其中:装饰装修产值	60628	60628		1089
其中:在外省完成的产值	78023	78023	13316	
1.建筑工程产值	1428981	1428981	196937	58627
2.安装工程产值	100359	100359	9899	4413
3.其他产值	124668	124668		
竣工产值(万元)	1327426	1327426	110688	66742
房屋建筑施工面积(平方米)	11760929	11760929	86258	986484
#本年新开工面积	7646684	7646684	76811	515469
#实行投标承包面积	10321100	10321100	84258	966210
#本年新开工面积	6727845	6727845	74811	371776
年末自有施工机械设备				
年末自有机械设备净值(万元)	89083	89083	12288	2302
年末自有机械设备总台数(台)	36676	36676	2649	2242
年末自有机械设备总功率(千瓦)	483319	483319	51980	20452
从业人员情况				
计算建筑业劳动生产率的平均人数(人)	147525	147525	16945	7764
期末从业人数(人)	150814	150814	16866	8865
其中:管理人员	11352	11352	684	572
其中:工程技术人员	16972	16972	1689	742
其中:一级建造师	531	531	39	9
其中:现场施工工人	98365	98365	9909	7206
其中:持证上岗人员	89285	89285	9695	5822
主要建筑消耗材料消耗量				
1.钢材(吨)	664087	664087	11066	62389
2.木材(立方米)	350877	350877	2980	14126
3.水泥(吨)	2796978	2796978	67482	144117
4.平板玻璃:重量箱	136282	136282	4083	11867
平方米	1324169	1324169	28043	170850
5.铝材(吨)	15891	15891	262	1624
补充资料				
企业总产值(万元)	1665186	1665186	206886	63057
在境外完成的营业额	2393	2393		
主要能源消费量				
1.煤炭(吨)	20	20	0.88	0.56
2.汽油(吨)	4008	4008	265	253
3.柴油(吨)	3878	3878	458	194
4.电力(千瓦时)	28719773	28719773	4306676	2164573
房屋建筑竣工面积(平方米)	7021909	7021909	54538	774970
建筑业增加值(万元)	515158	515158	68080	17260
全员劳动生产率				
按总产值计算(元/人)	112117	112117	122063	81196
按增加值计算(元/人)	34920	34920	40177	22231
技术装备率(元/人)	5907	5907	7286	3484
动力装备率(千瓦/人)	3.2	3.2	3.08	1.58

注:本表统计范围为具有资质等级及以上的独立核算建筑业企业(下同)。

12－3 按国民经济行业分的建筑业生产情况

（2009年）

	合计	房屋和土木工程建筑业	房屋工程建筑	土木工程建筑业	建筑安装业	装修装饰业	其他建筑业
企业个数(个)	314	153	78	75	27	124	10
建筑业合同情况							
签订的合同额(万元)	2142223	1799161	992506	806654	242880	73801	26381
1. 上年结转合同额	432374	383459	308617	74843	24601	15558	8755
2. 本年新签合同额	1709849	1415701	683890	731812	218279	58243	17625
承包工程完成情况							
直接从建设单位承揽工程完成的产值(万元)	1649088	1426907	773155	653752	145416	55156	21609
1. 自行完成的产值	1624297	1402953	773040	629914	145321	54885	21138
2. 分包出去的产值	24790	23954	115	23839	95	271	471
从建设单位以外承揽工程完成的产值(万元)	29710	28416		28416	28	243	1023
建筑业总产值(万元)	1654008	1431370	773040	658330	145349	55128	22161
其中:装饰装修产值	60628	9419	9003	417	9050	42159	
其中:在外省完成的产值	78023	77593		77593	430		
1. 建筑工程产值	1428981	1324785	740412	584373	75155	10774	18268
2. 安装工程产值	100359	36975	14691	22284	44277	16280	2827
3. 其他产值	124668	69610	17937	51673	25917	28074	1067
竣工产值(万元)	1327426	1154445	649772	504672	122065	37892	13024
房屋建筑施工面积(平方米)	11760929	10915745	10667844	247901	617430		227754
＃本年新开工面积	7646684	7192599	6954398	238201	294815		159270
＃实行投标承包面积	10321100	9662568	9423465	239103	466182		192350
＃本年新开工面积	6727845	6389273	6159870	229403	179302		159270
年末自有施工机械设备							
年末自有机械设备净值(万元)	89083	80795	31405	49390	6021	1007	1261
年末自有机械设备总台数(台)	36676	32546	25457	7089	2557	977	596
年末自有机械设备总功率(千瓦)	483319	434664	206092	228572	35451	3830	9374
从业人员情况							
计算建筑业劳动生产率的平均人数(人)	147525	123907	74470	49437	16624	4829	2165
期末从业人数(人)	150814	126751	77115	49636	16840	4994	2229
其中:管理人员	11352	9688	6756	2932	744	776	144
其中:工程技术人员	16972	14055	8780	5275	1510	1061	346
其中:一级建造师	531	407	219	188	46	75	3
其中:现场施工工人	98365	85259	53393	31866	8628	2887	1591
其中:持证上岗人员	89285	77793	48173	29620	8092	2171	1229
主要建筑消耗材料消耗量							
1. 钢材(吨)	664087	605301	384736	220565	39150	917	18719
2. 木材(立方米)	350877	335890	325093	10797	9228	5509	250
3. 水泥(吨)	2796978	2612148	1932284	679864	72675	76851	35304
4. 平板玻璃:重量箱	136282	122431	118004	4427	4778	6571	2502
平方米	1324169	1166829	1126330	40499	59679	92161	5500
5. 铝材(吨)	15891	13672	12495	1177	1402	639	178
补充资料							
企业总产值(万元)	1665186	1440770	782180	658591	146493	55751	22171
在境外完成的营业额	2393	2393		2393			
主要能源消费量							
1. 煤炭(吨)	20	20	3	17			
2. 汽油(吨)	4008	2751	1199	1553	1013	185	49
3. 柴油(吨)	3878	3669	709	2960	92	91	1
4. 电力(千瓦时)	28719773	20912541	11689824	9222717	4761280	1085129	142156
房屋建筑竣工面积(平方米)	7021909	6685446	6589572	95874	291296		45167
建筑业增加值(万元)	515158	433390	227648	205742	60930	14840	7959
全员劳动生产率							
按总产值计算(元/人)	112117	115520	103806	133165	87433	114160	102361
按增加值计算(元/人)	34920	34977	30569	41617	36652	30731	36760
技术装备率(元/人)	6038	6521	4217	9990	3622	2085	5824
动力装备率(千瓦/人)	3.2	3.5	2.8	4.6	2.1	0.8	4.3

12-4 按登记注册类型分的建筑业主要经济指标

（2009 年）　　　　单位：万元

指标	合　计	内资企业	国　　有	集　　体
一、年初存货	**96024**	**96024**	**16535**	**1804**
二、年末资产负债				
资产合计	936158	936158	127889	29278
流动资产合计	641664	641664	93388	18930
＃存货	130513	130513	38228	4322
长期投资	15057	15057	326	21
固定资产合计	233621	233621	32445	7065
固定资产原价	284819	284819	46240	9256
＃生产经营用	212477	212477	32378	6346
累计折旧	88274	88274	17762	2521
＃本年折旧	43315	43315	6194	833
在建工程	14575	14575	419	215
无形及递延资产合计	38238	38238	1531	2954
＃无形资产	36831	36831	1506	2951
其他资产	7579	7579	200	308
负债合计	493709	493709	59789	13812
流动负债合计	458566	458566	48195	13796
长期负债合计	35144	35144	11593	16
所有者权益合计	442449	442449	68100	15466
＃实收资本	319846	319846	57402	13690
＃国家资本	69518	69518	41974	
集体资本	50921	50921		11777
法人资本	64745	64745	15428	1732
个人资本	134662	134662		181
港澳台资本				
外商资本				
三、损益及分配				
工程结算收入	1604177	1604177	201054	59000
工程结算成本	1337677	1337677	162745	52213
工程结算税金及附加	76949	76949	8215	1910
工程结算利润	165927	165927	27519	4036
其他业务收入	13507	13507	4041	55
其他业务利润	6411	6411	1674	24
经营费用	23624	23624	2575	841
管理费用	61563	61563	9698	1667
＃税金	8166	8166	1459	136
财产保险费	2220	2220	273	44
差旅费	5768	5768	1007	120
工会经费	3343	3343	668	29
财务费用	5114	5114	1017	360
＃利息支出	3007	3007	773	273
营业利润	105661	105661	18478	2033
营业外收入	283	283	27	1
营业外支出	1881	1881	188	
利润总额	73768	73768	9903	2004
＃应交所得税	15460	15460	1936	445
应付利润	17719	17719	2163	350
劳动、失业保险费	7084	7084	1591	250
住房公积金及住房补贴	5965	5965	1336	176
四、工资、福利费				
本年应付工资总额	239516	239516	27462	10629
其中：主营业务应付工资总额	237945	237945	27226	10541
本年应付福利费总额	30463	30463	3621	1387
其中：主营业务应付工资总额	30117	30117	3582	1382
五、补充资料				
应收工程款	46592	46592	9807	4194
＃竣工工程	31701	31701	7353	1409
六、全部从业人员年平均人数（人）	**150846**	**150846**	**17418**	**8086**

12－5 按国民经济行业分的建筑业主要经济指标

（2009年） 单位：万元

	合计	房屋和土木工程建筑业	房屋工程建筑	土木工程建筑业	建筑安装业	装修装饰业	其他建筑业
一、年初存货	**96024**	**73377**	**44068**	**29310**	**15007**	**7323**	**317**
二、年末资产负债							
资产合计	936158	684046	321786	362260	159787	81081	11244
流动资产合计	641664	458043	209990	248053	105676	69754	8192
#存货	130513	108548	50997	57550	12539	8893	533
长期投资	15057	12156	10478	1678	2467	334	100
固定资产合计	233621	178677	77091	101587	41740	10613	2590
固定资产原价	284819	218225	87874	130351	50902	11549	4144
#生产经营用	212477	154474	63093	91381	48138	7085	2780
累计折旧	88274	69728	24391	45337	14018	2916	1613
#本年折旧	43315	30988	9329	21658	10615	726	986
在建工程	14575	9713	6725	2988	3645	1178	39
无形及递延资产合计	38238	28243	20446	7797	9446	303	246
#无形资产	36831	27609	20085	7525	8891	85	246
其他资产	7579	6927	3782	3145	458	78	116
负债合计	493709	341786	144176	197610	96694	49986	5243
流动负债合计	458566	310777	131754	179024	92872	49673	5243
长期负债合计	35144	31009	12422	18587	3822	313	
所有者权益合计	442449	342260	177610	164650	63093	31095	6001
#实收资本	319846	243359	123174	120185	47257	24589	4642
#国家资本	69518	54018	1359	52659	13969	121	1410
集体资本	50921	27004	16518	10486	22615	183	1120
法人资本	64745	55032	21955	33077	1865	7499	349
个人资本	134662	107305	83342	23963	8808	16787	1763
港澳台资本							
外商资本							
三、损益及分配							
工程结算收入	1604177	1389963	750317	639646	143297	48641	22275
工程结算成本	1337677	1179975	651434	528542	101525	37156	19021
工程结算税金及附加	76949	68426	32724	35702	4963	2726	835
工程结算利润	165927	125884	60837	65046	30590	7159	2295
其他业务收入	13507	10526	4519	6007	2308	578	95
其他业务利润	6411	4983	2374	2609	1136	257	35
经营费用	23624	15678	5322	10357	6220	1601	125
管理费用	61563	40903	18807	22096	15723	4020	917
#税金	8166	6605	2002	4603	1031	412	118
财产保险费	2220	1189	679	509	646	345	40
差旅费	5768	3886	1644	2242	1313	458	111
工会经费	3343	2814	1347	1467	259	228	43
财务费用	5114	4237	2298	1938	568	273	36
#利息支出	3007	2491	1419	1073	404	98	15
营业利润	105661	85727	42106	43622	15435	3122	1376
营业外收入	283	96	56	39	133	28	27
营业外支出	1881	1740	312	1428	130	6	5
利润总额	73768	65549	35681	29869	3936	2941	1342
#应交所得税	15460	13580	7068	6512	1375	407	99
应付利润	17719	15035	10303	4733	1268	1183	234
劳动、失业保险费	7084	5878	2607	3271	823	323	61
住房公积金及住房补贴	5965	5127	2124	3003	354	323	160
四、工资、福利费							
本年应付工资总额	239516	204676	121275	83401	24469	6488	3884
其中：主营业务应付工资总额	237945	203671	120617	83053	23995	6395	3884
本年应付福利费总额	30463	25964	15482	10482	3241	721	538
其中：主营业务应付工资总额	30117	25690	15248	10442	3185	704	538
五、补充资料							
应收工程款	46592	35849	20956	14894	3342	4426	2975
#竣工工程	31701	23903	13186	10717	2899	2702	2198
六、全部从业人员年平均人数(人)	**150846**	**126922**	**76036**	**50886**	**16688**	**5060**	**2176**

12-6 主要年份建筑业企业房屋建筑竣工面积

单位：万平方米

	1985	1995	2000	2005	2008	2009
竣工房屋建筑面积	**10.50**	**209.64**	**192.38**	**409.99**	**530.97**	**702.19**
厂房	6.18	26.93	16.63	22.22	100.28	66.18
住宅	1.87	62.02	103.87	246.37	318.70	435.69
办公用房	0.15	80.96	30.18	37.52	44.19	62.01
商业、居民服务业用房	0.24	12.94	11.51	13.33	15.25	37.04
文化教育用房	0.15	6.31	16.54	66.63	35.32	48.8
医疗用房	0.35	0.70	3.62	10.55	3.52	19.27
科研用房	0.16	2.03	0.24	4.13	0.31	
其他	1.40	17.75	9.79	9.25	13.40	33.20

12-7 各县(市、区)建筑业企业个数、从业人员

(2009年)

单位：个、人

	企业个数	国有单位	集体单位	期末从业人员	国有单位	集体单位	计算建筑业劳动生产率的平均人数	国有单位	集体单位
全　市	**314**	**21**	**13**	**150814**	**16866**	**8865**	**147525**	**16945**	**7764**
宛城区	48	1	1	20940	645	1508	20959	699	1232
卧龙区	97	2	2	14119	103	886	12766	81	722
南召县	9		1	3509		350	3540		320
方城县	5			6083			5809		
西峡县	10			5138			5693		
镇平县	8	2		2742	331		2633	304	
内乡县	10	1		7929	368		7897	368	
淅川县	10	3		4326	1422		4305	1450	
社旗县	11		2	5670		1448	5518		1432
唐河县	9		1	9819		420	9755		420
新野县	11	3	1	7098	1471	1200	6395	1480	570
桐柏县	9			4084			4039		
邓州市	17	2	1	17908	3336	1790	17682	3336	1790
市　直	60	7	4	41449	9190	1263	40534	9227	1278

12－8 各县(市、区)建筑业企业房屋建筑竣工面积

(2009年) 单位:平方米

	房屋建筑竣工面积	厂房、仓库	住宅	办公用房	批发和零售用房	住宿和餐饮用房
全市	**7021909**	**661819**	**4356881**	**620097**	**120201**	**152938**
宛城区	1720650	59917	1544862		79571	
卧龙区	457864	29630	215649	48744		
南召县	384626	52226	179093	57686		14455
方城县	188852		131962	1208		
西峡县	243177	49881	125608	24624		6500
镇平县	191199	14660	93064	14670		6869
内乡县	125402		102229	8673		8000
淅川县	132951	39935	65967	6299		
社旗县	406093	33990	217528	70166		
唐河县	999224	95000	390190	158700	40000	80000
新野县	269979	62354	93803	21945		
桐柏县	161830	11408	110781	10958		
邓州市	494264	41470	210884	114096		31010
市直	1245798	171348	875261	82328	630	6104

12－8续表 (2009年) 单位:平方米

	居民服务业用房	教育用房	文化、体育和娱乐用房	卫生医疗用房	科研用房	其他用房
全市	**97302**	**459382**	**28568**	**192703**		**332018**
宛城区		21584	2200			12516
卧龙区		14020		10433		139388
南召县		58435		15740		6991
方城县	5576	30400		7101		12605
西峡县	4067	19874	438	7993		4192
镇平县	8800	20500	5600	11400		15636
内乡县		3000				3500
淅川县	8000	12750				
社旗县	12000	9830	4330	1546		56703
唐河县	40000	109000		65000		21334
新野县	18859	39916		21594		11508
桐柏县		24937				3746
邓州市		32052		45385		19367
市直		63084	16000	6511		24532

12-9 各县(市、区)建筑业企业签订合同及产值完成情况

(2009 年)　　　　单位:万元

	签订的合同额	上年结转合同额	本年新签合同额	直接从建设单位承揽工程完成的产值	自行完成施工产值	分包出去工程的产值	从建设单位以外承揽工程完成的产值
全　市	**2142223**	**432374**	**1709849**	**1649088**	**1624297**	**24790**	**29710**
宛城区	250340	64141	186199	200658	200658		941
卧龙区	186919	86506	100414	124727	124597	130	139
南召县	41475	5829	35646	32950	32950		
方城县	53774	19402	34372	45507	45405	102	102
西峡县	102892	12495	90397	93582	93582		2260
镇平县	25686	4162	21525	20529	20529		
内乡县	71111	9418	61693	65347	65347		
淅川县	92369	7367	85002	90127	90127		
社旗县	49680	4317	45363	47316	47316		10
唐河县	158076	925	157152	155022	155022		
新野县	66650	9737	56913	55288	55288		
桐柏县	60166	22727	37439	50413	46074	4339	4358
邓州市	190817	14312	176505	153776	153696	80	80
市　直	792267	171038	621229	513847	493708	20139	21820

12-10 各县(市、区)建筑业总产值

(2009 年)　　　　单位:万元

	建筑业总产值	国有	集体	建筑工程产值	国有	集体
全　市	**1654008**	**206836**	**63041**	**1428981**	**196937**	**58627**
宛城区	201599	14604	15021	191850	14604	15021
卧龙区	124736	725	7848	96520	128	7848
南召县	32950		2690	29391		2690
方城县	45507			41349		
西峡县	95842			95432		
镇平县	20529	5930		15864	5930	
内乡县	65347	1746		63186		
淅川县	90127	28982		73109	28982	
社旗县	47326		12860	42641		12860
唐河县	155022		3290	107436		
新野县	55288	18300	4008	54044	17148	4008
桐柏县	50432			44368		
邓州市	153776	34518	4394	141020	34518	3657
市　直	515528	102032	12930	432773	95628	12543

12-11 各县(市、区)建筑业增加值、竣工产值

(2009年)　　单位:万元

	建筑业增加值	国有	集体	建筑业竣工产值	国有	集体
全市	**515158**	**68080**	**17260**	**1327426**	**110688**	**66742**
宛城区	56149	2670	2625	189536	14604	33212
卧龙区	32864	214	1259	64617	391	5161
南召县	9744		627	30475		2570
方城县	16338			39711		
西峡县	42870			88301		
镇平县	5994	792		20472	5872	
内乡县	28724	1151		43781	1746	
淅川县	27955	8867		85358	28040	
社旗县	14811		3864	40859		12860
唐河县	40984		1084	150154		3290
新野县	17408	4801	1409	48962	16696	1898
桐柏县	13690			17563		
邓州市	61039	12130	4237	126895	33668	4053
市直	146590	37454	2245	380741	9670	3698

12-12 各县(市、区)建筑业企业房屋建筑施工、竣工面积

(2009年)　　单位:平方米

	房屋施工面积	国有	集体	房屋竣工面积	国有	集体
全市	**11760929**	**86258**	**986484**	**7021909**	**54538**	**774970**
宛城区	2321363		449817	1720650		419044
卧龙区	1217169	7822	104514	457864	7822	70230
南召县	509416		53350	384626		39000
方城县	581756			188852		
西峡县	492924			243177		
镇平县	207659			191199		
内乡县	337144			125402		
淅川县	156408	17320		132951	15600	
社旗县	458691		152067	406093		152067
唐河县	1043484			999224		
新野县	520637	59116	78203	269979	29216	33299
桐柏县	573766			161830		
邓州市	675700	2000	48900	494264	1900	35600
市直	2664812		99633	1245798		25730

12－13 各县(市、区)建筑业年末自有机械总功率、净值

(2009 年)

	自有机械设备年末总功率(千瓦)	国有	集体	自有机械设备年末净值(万元)	国有	集体
全市	**483319**	**51980**	**20452**	**89083**	**12288**	**2302**
宛城区	66154	6872	3385	12626	2759	320
卧龙区	42532	896	4493	6228	169	608
南召县	15793		3980	4574		320
方城县						
西峡县	27855			6950		
镇平县	11603	4878		2567	1602	
内乡县	44656	2963		4774	205	
淅川县	15224	372		2059	362	
社旗县	24066		4185	5555		686
唐河县	8444			4099		
新野县	35476	5425	3641	5547	471	260
桐柏县	22176			5579		
邓州市	13932			635		
市直	155408	30574	768	27891	6721	108

12－14 各县(市、区)建筑业企业技术装备情况

(2009 年)

	自有机械设备年末总台数(台)	自有机械设备年末总功率(千瓦)	自有机械设备年末净值(万元)	技术装备率(元/人)	动力装备率(千瓦/人)
全市	**36676**	**483319**	**89083**	**5907**	**3.2**
宛城区	5209	66154	12626	6030	3.2
卧龙区	7109	42532	6228	4411	3.0
南召县	1359	15793	4574	13034	4.5
方城县					
西峡县	1269	27855	6950	13527	5.4
镇平县	912	11603	2567	9360	4.2
内乡县	1640	44656	4774	6021	5.6
淅川县	995	15224	2059	4758	3.5
社旗县	1759	24066	5555	9796	4.2
唐河县	2507	8444	4099	4174	0.9
新野县	2740	35476	5547	7815	5.0
桐柏县	874	22176	5579	13660	5.4
邓州市	2434	13932	635	354	0.8
市直	7869	155408	27891	14940	3.8

12—15 各县(市、区)国有建筑业企业技术装备情况

(2009 年)

	自有机械设备年末总台数(台)	自有机械设备年末总功率(万千瓦)	自有机械设备年末净值(万元)	技术装备率(元/人)	动力装备率(千瓦/人)
南阳市	**2649**	**51980**	**12288**	**7286**	**3.08**
宛城区	88	6872	2759	42777	10.65
卧龙区	53	896	169	16379	8.70
南召县					
方城县					
西峡县					
镇平县	83	4878	1602	48387	14.74
内乡县	384	2963	205	5565	8.05
淅川县	71	372	362	2543	0.26
社旗县					
唐河县					
新野县	298	5425	471	3203	3.69
桐柏县					
邓州市					
市直	1672	30574	6721	7313	3.32

12—16 各县(市、区)建筑业企业实收资本、资产合计

(2009 年) 单位:万元

	实收资本	国有	集体	资产合计	国有	集体
全市	**319846**	**57402**	**13690**	**936158**	**127889**	**29278**
宛城区	42275	3068	3000	140828	7044	3356
卧龙区	41138	138	2514	75877	3000	4881
南召县	5905		800	16317		1112
方城县	2463			6808		
西峡县	17623			56239		
镇平县	4385	1320		15687	2878	
内乡县	10113	1157		20635	2270	
淅川县	11991	2374		36182	13663	
社旗县	10494		2413	24474		5548
唐河县	8540		1000	31708		3518
新野县	11435	2205	730	22717	5390	1511
桐柏县	5063			21739		
邓州市	44326	22024	1774	80446	24975	2286
市直	104095	25116	1459	386502	68670	7066

12－17 各县(市、区)建筑业企业流动资产、固定资产

(2009 年)　　　　单位:万元

	流动资产小计	国有	集体	固定资产小计	国有	集体
全　市	**641664**	**93388**	**18930**	**233621**	**32445**	**7065**
宛城区	108244	4285	2418	25624	2759	898
卧龙区	46731	1860	2489	22515	694	998
南召县	7653		389	8644		723
方城县	4075			2733		
西峡县	32672			15981		
镇平县	10090	1215		5009	1663	
内乡县	11174	2043		7450	205	
淅川县	18172	9203		14916	3415	
社旗县	14563		3308	7418		1063
唐河县	19491		2424	9061		793
新野县	8564	3222	799	13886	2168	712
桐柏县	12076			9479		
邓州市	61690	23001	1745	16048	1930	520
市　直	286469	48560	5359	74859	19610	1359

12－18 各县(市、区)建筑业全员劳动生产率

(2009 年)　　　　单位:元/人

	全员劳动生产率		国有		集体	
	按总产值计算	按增加值计算	按总产值计算	按增加值计算	按总产值计算	按增加值计算
全　市	**112117**	**34920**	**122063**	**40177**	**81196**	**22231**
宛城区	96187	26790	208923	38203	121927	21304
卧龙区	97709	25743	89469	26444	108698	17443
南召县	93080	27526			84063	19597
方城县	78338	28125				
西峡县	168350	75303				
镇平县	77969	22765	195049	26036		
内乡县	82749	36373	47446	31277		
淅川县	209354	64936	199874	61153		
社旗县	85766	26841			89804	26985
唐河县	158915	42013			78333	25800
新野县	86455	27221	123650	32441	70316	24718
桐柏县	124863	33895				
邓州市	86967	34520	103471	36362	24547	23670
市　直	127184	36165	110580	40592	101174	17567

12—19 各县(市、区)建筑业工程结算收入、负债合计

(2009 年)

单位:万元

	工程结算收入	国有	集体	负债合计	国有	集体
全市	**1604177**	**201054**	**59000**	**493709**	**59789**	**13812**
宛城区	201658	14604	15021	72354	2651	208
卧龙区	113287	546	7059	23150	2744	2317
南召县	32550		2470	9736		182
方城县	45507			2374		
西峡县	95467			26281		
镇平县	19941	5322		8895	1001	
内乡县	63619	1643		7823	1104	
淅川县	78645	26851		15583	9271	
社旗县	47336		12860	11463		2433
唐河县	153124		3290	19802		2224
新野县	55288	18300	4008	7575	1939	462
桐柏县	48243			10514		
邓州市	150310	34513	4390	25078	2951	513
市直	499202	99276	9902	253079	38129	5473

12—20 各县(市、区)建筑业利润总额、工程结算利润

(2009 年)

单位:万元

	利润总额	国有	集体	工程结算利润	国有	集体
全市	**73768**	**9903**	**2004**	**165927**	**27519**	**4036**
宛城区	10578	58	150	17144	1207	216
卧龙区	4109		6	8930	119	109
南召县	2620		74	3653		124
方城县	308			2154		
西峡县	8809			10719		
镇平县	529	41		1566	121	
内乡县	528	86		9673	920	
淅川县	3907	1607		7251	2146	
社旗县	882		183	4310		1429
唐河县	15911		479	16547		544
新野县	1444	746	106	3392	1023	160
桐柏县	549			4456		
邓州市	10602	3533	350	19342	5410	618
市直	12993	3838	657	56790	16574	837

12-21 全年建筑业总产值5000万元及以上建筑施工企业主要指标

(2009年)

	建筑业总产值(万元)	房屋建筑施工面积(平方米)	期末从业人数(人)	资产合计(万元)	利润总额(万元)	应付工资(万元)
河南油田油建工程建设有限责任公司	95590	23820	1529	81136	597	3733
南阳飞龙电力集团有限公司	77097		5103	92741	914	9185
河南天工建设集团有限公司	72261	1484185	5422	31539	916	9770
南阳市宛城区黄河建筑工程有限公司	53250	371153	2368	32696	8570	4626
河南省中原路桥建设(集团)有限公司	52680		5269	35598	1673	9317
唐河县宛东建筑安装工程有限公司	48800	499766	2280	7097	6440	3980
唐河路达公路工程有限公司	44550		2395	13985	6687	3473
河南省中州公路工程有限公司	40211		2210	21199	1930	4385
邓州市市政工程公司	32300	2000	2455	20974	3474	3928
唐河县天昱建筑工程有限公司	29300	492320	2900	1485	141	5635
南阳市恒康建筑有限责任公司	26279	214448	2992	12123	186	5984
南阳市地方铁路局工程处	26160		1045	1500	618	2270
南阳建工集团	23982	176648	1843	19331	264	3698
南阳市建发工程有限公司	23393	291844	2246	13115	466	4713
邓州市公路工程有限责任公司	23380		2350	12959	1641	4232
南阳市宛城建筑有限责任公司	22135	274242	2736	6370	185	4427
邓州市豪瑞建设工程有限公司	21776	272200	1520	7855	65	2410
南阳市三亚建筑有限公司	21287	443551	2985	2654	135	4918
内乡县宛西公路工程有限公司	21156		2848	8471	55	5139
唐河县汇禹水利建筑工程有限公司	20100		1140	2660	1838	2166
桐柏县鸿运路桥建设有限公司	16901		1210	9696	402	502
邓州市粮食建筑有限责任公司	16680	125100	2870	20642	1100	4824
河南新恒通公路工程有限责任公司	16587		1277	8247	324	2299
南阳市卧龙建筑工程有限责任公司	16233	151054	2243	6401	1129	3102
南阳引丹建筑工程有限责任公司	15639	29000	987	2211	566	1473
南阳建设集团总公司	15021	449817	1508	3356	150	1548
南阳市卓城建设工程有限公司	14860	215920	2750	3666	166	4868
内乡县湍东建筑安装有限公司	14804	82245	1600	1207	50	2880
南阳市源正水利水电建筑工程公司	14762		3303	4911	83	5945
南阳市路通公路工程有限公司	14604		645	7044	58	1309
桐柏县淮安建筑有限公司	14328	310133	985	1375	7	1969
内乡县菊龙市政工程有限公司	14123	114341	1593	2272	150	2867
西峡县鸿兴建设工程有限责任公司	13391	138520	480	11678	1920	972
南阳市宛通公路工程技术有限公司	13254		1020	640	718	985
河南淅川县鼎力建设集团有限公司	12654	40777	601	8924	71	1121
南阳市盛华建筑有限公司	12000	177800	810	8079	41	1361
南阳市豫阳建筑有限公司	11998	184751	1820	4672	141	3141
南阳市住宅建筑工程有限公司	11956	99633	1100	4904	535	882
南阳市市政工程总公司	11324		1096	12427	27	1566
南阳市绿城建筑安装有限公司	11321	155076	1358	3481	90	2630
方城县第一建筑有限公司	11320	254002	1520	1811	142	2736
社旗县新兴建筑工程有限公司	10715	175224	1317	6371	80	2178
邓州市水利工程建设有限责任公司	10400		1931	3570	670	3476

12—21 续表 (2009 年)

	建筑业总产值（万元）	房屋建筑施工面积（平方米）	期末从业人数（人）	资产合计（万元）	利润总额（万元）	应付工资（万元）
南阳御龙建筑水利水电工程有限公司	10193		800	3410	1250	1440
河南省宛南建筑有限公司	10159	276086	1603	4454	194	2645
淅川县路桥工程有限公司	10061		500	10101	498	1050
方城县第二建筑有限责任公司	9987	227754	1121	2028	134	2224
淅川县丹东建筑安装工程有限公司	9828	28000	402	2177	1129	694
淅川县水利水电建筑工程公司	9550		392	1284	1059	770
淅川县恒信建筑工程有限公司	9460	38540	382	3193	648	700
淅川县新泰建设工程有限公司	9373	31771	560	1685	313	1035
淅川县长健市政工程有限公司	9371	17320	530	2279	50	908
淅川县渠首电力建设公司	9365		530	3641	20	1050
南阳市安泰建设工程有限公司	9000	20090	368	2552	116	353
社旗县第四建筑公司	8630	115067	663	2685	176	1205
南召县威凯建设工程有限公司	8430	203440	430	1120	1044	464
南召县永胜建筑有限公司	8376	138370	846	1589	363	1478
河南冠亚建筑工程有限责任公司	8291	100350	1680	2505	86	1688
淅川县宏塬装饰工程有限公司	8205		333	2398	75	609
南阳市湑鑫建筑工程有限公司	8169	110696	1824	5317	151	873
新野县市政工程有限责任公司	8162		341	1899	145	567
南阳市凌云建筑工程有限公司	8126	416465	1758	3264	30	2032
河南省西峡县金林建筑工程有限公司	8106	54563	350	739	1012	621
方城县裕鑫市政工程有限责任公司	8100		911	594	1	1766
方城县市政建设工程处	8100		911	594	1	1766
南阳市豫南建设有限公司	8100	79000	2020	4305	713	410
南阳市油田天鹏建筑工程有限公司	8048	10176	430	4757	61	174
南阳市沃德城乡建设有限公司	8012		452	2213	99	902
方城县宏兴建筑安装有限公司	8000	100000	1620	1782	30	2587
邓州市花洲古建筑园林有限公司	7550	88016	305	410	319	458
南阳市建筑公司	7511	104514	800	4294	3	720
邓州市正阳建筑工程有限责任公司	7150	60200	596	600	1399	1073
南阳市远大道路桥梁工程有限公司	6850		775	7304	257	1022
西峡县刘巷建筑公司	6760	95754	295	4343	1156	481
新野县电业局电力工程安装有限公司	6723		398	2780	416	720
南阳市天业建筑安装工程有限公司	6602	14526	628	4736	107	1116
南阳市燃气安装工程处	6405		953	15071	476	259
南阳泓宇路桥工程有限公司	6204	34468	252	1509	21	502
西峡县市政工程机械化有限公司	6118		280	544	666	390
镇平县鹏程公路工程有限公司	5653		298	2633	19	348
西峡县兴禹水利水电建筑工程有限公司	5622	4000	260	739	967	406
南阳市教育建筑工程有限公司	5560	193007	1899	3664	234	2240
西峡县市政有限公司	5420		220	809	340	343
社旗县鸿运建筑有限公司	5181	75320	580	2651	386	1102
南阳市卧龙区中建装饰工程有限公司	5130		212	277	23	382
河南宏奇建筑工程有限公司	5009	50284	1250		25	2250

主要统计指标解释

建筑业统计单位 指从事房屋、构筑物建造和设备安装活动的法人企业。建筑业法人企业应同时具备的条件是:①依法成立,有自己的名称、组织机构和场所,能够承担民事责任;②独立拥有和使用资产,承担负债,有权与其他单位签订合同;③独立核算盈亏,能够编制资产负债表。

建筑业总产值(即自行完成施工产值) 是以货币表现的建筑安装企业在一定时期内生产的建筑业产品的总和。建筑业总产值包括:

(1)建筑工程产值 指列入建筑工程预算内的各种工程价值。

(2)设备安装工程产值 指设备安装工程价值,不包括被安装设备本身价值。

(3)房屋、构筑物修理产值 指房屋、构筑物修理所完成的价值,但不包括被修理房屋、构筑物本身的价值和生产设备的修理价值。

(4)非标准设备制造产值 指加工制造没有定型的、非标准的生产设备的加工费和原材料价值,以及附属加工厂为本企业承建工程制作的非标准设备的价值。

建筑业增加值 指建筑业企业在报告期内以货币表现的建筑业生产经营活动的最终成果。目前建筑业增加值采用分配法(收入法)计算,即从收入的角度出发,根据生产要素在生产过程中应得的收入份额计算。具体计算公式为:

建筑业增加值=本年提取的固定资产折旧+应付工资+应付福利费+管理费用中的劳动待业保险金、税金+工程结算税金及附加+工程结算利润

房屋建筑施工面积 指在报告期内施工的全部房屋建筑面积,包括本期新开工的房屋面积、上期施工跨入本期继续施工的房屋面积、上期停缓建在本期恢复施工的房屋面积、本期竣工的房屋面积及本期施工后又停缓建的房屋面积。

房屋建筑竣工面积 指在报告期内房屋建筑按照设计要求全部完工,达到了住人和使用条件,经验收鉴定合格,正式移交使用单位的房屋建筑面积。

自有机械设备年末总台数 指归本企业所有,属于本企业固定资产的生产性机械设备年末总台数。包括施工机械、生产设备、运输设备以及其他设备。

自有机械设备年末总功率 指本企业自有施工机械、生产设备、运输设备以及其他设备等列为在册固定资产的生产性机械设备年末总功率,按设定能力或查定能力计算。包括机械本身的动力和为该机械服务的单独动力设备,如电动机等。计算单位用千瓦,动力换算可按1马力=0.735千瓦折合成千瓦数。电焊机、变压器、锅炉不计算动力。

工程结算收入 指企业承包工程实现的工程价款结算收入,以及向发包单位收取的除工程价款以外的按规定列作营业收入的各种款项,如临时设施费、劳动保险费、施工机械调迁费等以及向发包单位收取的各种索赔款。

工程结算利润 指已结算工程实现的利润,如亏损以"-"号表示。计算公式为:

工程结算利润=工程结算收入-工程结算成本-工程结算税金及附加

企业总收入 指与企业生产经营直接有关的各项收入,包括工程结算收入和其他业务收入。计算公式为:

企业总收入=工程结算收入+其他业务收入

13

交通运输和邮电

资料整理:张　铭

13-1 历年旅客、货物周转量

	旅客周转量（万人公里）	公路	水运	货物周转量（万吨公里）	公路	水运
1952				3016	1039	1977
1957	2801	2801		9148	3245	5903
1962	10630	10627	3	12612	7322	5290
1965	11554	11544	10	19094	13332	5762
1970	23804	21800	962	24283	15629	4143
1975	32324	29571	1222	24183	18695	4277
1978	39114	37744	949	25567	21093	3912
1980	51558	49125	1772	19288	15936	3010
1981	61561	58788	1973	25550	21614	3518
1982	71027	68529	1707	32968	27832	4825
1983	80106	77377	2060	37325	32259	4829
1984	93005	89969	2383	41413	36081	5033
1985	105194	101506	2877	53618	48902	4289
1986	121488	117846	2526	70930	64663	5930
1987	134026	130508	2283	65786	58687	6719
1988	175346	171163	2858	68982	61659	6950
1989	201836	197042	3465	67056	58688	8059
1990	183800	178641	3793	61110	52818	7998
1991	222163	217475	3195	78400	69708	8413
1992	257400	252519	3694	81001	71472	9202
1993	251935	247487	3313	142515	130739	11466
1994	231795	229217	1521	181815	173852	7688
1995	267795	265300	2114	287689	280192	7268
1996	279695	276709	2775	278698	264396	14150
1997	301632	298509	3077	260431	247506	12860
1998	318928	317346	1453	264518	253290	11162
1999	316307	313718	2547	275270	262304	12950
2000	353735	351185	2550	338270	325270	13000
2001	357434	354857	2577	315008	302902	12106
2002	362713	361288	1425	351697	339274	12423
2003	319600	318600	1000	345570	329500	16070
2004	372183	370849	1334	371360	350134	21226
2005	431307	429600	1707	416927	390000	26927
2006	500387	498803	1584	483506	456800	26706
2007	574681	573124	1557	589481	560837	28644
2008	1032973	1031052	1921	2218295	2160734	57561
2009	1210951	1209277	1674	2958840	2789507	169333

注：1. 客、货周转量指标不含铁路运量。

2. 2008 年核算周转量时的道路里程标准有变动，与以往年度不可比。

13-2 历年旅客、货物运输量

年 份	客运量（万人）	公路	水运	货运量（万吨）	公路	水运
1952				12	7	5
1957	43	43		65	46	19
1962	150	150		126	111	15
1965	232	232		214	188	25
1970	451	400	20	323	254	31
1975	680	595	34	694	627	50
1978	763	716	27	857	801	46
1980	1060	979	51	638	584	47
1981	1370	1277	57	665	615	41
1982	1619	1533	49	740	675	58
1983	1750	1661	59	795	722	69
1984	2106	2009	68	811	740	65
1985	2340	2221	85	991	915	68
1986	2847	2726	72	853	790	57
1987	2865	2744	65	854	790	56
1988	3922	3776	84	875	823	45
1989	4203	4037	99	765	707	52
1990	3953	3778	108	698	640	53
1991	4740	4574	91	1174	1110	60
1992	4934	4769	91	1219	1146	68
1993	5025	4886	82	2220	2138	77
1994	4407	4298	56	2384	2190	190
1995	4682	4606	56	3446	3380	63
1996	5377	5293	70	3608	3516	90
1997	5651	5562	87	3576	3471	104
1998	5892	5864	22	3569	3487	81
1999	6886	6833	51	4144	4063	81
2000	6113	6058	55	4381	4301	80
2001	6013	5959	54	4835	4747	88
2002	6793	6749	44	4894	4802	92
2003	6233	6200	33	4739	4650	89
2004	7025	6991	34	5125	4997	128
2005	8347	8300	47	6770	6600	170
2006	9224	9176	48	7437	7269	168
2007	10044	10005	39	8835	8672	163
2008	11285	11231	54	9974	9739	235
2009	12657	12601	56	12779	12520	259

注：货运量指标不含铁路运量。

13-3 各县(市、区)公路线路里程

(2009年底) 单位:公里

	等级公路	高速	一级	二级	三级	四级
全市	**26925.30**	**553.10**		**2457.20**	**2626.20**	**21288.80**
宛城区	2041.92	71.60		111.00	86.96	1772.36
卧龙区	1353.60	73.40		114.50	191.92	973.83
南召县	2168.20	42.00		175.19	120.95	1829.89
方城县	2495.32	55.13		202.53	213.23	2024.42
西峡县	2043.89	82.00		194.03	254.93	1512.94
镇平县	1749.50	46.00		198.03	207.43	1298.05
内乡县	1751.15	24.00		292.80	169.00	1265.35
淅川县	3557.44			165.61	402.00	2990.13
社旗县	1478.96			126.83	243.42	1108.70
唐河县	2124.16	60.00		249.10	305.76	1509.31
新野县	1019.54	18.00		157.71	131.10	712.73
桐柏县	2355.60	53.00		191.20	140.68	1970.72
邓州市	2786.01	28.00		278.67	158.94	2320.40

13—3 续表 (2009年底) 单位:公里

	等外公路	有铺装路面里程			简易铺装路面里程	未铺装路面里程
		合计	沥青混装土	水泥混装土		
全市	**9985.53**	**17312.53**	**2732.47**	**14580.06**	**4573.17**	**14472.01**
宛城区	5.94	716.47	101.41	615.06	524.73	735.23
卧龙区	539.00	1061.41	73.11	988.29	208.92	548.90
南召县	952.59	1313.25	179.60	1133.65	118.68	1646.69
方城县	635.21	883.90	229.79	654.11	1475.87	727.63
西峡县	431.30	1450.26	308.46	1141.81	150.84	792.13
镇平县	1126.56	1464.31	156.06	1308.26	203.65	1162.37
内乡县	1201.97	1601.19	242.94	1358.25	11.41	1251.52
淅川县	272.20	2435.38	254.67	2180.71	94.61	1327.00
社旗县	741.11	1104.32	150.41	953.91	244.47	871.27
唐河县	1385.00	1604.97	241.03	1363.94	424.76	1419.45
新野县	492.32	653.04	125.37	527.68	322.86	519.96
桐柏县	997.56	1325.13	265.70	1059.43	58.95	1939.42
邓州市	1204.75	1698.91	403.92	1294.99	733.42	1530.43

说明:2009年公路线路里程包括村道。

13-4 公路、内河通车通航里程

单位:公里

	公路		内河	
	合计	晴雨通车	合计	通机动船
1952	609		464	
1957	1543	508	523	
1962	3107	977	261	
1965	2777	733		
1970	3243	1243	401	
1975	3606	1880	259	120
1978	4256	2620	257	
1980	4936	2457	267	83
1981	4907	2531	267	83
1982	4920	2544	259	198
1983	4919	2543	287	161
1984	4919	2542	287	226
1985	4922	2547	287	226
1986	5296	2792	260	134
1987	5297	2824	293	167
1988	5291	3091	230	169
1989	5292	3081	125	125
1990	5559	3390	230	169
1991	5566	3422	230	169
1992	5578	3458	230	169
1993	5578	3463	195	169
1994	5695	3590	195	169
1995	5768	3662	195	169
1996	5816	3765	198	169
1997	5987	3955	198	169
1998	6192	4524	198	169
1999	6286	4633	198	169
2000	6529	3059	198	169
2001	7314	6314	198	169
2002	7492	6573	198	169
2003	7592	6724	198	169
2004	7664	6817	241	194
2005	7829	6896	248	194
2006	36172	14617	194	194
2007	36504	19431	194	194
2008	36641	20691	194	394
2009	36912	26525	194	445

13—5 民用汽车拥有量

单位:辆

	总计	货车	#重型及中型	#轻型及微型	客车	#大型及中型	#小型及微型	特种车
1952	58	58						
1957								
1962	783	783						
1965	720	645	645		75	75		
1970	1783	1486	1470	16	218	130	88	79
1975	3124	2317	2295	22	472	173	299	335
1978	4629	4071	3693	378	302	297	5	256
1980	7117	5114	5071	43	1179	402	777	824
1981	8136	5768	5709	59	1539	462	1077	829
1982	8726	6097	5921	176	1682	537	1145	947
1983	10016	7161	6921	240	1908	622	1286	947
1984	12145	8953	8554	399	2164	659	1505	1028
1985	14160	10197	9565	632	2959	847	2112	1004
1986	13854	9970	9027	943	3711	963	2748	173
1987	12835	9368	8492	876	3197	819	2378	270
1988	17475	12535	10451	2084	4758	1201	3557	182
1989	20688	14529	12030	2499	5296	1278	4018	863
1990	20078	13105	10342	2763	5468	1115	4353	931
1991	22516	14046	10960	3086	6636	1297	5339	343
1992	22163	12834	9435	3399	7371	1545	5826	746
1993	23283	12609	8878	3731	8505	1622	6883	856
1994	25895	13901	10231	3670	10033	1898	8135	1029
1995	27024	13625	9865	3760	11689	1975	9714	547
1996	25793	11313	8078	3235	12814	2015	10799	500
1997	34028	16819	11116	5703	15538	2411	13127	541
1998	40795	19710	12087	7623	19547	2592	16955	1538
1999	44683	21105	13122	7983	21854	2757	19097	1724
2000	43721	20937	10699	10238	21606	2391	19215	1178
2001	49643	19994	10699	9295	26818	5415	21403	2831
2002	52643	16152	8201	7951	32663	2633	30030	3828
2003	64725	22173	8710	13463	40181	3018	37163	2371
2004	73824	24563	9884	14679	45697	3225	42472	3564
2005	81108	27897			53211			
2006	98161	31995			66166			
2007	119203	36679			82524			
2008	208952	41996	16122	25874	99456	8510	90946	
2009	250200	54506	21414	33092	132595	9063	123532	

注:2004年前货车分组为大货车、小货车,客车分组为大客车、小客车。2008年汽车分组为载客汽车、载货汽车、其他汽车,载客汽车分为大型、中型、小型、微型,载货汽车分组为重型、中型、轻型、微型。

13－6 邮电业务基本情况

（年底数）

	2000	2001	2002	2003	2004	2005	2006	2007	2008	2009
局所及通信网络										
邮政（电信）局所（处）	1156	616	618	649	808	1397	665	1052	848	840
邮路总长度（公里）	4818	4818	4916	5101	5168	5263	5535	5515	5519	5519
＃汽车邮路总长度	4312	4312	4410	5101	5168	5263	5535	5515	5519	5519
农村投递线路总长度（公里）	28103	28078	28071	27561	27936	27936	28041	27964	27512	27512
邮电业务总量（万元）	130463	156175	162251	221395	324955	418756	265859	377816	382980	426234
邮政业务总量（万元）	11776	18940	19697	22372	23252	25636	30380	37316	39074	45573
电信业务总量（万元）	118687	137235	142554	199023	301703	393120	235479	340500	343906	380661
函件（万件）	1842	2964	1689	1854	1496	1557	1471	1629	1235	854
快递（万件）	72	75	88	128	154	156	146	127	111	118
报刊份数（万份）	110	107	145	105	72	73	71	72	84	91
集邮业务（万枚）	1267	1270	1024	984	872	663	513	557	397	377
移动电话年末用户（万户）	21	37	53	81	113	127	223.7	224.66	251.66	310
本地电话年末用户（万户）	80	98	113	134	163.13	132	200.87	181.81	136.42	128
城市电话用户（万户）	35	43	48	56	67.82	78	85.39	61.51	49.89	40
＃住宅电话用户（万户）	28.00	34.40	38.40	44.80	54.26	62.40	68.31	49.21	39.91	32.18
农村电话用户（万户）	45	55	65	78	95	54	115	120	87	51
＃住宅电话用户（万户）	45	55	65	78	95	54	115	120	87	51
固定电话年末用户（万户）	78	94	104	119	137	97	155	149	114	105
公用电话用户（万户）	2.00	4.00	5.00	6.00	8.24	8.36	14.94	15.27	8.13	14.64
无线市话用户（万户）			4.40	9.10	17.70	26.40	31.00	18.00	14.00	9.00
互联网年末用户（万户）		0.60	0.70	2.00	7.70	10.20	13.60	14.50	22.90	33.25
本年新增互联网用户（万户）			0.10	1.30	5.70	2.50	3.40	0.90	8.40	10.10
电信主要通信能力										
长途电话交换机容量（2M）	10000	10000	10000	21000	800	800	800	800	917	838
局用交换机容量（万门）	107	116	129	156	165	186	181	181	173	184
移动电话交换机容量（万户）	57	165	195	89	129	170	321	311	656	634

说明：1. 国际互联网、分组交换、数字数据用户全改为ADSL用户。

2. 长途业务电路、长途电话业务电路2004年由路改为条，长途电话交换机容量由路端改为个，与以前年份不可比。

13-7 邮电通信网及通信能力

（年底数）

	邮政局（电信）所（处）	#邮政局所（处）	#电信网点（个）	邮路及农村投递线路总长度（公里）	长途电话电路（条）	局用交换机容量（万门）	移动电话交换机容量（万户）
1978	276			27233	105		
1980	274			27183	122		
1985	276			29112	165		
1990	289			29884	383		
1991	292			30069	609		
1992	300			30073	689		
1993	315			29804	984		
1994	361			29975	1252		
1995	367			30130	1406		
1996	370			30468	3515		
1997	708			31803	5042		
1998	1430	691	739	32093	5859		
1999	2208	625	1583	33516	5800		
2000	1156	387	769	32921	15398	107	57
2001	616	332	284	32896	73476	116	165
2002	618	321	297	32987	74344	129	195
2003	649	307	342	32662	76740	156	89
2004	808	307	501	33104	6851	165	129
2005	1397	309	1088	33199	3314	186	170
2006	665	292	373	33576	6389	181	321
2007	1038	276	762	33479	8600	181	310
2008	848	271	577	33031	8600	173	656
2009	840	271	569	33031	8600	184	634

13-8 邮电业务量

	邮电业务总量（万元）	邮政业务总量	电信业务总量	函件（万件）	包裹（万件）	快递（万件）	报刊累计份数（万份）	汇票（万笔）	集邮业务（万枚）	移动电话年末用户（万户）
1978	545			1106	21		8426	31		
1980	595			1216	16		9344	35		
1985	1031			1395	21		13130	53		
1990	3132	1640	1492	1324	22		8399	52	205	
1991	4305	1870	2435	1200	17		9317	51	424	
1992	5830	2175	3655	1161	18	1	10501	55	540	
1993	8685	2770	5915	1496	31	7	10972	57	861	
1994	12588	3546	9042	1801	48	15	10133	58	868	
1995	18832	4043	14789	1679	47	16	9859	61	698	
1996	29175	4630	24545	1684	53	17	10686	67	751	
1997	42267	4810	37457	1370	40	14	10766	63	1073	
1998	71477	5473	66004	1071	31	15	11593	53	1565	
1999	83396	8341	75055	1490	36	28	12082	47	1153	
2000	130463	11776	118687	1842	43	72	10912	43	1267	21
2001	156175	18940	137235	2964	59	75	10412	40	1270	37
2002	162251	19697	142554	1689	40	88	10397	35	1024	53
2003	221395	22372	199023	1854	31	128	9700	35	984	81
2004	324955	23252	301703	1496	32	154	8065	24	872	113
2005	418756	25636	393120	1557	29	156	7601	21	663	127
2006	265859	30380	235479	1471	28	146	7442	47	513	224
2007	377816	37316	340500	1629	24	127	6850	74	557	225
2008	382980	39074	343906	1235	21	111	7670	105	397	252
2009	424299	45573	378726	854	19	118	8054	126	377	310

13－9 邮 电 通 信 水 平

	2003	2004	2005	2006	2007	2008	2009
邮政通信水平							
平均每一邮电局所服务面积(平方公里)	40.85	32.81	18.98	39.86	25.54	31.26	31.56
平均每一邮电局所服务人口(万人)	1.64	1.32	0.77	1.62	1.05	1.29	1.31
平均每人发函件数(件)	1.74	1.40	1.45	1.36	1.50	1.13	0.78
平均每百人订有报刊数(份)	910.74	754.10	707.35	689.06	631.06	702.83	734.71
电信通信水平							
固定电话普及率(部/百人)	12.02	14.48	9.05	14.35	13.68	10.47	9.56
移动电话普及率(部/百人)	7.61	10.57	11.82	20.71	20.70	23.06	28.31
每千人拥有公用电话数(部)	5.63	7.70	7.78	13.83	14.07	7.45	13.35
已通固定电话的乡(镇)比重(%)	100	100	100	100	100	100	100
移动电话(GSM)网络覆盖县(市)	13	13	13	13	13	13	13
移动电话(CDMA)网络覆盖县(市)	13	13	13	13	13	13	13
移动电话漫游国家和地区(个)							237
数据通信网覆盖县(市)	13	13	13	13	13	13	13

13－10 分县市邮电通信网及通信能力

(2009 年底)

	邮政局(电信)所(处)	邮政所(处)	电信所	邮路及农村投递线路总长度(公里)	局用交换机容量(万门)	移动电话交换机容量(万户)
合计	**840**	**271**	**569**	**27512**	**184.00**	**634**
南阳城区	52	25	27	266	20.11	135
南阳郊区	96	23	73	2109	35.75	84
南召	67	26	41	2297	5.95	35
方城	61	21	40	4047	15.15	45
西峡	63	21	42	1718	9.11	35
镇平	72	22	50	1941	14.74	47
内乡	52	17	35	2120	10.81	33
淅川	52	15	37	2790	10.60	40
社旗	58	17	41	1240	7.95	30
唐河	76	22	54	3336	18.29	45
新野	49	16	33	1454	12.23	35
桐柏	51	17	34	1271	6.66	30
邓州	91	29	62	2923	16.65	40

13－11 各县（市）邮电业务量

（2009 年）

	邮电业务总量（万元）	邮政业务总量	电信业务总量
合计	**424298.71**	**45573.00**	**378725.71**
南阳城区	37208.00	7986.00	29222.00
南阳郊区	177932.35	2724.00	175208.35
南召	16707.66	3261.00	13446.66
方城	20533.94	2614.00	17919.94
西峡	16778.13	2232.00	14546.13
镇平	23600.07	3464.00	20136.07
内乡	16168.91	2479.00	13689.91
淅川	17523.67	2699.00	14824.67
社旗	12519.67	2360.00	10159.67
唐河	23810.45	3906.00	19904.45
新野	17676.10	3774.00	13902.10
桐柏	14037.58	2727.00	11310.58
邓州	29802.20	5347.00	24455.20

13－11续表

（2009 年）

	函件（万件）	包裹（万件）	快递（万件）	报刊累计份数（万份）	汇票（万笔）	集邮业务（万枚）
合计	**854.00**	**19.00**	**118.00**	**8054.00**	**126.00**	**377.00**
南阳城区	265.00	5.80	29.80	1931.00	23.00	98.00
南阳郊区	63.00	1.30	5.30	420.00	10.20	18.00
南召	25.00	0.80	3.30	505.00	7.00	18.00
方城	29.00	1.00	5.50	525.00	9.00	47.00
西峡	37.00	0.70	5.70	567.00	6.70	21.00
镇平	71.00	2.10	11.00	527.00	9.60	15.00
内乡	78.00	0.60	6.40	449.00	6.30	8.00
淅川	9.00	0.70	5.10	419.00	6.40	36.00
社旗	84.00	1.00	5.20	414.00	7.00	13.00
唐河	63.00	1.80	14.80	686.00	14.60	19.00
新野	20.00	1.00	7.90	443.00	6.70	41.00
桐柏	8.00	0.80	4.20	447.00	7.00	3.00
邓州	102.00	1.40	13.80	721.00	12.50	40.00

主要统计指标解释

铁路营业里程 又称营业长度(包括正式营业和临时营业里程),指办理客货运输业务的铁路正线总长度。凡是全线或部分建成双线及以上的线路,以第一线的实际长度计算;复线、站线、段管线、岔线和特殊用途线以及不计算运费的联络线都不计算营业里程。铁路营业里程是反映铁路运输业基础设施发展水平的重要指标,也是计算客货周转量、运输密度和机车车辆运用效率等指标的基础资料。

公路里程 指在一定时期内实际达到《公路工程[WTBZ]技术标准 JTJ01－88》规定的等级公路,并经公路主管部门正式验收交付使用的公路里程数。包括大中城市的郊区公路以及通过小城镇街道部分的公路里程和桥梁、渡口的长度,不包括大中城市的街道、厂矿、林区生产用道和农业生产用道的里程。两条或多条公路共同经由同一路段,只计算一次,不得重复计算里程长度。它是反映公路建设发展规模的重要指标,也是计算运输网密度等指标的基础资料。

内河航道里程 也称内河通航里程,指在一定时期内,能通航运输船舶及排筏的天然河流、湖泊水库、运河及通航渠道的长度。包括全年季节性通航累计三个月以上的航道,不包括仅供零散流放竹、木排的河道。它是反映内河水运网规模、水平和发展情况的主要指标。

货(客)运量 指在一定时期内,各种运输工具实际运送的货物(旅客)数量。它是反映运输业为国民经济和人民生活服务的数量指标,也是制定和检查运输生产计划、研究运输发展规模和速度的重要指标。货运按吨计算,客运按人计算。货物不论运输距离长短、货物类别,均按实际重量统计。旅客不论行程远近或票价多少,均按一人一次客运量统计;半价票、小孩票也按一人统计。

货物(旅客)周转量 指在一定时期内,由各种运输工具运送的货物(旅客)数量与其相应运输距离的乘积之总和。它是反映运输业生产总成果的重要指标,也是编制和检查运输生产计划,计算运输效率、劳动生产率以及核算运输单位成本的主要基础资料。计算货物周转量通常按发出站与到达站之间的最短距离,也就是计费距离计算。计算公式为:

货物(旅客)周转量＝∑货物(旅客)运输量×运输距离

民用汽车拥有量 指报告期末,在公安交通管理部门按照《机动车注册登记工作规范》,已注册登记领有民用车辆牌照的全部汽车数量。汽车拥有量统计的主要分类:根据汽车结构分为载客汽车、载货汽车以及其他汽车;根据汽车所有者的不同分为个人(私人)汽车、单位汽车;根据汽车的使用性质分为营运汽车、非营运汽车和特种汽车;根据汽车大小规格不同载客汽车分为大型、中型、小型和微型,载客汽车分为重型、中型、轻型和微型。

邮电业务总量 指以价值量形式表现的邮电通信企业为社会提供各类邮电通信服务的总数量。邮电业务量按专业分类包括函件、包件、汇票、报刊发行、邮政快件、特快专递、邮政储蓄、集邮、公众电报、用户电报、传真、长途电话、出租电路、无线寻呼、移动电话、分组交换数据通信、出租代维等。计算方法为各类产品乘以相应的平均单价(不变价)之和,再加上出租电路和设备、代用户维护电话交换机和线路等的服务收入。它综合反映了一定时期邮电业务发展的总成果,是研究邮电业务量构成和发展趋势的重要指标。计算公式为:

邮电业务总量＝∑(各类邮电业务量×不变单价)＋出租代维及其他业务收入

移动电话用户 是指通过移动电话交换机进入移动电话网、占用移动电话号码的电话用户。用户数量以报告期末在移动电话营业部门实际办理登记手续进入移动电话网的户数进行计算,一部移动电话统计为一户。

互联网上网人数 指平均每周使用互联网至少 1 小时的 6 周岁以上中国公民人数。

固定电话用户 指在电信运营企业营业网点办理开户登记手续并已接入固定电话网上的全部电话用户。包括普通电话用户、公用电话用户、窄带综合业务数字网(N—ISDN)用户、智能网专用接入终端用户等。按行政区划分为城市电话用户和农村电话用户。

城市电话用户 指直辖市、省辖市、地级市、县级市的市区、市郊区及县城范围内接入局用交换机的电话用户。包括分布在农村地区县团级以上建制的独立工矿区、林区、驻军等电话用户。

农村电话用户 指县城关区以下的集镇和农村接入局用交换机的电话用户。

住宅电话用户 指安装在居民住宅或农民家里并按照住宅电话用户登记注册和收费的各类电话用户。包括私人付费、单位付费和按规定免费安装的住宅电话用户。

长途电话交换机容量 指用于接入长途电话网的电话交换机的设备额定容量,包括国际电话交换机容量。

局用交换机容量 指安装在电信运营企业内用于接续本地固定电话的电话交换机容量,有倍增设备按倍增后的数量计数。包括现用和备用的人工或自动交换机的全部容量。不包括用户交换机容量。

移动电话交换机容量 指移动电话交换机根据一定话务模型和交换机处理能力计算出来的最大同时服务用户的数量。

14

国内贸易

资料整理：周明宏　华放　张群　郭玉玺

14-1 国内贸易基本情况

	1985	1990	1995	2000	2005	2008	2009
法人机构(个)			1596	1987	2984	4634	4581
批发零售贸易业			1478	1650	2406	3372	3377
住宿餐饮业			118	337	578	1262	1204
产业活动单位(个)			183	131	2608	3143	3843
批发零售贸易业			183	52	2397	2763	3448
住宿餐饮业				79	211	380	395
从业人员(人)			191826	76463	158101	102909	105187
批发零售贸易业			172113	73585	130154	76488	76951
住宿餐饮业			19713	2878	27947	26421	28236
社会消费品零售总额(万元)	177544	318568	930487	1831085	3396538	5853909	6766579
按销售单位所在地分							
市	31603	83042	334576	534304	1054144	1813962	2206113
县	50245	83818	239207	516170	972583	1952371	2235397
县以下	95696	151708	356704	780611	1369811	2087575	2325069
按行业分							
批发零售贸易业	127178	210171	547143	1037627	2870012	4867210	5588250
住宿餐饮业	7972	13496	57853	153041	459925	877755	1060314
制造业	23552	52465	190701	370383			
农业生产者	12463	26249	76274	170390			
其他行业	6379	16187	58516	99644	66600	108944	118015

注：1. 1998 年及以后批发零售贸易业商品购进、库存总额为限额以上批发零售贸易业数据。
2. 2003 年及以后社会消费品零售总额不含制造业和农业生产者零售额。
3. 2005 年以前住宿餐饮业项只是“餐饮业”数据，不包括“住宿业”。
4. 2008 年社会消费品零售总额及分项数是根据经济普查结果调整数。

14-2 社会消费品零售总额

(按销售单位所在地分)

单位:万元

	社会消费品零售总额	市	县	县以下
1978	71182	10962	18650	41570
1980	94772	14974	21418	58380
1985	177544	31603	50245	95696
1990	318568	83042	83818	151708
1995	930487	334576	239207	356704
2000	1831085	534304	516170	780611
2001	2030632	588969	571754	869909
2002	2249942	653807	633924	962211
2003	2500852	730525	705947	1064380
2004	2968357	887491	830995	1249871
2005	3396538	1054144	972583	1369811
2006	3924733	1198212	1298427	1428094
2007	4621499	1432073	1541343	1648083
2008	5853909	1813962	1952371	2087575
2009	6766579	2206113	2235397	2325069
宛城区	661548	660852		696
卧龙区	788516	788089		427
南召县	356557		181185	175372
方城县	457639		224254	233385
西峡县	313042		183826	129216
镇平县	614938		324268	290670
内乡县	361705		188060	173645
淅川县	395828		250918	144910
社旗县	267343		142902	124441
唐河县	588168		267744	320424
新野县	483870		220152	263718
桐柏县	337451		179465	157986
邓州市	601489	298368		303121
市直	638684	638684		

注:因为方法制度原因,总计数据不等于分县市数据之和(下同)。

14—3 社会消费品零售总额

（按行业分）　　　　单位:万元

	总　　计	批发零售贸易业	住宿餐饮业	制造业	农业生产者	其他行业
1978	71182	62123	2400	4598	1354	707
1980	94772	76075	2943	10062	3822	1870
1985	177544	127178	7972	23552	12463	6379
1990	318568	210171	13496	52465	26249	16187
1995	930487	547143	57853	190701	76274	58516
2000	1831085	1037627	153041	370383	170390	99644
2001	2030632	1162291	169441	400651	189971	108278
2002	2249942	1304354	186438	433841	207478	117831
2003	2500852	2131735	242598			126519
2004	2968357	2510983	399170			58204
2005	3396538	2870013	459925			66600
2006	3924733	3330849	503892			89992
2007	4621499	3860467	676332			84700
2008	5853909	4867210	877755			108944
2009	6766579	5588250	1060314			118015
宛城区	661548	530202	125770			5576
卧龙区	788516	631812	145656			11048
南召县	356557	312742	40025			3790
方城县	457639	355551	94547			7541
西峡县	313042	249505	57837			5700
镇平县	614938	499387	104124			11427
内乡县	361705	306244	49556			5905
淅川县	395828	304186	87901			3741
社旗县	267343	219946	44767			2630
唐河县	588168	480163	99832			8173
新野县	483870	372115	102278			9477
桐柏县	337451	270975	60568			5908
邓州市	601489	476157	115596			9736
市　直	638684	602283	9038			27363

14-4 限额以上批发零售贸易、住宿餐饮业基本情况

（2009 年，按登记注册类型分）

	法人企业（个）	产业活动单位数（个）	从业人数（人）
批发零售贸易总计	**592**	**2857**	**44312**
（一）批发业	**140**	**751**	**19949**
＃内资企业	140	751	19862
1. 国有企业	30	192	8571
2. 集体企业	18	64	4538
3. 股份合作企业	1	74	148
4. 有限责任公司	37	81	2165
5. 股份有限公司	15	191	2427
6. 私营企业	38	148	1994
7. 其他企业	1	1	19
（二）零售业	**452**	**2104**	**24281**
＃内资企业	451	2103	23294
1. 国有企业	45	484	4257
2. 集体企业	136	538	5644
3. 股份合作企业	16	436	897
4. 有限责任公司	69	239	4460
5. 股份有限公司	27	89	2075
6. 私营企业	150	309	5701
住宿餐饮业总计	**292**	**333**	**15907**
一、住宿业	**86**	**118**	**7682**
其中：国有及国有控股	17	24	2430
（一）按登记注册类型分组			311
＃内资企业	86	118	7371
1. 国有企业	17	25	2540
2. 集体企业	9	12	991
3. 股份合作企业	2	2	205
4. 有限责任公司	4	21	404
5. 股份有限公司	1	2	46
6. 私营企业	51	54	3050
（二）按住宿行业中类分组	86	118	7682
旅游饭店	45	59	5218
一般旅馆	41	59	2464
二、餐饮业	**205**	**211**	**8215**
其中：国有及国有控股	7	9	437
（一）按登记注册类型分组			1323
＃内资企业	205	214	6892
1. 国有企业	7	9	437
2. 集体企业	8	9	425
3. 股份合作企业	1	1	100
4. 有限责任公司	7	10	503
5. 股份有限	2	2	70
5. 私营企业	172	174	5090
6. 其他企业	8	9	267
（二）按国民经济行业分组	205	215	8215
正餐服务业	186	192	7533
快餐服务业	14	16	414
其他餐饮服务业	5	7	268

14-5 限额以上批发零售贸易业商品销售总额

（2009 年） 单位：万元

	购进总额	销售总额			年末库存
		合计	批发	零售	
限额以上企业总计	**3170646**	**3412271**	**2351629**	**1060642**	**664534**
一、批发业	**2229227**	**2420596**	**2272977**	**147619**	**526663**
其中：国有及国有控股	1442677	1588610	1479250	109360	459414
按注册登记类型					
内资	2221385	2412572	2264953	147619	525992
国有	932211	1089159	1083934	5225	439236
集体	94912	106263	101766	4496	4762
股份合作	1927	2273	2018	255	93
联营企业					
有限责任公司	412353	433522	404045	29477	28513
股份有限公司	545904	548371	444057	104314	21380
私营企业	232515	230986	227134	3851	31109
其他	1563	2000	2000		900
外商投资企业	2532	2024	2024		508
按国民经济行业					
农畜产品批发	474186	520693	516070	4623	133949
食品、饮料及烟草制品批	698474	832625	827161	5464	319303
纺织、服装及日用品批发	53495	55909	53216	2693	3089
文化、体育用品及器材批发	9815	9778	9283	495	1251
医药及医疗器材批发	203455	205002	204291	711	16540
矿产品、建材及化工产品批发	685560	690368	565615	124753	34533
机械设备、五金交电及电子产品批发	99441	101096	92215	8881	17902
其他批发	4801	5127	5127		96
二、零售业	**940666**	**991020**	**78652**	**912368**	**137797**
其中：国有及国有控股	101279	112121	6579	105542	12699
按注册登记类型					
内资	895529	942611	77265	865345	133988
国有	84569	91423	6579	84844	11231
集体	240590	254482	47733	206750	30079
股份合作	26448	28940	2436	26504	16192
联营企业	2679	2781	657	2123	295
有限责任公司	184883	202465	7404	195062	36256
股份有限公司	81215	84629	3492	81138	4747
私营企业	265381	267645	8693	258951	34607
其他	9765	10246	272	9974	581
港、澳、台商投资企业	6900	7709		7709	
按国民经济行业					
综合零售	362348	379084	49537	329547	52962
食品、饮料及烟草制品专门零售	49664	54703	3713	50990	3576
纺织、服装及日用品专门零售	56182	61142	1907	59235	9822
文化、体育用品及器材专门零售	24268	24372	3347	21025	6502
医药及医疗器材专门零售	28728	30097	1847	28250	4352
汽车、摩托车、燃料及零配件专门零售	262005	276938	5170	271768	28829
家用电器及电子产品专门零售	125478	131438	12592	118845	27637
五金、家具及室内装修材料专门零售	17213	16192		16192	3234
无店铺及其他零售	14128	16343	539	15804	759

14-6 各县(市、区)限额以上批发零售贸易业商品销售总额

(2009年)　　单位:万元

	法人企业单位数(个)	产业活动单位数(个)	从业人数(人)	商品购进总额	商品销售总额	批发	对居民和社会集团商品零售	期末库存
全　市	**592**	**2857**	**44312**	**3170646**	**3412271**	**2351629**	**1060642**	**664534**
宛城区	40	79	1835	85320	87485	48887	38599	7493
卧龙区	42	88	1784	125121	127011	79101	47910	11048
南召县	26	84	1123	66965	78405	43078	35327	6601
方城县	25	121	1653	86129	92551	53852	38699	7864
西峡县	35	166	1742	73128	86149	37732	48417	9417
镇平县	37	373	2693	145327	147562	50906	96656	5131
内乡县	36	112	1790	120310	135698	79617	56081	15236
淅川县	36	67	2133	84732	86428	44484	41944	6235
社旗县	23	81	1188	67842	82614	42451	40163	20402
唐河县	52	139	5711	121980	127845	68804	59041	14534
新野县	47	699	3828	92436	102837	70644	32193	12994
桐柏县	43	174	1704	96879	105001	78290	26711	7997
邓州市	46	350	4666	231191	288569	230183	58386	124385
市　直	104	324	12462	1773286	1864116	1423600	440515	415137

14-7 各县(市、区)限额以下批发零售贸易业基本情况及销售额

(2009年)　　单位:万元

	法人企业单位数(个)	产业活动单位数(个)	从业人数(人)	商品销售总额	批发	对居民和社会集团商品零售
全　市	**2785**	**591**	**32639**	**1265158**	**604802**	**660356**
宛城区	140	18	1589	77166	16647	60519
卧龙区	384	28	5149	258281	144779	113502
南召县	135		1500	87455	46864	40591
方城县	258	43	3660	93624	32659	60965
西峡县	180		1812	137737	89979	47758
镇平县	105	146	2017	79258	46627	32631
内乡县	144		1496	52486	20446	32040
淅川县	131		971	14897	5140	9757
社旗县	214	24	2160	18469	4283	14186
唐河县	232		2608	51140	22281	28859
新野县	122	16	1750	60490	23285	37205
桐柏县	185	114	1996	62909	20835	42074
邓州市	184	130	3666	72713	18568	54145
市　直	371	72	2265	201317	116533	84784

14-8 各县(市、区)限额以上批发零售贸易业批发总额

(2009 年)

单位:万元

	批发总额	#食品饮料烟草类	日用品类	纺织服装鞋帽类	文化体育用品类	家用电器类	医用类	书报杂志类
全市	**2351629**	**830874**	**13378**	**41745**	**10395**	**69295**	**184179**	**2235**
宛城区	58887	15492	895	405	622	4086	8072	
卧龙区	99101	16180	2107	250	652	7124	41055	671
南召县	53078	37468	3700	4304		3482		
方城县	73852	41107			300			445
西峡县	86149	28585	1410	6230	9		2471	49
镇平县	53906	34350	1760	3062		930	1449	
内乡县	79617	41226			313		126	206
淅川县	44484	25435			1612		1630	436
社旗县	42451	32549						
唐河县	118804	35421			600			150
新野县	75644	33776	992	1488				
桐柏县	78290	31315						
邓州市	230183	99350	180	736				
市直	1257183	358620	2334	25270	6287	53673	129376	278

14-9 各县(市、区)限额以上批发零售贸易业零售总额

(2009 年)

单位:万元

	零售总额	食品饮料烟草类	日用品类	纺织服装鞋帽类	文化体育用品类	家用电器类	医用类	书报杂志类
全市	**1060642**	**56454**	**23245**	**37469**	**20417**	**123432**	**28961**	**11786**
宛城区	71599	2344	1630	3241	700	406	4650	
卧龙区	72255	5726	2350	3120	2912	18005	465	2347
南召县	22615	1720	1406	2521	234	7216		893
方城县	29699	8788	2500	6837	600	3973	3053	996
西峡县	48417	3735	1260	2370	240	3718	516	516
镇平县	96656		2977	2891	610	25560	2627	470
内乡县	66081	659	725	1260	808	6334	410	700
淅川县	46944	2399	2120	2779	1725	2556	711	270
社旗县	40163				1315	521	1350	150
唐河县	65041	4140	2300	4241	2101	4792	2104	1413
新野县	29193	1945	1347	2020	2269	1700	4474	1545
桐柏县	29711	1225	210	315	220	2244	1608	
邓州市	46386	4059	2264	3397	3024	2428	1762	2283
市直	395882	19714	2156	2477	3659	43979	5231	203

14—10 限额以上批发零售贸易企业主要经济指标

（2009 年） 单位:万元

	总　计	国有及国有控股	内资企业	国有企业	集体企业	股份合作
年末资产负债						
流动资产合计	1124024	675504	1121105	638055	51303	10671
＃存货	311114	201851	310489	192722	8029	2252
固定资产原价	307122	145638	306700	97744	39779	1162
累计折旧	73832	48818	73792	34874	7582	281
＃本年提取折旧	9854	6408	9854	4366	221	40
资产总计	1489881	811316	1486500	718335	109109	12016
负债总计	1045604	605614	1042053	556760	66450	10107
所有者权益合计	444277	205702	444448	161575	42659	1909
＃实收资本	288821	97237	288795	56351	32395	2005
损益及分配						
营业收入合计	2993015	1533858	2985952	1073687	331329	31682
主营业务收入	2993015	1533858	2985952	1073687	331329	31682
主营业务成本	2660434	1310118	2654322	881760	311062	29005
主营业务税金及附加	27150	21567	27150	21137	1116	208
主营业务利润	305431	202174	304479	170791	19151	2470
其他业务利润	5906	2182	5292	1930	786	
营业费用	**87373**	**51738**	**86548**	**41593**	**3843**	**863**
管理费用	104565	76190	103640	67908	6240	510
＃税金	6267	2918	6265	2609	658	42
差旅费	3486	1578	3457	1400	233	101
财务费用	15456	8143	15450	7609	1266	97
＃利息支出	5928	1543	5928	1380	471	84
营业利润	103942	68285	104134	55611	8588	1000
利润总额	111649	83415	111836	69980	8045	733
应缴所得税	28449	21323	28448	18564	2108	129
工资福利及增值税						
本年应付工资总额	86234	53989	85740	48400	10248	1155
本年应付福利费总额	5584	4574	5569	4264	321	42
本年应缴增值税	79606	31787	79604	27217	37664	247
全部从业人员年平均人数(人)	**43444**	**16333**	**43197**	**12616**	**10295**	**1010**

14－10 续表　　(2009 年)　　单位:万元

	有限责任公司	股份有限公司	私营企业	批发业	国有及国有控股	零售业	国有及国有控股
年末资产负债							
流动资产合计	191274	50678	175958	897008	644383	227016	31122
#存货	41871	13042	52067	240361	195746	70753	6105
固定资产原价	67672	55999	43460	213339	122176	93783	23462
累计折旧	12356	12647	5916	56745	41986	17087	6831
#本年提取折旧	1617	2227	1370	7375	5754	2479	654
资产总计	276223	115800	249301	1135181	752179	354700	59137
负债总计	196080	54750	155699	814807	563265	230797	42349
所有者权益合计	80142	61050	93602	320374	188914	123904	16788
#实收资本	68269	48454	77466	174856	81021	113965	16216
损益及分配							
营业收入合计	543211	565373	429880	2107460	1427435	885555	106423
主营业务收入	543211	565373	429880	2107460	1427435	885555	106423
主营业务成本	509837	526798	386143	1846690	1217674	813744	92444
主营业务税金及附加	1436	828	2344	22978	20461	4172	1106
主营业务利润	31938	37747	41394	237792	189300	67639	12873
其他业务利润	1172	556	833	2941	1407	2965	775
营业费用	**16802**	**10798**	**12516**	**62357**	**47530**	**25015**	**4208**
管理费用	9663	10577	8525	83190	70594	21376	5596
#税金	526	759	1603	3546	2373	2721	545
差旅费	810	270	602	2065	1329	1422	249
财务费用	2446	917	3023	13247	7833	2209	310
#利息支出	2187	430	1375	4818	1330	1110	213
营业利润	4198	16012	18163	81940	64750	22003	3535
利润总额	2383	15685	14710	95171	79875	16478	3539
应缴所得税	1096	3134	3403	25310	20885	3140	439
工资福利及增值税							
本年应付工资总额	9131	6949	9537	59269	48736	26964	5253
本年应付福利费总额	445	241	254	4641	4373	943	200
本年应缴增值税	5307	5399	3737	37542	29864	42065	1923
全部从业人员年平均人数(人)	**6872**	**4389**	**7721**	**19783**	**10786**	**23661**	**5547**

14－11 各县(市、区)限额以上批发零售贸易企业主要经济指标

(2009 年)　　单位:万元

	流动资产合计	存货	固定资产原价	累计折旧	本年	资产总计	负债总计
全　市	**1124024**	**311114**	**307122**	**73832**	**9854**	**1489881**	**1045604**
宛城区	35605	4805	20679	1143	200	65499	42468
卧龙区	28385	6923	6904	1566	110	38187	33132
南召县	8161	791	17510	3098	826	22574	9222
方城县	8486	3158	6354	1965	346	18528	7279
西峡县	13256	5565	8340	2050	392	20465	16539
镇平县	17808	6119	15047	2185	286	30892	18104
内乡县	22975	9320	14685	3006	26	37516	19563
淅川县	16051	3591	6746	1001	48	25893	14663
社旗县	13525	1750	3554	254	11	27063	11350
唐河县	32065	15766	21107	6130	484	55266	23723
新野县	27912	7820	17266	1635	245	43680	21679
桐柏县	14620	8371	8296	1201	171	33474	1731
邓州市	198482	121511	35587	9804	1151	231379	185574
市　直	686693	115624	125047	38788	5558	839465	640577

14－11 续表 1　　(2009 年)　　单位:万元

	所有者权益合计	实收资本	国家资本	集体资本	法人资本	个人资本	主营业务收入
全　市	**444277**	**288821**	**97719**	**50720**	**62888**	**77436**	**2993015**
宛城区	23031	17625	1164	2525	5118	8805	82988
卧龙区	5055	5950	1332	906	1105	2608	126855
南召县	13352	9951	894	482	8234	340	74018
方城县	11249	11249	4544	175	788	5742	89335
西峡县	3926	3859	960	1283	474	1142	73327
镇平县	12788	927	394	172		361	125421
内乡县	17954	13482	8821	2858	1697	106	121338
淅川县	11231	8030	4001	2328	550	1150	70060
社旗县	15713	16334	10118	3785		2431	70659
唐河县	31543	14478	1618	8729	65	4066	108631
新野县	22000	16197	6574	4045		5578	93143
桐柏县	31743	30755	4105	4505		22145	80168
邓州市	45805	25860	7617	1612	15845	787	278176
市　直	198887	114124	45577	17315	29012	22175	1598896

14—11 续表 2　　(2009 年)　　单位:万元

	主营业务成本	主营业务税金及附加	主营业务利润	其他业务利润	营业费用	管理费用	财务费用
全　市	**2660434**	**27150**	**305431**	**5906**	**87375**	**104565**	**15455**
宛城区	65710	1387	15891		1107	1872	1036
卧龙区	120998	233	5624	271	3372	2152	50
南召县	67667	851	5500		784	1548	170
方城县	73823	1153	14359		3637	4140	230
西峡县	64507	679	8141	49	2146	3530	137
镇平县	114954	1122	9345	386	1845	4537	134
内乡县	105678	1394	14266	172	4320	5089	456
淅川县	64128	452	5480	302	2112	1762	246
社旗县	56909	705	13045	8	2178	2471	136
唐河县	92622	2289	13720	32	4197	4361	560
新野县	81107	1097	10939	141	3956	3305	823
桐柏县	57697	613	21858	25	2238	2414	500
邓州市	255269	1809	21098	530	8368	10082	6933
市　直	1439365	13366	146165	3990	47115	57302	4044

14—11 续表 3　　(2009 年)　　单位:万元

	营业利润	利润总额	应缴所得税	本年应付工资总额	本年应付福利费总额	本年应交增值税	人员年平均人数(人)
全　市	**103942**	**111649**	**28449**	**86234**	**5584**	**79606**	**43444**
宛城区	11876	4524	1078	2565	32	590	1818
卧龙区	321	240	51	2711	33	671	1892
南召县	2998	2508	588	1326	24	934	1083
方城县	6352	6352	1387	3095	226	1516	1588
西峡县	2377	2362	463	2477	164	862	1736
镇平县	3215	2929	742	4502	3	1367	2697
内乡县	4573	5477	1806	2212	316	13051	1835
淅川县	1662	1630	535	3086	83	26834	2110
社旗县	8268	7950	60	2451	39	413	1081
唐河县	4634	5093	1267	7264	269	3831	5780
新野县	2996	3327	836	3951	123	1451	3666
桐柏县	16731	16733	4906	1960	3	238	1675
邓州市	-3755	4045	288	6283	463	1049	4504
市　直	41694	48479	14442	42351	3806	26799	11979

14－12 限额以上住宿餐饮企业主要经济指标

（2009 年）　　　　单位:万元

	总　计	#国有及国有控股	国有企业	集体企业	股份合作企业	股份有限公司	私营企业	旅游饭店
一、住宿								
年末资产负债								
流动资产合计	36401	13927	13927	9106	844	125	10567	31845
#存货	3615	863	863	539	123	2	1915	2684
固定资产原价	93211	32834	32834	21888	2824	280	24372	78685
累计折旧	26946	15351	15351	7777	416	20	2703	25656
#本年提取折旧	2778	802	802	859	148	5	660	2347
资产总计	129055	36181	36181	34635	3376	385	40548	108680
负债总计	80464	32138	32138	22432	1014	215	18633	74120
所有者权益合计	48590	4043	4043	12204	2362	170	21915	34561
#实收资本	54738	4965	4965	24451	2265	50	21303	47083
损益及分配								
营业收入合计	60932	21314	21314	7655	1650	367	25580	41801
主营业务收入	60932	21314	21314	7655	1650	367	25580	41801
主营业务成本	35770	11843	11843	2603	557	320	18190	22391
主营业务税金及附加	2442	1050	1050	433	92	3	654	1893
主营业务利润	22720	8421	8421	4619	1001	44	6736	17517
其他业务利润	151	33	33	5	26			94
营业费用	11996	5542	5542	2144	718	4	2456	9761
管理费用	8408	2646	2646	3502	353	8	1491	7527
#税金	1020	250	250	194	124	1	367	806
差旅费	185	67	67	26		1	80	109
财务费用	1571	543	543	616	2	4	206	1338
#利息支出	1109	419	419	519		4	67	1057
营业利润	896	-277	-277	-1638	-46	28	2583	-1014
利润总额	100	-243	-243	-1657	-50	28	1999	-1238
应缴所得税	401	-20	-20	-17		4	422	150
工资福利及增值税								
本年应付工资总额	9224	3063	3063	1355	304	14	3812	6813
本年应付福利费总额	254	55	55	101	12	1	82	203
全部从业人员年平均人数(人)	**7140**	**2465**	**2465**	**919**	**216**	**12**	**2999**	**5181**

14—12 续表 (2009 年) 单位:万元

	总计	#国有及国有控股	#国有企业	集体企业	股份合作企业	有限责任公司	私营企业	正餐	快餐	其他餐饮服务业
二、餐饮										
年末资产负债										
流动资产合计	11252	892	892	627	332	1274	7315	10518	553	181
#存货	1809	28	28	105	86	186	1246	1657	136	16
固定资产原价	28091	2226	2226	3154	730	3888	17488	26591	1050	451
累计折旧	4310	830	830	417	395	554	2076	4121	99	90
#本年提取折旧	787	113	113	93		67	507	730	28	29
资产总计	41702	2540	2540	3686	680	5629	27399	39157	1909	636
负债总计	17934	2586	2586	1711	595	1639	10766	17165	535	234
所有者权益合计	23768	-46	-46	1975	85	3990	16633	21992	1374	402
#实收资本	22132	658	658	1513	85	2983	16038	20595	1006	531
损益及分配										
营业收入合计	82906	1853	1853	5935	394	3403	67436	75228	5712	1966
主营业务收入	82906	1853	1853	5935	394	3403	67436	75228	5712	1966
主营业务成本	59074	1027	1027	4502	296	2130	48758	53977	3882	1216
主营业务税金及附加	2365	65	65	134	16	124	1848	2063	204	99
主营业务利润	21467	762	762	1299	82	1149	16831	19189	1627	651
其他业务利润	114	11	11	41		11	51	108	6	
营业费用	9055	617	617	782	26	688	6494	7723	1109	222
管理费用	2973	158	158	405	2	421	1752	2742	187	43
#税金	547	14	14	103	1	58	354	520	24	4
劳动、待业保险	180	9	9	4		23	142	167	10	3
财务费用	625	17	17	22		16	539	573	42	10
#利息支出	288	15	15	15		2	243	263	21	4
营业利润	8928	-19	-19	132	55	35	8096	8258	295	376
利润总额	7281	-33	-33	64	55	67	6558	6685	223	374
应缴所得税	1283	23	23	12	13	25	1127	1133	59	92
工资福利及增值税										
本年应付工资总额	8727	797	797	477	108	621	6422	8075	445	207
本年应付福利费总额	117	3	3	3		10	98	100	10	6

14—13 限额以上住宿餐饮业基本情况及销售情况

（2009年） 单位:万元

	法人企业（个）	产业活动单位（个）	年末从业人数（人）	营业额	客房收入	餐费收入	商品销售收入	其它收入
限额以上企业总计	**292**	**333**	**15907**	**187017**	**45499**	**134191**	**3793**	**3534**
一、住宿业	**87**	**118**	**7682**	**73425**	**34308**	**34025**	**1921**	**3171**
其中:国有及国有控股	17	24	2430	22339	8478	11861	1030	971
内资	86	118	7371	64709	28355	31326	1867	3161
国有	17	25	2540	22707	8555	12150	1030	972
集体	9	12	991	8599	4325	3791	236	248
股份合作企业	2	2	205	1663	677	869	91	26
有限责任公司	4	21	404	3718	1597	1684	289	149
股份有限公司	1	2	46	595	119	466	4	7
私营企业	51	54	3050	26552	12737	11872	186	1757
其他	2	2	135	874	344	494	32	3
二、餐饮业	**205**	**214**	**8215**	**113592**	**11191**	**100166**	**1872**	**363**
其中:国有及国有控股	7	9	437	2010	357	1424		229
内资	205	214	6892	89080	8501	78773	1447	358
国有	7	9	437	2010	357	1424		229
集体	8	9	425	6542	2385	3965	160	31
股份合作企业	1	1	100	394	213	181		
有限责任公司	7	10	503	3481	429	2967	44	41
股份有限公司	2	2	70	802		802		
私营企业	172	174	5090	72171	4998	65874	1243	57
其他	8	9	267	3679	119	3560		
＃旅游饭店	45	59	5218	44867	19164	21543	1391	2768
＃正餐服务业	186	192	7533	102251	11024	89023	1841	363
快餐服务业	14	15	414	7635		7635		
其他餐饮服务	5	7	268	3706	168	3507	31	

14－14 各县(市、区)限额以上住宿餐饮业基本情况及销售情况

(2009 年)　　单位:万元

	法人企业(个)	产业活动单位(个)	年末从业人数(人)	营业额	客房收入	餐费收入	商品销售收入	其他收入
全　　市	**292**	**333**	**15907**	**187017**	**45499**	**134191**	**3793**	**3534**
宛 城 区	38	38	2540	14147	1909	12048	179	11
卧 龙 区	31	34	2152	24646	3363	21015	79	189
南 召 县	13	13	613	5600	1782	3818		
方 城 县	31	34	923	12959	2060	10899		
西 峡 县	31	31	1209	24223	8196	15493	534	
镇 平 县	4	4	378	13727	6057	7330	337	3
内 乡 县	4	4	383	3869	1184	2610	64	11
淅 川 县	27	31	641	13773	2265	11407	70	31
社 旗 县	10	10	321	6110	459	4732	919	
唐 河 县	9	11	641	6290	829	4893	87	480
新 野 县	9	26	1099	6732	941	5112	561	118
桐 柏 县	28	28	806	12338	3722	8021	129	466
邓 州 市	28	29	920	12804	1372	11368		64
市　　直	29	40	3281	29799	11360	15445	834	2161

14－15 各县(市、区)限额以下住宿餐饮业基本情况及经营情况

(2009 年)　　单位:万元

	法人企业(个)	产业活动单位(个)	年末从业人数(人)	营业额	客房收入	餐费收入	商品销售收入	其他收入
全　　市	**912**	**62**	**12329**	**164718**	**47545**	**111245**	**3046**	**2882**
宛 城 区	53		1275	4150	443	3165	390	152
卧 龙 区	64	7	1721	17433	6994	10400	6	33
南 召 县	60	5	882	3773	1202	2465	102	4
方 城 县	57	8	588	16724	1290	14896	420	118
西 峡 县	80		1012	17096	10597	6348	151	
镇 平 县	74		1942	29903	10400	16931	716	1856
内 乡 县	32		499	3660	1280	2028	229	123
淅 川 县	109		939	26702	7276	19426		
社 旗 县	60	1	523	5442	838	4413	191	
唐 河 县	104	39	989	9686	1480	7895	69	242
新 野 县	113	1	1050	7043	1378	4865	741	59
桐 柏 县	80		627	15608	1689	13690		229
邓 州 市	19	1	236	4597	1120	3441		36
市　　直	7		46	2901	1558	1282	31	30

14—16 各县(市、区)星级住宿业和限额以上餐饮业企业主要经济指标

(2009 年)

单位:万元

	流动资产合计	存货	固定资产原价	累计折旧	本年	资产总计	负债总计
全市	**47653**	**5424**	**121302**	**31256**	**3565**	**170757**	**98398**
宛城区	1679	189	4934	455	85	7804	1572
卧龙区	3774	625	12528	3757	488	12868	7084
南召县	2330	255	2870	274	39	4926	1793
方城县	1048	256	2931	658	83	7826	3868
西峡县	1341	518	2622	469	56	3499	1320
镇平县	420	42	1678	107	10	1992	1460
内乡县	866	107	2629	674	107	3582	3133
淅川县	1755	65	8337	1507	158	9917	7896
社旗县	529	51	1475	250	79	1911	233
唐河县	1177	254	2835	951	208	3382	1687
新野县	1874	235	6040	272	42	7720	5292
桐柏县	450	219	11541	605	164	18328	705
邓州市	2380	697	9867	308	172	12467	2545
市直	28030	1911	51015	20969	1874	74535	59821

14—16 续表 1

(2009 年)

单位:万元

	所有者权益合计	实收资本	国家资本	集体资本	法人资本	个人资本	主营业务收入
全市	**72359**	**76870**	**5343**	**28527**	**7863**	**35137**	**143838**
宛城区	6232	6186	1	269	916	5000	10257
卧龙区	5784	3880	746	555	75	2504	22756
南召县	3133	950	50		900		3901
方城县	3958	3841	1308	84	345	2104	11190
西峡县	2179	1588		32	28	1528	18102
镇平县	532	44	22	17		5	4480
内乡县	449	954		954			1672
淅川县	2021	2143	92	106	200	1745	11477
社旗县	1689	1689		38	1259	392	3805
唐河县	1695	1309	114	227		967	3098
新野县	2428	1618	847			771	2899
桐柏县	17623	17623				17623	11374
邓州市	9922	3237			1000	2237	9741
市直	14714	31809	2163	26245	3140	261	29086

14—16 续表 2

(2009 年)

单位:万元

	主营业务成本	主营业务税金及附加	主营业务利润	其他业务利润	营业费用	管理费用	财务费用
全　　市	**94844**	**4807**	**44187**	**264**	**21051**	**11381**	**2196**
宛城区	4837	422	4998		557	383	114
卧龙区	13099	1168	8490	16	6960	1039	148
南召县	3459	51	391		62	82	46
方城县	8119	306	2765		162	153	72
西峡县	16528	224	1350		141	172	95
镇平县	4320	10	150		25	66	37
内乡县	834	101	736	6	449	171	39
淅川县	10003	238	1236	86	465	498	150
社旗县	2751	134	920		285	157	32
唐河县	1590	81	1428		354	390	30
新野县	2076	31	793		405	321	15
桐柏县	8522	166	2687		554	539	132
邓州市	6655	258	2827	53	735	373	176
市　　直	12051	1617	15417	103	9897	7037	1110

14—16 续表 3

(2009 年)

单位:万元

	营业利润	利润总额	应缴所得税	本年应付工资总额	本年应付福利费总额	人员年平均人数(人)
全　　市	**9824**	**7382**	**1684**	**17951**	**371**	**13959**
宛城区	3944	1863	420	3476	59	2309
卧龙区	359	417	143	2879	87	2121
南召县	201	201	21	524	21	506
方城县	2378	2378	213	964		904
西峡县	942	902	30	1094		981
镇平县	22	22	6	189		188
内乡县	83	83	27	331	36	265
淅川县	208	193	135	837	17	614
社旗县	445	445	21	141	12	138
唐河县	653	639	135	812	5	483
新野县	52	33	13	682	28	706
桐柏县	1461	1461	310	816		803
邓州市	1597	1348	272	696	1	668
市　　直	-2521	-2603	-62	4510	105	3273

14－17 50家批发额最大贸易业企业

（2009年）　　　　单位:万元

位次	单位名称	法人代表	资产总计	销售总额	批发额
1	河南省烟草公司南阳市公司	赵明山	132947	390033	390033
2	中国石油化工股份有限公司河南南阳石油分公司	杜学政	44719	370062	273174
3	河南南阳天元供销公司	张晓阳	285928	187000	187000
4	中央储备粮邓州直属库	赵爱敏	152322	108934	108934
5	河南省烟草公司邓州市公司	马新武	12970	55808	55808
6	南阳市康正医药有限公司	邹灵芝	1684	47538	47538
7	河南省邓州市奇春石油经销集团有限公司	耿奇	41857	45803	31000
8	南阳市烟草公司内乡县分公司	徐传快	11235	41226	41226
9	南阳市济康医药有限公司	李杰林	9155	41055	41055
10	南阳红棉棉业集团有限公司	黄丽	29984	38597	38597
11	中国石油天然气股份有限公司河南南阳销售分公司	马阔羁	926	37426	30583
12	南阳市烟草公司方城县分公司	朱景明	5019	35607	35607
13	南阳市烟草公司唐河县分公司	文古良	10853	35421	35421
14	河南省烟草公司镇平县公司	徐传快	4472	34350	34350
15	南阳市烟草公司社旗县分公司	程心孔	3825	32549	32549
16	南阳美的空调销售有限公司	孙学勤	12623	28046	28046
17	南阳市宛城区天骄棉业有限公司	李明宏	33290	27943	27943
18	新野县诚德贸发有限公司	黄荣显	18232	26599	26599
19	南阳市普强医药有限公司	黄文联	1403	26489	26489
20	南阳市惠农达农业生产资料集团有限公司	周继祖	25607	26002	26002
21	南阳市印翔纺织服装有限责任公司	冯金林	530	21916	21916
22	南阳市康德医疗器械有限公司	刘玉强	370	21887	21887
23	南阳市明城物资有限责任公司分公司	季泽林	2925	21605	19012
24	南阳市烟草公司新野县分公司	张敬榜	5000	21452	21452
25	河南省烟草公司淅川县支公司	赵明山	3639	21417	21417
26	南阳市华丰钢贸有限公司	付金磊	1631	21334	21334
27	中央储备粮河南公司南阳直属库	闫玉合	399	20890	20890
28	桐柏鹏腾化工有限公司	王伟	220	20800	20800
29	南阳高新区德鑫金属材料有限公司	韩付德	62	20617	20617
30	南阳市华苑金属材料集团有限公司	吴守杰	4242	19962	18686
31	康佳集团股份有限公司南阳分公司	匡宇斌	1259	19614	19614
32	桐柏县新潮大市场	郑文耕	2456	19105	19105
33	南阳市永康医药有限公司	胡德军	8278	18939	18939
34	河南省烟草公司西峡县公司	别合欣	7068	16740	16740
35	南阳大地棉业有限公司	苗青秀	49472	16738	16738
36	河南省烟草公司南召公司	徐建华	371	16299	16299
37	南阳通益摩托车销售有限责任公司	徐恩	3861	14375	9675
38	方城县杨集乡西桥辣椒营销公司	王全中	853	13500	13500
39	南阳市建阳医药有限公司	赵建华	2347	12759	12759
40	邓州市农业生产资料公司	侯建雷	1569	12433	12433
41	河南省烟草公司桐柏支公司	杨永贵	4654	12210	12210
42	南阳市亚新物资有限责任公司	王传中	1314	11615	11615
43	中石化股份有限公司河南南阳社旗石油分公司	李丰勇	4626	11365	11365
44	南阳市兴合棉花有限公司	杨占云	11028	11236	11236
45	唐河县源潭镇中原辣椒交易中心	王端黎	5630	10638	10628
46	南阳市盐业运销包装有限公司	吴成玉	4329	10156	10156
47	南阳市卧龙区农业生产资料公司	李选锦	409	9571	7514
48	唐河县棉麻公司	李建林	10748	9430	9430
49	南阳市东森医药有限公司	杨栓成	8219	8692	8692
50	南阳市天新医药有限公司	毛文德	4554	7801	7801

14－18 50家零售额最大贸易业企业

（2009年） 单位:万元

位 次	单 位 名 称	法人代表	资产总计	销售总额	零售额
1	南阳威佳汽车服务有限公司	魏晓战	6287	26302	26302
2	南阳市华发汽车销售有限公司	任 玲	6994	24121	24121
3	南阳市恒康汽车销售有限公司	康献堂	4590	21819	21819
4	南阳市第一机电设备有限公司	牛明田	10033	21432	21432
5	南阳市奥奔汽车销售有限责任公司	刁得平	9466	20093	20093
6	南阳万通汽车销售服务有限公司	纪 玲	2922	18491	18491
7	南阳市万德隆商贸有限责任公司	王献忠	8709	17134	17134
8	南阳市金玛特商贸有限责任公司	郑荣华	146513	15565	15565
9	南阳市老黑贸易有限公司	李文辉	2674	14099	14099
10	南阳市联创计算机技术有限责任公司	张 兵	214	11840	9240
11	南阳市亚飞汽车连锁有限公司	王若腾	2254	9257	9257
12	南阳市金悦汽车销售有限公司	沙 安	1934	8339	8339
13	南阳市世丰冷车销售服务有限责任公司	肖随平	1544	7833	7833
14	郑州丹尼斯百货有限公司中州分公司	王元景	3381	7709	7709
15	淅川县农业生产资料公司	马静红	4893	7121	5194
16	南阳市郑燃燃气有限公司液化气站	赵红健	11133	6449	6449
17	南阳新合作淅川县万客来商贸连锁有限责任公司	候顺利	1945	6374	6374
18	南阳市万德隆副食品百货有限责任公司镇平分公司	王献忠	186	6135	6135
19	淅川县厚坡中心供销社	乔丰收	806	5916	4045
20	内乡县师岗供销社	周国生	194	5427	3653
21	南阳启成汽车销售有限公司	陈 琪	1585	5358	5358
22	西峡县土产杂品公司	袁小刚	1802	5270	1260
23	唐河县纺织品公司	郭华阳	301	5200	5200
24	南阳市世纪龙副食百货有限责任公司	马 涛	3581	5200	5200
25	南阳德源汽车销售服务有限公司	徐兆朝	721	5068	5068
26	南阳市龙鹏汽车销售服务有限公司	李 林	1332	4953	4953
27	南召县喜客来量贩	王付有	866	4850	4850
28	镇平县长安机车销售有限公司	毕长安	265	4455	4455
29	内乡县赤眉供销社	杜红卫	191	4440	2667
30	内乡县灌涨供销社	朱亚历	67	4414	2907
31	镇平县贾宋供销社	余青山	1180	4170	4170
32	唐河县副食品公司	孙海军	562	4140	4140
33	南阳市时令电器有限公司	季士亮	940	4095	4095
34	镇平县医药公司	庞子立	2091	4076	2627
35	内乡县赵店供销社	杨中原	64	3988	3988
36	南召县云阳东方家电	丁绿叶	900	3982	2000
37	南召县南河店供销合作社	李 保	480	3956	3316
38	西峡县丹水供销合作社	孙仲伟	103	3870	3870
39	邓州市穰东供销合作社	海 洋	350	3800	2670
40	内乡县新大新有限公司	李彦伟	368	3785	3785
41	南阳市油田健强商贸有限责任公司	王健强	1956	3778	3778
42	新野县东森医药零售连锁有限公司	杜胜华	485	3754	3754
43	西峡县食品有限责任公司	杨景堂	738	3735	3735
44	南召县云阳镇海尔电器专营店	李国山	900	3709	2209
45	南召县力帆摩托店	李 帆	800	3700	3700
46	镇平县蓝天空调有限公司	陈 平	134	3670	3670
47	西峡县西坪供销合作社	王文明	141	3656	2513
48	唐河县新合作商贸有限责任公司	周 斌	1908	3566	3566
49	社旗县土产公司	郭庆军	1071	3500	2689
50	镇平县顺风电器有限责任公司	王瑞丽	298	3005	3005

主要统计指标解释

社会消费品零售总额 指国民经济各行业直接售给城乡居民和社会集团的消费品总额。它是反映各行业通过多种商品流通渠道向居民和社会集团供应的生活消费品总量,是研究国内零售市场变动情况、反映经济景气程度的重要指标。

社会消费品零售总额包括:(1)售给城乡居民作为生活用的商品和修建房屋用的建筑材料;(2)售给社会集团的各种办公用品和公用消费品;(3)售给机关、团体、学校、部队、企业、事业单位的职工食堂和旅店(招待所)附设专门供本店旅客食用,不对外营业的食堂的各种食品、燃料;企业、单位和国营农场直接售给本单位职工和职工食堂的自己生产的产品;(4)售给部队干部、战士生活用的粮食、副食品、衣着品、日用品、燃料;(5)售给来华的外国人、华侨、港澳台同胞的消费品;(6)居民自费购买的中、西药品、中药材及医疗用品;(7)报社、出版社直接售给居民和社会集团的报纸、图书、杂志,集邮公司出售的新、旧纪念邮票、特种邮票、首日封、集邮册、集邮工具等;(8)旧货寄售商店自购、自销部分的商品;(9)煤气公司、液化石油气站售给居民和社会集团的煤气灶具和罐装液化石油气;(10)农民售给非农业居民和社会集团的商品。不包括售给国民经济各部门企业、事业单位(包括国有经济的农场)生产经营用的各种原材料、燃料、设备、工具等和售给批发零售贸易业、餐饮业作为转卖用的商品,旧货寄售商店受托寄售卖出的商品,服务业的营业收入,邮局出售邮票的收入,自来水、电力、煤气生产(供应)单位的产品供应收入,也不包括农民之间的商品销售。

批发零售贸易业商品购、销、存总额 指各种登记注册类型的批发、零售贸易业(不包括个体)企业(单位)以本企业(单位)为总体的商品购进、销售、库存总额。

商品购进总额 指从本企业(单位)以外的单位和个人购进(包括从境外直接进口)作为转卖或加工后转卖的商品总额。它反映批发零售贸易业从国内、国外市场上购进商品的总量。商品购进总额包括:(1)从工农业生产者购进的商品;(2)从出版社、报社的出版发行部门购进的图书、杂志和报纸;(3)从各种登记注册类型的批发零售贸易企业(单位)购进的商品;(4)从其他单位购进的商品,如从机关、团体、企业等单位购进的剩余物资,从餐饮业、服务业购进的商品,从海关、市场管理部门购进的缉私和没收的商品,从居民手中收购的废旧商品等;(5)从国(境)外直接进口的商品。不包括企业(单位)为自身经营用和未通过买卖行为而收入的商品以及销售退回、商品升溢等。

商品销售总额 指对本企业(单位)以外的单位和个人出售(包括对境外直接出口)的商品总额。它反映批发零售贸易业在国内市场上销售商品以及出口商品的总量。商品销售总额包括:(1)售给城乡居民和社会集团消费用的商品;(2)售给工业、农业、建筑业、运输邮电业、批发零售贸易业、餐饮业、服务业等作为生产、经营使用的商品;(3)售给批发零售贸易业作为转卖或加工后转卖的商品;(4)对国(境)外直接出口的商品。不包括出售本企业(单位)自用的废旧包装用品;未通过买卖行为付出的商品;经本单位介绍,由买卖双方直接结算,本单位只收取手续费的业务;购货退出的商品以及商品损耗和损失等。

批发零售贸易业库存 指报告期末各种登记注册类型的批发零售贸易企业(单位)已取得所有权的商品。它反映批发零售贸易企业(单位)的商品库存情况和对市场商品供应的保证程度。期末库存包括:(1)存放在批发零售贸易业经营单位(如门市部、批发站、经营处)仓库、货场、货柜和货架中的商品;(2)挑选、整理、包装中的商品;(3)已记入购进而尚未运到本单位的商品,即发货单或银行承兑凭证已到而货未到的部分;(4)寄放他处的商品,如因购货方拒绝承付而暂时存放在购货方的商品和已办完加工成品收回手续而未提回的商品;(5)委托其他单位代销(未作销售或调出)尚未售出的商品;(6)代其他单位购进尚未交付的商品。不包括所有权不属于本单位的商品、拨付除批发零售贸易业以外的其他行业所属独立核算加工厂等加工生产尚未收回成品的商品、代国家物资储备部门保管的商品等。

库存总额采用的计算价格是:农副产品采购单位按购进价计算;批发单位按进货价计算;零售单位按核算价格计算,即按什么价格核算就按什么价格计算。

消费品市场成交额 指从事消费品交易的商品市场的全部商品成交金额。消费品市场包括农副产品市场和工业消费品市场。

15

对外贸易

资料整理：华放

15－1 进出口总额

单位:万美元

	进出口总额	进口总额	出口总额	外贸企业	生产企业	三资企业
1995	6467	545	5922	1020	3170	1732
1996	8474	625	7849	837	4362	2650
1997	12106	2076	10030	1202	6374	2454
1998	11200	2616	8584	811	6149	1624
1999	9632	3412	6220	708	4224	1288
2000	10462	3249	7213	471	5374	1368
2001	13032	4505	8527	460	7273	794
2002	17134	5882	11252	800	8528	1924
2003	22204	7600	14604	616	11868	2120
2004	26776	10394	16382	1127	12748	2507
2005	30336	6869	23467	1231	18859	3377
2006	40365	6550	33815	71	29747	3997
2007	59409	9557	49852	1767	41593	6492
2008	87640	18385	69255	2008	53726	13521
2009	63719	20811	42908	1531	26363	15014
宛城区	401	31	370		370	
卧龙区	1637	132	1505	115	556	834
南召县	232		232		91	141
方城县	764	526	238		233	5
西峡县	21916	12837	9079		4389	4690
镇平县	1029	1	1028		302	726
内乡县	261	19	242	3	237	2
淅川县	471	2	469		376	93
社旗县	238	13	225		207	18
唐河县	717	33	684	218	1	465
新野县	2945	2026	919		919	
桐柏县	802	12	790		335	455
邓州市	28	22	6			6
高新区	283	43	240	10	223	7
其他企业	31995	5114	26881	1185	18124	7572

15－2 分种类、分国别的进出口总额

单位:万美元

类别	进出口总值		出口总值		进口总值	
	2009	2008	2009	2008	2009	2008
合计	**63719**	**87640**	**42908**	**69255**	**20811**	**18385**
一、按商品类别分组						
(一)初级产品	18920	15497	2387	7312	16533	8185
食品及活动物	3392	6207	1160	5715	2232	492
肉及肉制品	60	79	60	79		
(二)工业制成品	38921	71448	34738	61288	4183	10160
化学成品及有关产品	5392	4099	4665	3687	727	412
有机化学品	225	327	207	304	18	23
医药品	1796	2037	1796	2037		
按原料分类的制成品	8413	33633	7303	32346	1110	1287
纺纱及有关产品	4921	7725	4759	7667	162	58
机械及运输设备	15469	25815	13880	18546	1589	7269
动力机械及设备	1922	3429	1915	2883	7	546
(三)其它产品	5878	695	5783	655	95	40
二、按国别分组						
亚洲	35801	37141	26073	26675	9728	10466
香港	2659	4156	2572	4125	87	311
日本	2341	5257	1741	2509	600	2749
马来西亚	2839	1812	1428	1635	1411	177
韩国	3076	2686	2819	2522	257	164
泰国	4011	2466	1725	1832	2286	634
非洲	3451	2896	3441	2884	10	12
欧洲	9125	38557	7358	32758	1767	5799
英国	543	1974	447	1757	95.9	217
德国	1469	3120	647	773	822	2347
法国	155	469	121	377	33.9	92
意大利	528	4125	448	3864	79.6	261
拉丁美洲	8511	1773	1648	1693	6863	80
北美洲	4801	6618	3381	4590	1420	2028
加拿大	181	569	132	566	48.8	3
美国	4660	6049	3289	4024	1371	2025
大洋洲	2030	655	1007	655	1023	
澳大利亚	1913	614	890	614	1023	
其它国家						
三、按出口企业类别分组						
外贸企业	1531	2162	1531	2008		154
生产企业	45285	68212	26363	53726	18922	14486
外商投资企业	16903	17266	15014	13521	1889	3745

15-3 利用外资情况

	总计		对外借款		外商和港澳台商直接投资	
	个数（个）	金额（万美元）	个数（个）	金额（万美元）	个数（个）	金额（万美元）
签订利用外资协议（合同）						
1985	1	30			1	30
1990	5	536	1	424	4	112
1995	50	8988	3	4406	47	4582
1996	48	6554	10	927	38	5627
1997	38	3449	9	1485	29	1964
1998	31	1383	7	641	24	742
1999	19	4913	2	566	17	4347
2000	13	1222	3	260	10	962
2001	32	2591	20	1251	12	1340
2002	39	8413	9	682	30	7731
2003	23	8920			23	8920
2004	35	7884			35	7884
2005	35	9428			35	9428
2006	37	14520			37	14520
2007	29	18117			29	18117
2008	27	23338			27	23338
2009	16	32643			16	32643
实际利用外资额						
1985	1	30			1	30
1990	4	390	1	286	3	104
1995	65	13725	4	12154	61	1571
1996	72	22300	10	19771	62	2529
1997	53	14340	9	8569	44	5771
1998	42	7405	13	504	29	6901
1999	40	2757	12	1306	28	1451
2000	30	2805	17	1921	13	884
2001	50	2406	29	1543	21	863
2002	65	3887	18	538	47	3349
2003	42	3746	12	254	30	3492
2004	28	3812			28	3812
2005	37	4809			37	4809
2006	43	6704			43	6704
2007	32	8419			32	8419
2008	16	11635			16	11635
2009	16	13303			16	13303

15-4 外商和港澳台商直接投资协议(合同)个数及金额

单位:个、万美元

	2005		2006		2007	
	个数	金额	个数	金额	个数	金额
签订协议(合同)	**35**	**9428**	**37**	**14520**	**29**	**18117**
独资经营	14	3929	15	5872	15	11329
合资经营	15	2437	19	6125	12	6240
合作经营	6	3062	3	2523	2	548
实际到位	**37**	**4809**	**43**	**6704**	**32**	**8419**
独资经营	9	1400	11	1850	17	3975
合资经营	18	1909	22	2874	14	3844
合作经营	10	1500	10	1980	1	600

15-4(续表)

单位:个、万美元

	2008		2009	
	个数	金额	个数	金额
签订协议(合同)	**27**	**23338**	**16**	**32643**
独资经营	9	6188	5	9845
合资经营	12	8048	5	11365
合作经营	6	9102	6	11433
实际到位	**16**	**11635**	**31**	**13303**
独资经营	9	4431	14	4483
合资经营	6	6004	12	4934
合作经营	1	1200	5	3886

15-5 批建"三资"企业情况

单位:万美元

	单位	批建项目情况			
		止2009年底累计	2009	2008	比上年增减%
一、协议企业数	**个**	**659**	**16**	**27**	**-40.7**
#工商企业注册数	个	311	11	21	-47.6
#投产开业	个	105	105	139	-24.5
在建	个	22	22	95	-76.8
二、总投资额	**万美元**	**333771**	**53696**	**55578**	**-3.4**
#外资合同额	万美元	166897	32643	23338	39.9
外资到位额	万美元	80702	13303	11635	14.3
三、按企业投资方式					
#合资企业	个	463	5	12	-58.3
合作企业	个	63	6	6	
独资企业	个	133	5	9	-44.4

15-6 国外及港澳台地区在宛投资情况

单位:个、万美元

	合同投资协议数					
	2000	2005	2006	2007	2008	2009
总计	**10**	**35**	**37**	**29**	**27**	**16**
一、按投资方式分组						
独资经营	4	14	15	15	9	5
合资经营	5	15	19	12	12	5
合作开发						
合作经营	1	6	3	2	6	6
二、按投资行业分组						
工业	7	29	30	27	19	13
其它	3	6	7	2	8	3
三、按投资国别地区分						
美国		4	3	2	3	1
香港	3	19	13	15	19	15
台湾		5	5	3	1	
新加坡						
日本	3	2	3		1	
其它	4	5	13	9	3	

15－6 续表 1　　单位:万美元

	合同投资额					
	2000	2005	2006	2007	2008	2009
总　　计	**962**	**9428**	**14520**	**18117**	**23338**	**32643**
一、按投资方式分组						
独资经营	170	3929	5872	11329	6188	9845
合资经营	739	2437	6125	6240	8048	11364
合作开发						
合作经营	53	3062	2523	548	9102	11434
二、按投资行业分组						
工业	428	7869	10839	16585	20856	29743
其它	534	1559	3681	1532	2482	2900
三、按投资国别地区分						
美国		1299	1181	165	667	3338
香港	598	5480	6901	10244	18097	25837
台湾		842	1578	1650	800	4169
新加坡						-408
日本	64	45	-377		30	28
其它	300	1762	5237	6058	3744	-321

15－6 续表 2　　单位:万美元

	实际投资额					
	2000	2005	2006	2007	2008	2009
总　　计	**884**	**4809**	**6704**	**8419**	**11635**	**13303**
一、按投资方式分组						
独资经营	13	1400	1850	3975	4431	4561
合资经营	749	1909	2874	3844	6004	5920
合作开发						
合作经营	122	1500	1980	600	1200	2822
二、按投资行业分组						
工业	385	3887	5561	7113	11615	11015
其它	499	922	1143	1306	20	2288
三、按投资国别地区分						
美国		60	732	70	1347	129
香港	411	2988	3210	5809	2651	10284
台湾	125	361	420	390	820	2233
新加坡				338	184	
日本	50	100	100	179		30
其它	298	1300	2242	1633	6633	627

15—7 各县(市、区)新签协议(合同)金额

单位:万美元

	1995	2000	2005	2006	2007	2008	2009
总　　计	**4582**	**962**	**9428**	**14520**	**18117**	**23338**	**32643**
宛 城 区	129		404	1326	689	2181	3878
卧 龙 区	244		620	1460	341	1227	906
南 召 县	240	42	1650	1490	1535	1702	3338
方 城 县	33		1135	180	50	470	1796
西 峡 县	10		212	859	975	930	2017
镇 平 县	88	10	370	1200	80	409	
内 乡 县	232		580	1061	1250	972	4975
淅 川 县	1493		500	373	35	55	6000
社 旗 县	48		584	2077	576	1200	1626
唐 河 县	13		32	356	300		173
新 野 县	182	25		60	1350	640	
桐 柏 县	11	269	681	576	1018	1748	1783
邓 州 市	222		1000	1729	1500	6226	1820
高 新 区		144	155	1224	1375	1600	3949
其　　它	1637	472	1505	549	7043	3978	382

15—8 各县(市、区)实际利用外资金额(直接投资)

单位:万美元

	1995	2000	2005	2006	2007	2008	2009
总　　计	**1571**	**884**	**4809**	**6704**	**8419**	**11635**	**13303**
宛 城 区	21		362	408	600	1684	1166
卧 龙 区	167		508	545	640	168	1106
南 召 县	23		530	658	656	860	1404
方 城 县	60	135	540	180	20		110
西 峡 县	1	125	181	60	765		1031
镇 平 县	117		82	68	1006		1307
内 乡 县	94	31	269	162	538		876
淅 川 县	86		315	50		55	
社 旗 县	50		313	180	469	70	878
唐 河 县	80	150	32	138	200	101	180
新 野 县	21		15	428	674		154
桐 柏 县	55	183	52	55	524	5567	1064
邓 州 市	112	24	515	758	689	820	820
高 新 区		176	45	8	635	61	1312
其　　它	684	60	1050	3006	1003	2249	1895

主要统计指标解释

进出口总额 海关进出口总额指实际进出我国国境的货物总金额。包括对外贸易实际进出口货物,来料加工装配进出口货物,国家间、联合国及国际组织无偿援助物资和赠送品,华侨、港澳台同胞和外籍华人捐赠品,租赁期满归承租人所有的租赁货物,进料加工进出口货物,边境地方贸易及边境地区小额贸易进出口货物(边民互市贸易除外),中外合资企业、中外合作经营企业、外商独资经营企业进出口货物和公用物品,到、离岸价格在规定限额以上的进出口货样和广告品(无商业价值、无使用价值和免费提供出口的除外),从保税仓库提取在中国境内销售的进口货物,以及其他进出口货物。进出口总额用以观察一个国家在对外贸易方面的总规模。我国规定出口货物按离岸价格统计,进口货物按到岸价格统计。

利用外资 指我国各级政府、部门、企业和其他经济组织通过对外借款、吸收外商直接投资以及用其他方式筹措的境外现汇、设备、技术等。

对外借款 是我国利用外资的重要部分。指通过对外正式签订借款协议,从境外筹措的资金,包括外国政府贷款国际金融组织贷款、外国银行商业贷款、出口信贷以及对外发行债券等。1996 年及以前还包括对外发行股票。

外商直接投资 指外国企业和经济组织或个人(包括华侨、港澳台胞以及我国在境外注册的企业)按我国有关政策、法规,用现汇、实物、技术等在我国境内开办外商独资企业、与我国境内的企业或经济组织共同举办中外合资经营企业、合作经营企业或合作开发资源的投资(包括外商投资收益的再投资),以及经政府有关部门批准的项目投资总额内企业从境外借入的资金。

外商其他投资 指除对外借款和外商直接投资以外的各种利用外资的形式。包括企业在境内外股票市场公开发行的以外币计价的股票(目前主要是在香港证券市场发行的股和在境内证券市场发行的 B 股)发行价总额,国际租赁进口设备的应付款,补偿贸易中外商提供的进口设备、技术、物料的价款,加工装配贸易中外商提供的进口设备、物料的价款。

对外承包工程 指各对外承包公司以招标议标承包方式承揽的下列业务:(1)承包国外工程建设项目,(2)承包我国对外经援项目,(3)承包我国驻外机构的工程建设项目,(4)承包我国境内利用外资进行建设的工程项目,(5)与外国承包公司合营或联合承包工程项目时我国公司分包部分,(6)对外承包兼营的房屋开发业务。对外承包工程的营业额是以货币表现的本期内完成的对外承包工程的工作量,包括以前年度签订的合同和本年度新签订的合同在报告期内完成的工作量。

16

财 政 金 融

资料整理:鲁　璐

16-1 历年地方财政收支总额

单位:万元

	总收入	各项税收	总支出	公共服务	农林水事务费	文体、教育与传媒、科学技术	医疗卫生	社会保障与就业
1953	4223	4092	1748					
1957	5532	5118	2995					
1962	6167	5224	5020					
1965	5314	4676	5969					
1970	9622	9194	13796					
1975	11872	9663	12907					
1978	15163	12695	16419					
1979	14639	13206	21007					
1980	15710	13227	19601					
1981	21512	18716	20249					
1982	22058	18773	23505					
1983	20911	19039	24282					
1984	23175	20507	28331					
1985	27678	25253	39578					
1986	32414	29650	42104					
1987	39057	34364	49693					
1988	44625	40619	55355					
1989	50947	47336	64784					
1990	55309	49490	69212					
1991	62607	55295	73992					
1992	72319	64663	86864					
1993	96143	86115	112207					
1994	116244	94231	125598					
(1995)	139768	118256	151901					
1995	95835	63323	151901					
1996	133966	81448	195472					
1997	159036	93788	223897					
1998	164266	107863	224886					
1999	183006	61279	268471					
2000	195946	122137	299000					
2001	213273	117956	365847					
2002	189795	159899	444161					
2003	223632	167473	510376					
2004	273219	182663	606895					
2005	310041	190789	829125					
2006	411202	248877	1169025	154025	76273	206951	46603	156324
2007	521631	321458	1525075	221295	115132	318074	79064	260433
2008	594832	385043	1787229	256233	183595	389030	123452	217847
2009	726707	415747	2278750	316184	252726	441869	182686	278491

注:1. 财政收入 1994 年以前为分税制前老口径,1995 年以后为分税制后新口径,括号内为分税制前老口径;
2. 2002 年以后财政收入口径调整,与以前年份不可比。
3. 从 2006 年起财政支出项按一般预算支出新分组填写。

16-2 地方财政收入分级

(2009年) 单位:万元

	合计	市级	县市级	乡镇级
一般预算收入合计	**561666**	**173226**	**271055**	**117385**
一、税收收入	**415747**	**139156**	**179000**	**97591**
增值税	78042	28845	35132	14065
营业税	134898	39775	54889	40234
企业所得税	32675	8842	20996	2837
个人所得税	15651	6620	5911	3120
资源税	10118	2413	4585	3120
固定资产投资方向调节税				
城市维护建设税	32796	17636	11526	3634
房产税	10831	4226	5296	1309
印花税	3983	1616	1932	435
城镇土地使用税	28129	12804	13189	2136
土地增值税	7906	2467	4505	934
车船税	5076	2352	2264	460
耕地占用税	16058		8613	7445
契税	31286	11560	10162	9564
烟叶税	8298			8298
其他税收收入				
二、非税收入	**145919**	**34070**	**92055**	**19794**
专项收入	23441	11944	10593	904
行政事业性收费收入	63637	10542	40550	12545
罚没收入	34227	5590	25926	2711
国有资本经营收入	7540	2256	4714	570
国有资源(资产)有偿使用收入	10715	2738	7347	630
其他收入	6359	1000	2925	2434
基金收入	**165041**	**54220**	**110811**	**10**

16-3 地方财政支出分级

（2009年） 单位:万元

	合计	市级	县市级	乡镇级
一般预算支出合计	**2035311**	**404282**	**1462438**	**168591**
一、一般公共服务	316184	39549	186404	90231
二、外交				
三、国防	87	32	55	
四、公共安全	121188	40551	80280	357
五、教育	390348	36755	343552	10041
六、科学技术	28861	4201	24205	455
七、文化体育与传媒	22660	4046	16514	2100
八、社会保障和就业	278491	41972	216613	19906
九、医疗卫生	182686	19136	162023	1527
十、环境保护	161296	98741	60822	1733
十一、城乡社区事务	57945	18702	30204	9039
十二、农林水事务	252726	20856	202467	29403
十三、交通运输	119679	48421	71256	2
十四、采掘电力信息等事务	18500	3386	14923	191
十五、粮油物资储备管理等事务	43380	3892	39468	20
十六、金融监管支出	1000		1000	
十七、地震灾后恢复重建支出				
十八、国债还本付息支出	126	126		
十九、其他支出	40154	23916	12652	3586
基金支出	**243439**	**35404**	**194951**	**13084**

16-4 各县(市、区)财政一般预算收支总额

单位:万元

	一般预算收入			一般预算支出		
	2009	2008	增减%	2009	2008	增减%
合计	**561666**	**512882**	**9.5**	**2035311**	**1632488**	**24.7**
宛城区	24569	20383	20.5	100369	80800	24.2
卧龙区	27729	24943	11.2	113506	86539	31.2
南召县	20948	19130	9.5	109209	80178	36.2
方城县	26315	23702	11.0	136150	111096	22.6
西峡县	53736	48808	10.1	122022	102581	19.0
镇平县	28518	26126	9.2	119357	98369	21.3
内乡县	24090	22000	9.5	107306	85285	25.8
淅川县	30157	27666	9.0	140357	110152	27.4
社旗县	14031	12736	10.2	101682	76322	33.2
唐河县	35456	32106	10.4	172123	131097	30.7
新野县	24569	23100	6.4	102336	83825	22.1
桐柏县	24511	23518	4.2	89768	71266	26.0
邓州市	41466	37566	10.4	202361	158989	27.3
市本级	173226	160369	8.0	404282	342574	18.0
高新区	12345	10729	15.1	14483	12815	13.0

16-5 各县(市、区)税收收入和非税收入

单位:万元

	税收收入			非税收入		
	2009	2008	增减%	2009	2008	增减%
合计	**415746**	**385044**	**8.0**	**145920**	**127838**	**14.1**
市本级	139158	131703	5.7	34071	28666	18.9
宛城区	21925	16618	31.9	2644	3765	-29.8
卧龙区	22842	20463	11.6	4884	4480	9.0
南召县	14245	12818	11.1	6703	6312	6.2
方城县	16742	14776	13.3	9573	8926	7.2
西峡县	39358	42770	-8.0	14378	6038	138.1
镇平县	19720	18056	9.2	8798	8070	9.0
内乡县	14960	13000	15.1	9130	9000	1.4
淅川县	20809	19090	9.0	9348	8576	9.0
社旗县	8626	7302	18.1	5405	5434	-0.5
唐河县	22332	19691	13.4	13124	12415	5.7
新野县	17517	15940	9.9	7052	7160	-1.5
桐柏县	20421	20601	-0.9	4090	2917	40.2
邓州市	25982	22564	15.1	15484	15002	3.2
高新区	11109	9652	15.1	1236	1077	14.8

16－6 全市预算外资金收支情况

单位:万元

	1995	2000	2005	2008	2009
收 入 总 计	**77583**	**132900**	**129728**	**126334**	**115579**
一、行政事业性收费收入	72385	101166	101647	120133	110484
二、政府性基金(资金、附加)收入		2306	14771		
三、乡镇自筹统筹资金		20046	2355		
四、主管部门集中收入		1164	1394		
五、其它收入		8220	9561	6077	5095
支 出 总 计	**73048**	**123292**	**118241**	**124917**	**118712**
一、行政事业支出	40697	69229	102338		
二、基本建设支出	18234	20275	4178		
三、城市维护支出	582	991			
四、乡镇自筹统筹资金支出		18356	2014		
五、其他支出		14442	9711	8717	8338

16—7 各县(市、区)预算外资金收支总额

单位:万元

	收入总额				
	1995	2000	2005	2008	2009
总计	**77583**	**132900**	**129728**	**126334**	**115579**
宛城区	4119	5685	2944	3380	3230
卧龙区	4088	3907	7295	4841	7300
南召县	3245	3953	5698	4498	3015
方城县	5530	4742	5717	6964	6870
西峡县	3311	6038	3870	1882	939
镇平县	2795	8308	7145	5264	6469
内乡县	3360	2639	4200	5030	6231
淅川县	3886	6862	6100	6226	5200
社旗县	3198	5596	9034	10385	13234
唐河县	6915	9774	10296	6118	4021
新野县	3008	6969	3938	3002	3077
桐柏县	4305	1451	5474	8500	4051
邓州市	5099	5300	4195	4785	4520
市直	23734	52386	52582	55631	47216
高新区			1240	828	206

16—7 续表

单位:万元

	支出总额				
	1995	2000	2005	2008	2009
总计	**73048**	**123292**	**118241**	**124917**	**118712**
宛城区	3721	5926	2849	3258	3230
卧龙区	3581	3634	7100	4726	6258
南召县	3117	3955	5523	3629	2899
方城县	5516	4803	5015	7962	6519
西峡县	3101	6039	2095	1955	939
镇平县	2778	8030	6568	5902	6389
内乡县	3625	2756	3506	5778	6231
淅川县	2297	6924	5800	6705	4370
社旗县	2966	5596	8418	10335	13590
唐河县	6407	9336	9440	6220	4031
新野县	3676	7126	2812	2240	3077
桐柏县	4158	1409	5122	8589	3876
邓州市	5093	5207	4111	4900	4519
市直	23012	51760	49599	52113	52291
高新区			283	605	493

16-8 金融机构综合信贷资金来源及分配情况

单位:万元

	2000	2005	2006	2007	2008	2009
各项存款合计	**3131329**	**6259880**	**7201573**	**7869752**	**9211772**	**11459032**
1.企业存款	651358	1059315	1154720	1147093	1183404	1582798
(1)活期存款		803478	942735	976179	991085	1389851
(2)定期存款		255837	211985	170914	192320	192946
2.财政存款	21691	83569	106165	108191	157149	260186
3.机关团体存款	36202	125514	191430	237868	313205	460957
4.储蓄存款	2295920	4684515	5328693	5785015	6874419	8038076
(1)活期存款	553160	1316999	1677751	1944991	2194870	2802801
(2)定期存款	1742760	3367516	3650943	3840024	4679549	5235276
5.农业存款	56630	87908	172207	282128	288689	425736
6.信托存款						
7.委托存款		1166	346	108	179	99
8.其它存款	69528	217894	248011	309349	394726	691180
各项贷款合计	**3057801**	**4418420**	**4950057**	**5655096**	**5509083**	**6990756**
1.短期贷款	2475893	3299143	3750368	3926286	3623252	4395157
工业贷款	376460	422994	642159	670739	409119	483772
商业贷款	966453	931269	1011987	1108799	946975	950599
建筑业贷款	24023	37977	39903	13942	3400	7050
农业贷款	654325	1489313	1580765	1639618	1763678	2079826
乡镇企业贷款	227492	219329	168672	176626	206888	260254
三资企业贷款		2515	3315	4780	2000	6000
私营企业及个体贷款	13042	19885	31593	12139	27762	88985
其他短期贷款		175861	271974	299643	263430	518671
其中:个人短期消费贷款		5437	6904	18123	20125	30575
2.中长期贷款	410248	398122	1090903	1483962	1665499	2154002
(1)基本建设贷款	92416	94658	437301	485434	602747	793653
(2)技术改造贷款	163563	505037	37636	36526	29360	41160
(3)其它中长期贷款	154269		615966	962002	1033392	1319189
3.信托贷款						
4.融资租赁						
5.委托贷款						
6.票据融资		119840	103781	242587	211959	441596
其中:贴现		119840	103781	242587	211959	441596
7.各项垫款		1619	5005	2261	8373	

16-9 银行现金收支情况

单位:万元

	1995	2000	2005	2008	2009
收入总计	**3923295**	**9885711**	**25130703**	**31096964**	**33410712**
一、商品销售收入	837303	105453	2139577	1475773	1438996
二、服务业收入	111716	336269	696212	693627	727281
三、税款收入	25746	85877	96055	146738	192465
四、城乡个体经营收入	73771	513249	1224881	1816948	2067966
五、储蓄存款收入	2017590	6086669	18448549	23806646	25551107
六、其它金融机构收入	134670	193849	32172	59565	85548
七、居民归还借贷收入			939421	1365008	1527462
八、汇兑收入	59531	166359	188299	337891	195165
九、有价证券收入			1776	3344	7934
十、其它收入	470041	1005693	1363761	1391424	1616789
其中:兑换外币收入			119	9375	14607
支出总计	**3999056**	**10136761**	**25192961**	**30888980**	**33083316**
一、工资性支出	356991	667410	1051909	1040618	980773
二、农副产品采购支出	449365	369863	857638	796843	545659
三、工矿产品采购支出	35825	126704	439305	434142	344962
四、行政企业管理费支出	211483	332461	566184	600007	660581
五、城乡个体经营支出	77242	517658	1318828	1880594	1881335
六、储蓄存款支出	1950761	6020756	18127581	22991800	24505812
七、其它金融机构支出	130561	197793	18925	31337	48081
八、居民提取贷款支出			1096909	1567244	2448007
九、汇兑支出	84620	167563	312835	246956	127687
十、有价证券支出	4064	10742	2240	10535	16787
十一、其它支出	527222	1277970	1400607	1288904	1523631
投放(+)、回笼(-)				-207984	-327396

16—10 各县(市、区)金融机构存贷款余额

单位:万元

	金融机构存款余额			金融机构贷款余额		
	2009	比年初增加	比年初增减 %	2009	比年初增加	比年初增减 %
总计	**11459032**	**2247258**	**24.4**	**6990756**	**1481675**	**26.9**
南召县	429856	71033	19.8	162848	33967	26.4
方城县	549256	118761	27.6	264981	46658	21.4
西峡县	562285	113696	25.3	372194	94002	33.8
镇平县	764797	131425	20.8	373378	77551	26.2
内乡县	500441	109342	28.0	242330	56948	30.7
淅川县	608426	129115	26.9	336390	63824	23.4
社旗县	366888	90226	32.6	187814	38697	26.0
唐河县	828985	171745	26.1	371835	73424	24.6
新野县	659354	132012	25.0	435871	128740	41.9
桐柏县	407554	55778	15.9	189729	39500	26.3
邓州市	919207	158105	20.8	509308	53450	11.7
市区	4861983	966020	24.8	3544078	774914	28.0

注:市区数据为卧龙区、宛城区、油田数据之和。

16—11 各县(市、区)城乡居民储蓄存款年末余额

单位:万元

	1990	1995	2000	2005	2006	2007	2008	2009
总计	**264740**	**958489**	**2295920**	**4684515**	**5328693**	**5785015**	**6874419**	**8038076**
市区	87909	325491	867777	1872046	2045798	2118565	2516431	2970554
南召县	15579	42876	86480	189449	225367	247754	278110	325253
方城县	15970	50919	118117	226153	260481	295602	354003	402045
西峡县	12676	36478	112558	202648	249247	285263	335262	404657
镇平县	16730	80066	215904	361902	414697	462729	542671	630673
内乡县	13136	49826	117191	190112	227144	241281	298796	372746
淅川县	13570	40017	127270	213827	253054	301993	383338	460659
社旗县	10193	33781	82148	138835	153917	169303	201400	245229
唐河县	25313	86245	185731	368025	434718	488591	576075	658718
新野县	18510	79617	151381	311818	350200	368407	446545	509082
桐柏县	9530	36639	68966	190469	226143	246438	279625	307539
邓州市	25807	86534	162397	419234	487928	559089	662162	750921

注:市区数据为卧龙区、宛城区、油田数据之和。

16-12 农村信用社存贷款余额

单位:万元

	1990	1995	2000	2005	2006	2007	2008	2009
一、各项存款	**84236**	**263108**	**1014853**	**1923952**	**2182509**	**2503524**	**2880933**	**3558139**
1.企业存款		14404	14831	59624	47038	43903	45236	30030
活期存款		13876						
定期存款		528	14831	59624	47038	43903	45236	30030
2.机关团体存款				5228	6102	17167	13347	16431
3.储蓄存款	80333	248704	938762	1772594	1950866	2113115	2459033	2836170
定期存款	63717	199230	727639	1470156	1530416	1631476	1942211	2153206
活期存款	16616	49474	211123	302438	420450	481639	516822	682964
4.农业存款				84259	171848	281770	288244	422254
5.其它存款	327		61260	2247	6655	47569	75073	253254
二、各项贷款合计	**71622**	**231170**	**796524**	**1608508**	**1847094**	**1996389**	**2274061**	**2813657**
1.短期贷款				1558227	1754309	1836258	2029328	2430975
#乡镇企业贷款	10248	148292	165815	158660	168649	176626	206888	260254
农业贷款	49413	61116	506252	1328001	1514094	1588294	1756425	2056228
2.中长期贷款				50281	92006	160111	239782	368729

主要统计指标解释

财政收入 是国家通过财政各个环节筹集的财政资金的总称，它是保证国家行使其职能不可缺少的财力。主要包括：各项税收、企业收入、专款收入、其他收入、国家能源交通重点基金收入及国家预算调节基金。

(1)**各项税收** 是国家按法律规定对经济单位和个人无偿征收的实物和货币，是财政收入的主要来源。我国现行的税收主要有工商税收类，包括增值税、营业税、消费税、所得税、城市维护建设税、房产税、车船税、资源税、印花税、投资方向调节税等；农牧业税和耕地占用税类；企业所得税类和个人所得税类等。

(2)**企业收入** 包括各部门所属国有企业及事业单位上交国家的利润和事业收入。

财政支出 是国家政权为行使其职能，对筹集的财政资金进行有计划的分配使用的名称。国家财政总支出，体现政府的活动范围和方向，反映财政资金的分配关系，财政总支出主要包括基本建设支出、企业挖潜改造资金、流动资金类、科技三项费用、工交商部门事业费、支援农村生产支出和各项农业事业费、文教科学卫生事业费、抚恤和社会救济费、国防费、行政管理费及其他支出等。

(3)**基本建设支出** 是指国家预算内的基本建设拨款，不包括国家预算外自筹的各种基本建设资金。基本建设基金分为经营性的和非经营性的两部分。各专业投资公司对经营性建设项目执行基本建设基金贷款，各主管部门对非经营性建设项目执行基本建设基金拨款。

(4)**流动资金类** 是指国家预算增拨各部门所属国有企业的流动资金和增拨银行的信贷资金。

(5)**企业挖潜改造资金** 是指国家预算安排用于企业挖潜、革新、改造方面的资金。企业用于挖潜、革新、改造方面的资金，主要来自企业的更新改造资金、大修理基金等自有资金及银行贷款，国家预算安排的挖潜、革新、改造资金主要用于支持重点行业的技术改造。

(6)**文教、科学、卫生事业费** 是指国家预算用于科学、文化、教育、卫生、公费医疗、体育、通讯和广播、地震、海洋、文物、计划生育等方面的事业费。

预算外资金 是指不纳入国家财政预算，由各地方、各事业行政单位，按国家规定范围自行筹集和使用的资金。它是国家财政预算内资金的补充财力。其收入来源，主要包括地方财政机关掌握使用的自筹资金，如工商税附加、农业税附加、城市公用事业附加等。事业行政单位自收自支和以收抵支未纳入预算管理的各项资金，如养路费、学杂费等。这些资金一般都有特定用途，主要是：基本建设或更新改造固定资产投资，支付养路费、城市维护费，职工福利和奖励支出，补充事业、行政经费，上交财政能源交通重点建设基金、预算调节基金和其他支出等。预算外资金的使用，也要纳入计划管理的轨道，不得擅自扩大使用范围。

财政用于农业的支出 指国家财政预算内资金安排用于农业的各项投资支出。包括：

(1)对农垦、农业、畜牧、林业、农机管理、水利、水产、气象等部门的各项事业经费和基本建设、流动资金、科技三项费用等专项拨款；(2)支援农村集体(户)的各项生产支出，如小型农田水利和水土保持补助费、扶持农村经济困难的乡镇企业、农业生产队(组、户)改善生产基本条件的资金和农村开荒补助费、农村草场和畜禽保护补助费、农村造林和林木保护补助费、农村水产补助费、农业发展和发展粮食生产专项资金支出等；(3)农村社会救济费。

存款 企业、机关、团体或居民根据可以收回的原则，把货币资金存入银行或其他信用机构保管并取得一定利息的一种信用活动形式。财政存款、机关团体部队存款、城乡居民储蓄存款、农村存款、信托存款和其他存款等科目。

贷款 银行或其他信用机构根据必须归还的原则，按一定利率，为企业、个人等提供资金的一种信用活动形式。我国金融机构贷款分短期贷款、农业贷款、中长期贷款、信托贷款和其他贷款等科目。

城乡居民储蓄年底余额 包括城镇居民储蓄和农户储蓄两部分的年底余额不包括工矿企业、部队、机关团体等集团存款。

城镇居民储蓄年底余额 是指各国家银行的城镇居民储蓄、城市信用社居民储蓄及邮政储蓄等。

农户储蓄 是指在农村信用社的农户储蓄。

承保额 又叫保险额。它是保险人对被保险人负担损失补偿或约定给付的金额，它是保险合同上的最高责任额，也是计算保费的依据。

保费 被保险人按其得到保险利益的保障程度(保险金额)的一定比率向保险人缴付的费用。

赔款 保险人对财产保险和保险事故给予的经济补偿或对人身保险的保险事故给付的保险金。分为已决赔款和未决赔款。

17

教育、科技和专利

资料整理：李　丹　陈智力

17-1 全市学校教育基本情况

	1980	1985	1990	1995	2000	2005	2008	2009
平均每万人口在校学生数(人)								
大学生(含研究生)	2	2	2	4	10	36		
普通中专生(含中等职业学生)	7	18	31	68	81	97		
普通高中生	85	54	50	45	71	155		
普通初中生	488	333	338	463	586	480		
小学生	1424	1417	1256	1110	961	798		
平均每个教师负担学生数(人)								
高等教育(含研究生)	9	9	6	8	14	25.8	17.7	22.1
中等职业教育	12	9	11	15	20	20.8	25.4	27.7
普通高中	17	16	15	18	19	22.6	18.5	17.6
普通初中						17.4	14.8	15.1
小学	23	25	23	28	20	17.5	20.1	21.3
入学率、巩固率、升学率								
初中适龄人口入学率(%)				89.5	99.4	95.1	98.0	98.5
初中在校生三年巩固率(%)		97.3	98.0	96.1	98.3	99.4	98.9	99.4
初中毕业生升学率(%)		39.7	31.1	48.8	35.3	50.5	54.2	65.2
小学适龄人口入学率(%)		97.7	98.9	99.6	100.0	99.3	99.7	99.8
小学在校生五年巩固率(%)		97.6	98.8	98.9	99.8	100.0	99.6	98.9
小学毕业生升学率(%)		51.2	60.7	90.4	96.2	97.4	99.7	98.2
教育经费总支出(预算内、外)(万元)				85746	146326	275878	461480	526337
国家财政性教育经费				62235	106635	189365	393256	454804
#预算内教育经费				40940	71902	174056	379979	439789
社会团体和公民个人办学经费				48	241	6025	1317	2306
社会捐资和集资办学经费				13179		1259	268	533
学费和杂费				8068	24449	39551	62056	44308
其他教育经费				2216	9304	23893	4583	5721
中小学学校校舍危房率(%)				0.7	0.4	4.0	3.2	11.5
小学生辍学人数(人)		2560	16875	13377	2233	2144	3006	4334
初中学生辍学人数(人)		3916	15420	17809	9844	4612	3685	3184
小学教师学历合格率(%)		56.7	69.7	88.7	98.2	99.1	99.5	99.6

注:1.教育经费1990年以前与1990年以后计算口径不一致。

2.教师负担学生数中,中等职业教育2003年以前的数据不包括职业教育。

3.中等职业教育相关数据均不含技工学校数据。

17-2 学校教育学校数和教职工数

	1985	1990	1995	2000	2005	2008	2009
学 校 数(所)							
普通高等教育	1	2	2	2	4	4	4
中等职业教育	68	69	128	94	82	100	94
#职业高中	25	56	114	79	52	72	66
基础教育	8835	6885	9550	5698	4865	4737	4681
1.普通中学	1159	895	709	637	601	530	523
普通高中	111	95	71	82	91	86	82
普通初中	1048	800	638	555	510	450	441
2.职业初中	29	12	23	2	1		
3.小学	5874	4542	4289	4546	4008	3786	3754
4.幼儿园	1772	1433	4520	502	244	405	394
5.特殊教育学校	1	3	9	11	11	10	10
技工学校		15	20	26	18		
教 职 工 数(人)							
普通高等教育	480	828	1269	1448	3671	4132	4586
中等职业教育	2899	4433	6368	7243	6641	6952	6934
#职业高中	594	1622	3264	3669	3516	3835	4023
基础教育	89069	96986	80004	96205	95384	40467	95601
1.普通中学	27588	31640	33102	40349	41152	40237	39559
2.职业初中	255	233	141	107	68		
3.小学	56936	59300	44518	52926	51333	51503	51637
4.幼儿园	4288	5794	2126	2616	2604	4250	4180
5.特殊教育学校	2	19	117	207	227	230	225
技工学校		1520	1430	1877	1040		

17—3 学校教育专任教师数和在校学生数

单位:人

	1985	1990	1995	2000	2005	2008	2009
专任教师数							
普通高等教育	241	363	523	783	2094	2966	3543
中等职业教育	1456	2408	3759	4369	4457	4594	4737
#职业高中	402	1098	2369	2763	2652	2759	2900
基础教育	78976	85546	70778	86926	87919	89018	88714
1.普通中学	22473	26155	28437	35386	36815	36365	35830
普通高中	3582	4165	4099	5321	7342	9162	8971
普通初中	18941	21990	24338	30065	29473	27203	26859
2.职业初中	225	207	128	79	63		
3.小学	52441	54191	40795	49398	48977	49284	49527
4.幼儿园	3836	4980	1340	1902	1881	3172	3161
5.特殊教育学校	1	13	78	161	183	197	196
技工学校		709	1430	1566	792		
在校学生数							
普通高等教育	2130	2297	4039	10599	38767	52386	78201
中等职业教育	16346	30351	70089	85336	103749	116494	131098
#职业高中	6036	14884	48329	53459	53936	52111	51540
基础教育	1778169	1783867	1922013	1817630	1679412	1744044	1801743
1.普通中学	353768	381736	521608	688572	679828	572466	562568
普通高中	49087	48848	46451	74281	165772	169784	158098
普通初中	304681	332888	475157	614291	514056	402682	404470
2.职业初中	2926	3428	3261	1234	906		
3.小学	1296208	1236865	1138811	1008295	855623	990287	1053614
4.幼儿园	125261	161733	257538	118913	141657	180493	184702
5.特殊教育学校	6	105	795	616	1398	798	859
技工学校		5361	12300	15400	5518		

17-4 学校教育招生数和毕业生数

单位:人

	1985	1990	1995	2000	2005	2008	2009
招生数							
普通高等教育	972	1055	1919	5716	16036	18823	32955
中等职业教育	7333	12225	33858	28015	37952	38171	51852
#职业高中	2796	6264	25551	17714	18398	14786	17085
基础教育	358641	356576	445000	387424	494460	537634	548993
1.普通中学	114268	135256	208399	258917	222945	190400	188290
普通高中	15896	16334	15524	32873	58593	53263	49573
普通初中	98372	118922	192875	226044	164352	137137	138717
2.职业初中	1397	1436	994	534	290		
3.小学	242970	219869	235417	127883	151662	199740	208723
4.幼儿园					119348	147367	151857
5.特殊教育	6	15	190	90	215	127	123
技工学校		1890	4551	3900	2322		
毕业生数							
普通高等教育	199	1070	1632	1569	15506	13282	21155
中等职业教育	3680	7641	12828	31706	33526	38021	37912
#职业高中	1316	3267	6981	21837	19538	17637	18705
基础教育	272796	300172	337488	435230	412336	459876	434808
1.普通中学	80224	101252	121590	199143	242657	221984	195096
普通高中	16315	17653	13329	16973	53447	63520	61319
普通初中	63909	83599	108261	182170	189210	158464	133777
2.职业初中	462	673	1307	459	550		
3.小学	192110	198247	214569	235562	169038	137539	141262
4.幼儿园						100288	98392
5.特殊教育			22	66	91	65	58
技工学校		1866	3300	15000	1441		

17-5 普通高等学校专任教师分年龄的人数

(2009年) 单位:人

	合计	其中:女	正高级	副高级	中级	初级	无职称
总计	**3543**	**1679**	**160**	**940**	**1277**	**953**	**213**
30岁及以下	1009	481		5	183	681	140
31—35岁	626	334		32	366	185	43
36—40岁	612	299	1	218	321	52	20
41—45岁	624	270	39	317	233	27	8
46—50岁	360	158	50	204	99	6	1
51—55岁	204	100	56	100	45	2	1
56—60岁	93	31	13	50	30		
61—65岁	15	6	1	14			
66岁及以上							

17-6 各县(市、区)普通中学分城乡学校数及在校学生数

(2009年)

	学校数(所)						在校学生数(人)					
	合计	#高中	城镇	#高中	农村	#高中	合计	#高中	城镇	#高中	农村	#高中
南阳市	**523**	**82**	**327**	**75**	**196**	**7**	**562568**	**158098**	**424992**	**155437**	**137576**	**2661**
宛城区	49	14	28	13	21	1	51305	18087	37827	18087	13478	
卧龙区	46	10	28	9	18	1	48563	14845	38429	13879	10134	966
南召县	49	7	20	5	29	2	30474	8009	18312	7675	12162	334
方城县	45	7	21	6	24	1	45880	10222	27485	10162	18395	60
西峡县	30	3	18	3	12		22106	9010	19212	9010	2894	
镇平县	38	4	26	4	12		37385	8226	28751	8226	8634	
内乡县	26	4	19	4	7		30378	8682	25017	8682	5361	
淅川县	28	5	23	5	5		44680	13379	40628	13379	4052	
社旗县	31	4	22	4	9		32141	9459	24852	9459	7289	
唐河县	53	7	39	7	14		60894	16049	46370	16049	14524	
新野县	29	7	24	6	5	1	41176	11258	34288	10929	6888	329
桐柏县	26	2	18	2	8		25533	9143	19907	9143	5626	
邓州市	73	8	41	7	32	1	92053	21729	63914	20757	28139	972

17-7 各县(市、区)普通中学分城乡招生数及毕业生数

(2009年)　　　　单位:人

	学校数(所)						在校学生数(人)					
	合计	#高中	城镇	#高中	农村	#高中	合计	#高中	城镇	#高中	农村	#高中
南阳市	**188290**	**49573**	**142203**	**48646**	**46087**	**927**	**195096**	**61319**	**146329**	**59861**	**48767**	**1458**
宛城区	17874	6039	13130	6039	4744		18483	7097	13421	6994	5062	103
卧龙区	16006	4498	12893	4178	3113	320	18851	7422	14411	7312	4440	110
南召县	9892	2369	5964	2268	3928	101	11014	3722	6975	3490	4039	232
方城县	16208	3092	9657	3092	6551		16098	4625	9851	4393	6247	232
西峡县	7922	2798	6722	2798	1200		7237	3290	6373	3290	864	
镇平县	12302	2749	9837	2749	2465		11960	3542	9109	3542	2851	
内乡县	10246	2929	8399	2929	1847		10319	3253	8560	3253	1759	
淅川县	15542	4458	14160	4458	1382		12757	3643	11072	3643	1685	
社旗县	11141	3355	8664	3355	2477		10708	2791	8111	2791	2597	
唐河县	19218	4990	14341	4990	4877		23114	6098	18213	6098	4901	
新野县	15009	3768	12374	3562	2635	206	13569	3893	11389	3448	2180	445
桐柏县	7696	1968	5606	1968	2090		7649	2850	5969	2850	1680	
邓州市	29234	6560	20456	6260	8778	300	33337	9093	22875	8757	10462	336

17-8 各县(市、区)普通中学教职工人数

(2009年)　　　　单位:人

	合计	#专任教师	按城乡分				按主管部门分		
			城镇	专任教师	农村	专任教师	教育部门办和集体办	民办	其它部门办
南阳市	**39559**	**35830**	**29611**	**26552**	**9948**	**9278**	**37494**	**1974**	**91**
宛城区	4192	3598	3003	2500	1189	1098	3725	467	
卧龙区	3669	3386	2791	2533	878	853	3415	229	25
南召县	2559	2227	1513	1279	1046	948	2367	126	66
方城县	3516	3089	2090	1815	1426	1274	3184	332	
西峡县	1956	1713	1589	1365	367	348	1956		
镇平县	2779	2694	2246	2175	533	519	2779		
内乡县	2142	1942	1737	1560	405	382	2113	29	
淅川县	3081	2738	2745	2432	336	306	2976	105	
社旗县	2189	1994	1673	1521	516	473	2046	143	
唐河县	4021	3700	3125	2865	896	835	3847	174	
新野县	2410	2175	2075	1860	335	315	2207	203	
桐柏县	1985	1860	1528	1421	457	439	1985		
邓州市	5060	4714	3496	3226	1564	1488	4894	166	

17—9 各县(市、区)小学分城乡学校数和在校学生数

(2009 年)　　单位:所、人

	学校数			在校学生数		
	合计	城镇	农村	合计	城镇	农村
南阳市	**3754**	**316**	**3438**	**1053614**	**349084**	**704530**
宛城区	149	24	125	85100	37525	47575
卧龙区	209	26	183	85903	40349	45554
南召县	355	15	340	65983	17544	48439
方城县	423	17	406	92255	20768	71487
西峡县	275	16	259	43919	18450	25469
镇平县	96	32	64	82851	31464	51387
内乡县	267	15	252	57439	16603	40836
淅川县	356	17	339	86799	33676	53123
社旗县	217	17	200	66925	14048	52877
唐河县	380	39	341	99984	32706	67278
新野县	246	30	216	69116	24986	44130
桐柏县	213	14	199	43372	17205	26167
邓州市	568	54	514	173968	43760	130208

17—10 各县(市、区)小学分城乡招生数和毕业生数

(2009 年)　　单位:人

	招生数			毕业生数		
	合计	城镇	农村	合计	城镇	农村
南阳市	**208723**	**59595**	**149128**	**141262**	**55766**	**85496**
宛城区	16562	6717	9845	12080	6038	6042
卧龙区	17867	7070	10797	11388	5596	5792
南召县	13061	3270	9791	9084	2449	6635
方城县	20301	4331	15970	13119	3749	9370
西峡县	8784	2874	5910	5145	3088	2057
镇平县	15211	4000	11211	9792	5104	4688
内乡县	10140	2358	7782	7644	2913	4731
淅川县	18765	5913	12852	10477	5144	5333
社旗县	13198	2628	10570	9080	1936	7144
唐河县	18431	4804	13627	14228	5888	8340
新野县	14123	4200	9923	11256	5133	6123
桐柏县	9582	3127	6455	5728	3197	2531
邓州市	32698	8303	24395	22241	5531	16710

17-11 各县(市、区)小学教职工数

(2009年) 单位:人

	按城乡分						按主管部门分		
	合计	专任教师	城镇	专任教师	农村	专任教师	教育部门办和集体办	民办	其它部门办
南阳市	**51637**	**49527**	**14382**	**13406**	**37255**	**36121**	**49061**	**2556**	**20**
宛城区	4075	3764	1641	1405	2434	2359	3638	437	
卧龙区	3880	3730	1604	1560	2276	2170	3578	282	20
南召县	3666	3522	767	683	2899	2839	3514	152	
方城县	5004	4581	980	860	4024	3721	4429	575	
西峡县	2543	2490	667	637	1876	1853	2515	28	
镇平县	3897	3852	1061	1053	2836	2799	3897		
内乡县	3126	3112	711	707	2415	2405	3102	24	
淅川县	4302	4165	1318	1244	2984	2921	4265	37	
社旗县	2839	2703	750	670	2080	2033	2531	308	
唐河县	5385	5218	1572	1453	3813	3765	5051	334	
新野县	3264	3122	951	884	2313	2238	3091	173	
桐柏县	2462	2442	696	677	1766	1765	2421	41	
邓州市	7194	6826	1664	1573	5530	5253	7029	165	

17-12 中等职业教育基本情况

(2009年) 单位:所、人

	学校数	在校学生数	招生数	毕业生数	教职工数	专任教师数
南阳市	**94**	**131098**	**51852**	**37912**	**6934**	**4737**
宛城区	18	19379	6721	5582	1191	812
卧龙区	22	60206	27463	18297	1594	989
南召县	6	2924	1035	1229	379	236
方城县	6	4748	1242	932	388	286
西峡县	5	4173	1872	502	296	222
镇平县	2	3798	1446	1482	298	258
内乡县	5	3776	1290	693	382	250
淅川县	4	4110	1741	400	253	170
社旗县	4	3934	1352	1348	310	207
唐河县	7	6413	2167	3192	638	491
新野县	5	3053	1200	1394	443	240
桐柏县	5	2514	678	634	225	174
邓州市	5	12070	3645	2227	537	402

17—13 各县(市、区)幼儿园基本情况

(2009年)

	园数(所)	班数(个)	入园幼儿人数(人)	在园幼儿人数(人)	离园幼儿人数(人)
南阳市	**394**	**5455**	**151857**	**184702**	**98392**
宛城区	16	267	6774	8850	5169
卧龙区	33	340	8100	11623	4039
南召县	21	260	6387	8052	3925
方城县	26	541	15294	16733	10257
西峡县	30	526	9994	13718	7975
镇平县	42	347	9712	10882	4477
内乡县	31	407	8194	11884	5396
淅川县	18	364	10481	13529	5929
社旗县	18	228	8199	9045	6897
唐河县	19	323	7901	10425	3624
新野县	44	513	15904	18413	8158
桐柏县	14	223	7216	7332	4873
邓州市	82	1116	37701	44216	27673

17—14 各县(市、区)幼儿教育教职工数

(2009年)

单位:人

市	教职工数				代科教师	兼任教师
	合计	专任教师	保健员	其他		
总计	**4180**	**3161**	**278**	**332**	**821**	**38**
宛城区	352	258	20	45	35	
卧龙区	576	368	57	100	76	5
南召县	197	157	16	6	8	
方城县	343	273	26	13	38	
西峡县	234	178	12	10	21	
镇平县	80	61	1	8	285	
内乡县	333	282	6	13	7	
淅川县	179	133	18	4	112	10
社旗县	132	102	3	9	18	
唐河县	286	210	17	35	13	2
新野县	465	346	41	33	78	5
桐柏县	104	89	1		52	
邓州市	899	704	60	56	78	16

17—15 各县(市、区)教育经费情况

(2009年) 单位:万元

	合计	国家财政性教育经费	预算内	社会团体和公民个人办学经费	社会捐资和集资办学经费	学费和杂费	其他教育经费
南阳市	**526337**	**454804**	**439789**	**2306**	**533**	**44308**	**5721**
宛城区	31213	29239	27950	437		831	118
卧龙区	28782	24941	24004	230		2152	113
南召县	23469	21813	21397	41		770	191
方城县	38990	34940	34374		9	3278	1
西峡县	29978	27314	25694		160	799	32
镇平县	33535	31005	30497			300	
内乡县	27507	24031	23351	800	1	1449	366
淅川县	37924	36681	35742	100		965	124
社旗县	26801	24005	23798	6	217	1996	43
唐河县	44541	41751	41310	638	45	1223	
新野县	34722	32042	31424	54	83	1459	32
桐柏县	24937	23217	22660			1366	61
邓州市	60339	56220	55575			1673	1194
高新区	2481	2310	1966		6	16	12
市直	81118	45296	40046		12	26032	3435

17—16 国有单位专业技术人员数

(2009年) 单位:人

	1985	1990	2000	2005	2008	2009
总计	**44430**	**66670**	**116488**	**112766**	**118989**	**118866**
工程技术人员	4071	5899	7764	6533	4433	4715
农业技术人员	2152	2781	3011	4006	3364	2823
卫生技术人员	8110	9817	12548	13271	18094	18406
科学研究技术人员	97	219	86	244	145	179
教学人员	26059	37164	82591	79685	88577	88314
会计人员	2390	3896	3406	1953	1343	1219
统计人员	669	923	535	324	161	143
经济人员	86	4238	3251	3863	1291	1292
编辑、记者、播音人员	65	262	436	64	69	76
翻译人员	7	24	23	7	6	6
图书档案资料人员	40	637	675	658	686	671
工艺美术人员	2	32	53	212	25	26
文艺人员	654	469	322	310	298	300
体育教练人员	28	68	125	156	104	101
律师、公证人员		241	214	64	81	72
政工人员			1448	719	312	523

17－17 按职称(务)分的地方国有企业各类专业技术人员数

(2009 年)

单位:人

项　　目	合　　计	高　　级	中　　级	初　　级
总　　计	**1050**	**19**	**346**	**685**
工程技术人员	286	6	114	166
农业技术人员	14		6	8
科学研究人员	3			3
卫生技术人员	182		25	157
教学人员				
经济人员	202	2	76	124
会计人员	163	4	51	108
统计人员	61	1	22	38
翻译人员	3		2	1
图书档案、文博人员				
新闻、出版人员				
律师、公证人员				
播音人员				
工艺美术人员				
体育人员				
艺术人员				
政工人员	136	6	50	80

17－18 全市科技成果分类情况

(2009 年)

单位:项

	总　　计	省科技进步奖	市科技成果奖
合　　计	**275**	**16**	**259**
1. 软科学	26	2	24
2. 工业	64	6	58
＃机械电子	41	4	37
轻化纺	9		9
冶金建	12		12
其他	2	2	
3. 农林牧水	48	6	42
＃农业	18	3	15
林业	13	2	11
水产养植	16		16
其他	1	1	
4. 医药卫生	108	2	106
5. 其他	29		29

17－19 各县(市、区)国家级、省级、市级科技成果获奖情况

单位:项

	2000		2005		2008		2009	
	省级	市级	省级	市级	省级	市级	省级	市级
南阳市	**14**	**375**	**9**	**297**	**16**	**205**	**16**	**259**
宛城区	1	5		8		11	1	14
卧龙区		7	2	19		15		15
南召县		7		1				4
方城县		15						4
西峡县	1	12		4	1	6	1	13
镇平县	1	5				3		2
内乡县	1	9		2		3		
淅川县		5		4	1			
社旗县		3		1		1		2
唐河县	3	9		2				2
新野县		8		1		1		1
桐柏县		4						3
邓州市	1	7		2		3	2	4
市直	6	279	7	253	14	162	12	195

17－20 全市专利申请及获权量

单位:项

	1985	1990	2000	2005	2008	2009
一、总申请量	**6**	**55**	**110**	**581**	**1049**	**1114**
(一)按申请对象分						
1.职务	2	21	11	160	480	525
企业	2	21	11	149	445	516
事业				11	35	9
2.非职务	4	34	99	421	569	589
(二)按种类分						
1.发明	1	9	12	119	239	286
2.实用新型	5	42	82	252	501	591
3.外观设计		4	16	210	309	237
二、总获权量		**32**	**94**	**276**	**511**	**638**
(一)按专利权对象分						
1.职务		16	5	61	183	317
企业		16	5	57	173	303
事业				4	10	14
2.非职务		16	89	215	328	321
(二)按种类分						
1.发明		1		26	67	95
2.实用新型		31	28	191	375	378
3.外观设计			16	59	69	165

主要统计指标解释

普通高等学校 指按照国家规定的设置标准和审批程序批准举办，通过国家统一招生考试，招收高中毕业生为主要培养对象，实施高等教育的全日制大学、独立设置的学院和高等专科学校、短期职业大学。

成人高等学校 指按照国家有关规定审批，招收通过全国成人高教统一招生考试的具有高中毕业或同等学历的在职从业人员，利用脱产、半脱产、业余或函授等多种形式对其实施高等学历教育，培养高等教育专科或本科毕业水平的专门人才，修业年限、课程设置和总学时数均按高等学历教育要求付诸实施的学校。包括广播电视大学、职工高等学校、农民高等学校、管理干部学院、教育学院、独立设置的函授学院等。

小学学龄儿童入学率 指调查范围内已入小学学习的学龄儿童占校内外学龄儿童总数(包括弱智儿童，不包括盲聋哑儿童)的比重。计算公式为：

小学学龄儿童入学率＝已入学的小学学龄儿童数/校内外小学学龄儿童总数×100％

独立研究与开发机构 指有明确的任务和研究方向，有一定学术水平的业务骨干和一定数量的研究人员，具有研究、开发、开展学术工作的基本条件，主要进行科学研究与技术开发活动，并且在行政上有独立的组织形式，财务上独立核算盈亏，有权与其他单位签订合同，在银行有单独户头的单位。包括国务院各部门、中国科学院、中国社会科学院和各省、自治区、直辖市以及地(市)以上〔含地(市)〕各部门所属的国有科学研究与技术开发机构。

独立研究与开发机构职工 指在独立研究与开发机构工作，并由其支付工资的人员。包括长期职工、临时职工和招聘人员，不包括编制以外的离休、退休人员和停薪留职人员。

研究与发展经费支出 指用于研究与发展课题活动(基础研究、应用研究、实验发展)的全部实际支出，包括用于研究与发展课题活动的直接支出和间接用于研究与发展活动的支出(如研究院、所管理费，维持研究院、所正常运转的必需费用和与研究发展有关的基本建设支出)。

科学家和工程师 指具有大学本科及以上学历和不具备上述学历但有高、中级职称的人员。

其他科技人员 指大专、中专毕业和具有初级职称的从事科技活动人员。

专业技术人员 指已取得科学技术职称，或大学、中专的理、工、农、医科系毕业，以及国民经济各部门从工作实践中提拔，从事理、工、农、医等自然科学技术的研究、教学、生产的专业人员和在机关、企业、事业中从事科学技术业务管理工作的专业人员。

工程技术人员 指在国民经济各行业中从事工程技术工作的自然科学技术专业人员，包括高级工程师、工程师、助理工程师、技术员和未评定职称的技术人员。

农业技术人员 指在国民经济各行业中从事农业技术工作的自然科学技术专业人员，包括高级农艺师、农艺师、助理农艺师、技术员和未评定职称的技术人员。

卫生技术人员 指在国民经济各行业中从事卫生医务工作的自然科学技术专业人员，包括正副主任医师、主治医师、医师、医(护)士和未评定职称的技术人员。

科学研究人员 指在国民经济各行业中从事科学技术活动的自然科学技术专业人员，包括正副研究员、助理研究员、研究实习员、技术员和未评定职称的技术人员。

自然科学教学人员 指在国民经济各行业中从事自然科学技术教学活动的专业人员，包括正副教授、讲师、助教、教师和在中学从事自然科学技术教学活动的人员。

发明 是专利法及其实施细则所称的发明，指对有关产品、方法或其改进所提出的新的技术方案。

实用新型 是专利法及其实施细则所称的实用新型，指对产品的形状、构造或者其结合所提出的适于实用的新的技术方案。

外观设计 是专利法及其实施细则所称的外观设计，指对产品的形状、图案、色彩或者其结合所作出的富有美感并适于工业上应用的新设计。

18

文化、卫生、体育

资料整理：陈智力

18-1 文化艺术、文物事业单位数

单位:个

	艺术表演团体	群众艺术馆	文化馆	文化站	公共图书馆	公共图书量（万册）	博物馆
1949	8		7				
1952	17		12				
1957	30		12		1		
1962	29	1	12		1		1
1965	34	1	12		1		1
1970	17		12		1		1
1975	23		13	24	1		1
1978	24	1	13	182	2		2
1980	31	1	19	226	6		3
1981	31	1	19	226	7		2
1982	31	1	19	226	7		2
1983	30	1	19	226	7		2
1984	29	1	19	226	13		5
1985	28	1	19	227	13		8
1986	27	1	19	227	13		8
1987	24	1	19	227	13		8
1988	23	1	19	228	13	79	9
1989	23	1	19	228	13	82	11
1990	23	1	20	227	13	71	11
1991	23	1	19	227	13	72	11
1992	23	1	19	227	13	74	11
1993	22	1	19	231	13	74	11
1994	19	1	19	231	13	75	11
1995	19	1	19	231	13	79	11
1996	18	1	19	229	13	82	12
1997	17	1	19	229	13	85	12
1998	17	1	19	231	13	89	12
1999	17	1	19	231	13	84	12
2000	17	1	19	231	13	112	12
2001	17	1	16	231	13	114	12
2002	17	1	16	231	13	119	12
2003	17	1	16	231	13	122	12
2004	17	1	16	231	13	125	13
2005	17	1	16	231	13	128	13
2006	17	1	15	231	13	128	13
2007	17	1	15	233	13	110	14
2008	17	1	15	222	13	111	14
2009	17	1	15	222	13	139	16

18－2 体育事业基本情况

	单 位	1985	1990	2000	2005	2008	2009
一、举办运动会次数	次	**106**	**458**	**116**	**137**	**509**	**147**
二、参加运动会员人数	人	**29340**	**101811**	**36837**	**3400**	**358125**	**249657**
三、等级裁判人数	人	**134**	**108**	**351**	**14**	**16**	**140**
其中：一级	人			2			14
二级	人		11	11	14	16	126
四、等级运动员人数	人	**164**	**415**	**946**	**33**	**59**	**84**
其中：一级	人			3			
二级	人	30	9	34	33	59	84
五、举办全民健身活动情况							
1. 举办全民健身活动次数	次				166		
2. 参加活动人数	人				301320		
六、社会体育指导员达到数	人				**2630**	**2667**	**2732**
其中：职业	人						
业余	人				2630	2667	2732
七、全民健身工程累计数	个				**44**	**50**	**54**

18－3 全市运动员在国内、国际比赛成绩和运动场个数

	单 位	1985	1990	2000	2005	2008	2009
一、运动员获奖情况							
荣获金牌数	枚		42	47	20	25	34
荣获银牌数	枚		32	38	18	13	15
荣获铜牌数	枚		35	60	25	13	18
获团体和个人全国前六名	人次		16	7		7	9
二、体育运动场地个数	个	**2377**	**3299**	**3324**	**3065**	**3083**	**3095**
1. 篮球场合计	个	2354	2649	2657	1021	1027	1038
#带固定看台灯光球场	个	14	15	15	11	11	11
2. 游泳池合计	个	9	11	11	12	12	12
3. 运动场	个	14	26	27	66	67	67
4. 体育场	个				6	6	7
5. 体育馆	个		1	1	3	4	4

18-4 卫生事业发展情况

	单位	1985	1990	1995	2000	2005	2008	2009
一、卫生机构数	个	**969**	**933**	**694**	**364**	**359**	**365**	**374**
市	个			299	112	110		
县	个			395	252	249		
＃医院、卫生院	个	269	281	289	296	305	305	302
＃县及县以上医院	个	50	66	74	82	84	81	
疗养院、所	个							
门诊部、所	个	636	588	343	13		1	1
专科防治所、站	个	2	3	3	3	3	2	2
卫生防疫站	个	15	15	16	14	14	14	14
妇幼保健所、站	个	11	11	11	10	13	13	13
二、卫生机构床位数	张	**12298**	**14870**	**15195**	**14870**	**18114**	**21934**	**24756**
市	张			6815	7645	8734		
县	张			8300	2433	9380		
＃医院、卫生院	张	11353	13397	13721	14430	17027	20757	22844
＃县及县以上医院	张	6455	8570	9011	9725	11727	14679	
疗养院、所	张							
门诊部、所	张			596	451		50	50
平均每千人口卫生机构床位数	张	1.34	1.5	1.48	1.53	1.69	1.98	2.5
＃医院、卫生院床位数	张	1.24	1.36	1.34	1.38	1.59	1.88	2.08
三、卫生机构人员数	人	**20925**	**23971**	**27235**	**29203**	**31630**	**34825**	**38051**
＃卫生技术人员	人	17617	19889	22295	23641	24983	26925	30044
执业医师	人					6482	7056	8048
职业助理医师	人					2143	2764	3119
注册护士	人					6103	7929	9296
药剂人员	人					2405	2155	2261
检验人员	人					1494	1140	1201
其他人员	人					6356	5355	5942
平均每千人口医生数	人	0.83	0.82	0.76	0.77	0.8	0.89	1.02
四、卫生经费	万元			**1310**	**1787**	**14215**	**26311**	**25584**

注：从2000年以后卫生机构数不包括个体诊所。卫生经费2001年以前与以后口径不同。

18-5 卫生机构、床位、人员数

(2009年)

	机构数(个)	床位数(张)	人员合计(人)	卫生技术人员	其他技术人员	管理人员	工勤人员
总计	**374**	**24756**	**38051**	**30044**	**2395**	**2086**	**3526**
一、医院合计	**80**	**15950**	**21569**	**17331**	**1045**	**1064**	**2129**
综合医院	55	12742	17241	13930	715	808	1788
中医医院	15	2124	3010	2370	247	156	237
专科医院	10	1084	1318	1031	83	100	104
传染病院	1	41	44	24	5	11	4
精神病院	1	275	286	217	10	25	34
肿瘤医院	1	120	106	81	15	4	6
康复医院							
口腔医院	1	50	195	156	8	16	15
眼科医院	1	150	214	160	18	22	14
骨科医院	3	310	332	297	7	18	10
其他专科医院	1	30	54	30	12	2	10
二、社区卫生服务中心	**11**	**485**	**964**	**672**	**128**	**102**	**62**
三、卫生院	**222**	**6894**	**9876**	**7901**	**842**	**517**	**616**
街道卫生院	2	70	87	75	2	8	2
乡镇卫生院	220	6824	9789	7826	840	509	614
中心卫生院	57	2510	3434	2886	221	146	181
乡卫生院	163	4314	6355	4940	619	363	433
四、门诊部	**1**	**50**	**27**	**15**		**2**	**10**
五、采供血机构	**1**		**122**	**63**	**14**	**5**	**40**
六、妇幼保健院、所、站	**13**	**1217**	**1582**	**1202**	**97**	**109**	**174**
七、专科疾病防治站	**2**	**135**	**205**	**162**	**22**	**13**	**8**
#结核病防治所、站	2	135	205	162	22	13	8
八、卫生防疫站	**14**						
九、卫生监督所	**10**		**427**	**282**	**25**	**54**	**66**
十、卫生监督检验所	**1**		**35**	**30**	**1**	**2**	**2**
十一、医学科学研究机构	**1**		**16**	**9**	**2**	**2**	**3**
十二、医学在职培训机构	**11**		**802**	**599**	**35**	**62**	**106**
十三、其他卫生机构	**3**		**78**	**55**	**1**	**5**	**17**

18-6 卫生机构各类人员

单位:人

	1990	1995	2000	2005	2008	2009
一、各类人员总计	**23971**	**27235**	**29203**	**31630**	**34825**	**38051**
卫生技术人员	19889	22295	23641	24983	26925	30044
其他技术人员		647	597	2947	2131	2395
管理人员		1673	1852	1731	2121	2086
工勤人员		2620	3113	1979	3648	3526
二、卫生技术人员	**19889**	**22295**	**23641**	**24983**	**26925**	**30044**
执业医师				6482	7056	8048
执业助理医师				2143	2764	3119
注册护士				6103	7929	9296
药剂人员				2405	2155	2261
检验人员				1949	1140	1201
其他人员				6356	5355	5302
三、平均每千人口卫生技术人员	**2.02**	**2.17**	**2.25**	**2.33**	**2.44**	**2.7**
#医生	0.82	0.76	0.77	0.8	0.89	1.02

注:因卫生技术人员分类改变,故2002年以前年份数字空缺。

18-7 广播、电视事业情况

	1990	1995	2000	2005	2008	2009
全部职工人数(人)	1027	1431	2009	2986	3409	3572
广播电台(座)	13	1	1	1	1	14
中、短波广播发射台(座)	1	1	1	1		3
广播节目套数(套)	13	10	10	10	13	13
平均每日广播节目播出时间(小时：分)	94：35	111：45	89：55	107：00	128：00	130：00
平均每日自办广播节目时间(小时：分)	48：50	73：00	60：40	59：00	55：00	57：00
#新闻节目	5：10	7：35	7：45	8：00		
教育节目			5：30	14：00		
文艺节目			23：70	17：00		
广播人口覆盖率(%)			96.30	95.11	95.27	97
有线广播喇叭数(万只)	100.25	163.12	111.56	68.90		
电视台(座)		1	1	1	1	14
电视发射台及转播台		6	6	9	12	12
(千瓦以上)(座)						
电视节目套数(套)		8	6	13	14	14
平均每周电视节目播出时间(小时：分)		500：50	531：55	1293：00	1082：00	1100：00
平均每周自办电视节目时间(小时：分)		238：18	401：10	86：00	198：00	207：00
#新闻节目		13：48	23：10	28：00		
教育节目		3：00	5：10	21：00		
文艺节目		172：45	322：00	19：00		
电视人口覆盖率(%)		81.10	86.20	95.07	95.26	98.00

注：从1998年起，县级改为广播电视台，不单称电台、电视台。

主要统计指标解释

文化事业机构 指从事专业文化工作和为专业文化工作服务的独立建制的单位。不包括这些单位另外举办独立核算的其他机构和各部门的业余文化组织。

艺术表演团体 指从事戏曲、音乐、舞蹈、杂技等专业艺术表演,有独立帐户的单位,不包括半工半艺、半农半艺和民间职业剧团。

电影放映单位 指具有放映机器设备、固定或不固定的放映场所与专职或兼职的放映技术人员,经有关部门登记批准,经常为一定的观众对象放映电影的机构。包括经批准对外开放进行营业,并与电影发行放映管理机构分帐的专用放映单位和军委系统租片单位。

艺术表演观众人数(人次) 指售票、包场演出或民族地区免费演出的艺术表演观众人次数,不包括彩排审查和内部观摩演出的观看人次数。

医院 指设有固定床位,能收容病人住院并能为病人提供医疗、护理服务的医疗机构,包括县及县以上医院、农村乡卫生院和其他医院三部分。医院按所属性质不同分为卫生部门、工业及其他部门和集体经济单位三类。县及县以上医院按业务性质不同分为综合医院和专科医院。

卫生技术人员 指卫生事业机构支付工资的全部职工中现任职务为卫生技术工作的专业人员,包括中医师、西医师、中西医结合高级医师、护师、中药师、西药师、检验师、其他技师、中医士、西医士、护士、助产士、中药剂士、西药剂士、检验士、其他技士、其他中医、护理员、中药剂员、西药剂员、检验员和其他初级卫生技术人员。

医生、护士 指执业医师、执业助理医师与注册护士。

等级运动员人数 指经考核正式批准授予等级运动员称号的人数。运动员等级分为国际级运动健将、运动健将、一级运动员、二级运动员、三级运动员、少年级运动员。

等级裁判员人数 指经考核正式批准授予等级裁判员称号的人数。裁判员等级分为国际裁判、国家级裁判、一级裁判、二级裁判、三级裁判。

体育场 指有400米跑道(中心含足球场),有固定道牙,跑道6条以上,并有固定看台的室外田径场地。体育场按看台容纳观众人数分为:甲级25000人以上,乙级15000—25000人,丙级5000—15000人,丁级5000人以下。

体育馆 指有固定看台,可供篮球、排球、羽毛球、乒乓球、体操等项目训练比赛活动用的室内运动场地。体育馆按看台容纳观众人数分为:甲级6000人以上,乙级4000—6000人,丙级2000—4000人,丁级2000人以下。

19

社会保障

资料整理:陈智力

19－1 社会福利事业单位基本情况

（2009 年）

	院数（个）	工作人员（人）	床位（张）	年底收养人数（人）
总计	**479**	**2457**	**37692**	**35485**
优抚收养性单位	**9**	**47**	**466**	**347**
优抚休、休养院				
光荣院	9	47	466	347
福利类收养性单位	**470**	**2410**	**37226**	**35138**
社会福利院	5	73	515	465
儿童福利院				
精神病福利院				
城镇收养性老年福利院	8	66	571	482
农村收养性老年福利院	456	2193	36105	34156
其他收养性福利机构	1	78	35	35

19－2 由国家支出的社会福利救济主要费用情况

单位：万元

	2000	2001	2002	2003	2004	2005	2006	2007	2008	2009
总计	**4176**	**7232**	**10741**	**13987**	**15673**	**31727**	**32536**	**45757**	**75725**	**85098**
抚恤事业费	3508	3762	4234	4983	5402	8112	10306	12708	16610	18750
社会救济福利事业费	1224	1816	4763	6354	7140	15662	20085	27785	57071	63380
#农村社会救济费	223	262	230	539	1212	7852	10478	15620	29093	39924
城镇社会救济费	506	898	3849	5814	5929	7472	9019	11947	18438	23456
自然灾害救济费	2952	1653	1744	2650	3131	3590	2145	5264	2044	2968

19—3 享受补助、救济人员情况

	2002	2003	2004	2005	2006	2007	2008	2009
农村贫困户得到救济人次数(万人次)	3.2	5.5	5.5	11.0		28.5	37.8	43.8
农村散居五保户人数(万人)	1.5	1.5	1.5	6.2	8.1	6.8	4.8	4.8
#得到国家定期定量救济人数				6.2	8.1	6.8	4.8	4.8
得到集体给予补助人数	1.5	1.5	1.5					
城镇困难户得到救济人次数(万人次)	8.5	9.0	10.0	11.3	11.7	12.1	13.2	13.4
#得到国家定期定量救济人次数				11.3	11.7	12.1	13.2	13.4
社会救济总人数(万人)				36.4	44.3	48.6	51.0	57.2
#城镇				11.3	11.7	12.1	13.2	13.4
农村				25.1	32.6	36.5	37.8	43.8

19—4 社会保障基本情况

	参加保险人数(万人)					社会保险基金(万元)		
	养老保险	失业保险	医疗保险	工伤保险	生育保险	基金收入	基金支出	累计结余
2000	35.7	60.6				31765	35796	21538
2001	29.7	60.7				37804	43107	29305
2002	29.3	60.7	43.4			53363	61738	34669
2003	28.9	62.3	47.7	16.8	15.9	58254	65570	41725
2004	29.3	62.1	54.0	20.7	19.0	66661	72103	54092
2005	29.7	62.9	58.4	24.0	19.0	85839	93966	62737
2006	31.2	61.7	60.3	27.5	20.5	98458	112816	70745
2007	32.5	61.5	63.0	29.8	21.5	122333	132673	154659
2008	33.8	61.2	66.7	34.2	23.0	142667	169396	125764
2009	35.4	61.6	69.7	34.5	22.6	164292	213215	105001

19-5 各县(市、区)参加基本养老保险人数

单位:万人

	2001	2002	2003	2004	2005	2006	2007	2008	2009
全　　市	**29.73**	**29.41**	**28.86**	**29.32**	**29.66**	**31.16**	**32.53**	**33.77**	**35.37**
宛城区	1.27	1.13	1.15	1.22	1.31	1.43	1.51	1.57	1.64
卧龙区	1.95	1.90	1.84	1.80	1.81	2.01	1.99	2.06	2.17
南召县	0.88	0.85	0.82	0.84	0.86	0.94	1.01	1.04	1.10
方城县	1.31	1.28	1.27	1.22	1.24	1.34	1.46	1.52	1.60
西峡县	1.28	1.31	1.26	1.31	1.35	1.42	1.51	1.67	1.85
镇平县	1.05	1.05	0.71	0.77	0.80	0.85	0.99	1.11	1.21
内乡县	1.19	1.16	1.17	1.23	1.29	1.33	1.32	1.35	1.38
淅川县	1.59	1.67	1.68	1.64	1.66	1.70	1.70	1.70	1.79
社旗县	0.92	0.96	0.88	0.89	0.92	0.93	1.02	1.08	1.15
唐河县	1.74	1.68	1.69	1.71	1.81	1.83	1.94	2.09	2.19
新野县	2.31	2.28	2.15	2.17	2.16	2.19	2.29	2.37	2.47
桐柏县	1.32	1.30	1.30	1.30	1.17	1.22	1.22	1.22	1.30
邓州市	2.41	2.35	2.40	2.40	2.38	2.42	2.57	2.58	2.71
市　　直	10.51	10.51	10.53	10.80	10.90	11.56	12.01	12.42	12.80

19-6 各县(市、区)参加基本医疗保险人数

单位:万人

	2002	2003	2004	2005	2006	2007	2008	2009
全　　市	**43.38**	**47.66**	**53.99**	**58.43**	**60.33**	**63.01**	**66.67**	**69.68**
宛城区	2.01	2.01	2.01	2.71	2.87	3.03	3.16	3.28
卧龙区	2.14	2.27	3.30	3.61	3.60	3.84	4.17	4.16
南召县	1.40	2.21	2.21	2.27	2.45	2.59	2.69	2.88
方城县	2.38	2.69	2.83	3.17	3.41	3.52	3.76	3.91
西峡县	2.20	2.40	2.40	2.50	2.69	3.08	3.08	3.16
镇平县	1.97	3.24	3.24	3.29	3.60	3.66	3.86	4.00
内乡县	2.38	2.61	2.61	2.71	2.81	2.81	3.00	3.13
淅川县	3.07	3.40	3.40	3.51	3.51	3.81	3.76	3.91
社旗县	1.76	1.92	1.95	2.07	2.19	2.31	2.41	2.52
唐河县	3.10	3.10	3.23	3.31	3.85	3.91	4.11	4.35
新野县	2.51	2.51	2.51	3.70	3.70	3.91	4.19	4.42
桐柏县	2.01	2.25	2.25	2.25	2.25	2.53	2.53	2.58
邓州市	4.45	5.06	5.35	5.49	5.40	5.68	5.96	6.37
市　　直	12.00	12.00	16.70	17.84	18.01	18.66	19.99	21.02

19-7 各县(市、区)参加失业保险人数

单位:万人

	2001	2002	2003	2004	2005	2006	2007	2008	2009
全　　市	**60.72**	**60.73**	**62.26**	**62.08**	**62.91**	**61.71**	**61.49**	**61.22**	**61.57**
宛 城 区	2.47	2.75	3.04	3.12	2.93	2.83	2.89	2.89	2.89
卧 龙 区	2.85	3.19	2.76	2.76	2.86	2.82	2.87	2.87	2.90
南 召 县	2.43	2.23	2.22	2.22	2.34	2.26	2.30	2.30	2.30
方 城 县	2.92	2.92	3.24	2.87	2.83	2.62	2.66	2.66	2.61
西 峡 县	2.50	2.28	2.34	2.36	2.21	2.26	2.26	2.26	2.28
镇 平 县	3.64	3.64	3.66	3.87	4.16	3.98	4.14	4.12	4.08
内 乡 县	2.92	2.83	2.89	3.05	3.05	2.84	2.89	2.89	2.89
淅 川 县	3.57	3.63	3.65	3.76	3.89	3.58	3.64	3.77	3.79
社 旗 县	2.20	2.01	2.14	2.16	2.24	2.06	2.08	2.08	2.03
唐 河 县	4.15	4.15	4.15	4.15	4.16	3.89	3.96	3.96	3.96
新 野 县	4.16	4.20	4.16	4.16	4.16	4.16	4.16	4.03	3.93
桐 柏 县	2.30	2.31	2.31	2.18	2.22	2.23	2.22	2.22	2.22
邓 州 市	5.45	5.46	5.52	5.71	5.65	5.42	5.52	5.52	5.56
市　　直	19.16	19.13	20.18	19.80	20.21	20.76	19.90	19.91	20.14

19-8 各县(市、区)参加工伤保险人数

单位:万人

	2005	2006	2007	2008	2009
全　　市	**24.4**	**27.5**	**29.8**	**34.20**	**34.53**
宛 城 区	0.9	0.5	0.4	1.99	2.26
卧 龙 区	0.8	1.3	1.3	1.27	1.30
南 召 县	0.7	1.0	0.8	1.06	1.07
方 城 县	1.2	1.2	1.4	1.41	1.43
西 峡 县	0.8	0.9	1.0	1.25	1.27
镇 平 县	1.0	1.0	1.1	1.35	1.37
内 乡 县	0.9	0.9	1.0	1.25	1.26
淅 川 县	1.0	1.0	1.0	1.35	1.36
社 旗 县	0.6	0.6	0.7	0.95	0.99
唐 河 县	1.0	1.3	1.5	1.65	1.75
新 野 县	1.3	1.5	2.1	2.39	2.40
桐 柏 县	0.7	0.8	1.9	1.15	1.16
邓 州 市	2.5	2.4	2.6	2.75	2.86
市　　直	11.0	13.0	14.0	14.37	14.04

主要统计指标解释

社会福利事业单位 指集中收养社会孤老、残、幼的机构，包括由民政部门管理的社会福利院、儿童福利院、精神病人福利院和城镇集体举办的福利院及农村集体举办的敬老院。

社会福利事业单位收养人数 包括民政部门管理和城镇、农村集体举办的社会福利事业单位中收养的老人、少年儿童、缺乏生活自理能力的残疾人员和精神病人。

社会福利企业单位 指以安置城镇有一定劳动能力的盲、聋、哑和肢体残疾人员就业为目的，享受国家减免税待遇的国有或集体企业。包括福利工厂、福利商业和服务业、假肢厂和安置农场等单位。

基本养老保险

1.(参保)职工人数:指报告期末按照国家法律、法规和有关政策规定参加基本养老保险并在社保经办机构已建立缴费记录档案的职工人数，包括中断缴费但未终止养老保险关系的职工人数，不包括只登记未建立缴费记录档案的人数。

2.基本养老保险基金收入:指根据国家有关规定，由纳入基本养老保险范围的缴费单位和个人按国家规定的缴费基数和缴费比例缴纳的养老保险基金，以及通过其他方式取得的形成基金来源的收入。包括单位和职工个人缴纳的基本养老保险费、基本养老保险基金利息收入、上级补助收入、下级上解收入、转移收入、财政补贴和其他收入。

3.基本养老保险基金支出:指按照国家政策规定的开支范围和开支标准从养老保险基金中支付给参加基本养老保险的离休、通休、退职人员个人的养老金、丧葬抚恤补助，以及由于保险关系转移、上下级之间调剂资金等原因而发生的支出。包括离休金、退休金、退职金、各种补贴、医疗费、死亡丧葬补助费、抚恤救济费、社会保险经办机构管理费、补助下级支出、上解上级支出、转移支出、其他支出等。

4.基本养老保险基金累计结余:指截止报告期末基本养老保险基金收支相抵后的累计余额。

基本医疗保险

1.参保人数:指报告期末按国家有关规定参加基本医疗保险的人数。包括参加保险的职工人数和退休人员人数。

2.基金收入:指根据国家有关规定，由纳入基本医疗保险范围的缴费单位和个人，按国家规定的缴费基数和缴费比例缴纳的基金，以及通过其他方式取得的形成基金来源的款项，包括:单位缴纳的社会统筹基金收入、个人缴纳的个人账户基金收入、财政补贴收入、利息收入、其他收入。

3.基金支出:指按照国家政策规定的开支范围和开支标准从社会统筹基金中支付给参加基本医疗保险的职工和退休人员的医疗保险待遇支出，和从个人帐户基金中支付给参加基本医疗保险的职工和退休人员的医疗费用支出，以及其他支出。包括:住院医疗费用支出、门急诊医疗费用支出、个人账户基金支出、其他支出。

4.基金累计结余:指截止报告期末基本医疗保险的社会统筹和个人帐户基金累计结余金额。包括银行存款、财政专户、债券投资和其他。

失业保险

1.参保人数:指报告期末按照国家法律、法规和有关政策规定参加了失业保险的城镇企业事业单位的职工及地方政府规定参加失业保险的其他人员的人数。

2.失业保险基金收入:指按照规定从企业、事业及其他单位筹集的失业保险费及其他并入失业保险基金收入的总额。包括单位和个人缴纳的失业保险费、失业保险基金利息收入、上级补助收入、下级上解收入、转移收入、财政补贴和其他收入。

3.失业保险基金支出:指报告期内为保障失业人员和下岗职工基本生活、促进其再就业等支出的基金总额。包括失业救济金、医疗费、死亡丧葬补助费、抚恤救济费、转业训练费支出、失业保险经办机构管理费、补助下级支出、上解上级支出、转移支出和其他支出。

4.基金累计结余:指截止报告期末失业保险基金收支相抵后的累计余额。

参加工伤保险人数 指报告期末依据国家有关规定参加工伤保险的职工人数。

参加生育保险人数 指报告期末依据有关规定参加生育保险的职工人数。

居民最低生活保障人数 指报告期末在建立居民最低生活保障制度的地区，得到当地政府给予最低生活保障的人口数。

20

资源与环境保护

资料整理：王兰芝　陈智力

20－1 人口、自然资源

	单　位	2 0 0 9
一、人口		
年底人数	万人	1096.22
人口密度	人/平方公里	414
二、地理位置		
东经		110°58′～113°49′
北纬		32°17′～33°48′
三、土地		
土地面积	平方公里	26509
山区	平方公里	9709
丘陵	平方公里	7980
平原	平方公里	8911
四、气候		
日照时数	小时	1477.8
年降水总量	毫米	819.1
无霜期	天	215(市区)
平均气温	摄氏度	15.5
五、森林		
林业用地面积	万亩	1670.7
＃有林地面积	万亩	1443.3
活林木蓄积量	万立方米	2525.25
森林覆盖率	%	37.0
六、矿产资源(保有可采金属量)		
石油(年开采量)	万吨	138.65
天然碱	万吨	8996.14
蓝晶石	万吨	368.52
岩金	千克	113756
沙金	千克	4226
伴生金	千克	5057
银	吨	1669.27
红柱石	万吨	995.38
金红石	万吨	289.28
石墨	万吨	842.21

20-2 工业污染排放及处理利用情况

	单　位	2003	2004	2005	2006	2007	2008	2009
一、企业基本情况								
1. 汇总工业企业个数	个	180	182	204	214	228	185	186
2. 汇总工业企业总产值(现价)	万元	2062771	2482709	2887739	4138501	4446768	5093217	4937808
3. 企业专职环保人员数	人	430	508	556	599	638	696	730
4. "三废"综合利用产品产值	万元	23785	26418	65732	40546	41812	52857	51127
5. 工业锅炉数	台/蒸吨	293/5456	266/5394	266/5662	200/5827	248/6265	243/7864	237/6797
其中:烟尘排放达标的	台/蒸吨	256/5043	256/5100	259/5596	200/5827	238/6243	226/7783	225/6741
二氧化碳排放达标的	台/蒸吨	3/14.0	4/16.0	5/52	113/4661	146/5528	153/7042	237/6797
6. 工业炉窑数	座	127	135	138	183	117	88	105
其中:烟尘排放达标的	座	75	80	84	87	90	82	96
二氧化碳排放达标的	座		3	4	35	83	78	105
二、工业废水								
1. 工业用水总量	万吨	112240	116591	126396	106130	116065	130127	140041
其中:新鲜水量	万吨	14108	15490	19966	17605	17361	13347	13962
重复用水量	万吨	98132	101100	106430	88525	98704	116780	126079
2. 工业用水重复利用率	%	87.4	86.7	84.2	84.0	85.0	89.7	90.03
3. 废水治理设施数	套	312	314	310	2008	297	248	231
4. 废水治理设施处理能力	万吨/日	56.0	65.0	64.8	57.8	58.1	69.2	44.5
5. 废水治理设施运行经费	万元	11334	14798	18801	11695	12544	11756	10116
6. 工业废水排放量	万吨	9998	12761	14875	12665	12590	9851	9742
其中:排入污水处理厂的	万吨	585	692	709	1194	114	349	81
7. 工业废水排放达标量	万吨	9103	11976	11891	11854	12091	9478	9577
8. 工业废水排放达标率	%	91.1	93.9	79.9	93.6	96.0	96.2	98.3
9. 工业废水中污染物去除量								
(1)挥发酚	吨	28.0	29.0	21.5	17.9	48.0	0.6	
(2)氰化物	吨	114.0	124.0	124.3	62.6	51.6	7.3	7.3
(3)化学需氧量	吨	173695	195493	169123	168704	263289	273184	269608.46
(4)石油类	吨	4470	4375	5007	3828	3980	134	106.85
(5)氨氮	吨	313	336	667	6466	5226	4750	3593.12
10. 工业废水中污染物排放量								
(1)挥发酚	吨	1.5	1.3	1.4	1.7	3.6	1.0	0.6
(2)氰化物	吨	9.5	10.0	11.2	8.4	6.3	2.8	1.2
(3)化学需氧量	吨	52889	49035	59366	42831	42911	36036	32518.32
(4)石油类	吨	107	117	94	91	42	37	27
(5)氨氮	吨	2711	2980	9118	8173	5095	3885	3202

20－2续表

	单　　位	2003	2004	2005	2006	2007	2008	2009
三、工业废气								
1.煤炭消费总量	万吨	530.0	608.7	702.1	664.0	700.9	980.3	1063.0
其中:燃料煤消费量	万吨	437.0	500.2	582.2	560.0	626.2	867.4	915.6
原料煤消费量	万吨	93.0	108.5	119.9	104.0	74.2	112.9	147.4
2.燃料油消费量	万吨	7.3	8.0	11.9	12.2	10.8	10.8	9.0
其中:重油	万吨	6.7	7.4	11.5	11.8	10.1	9.8	8.3
柴油	万吨	0.6	0.6	0.4	0.4	0.8	1.0	0.7
3.天然气消费量	万立方米	4518	3920	2044	3288	4749	6658	5610
4.工业废气排放量	万标立方米	7252937	8359606	9013746	7964923	8090279	10871358	14152888
其中:燃料燃烧废气排放量	万标立方米	3754797	4240761	4839422	4813309	5222250	7429463	8472685
生产工艺废气排放量	万标立方米	3498140	4118845	4174324	3151614	2868029	3441895	5680203
5.废气治理设施数	套	619	679	653	567	479	455	604
6.废气治理设施处理能力	万标立方米/时	706	1046	1123	1425	1301	2784	3317.0
7.废气治理设施运行费用	万元	2726	4779	4843	9971	10523	23778	27613.1
8.二氧化硫去除量	吨	1394	3146	3866	2366	2449	27051	42088.1
其中:燃料燃烧废气排放量	吨	365	324	794	542	1949	26254	41224.4
生产工艺废气排放量	吨	1029	2822	3072	1824	500	796	863.7
9.二氧化硫排放量	吨	55864	63644	68007	64181	64488	63001	56056.0
其中:燃料燃烧废气排放量	吨	45126	50417	55628	54769	59508	58061	49277.6
生产工艺废气排放量	吨	10738	13228	12379	9333	4974	4910	6713.6
10.烟尘去除量	吨	794765	922915	964249	1192102	1028195	1857912	1998270.2
11.烟尘排放量	吨	32862	34759	39101	37586	34376	30752	18581.8
其中:排放达标量	吨	21898	24473	23967	34318	32985	29317	17853.4
12.工业粉尘去除量	吨	206046	347830	397030	633030	257709	160192	105115.8
13.工业粉尘排放量	吨	75068	86628	99250	52711	31582	8451	8708.2
其中:排放达标量	吨	781	1491	1703	38590	29687	7898	8271.4
四、工业固体废物								
1.工业固体废物产生量	万吨	251.30	268.50	317.20	325.30	340.58	425.18	448.8
2.工业固体废物综合利用量	万吨	150.10	177.30	225.10	265.60	313.31	368.70	381.1
3.工业固体废物综合利用率	%	59.90	66.00	71.00	80.95	91.99	86.72	84.9
4.工业固体废物贮存量	万吨	96.70	86.40	70.50	47.98	26.10	42.48	40.7
5.工业固体废物处理量	万吨	4.20	4.80	21.70	15.51	1.17	14.00	27.0
6.工业固体废物排放量	万吨							

20—3 污染治理资金来源及使用情况

（2009 年）

	单　位	2009		单　位	2009
1. 汇总工业企业数	个	20	环保保护专项资金	万元	
2. 本年施工项目总数	个	29	环保贷款	万元	
其中：废水治理项目	个	10	其他资金	万元	16578
废气治理项目	个	6	其中：国内贷款	万元	
固体废物治理项目	个	4	利用外资	万元	
噪声治理项目	个	3	企业自筹	万元	16578
电磁辐射治理项目	个		4. 本年竣工项目数	个	26
放射性治理项目	个		其中：废水治理项目	个	10
其他治理项目	个	6	废气治理项目	个	5
其中：污染搬迁治理项目	个		固体废物治理项目	个	2
3. 施工项目本年完成投资额	万元	16578	噪声治理项目	个	3
其中：废水治理项目	万元	4063	电磁辐射治理项目	个	
废气治理项目	万元	8793	放射性治理项目	个	
固体废物治理项目	万元	498	其他治理项目	个	6
噪声治理项目	万元	209	其中：污染搬迁治理项目	个	
电磁辐射治理项目	万元		5. 本年竣工项目新增设计处理能力		
放射性治理项目	万元		其中：治理废水	吨/日	7210
其他治理项目	万元	3015	治理废气	万标立方米/时	62
其中：国家预算内资金	万元		治理固体废物	吨/日	203

20—4 工业重点调查单位分行业废水排放及处理情况

（2009 年）　　单位：万吨

	工业企业数（个）	工业废水排放总量	工业废水排放达标量	废水治理设施数（套）
总　计	**186**	**8899.34**	**1520.24**	**231**
采掘业	11	49.22	49.22	10
食品、饮料和烟草制造业	21	2592.24	2586.13	28
纺织业	8	423.76	423.76	6
皮革毛皮羽绒及其制品业	1	18.00	18.00	1
造纸及纸制品业	10	775.40	775.40	14
化学原料及化学制品制造业	32	1251.00	1238.97	59
医药制造业	9	1522.42	1520.24	9
化学纤维制造业	2	240.01	230.01	1
非金属矿物制品业	36	98.14	95.15	12
黑色金属冶炼及压延加工业	4	19.22	19.22	5
有色金属冶炼及压延加工业	1			
金属制品业	4	9.07	9.07	2
机械、电气、电子设备制造业	14	211.16	209.31	22
电力煤气及水生产供应业	5	59.30	59.30	15
其他	28	1630.41	1596.47	47

主要统计指标解释

森林覆盖率 通常是指森林面积占土地面积之比，一般用百分数表示。但国家规定在计算森林覆盖率时，森林面积还包括灌木林面积、农田林网树占地面积以及四旁树木的覆盖面积。森林覆盖率，是反映一个国家或地区森林资源和绿化水平的重要指标。计算公式为：

森林覆盖率(%)＝(森林面积/土地面积)×100%

活立木蓄积量 指全部土地上树木蓄积的总量。包括森林蓄积，疏林蓄积，散生木蓄积和四旁树蓄积。

矿产保有储量 指探明的矿产储量(包括工业储量和远景储量)扣除已开采部分和地下损失量后的年底实有储量。它反映一个国家或地区矿产资源的现状。

工业废水排放量 指经过企业厂区所有排放口排到企业外部的工业废水量。包括生产废水、外排的直接冷却水、超标排放的矿井地下水和与工业废水混排的厂区生活污水，不包括外排的间接冷却水(清污不分流的间接冷却水应计算在内)。

工业废水排放达标量 指各项指标都达到国家或地方排放标准的外排工业废水量，包括未经处理外排达标和经过处理后外排达标两部分。

工业废水处理量 指报告期内各种水治理设施实际处理的工业废水量，包括处理后外排和处理后回用的工业废水量和虽经处理但未达到国家或地方排放标准的废水量。如车间和厂排放口均有治理设施，并对同一废水分级处理时，不应重复计算工业废水处理量。

工业废气排放量 指企业厂区内燃料燃烧和生产工艺过程中产生的各种排入空气的含有污染物的气体总量，按标准状态〔273K，101325Pa〕计算。

工业二氧化硫排放量 指企业在燃料燃烧和生产工艺过程中排入大气的二氧化硫数量。

烟尘排放量 指企业厂区内燃料燃烧产生的烟气中夹带的颗粒物数量。

工业粉尘排放量 指企业在生产工艺过程中排放的颗粒物重量，如钢铁企业的耐火材料粉尘、焦化企业的筛焦系统粉尘、烧结机的粉尘、石灰窑的粉尘、建材企业的水泥粉尘等。不包括电厂排入大气的烟尘。

工业固体废物产生量 指企业在生产过程中产生的固体状、半固体状和高浓度废液体状废弃物的总量，包括危险废物、冶炼废渣、粉煤灰、炉渣、煤矸石、尾矿、放射性废物和其他废物等；不包括矿山开采的剥离废石和掘进废石(煤矸石和呈酸性或碱性的废石除外)。酸性或碱性废石指采掘的废石其流经水、雨淋水的pH值小于4或pH值大于10.5者。

工业固体废物综合利用量 指通过回收、加工、循环、交换等方式，从固体废物中提取或者使其转化为可以利用的资源、能源和其他原材料的固体废物量(包括当年利用往年的工业固体废物累计贮存量)，如用作农业肥料、生产建筑材料、筑路等。综合利用量由原产生固体废物的单位统计。

工业固体废物贮存量 指以综合利用或处置为目的，将固体废物暂时贮存或堆存在专设的贮存设施或专设的集中堆存场所内的数量。专设的固体废物贮存场所或贮存设施必须有防扩散、防流失、防渗漏、防止污染大气、水体的措施。

工业固体废物处置量 指将固体废物焚烧或者最终置于符合环境保护规定要求的场所，并不再回取的工业固体废物量(包括当年处置往年的工业固体废物累计贮存量)。处置方法有填埋(其中危险废物应安全填埋)、焚烧、专业贮存场(库)封场处理、深层灌注、回填矿井等。

工业固体废物排放量 指将所产生的固体废物排到固体废物污染防治设施、场所以外的数量，不包括矿山开采的剥离废石和掘进废石(煤矸石和呈酸性或碱性的废石除外)。

"三废"综合利用产品产值 指利用"三废"(废液、废气、废渣)作为主要原料生产的产品价值(现行价)；已经销售或准备销售的应计算产品价值，留作生产自用的不应计算产品价值。

"三废"综合利用产品利润 指利用"三废"(废液、废气、废渣)生产的产品，销售后所得到的利润。

环境污染治理投资 指在工业污染源治理和城市环境基础设施建设的资金投入中，用于形成固定资产的资金。包括工业新老污染源治理工程投资、建设项目"三同时"环保投资，以及城市环境基础设施建设所投入的资金。

21

全省各省辖市主要经济指标

资料整理：杨海金

21－1 全省行政区划

（2009年底）　　　　单位：个

	市	省辖市	县级市	县	市辖区	镇	乡	街道办事处
全　　省	**38**	**17**	**21**	**88**	**50**	**904**	**978**	**479**
郑 州 市	6	1	5	1	6	73	20	76
开 封 市	1	1		5	5	34	56	25
洛 阳 市	2	1	1	8	6	77	66	36
平顶山市	3	1	2	4	4	39	52	46
安 阳 市	2	1	1	4	4	46	46	43
鹤 壁 市	1	1		2	3	13	11	13
新 乡 市	3	1	2	6	4	59	63	27
焦 作 市	3	1	2	4	4	36	22	45
濮 阳 市	1	1		5	1	16	59	7
许 昌 市	3	1	2	3	1	36	42	20
漯 河 市	1	1		2	3	27	21	8
三门峡市	3	1	2	3	1	27	35	12
南 阳 市	**2**	**1**	**1**	**10**	**2**	**123**	**83**	**30**
商 丘 市	2	1	1	6	2	66	110	14
信 阳 市	1	1		8	2	68	111	21
周 口 市	2	1	1	8	1	85	85	30
驻马店市	1	1		9	1	68	96	26
济 源 市	1		1			11		5

21－2 年末总人口和从业人员

（2009年）

	年末总人口（万人）	城　镇	乡　村	城镇化率	从业人员（万人）	在岗职工（万人）	在岗职工平均工资（元）
全　　省	**9967**	**3758**	**6209**	**37.7**	**5948.78**	**708.16**	**27357**
郑 州 市	666	423	244	63.4	453.11	100.11	29837
开 封 市	486	192	294	39.6	299.65	30.61	21234
洛 阳 市	658	290	367	44.2	397.56	50.25	26150
平顶山市	504	210	293	41.8	312.29	46.38	28435
安 阳 市	545	212	333	38.9	341.33	39.17	24091
鹤 壁 市	146	73	74	49.6	84.91	16.71	21135
新 乡 市	563	231	333	40.9	310.46	44.26	19968
焦 作 市	348	163	185	47.0	209.66	32.17	24486
濮 阳 市	365	129	236	35.4	242.37	29.25	24041
许 昌 市	458	180	278	39.3	276.58	27.87	22815
漯 河 市	258	101	157	39.3	158.07	21.39	18914
三门峡市	224	102	122	45.4	126.40	22.72	26692
南 阳 市	**1096**	**402**	**695**	**36.6**	**660.54**	**67.79**	**20834**
商 丘 市	832	278	555	33.4	514.21	37.61	21646
信 阳 市	807	275	532	34.1	485.62	41.94	21409
周 口 市	1091	322	769	29.5	669.14	43.54	20547
驻马店市	853	252	601	29.5	553.52	37.3	19128
济 源 市	68	34	35	49.0	41.37	6.62	21992

21－3 地区生产总值

（2009 年）

	生产总值（亿元）	第一产业	第二产业	#工业	第三产业	人均生产总值（元）
全省	**19480.46**	**2769.05**	**11010.50**	**9900.27**	**5700.91**	**20597**
郑州市	3308.51	103.09	1786.50	1551.81	1418.92	44231
开封市	778.72	168.58	345.80	316.45	264.34	16571
洛阳市	2001.48	173.79	1167.06	1031.02	660.63	31170
平顶山市	1127.81	105.36	735.08	693.05	287.38	23081
安阳市	1124.88	142.31	676.46	607.59	306.11	21578
鹤壁市	363.63	44.31	249.70	234.56	69.61	25370
新乡市	991.98	131.80	558.96	485.99	301.22	17992
焦作市	1071.42	85.55	721.43	676.60	264.44	31356
濮阳市	661.63	93.78	433.90	398.25	133.96	18855
许昌市	1130.75	136.80	761.04	714.12	232.91	26227
漯河市	591.70	78.70	407.57	389.27	105.43	23777
三门峡市	702.75	57.61	464.13	432.40	181.00	31587
南阳市	**1714.49**	**366.91**	**875.49**	**781.28**	**472.09**	**16996**
商丘市	995.55	270.79	453.02	393.24	271.75	12779
信阳市	929.00	234.83	394.36	322.30	299.80	13780
周口市	1065.37	318.22	476.51	421.88	270.64	10649
驻马店市	900.52	235.70	384.45	343.11	280.37	11708
济源市	287.61	14.54	213.59	201.90	59.48	42181

21－3 续表

（2009 年）

	生产总值指数（%）（上年＝100）	第一产业	第二产业	#工业	第三产业	人均生产总值指数（%）
全省	**110.9**	**104.2**	**112.4**	**111.6**	**111.1**	**110.2**
郑州市	111.4	103.9	111.7	110.0	111.5	110.2
开封市	112.1	104.2	114.3	113.7	114.6	111.8
洛阳市	113.3	104.3	113.9	112.8	114.4	112.6
平顶山市	110.0	104.0	110.7	109.7	110.5	109.2
安阳市	111.4	104.2	113.7	113.2	109.4	111.1
鹤壁市	112.8	104.1	114.8	113.8	111.0	111.8
新乡市	112.4	104.1	115.4	114.1	110.2	112.3
焦作市	111.3	104.2	112.2	112.0	111.0	110.7
濮阳市	111.0	104.2	111.4	111.0	113.8	110.7
许昌市	112.5	104.1	113.9	113.4	112.8	112.2
漯河市	111.3	104.0	113.5	113.0	107.8	110.5
三门峡市	112.1	104.5	113.4	112.2	111.1	111.9
南阳市	**110.0**	**104.2**	**111.2**	**110.4**	**112.1**	**109.0**
商丘市	110.8	104.2	113.7	112.4	112.7	109.5
信阳市	112.0	104.4	115.8	114.1	113.1	110.6
周口市	110.8	104.3	114.3	112.9	112.0	110.1
驻马店市	111.5	104.3	113.5	112.2	114.9	111.0
济源市	114.1	105.1	115.5	115.0	111.5	113.8

21-4 产业结构及非公有制经济

（2009 年）

	产业结构（%）				非公有制经济	
	第一产业	第二产业	#工业	第三产业	增加值（亿元）	占GDP比重（%）
全　省	**14.2**	**56.5**	**50.8**	**29.3**	**11702.90**	**60.1**
郑州市	3.1	54.0	46.9	42.9	1897.64	57.4
开封市	21.6	44.4	40.6	33.9	479.52	61.6
洛阳市	8.7	58.3	51.5	33.0	939.66	46.9
平顶山市	9.3	65.2	61.5	25.5	612.63	54.3
安阳市	12.7	60.1	54.0	27.2	632.95	56.3
鹤壁市	12.2	68.7	64.5	19.1	227.17	62.5
新乡市	13.3	56.3	49.0	30.4	656.47	66.2
焦作市	8.0	67.3	63.1	24.7	645.30	60.2
濮阳市	14.2	65.6	60.2	20.2	392.21	59.3
许昌市	12.1	67.3	63.2	20.6	785.52	69.5
漯河市	13.3	68.9	65.8	17.8	361.20	61.0
三门峡市	8.2	66.0	61.5	25.8	354.67	50.5
南阳市	**21.4**	**51.1**	**45.6**	**27.5**	**979.24**	**57.1**
商丘市	27.2	45.5	39.5	27.3	582.82	58.5
信阳市	25.3	42.5	34.7	32.3	495.66	53.4
周口市	29.9	44.7	39.6	25.4	645.18	60.6
驻马店市	26.2	42.7	38.1	31.1	547.48	60.8
济源市	5.1	74.3	70.2	20.7	194.57	67.7

21-5 主要农产品产量

（2009 年）

	粮食总产量（万吨）	夏粮产量	油料	棉花	肉类产量（万吨）	#猪肉
全　省	**5389.00**	**3065.00**	**51.75**	**532.98**	**615.10**	**389.60**
郑州市	166.08	79.55	19.02	0.42	23.08	14.79
开封市	253.54	170.95	41.91	6.29	35.38	23.98
洛阳市	235.14	110.08	12.72	0.36	23.25	14.81
平顶山市	195.73	99.52	13.78	0.31	35.26	21.79
安阳市	333.08	185.24	25.05	2.06	19.84	13.10
鹤壁市	110.90	59.11	5.70	0.07	22.78	7.17
新乡市	378.76	222.02	31.84	1.86	33.41	22.08
焦作市	197.82	105.63	9.02	0.43	18.38	10.82
濮阳市	248.96	146.66	15.82	1.01	19.22	10.67
许昌市	272.92	149.74	8.11	0.99	36.29	25.65
漯河市	166.40	95.97	3.58	1.57	26.21	21.70
三门峡市	62.78	31.24	3.08	0.22	7.55	4.51
南阳市	**579.37**	**356.23**	**111.40**	**9.00**	**67.57**	**41.38**
商丘市	594.58	385.80	36.00	9.97	50.91	29.29
信阳市	573.02	140.80	64.22	0.74	54.57	29.10
周口市	716.71	473.48	34.72	15.01	64.59	42.02
驻马店市	661.67	421.23	87.82	2.02	76.57	52.12
济源市	21.58	10.71	0.32		4.03	3.32

21-6 规模以上工业

(2009年)

	增加值(亿元)	比上年增长(%)	主营业务收入(亿元)	利润总额(亿元)	利税总额(亿元)
全省	**7764.45**	**14.6**	**28246.65**	**2444.18**	**3835.99**
郑州市	1298.52	11.2	4726.58	498.79	780.36
开封市	217.80	17.8	895.95	111.92	149.75
洛阳市	780.00	15.9	3002.41	175.57	338.73
平顶山市	531.33	11.1	1842.10	115.99	205.45
安阳市	520.54	15.2	1905.58	143.22	240.97
鹤壁市	209.97	15.3	632.51	39.47	68.67
新乡市	411.41	16.1	1667.12	129.42	175.41
焦作市	568.76	13.4	2074.78	213.59	322.12
濮阳市	345.10	12.0	1216.58	79.68	133.42
许昌市	545.29	17.9	1766.44	212.29	354.35
漯河市	326.56	15.1	1220.65	153.82	188.19
三门峡市	370.09	13.5	1524.39	127.60	171.92
南阳市	**486.30**	**14.0**	**1530.14**	**102.20**	**193.81**
商丘市	290.44	13.3	1090.01	80.28	118.31
信阳市	219.53	20.2	769.91	42.54	76.93
周口市	282.21	17.7	895.57	124.79	166.83
驻马店市	221.14	17.6	845.72	55.29	88.30
济源市	172.10	17.4	640.20	37.70	62.48

21-7 固定资产投资及社会消费品零售总额

(2009年)

	全社会固定资产投资(亿元)	#城镇	#工业	房地产开发企业投资(亿元)	社会消费品零售总额(亿元)
全省	**13704.65**	**11455.01**	**6415.54**	**1553.76**	**6746.38**
郑州市	2282.08	1995.24	926.35	513.83	1434.76
开封市	406.22	315.61	202.74	36.94	308.33
洛阳市	1447.28	1280.49	798.29	137.94	687.29
平顶山市	577.74	475.10	280.42	41.31	295.85
安阳市	740.64	622.56	385.65	74.59	292.52
鹤壁市	286.94	244.26	167.83	15.24	80.02
新乡市	1018.31	904.51	600.57	102.16	330.28
焦作市	803.60	695.02	453.30	62.50	263.70
濮阳市	434.56	356.90	203.57	35.97	196.86
许昌市	678.14	557.58	349.32	58.43	297.01
漯河市	323.98	283.55	199.29	16.52	186.26
三门峡市	553.30	467.57	290.57	26.50	171.75
南阳市	**1153.18**	**929.52**	**603.09**	**56.12**	**676.65**
商丘市	693.17	560.99	299.86	76.31	343.36
信阳市	858.16	700.89	143.93	112.51	373.85
周口市	690.58	494.11	255.02	95.85	413.59
驻马店市	562.29	408.71	170.71	76.85	320.90
济源市	179.19	146.29	85.02	14.17	59.76

21-8 城乡居民收入和居民消费价格指数

(2009 年)

	农民人均纯收入(元)	农民人均消费支出(元)	城镇居民人均可支配收入(元)	城镇居民人均消费性支出(元)	居民消费价格指数(中心城区,%)
全　　省	**4807**	**3388**	**14372**	**9567**	**99.4**
郑 州 市	8121	5372	17117	10804	99.8
开 封 市	4695	3045	12318	10050	98.3
洛 阳 市	4961	4114	15949	11046	99.1
平顶山市	4778	2827	14721	10340	98.8
安 阳 市	5595	3405	14809	9733	99.4
鹤 壁 市	5940	3331	13628	8696	99.0
新 乡 市	5431	4054	14170	9812	97.9
焦 作 市	6590	4247	14282	10279	98.7
濮 阳 市	4411	2597	13737	8705	99.5
许 昌 市	6302	3754	13619	9753	99.2
漯 河 市	5622	3172	13390	9840	98.0
三门峡市	5046	3674	13470	9883	98.4
南 阳 市	**4931**	**3606**	**13498**	**9595**	**99.5**
商 丘 市	4054	2693	12715	8035	98.6
信 阳 市	4618	3437	12047	8497	98.5
周 口 市	3908	3091	11363	8879	98.6
驻马店市	4216	3131	12311	8946	98.6
济 源 市	6763	3969	14983	8830	98.9

21-9 财　政　与　金　融

(2009 年)　　　　单位:亿元

	地方财政一般预算收入	地方财政一般预算支出	金融机构存款余额	城乡居民储蓄存款余额	金融机构人民币各项贷款余额
全　　省	**1126.06**	**2905.76**	**19175.06**	**11207.40**	**13437.43**
郑 州 市	301.92	353.05	6540.27	2511.17	4922.19
开 封 市	29.55	97.23	568.50	401.26	328.77
洛 阳 市	120.29	204.63	1719.74	992.67	867.03
平顶山市	70.30	131.47	974.80	647.67	557.77
安 阳 市	55.19	121.73	884.39	589.82	495.16
鹤 壁 市	18.01	46.34	263.10	169.78	225.23
新 乡 市	55.89	131.58	940.98	635.13	620.91
焦 作 市	54.42	103.50	662.09	465.10	409.11
濮 阳 市	25.34	81.55	525.65	390.33	198.44
许 昌 市	47.09	100.29	659.47	466.50	479.23
漯 河 市	20.42	59.07	353.72	226.03	247.39
三门峡市	41.50	85.66	508.91	341.99	264.28
南 阳 市	**56.17**	**203.53**	**1145.90**	**803.81**	**699.08**
商 丘 市	35.37	151.11	722.48	551.82	518.95
信 阳 市	28.02	153.37	888.91	674.90	470.87
周 口 市	30.86	162.93	792.50	650.44	499.79
驻马店市	29.32	143.50	793.27	595.31	419.53
济 源 市	20.01	29.64	137.51	92.55	109.60

21－10 各市对外贸易及旅游主要指标

（2009年）

	进出口总额（万美元）	#出口	实际利用外商直接投资（万美元）	入境旅游人数（人次）	国际旅游收入（万美元）
全省	**1343839**	**734648**	**479858**	**1258515**	**43302**
郑州市	352357	218861	161795	321022	13800
开封市	21193	16188	7520	178608	4162
洛阳市	112111	65019	91548	373200	13200
平顶山市	69870	26245	14041	11210	310
安阳市	93987	28124	11763	50018	1020
鹤壁市	8677	7658	14827	5705	168
新乡市	104386	56934	25310	10549	315
焦作市	106076	67973	19807	186343	6500
濮阳市	39681	32324	7506	16100	634
许昌市	110800	85957	18394	7813	184
漯河市	28082	11605	24974	5389	230
三门峡市	13074	8080	26355	36877	774
南阳市	**63719**	**42908**	**13303**	**11330**	**550**
商丘市	8011	6410	6973	8313	210
信阳市	25031	5597	9485	7686	315
周口市	32417	13695	11342	14200	440
驻马店市	13968	12911	8366	6200	300
济源市	140400	28160	6549	7952	190

21－11 邮电业务量和公路交通运输

（2009年）

	邮电业务总量（亿元）	邮政业务总量	电信业务总量	客运量（万人）	旅客周转量（亿人公里）	货运量（万吨）	货物周转量（亿吨公里）
全省	**1296.87**	**54.88**	**1241.99**	**136278**	**914.80**	**151343**	**3927.08**
郑州市	257.48	7.84	249.64	22974	113.52	13953	211.10
开封市	54.85	2.05	52.80	5119	43.96	5160	96.68
洛阳市	101.73	3.65	98.08	11121	87.31	10805	236.93
平顶山市	70.05	2.67	67.38	7201	34.94	10265	134.87
安阳市	70.02	3.53	66.49	6349	36.11	14516	503.78
鹤壁市	19.77	0.59	19.17	5653	13.26	4285	102.48
新乡市	83.29	4.48	78.81	5121	22.81	6594	147.19
焦作市	55.90	2.12	53.78	3821	20.97	9922	568.16
濮阳市	46.52	1.74	44.78	3573	25.09	2771	77.48
许昌市	58.80	2.12	56.68	5238	33.31	12371	263.87
漯河市	31.95	1.30	30.65	3063	26.71	3106	42.91
三门峡市	37.44	1.54	35.91	3281	15.21	2795	50.23
南阳市	**96.80**	**4.56**	**92.24**	**12601**	**120.93**	**12520**	**272.95**
商丘市	82.85	4.04	78.82	10652	68.37	13979	479.70
信阳市	64.78	3.40	61.38	8424	62.71	5163	98.50
周口市	80.55	4.02	76.54	7994	107.38	7425	321.63
驻马店市	70.89	4.47	66.42	11776	75.98	13111	292.31
济源市	11.27	0.61	10.67	2317	6.24	2603	26.30

21-12 单位GDP能耗及降低率

(2009年)

	单位GDP能耗		单位工业增加值能耗		单位GDP电耗	
	指标值(吨标准煤/万元)	上升或下降(±%)	指标值(吨标准煤/万元)	上升或下降(±%)	指标值(千瓦时/万元)	上升或下降(±%)
全省	**1.156**	**-6.16**	**2.708**	**-11.56**	**1218.36**	**-4.79**
郑州市	1.115	-6.09	1.919	-9.92	1301.43	-10.43
开封市	1.105	-1.11	1.943	0.68	778.39	7.71
洛阳市	1.281	-6.07	2.362	-9.84	1594.85	-7.62
平顶山市	1.884	-6.23	2.853	-10.03	1371.77	-7.64
安阳市	2.251	-6.93	3.757	-11.81	1389.17	-3.45
鹤壁市	1.477	-8.93	2.405	-13.18	1101.44	-14.47
新乡市	1.408	-5.73	2.387	-10.94	1471.47	-3.39
焦作市	1.857	-6.73	3.088	-9.96	1962.24	-10.34
濮阳市	1.618	-4.60	2.260	-8.13	850.53	0.55
许昌市	1.152	-4.92	1.980	-9.41	682.12	5.00
漯河市	1.038	-7.34	1.234	-12.25	720.31	-3.26
三门峡市	1.533	-6.54	2.596	-8.90	1992.82	0.02
南阳市	**1.174**	**-5.16**	**1.807**	**-11.84**	**825.81**	**-3.34**
商丘市	1.212	-5.50	2.516	-10.15	1469.53	-4.04
信阳市	1.151	-4.79	2.801	-12.45	781.56	9.74
周口市	1.046	-4.39	1.508	-13.36	539.51	2.22
驻马店市	1.075	-4.66	2.120	-12.76	783.95	-0.31
济源市	2.199	-7.40	4.268	-10.15	2164.70	-2.95

22

鄂豫川陕四省八市主要经济指标

资料整理:王兰芝

鄂豫川陕四省八市主要经济指标

	年末总人口(万人)				城市化率(%)			
	2000	2005	2008	2009	2000	2005	2008	2009
襄樊	572.55	577.22	584.38	588.88	27.6	44.4	44.9	45.8
荆门	298.75	291.07	300.11	301.05	42.3	42.3	42.3	45.0
十堰	340.82	343.68	351.03	353.22				
南阳	**1049.00**	**1074.58**	**1091.31**	**1096.22**	**20.2**	**30.0**	**34.9**	**36.6**
信阳	766.00	787.55	802.81	806.82	18.2	27.4	32.6	34.1
安康	292.43	294.94	301.87	303.57		22.9	28.8	33.0
渭南	529.02	547.11	543.07	543.18				
达州	629.80	642.90	655.97	657.56	18.2	25.5	31.0	32.6

	地区生产总值(当年价)(亿元)							
	2000	增长%	2005	增长%	2008	增长%	2009	增长%
襄樊	368.42	7.6	592.33	12.8	1004.70	14.6	1201.01	15.0
荆门	205.53	7.3	309.00	10.7	513.96	13.5	600.10	14.8
十堰	180.12	5.8	312.96	4.8	487.64	10.7	550.96	14.1
南阳	**519.66**	**7.0**	**1053.43**	**13.1**	**1636.43**	**10.9**	**1714.49**	**10.0**
信阳	260.40	9.4	508.60	13.0	866.79	12.2	975.00	12.8
安康	74.80	5.8	143.76	9.8	241.24	15.4	274.95	15.0
渭南	165.47	8.2	330.17	12.2	563.09	16.3	655.50	14.3
达州	174.30	7.8	342.56	12.8	603.99	14.1	682.73	14.2

	第一产业(亿元)							
	2000	增长%	2005	增长%	2008	增长%	2009	增长%
襄樊	97.19	1.3	121.90	1.7	175.60	5.5	200.21	3.0
荆门	58.80	2.5	80.25	2.3	129.10	6.4	134.54	4.4
十堰	25.66	11.0	35.78	2.9	57.77	6.3	66.51	5.7
南阳	**153.70**	**4.7**	**275.76**	**7.0**	**344.48**	**5.7**	**366.91**	**4.2**
信阳	92.10	8.4	150.40	10.8	222.29	6.1	237.14	4.4
安康	22.76	6.0	36.71	10.4	63.80	7.7	65.59	6.2
渭南	37.43	4.3	58.66	5.5	96.26	7.6	100.55	6.5
达州	74.50	2.9	116.70	4.9	177.93	3.2	178.14	3.3

	第二产业(亿元)							
	2000	增长%	2005	增长%	2008	增长%	2009	增长%
襄樊	138.08	9.1	247.35	21.6	455.52	17.3	575.32	19.9
荆门	73.90	9.6	112.47	16.1	206.90	20.5	265.24	20.9
十堰	86.91	3.4	151.04	-1.3	224.95	6.8	254.76	17.4
南阳	**237.66**	**8.3**	**527.99**	**16.8**	**856.01**	**10.8**	**875.49**	**11.2**
信阳	83.40	11.3	193.50	16.0	358.44	14.7	407.33	15.8
安康	20.29	2.8	42.83	9.1	79.42	21.6	95.16	17.8
渭南	60.42	7.5	148.71	17.6	256.22	17.3	312.98	16.3
达州	41.70	10.2	115.68	24.6	255.70	23.7	309.03	21.6

鄂豫川陕四省八市主要经济指标

	其中:工业增加值(亿元)							
	2000	增长%	2005	增长%	2008	增长%	2009	增长%
襄樊	121.22	10.1	221.39	23.6	412.92	18.3	530.10	20.0
荆门	65.92	10.0	99.56	16.2	191.89	20.7	246.17	20.1
十堰					210.05			
南阳	**214.23**	**7.3**	**468.18**	**17.2**	**768.21**	**10.4**	**781.28**	**10.4**
信阳	63.30	9.2	153.20	18.8	297.44	16.3	332.88	14.1
安康	12.41	1.4	28.23	8.0	50.40	19.4	58.69	12.7
渭南	51.82	7.6	131.28	19.1	222.49	17.1	267.32	13.7
达州	35.20	10.2	88.72	25.3	219.62	28.5	270.20	23.4

	第三产业(亿元)							
	2000	增长%	2005	增长%	2008	增长%	2009	增长%
襄樊	133.15	10.6	233.05	10.3	373.58	15.6	425.48	14.4
荆门	72.85	8.8	116.28	10.1	177.95	10.3	200.32	13.8
十堰	67.55	8.5	126.14	13.8	204.92	16.3	229.69	12.7
南阳	**128.30**	**6.9**	**249.68**	**12.0**	**435.95**	**15.6**	**472.09**	**12.1**
信阳	84.90	8.3	164.70	11.9	286.07	14.1	330.54	15.2
安康	31.75	8.9	64.22	9.9	98.03	15.20	114.2	17.2
渭南	67.62	12.0	122.80	9.6	210.61	18.7	241.97	14.7
达州	58.10	12.3	110.18	9.6	173.26	11.3	195.56	11.6

	人均生产总值(元)							
	2000	增长%	2005	增长%	2008	增长%	2009	增长%
襄樊	6881	7.5	10863	12.4	18499	14.5	22071	19.3
荆门	6865	6.8	10831	10.4	18084	13.4	21073	14.6
十堰							17015	15.9
南阳	**4963**	**6.6**	**9662**	**12.6**	**16367**	**10.5**	**16996**	**9.0**
信阳	3383	0.7	6473	12.5	13015	11.7	14467	11.5
安康	2561	5.6	5413	9.6	9087	15.3	10341	14.8
渭南	3149	7.2	6052	11.7	10378	16.6	12069	14.2
达州	301	3.1	6068	15.4	10580	17.9	11915	12.6

	农作物播种面积(万公顷)							
	2000	增长%	2005	增长%	2008	增长%	2009	增长%
襄樊	81.13	0.8	81.83	3.7	86.67	3.0	88.59	2.2
荆门	55.96	-1.9	54.82	1.5	56.50	2.3	57.58	1.9
十堰	44.77		36.56		41.34			
南阳	**169.29**	**4.3**	**189.79**	**4.2**	**183.70**	**-2.9**	**185.74**	**1.1**
信阳	103.39	0.8	119.09	7.6	120.39	-3.4	122.53	1.8
安康	49.21	-3.6	48.02	5.9	42.10	4.9	27.80	1.9
渭南	70.14		69.60	3.6	79.92	6.1	113.27	7.4
达州	74.26	-0.6	80.01	2.4	82.97	0.7		

鄂豫川陕四省八市主要经济指标

	粮食总产量(万吨)							
	2000	增长%	2005	增长%	2008	增长%	2009	增长%
襄樊	307.05	-17.8	329.51	5.9	413.12	4.6	433.25	4.9
荆门	203.78	-15.4	210.76	4.9	240.50	7.2	251.40	4.5
十堰	93.11	13.0	79.05	7.2	108.01	15.8	115.21	6.7
南阳	**378.05**		**465.88**	**2.8**	**569.66**	**3.5**	**579.37**	**1.7**
信阳	365.80	6.4	424.40	6.9	561.21	1.9	573.02	2.1
安康	98.24	26.0	99.88	10.5	82.10	9.2	88.46	7.7
渭南	183.67	-3.8	190.28	-0.6	228.56	14.6	245.12	7.2
达州	288.54	0.2	290.26	3.0	289.60	1.0	296.10	2.3

	夏粮总产量(万吨)							
	2000	增长%	2005	增长%	2008	增长%	2009	增长%
襄樊	97.80	-15.8	118.09	21.9	173.42	8.8	185.10	6.7
荆门	24.86	-17.5	26.72	35.8	44.47	-10.5	44.83	0.8
十堰	23.17	13.3	22.41	32.3	31.72		32.85	3.6
南阳	**202.33**	**4.7**	**285.50**	**4.5**	**350.01**	**4.9**	**356.23**	**1.8**
信阳	89.80	-8.6	96.20	5.6	138.22	1.6	140.80	1.9
安康	27.70	1.9	29.15	15.2	28.40	6.2	29.70	4.5
渭南	35.82		108.07	0.6	120.99	11.1	116.87	-3.4
达州	55.60	-4.4	54.40	9.3	58.66	1.6	59.60	1.7

	秋粮总产量(万吨)							
	2000	增长%	2005	增长%	2008	增长%	2009	增长%
襄樊	209.25	-18.6	211.42	11.4	239.70	1.8	248.15	3.5
荆门	178.92	-17.2	184.04	1.5	196.03	7.6	206.57	5.4
十堰	69.94	12.9	56.64	-0.4	76.29		82.36	8.0
南阳	**175.72**	**-5.4**	**180.38**	**0.2**	**219.65**	**1.4**	**223.14**	**1.6**
信阳	276.00	12.3	328.30	7.3	423.00	2.0	432.20	2.2
安康	70.54	39.0	70.73	8.7	53.70	10.8	58.76	9.4
渭南	22.60		82.21	-2.1	107.56	18.9	128.25	19.2
达州	232.90	1.3	235.82	1.7	230.94	5.2	236.50	2.4

	棉花(万吨)							
	2000	增长%	2005	增长%	2008	增长%	2009	增长%
襄樊	4.12	14.4	3.01	-28.7	4.26	13.8	4.54	6.6
荆门	3.08	3.0	4.34	1.6	4.28	-6.1	4.05	-5.4
十堰	0.01		0.01		0.01			
南阳	**11.85**	**-25.0**	**11.85**	**-28.7**	**10.92**	**-10.8**	**9.00**	**-17.6**
信阳	1.90	-6.9	1.25	-29.3	0.99	-29.8	0.73	-35.8
安康								
渭南	2.35	51.0	6.79	-7.8	9.17	14.1	7.59	-17.2
达州					35.00			

鄂豫川陕四省八市主要经济指标

	油料(万吨)							
	2000	增长%	2005	增长%	2008	增长%	2009	增长%
襄樊	39.93	24.7	37.48	-22.3	31.10	11.0	32.69	5.1
荆门	35.87	41.2	36.66	-6.3	34.75	39.6	36.25	4.3
十堰	5.91	23.9	6.97	6.6	8.40	15.7	10.00	18.6
南阳	**53.34**	**16.2**	**90.46**	**11.7**	**101.98**	**3.1**	**111.40**	**9.2**
信阳	22.50	39.3	52.84	13.4	65.13	14.8	64.22	-1.4
安康	4.02	53.6	7.31	18.5	9.49	19.2	10.86	14.5
渭南	8.89	9.9	6.84	-2.7	6.72	6.9	6.56	-2.3
达州	15.15	37.7	21.71	2.4	28.47	8.0	28.80	1.1

	蔬菜(万吨)							
	2000	增长%	2005	增长%	2008	增长%	2009	增长%
襄樊	504.97	3.9	336.04	-10.5	309.91		285.56	-7.9
荆门	203.45	1.9	165.21	-4.2	158.22	8.1	152.63	-3.5
十堰	92.69	11.4	107.67	-3.1	112.23	10.6	122.84	9.5
南阳	**678.47**	**13.9**	**1000.00**	**7.5**	**878.31**	**-10.0**	**900.91**	**2.6**
信阳	168.30	13.5	275.40	54.3	285.57	-19.4	299.18	4.8
安康	25.59	8.0	63.02	14.3	84.70	17.1	97.73	15.3
渭南	56.30		63.33	2.5	96.01	23.6	172.63	79.8
达州	149.10	4.7	221.31	4.4	250.65	3.9	263.80	5.3

	水果(万吨)							
	2000	增长%	2005	增长%	2008	增长%	2009	增长%
襄樊	37.36	-0.8	45.82	4.1	47.52	-4.1	51.34	8.0
荆门	31.62	7.3	27.68	-3.1	34.29	9.2	35.54	3.6
十堰	8.01	30.6	11.58	1.8	26.42	50.9		
南阳	**20.71**	**13.4**	**38.00**	**14.2**	**56.65**	**22.3**	**61.75**	**9.0**
信阳	3.60	12.5	7.35	25.9	9.99	12.2	10.90	9.1
安康	3.45	34.4	8.30	20.2	13.90	18.1	15.55	12.2
渭南	131.95	-11.0	128.36	-7.4	179.92	14.3	237.67	32.1
达州	15.29	5.7	33.55	4.2	24.40	4.4	25.20	3.3

	肉类总产量(万吨)							
	2000	增长%	2005	增长%	2008	增长%	2009	增长%
襄樊	30.94	17.2	38.30	0.9	41.93	11.8	50.01	19.3
荆门	17.81	3.5	25.97	10.2	32.45	23.6	34.30	5.7
十堰	11.83	1.8	13.32	7.3	14.90	26.2	15.60	4.6
南阳	**49.68**		**61.07**		**63.95**	**7.1**	**67.57**	**5.7**
信阳	42.60	9.0	57.60	7.2	517.54	972.0	545.67	5.4
安康	8.79	10.0	14.42	16.6	16.60	12.0	19.22	16.0
渭南	8.67		12.25	10.9	10.53	33.6	15.80	50.1
达州	56.29	5.8	76.01	5.6	66.91	2.9	69.10	3.2

鄂豫川陕四省八市主要经济指标

	水产品(万吨)							
	2000	增长%	2005	增长%	2008	增长%	2009	增长%
襄樊	13.93	4.3	15.94	4.7	14.69	29.0	16.21	10.4
荆门	21.00	9.3	24.02	3.3	32.04	31.9	34.92	8.9
十堰	2.09	10.2	2.67	3.9	5.00	100.8	5.30	5.9
南阳	**4.71**	**22.3**	**7.35**	**14.0**	**9.05**	**6.1**	**9.50**	**4.5**
信阳	9.20	1.1	12.80	14.8	20.76	19.8	23.84	14.8
安康	0.19	-37.7	0.50	17.2	0.20	8.8	0.30	52.3
渭南	1.25				2.0			
达州	4.05	10.1	6.98	12.4	9.10	6.6	9.70	6.1

	规模以上工业增加值(亿元)							
	2000	增长%	2005	增长%	2008	增长%	2009	增长%
襄樊	105.78	-4.0	189.28	29.1	318.32	28.1	461.49	27.6
荆门	41.94	16.3	80.16	21.1	172.17	25.0	259.29	27.5
十堰	53.86	2.3	122.11	-8.5	202.38	8.1	242.14	19.7
南阳	**98.37**	**16.9**	**225.12**	**23.6**	**458.73**	**20.1**	**486.38**	**14.0**
信阳	27.00		76.80	28.0	192.12	23.7	225.18	20.2
安康	9.13		15.79	10.8	40.86	24.5	50.75	19.6
渭南	32.72	7.6	129.27	56.0	194.49	17.5	245.27	17.6
达州	14.15	10.3	59.24	25.3	194.13	30.0	249.23	26.0

	规模以上工业主营业务收入(亿元)							
	2000	增长%	2005	增长%	2008	增长%	2009	增长%
襄樊	229.38	9.2	373.02	7.7	1074.72	33.7	1278.61	35.3
荆门	164.66	28.2	338.90	32.7	711.14	31.6	882.80	20.8
十堰	246.11		553.00	17.2	661.23	14.5	782.60	23.6
南阳					**1463.41**	**33.2**	**1530.23**	**16.6**
信阳	73.70	10.1	223.50	40.1	632.09	42.3	760.60	20.3
安康	11.38		39.49	57.3	63.59	14.0	98.63	55.1
渭南								
达州	40.65		167.58	48.1	529.93	45.4	722.19	33.5

	利税总额(亿元)				利润总额(亿元)			
	2000	2005	2008	2009	2000	2005	2008	2009
襄樊	25.47	41.50	149.76	116.79	8.78	17.82	106.32	62.32
荆门	10.25	19.81	31.65	61.58	-0.49	4.01	5.62	39.14
十堰	7.67	49.00	72.64		-3.95	20.98	45.87	114.83
南阳	**17.00**	**87.72**	**209.34**	**197.84**	**5.34**	**45.54**	**106.16**	**102.21**
信阳	5.80	16.10	57.00	71.44	2.20	8.30	31.00	41.44
安康	1.35	4.31	7.40	10.40	0.83	0.22	3.40	12.96
渭南	3.84	69.60	60.43	37.74	-1.32	49.94	21.02	8.61
达州	2.20	12.09	32.53	50.20	-0.45	4.67	15.07	24.67

鄂豫川陕四省八市主要经济指标

	全社会固定资产投资(亿元)							
	2000	增长%	2005	增长%	2008	增长%	2009	增长%
襄樊	80.47	2.4	149.66	14.7	373.77	40.6	574.80	53.8
荆门	57.12	10.2	104.15	7.6	210.08	37.1	317.18	51.0
十堰	34.81		2.00	33.7	185.44	30.9	278.35	50.1
南阳	**117.62**	**20.0**	**377.29**	**41.2**	**895.83**	**28.0**	**1153.18**	**28.7**
信阳	92.80	27.1	281.10	52.4	662.48	31.3	858.14	29.5
安康	26.84	25.7	62.31	10.9	200.69	35.8	272.77	35.9
渭南	44.49	11.0	104.56	10.0	308.53	68.5	509.39	52.7
达州	39.52	23.2	165.46	30.8	418.73	36.5	545.32	30.2

	城镇固定资产投资(亿元)							
	2000	增长%	2005	增长%	2008	增长%	2009	增长%
襄樊	57.40	2.4	130.70	36.3	338.59	43.2	519.90	53.6
荆门	35.23		79.05		181.9			
十堰			71.49		171.52	30.0	258.21	51.1
南阳	**70.74**	**23.5**	**285.38**	**47.8**	**708.55**	**27.8**	**929.52**	**31.2**
信阳			215.40	53.6	533.44	31.3	700.89	31.4
安康	21.76	27.0	47.59	9.5	125.53	50.9	175.76	40.0
渭南			92.21	16.7	285.60	73.8	457.05	60.0
达州	18.53		120.37	31.3	376.23		445.06	18.4

	其中:工业投资(亿元)							
	2000	增长%	2005	增长%	2008	增长%	2009	增长%
襄樊	20.56	-31.2	64.14	48.0	182.64	38.2	315.80	67.4
荆门	13.56		48.13	33.4	104.73	58.8	153.46	46.5
十堰	10.66		43.43		75.27		101.80	35.6
南阳	**26.54**		**101.47**		**442.15**	**36.4**	**603.09**	**36.4**
信阳			38.40	40.4	138.87	59.7	143.93	3.6
安康	8.16	45.7	17.83	11.6	39.00	70.5	62.80	61.2
渭南			57.56	-0.1	137.78	51.0	239.92	52.7
达州	6.44		69.77		225.86	53.9	313.22	38.7

	民间投资(亿元)							
	2000	增长%	2005	增长%	2008	增长%	2009	增长%
襄樊	12.11	-33.5	32.25	79.5	199.40	81.0	347.23	74.2
荆门			48.13	33.4	104.73	58.8	153.46	46.5
十堰								
南阳					**391.98**	**37.1**	**643.6**	**64.2**
信阳			58.30	50.7	288.18	38.7	407.42	41.9
安康	7.89	46.1	23.00	30.9	54.66	71.6	83.30	52.4
渭南			47.00	25.5	170.75	85.9	269.47	37.6
达州			83.24	6.1	184.49	25.5		

鄂豫川陕四省八市主要经济指标

	房地产投资(亿元)							
	2000	增长%	2005	增长%	2008	增长%	2009	增长%
襄樊	5.66	31.7	22.09	26.1	46.21	25.3	55.40	19.9
荆门	1.20		5.31	19.6	16.84	47.9	27.19	61.5
十堰	0.65	-35.0	20.95	50.3	28.99	11.3	35.73	
南阳	**5.04**		**16.54**	**27.5**	**42.52**	**31.4**	**56.12**	**32.0**
信阳			23.00	91.3	86.73	55.3	112.51	29.7
安康	3.36	-8.7	6.58	-9.6	9.80	54.6	12.67	29.6
渭南	2.30	114.6			22.32		28.20	26.3
达州	1.95		19.64	-4.1	42.22	6.7	49.76	17.9

	社会消费品零售总额(亿元)							
	2000	增长%	2005	增长%	2008	增长%	2009	增长%
襄樊	142.41	10.1	241.21	14.5	410.29	24.8	500.56	21.1
荆门	72.69	6.1	112.01	14.0	188.86	24.6	228.82	21.2
十堰	70.89	4.2	125.06	15.0	201.20	23.5	251.74	15.9
南阳	**183.11**	**96.8**	**339.65**	**14.4**	**585.39**	**26.7**	**676.67**	**15.6**
信阳	100.40	9.3	187.60	14.3	312.42	23.0	373.85	19.7
安康	27.68	7.4	46.76	13.5	80.72	25.9	93.56	15.9
渭南	41.14	4.7	90.48	10.9	156.67	29.0	187.78	19.9
达州	63.61	10.7	128.81	16.3	212.30	21.1	252.12	18.8

	对外贸易进出口总额(万美元)							
	2000	增长%	2005	增长%	2008	增长%	2009	增长%
襄樊	8575	26.0	27403	17.8	52461	30.2	43368	-17.3
荆门	5058		11677		32651			
十堰	6605		11292		21147		20932	37.2
南阳	**10462**		**30296**		**87640**	**48.0**	**63719**	**-27.4**
信阳	1097	32.5	9306	84.7	26754	80.7	25031	-6.4
安康			119	37.0	1043	197.8	1687	61.7
渭南	558		9768	62.2	12000	-19.5	11505	-4.1
达州	331		702		8312			

	其中:进口总额(万美元)							
	2000	增长%	2005	增长%	2008	增长%	2009	增长%
襄樊	3548	67.8	13035	0.7	14932	18.7	10425	-30.2
荆门			2111		11720			
十堰	3393		3584		2378		1994	-16.2
南阳	**3249**		**6869**	**-34.0**	**18385**	**92.0**	**20811**	
信阳	1051	29.4	5996	154.3	21183	121.0	19434	-8.3
安康					10.8	800.0		
渭南	142		3574	65.1	2700	2.6	3052	13.8
达州					3754			

鄂豫川陕四省八市主要经济指标

	出口总额(万美元)							
	2000	增长%	2005	增长%	2008	增长%	2009	增长%
襄樊	5027	7.2	14368	39.3	37529	35.4	32943	-12.2
荆门	5085	-3.7	9566	5.6	20931	20.7	17300	-17.4
十堰	3212		7708	71.0	18769		18938	47.0
南阳	**7213**		**23427**	**43.0**	**69255**	**39.0**	**42908**	**-38.1**
信阳	46	187.5	3310	23.5	5571	6.7	5597	0.5
安康			119.2	37.0	1032	195.7	1687	63.4
渭南	416		6195	60.5	9300	-24.2	8454	-9.2
达州	331		702		4558			

	实际利用外商直接投资(万美元)							
	2000	增长%	2005	增长%	2008	增长%	2009	增长%
襄樊	2120	10.2	3526	-54.8	16928	58.2	25073	48.1
荆门	1632	61.9	8016	17.5	10187	15.6	13892	16.7
十堰			11.37		19.89	27.6	25.76	30.9
南阳	**2805**		**4809**		**11635**		**13303**	**14.3**
信阳	1059		3379	31.3	7841	30.2	9485	21.0
安康			62	100.0	3025	43.3	575	-81.0
渭南	110	7.4	2467	93.8	5499	59.5	4470	-18.7
达州								

	一般预算收入(亿元)							
	2000	增长%	2005	增长%	2008	增长%	2009	增长%
襄樊	17.21	11.1	18.40	3.1	30.06	25.1	37.02	23.2
荆门	7.63	1.3	9.34	0.5	14.92	21.8	18.14	23.4
十堰			11.37		19.89	27.6	25.76	30.9
南阳			**28.83**	**30.0**	**51.29**	**14.4**	**56.17**	**9.5**
信阳	9.40	8.0	13.40	30.0	24.99	22.9	28.02	12.1
安康	3.36	8.4	3.46	19.7	7.49	28.9	9.70	29.8
渭南	8.91	6.3	9.01	6.5	21.40	33.1	28.25	32.2
达州	5.56	-16.3	8.71	18.4	20.10	26.9	23.41	16.5

	一般预算支出(亿元)							
	2000	增长%	2005	增长%	2008	增长%	2009	增长%
襄樊	25.72	17.2	48.18	36.6	96.64	35.1	148.16	53.3
荆门	11.48	6.2	25.47	26.7	50.67	28.7	85.62	56.7
十堰	15.57		34.25		71.41	32.2	114.10	59.8
南阳			**76.88**	**34.7**	**163.25**	**19.3**	**203.53**	**24.7**
信阳	20.00	16.1	51.30	21.2	119.94	26.1	153.37	27.9
安康	9.70	15.0	19.16	18.4	58.20	66.7	78.60	35.1
渭南	13.76	9.2	29.40	28.5	82.97	43.3	116.54	40.5
达州	14.94	16.3	47.52	19.6	104.51	33.0	129.53	23.9

鄂豫川陕四省八市主要经济指标

	金融机构各项存款(亿元)							
	2000	增长%	2005	增长%	2008	增长%	2009	增长%
襄樊	251.01		559.76		831.70		1051.83	
荆门	127.82	10.4	267.05	17.8	425.48	23.5	252.51	23.5
十堰	185.12	15.9	406.03	44.9	578.29	103.5	694.65	125.0
南阳	**313.13**		**625.99**	**18.0**	**921.18**	**17.1**	**1145.90**	**24.4**
信阳	20.40		445.00		728.17		888.91	
安康	78.25		163.58		300.20		383.10	
渭南	188.73	11.2	411.23	17.0	651.75	25.4	847.23	30.0
达州	183.10		377.43		634.35		763.52	

	金融机构各项贷款(亿元)							
	2000	增长%	2005	增长%	2008	增长%	2009	增长%
襄樊	225.54		259.66		373.40		518.26	
荆门	123.65	-14.0	156.63	9.5	206.41	2.2	266.44	29.1
十堰	150.06		161.51	26.1	235.14	47.9	310.18	76.0
南阳	**305.78**		**441.84**	**10.3**	**550.92**	**11.4**	**699.08**	**26.9**
信阳	17.60		282.00		353.63		470.87	
安康	78.27		97.47		138.80		177.4	
渭南	169.02	-6.9	236.60	-1.9	319.85	9.8	386.38	20.8
达州	132.52		162.04		219.83		299.52	

	城乡居民储蓄存款(亿元)							
	2000	增长%	2005	增长%	2008	增长%	2009	增长%
襄樊	166.82		388.27		574.79		687.58	
荆门	89.76	13.7	205.66	15.7	307.07	24.2	367.09	19.5
十堰	108.51	7.2	238.25	26.4	339.80	64.0	402.75	15.5
南阳	**229.59**		**468.45**	**18.1**	**687.44**	**18.8**	**803.81**	**16.9**
信阳	95.00		354.30		571.31		674.90	
安康	51.84		109.66		192.50		237.20	
渭南	150.38		307.22	14.8	438.17	26.4	555.37	26.8
达州	155.17		308.34		492.46		576.75	

鄂豫川陕四省八市主要经济指标

	在岗职工年平均工资(元)							
	2000	增长%	2005	增长%	2008	增长%	2009	增长%
襄樊	5176		8903		16089		19504	
荆门	6920	4.3	11571	10.7	17150	12.9	18748	9.3
十堰	7590	4.1	16316		19181		20999	
南阳	**6164**	**8.4**	**11820**	**16.3**	**17847**	**11.6**	**20834**	**16.7**
信阳	5788		10115		18409			
安康	6766		11953		22864		28422	
渭南	6189	9.8	11822	12.5	21092	25.6	24589	16.6
达州	6392		12469		20504		20559	

	城镇居民可支配收入(元)							
	2000	增长%	2005	增长%	2008	增长%	2009	增长%
襄樊	5663	9.0	8145	7.8	12292	12.7	13409	9.1
荆门	5704	8.7	8585	10.8	12690	14.6	13857	9.2
十堰	7130		10413		10535		11376	8.0
南阳	**4430**	**6.9**	**7831**	**13.2**	**12395**	**15.7**	**13498**	**8.9**
信阳	4037	6.7	6784	13.8	11024	16.3	12047	9.3
安康	4305	4.6	6388	7.5	10150	26.1	12525	23.4
渭南	4116	8.8	6764	7.9	11001	24.6	13652	24.1
达州	4318	3.3	6541	10.7	9748	13.9	11103	13.9

	农民人均现金收入(元)							
	2000	增长%	2005	增长%	2008	增长%	2009	增长%
襄樊	2386	1.7	3191	4.3	4880	18.6	5440	11.5
荆门	2980	1.7	3738	3.0	5332	14.6	5956	11.7
十堰	1487		1990	3.9	2841	14.1	3110	9.5
南阳	**1889**	**18.0**	**2894**	**3.0**	**4570**	**7.8**	**4931**	**7.9**
信阳	1915	5.4	2708	13.0	4272	14.3	4618	8.1
安康	1248	5.7	1799	8.9	2770	22.7	3313	19.6
渭南	1389	-3.0	1882	8.0	2976	23.5	3584	20.6
达州	2030	4.1	2943	8.1	4096	14.1	4421	7.9

23

全国部分大中城市社会经济发展主要指标

资料整理:杨鸿飞

全国部分大中城市社

(2009

	年末总人口（万人）	比上年增长（%）	# 非农业人口（万人）	比上年增长（%）	行政区划面积（平方公里）	地区生产总值（亿元）	比上年增长（%）
南阳	**1096.22**	**0.45**	**401.55**	**5.13**	**26509**	**1714.49**	**10.0**
遵义	690.00	0.55	235.37	5.47	3076	719.79	12.6
自贡	328.49	0.89	114.61	11.15	4373	541.05	11.1
资阳	501.34	0.80	76.08	5.70	7963	534.51	14.7
株洲	382.80	0.40	108.70	0.50	11248	1022.60	14.2
舟山	96.77	0.01	36.10	0.86	1440	533.26	11.0
张家口	462.31	0.57	312.80	0.28	36808	800.49	11.1
盐城	812.37	0.10	314.91	3.70	16973	1917.00	13.4
营口	235.00	0.53	110.20	1.74	5402	799.50	20.3
延边	217.86	-0.40	144.63	-0.10	42700	450.00	18.2
襄樊	588.88	0.80	257.00	32.00	19724	1201.01	15.0
湘潭	295.26		147.45		5007	739.38	13.7
吴忠	137.21	1.13	41.18	-0.11	20193	185.89	13.0
潍坊	867.80	0.60			16140	2727.77	12.9
铁岭	306.10	0.04	98.10	0.10	12980	605.70	18.0
四平	339.10	0.40	126.60	-0.60	14080	700.30	19.0
双鸭山	150.80	0.20	94.20	0.50	22036	298.50	14.1
秦皇岛	287.24	0.50	124.51	3.70	7812	877.01	10.0
齐齐哈尔	571.60	0.40	203.80	-0.40	42469	703.80	13.9
莆田	310.00	0.90	61.10	0.40	4119	691.72	14.5
盘锦	130.01	0.70	106.78	2.00	4071	685.30	10.0
内江	425.61	1.30	87.19	3.80	5386	560.88	15.5
牡丹江	270.60	0.26	79.90	0.63	40583	603.40	14.0
锦阳	544.65	0.80	140.70	3.70	20249	820.17	14.4
柳州	367.56	0.73			18617	1031.58	16.3
临沂	1041.50	0.68			17184	2110.18	13.4
阜新	192.27	-0.10	85.83	-0.39	10355	286.24	16.0
抚顺	222.61	-0.26	146.41	-0.61	11272	724.00	13.6
克拉玛依	39.35	1.90	27.18	1.30	9500	480.00	
九江	478.95	0.70	133.61	0.40	18823	831.36	13.8
锦州	310.20		124.10	0.60	9891	790.10	16.0
焦作	348.11	0.40			4071	1115.90	11.6
吉林	434.20	0.10	212.00		27120	1500.10	17.7
淮南	242.50	0.70	113.30	0.30	2585	508.80	13.7
葫芦岛	282.30	0.70	88.10	1.60	10415	486.90	10.5
红河州	444.20	0.68	74.88	0.69	32931	560.88	11.2
鹤岗	109.40		88.20		14648	206.30	13.9
合肥	491.34	1.00	213.70	1.80	7055	2102.12	17.3
邯郸	942.80	1.60	314.50	4.90	12701	2015.30	11.2
阜阳	1000.50	1.30	125.20	2.80	9775	607.80	12.8
大同	319.51	0.52	165.99	2.12	14112	596.10	2.3
大庆	280.20	1.10	138.90	1.50	21219	2120.00	12.1
景德镇	157.66	0.73	63.08	0.70	5256	364.03	13.8
朝阳	342.60	0.50	99.10	5.80	19700	518.00	18.0
本溪	155.50	-0.30	104.00	-0.20	8411	688.40	18.3
包头	257.20	1.60	200.20	4.20	27768	2168.80	17.6
蚌埠	360.64	0.70	104.45	4.10	5952	532.09	12.2
白城	203.20	0.15	81.00	0.37	25745	356.50	18.4
丹东	242.60	-0.10	101.90	0.20	15222	655.79	16.5
安阳	544.60	0.50	120.77	1.10	7413	1106.00	12.2

会经济发展主要指标

年）

# 第一产业（亿元）	比上年增长（%）	第二产业（亿元）	比上年增长（%）	第三产业（亿元）	比上年增长（%）	人均地区生产总值（元）	比上年增长（%）	财政总收入（亿元）	比上年增长（%）
366.91	**4.2**	**875.49**	**11.2**	**472.09**	**12.1**	**16996**	**9.0**	**101.6**	**0.7**
121.59	5.2	340.18	13.4	258.02	14.7	10454	12.0	115.0	12.0
80.17	3.4	291.90	19.6	168.98	11.6	19273	11.1	50.7	0.3
129.51	3.0	269.49	21.8	135.52	11.9	12616	14.4	55.1	54.1
107.80	5.6	560.30	16.1	354.50	13.9	27474	13.6	100.3	22.2
51.41	-3.0	248.25	14.7	233.60	10.3	55106	8.7	77.0	15.5
122.43	3.0	334.39	5.6	343.67	20.7	18952	10.6	122.0	6.4
330.40	4.0	923.74	15.8	662.86	15.2	25553	14.3	311.9	44.3
67.50	7.9	447.00	22.3	285.00	19.9	34104	19.6	112.2	17.6
46.30	3.1	216.10	22.9	187.60	17.0	20617	18.2	72.5	10.6
200.21	3.0	575.32	19.9	425.48	14.4	22071	14.8	95.1	15.4
89.33	5.0	387.76	16.4	262.28	13.0	26608	13.2	58.1	19.1
29.90	6.4	99.54	15.9	56.45	11.1	13625	12.8	17.6	25.0
301.96	4.6	1564.67	13.7	861.15	14.0	30568	12.2	299.5	15.2
125.40	7.4	311.10	24.1	169.30	14.5	19795	12.8	76.3	32.9
180.60	4.1	279.60	34.9	240.10	17.0	20697	17.3	43.4	15.7
88.70	8.5	131.70	20.7	78.20	8.6	19817			
100.16	5.8	323.00	10.3	453.85	10.6	30606	9.3	114.6	6.4
168.70	13.2	249.10	16.0	286.00	12.4	12958	13.8	77.6	31.0
76.96	5.0	397.86	15.8	216.90	15.4	24271	13.9	63.2	19.7
73.80	7.6	471.50	7.1	140.00	21.5	51951	6.3		
98.43	4.2	319.26	21.5	143.19	11.1	14156	15.6	46.0	19.7
95.60	10.0	227.50	17.4	280.30	12.5			66.3	20.5
156.72	4.5	375.64	20.0	287.81	12.4	16537	10.2	88.0	26.2
90.14	5.2	630.43	20.2	305.02	12.5	27899	15.6	157.6	12.5
250.46	3.9	1063.41	14.9	796.31	14.0	21400	12.8	91.5	14.1
63.67	7.4	117.20	19.9	105.37	16.4	14880	16.3	36.0	83.7
46.60	7.4	404.50	14.6	273.00	13.2	32481	14.0	234.6	53.3
3.00	1.7	416.00	-1.8	61.00	3.5	87000	-13.0	35.7	-13.8
92.00	6.8	441.10	15.5	298.27	13.9	17420	13.0	86.2	30.3
133.10	7.0	351.70	20.4	305.30	15.3	25471	15.8	147.8	66.9
85.70	4.2	740.70	12.2	289.50	12.2	32640	11.1	102.5	0.2
170.30	6.9	739.80	19.0	590.00	19.5	34483	14.9	157.5	42.3
41.80	6.1	319.40	15.8	147.60	11.6	22169	12.9	75.0	24.7
61.70	-5.8	225.10	10.6	200.10	15.5	17327	10.0		
104.60	5.4	286.63	10.8	169.65	15.2	12670	8.1	140.3	8.5
50.40	11.0	98.60	18.4	57.30	9.0	18866	11.7	27.7	26.0
108.69	6.2	1104.98	22.5	888.45	12.4	42985	15.8	341.9	13.5
243.60	3.5	1110.40	10.5	661.20	15.1	22779	10.5	201.3	10.2
175.10	6.9	218.10	20.5	214.60	9.7	7288	13.1	64.3	26.7
30.60	3.3	284.34	-1.6	281.16	6.5	18705	1.8	120.9	-1.1
80.00	13.5	1730.00	11.5	310.00	16.0	76000	10.8	145.5	9.8
33.64	7.0	211.98	14.8	118.41	13.8	23174	13.0	35.6	25.1
102.00		259.80	27.3	156.30	16.4	15700	17.8	72.6	3.0
38.50	7.4	409.60	22.2	240.30	13.6	44251	18.3	56.8	18.6
55.30	5.9	1175.20	19.6	938.30	16.0	84979	15.8	244.2	19.0
104.39	5.7	236.45	16.7	191.25	10.2	14803	11.4	76.8	16.7
69.30	6.2	152.30	21.8	135.00	20.7	17557	22.7	23.2	0.4
86.60	10.2	316.08	20.0	253.11	14.4	27023	16.6	91.3	15.7
144.00	4.2	686.00	13.7	276.00	12.4	21219	12.0	107.0	-2.8

全国部分大中城市社

续表1

(2009

	地方财政一般预算收入(亿元)	比上年增长(%)	地方财政一般预算支出(亿元)	比上年增长(%)	粮食总产量(万吨)	比上年增长(%)	规模以上工业增加值(亿元)	比上年增长(%)
南阳	**56.2**	**9.5**	**203.5**	**24.7**	**579.4**	**1.7**	**486.4**	**14.1**
遵义	46.3	18.2	153.9	17.2	339.9	-0.6	254.5	13.6
自贡	17.0	2.8	72.0	25.2	131.8	1.3	249.3	26.7
资阳	18.3	12.9	84.7	12.0	231.0	1.1	265.2	33.1
株洲	66.6	42.4	128.7	17.4	183.6	2.5	426.2	19.3
舟山	48.8	13.0	82.7	7.8	5.9	9.5	180.6	20.4
张家口	47.0	13.0	154.6	39.2	81.3	-38.0	235.4	1.6
盐城	126.8	40.5	199.7	32.2	622.9	3.3	714.2	16.7
营口	57.2	42.8	106.8	38.3	73.5	-0.7	522.1	25.6
延边	34.7	8.5	126.4	28.6	82.8	-21.3	165.7	-77.0
襄樊	37.0	23.2			433.3	4.9	461.5	27.6
湘潭	38.7	25.4			150.0	3.8	334.7	20.6
吴忠	12.3	27.4	64.0	36.5	83.1	1.8	71.6	12.5
潍坊	158.0	19.7	227.7	24.9	520.8	6.0	1499.0	15.1
铁岭	48.0	45.0	107.9	39.4	256.2	-29.1	363.9	24.6
四平	21.4	22.7	90.8	27.0	555.5	-20.0	250.3	33.1
双鸭山	16.6	33.7	58.8	40.6	194.2	11.5	92.3	25.5
秦皇岛	56.3	15.7	103.7	10.1	82.1	-4.2	234.9	10.5
齐齐哈尔	34.5	23.5	91.7	15.9	828.3	7.6	201.2	17.7
莆田	37.9	28.3	62.2	37.1	31.0	2.3	320.3	18.7
盘锦	43.4	24.3	83.0	42.4	114.5	0.8	408.9	4.8
内江	16.2	17.2	74.4	21.7	157.0	1.2	303.1	28.3
牡丹江	30.6	21.6	103.2	37.1	221.0	16.2	88.2	34.4
锦阳	33.7	32.9	269.7	-16.3	230.7	2.7	301.0	26.5
柳州	61.4	17.1	127.2	32.2	81.1	6.0	495.9	21.1
临沂			187.3	22.9	456.1	5.4	1057.6	15.9
阜新	18.6	27.3	77.1	49.0	137.4	-32.2	77.2	30.4
抚顺	53.8	19.0	117.8	33.7	52.0	-14.2	274.8	14.7
克拉玛依	33.3	-15.0	42.8	-8.2	0.6	313.3	400.4	-1.5
九江	50.5	31.4	135.9	30.2	153.5	5.9	271.7	20.7
锦州	48.0	36.9	108.5	33.6	193.9	-7.9	269.0	22.3
焦作	54.4	10.7	103.1	26.9	197.8	0.7	583.2	13.4
吉林	61.0	14.4	164.7	21.2	365.0		489.6	10.8
淮南	37.3	24.6	68.0	33.4	137.0	2.2	280.1	20.7
葫芦岛	37.3	18.8	92.4	31.1	72.1	-38.6	138.8	4.8
红河州	52.0	15.3	137.3	27.9	139.8	4.5	218.1	10.0
鹤岗	11.7	25.9	41.1	36.0	66.6	7.9	72.0	20.0
合肥	180.9	12.4	245.9	18.7	190.4	2.0	767.5	27.2
邯郸	87.2	12.5	192.2	24.0	452.0	1.1	808.2	14.6
阜阳	29.9	32.1	128.6	28.2	515.5	2.5	155.1	26.7
大同	47.6	2.0	109.3	11.9	52.6	-19.3	225.0	-3.9
大庆	82.5	2.8	114.5	8.8	394.1	17.1	1485.0	10.5
景德镇	24.3	31.4	57.7	44.9	56.8	4.2	145.2	21.5
朝阳	42.1	32.6	121.6	30.8	64.6	-57.9	210.5	24.8
本溪	50.3	18.6	94.9	24.7	23.0	15.7	351.6	23.7
包头	130.3	35.1	196.0	28.0	100.6	0.5	904.1	19.3
蚌埠	31.7	15.4	86.3	17.2	264.4	4.3	189.8	22.8
白城	12.6	15.6	81.1	34.0	251.3	-19.6	50.7	30.3
丹东	50.1	33.4	111.4	40.1	88.3	-3.5	191.8	23.1
安阳	55.2	10.3	122.1	28.3	333.1	1.5	532.0	15.2

会经济发展主要指标

年）

规模以上工业产品销售收入（亿元）	比上年增长（%）	规模以上工业企业利润总额（亿元）	比上年增长（%）	全社会固定资产投资（亿元）	比上年增长（%）	#城镇固定资产投资（亿元）	比上年增长（%）
1530.2	**16.6**	**96.2**	**9.6**	**1153.2**	**28.7**	**929.5**	**31.2**
502.0	12.0	73.7	-1.7	376.1	19.0	319.7	19.1
791.6	28.8	15.9	22.0	243.0	52.8	198.4	53.5
831.9	36.6	46.1	32.4	285.7	50.2	252.9	58.0
1065.4	21.0	4.2	35.8	563.0	44.9	518.0	49.8
750.4	16.6	27.1	-3.2	400.7	18.0	277.4	3.7
615.1	-5.0	23.0	24.1	657.5	60.2	580.9	60.7
3070.6	26.9	131.5	39.9	1500.3	33.9	857.1	31.9
1587.5	29.3	52.2	1189.7	800.1	47.3	669.1	47.9
389.1	23.3	19.9	-1.4	568.7	34.9	455.2	28.4
1278.6	35.3	62.3	60.0	574.8	53.8	519.9	53.6
985.9	13.2	33.5	31.2	464.0	52.8	427.5	57.1
220.5	-8.7	4.8	-4.1	165.7	26.1	126.2	15.4
6050.2	15.5	326.3	20.7	1890.5	24.1		
1409.9	31.9	38.6	126.2	750.1	50.5	654.2	49.1
665.0	37.4	26.3	73.6	432.1	35.4	347.3	40.4
257.9	15.2	15.1	7.7			195.2	62.2
927.7	-7.4	3.4	-91.5	420.7	38.6	327.2	38.4
628.7	11.9	44.2	36.2			338.2	61.8
842.6	20.0	28.1	76.5	362.7	20.2	302.0	23.9
1212.7	-96.4	-2.6	-93.7	543.0	50.3	474.9	44.5
927.0	31.6	47.2	54.0	269.1	55.6	189.7	29.0
294.6	22.5	9.3	23.7	368.5	66.5	351.1	64.2
999.0	20.8	35.7	64.1	802.1	125.8	464.0	83.6
1708.9	23.2	70.5	73.3	681.9	58.5	641.4	65.2
3794.8	17.7	207.2	18.8	1150.5	24.8		
281.2	12.3	11.3	72.8	240.1	70.7	169.3	47.6
1168.4	4.1	42.5		533.0	48.0	476.7	40.0
978.7	-24.8	99.3	-64.5	180.3	-23.8	170.3	-25.5
73.3	8.1	116.9		659.0	43.9	647.0	46.1
1197.0	15.3	77.4		350.1	50.5	281.9	41.4
2048.8	10.9	202.4	3.9	803.6	26.3	695.0	27.1
1710.0	3.1	42.0		1490.0	24.2	1254.6	34.3
652.7	15.0	25.9	-8.2	286.0	28.3	196.9	16.9
655.1	-12.1	-10.6		317.1	44.9	219.4	37.9
515.8	-0.7	29.6	21.3	404.5	30.6	368.6	31.0
185.2	12.5	3.3	-66.2			109.2	51.0
2279.6	25.5			2468.4	34.3	2357.8	33.9
3496.5	12.7	119.1	-2.3	1466.9	39.2	1276.5	39.3
474.6	28.8	45.7	37.4	250.5	32.6	224.6	33.5
543.2	-12.9	13.1	-7.3	475.2	71.8	457.6	72.8
2863.1	-23.0	645.1	-49.1			753.5	25.2
475.3	26.0	17.5	14.7	330.6	43.7	317.5	42.8
690.3	14.7	21.2	-41.8	480.4	44.9	40.7	45.7
1143.5	7.8	-1.7		350.1	47.6	332.4	48.7
2034.9	12.0	40.1	-34.0			1500.3	38.9
510.9	25.8	25.5	31.1	355.7	40.5	265.2	50.1
171.0	24.6	7.4	12.1	348.5	33.0	226.8	40.3
718.7	40.8	32.6	45.9	525.0	50.7	444.0	51.5
1896.2	1.9	146.9	10.3	740.6	30.9	622.6	31.5

全国部分大中城市社

续表 2

(2009

	社会消费品零售总额（亿元）	比上年增长（%）	外贸进出口总额（万美元）	比上年增长（%）	#出口总额（万美元）	比上年增长（%）	年末金融机构存款余额（亿元）	比上年增长（%）
南阳	**676.7**	**15.6**	**63719**	**-27.3**	**42908**	**-38.0**	**1145.9**	**24.4**
遵义	244.2	20.0	19013	0.1	13841	-10.6	920.6	23.9
自贡	204.1	18.4	49877	0.8	18661	-28.4	489.9	16.6
资阳	170.6	19.1	15445	-3.5	14499	2.1	558.5	27.7
株洲	364.4	19.6	114739	-0.5	47405	-32.4	945.0	25.1
舟山	181.7	15.1	702329	16.0	373918	13.8	920.8	26.0
张家口	274.4	18.0	51633	-36.8	16850	-54.9	1133.1	31.3
盐城	647.0	19.2	286190	2.5	186399	-11.4	1645.3	26.4
营口	211.4	18.5	167000	-29.9	120037	-28.8	835.8	32.0
延边	217.8	20.9	134830	-25.8	108970	-26.6	668.0	16.3
襄樊	500.6	21.1	43368	-17.3	32943	-12.2	1051.8	26.5
湘潭	223.2	19.6	142870	-22.9	52625	-53.2	090.9	21.7
吴忠	44.3	17.9					213.4	22.8
潍坊	988.5	19.1	807662	-3.6	620288	-5.2	2768.2	
铁岭	193.2	18.5	51388	193.6	50299	214.4	565.5	26.1
四平	242.5	22.1	14649	3.6	6088	-34.4	475.9	17.0
双鸭山	56.6	18.7	64260	-28.6	61409	-29.7	366.2	26.2
秦皇岛	283.3	18.0	331567	-33.7	161779	-48.3	1288.2	27.1
齐齐哈尔	306.7	19.2	67862.5	16.7	49772	-2.3	772.8	20.9
莆田	240.5	15.8	17064	-8.5	18302	34.5	608.8	25.6
盘锦	156.9	18.4	37518	2.6	29230	12.8	732.7	-77.8
内江	165.9	18.7	12848	-23.7	12186	-20.9	507.7	24.8
牡丹江	237.9	20.5	524000	-47.6	251000	-61.9	733.3	16.3
锦阳	341.1	25.7	158037	-1.5	100781	0.6	1524.7	369.6
柳州	401.0	19.3	10012	-59.5	3707	-78.4	1212.5	42.3
临沂	974.2	19.3	342000	-14.3	219000	-16.8	1762.3	25.2
阜新	126.6	18.2	11401	2.1	10608	0.7	421.9	22.3
抚顺	338.1	18.1	88838.2	-27.3	45881	-48.0	822.1	20.7
克拉玛依	29.6	9.3	18120	47.3	10530	46.7	492.1	53.6
九江	240.5	19.1	70960	48.1	46228	75.4	859.1	36.3
锦州	269.9	18.3	174693	44.1	80647	8.9	846.4	17.3
焦作	263.7	18.9	107420	-27.9	69346	-22.8	662.1	19.4
吉林	578.8	20.3	76565	-45.5	41255	-49.6	1190.6	20.2
淮南	159.1	18.8	12126	-10.5	2952	-3.6	719.1	28.6
葫芦岛	198.4	18.2	101000	4.1	49000	-28.2	689.1	18.7
红河州	127.3	21.3	92427	-9.1	65927	-8.8	687.0	29.1
鹤岗	60.6	18.9	5376	19.8	5108	64.2	290.4	32.1
合肥	703.4	19.6	642800	-16.6	444800	-18.1	3735.3	38.2
邯郸	606.0	17.9	267794	-10.5	55586	-46.0	1848.7	25.4
阜阳	282.2	18.7	20828	13.6	14119	0.6	860.5	18.4
大同	264.7	14.5	19500	-17.7	11400	-41.8	1482.0	15.1
大庆	502.6	30.2	110250.2	34.6	56807	8.8	1356.4	12.8
景德镇	118.5	19.4	56172	93.3	48133	116.9	319.1	27.8
朝阳	128.2	18.2	45346	17.5	37027	5.7	581.6	17.3
本溪	167.4	18.2	215000	31.4	65000	73.3	632.5	18.4
包头	617.7	19.0	128356	-45.2	66852	-55.8	1496.2	24.5
蚌埠	227.0	18.5	38470	-2.4	33385	-6.7	577.8	19.8
白城	136.7	19.8	8211	-21.8	6756	-28.3	265.5	26.9
丹东	234.0	18.2	201135	6.8	144902	4.6	773.5	23.5
安阳	292.5	19.0	93810	-62.5	28099	-77.0	884.4	18.2

会 经 济 发 展 主 要 指 标

年）

#城乡居民储蓄余额（亿元）	比上年增长（%）	年末金融机构贷款余额（亿元）	比上年增长（%）	城镇居民人均可支配收入（元）	比上年增长（%）	农民人均纯收入（元）	比上年增长（%）	在岗职工平均工资（元）	比上年增长（%）
803.8	**16.9**	**699.1**	**26.9**	**13498**	**8.9**	**4931**	**7.9**	**20834**	**16.7**
1435.4	18.1	485.5	30.7			3661	10.9	29737	14.7
332.9	13.0	200.6	26.4	12888	12.9	5004	8.2		
392.0	15.0	218.5	35.6	4803	8.2	13500	12.2	25208	18.7
58.3	17.5	485.0	38.8	17433	12.5	6502	11.4	29015	10.8
350.2	18.3	829.0	30.5	24082	8.2	12612	11.0	40560	4.8
724.0	18.9	782.7	43.3	13246	9.9	3559	8.3	26678	13.0
994.0	15.1	1033.6	44.1	17664	11.4	7650	11.4	26719	19.4
523.6	-82.2	679.6	43.5	15858	10.5	7687	10.7	26388	17.5
481.6	13.8	303.6	9.8	13743	12.2	4708	7.2	21634	11.8
687.6	19.6	518.3	38.8	13409	9.1	5440	11.5	20292	13.3
447.5	17.6	438.2	37.1	16109	12.1	6782	11.5		
126.3	21.2	210.7	32.4	12649	10.1	4391	7.4	31552	10.9
1612.2		2074.4		17267	10.0	7695	8.8	28914	21.9
382.5	16.3	424.0	24.7	12055	10.5	6585	8.8		
353.2	13.0	359.5	15.6	15100	11.0	5418	7.4	19968	9.5
261.9	18.7	209.4	47.2	12754	8.6	5479	12.8		
740.8	20.4	730.4	33.6	15458	10.7	5516	8.8	32234	10.6
533.3	14.7	476.8	39.8	11987	8.7	4777	18.5	24038	8.3
417.2	20.4	497.3	42.5	17308	10.1	6921	7.5	24654	12.8
464.1	-82.1	367.2	-48.5	18563	8.9	8479	10.1	24361	6.4
375.7	17.7	238.7	34.3	12702	12.4	4765	8.2	23723	19.4
543.6	11.5	246.9	24.4	10660	8.6	7058	18.4		
707.2	118.6	680.3	224.2	13701	12.3	5152	8.4	27730	21.7
553.5	22.1	862.0	52.8	16017	10.0	4330	9.5		
1178.1	18.1	1287.4	23.6	16572	10.5	5883	9.3	27667	14.8
276.4	17.9	300.6	27.6	11184	10.6	5383	7.0	23003	6.7
564.2	14.8	339.4	40.9	13557	9.0	6146	10.5	30828	9.7
172.4	10.5	142.2	185.6	15395	3.9	7876	9.4	37454	9.1
486.4	26.6	500.9	47.8	14203	10.2	4819	9.1	21050	18.3
603.5	17.0	490.5	19.0	15386	10.2	6627	8.8		
465.1	16.3	409.1	19.6	14282	8.2	6590	7.5		
821.9	13.5	641.4	33.3	15541	11.0	5647	6.9		
379.1	16.3	511.5	34.4	14046	8.0	4893	10.2	40029	6.6
462.4	16.2	451.7	26.2	15305	9.8	5595	8.6	24564	17.1
378.8	19.5	410.2	28.2	10256	20.6	3446	14.0	24389	9.6
203.7	25.2	207.8	46.1	10847	8.5	5100	10.2	25747	12.9
1031.8	22.6	3492.5	35.9	17158	10.1	6065	13.0		
1213.4	18.7	1133.6	33.0	15961	10.4	5323	9.8	27619	16.7
628.5	12.6	373.0	20.6	12693	8.2	3520	10.4	22014	8.6
842.4	7.5	456.5	24.3	14585	6.1	3589	7.0	28077	16.5
832.9	13.6	324.0	30.0	18181	8.1	6593	18.8		
207.0	23.2	179.1	30.5	14996	10.4	5705	8.6	20944	12.3
579.5	17.2	360.4	22.1	11554	9.9	5170	5.5		
417.5	14.6	492.8	36.7	14705	10.5	6750	9.5	28382	13.2
686.0	15.5	814.1	29.0	23089	10.7	7826	10.6		
333.2	14.6	335.6	13.0	13483	6.1	4726	9.9	25511	13.5
164.4	16.6	194.7	8.5	15006	11.0	3537	0.5	17948	11.3
564.0	21.0	374.7	31.1	12827	10.2	7295	10.0	23367	8.6
589.8	12.0	495.2	28.5	14809	8.6	5595	7.8		

附　　录

中华人民共和国
2009年国民经济和社会发展
统计公报

中华人民共和国国家统计局

2010年2月25日

2009年，全国各族人民在党中央、国务院的领导下，以邓小平理论和“三个代表”重要思想为指导，深入贯彻落实科学发展观，认真贯彻积极的财政政策和适度宽松的货币政策，全面落实应对国际金融危机的一揽子计划和政策措施，国民经济形势总体回升向好，各项社会事业取得新的进展。

一、综　　合

初步核算，全年国内生产总值335353亿元，比上年增长8.7%。分产业看，第一产业增加值35477亿元，增长4.2%；第二产业增加值156958亿元，增长9.5%；第三产业增加值142918亿元，增长8.9%。第一产业增加值占国内生产总值的比重为10.6%，比上年下降0.1个百分点；第二产业增加值比重为46.8%，下降0.7个百分点；第三产业增加值比重为42.6%，上升0.8个百分点。

图1　2005-2009年国内生产总值

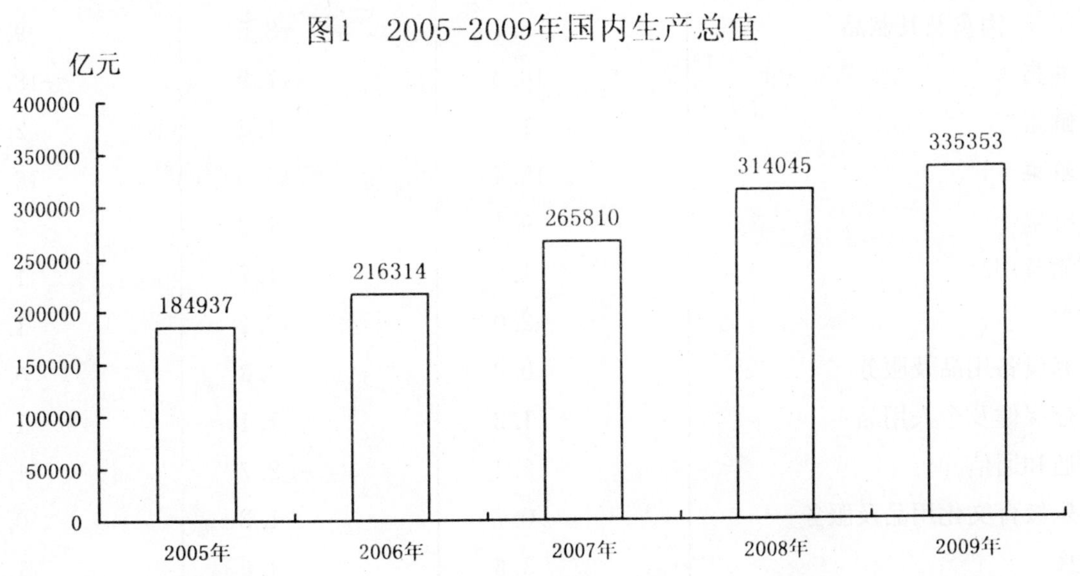

全年居民消费价格比上年下降0.7%，其中食品价格上涨0.7%。固定资产投资价格下降2.4%。工业品出厂价格下降5.4%，其中生产资料价格下降6.7%，生活资料价格下降1.2%。原材料、燃料、动力购进价格下降7.9%。农产品生产价格下降2.4%。农业生产资料价格下降2.5%。70个大中城市房屋销售价格上涨1.5%，其中新建住宅价格上涨1.3%，二手住宅价格上涨2.4%；房屋租赁价格下降0.6%。

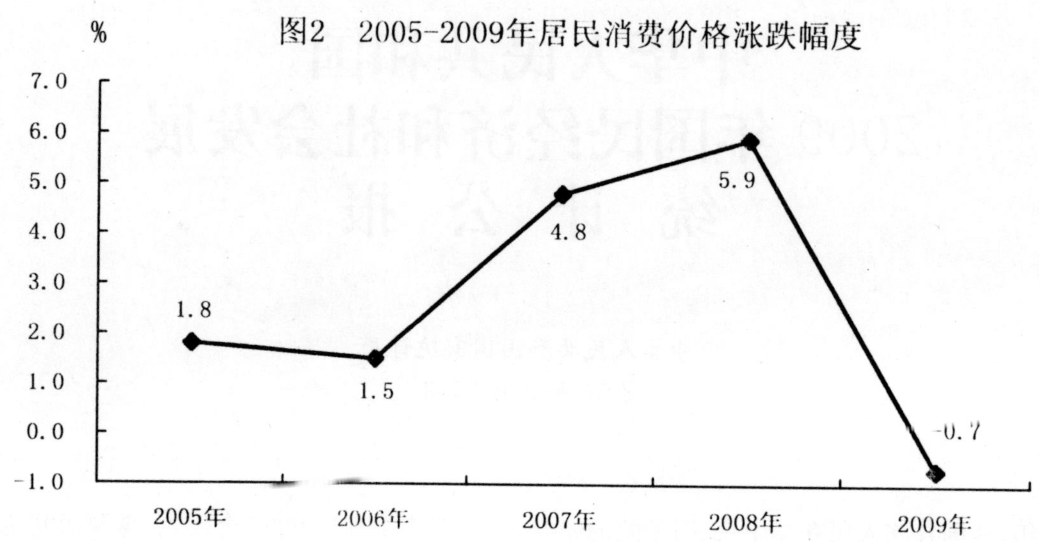

图2 2005-2009年居民消费价格涨跌幅度

表1 2009年居民消费价格比上年涨跌幅度

单位：%

指标	全国	城市	农村
居民消费价格	-0.7	-0.9	-0.3
食品	0.7	1.0	0.1
其中：粮食	5.6	5.7	5.5
肉禽及其制品	-8.7	-8.5	-9.2
油脂	-18.3	-17.9	-18.8
鲜蛋	1.5	1.3	2.0
鲜菜	15.4	15.0	16.7
鲜果	9.1	9.0	9.5
烟酒及用品	1.5	1.7	1.3
衣着	-2.0	-2.2	-1.6
家庭设备用品及服务	0.2	0.3	0.0
医疗保健及个人用品	1.2	1.1	1.5
交通和通信	-2.4	-2.7	-1.8
娱乐教育文化用品及服务	-0.7	-1.2	0.6
居住	-3.6	-4.6	-1.5

年末全国就业人员77995万人，比上年末增加515万人。其中城镇就业人员31120万人，增加910万人，新增加1102万人。年末城镇登记失业率为4.3%，比上年末上升0.1个百分点。

年末国家外汇储备23992亿美元，比上年末增加4531亿美元。年末人民币汇率为1美元兑6.8282元人民币，比上年末升值0.1%。

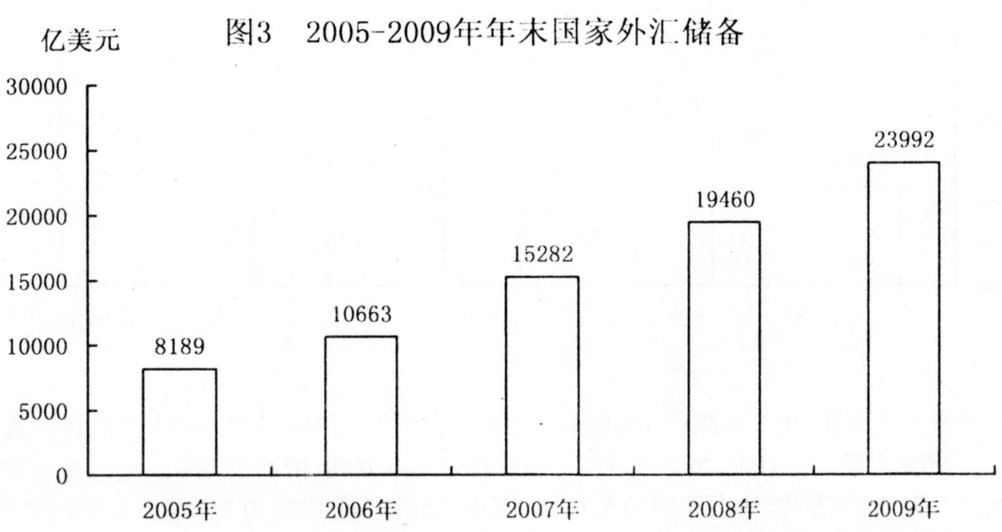

图3 2005-2009年年末国家外汇储备

全年财政收入68477亿元，比上年增加7147亿元，增长11.7%；其中税收收入59515亿元，增加5291亿元，增长9.8%。

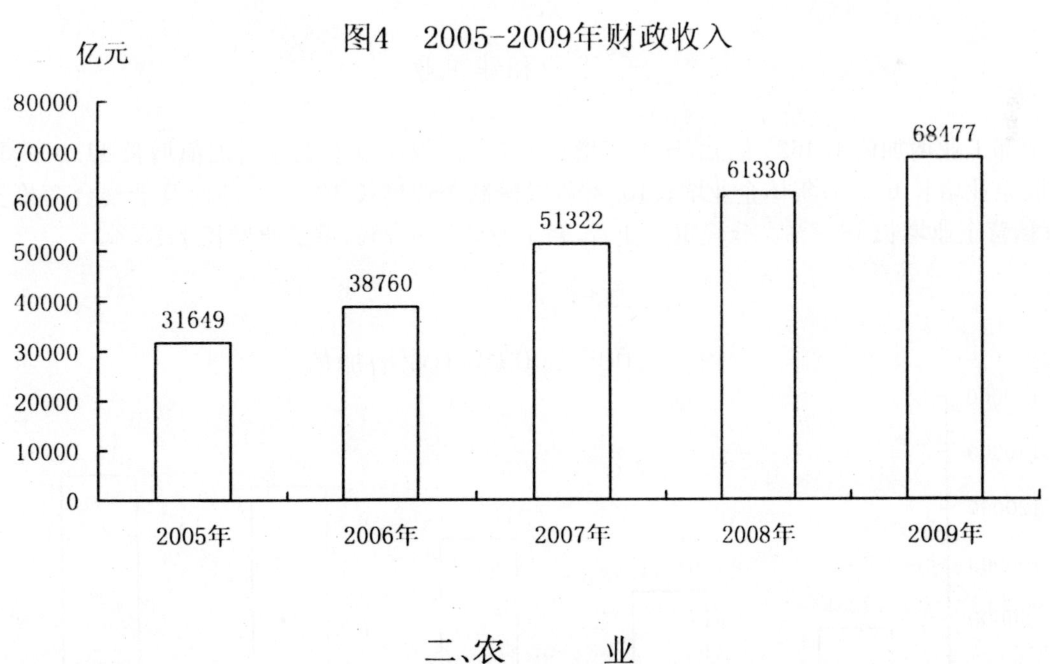

图4 2005-2009年财政收入

二、农　　业

全年粮食种植面积10897万公顷，比上年增加217万公顷；棉花种植面积495万公顷，减少80万公顷；油料种植面积1360万公顷，增加76万公顷；糖料种植面积188万公顷，减少11万公顷。

全年粮食产量53082万吨，比上年增加211万吨，增产0.4%。其中，夏粮产量12335万吨，增产2.2%；早稻产量3327万吨，增产5.3%；秋粮产量37420万吨，减产0.6%。

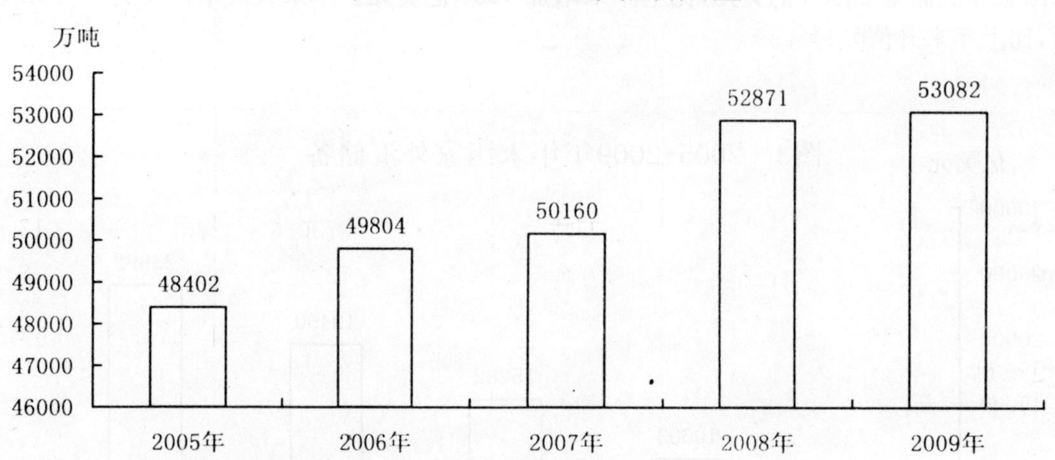

全年棉花产量640万吨，比上年减产14.6%。油料产量3100万吨，增产5.0%。糖料产量12200万吨，减产9.1%。烤烟产量280万吨，增产6.7%。茶叶产量135万吨，增产7.1%。

全年肉类总产量7642万吨，比上年增长5.0%。其中，猪肉产量4889万吨，增长5.8%；牛肉产量636万吨，增长3.6%；羊肉产量389万吨，增长2.4%。生猪年末存栏46985万头，增长1.5%；生猪出栏64507万头，增长5.7%。牛奶产量3518万吨，下降1.1%；禽蛋产量2741万吨，增长1.4%。

全年水产品产量5120万吨，增长4.6%。其中，养殖水产品产量3635万吨，增长6.5%；捕捞水产品产量1485万吨，增长0.1%。

全年木材产量6938万立方米，比上年下降14.4%。

全年新增有效灌溉面积147.1万公顷，新增节水灌溉面积182.6万公顷。

三、工业和建筑业

全年全部工业增加值134625亿元，比上年增长8.3%。规模以上工业增加值增长11.0%，其中国有及国有控股企业增长6.9%；集体企业增长10.2%，股份制企业增长13.3%，外商及港澳台商投资企业增长6.2%；私营企业增长18.7%。分轻重工业看，轻工业增长9.7%，重工业增长11.5%。

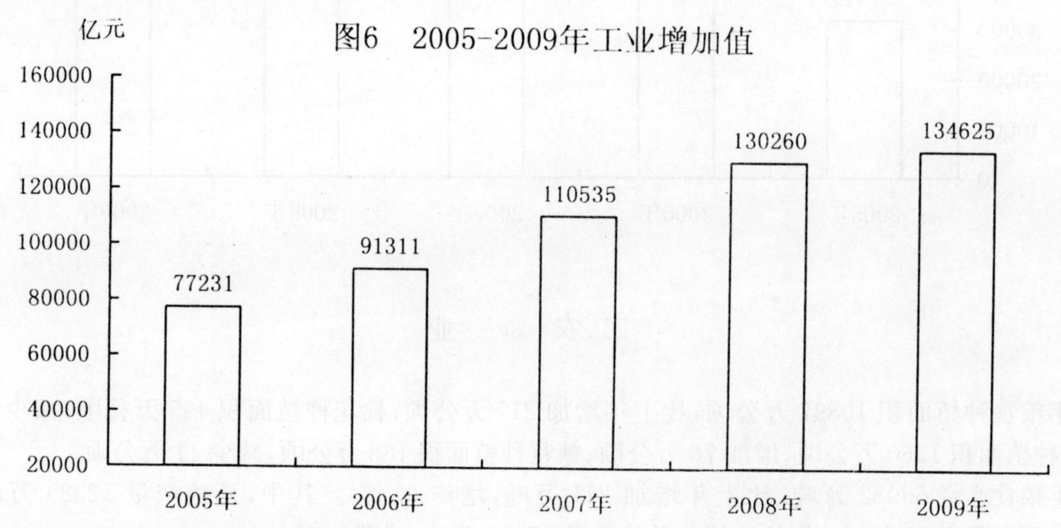

表 2 2009 年主要工业产品产量及其增长速度

产品名称	单位	产量	比上年增长%
纱	万吨	2393.5	12.7
布	亿米	740.0	4.2
化学纤维	万吨	2730.0	13.0
成品糖	万吨	1321.2	-8.9
卷烟	亿支	22901.5	3.2
彩色电视机	万台	9898.8	9.6
其中:液晶电视机	万台	6765.3	85.2
家用电冰箱	万台	5930.5	24.7
房间空气调节器	万台	8078.2	-1.9
一次能源生产总量	亿吨标准煤	28.0	5.8
原煤	亿吨	30.50	8.8
原油	亿吨	1.89	-3.1
天然气	亿立方米	851.7	6.1
发电量	亿千瓦小时	37146.5	6.3
其中:火电	亿千瓦小时	29827.8	10.2
水电	亿千瓦小时	6156.4	-3.3
核电	亿千瓦小时	701.3	2.5
粗钢	万吨	56803.3	12.9
钢材	万吨	69626.3	15.2
十种有色金属	万吨	2650.1	5.2
其中:精炼铜(电解铜)	万吨	413.5	9.1
原铝(电解铝)	万吨	1296.5	-1.5
氧化铝	万吨	2379.3	3.3
水泥	亿吨	16.5	16.0
硫酸	万吨	5960.2	16.9
纯碱	万吨	1938.4	3.0
烧碱	万吨	1832.4	-1.1
乙烯	万吨	1066.3	8.0
化肥(折 100%)	万吨	6599.7	9.8
发电机组(发电设备)	万千瓦	11729.3	-11.9
汽车	万辆	1379.5	48.2
其中:基本型乘用车(轿车)	万辆	748.5	48.6
大中型拖拉机	万台	37.1	30.6
集成电路	亿块	414.4	-0.7
程控交换机	万线	4147.4	-9.5
移动通信手持机	万台	61924.5	10.7
微型计算机设备	万台	18215.1	33.3

全年规模以上工业中，煤炭开采和洗选业增加值比上年增长8.3%；石油和天然气开采业增长4.8%；农副食品加工业增长15.9%；纺织业增长8.5%；通用设备制造业增长11.0%；专用设备制造业增长13.0%；交通运输设备制造业增长18.4%，其中汽车制造增长20.3%，船舶制造增长20.7%；通信设备、计算机及其他电子设备制造业增长5.3%；电气机械及器材制造业增长12.0%。6大高载能行业比上年增长10.6%，其中，非金属矿物制品业增长14.7%，化学原料及化学制品制造业增长14.6%，有色金属冶炼及压延加工业增长12.8%，黑色金属冶炼及压延加工业增长9.9%，电力、热力的生产和供应业增长6.0%，石油加工、炼焦及核燃料加工业增长5.2%。高技术制造业增加值比上年增长7.7%。

1—11月全国规模以上工业企业累计实现利润25891亿元，比上年同期增长7.8%。

表3 2009年1—11月规模以上工业企业实现利润及其增长速度

单位:亿元

指标	利润总额	比上年同期增长%
规模以上工业	25891	7.8
其中:国有及国有控股企业	7514	-4.5
其中:集体企业	545	10.3
股份制企业	13890	4.2
外商及港澳台商投资企业	7511	16.9
其中:私营企业	6849	17.4

全年全社会建筑业增加值22333亿元，比上年增长18.2%。全国具有资质等级的总承包和专业承包建筑业企业实现利润2663亿元，增长21.0%，其中国有及国有控股企业697亿元，增长23.9%。

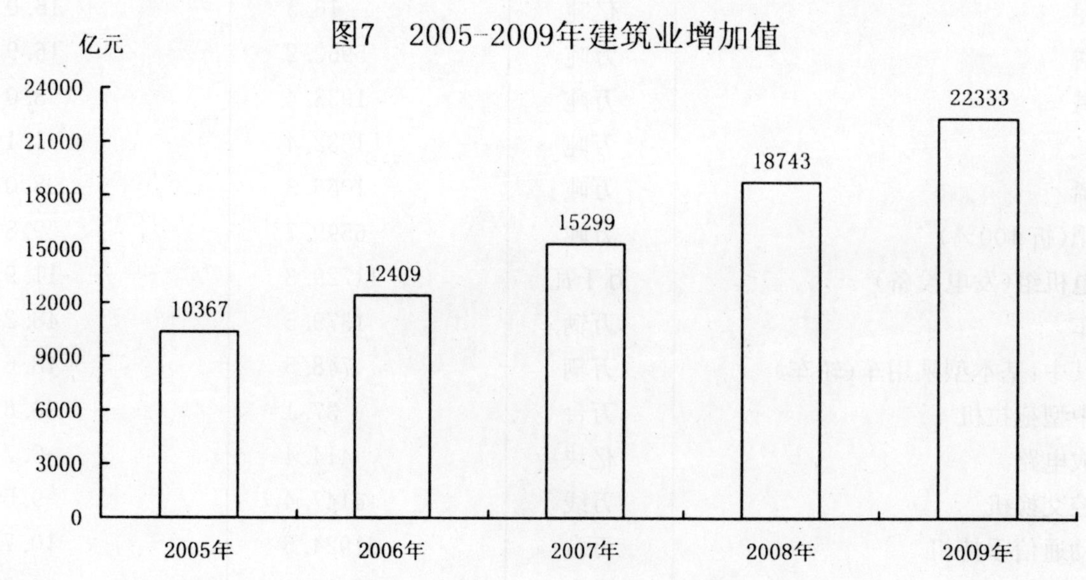

图7 2005-2009年建筑业增加值

四、固定资产投资

全年全社会固定资产投资224846亿元，比上年增长30.1%。分城乡看，城镇投资194139亿元，增长30.5%；农村投资30707亿元，增长27.5%。分地区看，东部地区投资95653亿元，比上年增长23.0%；中部地区投资49846亿元，增长35.8%；西部地区投资49662亿元，增长38.1%；东北地区投资23733亿元，增长26.8%。

表4　2009年分行业城镇固定资产投资及其增长速度

单位:亿元

行　　业	投　资　额	比上年增长%
总　　计	**194139**	**30.5**
农、林、牧、渔业	3373	49.9
采矿业	8093	18.2
其中:煤炭开采及洗选业	3021	25.9
石油和天然气开采业	2793	4.4
制造业	58817	26.8
其中:农副食品加工业	2826	38.2
食品制造业	1513	32.4
纺织业	1768	14.8
纺织服装、鞋、帽制造业	1051	17.0
石油加工、炼焦及核燃料加工业	1835	0.4
化学原料及化学制品制造业	6006	26.9
非金属矿物制品业	5948	43.5
黑色金属冶炼及压延加工业	3206	-1.3
有色金属冶炼及压延加工业	2202	16.8
金属制品业	2836	29.2
通用设备制造业	4465	37.6
专用设备制造业	3111	37.3
交通运输设备制造业	4965	31.3
电气机械及器材制造业	3545	51.2
通信设备、计算机及其他电子设备制造业	2627	6.7
电力、燃气及水的生产和供应业	13482	28.5
其中:电力、热力的生产与供应业	11078	22.8
建筑业	1884	57.6
交通运输、仓储和邮政业	23278	48.3
信息传输、计算机服务和软件业	2515	18.0
批发和零售业	4451	39.4
住宿和餐饮业	2333	34.4
金融业	349	38.2
房地产业	43065	19.9
租赁和商务服务业	1887	50.4
科学研究、技术服务和地质勘查业	1066	48.5
水利、环境和公共设施管理业	17814	45.1
居民服务和其他服务业	506	61.8
教育	3231	37.2
卫生、社会保障和社会福利业	1689	58.5
文化、体育和娱乐业	2117	47.4
公共管理和社会组织	4189	29.3

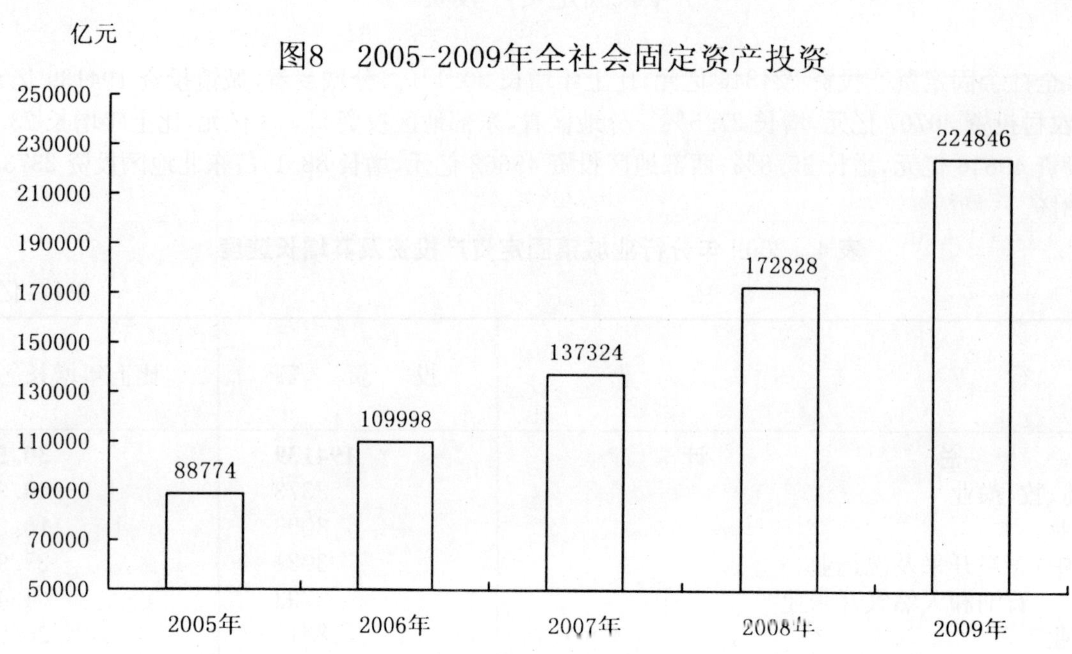

图8 2005-2009年全社会固定资产投资

在城镇投资中，第一产业投资 3373 亿元，比上年增长 49.9%；第二产业投资 82277 亿元，增长 26.8%；第三产业投资 108489 亿元，增长 33.0%。

表 5 2009 年固定资产投资新增主要生产能力

指标	单位	绝对数
新增发电机组容量	万千瓦	8970
22 万伏及以上变电设备	万千伏安	27161
新建铁路投产里程	公里	5557
增建铁路复线投产里程	公里	4129
电气化铁路投产里程	公里	8448
新建公路	公里	121013
其中:高速公路	公里	4391
港口万吨级码头泊位新增吞吐能力	万吨	31318
新增光缆线路长度	万公里	149
新增数字蜂窝移动电话交换机容量	万户	27580

全年房地产开发投资 36232 亿元，比上年增长 16.1%。其中，商品住宅投资 25619 亿元，增长 14.2%；办公楼投资 1378 亿元，增长 18.1%；商业营业用房投资 4172 亿元，增长 24.4%。

表 6　2009 年房地产开发和销售主要指标完成情况

指　　标	单　位	绝　对　数	比上年增长%
投资完成额	亿元	36232	16.1
其中:住宅	亿元	25619	14.2
其中:90 平方米以下住宅	亿元	8351	24.1
其中:经济适用房	亿元	1139	17.3
房屋施工面积	万平方米	319650	12.8
其中:住宅	万平方米	250804	12.5
房屋新开工面积	万平方米	115385	12.5
其中:住宅	万平方米	92463	10.5
房屋竣工面积	万平方米	70219	5.5
其中:住宅	万平方米	57694	6.2
商品房销售面积	万平方米	93713	42.1
其中:住宅	万平方米	85294	43.9
本年资金来源	亿元	57128	44.2
其中:国内贷款	亿元	11293	48.5
其中:个人按揭贷款	亿元	8403	116.2
本年购置土地面积	万平方米	31906	-18.9
完成开发土地面积	万平方米	23006	-19.9
土地购置费	亿元	6039	0.7

五、国内贸易

全年社会消费品零售总额 125343 亿元,比上年增长 15.5%。分地域看,城市消费品零售额 85133 亿元,增长 15.5%;县及县以下消费品零售额 40210 亿元,增长 15.7%。分行业看,批发和零售业零售额 105413 亿元,增长 15.6%;住宿和餐饮业零售额 17998 亿元,增长 16.8%;其他行业零售额 1932 亿元,增长 2.5%。

在限额以上批发和零售业零售额中,汽车类零售额比上年增长 32.3%,粮油类增长13.0%,肉禽蛋类增长 8.3%,服装类增长 20.8%,日用品类增长 15.6%,文化办公用品类增长 6.7%,通讯器材类下降 1.3%,化妆品类增长 16.9%,金银珠宝类增长 15.9%,中西药品类增长 21.7%,家用电器和音像器材类增长 12.3%,家具类增长 35.5%,建筑及装潢材料类增长 26.6%。

图9　2005-2009年全社会消费品零售总额

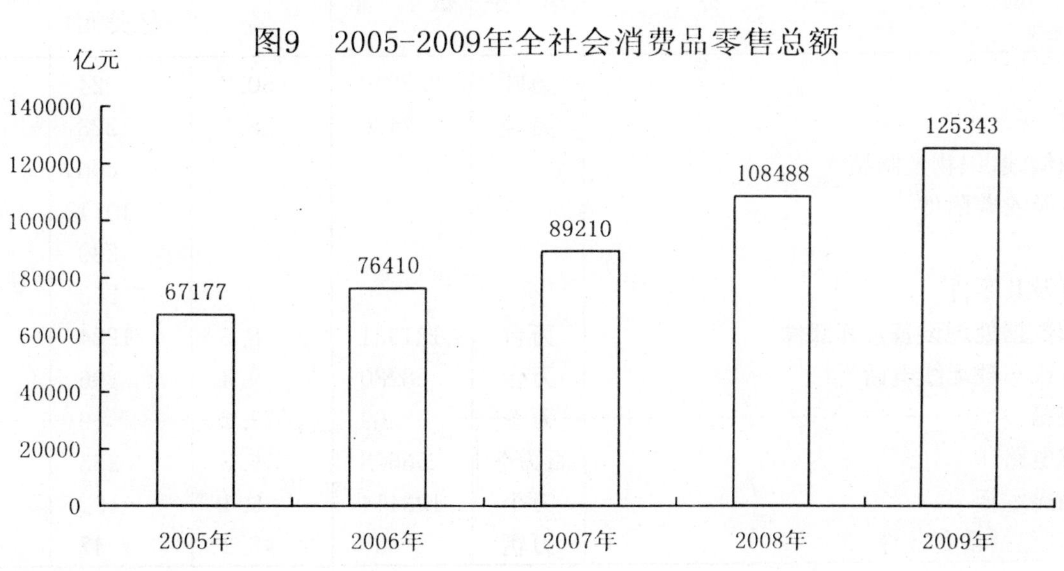

六、对外经济

全年货物进出口总额 22072 亿美元，比上年下降 13.9%。其中，货物出口 12017 亿美元，下降 16.0%；货物进口 10056 亿美元，下降 11.2%。进出口差额(出口减进口)1961 亿美元，比上年减少 1020 亿美元。

表 7　2009 年货物进出口总额及其增长速度

单位:亿美元

指　　标	绝对数	比上年增长%
货物进出口总额	22072	-13.9
货物出口额	12017	-16.0
其中:一般贸易	5298	-20.1
加工贸易	5870	-13.1
其中:机电产品	7131	-13.4
高新技术产品	3769	-9.3
其中:国有企业	1910	25.8
外商投资企业	6722	-15.0
其他企业	3384	-11.6
货物进口额	10056	-11.2
其中:一般贸易	5339	-6.7
加工贸易	3223	-14.8
其中:机电产品	4914	-8.7
高新技术产品	3098	-9.4
其中:国有企业	2885	-18.5
外商投资企业	5452	-12.0
其他企业	1719	7.9
进出口差额(出口减进口)	1961	

表 8　2009 年主要商品出口数量、金额及其增长速度

商品名称	单位	数量	比上年增长%	金额(亿美元)	比上年增长%
煤	万吨	2240	-50.7	24	-54.7
钢材	万吨	2460	-58.5	223	-64.9
纺织纱线、织物及制品				600	-8.4
服装及衣着附件				1071	-11.0
鞋类				280	-5.7
家具及其零件				253	-6.0
自动数据处理设备及其部件	万台	131331	-8.5	1224	-9.4
手持或车载无线电话	万台	58280	9.4	396	2.7
集装箱	万个	69	-77.2	19	-78.6
集成电路	百万个	56608	16.8	233	-4.2
液晶显示板	万个	192414	-5.1	192	-14.1
汽车(包括整套散件)	万辆	35	-45.2	47	-47.3

表 9　2009 年主要商品进口数量、金额及其增长速度

商品名称	数量（万吨）	比上年增长 %	金额（亿美元）	比上年增长 %
谷物及谷物粉	315	104.6	9	22.7
大豆	4255	13.7	188	-13.9
食用植物油	816	8.4	59	-30.1
铁矿砂及其精矿	62778	41.6	501	-17.4
氧化铝	514	12.1	13	-26.6
煤	12583	211.9	106	201.3
原油	20379	13.9	893	-31.0
成品油	3696	-5.4	170	-43.7
初级形状的塑料	2381	34.5	348	2.2
纸浆	1368	43.7	68	2.1
钢材	1763	14.3	195	-16.9
未锻造的铜及铜材	429	62.7	226	18.0

表 10　2009 年对主要国家和地区货物进出口额及其增长速度

单位:亿美元

国家和地区	出口额	比上年增长 %	进口额	比上年增长 %
欧盟	2363	-19.4	1278	-3.7
美国	2208	-12.5	774	-4.8
中国香港	1662	-12.8	87	-32.6
东盟	1063	-7.0	1067	-8.8
日本	979	-15.7	1309	-13.1
韩国	537	-27.4	1026	-8.5
印度	297	-6.1	137	-32.3
中国台湾	205	-20.8	857	-17.0
俄罗斯	175	-47.1	213	-10.7

图10 2005-2009年货物进出口总额

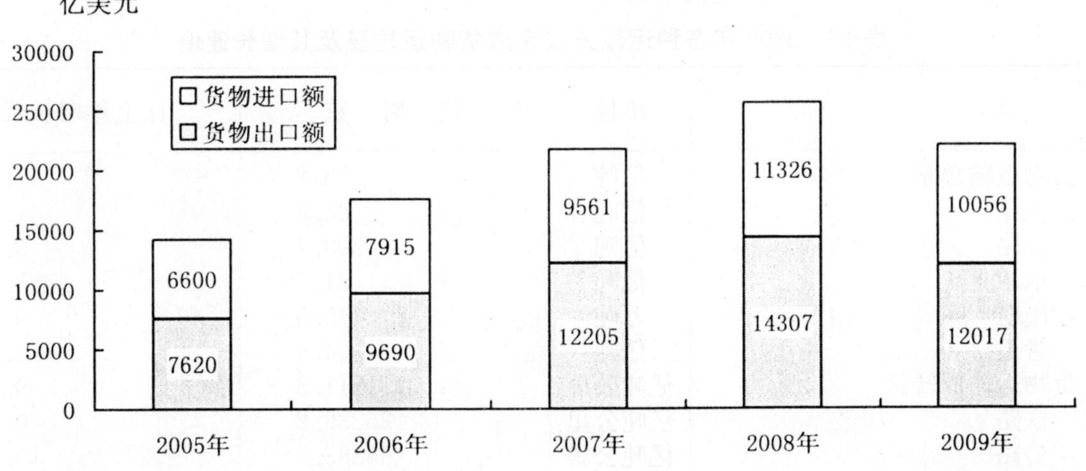

全年非金融领域新批外商直接投资企业 23435 家，比上年减少 14.8%。实际使用外商直接投资金额 900 亿美元，下降 2.6%。其中，制造业占 52.0%；房地产业占 18.7%；租赁和商务服务业占 6.8%；批发

和零售业占6.0%;交通运输、仓储和邮政业占2.8%。

表11　2009年分行业外商直接投资及其增长速度

行　　业	企业数（家）	比上年增长 %	实际使用金额（亿美元）	比上年增长 %
总　　计	**23435**	**-14.8**	**900.3**	**-2.6**
农、林、牧、渔业	896	-2.3	14.3	20.0
采矿业	99	-33.6	5.0	-12.6
制造业	9767	-15.6	467.7	-6.3
电力、燃气及水的生产和供应业	238	-25.6	21.1	24.5
建筑业	220	-16.0	6.9	-36.7
交通运输、仓储和邮政业	395	-24.5	25.3	-11.4
信息传输、计算机服务和软件业	1081	-15.9	22.5	-19.0
批发和零售业	5100	-12.9	53.9	21.6
住宿和餐饮业	502	-20.7	8.4	-10.1
金融业	52	108.0	4.6	-20.3
房地产业	569	25.9	168.0	-9.7
租赁和商务服务业	2804	-8.7	60.8	20.2
科学研究、技术服务和地质勘查业	1066	-42.0	16.7	11.2
水利、环境和公共设施管理业	183	32.6	5.6	63.4
居民服务和其他服务业	207	1.0	15.9	178.3
教育	20	-16.7	0.1	-63.0
卫生、社会保障和社会福利业	18	80.0	0.4	127.0
文化、体育和娱乐业	158	-7.1	3.2	23.0
公共管理和社会组织				
国际组织				

全年非金融类对外直接投资额433亿美元,比上年增长6.5%。

全年对外承包工程业务完成营业额777亿美元,比上年增长37.3%;对外劳务合作完成营业额89亿美元,增长10.6%。

七、交通、邮电和旅游

全年交通运输、仓储和邮政业增加值17058亿元,比上年增长3.7%。

表12　2009年各种运输方式完成货物运输量及其增长速度

指　　标	单位	绝对数	比上年增长%
货物运输总量	亿吨	278.8	7.5
铁路	亿吨	33.3	1.9
公路	亿吨	209.7	9.4
水运	亿吨	31.4	3.0
民航	万吨	445.5	9.3
管道	亿吨	4.4	1.3
货物运输周转量	亿吨公里	121211.3	9.8
铁路	亿吨公里	25239.2	0.5
公路	亿吨公里	36383.5	10.7
水运	亿吨公里	57439.9	14.0
民航	亿吨公里	126.3	5.6
管道	亿吨公里	2022.4	4.1

表 13　2009 年各种运输方式完成旅客运输量及其增长速度

指　　标	单位	绝　对　数	比上年增长%
旅客运输总量	亿人	297.7	3.8
铁路	亿人	15.2	4.3
公路	亿人	278.0	3.6
水运	亿人	2.2	2.9
民航	亿人	2.3	19.7
旅客运输周转量	亿人公里	24773.6	6.8
铁路	亿人公里	7878.9	1.3
公路	亿人公里	13450.7	7.8
水运	亿人公里	69.1	5.8
民航	亿人公里	3374.9	17.1

全年规模以上港口完成货物吞吐量 69.1 亿吨，比上年增长 8.2%，其中外贸货物吞吐量 21.4 亿吨，增长 8.6%。港口集装箱吞吐量 12082 万标准箱，下降 5.8%。

年末全国民用汽车保有量达到 7619 万辆(包括三轮汽车和低速货车 1331 万辆)，比上年末增长 17.8%，其中私人汽车保有量 5218 万辆，增长 25.0%。民用轿车保有量 3136 万辆，增长 28.6%，其中私人轿车 2605 万辆，增长 33.8%。

全年完成邮电业务总量 27313 亿元，比上年增长 14.6%。其中，邮政业务总量 1632 亿元，增长 16.4%；电信业务总量 25681 亿元，增长 14.4%。全年局用交换机容量减少 1644 万门，总容量 49219 万门；新增移动电话交换机容量 27580 万户，达到 142111 万户。固定电话年末用户 31369 万户。其中，城市电话用户 21178 万户，农村电话用户 10191 万户。新增移动电话用户 10614 万户，年末达到 74738 万户。年末全国固定及移动电话用户总数达到 106107 万户，比上年末增加 7947 万户。电话普及率达到 79.9 部/百人。互联网上网人数 3.8 亿人，其中宽带上网人数 3.5 亿人；互联网普及率达到 28.9%。

图11　2005-2009年年末电话用户数

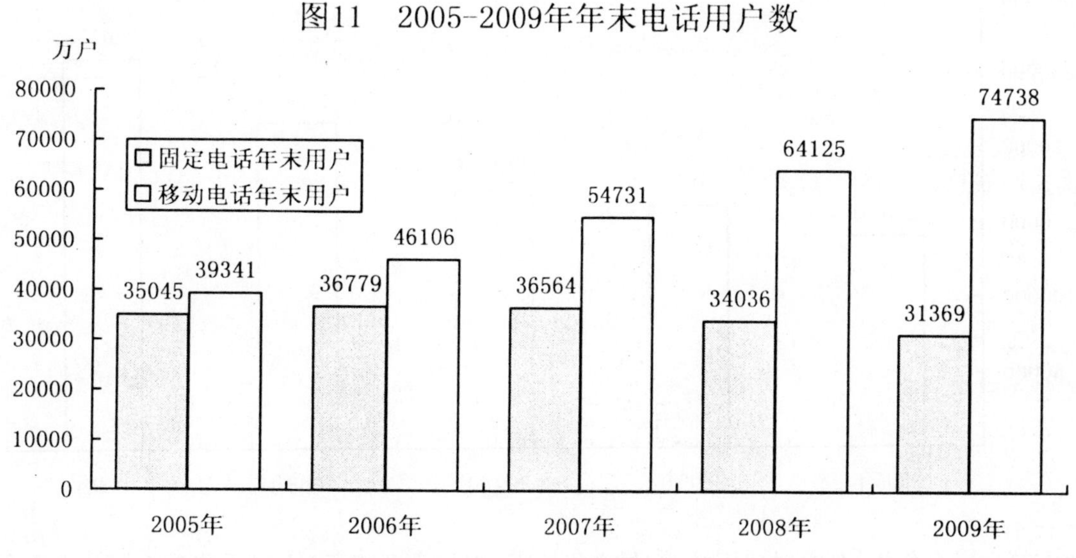

全年国内出游人数达 19.0 亿人次，比上年增长 11.1%；国内旅游收入 10184 亿元，增长16.4%。入境旅游人数 12648 万人次，下降 2.7%。其中，外国人 2194 万人次，下降 9.8%；香港、澳门和台湾同胞 10454 万人次，下降 1.1%。在入境旅游者中，过夜旅游者 5088 万人次，下降 4.1%。国际旅游外汇收入 397 亿美元，下降 2.9%。国内居民出境人数达 4766 万人次，增长 4.0%。其中因私出境 4221 万人次，增长 5.2%，占出境人数的 88.6%。

八、金　　融

年末广义货币供应量(M2)余额为 60.6 万亿元，比上年末增长 27.7%；狭义货币供应量(M1)余额为 22.0 万亿元，增长 32.4%；流通中现金(M0)余额为 3.8 万亿元，增长 11.8%。

年末全部金融机构本外币各项存款余额 61.2 万亿元，比年初增加 13.2 万亿元。其中人民币各项存款余额 59.8 万亿元，增加 13.1 万亿元。全部金融机构本外币各项贷款余额 42.6 万亿元，增加 10.5 万亿元。其中人民币各项贷款余额 40.0 万亿元，增加 9.6 万亿元。

表 14　2009 年全部金融机构本外币存贷款及其增长速度

单位：亿元

指　　标	年　末　数	比上年末增长%
各项存款余额	612006	27.7
其中：企业存款	224357	36.5
城乡居民储蓄存款	264761	19.5
其中：人民币	260772	19.7
各项贷款余额	425597	33.0
其中：短期贷款	151353	17.7
中长期贷款	235579	43.5

图12　2005-2009年城乡居民人民币储蓄存款余额

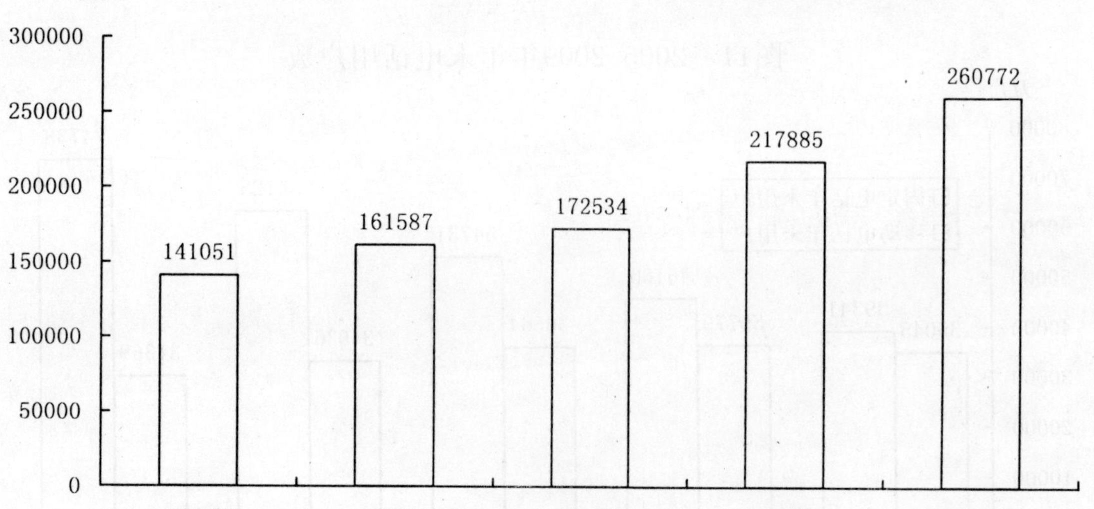

全年农村金融合作机构(农村信用社、农村合作银行、农村商业银行)人民币贷款余额 4.7 万亿元，比

年初增加 9727 亿元。全部金融机构人民币消费贷款余额 5.5 万亿元,增加 17976 亿元。其中,个人短期消费贷款余额 0.6 万亿元,增加 2465 亿元;个人中长期消费贷款余额 4.9 万亿元,增加 15511 亿元。

全年上市公司通过境内市场累计筹资 3653 亿元,比上年增加 1255 亿元。其中,首次公开发行 A 股 99 只,筹资 2062 亿元,增加 995 亿元;A 股再筹资(包括配股、公开增发、非公开增发、认股权证)筹资 1591 亿元,增加 259 亿元;上市公司通过发行可转债、可分离债、公司债筹资 813 亿元,减少 185 亿元。全年首次公开发行创业板股票 36 只,筹资 204 亿元。

全年发行非上市公司企业(公司)债券 4252 亿元,比上年增加 1885 亿元。企业发行短期融资券 4612 亿元,增加 281 亿元;中期票据 6987 亿元,增加 5250 亿元。发行中小企业集合票据 12.7 亿元。

全年保险公司原保险保费收入 11137 亿元,比上年增长 13.8%,其中寿险业务原保险保费收入 7457 亿元;健康险和意外伤害险业务原保险保费收入 804 亿元;财产险业务原保险保费收入 2876 亿元。支付各类赔款及给付 3125 亿元,其中寿险业务给付 1269 亿元;健康险和意外伤害险赔款及给付 281 亿元;财产险业务赔款 1576 亿元。

九、教育和科学技术

全年研究生教育招生 51.1 万人,在学研究生 140.5 万人,毕业生 37.1 万人。普通高等教育本专科招生 639.5 万人,在校生 2144.7 万人,毕业生 531.1 万人。各类中等职业教育招生 873.6 万人,在校生 2178.7 万人,毕业生 619.2 万人。全国普通高中招生 830.3 万人,在校生 2434.3 万人,毕业生 823.7 万人。全国初中招生 1788.5 万人,在校生 5440.9 万人,毕业生 1797.7 万人。普通小学招生 1637.8 万人,在校生 10071.5 万人,毕业生 1805.2 万人。特殊教育招生 6.4 万人,在校生 42.8 万人。幼儿园在园幼儿 2657.8 万人。

图13 2005-2009年普通高等教育、中等职业教育及普通高中招生人数

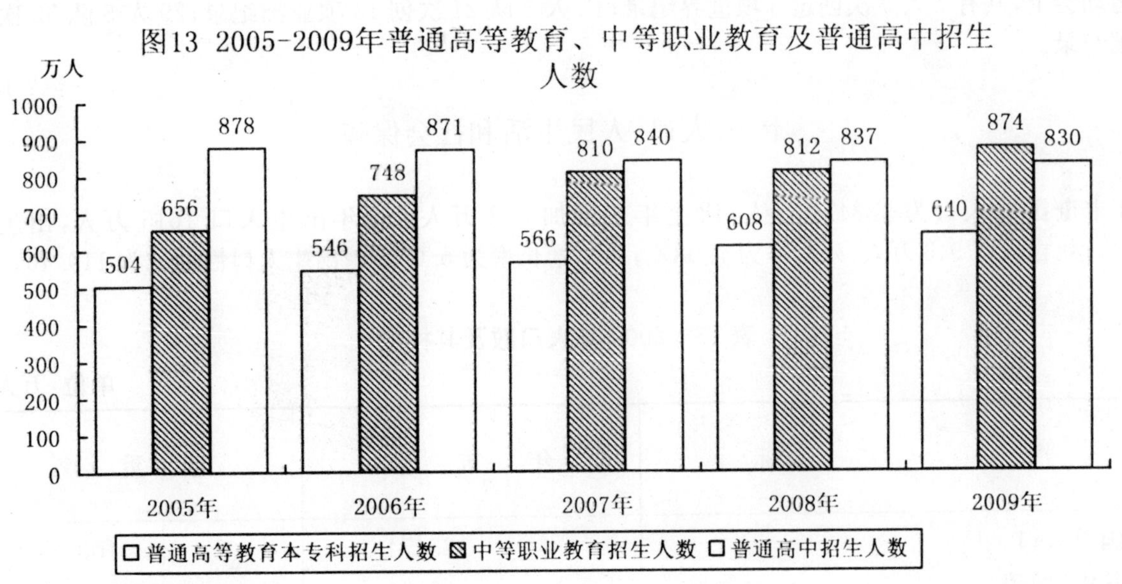

全年研究与试验发展(R&D)经费支出 5433 亿元,比上年增长 17.7%,占国内生产总值的 1.62%,其中基础研究经费 272 亿元。全年国家安排了 639 项科技支撑计划课题,1328 项"863"计划课题。累计建设国家工程研究中心 127 个,国家工程实验室 85 个。国家认定企业技术中心达到 636 家。省级企业技术中心达到 5011 家。启动实施新兴产业创投计划,支持设立 20 家创业投资基金。全年受理国内外专利申请 97.7 万件,其中国内申请 87.8 万件,占 89.9%。受理国内外发明专利申请 31.5 万件,其中国内申请 22.9 万件,占 72.8%。全年授予专利权 58.2 万件,其中国内授权 50.2 万件,占 86.2%。授予发明专利权 12.8 万件,其中国内授权 6.5 万件,占 50.9%。截至 2009 年底,有效专利 152.0 万件,其中国内有效专利 119.3 万件,占 78.5%;有效发明专利 43.8 万件,其中国内有效发明专利 18.0 万件,占 41.1%。全年

共签订技术合同 21.4 万项，技术合同成交金额 3039 亿元，比上年增长 14.0%。全年成功发射卫星 6 次。首台千万亿次超级计算机系统“天河一号”研制成功；嫦娥一号卫星成功受控撞月。

年末全国共有产品检测实验室 25000 个，其中国家检测中心 414 个。全国现有产品质量、体系认证机构 168 个，已累计完成对 4.1 万个企业的产品认证。全国共有法定计量技术机构 3760 个，全年强制检定计量器具 4560 万台(件)。全年制定、修订国家标准 3158 项，其中新制定 2102 项。全年中央气象台和省级气象台共发布气象预警信号 2737 次，警报 3950 次。全国共有地震台站 1457 个，地震遥测台网 32 个。全国共有海洋观测站 66 个。测绘部门公开出版地图 2060 种，测绘图书 307 种。

十、文化、卫生和体育

年末全国共有艺术表演团体 2478 个，文化馆 3214 个，公共图书馆 2833 个，博物馆 1996 个。广播电台 251 座，电视台 272 座，广播电视台 2087 座，教育台 44 个。有线电视用户 17398 万户，有线数字电视用户 6200 万户。年末广播节目综合人口覆盖率为 96.3%；电视节目综合人口覆盖率为 97.2%。全年生产故事影片 456 部，科教、纪录、动画和特种影片 102 部。出版各类报纸 437 亿份，各类期刊 31 亿册，图书 70 亿册(张)。年末全国共有档案馆 4035 个，已开放各类档案 7991 万卷(件)。

年末全国共有卫生机构 28.9 万个，其中医院、卫生院6.0万个，社区卫生服务中心(站)2.6 万个，妇幼保健院(所、站)3013 个，专科疾病防治院(所、站)1315 个，疾病预防控制中心(防疫站)3543 个，卫生监督所(中心)2706 个，诊所及其他 10.3 万个。卫生技术人员 522 万人，其中执业医师和执业助理医师 216 万人，注册护士 174 万人。医院和卫生院床位 396 万张。乡镇卫生院 3.9 万个，床位 91 万张，卫生技术人员 89.8 万人。全年甲、乙类法定报告传染病发病人数 377.6 万例，报告死亡 15105 人；报告传染病发病率 284.34/10 万，死亡率 1.14/10 万。

全年运动健儿在 30 个项目中共获得 142 个世界冠军，11 人 3 队 22 次创 22 项世界纪录。在第十一届全国运动会上，共有 7 人 9 次创超 5 项世界纪录；12 人 3 队 21 次创 16 项亚洲纪录；29 人 5 队 52 次创 39 项全国纪录。

十一、人口、人民生活和社会保障

年末全国总人口为 133474 万人，比上年末增加 672 万人。全年出生人口 1615 万人，出生率为 12.13‰；死亡人口 943 万人，死亡率为 7.08‰；自然增长率为 5.05‰。出生人口性别比为 119.45。

表 15　2009 年人口数及其构成

单位：万人

指　　标	年末数	比重 %
全国总人口	133474	100.0
其中：城镇	62186	46.6
乡村	71288	53.4
其中：男性	68652	51.4
女性	64822	48.6
其中：0—14 岁	24663	18.5
15—59 岁	92097	69.0
60 岁及以上	16714	12.5
其中：65 岁及以上	11309	8.5

全年农村居民人均纯收入 5153 元，剔除价格因素，比上年实际增长 8.5%；城镇居民人均可支配收入 17175 元，实际增长 9.8%。农村居民家庭食品消费支出占消费总支出的比重为 41.0%，城镇为 36.5%。按 2009 年农村贫困标准 1196 元测算，年末农村贫困人口为 3597 万人。

图14　2005-2009年农村居民人均纯收入

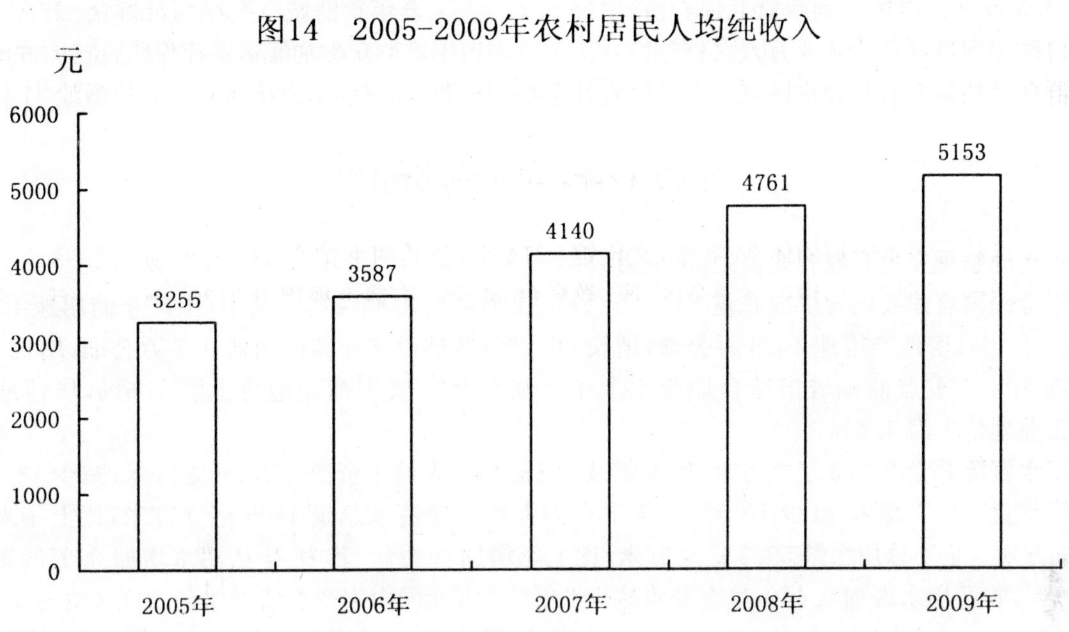

图15　2005-2009年城镇居民人均可支配收入

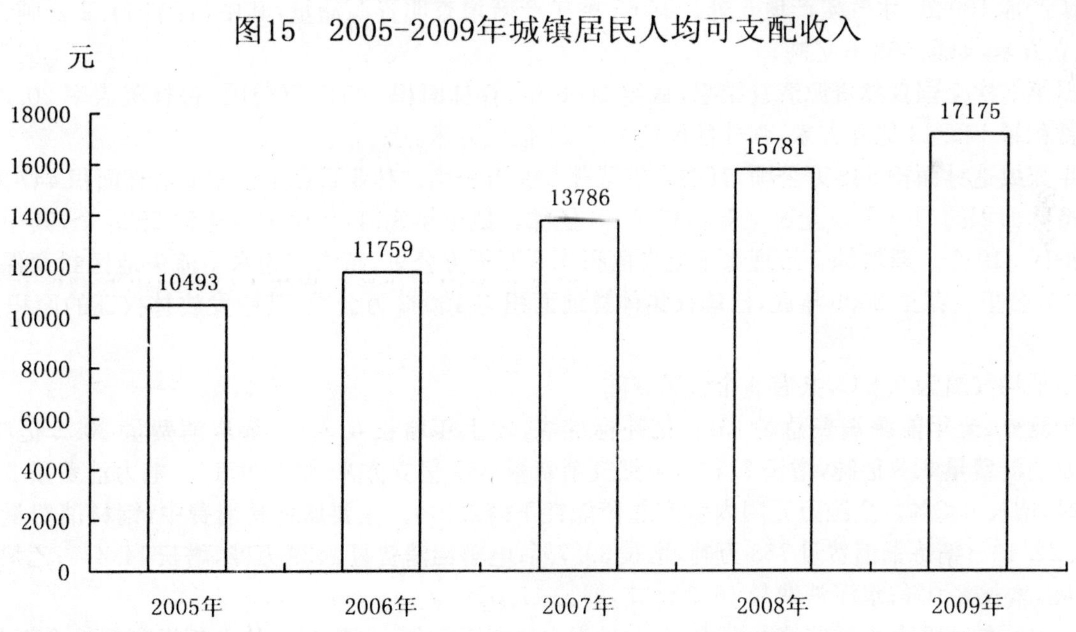

年末全国参加城镇基本养老保险人数 23498 万人，比上年末增加 1607 万人。其中参保职工 17703 万人，参保离退休人员 5795 万人。参加城镇基本医疗保险的人数 40061 万人，增加 8239 万人。其中，参加城镇职工基本医疗保险人数 21961 万人，参加城镇居民基本医疗保险人数 18100 万人。参加城镇医疗保险的农民工 4335 万人，增加 69 万人。参加失业保险的人数 12715 万人，增加 316 万人。参加工伤保险的人数 14861 万人，增加 1074 万人。其中参加工伤保险农民工 5580 万人，增加 638 万人。参加生育保险的人数 10860 万人，增加 1606 万人。2716 个县(市、区)开展了新型农村合作医疗工作，新型农村合作医疗参合率 94.0%。新型农村合作医疗基金累计支出总额为 646 亿元，累积受益 4.9 亿人次。新型农村社会养老保险试点顺利启动。年末全国领取失业保险金人数为 235 万人。

年末全国共有各类提供住宿的收养性社会服务机构 3.9 万个，床位 275.4 万张，收养各类人员 208.8 万人。其中，农村养老服务机构 3.0 万个，床位 188.5 万张，收养各类人员 151.1 万人。各类不提供住宿的社区服务设施 14.0 万个，其中，社区服务中心 9726 个，社区服务站 2.5 万个。全年 2347.7 万城市居民得到政府最低生活保障，比上年增加 12.9 万人；4759.3 万农村居民得到政府最低生活保障，增加 453.8 万人；554.3 万农村居民得到政府五保救济，增加 5.7 万人。全年救助城市医疗困难群众 417.2 万人次，救助农村医疗困难群众 688.4 万人次；资助 1047.8 万城镇困难群众参加城镇医疗保险，资助 3689.8 万农村困难群众参加新型农村合作医疗。全年销售社会福利彩票 756 亿元，直接接收社会捐赠款 41 亿元。

十二、资源、环境和安全生产

全年土地整理复垦开发补充耕地 26.9 万公顷。

全年全国国有建设用地供应总量 31.9 万公顷，比上年增长 44.2%。其中，工矿仓储用地 11.9 万公顷，增长 44.1%；房地产用地 10.3 万公顷，增长 36.7%；基础设施等其他用地 9.7 万公顷，增长 53.0%。全年全国 105 个重点监测城市综合地价比上年上涨 5.0%，其中商业地价上涨 5.6%，居住地价上涨 7.9%，工业地价上涨 1.6%。

全年水资源总量 23763 亿立方米，比上年减少 13.4%；人均水资源 1784.9 立方米，减少 13.8%。全年平均降水量 583.1 毫米，减少 10.9%。年末全国大型水库蓄水总量 1805 亿立方米，比上年末少蓄水 156 亿立方米。全年总用水量 5933 亿立方米，比上年增加 0.4%。其中，生活用水增加 2.9%，工业用水减少 0.6%，农业用水增加 0.6%，生态补水减少 9.8%。万元国内生产总值用水量 209.3 立方米，比上年下降 7.6%。万元工业增加值用水量 116.4 立方米，下降 8.2%。人均用水量 445.7 立方米，下降0.1%。

国土资源调查及地质勘查新发现大中型矿产地 398 处，其中，能源矿产地 107 处，金属矿产地 177 处，非金属矿产地 109 处，水气矿产地 5 处。有 65 种矿产新增查明资源储量，其中，石油 11.2 亿吨，天然气 7234 亿立方米，原煤 503.6 亿吨。

根据第七次全国森林资源清查结果，截至 2008 年，森林面积 19545 万公顷，森林覆盖率 20.36%，活立木总蓄积量 149.13 亿立方米，森林蓄积量 137.21 亿立方米。

全年完成造林面积 588 万公顷，其中人工造林 389 万公顷。林业重点工程完成造林面积 447 万公顷，占全部造林面积的 76.0%。全民义务植树 24.8 亿株。截至年底，自然保护区达到 2529 个，其中国家级自然保护区 319 个。新增综合治理水土流失面积 4.8 万平方公里，新增实施水土流失地区封育保护面积 2.7 万平方公里。截至 2009 年底，已确权集体林地面积为 10093 万公顷，其中发放林权证的面积为 7573 万公顷。

全年平均气温为 9.8℃，共有 9 个台风登陆。

初步测算，全年能源消费总量 31.0 亿吨标准煤，比上年增长 6.3%。煤炭消费量 30.2 亿吨，增长 9.2%；原油消费量 3.8 亿吨，增长 7.1%；天然气消费量 887 亿立方米，增长 9.1%；电力消费量 36973 亿千瓦小时，增长 6.2%。全国万元国内生产总值能耗下降2.2%。主要原材料消费中，钢材消费量 6.9 亿吨，增长 22.4%；精炼铜消费量 753 万吨，增长 39.7%；电解铝消费量 1439 万吨，增长 14.4%；乙烯消费量 1066 万吨，增长 8.0%；水泥消费量 16.3 亿吨，增长 17.0%。

七大水系的 408 个水质监测断面中，Ⅰ～Ⅲ类水质断面比例占 57.1%，比上年提高 2.1 个百分点；劣Ⅴ类水质断面比例占 18.4%，比上年下降 2.4 个百分点。七大水系水质总体上持续好转，部分流域污染仍然严重。

近岸海域 299 个海水水质监测点中，达到国家一、二类海水水质标准的监测点占 72.9%，比上年上升 2.5 个百分点；三类海水占6.0%，下降 5.3 个百分点；四类、劣四类海水占 21.1%，上升 2.8 个百分点。

在监测的612 个城市中，有 504 个城市空气质量达到二级以上（含二级）标准，占监测城市数的 82.4%；有 100 个城市为三级，占 16.3%；有 8 个城市为劣三级，占1.3%。在监测的 327 个城市中，城市区域声环境质量好的城市占 4.9%，较好的占 70.0%，轻度污染的占 23.9%，中度污染的占 1.2%。

年末城市污水处理厂日处理能力达 8664 万立方米，比上年末增长 6.9%；城市污水处理率达到

72.3%，提高 2.1 个百分点。集中供热面积 35.6 亿平方米，增长 2.0%。建成区绿地率达到 34.4%，提高 1.1 个百分点。

全年各类自然灾害造成直接经济损失 2524 亿元，比上年下降 78.5%。全年农作物受灾面积 4721 万公顷，增加 18.1%。其中，绝收 492 万公顷，增加 22.0%。全年因洪涝灾害造成直接经济损失 655 亿元，增加 0.5%；死亡 902 人，下降 10.8%。全年因旱灾造成直接经济损失 1099 亿元，增加 2.58 倍。全年低温冷冻和雪灾造成直接经济损失 172 亿元，死亡 40 人。全年因海洋灾害造成直接经济损失 100 亿元，下降 51.3%。全年累计发生赤潮面积 14102 平方公里，增加 2.7%。全年实际发生各类地质灾害 1.0 万起，直接经济损失 18.3 亿元，死亡 331 人。全年大陆地区共发生 5 级以上地震 24 次，成灾 8 次，造成直接经济损失 27.4 亿元，死亡 3 人。全年共发生森林火灾 8808 起，下降 37.7%。

全年生产安全事故死亡 83196 人，比上年下降 8.8%。亿元国内生产总值生产安全事故死亡人数为 0.248 人，下降 20.5%；工矿商贸企业就业人员 10 万人生产安全事故死亡人数为 2.4 人，下降 14.9%；煤矿百万吨死亡人数为 0.892 人，下降 24.5%。全年共发生道路交通事故 23.8 万起，造成 6.8 万人死亡，27.5 万人受伤，直接财产损失 9.1 亿元；道路交通万车死亡人数为 3.6 人，减少 0.7 人。

注：

1. 本公报中数据均为初步统计数。

2. 各项统计数据均未包括香港特别行政区、澳门特别行政区和台湾省。

3. 部分数据因四舍五入的原因，存在着与分项合计不等的情况。

4. 国内生产总值、各产业增加值绝对数按现价计算，增长速度按不变价格计算。

5. 6 大高载能行业分别为：化学原料及化学制品制造业、非金属矿物制品业、黑色金属冶炼及压延加工业、有色金属冶炼及压延加工业、石油加工炼焦及核燃料加工业、电力热力的生产和供应业。

6. 钢材产量及消费量数据中均含部分使用钢材加工成其他钢材的重复计算因素。

7. 固定资产投资按东部、中部、西部和东北地区计算的合计数据小于全国数据，是因为有部分跨地区的投资未计算在地区数据中。其中：东部地区是指北京、天津、河北、上海、江苏、浙江、福建、山东、广东和海南 10 省市；中部地区是指山西、安徽、江西、河南、湖北和湖南 6 省；西部地区是指内蒙古、广西、重庆、四川、贵州、云南、西藏、陕西、甘肃、青海、宁夏和新疆 12 省（区、市）；东北地区是指辽宁、吉林和黑龙江 3 省。

8. 房地产业投资除房地产开发投资外，还包括建设单位自建房屋以及物业管理、中介服务和其他房地产投资。

9. 表 11 中"金融业"是指国民经济行业分类中的证券分析与咨询、保险辅助服务和其他金融活动等。

10. 原保险保费收入是指保险企业确认的原保险合同保费收入。

11. 特种影片是指那些采用与常规影院放映在技术、设备、节目方面不同的电影展示方式，如巨幕电影、立体电影、立体特效(4D)电影、动感电影、球幕电影等。

12. 城镇职工基本医疗保险人数包括参保职工和参保退休人员。城镇居民基本医疗保险的参保对象是不属于城镇职工基本医疗保险覆盖范围的城镇非从业人员。

13. 农村五保救济是指老年、残疾或者未满 16 周岁的村民，无劳动能力、无生活来源又无法定赡养、抚养、扶养义务人，或者其法定赡养、抚养、扶养义务人无赡养、抚养、扶养能力的村民，在吃、穿、住、医、葬方面得到的生活照顾和物质帮助。

14. 建设用地供应总量是指报告期市、县人民政府根据年度土地供应计划依法以出让、划拨、租赁等方式将国有建设用地使用权提供给单位或个人使用的国有建设用地总量。

15. 地价是指根据《城市地价动态监测技术规范》，以城市监测点地价为基础，综合土地市场和房地产市场交易价格测算反映城市整体状况的土地价格水平。综合地价是指同一城市或地区的不同用途土地的平均价格水平。

16. 万元国内生产总值用水量按 2005 年不变价格计算，邮电业务总量按 2000 年不变价格计算。

2009年河南省国民经济和社会发展统计公报

河南省统计局
国家统计局河南调查总队

2010年1月22日

2009年，面对国际金融危机严重冲击的重大考验，全省人民在省委、省政府的坚强领导下，以科学发展观为统领，认真落实中央应对危机的一揽子计划，齐心协力、克难攻坚，着力解决发展中的突出矛盾和问题，有效遏制了经济下滑势头，整体经济企稳回升，各项社会事业持续进步，人民生活继续改善，取得了保增长、保态势、保民生、保稳定的重大胜利。

一、综　　合

初步核算，全年生产总值19367.28亿元，比上年增长10.7%。其中：第一产业增加值2768.99亿元，增长4.2%；第二产业增加值10968.63亿元，增长12.2%；第三产业增加值5629.66亿元，增长10.9%。人均生产总值20477元，增长10.0%。三次产业结构为14.3∶56.6∶29.1，二三产业比重比上年提高0.2个百分点。

全年居民消费价格比上年下降0.6%，其中，食品类价格上涨1.3%。商品零售价格下降0.6%。工业品出厂价格下降5.1%。原材料、燃料、动力购进价格下降2.9%。固定资产投资价格下降3.6%。农业生产资料价格下降1.9%。

表1　2009年居民消费价格指数

以上年为100

类　　别	指　数	类　　别	指　数
居民消费价格指数	99.4	烟酒及用品	101.7
＃城市	98.8	衣着	99.7
农村	100.4	家庭设备用品及服务	100.4
＃食品	101.3	医疗保健及个人用品	101.9
＃粮食	107.1	交通和通信	97.8
肉禽及其制品	89.6	娱乐教育文化用品及服务	101.2
蛋	101.5	居住	93.9
鲜菜	121.7		

图1：2009年居民消费价格各月环比指数

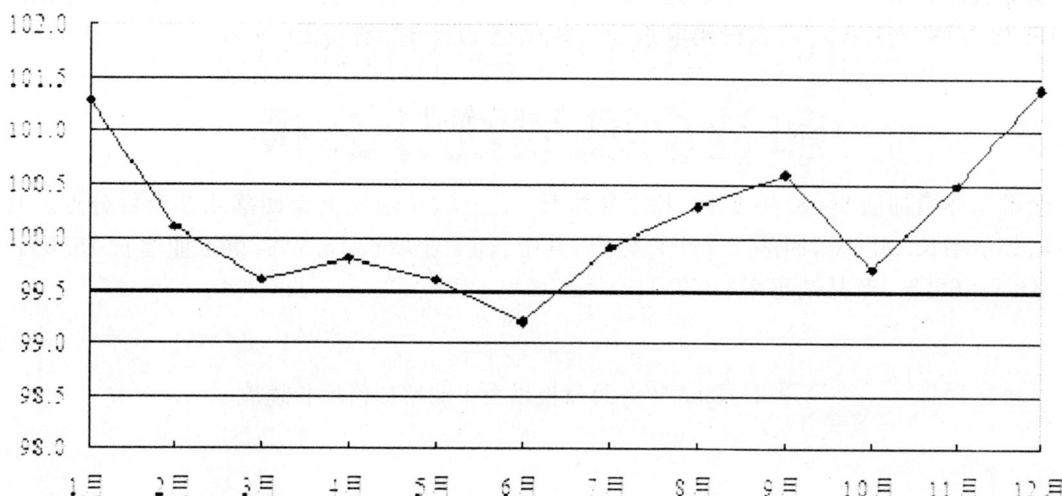

年末从业人员 5981 万人。全年城镇新增就业人员 116.8 万人；失业人员再就业 39.3 万人，困难人员再就业 15.7 万人。新增农村劳动力转移就业 103 万人。

二、农　　业

全年粮食种植面积 9683.61 千公顷，比上年增长 0.9%，其中：小麦种植面积 5263.30 千公顷，增长 0.1%；棉花种植面积 537.33 千公顷，下降 11.3%；油料种植面积 1541.22 千公顷，增长 1.5%；蔬菜种植面积 1692.21 千公顷，下降1.3%。

表 2　2009 年主要农产品产量

产　品　名　称	产　　量(万吨)	比上年增长(%)
粮食	5389	0.5
夏粮	3065	0.2
秋粮	2324	0.8
棉花	51.75	-20.5
油料	532.98	5.5
＃花生	412.56	7.3
烤烟	29.73	11.3
蔬菜	6370.38	-0.4
水果	2228.09	4.6

全年粮食产量 5389 万吨，比上年增产 0.5%；棉花产量 51.75 万吨，减产 20.5%；油料产量 532.98 万

吨，增产5.5%。肉类总产量620.1万吨，增长6.1%；禽蛋产量382.9万吨，增长3.0%；牛奶产量281.9万吨，增长1.0%。

年末农业机械总动力9817.90万千瓦，比上年增长4.1%；农用拖拉机390.22万台，增长1.6%；农用运输车215.73万辆，增长0.1%；农村用电量262.95亿千瓦小时，增长10.8%。

三、工业和建筑业

全年全部工业增加值9858.40亿元，比上年增长11.4%，增速比上年回落4.2个百分点。其中，规模以上工业增加值增长14.6%，回落5.2个百分点，其中：轻工业增长13.7%，重工业增长15.0%，轻、重工业比例为31.7∶68.3。产品销售率98.2%。

图2：2009年各月规模以上工业增加值增长速度

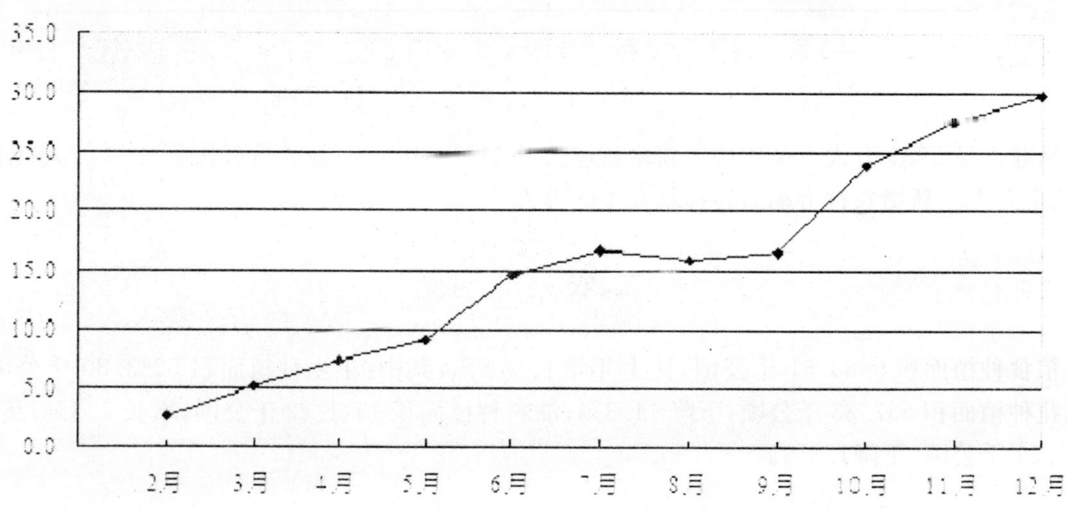

规模以上工业38个大类中，前10大行业的增速为：非金属矿物制品业比上年增长20.7%，煤炭开采和洗选业增长11.9%，农副食品加工业增长9.6%，电力热力的生产和供应业增长3.9%，黑色金属冶炼及压延加工业增长13.7%，有色金属冶炼及压延加工业增长9.9%，通用设备制造业增长19.8%，化学原料及化学制品制造业增长14.9%，专用设备制造业增长15.9%，纺织业增长10.4%。

"十一五"期间着力培育打造的食品、有色、化工、汽车及零部件、装备制造、纺织服装等六大优势行业比上年增长15.5%，对全省规模以上工业增长的贡献率为57.5%，比上年回落2.9个百分点。高技术产业增长18.5%。煤炭、化工、建材、钢铁、有色金属、电力等六大高耗能行业增长13.4%，比规模以上工业增长速度低1.2个百分点。

主要工业产品产量中，畜肉制品产量比上年增长7.5%，速冻米面食品增长21.9%，原煤增长10.2%，发电量增长4.9%，钢材增长12.1%，铝材增长24.0%，汽车增长52.4%。

全年规模以上工业企业主营业务收入28219.43亿元，比上年增长12.1%，增速比上年回落21.4个百分点；利润总额2376.99亿元，增长10.7%，回落2.2个百分点。分所有制看，国有控股工业利润181.67亿元，下降31.1%；集体控股工业利润170.56亿元，增长13.7%；非公有制工业利润2024.76亿元，增长16.9%。分行业看，38个行业大类中利润总额居前10位的行业为：非金属矿物制品业359.98亿元，增长25.2%；煤炭开采和洗选业275.98亿元，增长3.9%；农副食品加工业209.07亿元，增长16.4%；专用设备制造业111.54亿元，增长20.5%；化学原料及化学制品制造业111.35亿元，下降0.1%；通用设备制造业105.70亿元，增长10.2%；食品制造业103.79亿元，增长18.1%；交通运输设备制造业97.67亿元，增长29.3%；纺织业94.90亿元，增长22.4%；有色金属矿采选业94.01亿元，下降10.7%。

全年全社会建筑业增加值1110.23亿元，比上年增长21.3%。全省具有资质等级的建筑企业利润总额 115 亿元,增长 23.8%;税金总额 117 亿元,增长 18.5%。

表 3　2009 年主要工业产品产量

产品名称	单位	产量	比上年增长(%)
纱	万吨	340.4	19.3
布	亿米	31.7	12.6
化学纤维	万吨	52.5	12.1
卷烟	亿支	1613.5	1.7
畜肉制品	万吨	111.6	7.5
速冻米面食品	万吨	181.4	21.9
味精	万吨	44.4	-3.4
原煤	万吨	23018.1	10.2
天然原油	万吨	474.5	-0.4
发电量	亿千瓦小时	2068.0	4.9
粗钢	万吨	2329.0	6.5
钢材	万吨	2882.5	12.1
十种有色金属	万吨	481.6	1.4
#原铝	万吨	317.7	0.9
氧化铝	万吨	852.1	-0.5
铝材	万吨	322.0	24.0
水泥	万吨	11710.7	14.5
平板玻璃	万重量箱	2764.7	-12.9
硫酸(折 100%)	万吨	207.6	19.7
碳酸钠(纯碱)	万吨	212.2	-2.9
农用化肥(折含 N100%)	万吨	554.8	6.7
金属切削机床	台	5847	-14.2
大型拖拉机	台	10639	8.4
中型拖拉机	台	60737	49.4
汽车	万辆	12.5	52.4
发电设备	万千瓦	50.6	-24.9
家用电冰箱	万台	319.2	9.8
彩色电视机	万部	43.5	-57.1

四、固定资产投资

全年全社会固定资产投资 13704.65 亿元,比上年增长 30.6%,增速比上年回落 0.4 个百分点,其中:城镇投资 11455.01 亿元,增长 31.3%,回落 0.7 个百分点;农村投资 2249.64 亿元,增长 27.1%,提高 0.8 个百分点。

在城镇投资中,国有及国有控股投资 2663.62 亿元,比上年增长 14.5%;民间投资 8579.83 亿元,增长 40.3%;港澳台商控股投资 121.80 亿元,下降20.6%;外商控股投资 89.76 亿元,下降 29.5%。第一产业投资 352.87 亿元,增长 37.5%;第二产业投资 6432.84 亿元,增长 31.2%,其中,工业投资 6415.54 亿元，增长31.3%；第三产业投资4669.29亿元，增长31.0%。

图3：2009年各月城镇固定资产投资累计增长速度

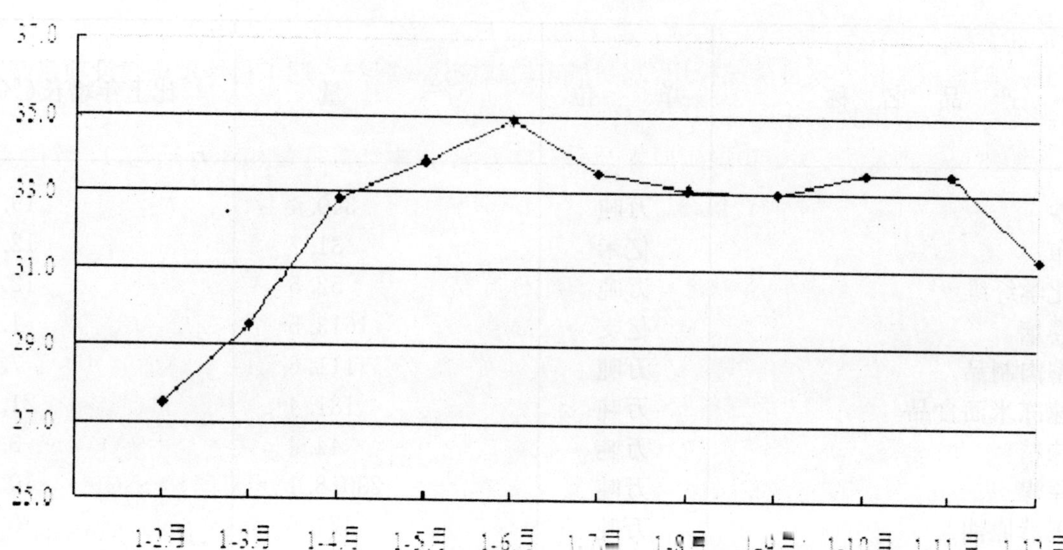

表4　2009年各行业城镇固定资产投资完成情况

行　　　　业	投资额(亿元)	比上年增长(%)
合　　　　计	**11455.01**	**31.3**
农林牧渔业	352.87	37.5
工业	6415.54	31.3
煤炭	315.21	14.3
石油	75.88	4.3
电力、热水	430.88	1.7
燃气、水	142.95	91.0
冶金	716.17	25.6
建材	915.41	33.6
化工	834.26	28.5
机械	1394.60	47.6
电子	85.43	8.0
食品	711.67	40.0
纺织	315.27	22.3
其他工业	477.82	39.1
建筑业	17.30	5.7
交通运输、仓储和邮政业	484.25	19.6
信息传输、计算机服务和软件业	74.28	38.1
房地产业	2215.45	22.5
水利、环境和公共设施管理业	761.14	50.2
教育	204.82	46.7
卫生、社会保障和社会福利	109.82	57.4
文化、体育和娱乐业	125.14	59.6
其他	694.40	38.3

全年房地产开发投资1553.76亿元，比上年增长28.8%，其中，住宅投资1235.21亿元，增长27.2%。房屋施工面积16074.35万平方米，增长15.6%，其中，住宅13463.11万平方米，增长15.4%。房屋竣工面积3400.98万平方米，增长12.4%，其中，住宅2991.79万平方米，增长15.2%。商品房销售面积4336.90万平方米，增长35.9%，其中，住宅4019.26万平方米，增长36.6%。

全年亿元及以上投资项目2356个，完成投资3318.66亿元，比上年增长18.8%。郑西客运专线、河南煤化赵固一矿等一批重大项目建成投用，郑州城市轨道交通一号线一期工程等重点建设项目开工建设，河口村水库等一批项目前期工作取得积极进展。

全年新增主要生产能力：大中型煤矿原煤开采900万吨，发电装机容量408万千瓦，11万伏及以上输变电线路1988公里。

五、国内贸易

全年批发和零售业增加值1046.45亿元，比上年增长14.8%；住宿和餐饮业增加值578.77亿元，增长6.1%。

全年社会消费品零售总额6746.38亿元，比上年增长19.1%，扣除物价因素实际增长19.8%。分城乡看，城市消费品零售额3725.84亿元，增长18.7%；县及县以下消费品零售额3020.53亿元，增长19.7%。分行业看，批发和零售业零售额5525.51亿元，增长20.1%；住宿和餐饮业零售额1115.22亿元，增长15.4%；其他行业零售额105.65亿元，增长11.0%。

图4：2009年各月社会消费品零售总额累计增长速度

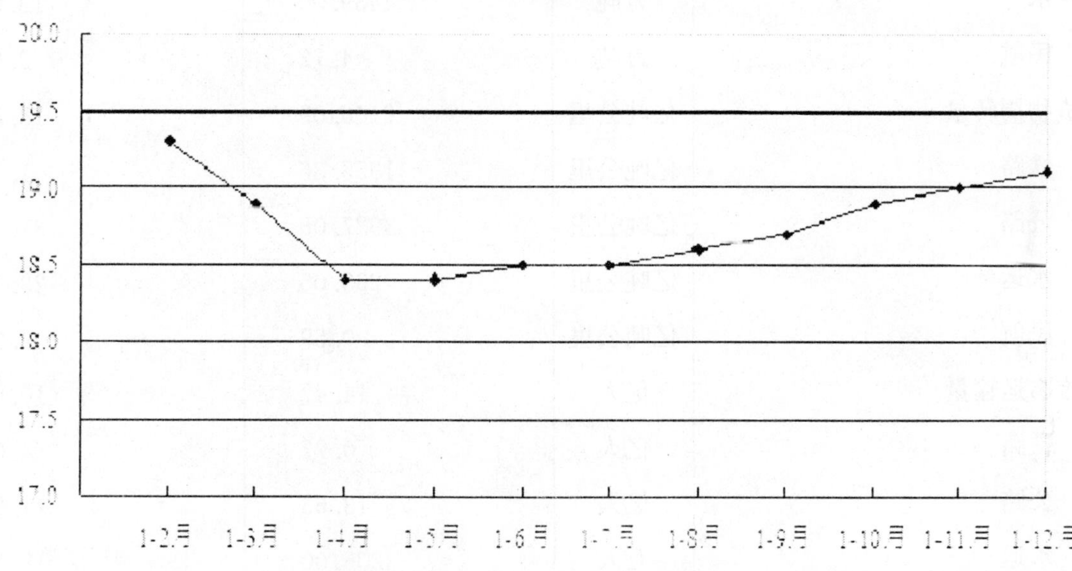

限额以上批发和零售企业25个销售大类中，食品、饮料、烟酒类销售额增长18.4%，服装、鞋帽、针纺织品类增长22.4%，汽车类增长88.0%，中西药品类增长28.1%，家用电器和音像器材类增长23.5%，煤炭及制品类增长32.2%，金属材料类增长25.8%。

六、对外经济

全年进出口总额134.38亿美元，比上年下降23.1%，增速比上年回落59.6个百分点，其中：出口总额73.46亿美元，下降31.5%；进口总额60.92亿美元，下降9.9%。机电产品出口20.07亿美元，下降17.7%；高新技术产品出口4.22亿美元，增长71.4%。

全年新批准外商投资企业274个。全省实际利用外商直接投资47.99亿美元，增长19.0%，增速比上年回落 12.7 个百分点。实际利用省外资金 2201.90 亿元，增长 19.1%。

全年对外承包工程、劳务合作和设计咨询业务新签合同额 17.00 亿美元，比上年增长 23.9%；营业额 17.90 亿美元，增长 40.2%。

七、交通、邮电和旅游

全年交通运输、仓储和邮政业增加值 859.64 亿元，比上年增长 7.4%。

年末铁路通车里程 3926.60 公里，高速公路通车里程 4860 公里。全年各种运输方式货物运输量比上年增长 24.0%，增速比上年提高 8.7 个百分点；货物周转量增长 18.3%，提高 9.5 个百分点。旅客运输量增长 10.9%，回落 2.8 个百分点；旅客周转量增长 8.1%，回落 6.2 个百分点。

表 5　2009 年各种运输方式运输量

指　　标	单　位	绝 对 量	比上年增长(%)
货物运输量	亿吨	16.96	24.0
铁路	亿吨	1.39	-5.1
公路	亿吨	15.13	28.0
水运	万吨	4439.00	12.0
民航	万吨	4.72	2.0
货物周转量	亿吨公里	6146.09	18.3
铁路	亿吨公里	1955.36	-1.5
公路	亿吨公里	3927.08	31.1
水运	亿吨公里	263.05	23.1
民航	亿吨公里	0.59	2.2
旅客运输量	亿人	14.47	10.9
铁路	亿人	0.77	4.0
公路	亿人	13.63	11.3
水运	万人	206.00	8.4
民航	万人	455.96	14.9
旅客周转量	亿人公里	1645.18	8.1
铁路	亿人公里	675.48	1.3
公路	亿人公里	914.80	13.2
水运	亿人公里	0.52	7.6
民航	亿人公里	54.38	16.7

全年邮电业务总量 1297.65 亿元，比上年增长 15.4%，其中：邮政业务 54.88 亿元，增长 16.7%；电信

业务 1242.77 亿元，增长 15.4%。年末局用电话交换机总容量 1194.38 万门，本地固定电话用户 1463.89 万户，移动电话用户 4016.83 万户。电话普及率为 55.12 部/百人，增长 7.7%。年末计算机互联网用户 625.99 万户，增长 26.6%。

全年共接待海内外游客 23438 万人次，比上年增长 17.0%，其中：接待入境游客 126 万人次，增长 20.6%；接待国内游客 23312 万人次，增长 17.0%。旅游总收入 1984.64 亿元，增长 24.7%。年末共有 A 级旅游景区 185 处，其中，4A 级以上景区 72 处。中国优秀旅游城市 26 个，星级酒店 529 个，组团、国内旅行社 1045 家。

八、金融、证券和保险业

年末金融机构人民币各项存款余额 19175.06 亿元，比上年末增长 25.7%，其中，城乡居民储蓄存款余额 11207.40 亿元，增长17.8%。人民币各项贷款余额 13437.43 亿元，增长 29.6%，其中：短期贷款余额 6016.17 亿元，增长 16.1%；中长期贷款余额 6066.05 亿元，增长 41.0%。农村合作金融机构贷款余额 2511.37 亿元，增长 28.7%。金融机构个人消费贷款余额 1044.37 亿元，增长 56.7%。

全年有 5 家企业在境内外首发上市，其中，境内上市公司 3 家，境外 2 家。全年首次发行和再融资募集资金 45.44 亿元，其中通过境内市场募集资金 37.86 亿元。截至年底，全省已有 65 家境内外上市公司，发行股票 67 只，其中，境内发行股票 40 只，境外 27 只，募集资金总额达 561.59 亿元。年末，境内市场流通股总市值 2503 亿元。

全年保险公司保费收入 565.39 亿元，比上年增长 9.0%，其中：财产险保费收入 97.73 亿元，人身险保费收入 467.66 亿元。全年赔付 148.23 亿元，其中：财产险赔付 52.13 亿元，人身险赔付 96.10 亿元。

九、教育和科学技术

全年研究生招生 9918 人，在学研究生 26431 人，毕业生 6939 人。全年普通高等学校招生 45.74 万人，在校生 136.88 万人，毕业生 33.41 万人。成人高校招生 10.13 万人，在校生 27.78 万人，毕业生 8.19 万人。中等职业技术教育招生 73.11 万人，在校生 187.91 万人，毕业生 52.91 万人。普通高中招生64.50 万人，在校生 201.20 万人，毕业生 70.17 万人。初中学校招生 160.68 万人，在校生 474.25 万人，毕业生 163.18 万人。普通小学招生 184.51 万人，在校生 1052.03 万人，毕业生 165.75 万人。“新机制”安排资金 86.7 亿元，资助困难学生 1300 万人次。

全年研究与试验发展(R&D)经费支出 149 亿元，比上年增长 20.1%。年末拥有科学研究与技术开发机构 1900 个，从事科技活动人员 22.65 万人；共有国家级企业技术中心 40 个，省级企业技术中心 521 个，省重点实验室 62 个。年末共有国家级创新型试点企业 14 家，省级创新型试点企业 140 家。全年共取得国家科技进步奖 25 项，省级科技进步奖 342 项；申请专利 19590 件，授权专利 11428 件，分别增长 6.4%和 25.1%；签订技术合同 3915 份，成交金额 26.38 亿元。

年末共有产品质量监督检验机构 205 个，其中，国家检测中心 23 个；法定计量技术机构 130 家，全年强制检定计量器具 159.9 万台件。制定、修订地方标准达到 49 项。年末共有 60 种产品拥有“中国名牌产品”称号，418 种产品拥有“河南名牌产品”称号，36 种产品获得国家地理标志产品保护。共对 9693 家企业生产的 11557 批次产品进行监督检查，合格 10576 批次，总体产品质量合格率 91.5%。

年末共有天气雷达观测站点 11 个，卫星云图接收站点 27 个，区域气象观测站 1818 个，地震台站 57 个，地震遥测台网 2 个。测绘部门编制各类地图及专题数字产品 4132 幅，专题地图册 1 种。

十、文化、卫生和体育

年末共有艺术表演团体 200 个，文化馆 183 个，公共图书馆 142 个，博物馆 97 个，全国重点文物保护单位 189 处 198 项，入选国家级非物质文化遗产名录 82 个。中国文字博物馆顺利开馆；全省有 80 余座博物馆、纪念馆实现了免费向公众开放，全年免费接待观众1000多万人次。广播电台18座，中、短波广播发射台和转播台30座；电视台18座，教育台10座；有线电视用户640.21万户，广播人口综合覆盖率97.21%，电视人口综合覆盖率97.28%，全面完成全省省辖市以上有线电视网络整合，实现了从网络资源到管理体制的全省一网。全年出版图书1.96亿册，出版杂志0.91亿册，出版报纸21.37亿份。年末共有综合档案馆177个，已开放各类档案194.36万卷。

年末共有卫生机构12125个，其中：医院、卫生院3276个，妇幼保健院、所、站167个，疾病预防控制中心（防疫站）180个，专科防治院（所、站）22个，卫生监督检验所133个。卫生机构病床床位29.5万张，其中，医院、卫生院27.9万张。卫生技术人员34万人，其中：执业医师和执业助理医师14.3万人，注册护士10.4万人，疾病预防控制中心（防疫站）卫生技术人员1.3万人，卫生监督检验所卫生技术人员4225人。农村乡（镇）卫生院2086个，床位7.8万张，卫生技术人员7.9万人。新型农村合作医疗参合农民人数比上年增长3.0%，参合率94.2%，比上年提高2.4个百分点。

全年运动员在国内外重大比赛中，共获得世界冠军10个、亚洲冠军11个、全国冠军103.5个，共获得金牌124.5块。承办了女排四国邀请赛、滑翔伞世界杯热身赛、第三届中国郑开国际马拉松比赛等大型国际、全国性体育赛事。河南建业足球队获联赛季军，河南男排获联赛亚军和全运会季军。

十一、人口、人民生活和社会保障

年末总人口9967万人，常住人口9487万人。出生人口113万人，出生率11.45‰；死亡人口64万人，死亡率6.46‰；自然变动净增人口49万人，自然增长率4.99‰。全省城镇化率达到37.7%，比上年提高1.7个百分点。

全年农村居民人均纯收入4806.95元，扣除价格因素，比上年实际增长7.5%；农村居民人均生活消费支出3388.47元，实际增长11.0%。城镇居民人均可支配收入14371.56元，实际增长9.9%；城镇居民人均消费支出9566.99元，实际增长9.6%。农村居民家庭恩格尔系数为36.0%，城镇居民家庭恩格尔系数为34.2%。

年末参加城镇基本养老保险人数1019.4万人，比上年末增加47.4万人，其中：参加企业养老保险893.6万人。参加城镇基本医疗保险人数1970万人，增加454万人。参加失业保险人数695.2万人，增加5.2万人。

全年共发放城镇居民最低生活保障金26.67亿元，享受最低生活保障148.33万人。发放农村低保金23.67亿元，农村低保对象363.95万人。发放城乡医疗救助资金4.10亿元，救助499.81万人次。

年末各类收养性社会福利院床位22.05万张，收养18.88万人。城镇建立各种社区服务设施3451个，其中，社区服务中心335个。全年销售福利彩票22.77亿元，筹集社会福利资金7.47亿元；接受社会捐赠2762.60万元。

十二、资源、环境与安全生产

年末已发现的矿种127种，其中：能源矿产9种，金属矿产38种，非金属矿产78种，水气矿产2种。已探明资源储量的矿种89种，已开发利用的矿产90种，全年新发现大中型矿产地8处。

在监控的7979.4公里河段长度中，Ⅰ～Ⅲ类水质河段长4253.4公里，比上年减少6.1%；Ⅳ类水质河段长1049.7公里，增长31.0%；Ⅴ类水质河段长633.3公里，增长115%；劣Ⅴ类水质河段长2043.0公里，减少13.3%。

全省省辖市城市环境空气质量优良天数比例为90.8%，与上年持平；18个省辖市城市环境空气质量级别均为良，与上年持平。

全年共造林419.85千公顷，其中，人工造林386.25千公顷。全省参加义务植树5000万人次，完成义务植树2.07亿株。年末共有国家级生态示范区28个；自然保护区35个，面积734.8千公顷，其中，国家级自然保护区11个。森林公园98个，其中，国家级森林公园30个，森林覆盖率达到20.16%。

全年共发生各类生产安全伤亡事故 11592 起、死亡 2567 人，比上年分别下降 26.1%和 25.6%。全省亿元 GDP 生产安全事故死亡人数为 0.13 人；煤矿百万吨死亡人数为 0.76 人。

注：

1、本公报为初步统计数。

2、地区生产总值、各产业增加值绝对数按现行价格计算，增长速度按可比价格计算；人均生产总值按常住人口计算。

3、教育中“新机制”资金包括公用经费、免教科书费、寄宿生生活费及校舍维修改造费用。

4、居民家庭恩格尔系数指居民家庭食品消费支出占生活消费支出的比重。

中国统计出版社最新图书简目

（仅供参考，以最后出书为准）

统计资料

中国统计年鉴－2010
中国统计摘要－2010
国际统计年鉴－2010
2010 中国发展报告
中国第三产业统计年鉴－2010
中国区域经济统计年鉴－2010
中国劳动统计年鉴－2010
中国社会统计年鉴－2010
中国城市统计年鉴－2009
中国建筑业统计年鉴－2010
中国人口和就业统计年鉴－2010
中国工业经济统计年鉴－2010
中国商品交易市场统计年鉴－2010
中国房地产统计年鉴－2010

中国能源统计年鉴－2010
中国民政统计年鉴－2010
中国贸易外经统计年鉴－2010
2010 中国地区经济监测报告
中国科技统计年鉴－2010
中国农村统计年鉴－2010
中国农产品价格调查年鉴－2010
中国高技术产业统计年鉴－2010
中国教育经费统计年鉴－2009
中国农村贫困监测报告－2010
全国农产品成本收益资料汇编－2010
中国科学技术协会统计年鉴－2010
工业企业科技活动资料－2010
第二次全国残疾人抽样调查资料系列

中国棉花年鉴－2008/2009
中国城市（镇）生活与价格年鉴－2010
中国县（市）社会经济调查年鉴－2010
中国农村住户调查年鉴－2010（中、英文）
中国农村全面建设小康监测报告－2010
中国国内生产总值核算历史资料（1952－2004）
中国季度国内生产总值核算历史资料（1992－2005）
中国零售和餐饮业连锁企业统计年鉴－2010
大中型批发零售和住宿餐饮企业统计年鉴－2010
2005 年中国 1%人口抽样调查系列资料

2010 年省级综合统计年鉴系列

北京　天津　河北　山西　内蒙古
辽宁　吉林　黑龙江　上海　江苏
浙江　安徽　福建　江西　山东
河南　湖北　湖南　广东　广西
海南　重庆　四川　贵州　云南
西藏　陕西　甘肃　青海　宁夏
新疆　新疆生产建设兵团

2010 年市（县）级综合统计年鉴系列

天津滨海新区
石家庄　唐山　邯郸　太原　大同
长治　阳泉　晋城　朔州　晋中
运城　忻州　临汾　呼和浩特
包头　沈阳　大连　长春　吉林市
四平　延吉　哈尔滨　齐齐哈尔
黑龙江垦区　上海浦东新区
苏州　无锡　常州　徐州　南通
盐城　镇江　江阴　丹阳　杭州
宁波　绍兴　台州　舟山　温州
金华　嘉兴　衢州　安庆　福州
福州经济技术开发区
厦门经济特区　南昌　上饶
济南　青岛　潍坊　东营　郑州
洛阳　三门峡　南阳　武汉　宜昌
十堰　荆州　黄冈　长沙　广州
东莞　惠州　深圳　桂林　南宁
柳州　来宾　河池　海口　成都
贵阳　昆明　西安　庆阳　银川
乌鲁木齐　吐鲁番

“十一五”规划教材

非参数统计 医学统计学
概率论与数理统计 统计学
现代金融投资统计分析
多元统计分析 经济计量学教程
应用时间序列分析
统计指数理论及应用
统计数据处理概论
质量管理统计方法 社会统计学
多元统计分析实验
企业经营管理统计
市场调查与预测
统计学原理（非统计专业使用）
统计学：从数据到结论
国民经济核算教程（国民经济统计学）
概率论与数理统计（经济、管理类专业使用）

重点图书

新中国六十年
挑大学选专业 2010—高考志愿填报指南
挑大学选专业 2010—考研择校指南